实施乡村振兴战略 推进新时代农业农村现代化

尹成杰　主　编
袁龙江　黄祖辉　杨久栋　副主编

中国农业出版社

目　录

乡村振兴战略研究

产业发展研究

农村发展研究

资源配置研究

乡村振兴战略研究

中国新时代“三农”大战略
——兼论乡村振兴战略与发挥农业农村消费的基础作用

中国农业经济学会会长　尹成杰

（2017年12月16日）

党的十九大报告提出的“实施乡村振兴战略”，是我们党首次提出，并写入党章。这一战略是新时代“三农”工作的重大战略，是当前乃至未来我国“三农”工作的重要指导思想，是解决我国最大的发展不平衡、不充分的重大举措。

乡村振兴战略首先是立足世情和我国农情发生重大变化作出的。从世情看，经济全球化和农业国际化不断加快，世界农业市场格局深刻调整，农业科技革命迅猛发展，现代农业向3.0或4.0加快转变，农业国际竞争日益加剧。从国情和农情看，农业供给侧结构性改革深入推进，传统农业加快向现代农业转变，农业综合生产能力稳步提高，农民收入稳定增长，但农业农村发展依然是短板，城乡发展差距依然较大，城乡二元结构体制机制束缚依然存在，农业发展方式亟待向绿色转变，农产品供给呈现结构性过剩，农民增收乏力，农业竞争力总体不高。中央清醒认识和科学把握“三农”面临的新形势新任务新挑战，提出和制定了新时代“三农”工作的新思路和大战略。

乡村振兴战略是新时代城乡发展理念的升级版。国计民生的根本问题，全党工作的重中之重，是乡村振兴的战略定位；农业农村优先发展是乡村振兴的战略方针；实现农业农村两个现代化是乡村振兴的战略目标；产业兴旺、生态宜居、乡风文明、治理有效、生活富裕是乡村振兴的总体要求；确保国家粮食安全、建立健全现代农业体系，推进农村一、二、三产业深度融合、完善创新农业农村制度和政策，深化农村综合性改革、培育新型经营主体和社会化服务体系、加强农村基础工作、建设美丽乡村，是乡村振兴的战略任务。总之，乡村振兴战略站位高远、目标宏伟、意义重大，是新时代习近平中国特色社会主义思想的重要组成，是党在新时代实施重大战略之一。

乡村振兴战略事关新时代经济社会发展全局。一是有利于从根本上破除城乡二元结构体制，促进城乡平等发展成果共享。农业农村发展两优先，是最重要的制度和政策取向。二是有利于抓住解决新时代主要矛盾的重点和难点，加大解决城乡发展最大不平衡和农业发展最大不充分问题的力度，加快补齐农业农村发展短板的步伐。三是有利于扩大内需，挖掘农业农村消费需求，促进我国消费型经济增长和发展。党的十九大报告指出，要完善消费机制，发挥消费对经济增长的基础性作用。乡村振兴战略与之相辅相成、高度契合。我国农业农村块头大、人口多、市场广、消费力增长快，蕴藏巨大的消费需求。随着现代农业发展和新农村建设，农村消费需求基础坚实、领域广泛、种类繁多、规模巨大。这是我国独有的无可比拟的宝贵经济资源和优势，是经济转型发展的巨大力量。实施乡村振兴，必将释放农村传统消费需求，培育农村新兴消费需求，促进农村消费需求提档升级，形成我国经济转型升级发展的强大推动力量。四是有利于推进我国新型城镇化，促进实现城乡融合发展“新五化”。2015 年 4 月，习近平总书记在中央政治局健全城乡发展一体化体制机制集体学习时指出，实现城乡发展一体化，目标是逐步实现城乡居民基本权益平等化、城乡公共服务均等化、城乡居民收入均衡化、城乡要素配置合理化，以及城乡产业发展融合化。提出了城乡发展“新五化”的战略构想。党的十九大报告提出城乡融合发展，这为构建新时代城乡新型关系和实现城乡融合发展指明了方向，提出了新任务、新要求、新目标。实施乡村振兴战略，必将发挥新型城镇化带动“三农”、反哺“三农”作用，增强乡村实力，实现产业兴村，打造特色名村，建立健全扶持制度和政策，解决城乡发展的最后一公里问题，为实现“新五化”提供有力支撑。五是有利于实施精准扶贫精准脱贫，全面建成小康社会的核心在于“全面”，农村小康是全面建成小康的重点。贫困主体主要是农民，贫困地区主要在农村，要抓住脱贫攻坚的牛鼻子和找准主战场，发展农村一、二、三产业，以产兴业、以产就业、以产增收。加大对农业农村的基础设施建设、教育、医疗、养老、社保等公共服务支持力度，促进城市公共服务普遍延伸到广大农村特别是贫困地区，助力全面建成小康社会。

牢牢把握乡村振兴战略的方向

张红宇

习近平总书记多次强调指出："中国要强，农业必须强；中国要美，农村必须美；中国要富，农民必须富。"乡村振兴战略"产业兴旺、生态宜居、乡风文明、治理有效、生活富裕"的目标要求集中体现了习近平总书记的"三农思想"。需要我们认真领会，牢牢把握乡村振兴的发展方向。

一、要聚焦强势农业目标

要致力于建设与中国大国地位相称的强势农业。中国 2016 年全年粮食产量 6.16 亿吨，肉类总产量 8 540 万吨，水产品产量 6 900 万吨，人均粮食拥有量达 445 千克，肉类 62 千克，水产品 42 千克，均高于世界平均水平。要在保持粮食、肉类、水产品总量世界第一的基础上，做大做强中国农业，以中国供给解决中国需求，以中国资源解决中国问题。

（一）确保国家粮食安全

保障中国人的吃饭问题，不仅是中国粮食安全所需，也是中国为全球粮食安全做出的巨大贡献。要始终秉承谷物基本供给、口粮绝对安全的理念，坚持"以我为主，立足国内，确保产能，适当进口，科技支撑"的粮食安全战略来布局多项工作。

（二）优化农业结构

优化农业结构要"加减乘除"一起做：一是增加稀缺的大豆和高端农产品供给；二是减少玉米包括低端农产品供给；三是一、二、三产业融合发展，延伸农业产业链、提升价值链、保障供给链，提高农业产出的质量效益和竞争力；四是以最少的物质投入获取最大经济效益、社会效益和生态效益。

（三）培育农业新动能

现代农业从根本上改变我们对概念农业的认识。农业的产品贡献、要素贡献、外汇贡献和市场贡献功能，有的要强化，比如产品贡献；有的要弱化，比如要素和外汇贡献；有的要增加，比如生态环境、观光旅游休闲、文化传承等。2016 年乡村旅游营业收入超过 5 700 亿元，农村电商销售额 8 945 亿，分别是农业增加值 6.37 万亿的 8.9%和 14%，厚植了农业的深度，拓展了广度。要大大凸现新产业、新业态为增加农村就业机会、增加农民收入、提升中国农业竞争力作用，培育农业农村发展新动能。

（四）实现绿色发展

农业是永恒的产业，农业生产过程也是生态保护过程，必须尊重自然、顺应自然、保护自然，要像爱护生命一样爱护生态环境，实施好“一控、两减、三基本”政策，控制水资源的过度使用，化肥农药零增长，作物秸秆、农膜、畜禽养殖等废弃物资源化利用。

二、要聚焦农民收入增长

改革开放近 40 年，在工业化、城镇化背景下，大量农村劳动力转移。2016 年，5 亿农村劳动力外出数量已达 2.8 亿人，在农业内部就业的减少到 2.15 亿人。产业结构中，农业产业增加值占国内生产总值的比重由 1978 年的 27.7%下降到 2016 年的 8.6%。从就业人员结构来看，第一产业就业人员占比已由 70.5%下降到 27.7%。我国的产业结构和劳动力就业结构大大优化。但 2016 年城乡居民收入之比仍达 2.72∶1，又表明实现城乡居民均衡发展任重而道远。因此，千方百计增加农民收入是实现农民充分发展最重要的任务。

（一）减少务农劳动力

要继续推进工业化、城镇化。我国是人口大国，将来常住人口城镇化率达到 70%～80%，在农村居住生活的人口仍达 4 亿～5 亿人。但真正从事农业生产的劳动力还应继续减少。1978 年一、二、三产业劳动生产效率之比为 1∶7.03∶5.15，2000 年为 1∶6.90∶4.93，2016 年为 1∶3.8∶4.5，表明农业劳动生产效率提升速度大于二、三产业，但仍有减少务农劳动力、提升第一产业劳动生产效率的空间。必须坚定不移地推进工业化、城镇化，减少农业直接从业人员，以提高农业劳动生产效率来增加收入。

（二）聚焦精准扶贫

2016 年的 4 335 万绝对贫困人口到 2020 年要全部脱贫，这只是万里长征下走了第一步，还有大量低收入的相对贫困问题，仍需我们坚持不懈的努力。

（三）实现小农户与现代农业的有机衔接

现代农业不仅是新型农业经营主体的专利，也要让普通农户有获得感。通过现代农业发展，增加农民收入，要充分释放农民合作社、农业社会化服务组织和农业产业化经营组织在提高农业、帮助农民、富裕农民的引领作用。这本身也应成为政府支持新型农业经营主体发展的目标。

三、要聚焦实现城乡融合发展

中国特色社会主义进入新时代，我国社会主要矛盾已经转化为人民日益增长的美好生活需要和不平衡不充分的发展之间的矛盾。事实上，中国最大的不平衡是城乡发展不平衡，最大不充分是农村发展不充分。因此，要聚焦乡村，实现城乡融合发展。

（一）农村要美，要宜居

看得见山，看得见水，不仅是对城镇化工作的要求，也是新农村建设的目标愿景。绿水青山就是金山银山是总书记的要求。城镇化过程中，千万不可淡漠农村，要强化规划设计，保护建设并重，生产生活生态要兼顾。新农村不仅仅是生产区域，将来更应成为城乡居民宜居的生活空间。生活在乡村，工作在城镇，也是一种选择，并可以体现更高的生活质量。由此，一方面要在乡村道路、电网、宜居环境等基础设施上下功夫；一方面要在教育、医疗、社会保障等公共产品上提供更多资源。缩小农村与城镇的差距，让乡村兴旺发达，真正美起来。

（二）要素要流动融合

城乡融合发展作为新的发展理念，既区别于城乡二元结构下，农村要素向城市单一流动的做法，也区别于违背市场经济规律的城市资源向农村反哺的取向。在城镇化、工业化、信息化背景下，城乡融合发展，农村的富余劳动力仍需要向外转移，实现稳定的就业，但城市的资本、技术，包括高素质人才资源向农村倾斜，实现城乡资源要素优化配置，提升资源配置效率，是体现城乡融合发展的基本选择。

（三）优化政府行为

中国特色社会主义市场经济体制为处理好政府与市场的关系提供了一条中间道路。事实上，中国改革开放的成功，在很大程度上体现了政府行为导向与市场化资源配置方式的完美结合。实施乡村振兴战略，城乡融合发展是理念、更是行为准则。由此决定了政府要继续强化农村的基础设施建设和公共产品供给，同时，要充分尊重经济社会发展的客观规律，发挥市场在资源配置中的决定性作用。中国特色的调控方式和制度设计，是确保乡村振兴战略目标实现的根本保障。

（作者单位：农业农村部农村经济体制与经营管理司）

顺应社会主要矛盾变化实施乡村振兴战略

王忠海

“乡村振兴战略”是习近平总书记在十九大报告中首次提出的，并且还写入十九大通过的新《党章》。这一战略何以如此重要？何以一经提出就写入了《党章》？我们理解，根本原因在于它是顺应新时代社会主要矛盾变化提出来的。我国社会主要矛盾已经从“人民日益增长的物质文化需要同落后的社会生产之间的矛盾”转为“人民日益增长的美好生活需要和不平衡不充分的发展之间的矛盾”，这就意味着：在全面建成小康社会和全面建设社会主义现代化国家的征程中，我们必须顺应社会主要矛盾变化，认清农业农村发展的新形势新任务新要求，全力破解“三农”领域中的改革发展难题。由此，提出实施乡村振兴战略乃顺理成章，既符合时代发展的大逻辑，也回应了亿万农民过上美好生活的新期盼。下面，我谈三个问题：一是社会主要矛盾变化在“三农”领域中的表现，二是社会主要矛盾变化视角下乡村振兴战略的历史方位，三是启动实施乡村振兴战略的思路与建议。

一、社会主要矛盾变化在“三农”领域中的表现

社会主要矛盾的变化，一方面表明我国经济社会发展取得了丰硕的成果，中华民族步入了决胜全面建成小康社会的新时代；另一方面要求我们围绕新的社会主要矛盾去攻坚克难，夺取中国特色社会主义建设的新胜利。小康不小康，关键看老乡。“三农”领域无疑是化解与攻克新时代社会主要矛盾的主战场。因此我们应当从社会主要矛盾变化的视角观察与分析“三农”领域存在的矛盾与问题，以明确农业农村发展所面临的新形势新任务新要求。

人民日益增长的美好生活需要是新时代社会主要矛盾的基本面，一切发展都要围绕满足这一需要而展开。而这一需要对农业农村发展提出了比过去内容更丰富、形式更多样的要求。这种要求包括：一是农产品供给不仅要确保数量而且要提高质量。正所谓不仅要让十多亿人吃得饱，还要吃得好，吃得健康，吃得舒服（这里的质量远不仅仅是指农产品的质量，而是涵盖整个农业供给侧或供给链的质量）。二是农村的产业发展既要立足第一产业更要发展第二、三产业。顺应三产融合发展的大趋势，培育新产品新业态，补齐

农业农村产业发展短板。在很大程度上可以说，所谓第一产业、第二产业与第三产业的划分，更多的是具有统计学上的意义，在具体的经济活动中是难以或不应当人为地割裂开来的。三是包括生态环境在内的农村生产生活条件不仅要让农民安居乐业也要吸引城里人到农村休闲度假。广大农村既是亿万农民的幸福美好家园，也是城里人向往的观光休闲好去处。加强农村生态环境与人居环境的保护与建设，既是广大农民的殷切期盼，也是越来越多的城里人的迫切要求。四是农民收入持续增长不仅能够吃好住好而且还能上得了学看得了病养得了老。不仅贫困人口真正脱贫过上小康生活，而且真正实现亿万农民在农村能够吃有所食、住有所居、学有所上、活有所干、行有所乘、病有所医、玩有所去、老有所养。特别要看到，确保农民收入持续稳定增长，是打破城乡二元社会经济结构与缩小城乡之间发展差距的现实选择与基本路径。由此我们可得出这样的结论：如此丰富的城乡居民美好生活需要对拓展农业功能、发展现代农业、搞活农村经济、美化乡村环境、健全乡村治理、传承农耕文明等都提出了前所未有的新标准与高要求。

不平衡不充分的发展是新时代社会主要矛盾的聚焦点，加快发展的主攻方向是解决发展的不平衡不充分问题。新时代我国发展不平衡的最大不平衡是城乡发展的不平衡，发展不充分的最大不充分是农业农村发展的不充分。城乡发展不平衡，最突出的是城乡居民收入差距大，尽管近年来差距进一步拉大的趋势得到一定程度的遏制，但城乡居民收入比仍然高达 2.72∶1。其次是城乡基础设施建设与社会事业发展差距大，越来越多的大中城市在这方面甚至堪比欧美发达国家，而广大农村特别是中西部农村依然缺乏应有的公共基础设施和难以享受应有的公共服务。此外，这种发展不平衡还表现为农村内部发展的不平衡与区域间农村发展的不平衡。一些发展得好的乡村甚至不输于欧美的风情小镇，不仅环境优美，百姓也安居乐业；而那些发展得差的乡村，既缺乏农民就业增收的产业，又人心思走留不下人，以至于不少村庄呈现出人去屋空、见房不见人的凋敝景象。农业农村发展不充分，一是农业这个国民经济基础产业依然薄弱，不仅是转变发展方式大有空间、产品提质增效产业做大做强大有可为，而且生态环境整治与农作物秸秆、畜禽养殖粪便、化肥农药农膜等面源污染防控的潜力巨大；二是农村资源要素利用不充分，既有已开发和利用的各种资源要素如何提高使用效率的问题，也有包括土地、房屋、宅基地等资源资产如何盘活利用的问题；三是农村基础设施建设与公共事业的不充分，这方面既需要政府加大财政投入与金融支持的力度，也需要拓展农民就业增收的新领域新产业新业态和创新农民文化生活的新渠道新方法新形式。

二、社会主要矛盾变化视角下乡村振兴战略的历史方位

提出乡村振兴战略的根基是对新时代我国社会主要矛盾的深刻把握。因此，明确乡村振兴战略的历史方位必须立足于社会主要矛盾的变化。这也就决定了我们认知乡村振兴战略的历史方位，必须紧扣我国社会主要矛盾变化，既要瞻前也要顾后。瞻前是搞明白这一战略从何处来，顾后是看清楚这一战略向何处去。

（一）乡村振兴战略是社会主义新农村建设的升级版

乡村振兴战略是在我国“三农”领域改革发展取得巨大成就基础上，以农业农村全面现代化为目标对“三农”事业发展的战略谋划，是社会主义新农村建设的升级版。在过去的很长一段时期，我们不仅没有能力扶持农业农村发展，甚至还要依靠农业农村资源来支持城市与工业。2005 年提出社会主义新农村建设，是在我国初具反哺农业农村能力的条件下，为促进农业农村发展、缩小城乡之间与工农之间发展差距而做出的重大部署。现在看来，尽管新农村建设在多方面也取得了明显进展，但其内涵有待进一步丰富、要求有待进一步提高、力度有待进一步加大。从十六届五中全会提出的新农村建设 20 字总要求看，“生产发展”更多的是指向农业产业，偏重于保障农产品有效供给；“生活宽裕”主要是在温饱基础上的生活条件改善，所谓的宽裕是低水平的；“乡风文明”主要是着眼于加强农村精神文明建设，提高农民的文化素质与文明素养；“村容整洁”主要是强调村容村貌的整治，改变农村脏乱差的人居环境；“管理民主”主要是强调理顺与规范农村的干群关系，切实维护亿万农民的权利与利益。

乡村振兴战略坚持了新农村建设的发展方向，并在此基础上大大丰富乡村发展的内容，更重要的是进一步明确了加快乡村发展的目标要求。“产业兴旺”涵盖了农村的一、二、三产业，不仅农业产业要提质增效，农村二、三产业也要加快发展，特别是要将新产业与新业态引入农村。“生态宜居”不再局限于村庄生活环境的干净整洁，而且要求做到人与自然的和谐共生，体现乡村独有的美感，建设农民幸福生活的美好家园。“乡风文明”则是在原来的基础上内涵更丰富、要求也更高，不仅要提高农民的文化素质与文明素养，而且要复兴繁荣乡村文化，提高农民的文化自觉意识，传承中华民族的农耕文明。“治理有效”要求全面加强农村基层建设基础工作，健全自治、法治、德治相结合的乡村治理体系，更好地维护亿万农民的权利与利益，以全面提升广大农民的参与感与幸福感。“生活富裕”不仅是要农民收入的持续稳定增长确保农民衣食无忧，而且要不断完善乡村社会保障体系以解除农

民的后顾之忧，真正使亿万农民能够在更高水平与更高品质上享受国家繁荣、民族昌盛带来的美好生活。

（二）乡村振兴战略将贯穿我国现代化进程的全过程

乡村振兴战略不仅瞄准的是全面建成小康社会，而且放眼于全面建成社会主义现代化强国，其对农业农村发展的谋划与构想将贯穿于我国现代化进程的全过程。乡村振兴战略包含了全面建成小康社会的目标任务，继续坚持新农村建设对“三农”的扶持方针，坚持补农业发展短板、接农村事业短腿，确保农村地区和农民群众如期同步全面实现小康。但是，我们不能只是停留在工业反哺农业、城市带动乡村的阶段。如果到了第二个百年目标节点时，我们依然还容忍城乡之间存在较大发展差距，依然要补农业短板、接农村短腿，那么就不能说农业农村同步实现了现代化，不能说我们全面实现了社会主义现代化的第二个百年目标。因此，乡村振兴战略必然就要瞄准全面实现农业农村现代化，必然要超越工业反哺农业、城市带动乡村的历史阶段，切实缩小城乡之间与工农之间的发展差距，实现城乡融合发展、共同富裕，让乡村成为人民幸福美好生活的家园与乐园。

乡村振兴战略时间跨度超过30年，但战略目标清晰、要求明确，不是走一步看一步、遇到问题再解决问题，而是要求我们从现在起就主动瞄向21世纪中叶，谋划目标与实现路径，实现一张蓝图绘到底。乡村振兴战略以全面实现农业农村现代化为目标，涵盖“三农”事业的方方面面，要求我们能够把握农业农村发展全局、协调推进各方面的工作。乡村振兴战略将引领我们实现农业农村全面现代化，它体现出的是我们党在认识经济社会发展规律基础上的时代担当与在理论自信、制度自信、文化自信基础上对我国农业农村发展的道路自信。

三、启动实施乡村振兴战略的思路与建议

（一）总体思路

牢固树立创新、协调、绿色、开放、共享的五大发展理念，按照“产业兴旺、生态宜居、乡风文明、治理有效、生活富裕”的总要求，以农民为中心，以实现农业农村现代化为目标，以农业农村优先发展为导向，构建现代农业的生产体系、经营体系、产业体系，深化农村改革与制度和管理的创新，统筹推进农村经济建设、政治建设、文化建设、社会建设、生态文明建设和党的建设，建立健全城乡融合发展体制机制和政策体系，补齐农业农村发展短板，推进乡村治理体系和治理能力现代化，实现农业成为有奔头的产业、农民成为有吸引力的职业、农村成为安居乐业的美丽家园。

（二）对策建议

1. 以深化农业供给侧结构性改革为主线，以构建现代农业“三大体系”为抓手，加快推进农业农村现代化。一是大力推进农业品牌建设，瞄准产业链各个环节推进标准化生产和全面提升农产品质量，增加农产品附加值和体现优质优价。二是挖掘与拓展农业农村的多种功能，培育和创新农业农村的新产品新业态新产业，促进农村一、二、三产业深度融合发展。三是推动土地集中型、服务带动型和产业集聚型等多种形式的农业规模经营发展，努力将小农户纳入现代农业的运行轨道。四是深化农村集体产权制度改革，促进农村资源要素的市场化与优化配置，激活农业农村的就业增收潜力。五是引导各类新型农业经营主体到农村创新创业，鼓励运用各种新技术、新要素、新模式和新手段开辟农业农村的就业领域与空间，营造各类农业企业家成长的宽松环境，激发农业农村产业发展的新活力与新动能。

2. 以加强农村生态环境的保护与建设为主线，以切实改善农村的生产生活条件为抓手，构建人与自然和谐共生的乡村可持续发展新格局。一是要进一步加大农村生态环境保护与建设的财政投入力度，运用多种形式吸引和鼓励社会资本投入农村生态环境建设。二是针对农作物秸秆利用、畜禽养殖粪污处理、化肥农药减量、废弃农膜等回收几大难题，强化责任、群策群力打赢农业面源污染防控的攻坚战。三是积极推进农村垃圾、污水、厕所等人居环境整治，建立产业准入负面清单，严格管控工业和城镇污染向农村扩散和转移。

3. 以加强农村社会主义精神文明建设为主线，以践行社会主义核心价值观、弘扬优秀传统文化为抓手，推进乡村移风易俗与文明进步。一是在乡村深入浅出地开展习近平新时代中国特色社会主义思想的宣传教育，使社会主义核心价值观厚植于乡村沃土。二是加大乡村文化产品与服务供给，采取多种形式丰富亿万农民的文化生活。三是挖掘传统文化中乡规民约、村规家训等乡风教化资源，结合时代要求弘扬乡土文化、乡贤文化和优良家风。

4. 以加强农村党的基层政权与社会组织建设为主线，以增加农业农村公共基础设施与公共服务供给为抓手，加强农村基层民主和乡村治理体系建设。一是围绕强化党组织在农村经济社会发展中的领导核心与战斗堡垒作用，着力加强农村基层党组织建设。二是围绕构建自治、法治、德治有机结合的乡村治理体系，打造以党组织为核心、自治组织为主体、群团及经济社会组织协同参与的乡村治理共同体。三是围绕加快城乡公共服务一体化进程，强化农村的公共服务手段和增加农村社会事业服务供给，提高农村社会管理的能力与水平。

5. 以增加农民收入缩小城乡收入差距为主线，以繁荣农村市场经济为

抓手，增强农民的幸福感与提高农民的获得感。一是加大农业支持保护力度，稳定增加农业的生产性补贴与农民的收入性补贴。二是加大外出农民工权益的维护力度，构建农民工收入持续稳定增长的长效机制。三是加大中央已出台的有关改革及政策措施的落实力度，使农村土地、房屋、宅基地等成为农民财产性收入的重要来源。四是加大财政资金的投入力度，并引导鼓励社会资本投向农村的市场建设。五是增强打赢脱贫攻坚战的使命感与责任感，扎实稳妥、保质保量地实现脱贫攻坚目标。

（作者单位：农业农村部农村经济研究中心）

乡村振兴战略的理论逻辑、科学内涵与实现路径

廖彩荣　陈美球　翁贞林

实施乡村振兴战略，党的十九大把其作为贯彻新发展理念，建设现代化经济体系的内容之一，这是党站在中国特色社会主义进入新时代历史方位下新的“三农”工作方略，是习近平“三农”思想的集中体现，是在深刻认识新时代“三农”发展新阶段新规律新任务基础上作出的重大战略部署，反映了农业农村发展的必然要求。

改革开放39年以来，我国农业农村同国家其他事业同步发展，取得了历史性成就，特别是中共十八大以来，党中央出台了一系列强农惠农政策，实现农业连年丰收，农民收入持续提高，农村社会和谐稳定。粮食生产实现历史的12年增长，2016年达到0.6万亿千克；农民收入增长保持积极增长态势，2016年城乡收入差距缩小到2.72∶1；精准脱贫成效显著，6 000多万农民实现稳定性脱贫，贫困人口按照2010年标准减少到了4 335万人；社会主义新农村建设成效显著，农村面貌发生了翻天覆地变化，农村公路、桥梁等基础设施，教育、医疗、社会保障、文化等得到极大改善。

但与此同时，我国“三农”问题依然突出，特别是“三农”和“四化”同步，“农村空心化”“农业边缘化”和“农民老龄化”的“新三农”问题日益突出。农村劳动力大量外流，农村人才流失严重，村舍断壁残垣，我国农村出现不少诸如“博士返乡笔记”“博士回乡记”所描绘的农村凋敝现象；不少地方的农民增收主要依靠外出打工非农收入，留守在农村的多为老人、妇女和儿童，农地荒芜，“谁来种地”“如何种地”问题突出；农村产业不大，农产品竞争力不强，农业农村污染问题突出，城乡之间发展不平衡，长期以来资源要素从乡村向城市单一流向没有得到根本性扭转。“三农”问题成为了全面建成小康社会、基本实现现代化和中华民族复兴的短腿短板。

放眼全球，不仅当下，部分世界发达国家，如德国、法国、美国、日本、韩国等都经历过农村衰退或者乡村危机迹象；不仅我国，不少世界发展中国家，如印度、南非、巴西、墨西哥等新兴发展中国家也正出现或经历农村衰退或者农村危机迹象，许多发展中国家大量青壮劳动力流向城市，城市“贫民窟”现象突出，农业发展滞后，农村与城乡之间差距拉大。因此，在全世界范围内，乡村衰退现象已成为人类当前共同面临的全球性挑战，成为

全球治理体系的一个重要方面。“乡村衰退是全球共同面临的挑战，我们需在全球城市化进程中重视推进乡村振兴。”

乡村衰退在当下中国表现更加明显，乡村衰退导致恶性循环。因此，我国乡村振兴战略的提出，不仅及时，而且非常必要。乡村振兴提升到战略高度，这是党中央着眼于推进“四化同步”、城乡一体化发展和全面建成小康社会作出的重大战略决策。

一、文献综述

国内外学者关于乡村振兴或与乡村振兴相关的乡村建设、乡村再造、乡村发展的研究颇丰。在乡村振兴的要素研究方面，美国学者 Gladwin C H 等通过对北佛罗里达农村企业家研究认为，农民创业精神是农村振兴的一个关键；Johnson T G 则认为农村发展金融也是农村振兴的关键所在；Korsching P 在考察美国和加拿大乡镇社区发展联盟基础上认为，多社区协作对农村振兴发展尤为重要。在乡村振兴主体方面，Greene M J 通过分析农业多元化发展倡议，认为政府在乡村振兴中有着不可替代的作用；Ayobami O K 等研究了旅游志愿者在乡村振兴中的作用；Kawate T 分析了农村复兴和改革组织在日本农村振兴及当代日本农村发展中的作用。在个案研究方面，Wood R E、Carr P J 等、Z Li、Miletić G M 等、Nonaka A 和 Ono H 分别对克罗地亚、日本等国家的农村振兴发展计划和实践进行经验介绍。在乡村振兴理论研究方面，Bai X 等、McLaughlin K 等、Liu Y 等站在乡村发展和全球治理角度，或结合实务，或结合研究领域，对乡村振兴有关理论进行研究和探讨。而在我国，作为“三农”研究热点问题之一，在国家实施乡村振兴战略提出前，学者主要围绕乡村建设、乡村发展或乡村经济振兴等方面来展开。黄季焜、项继权、黄祖辉、潘家恩站在过去、现在和未来角度指出农业农村的一些基础性、理论性研究问题，对乡村建设一些脉络进行了梳理。陈锡文、韩俊、刘彦随对当下中国农业农村问题战略布局，特别是对新时期中国城乡发展的主要问题进行探索。面对“三农”问题出现的乡村衰败抑或复兴之辩，王勇、张勇、潘家恩、徐勇对乡村衰败、乡村复兴、城乡矛盾、城乡失衡等问题进行研究。贺雪峰则直接指出，当下分化的农村带来复杂的治理难题。有些社会学者则讨论了社会转型乡村建设时代价值、乡村社会秩序重构与乡村复兴问题。郑风田、刘守英指出城乡一体化发展进程，特别指出了新时代“城乡中国”必须由单向城市化转向城乡互动发展。与伟大民族复兴相关，乡村振兴之路如何走好？何慧丽指出当代中国乡村复兴道路；蔡昉认为需要走一条以人为核心的城镇化道路；张红宇则指出，美丽乡村建设需要留住乡情乡愁。在案例实证研究方面，魏广龙、赵晨、高慧智等分别对我国一些地区的乡村振兴进行案例剖析，总结出主要做法、取得的成效，获得一些成功的启示。

文献梳理发现，现在学界尤其我国学界专门针对“乡村振兴战略”主题研究不多，其原因可能是该战略刚提出不久；学界对关于“乡村振兴”或与乡村振兴相关的学理性阐释也比较缺乏。为深刻理解和准确把握乡村振兴战略，我们有必要对这一战略的理论逻辑、科学内涵和实现路径进行探讨。

二、乡村振兴战略的理论逻辑

分析乡村振兴战略的理论逻辑，可从以下方面来展开：

（一）乡村振兴战略的核心要义体现在“战略”

实施乡村振兴战略，是中国特色社会主义进入新时代，党对“三农”发展新形势新任务新目标的重大判断、重大决策。把“乡村振兴”作为一个“战略”提出来，这有别于以往任何一个农业农村发展政策，其体现的是一个宏观的、系统的、综合性、全局性的发展方略。

1. 战略思维。乡村振兴战略是习近平“三农”思想的集中体现，是习近平新时代中国特色社会主义思想的一个重要组成部分。习近平总书记强调：“中国要强，农业必须强；中国要美，农村必须美；中国要富，农民必须富。”“任何时候都不能忽视农业、不能忘记农民、不能淡漠农村。”“要坚定不移深化农村改革，坚定不移加快农村发展，坚定不移维护农村和谐稳定。”党的十九大提出的乡村振兴战略深刻阐明了新时代中国特色社会主义“三农”工作的战略地位、工作方法和重要举措，是我们新时代做好“三农”工作的根本遵循，其科学回答了新时代“三农”工作中许多理论与实践问题。

2. 战略主体。一方面，作为国家战略，国家理所当然是这一战略的实施主体。长期以来，为支持国家工业化和城市优先发展，我国农业农村农民为此做出巨大贡献，付出巨大牺牲，造成长期的城乡二元分隔，“三农”问题成为我国当前不平衡不充分发展最为突出的一部分；改革开放 39 年来，我国综合国力和经济实力得到极大增强，国家现在拥有较充分物质条件和技术条件支持“三农”发展，实现乡村振兴。另一方面，乡村振兴战略的依靠主体是人民。十九大指出：“坚持一切以人民为中心。人民是历史的创造者，是决定党和国家前途命运的根本力量。必须坚持人民主体地位。”在实施乡村振兴战略中，广大农民是这一战略依靠的主体，推进这一战略必须以广大农民为中心，紧紧依靠和为了广大农民。

3. 战略内容。战略内容是宏观的、全面的、立体和多元的。乡村振兴战略既是对长期以来我国“三农”问题的再思考、再认识、再探索，又是站在新时代历史起点上对我国“三农”问题的再出发、再部署、再推进。其战略内容不仅包括了农业经济建设，还包括了政治建设、文化建设、社会建设、生态文明建设等多方面；不仅抓住了当前乡村振兴亟待解决的“人”“地”“钱”关键问题，而且还对一些具体问题进行了认真回答，如“保持土地承包关系稳定并长久不变，第二轮土地承包到期后再延长30年”，这意味着2028年第二轮土地承包到期后再延长30年，即2058年前后，包括原来承包期，形成一个75年的土地承包期限，再加上一个长久不变的土地制度，形成了对未来相对稳定的预期，这利于承包关系稳定并长期不变，起到“定海神针”的作用，既给农民吃了定心丸，也有利于资本下乡，这也和实现全面现代化的时间不谋而合。

（二）乡村振兴战略的关键在“振兴”

乡村振兴战略目的在于实现乡村发展、兴盛，实现农业农村现代化。可从三个维度来解读“振兴”这一关键。

1. 时间维度。实施乡村振兴战略站在了新时代历史起点上，这是新的时代背景。中国特色社会主义进入新时代，我国社会主要矛盾已经转化为人们日益增长的美好生活需要和不平衡不充分发展之间的矛盾。我国改革开放事业发轫于农村改革，改革开放39年以来，我国农业生产力获得极大提高，但农业现代化却落后于其他现代化，农村社会农民日益增长的美好生活和不平衡不充分发展之间的矛盾成为了主要矛盾。因此，“振兴”提出，既体现了长期以来党和政府把“三农”工作作为全党工作重中之重的延续，不忘本来；又体现了新时代党和国家对解决“三农”问题发出的新号召，面向未来。

2. 空间维度。乡村振兴战略站在了新的空间维度上。“实施乡村振兴战略”是党中央在充分统筹考虑农业农村农民之间新空间结构、乡村与城市、农业农村现代化与其他“三化”（即中国特色新型工业化、信息化、城镇化）协调发展，充分统筹国际国内两个大局基础上提出的新型发展战略。十九大指出，要推动新型工业化、信息化、城镇化、农业现代化同步发展；要不断坚持和扩大对外开放，主动参与和推动经济全球化进程。一方面，乡村振兴是和国内经济社会发展紧密相关的，是城乡共生共荣的发展，是“四化”同步和“五位一体”的发展；另一方面，我国的乡村振兴战略不能独立于国际社会之外，农业发展、产品对外贸易、农村治理等问题，不仅仅是国内问题，一定程度上是全球性问题，我国乡村振兴是全球治理体系一个有机组成部分，实施这一战略完全可以借鉴国际上许多国家乡村发展的成功经验和做法。

3. 理念维度。乡村振兴战略是贯彻“创新、协调、绿色、开放、共享”新发展理念的集中表现。其一，提出优先发展。该战略延续党和政府在“三农”问题“重中之重”定位，而乡村振兴战略不仅再次重申“三农”问题作为全党工作重中之重，而且首次提出“要坚持农业农村优先发展”，“优先”体现的是重点支持，着力缩小城乡差距，保证农民在共建共享发展中有更多获得感，体现的是新发展共享理念。其二，提出融合发展。近年来，城乡差距缩小，农村贫困人口减少，这是近几年我国贯彻协调新理念的结果。乡村振兴战略由统筹城乡到城乡融合发展，这进一步体现了协调的发展新理念。其三，乡村振兴战略有别于过去许多针对某一具体农业或者农村、农民的发展对策。“振兴”追求乡村全面振兴，这既包括了农村，也包括了乡镇，体现的是村、乡镇和城市发展格局，追求的是城乡融合发展，体现城乡互动、城乡协调、相互促进、相互融合发展理念。

（三）乡村振兴战略的靶向在“乡村”

乡村振兴战略靶向是乡村，乡村作为一个有机整体，是一个极其复杂的特大系统，它包含生态、经济、社会等多方面的极其丰富的内容。

1. 实现内涵式发展。实施乡村振兴战略20字总要求：“产业兴旺、生态宜居、乡风文明、治理有效、生活富裕”。这其实是要乡村实现内涵式发展，仔细比较2005年社会主义新农村建设提出的“生产发展、生活宽裕、乡风文明、村容整洁、管理民主”发展20字方针，我们发现，两者表述，均是一个完整有机的统一整体，表述不同，后者是站在新时代历史背景下，是对新农村建设的延续、超越与升华，体现农业农村发展到新阶段的必然要求，体现了党中央对“三农”问题的再思考、再出发、再部署（表1）。

表1　社会主义新农村建设20字方针和乡村振兴战略20字总要求表述比较

社会主义新农村建设	实施乡村振兴战略	比较表述
生产发展	产业兴旺	发展是解决我国一切问题的基础和关键，由“发展”到“兴旺”，体现层次和要求上的升级
村容整洁	生态宜居	静态升级到动态，强调农村生态文明建设：一是村庄面貌干净整洁单项拓展到整个生态环境；二是注重人的获得感，达到“宜居”
生活宽裕	生活富裕	城乡居民收入差距进一步缩小，农民有持续稳定收入来源，经济宽裕、衣食无忧、生活便利、共同富裕
管理民主	治理有效	管理到治理，民主是要求，有效是结果，体现从重程序强调重结果，加强创新新农村社会治理，农村更加和谐、安定有序
乡风文明	乡风文明	乡风文明建设是精神文明建设范畴，是一个长期过程，必须坚持和完善发展

2. 与城市融合发展。实施乡村振兴战略提出“城乡融合发展”，这有别于党的十六大提出的“城乡统筹”。“统筹”解决的是“城市有而农村没有”“两者差距较大”问题，比如良好的教育资源、医疗条件、基础设施等，讲求的是城乡之间要素统筹和分配管理，依托政府主导，主要是宏观统筹。城乡融合追求城乡共生共荣，依托市场，主要靠市场调节。党的十九大提出，“建立健全城乡融合发展体制机制和政策体系”，这就是要解决市场作用偏弱的状况，打破政府单一主体，破除城乡二元体制，积极发展农村要素市场。当前，以农民返乡创业、资本下乡、新型城镇化建设为标志“城乡融合”正加快发展。

3. 实现现代化发展。农业现代化是基本现代化和全面现代化不可或缺的重要组成。习近平总书记强调：“没有农业现代化，没有农村繁荣富强，没有农民安居乐业，国家现代化是不完整、不全面、不牢固的。”乡村振兴战略沿用了 2016 年中央 1 号文件提法：“农业农村现代化”。党代会上加入“农村”二字，一是强调了对村庄发展的重视；二是在乡村振兴中，村庄的治理急需要序列制度跟进，用来支撑乡村文明、乡村稳定和乡村发展；三是对“三农”工作提出了更高要求。不再局限于农业现代化，而且扩大到了农村经济、政治、文化、社会、生态等各方面。

三、乡村振兴战略的科学内涵

理解和把握乡村振兴战略科学内涵，是深入学习贯彻习近平新时代中国特色社会主义思想，全面科学实施乡村振兴战略的前提。为深刻理解和把握这一科学内涵，可从以下方面进行分析：

（一）乡村振兴战略的基本内涵

乡村振兴战略是以习近平同志为核心的新一届中央领导集体，坚持以习近平新时代中国特色社会主义新思想为指引，在中国特色社会主义进入新时代，开启全面建设社会主义现代化国家新征程上，围绕新时代“三农”问题，加快农业农村现代化步伐，加快推动我国农业大国向农业强国迈进的重大战略举措。第一，该战略领衔主体是以习近平同志为核心的新一届中央领导集体。乡村振兴战略就是以习近平同志为核心的新一届中央领导集体对“三农”工作“新时代要有新气象，更要有新作为”的表现。第二，该战略是以习近平新时代中国特色社会主义思想为指导。十九大报告从八个方面对新时代中国特色社会主义思想进行了“明确”。第三，该战略体现社会主义进入新时代“三农”工作新要求。中国特色社会主义进入新时代，农业农村发展进入新阶段，城乡之间发展呈现新特点，“三农”问题在现代化国家建设中成为短板，不平衡不充分发展问题突出。第四，战略的历史任务是加快农业农村现代化步伐，加快推进农业大国向农业强国迈进，和建设社会主义现代化强国相适应，与实现伟大民族复兴中国梦相适应。新时代下，以习近平同志为核心的党中央将坚持优先发展农业农村，将其视为实现伟大民族复兴不可或缺的一个部分，坚持统筹和全局管理，坚持农业农村现代化优先发展。

（二）乡村振兴战略的总体要求

乡村振兴战略 20 字总要求，首先，其是一个有机整体，不可分割。产业兴旺是根本，生态宜居是基础，乡风文明是关键，治理有效是保障，生活富裕是目标。这五个方面统一于总体要求之中，统一于乡村振兴战略之中。其次，该总体要求体现了“我国经济已由高速增长阶段转向高质量发展阶段”特征，体现了农业农村发展到新阶段新任务新要求。改革开放以来，农业综合生产能力极大增强，农民收入显著提高，农村面貌极大改善，但新时代下“新三农”问题依然突出，需要统领全局，全面考虑和整体推进解决。再次，总体要求契合了新时代我国社会主要矛盾的变化要求，乡村振兴战略是“满足人民日益增长的美好生活需要”，是要使广大农民获得感、幸福感、安全感更加充实、更有保障、更可持续。

（三）乡村振兴战略的主要内容

实施乡村振兴战略，其是一个系统战略工程，乡村振兴战略的主要内涵了党对“三农”工作的重视、战略的总要求、关键举措和推进实施战略的具体举措和关键措施。主要包括城乡融合发展、农业农村现代化、农村土地制度改革、国家粮食安全、现代农业三大体系建设、小农户和现代农业发展、农村三产融合、“自治、法治、德治”三治理结合、“一懂两爱”农村工作队伍等诸多方面诸多层次。特别重要的是，实施乡村振兴战略，将实现工业现代化和农业现代化同步推进，使城镇化发展和村镇化发展更加协调，促进城乡资源要素良性互动，让农村更美好，融合城乡一起迈向现代化，因此，这一战略内容又是全方位的、立体性的。

（四）乡村振兴战略的关键举措

当前，城乡发展不平衡，农村落后于城市发展。建立健全城乡发展体制机制和政策体系是该战略的关键举措，因为在该战略中，这一举措是在坚持优先发展农业农村基础上，按照战略总要求，直接为加快实现农业农村现代化这一战略目标服务的。因此，这是实施乡村振兴战略的关键举措，是在充分总结国内外城乡发展经验，充分考虑当前和今后长时间城乡关系发展基础上做出的。经过近十几年的发展，特别是党的十八以来，我们对构建新型城乡发展关系，进行重大实践推动，对坚持城乡统筹，一体化发展进行重大部署，形成工业反哺农业、城市支持乡村的发展良好局面，但是城乡发展的融合水平仍然不高、城乡二元分割的结构仍然突出。优化解决城乡二元结构，必须走城乡融合发展道路。

（五）乡村振兴战略的主要目标

乡村振兴战略的主要目标是实现农业农村现代化。农业农村现代化是国家现代化建设的一个重要方面。体现了党把“三农”问题作为我国经济社会发展不平衡不充分的表现，抓住了新时代中国特色社会主义主要矛盾的主要方面，以更高要求，更广的视角，将农业农村现代化工作放在了与城镇化、工业化、现代化建设同等重要的位置。当前，为推进农业农村现代化，提出了一系列具体政策，这些政策有重申、有沿革、有创新。推进农业农村现代化，要坚持农业农村整体思维，坚持一盘棋考虑，既要充分考虑推进农业产业现代化和农村社会综合治理现代化，坚持农村经济政治社会文化生态“五位一体”全面发展，又要坚持协调和平衡发展，充分发挥“农业现代化”＋“农村现代化”“1＋1＞2”的整体效果，实现农业农村农民良性发展、充分发展，要加快一、二、三产业融合、加快农民创新创业、推动农村社会综合治理。

四、乡村振兴战略的实现路径

深入推进实施乡村振兴战略，必须坚持做到以下几点：

（一）坚持顶层设计，科学制定战略规划

战略欲动，规划先行。把准农业农村农民发展新阶段，认识新特征，掌握新情况，把握新规律，坚持顶层设计，科学制定乡村振兴战略规划。为此，一是要整体推进。规划要体现战略的科学性、整体性、前瞻性。要按照实施乡村振兴战略20字总要求，从建立健全城乡融合发展体制和机制着手，深入推进农业农村现代化。二是要系统谋划。规划要体现适应性、系统性、客观性。要坚持因地制宜，做到战略规划既要顶天，着眼于国家整体战略的需要，又要立地，因地制宜，对症下药，实现政策制定与措施实施的精细化精准化。三是要坚持全球视野。我国的乡村振兴是全球乡村治理体系不可或缺的一个重要组成部分，乡村振兴规划要坚持国际视野，放眼全球，着眼全球治理，努力在全球乡村治理体系中贡献中国方案和中国智慧。

（二）强化制度供给，推进“五位一体”建设

乡村振兴战略关乎全局，制度供给是战略实施关键所在。强化乡村振兴

战略的制度供给，一是要加快建立健全城乡融合发展体制机制和政策体系；二是着眼农村土地制度创新，加强农村土地制度改革供给；三是要加大强农惠农制度建设和政策扶持，保障国家粮食安全制度和政策设计；四是要着眼现代农业发展要求，加大农业支持保护制度建设。此外，还需要加强农民权益保障体制机制建设，增加农民收入，保障农民合法权益；要着眼加强农村基层基础工作，健全自治、法治、德治相结合的乡村治理体系制度。

（三）坚持人民主体，为了和依靠广大农民

党的十九大报告提出“坚持一切以人民为中心”。到2020年全面建成小康社会，我国还有数千万贫困人口有待脱贫；2030—2050年，我国农村还有将近4亿人口。农民是实施乡村振兴战略主体，实施乡村振兴战略需要紧紧依靠亿万农民，要充分调动和发挥广大农民积极性、主动性、创造性。一是培养造就一支懂农业、爱农村、爱农民的“三农”工作队伍；二是要在工作推进中，把工作做细做实，让乡村振兴战略各项举措落地生根；三是一切为了广大农民，坚持农民立场，坚持一切工作是为了农民；四是要让广大农民成为乡村振兴战略的最直接的受益者，让农业有奔头，让农民职业有吸引力，让农村成为乐园。

（四）抓住关键要素，让核心要素充分流动

实施好乡村振兴战略，就是要抓住关键，让“人”“地”“钱”等核心关键要素充分涌动起来。首先，要实现“人”这一要素充分流动。要继续推动农业人口转移，加快城镇化建设，要关注农村人口结构性和老龄化问题，要鼓励农民返乡创业，支持大学生回乡创业。其次，围绕“三权分置”，不断创新农村土地制度改革，加强对农村宅基地、经营性和公益性集体建设用地长远考虑，服务乡村振兴战略。再次，要推动资本下乡。要以维护广大农民根本利益为出发点，鼓励资本下乡，加强对乡村振兴战略的金融支持，引导社会资本积极参与乡村振兴战略，要推动城乡自然资本增值，让城市与乡村融合发展。此外，乡村振兴战略需要充分依靠科技的力量、市场的力量，充分激发和释放实施乡村振兴战略的动力。

（五）抓好工作部署，推动战略行稳致远

落实好实施乡村振兴战略的各项工作举措，推动战略行稳致远。除了严格布局落实好乡村振兴战略各项规定举措外，需要特别处理好以下几点：一是善于使用和处理好行政和市场之间的关系。比如在农业方面，我国人多地少的国情决定了小农生产的农业生产方式将一定程度存在，我们必须避免人为干预加速小农生产的消亡，需要留给小农生产足够的发展空间。二是要充

分尊重和保障农民权益。如在农地流转方面，必须尊重农民意愿和保护农民权益，不能凌驾民意和侵害农民权益。三是要关注发展短板。特别是贫困小农户、老弱病残农村人口、留守儿童等，除人文关怀外，必须与精准脱贫、与构建有效社会保障体系联系起来。四是特别要关注农村社会管理。需要加强农村基层基础工作，追求管理有效，着力健全自治、法治、德治“三治”相结合的乡村治理体系。

五、结语

站在新时代历史起点上，深刻把握乡村振兴战略理论逻辑，科学领会其科学内涵，加快实现乡村振兴战略，必将使我们牢牢把握农业农村发展的阶段性特征，加快推动实现农业农村现代化，加快实现农业大国向农业强国建设转化。乡村振兴战略的持续深入推进，必将为全面建成小康社会奠定坚实的基础，为夺取新时代中国特色社会主义伟大胜利迈出坚实的步伐，为实现中华民族伟大复兴的中国梦注入强大的动力。

【参考文献】

蔡昉．走出一条以人为核心的城镇化道路．决策探索，2017（4）：22－23.

陈锡文．我国的农村改革与发展．领导科学论坛，2017（6）：3－15.

高慧智，张京祥，罗震东．复兴还是异化？消费文化驱动下的大都市边缘乡村空间转型——对高淳国际慢城大山村的实证观察．国际城市规划，2014，29（1）：68－73.

韩长赋．大力实施乡村振兴战略//本书编写组．党的十九大报告辅导读本．北京：人民出版社，2017.

韩俊．谋划好农业现代化大棋局．农产品市场周刊，2016（3）：7－7.

何慧丽．当代中国乡村复兴之路．人民论坛，2012（31）：52－53.

贺雪峰，吴理财．分化的农村，复杂的治理．云南行政学院学报，2016（4）．

黄季焜．中国农业的过去和未来．管理世界，2004（3）：95－104.

黄祖辉，徐旭初，蒋文华．中国“三农”问题：分析框架、现实研判和解决思路．中国农村经济，2009（7）：4－11.

刘守英．“城乡中国”由单向城市化转向城乡互动．农村工作通讯，2017（10）．

刘彦随，严镔，王艳飞．新时期中国城乡发展的主要问题与转型对策．经济地理，2016，36（7）：1－8.

潘家恩，温铁军．三个“百年”：中国乡村建设的脉络与展开．开放时代，2016（4）．

潘家恩．返乡书写：故乡的“问题”，还是“城乡”的困境？文化纵横，2017（3）：16－16.

彭兵．市场化进程中的国家与乡村：实践与反思．浙江大学学报（人文社会科学版），2012，42（3）：122－130.

申明锐，沈建法，张京祥，等．比较视野下中国乡村认知的再辨析：当代价值与乡村复兴．人文地理，2015（6）：53－59.

沈费伟，刘祖云．精英培育、秩序重构与乡村复兴．人文杂志，2017（3）：120－128.

王勇，李广斌．乡村衰败与复兴之辩．规划师，2016，32（12）：142－147.

魏广龙，崔云飞．“衰落”乡村的振兴——河北省正定县乡村社区调研及再生营建策略研究．现代装饰：理论，2016（9）．

项继权．中国农村建设：百年探索及路径转换．甘肃行政学院学报，2009（2）：87－94.

徐勇．“根”与“飘”：城乡中国的失衡与均衡．武汉大学学报（人文科学版），2016，69（4）：5－8.

张红宇．美丽乡村建设要留住乡情乡愁．人民论坛，2016（34）．

张小林．乡村概念辨析．地理学报，1998，53（4）：365－370.

张勇．透过“博士春节返乡记”争鸣看乡村问题、城乡矛盾与城乡融合．理论探索，2016，22（4）：86－93.

赵晨．要素流动环境的重塑与乡村积极复兴——“国际慢城”高淳县大山村的实证．城市规划学刊，2013（3）．

郑风田．中国城乡一体化发展路径选择．人民论坛，2016（s1）：70－71.

Bai X，Shi P Liu Y. Realizing China's Urban dream. Nature. 2014（509）158－160.

Gladwin C H，Long B F，Babb E M，et al. Rural entrepreneurship：one key to rural revitalization. American Journal of Agricultural Economics，1989，71（5）：1305－1314.

Johnson T G. Entrepreneurship and Development Finance：Keys to Rural Revitalization：Discussion. American Journal of Agricultural Economics，1989，71（5）：1324－1326.

Kawate T. Rural Revitalization and Reform of Rural Organizations in Contemporary Rural Japan. Journal of Rural Problems，2005，40（4）：393－402.

Liu Y，Fang F，Li Y. Key issues of land use in China and implications for policy making. Land Use Policy，2014（40）：6－12.

Liu Yanshui，Li Yuheng. Revitelize the world's countryside. Nature，2017（548）：275－277.

McLaughlin，K. Infectious disease：Scandal clouds China's global vaccine ambitions. Science，2016，283：352.

Nonaka A，Ono H. Revitalization of Rural Economies though the Restructuring the Self-sufficient Realm：Growth in Small-scale Rapeseed Production in Japan. Japan Agricultural Research Quarterly，2015，49（4）：383－390.

（作者单位：江西农业大学）

乡村振兴战略的推进者、关键点、发展路径与风险规避

刘合光

中华民族历经磨难、战斗、改革和建设，迎来了从站起来、富起来到强起来的伟大飞跃，中国发展进入了新时代。我国社会发展的主要矛盾已经转变为人民日益增长的美好生活需要和不平衡不充分的发展之间的矛盾（习近平，2017）。乡村发展落后是发展不平衡不充分的重要表现，也是实现中华民族伟大复兴必须加以弥补的主要短板。习近平总书记强调“农业农村优先发展”，提出实施乡村振兴战略，把农业农村的发展摆到国家战略的高度进行决策部署。乡村振兴战略是我党在新时代建设现代化强国的重大战略构想，具有重要战略意义，是解决我国新时代主要矛盾的重大举措，是弥补我国发展短板的重要抓手，是全面建成小康社会的根本性举措。实施这一战略要激活参与主体积极性，充分发挥其作用，必须抓好战略关键点、踏准阻力最小的战略路径、规避战略实施中的潜在误区，深入推进乡村振兴，构建适应新时代发展要求的城乡融合发展新格局。

一、激发参与主体活力

伟大的事业是人民群众干出来的。落实乡村振兴战略构想，需要各参与主体充分协作、共同努力，才能把伟大蓝图一步步转化为梦想成真的现实。推进乡村建设的主体众多，包括乡村振兴总设计师、振兴家乡的村民、掌控和推进具体乡村振兴事务的村干部、推进乡村振兴事业的人民公仆、助力乡村振兴的各类智囊，以及其他参与者。这些主体以个人身份或者通过组织出面，积极参与到我国乡村振兴战略的实施进程中，形成一股合力，团结奋进落实这一伟大战略构想。

第一，总设计师是乡村振兴的舵手。乡村振兴的总设计师提出乡村振兴战略，并领导这一战略在全国的实施。他是乡村振兴事业的舵手，倡导城乡融合平等发展的理念，把握全国乡村振兴的正确航向。在他的号召下，各参与主体拧成一股绳，踊跃参与乡村振兴伟业，按照总设计师指明的方向，积极做出各自的贡献，分阶段、分步骤、有序稳妥地推动乡村实现振兴。

第二，人民公仆是党和政府推动乡村振兴战略的坚定执行人。人民公仆要以各级政府部门和机构为单位，深入领会和贯彻乡村振兴总设计师的战略思想，坚定执行涉及乡村振兴战略的各项政策任务。国务院有关部委要积极谋划和及时制定《全国乡村振兴规划纲要》以及《全国乡村振兴规划》（阶段性），及时出台《关于实施乡村振兴战略的意见》（指导性），制定配套的乡村振兴政策措施。地方政府要根据总设计师的战略思想和国务院及其部委的部署，制定地方乡村振兴规划、实施意见和配套政策措施。与乡村振兴战略关系密切的有关政府部门和机构，要在乡村振兴规划制定、政策制定与实施、乡村振兴政策任务落实、监督和效果评估等方面长期跟进，积极作为。

第三，村干部是掌控和推进具体乡村振兴事务的领头人。一个单位发展得好不好，主要取决于领头人是否心甘情愿干、能不能够花心思灵巧高效干。乡村振兴同样离不开这样的领头人。要通过遴选和培训打造一批能够掌控和推进具体乡村振兴事务的村干部队伍。他们是乡村振兴的先锋队，他们具有秉承乡村优良文化传统的定力，心甘情愿为村民谋发展、为乡村求振兴，他们具有现代文化知识和科技素养，积极思考、学习和运用利于乡村振兴的新思路、新方法和新技术。中国要有一大群这样的先锋分子，中国乡村振兴的战略任务就能够顺利完成。

第四，村民是具体乡村振兴的最重要的利益相关者和建设者。虽然乡村振兴是国家战略，是自上而下提出的乡村发展总要求，但是乡村振兴不能没有村民的参与。在未来各地落实中央关于乡村振兴的战略部署中，务必发挥村民的主动性，激活村民的活力和潜力，采取自下而上和自上而下相结合的方式制定具体村庄的振兴规划和方案，使村民积极为乡村勾勒发展蓝图献计献策、参与乡村的有效治理、把良好乡风融入自身习惯和日常行为、为乡村的“富强、民主、文明、和谐”发展贡献自身力量。振兴家乡的村民是具体乡村振兴事业的主要建设者和最重要的利益相关者，振兴乡村要满足他们的需要，更要激发他们的积极性，主动参与建设美好家园。

第五，各类智囊是助力乡村振兴事业的思想启发者和方案策划人。智力资源是一个国家、一个民族最宝贵的资源。我们推进乡村振兴事业，必须善于集中各方面智慧、凝聚最广泛力量。前景美好而任务艰巨的乡村振兴事业，需要各类智囊提供强大的智力支持。借助智囊的智慧，政府部门制定规划、出台政策将获得最优秀思想的启发，形成的乡村振兴规划和政策将更具有高度、更具有可行性。借助智囊的智慧，乡村干部和村民将进一步获得更好、更有效率和效益的乡村振兴思路与方案，充分匹配和利用好有限的资源，平稳高效实现本村的振兴目标。

当然，参与乡村振兴的参与者还有其他许多群体，如为具体乡村实现振兴提供产品和服务的个体与企业，购买和消费具体乡村产品和服务的个体与企业，他们通过市场机制，与正在奋力实施振兴规划以及已经实现振兴目标的乡村密切联系了起来，主观上他们为了自己的利益，客观上他们推动了乡村的振兴进程，并支撑乡村振兴格局奠定后的可持续发展进程。

二、抓好四大战略关键点

战略的关键点就是战略得以成功实施的关键点位。落实乡村振兴战略必须在如下四个关键点位加大把关力度和战略推进力度。

第一，明确战略目标，矢志不移加油干。乡村振兴战略的目标是实现农业农村现代化。加快推进农业农村现代化进程，才能逐步实现农村振兴。在我国现代化建设进程中，农业和农村是短板，更是薄弱环节。乡村振兴的核心任务就是要补足这块短板，改造这一薄弱环节。实施乡村振兴战略，加快推进农业农村现代化，是全面建设社会主义现代化强国的根本性工程。一定要把这个基础打牢固建扎实。诚然，实现农业农村的现代化是一项艰巨任务，需要付出长期的不懈努力。全党和各族人民要矢志不移加油干，到2050年，农业农村和非农业与城镇必须同步实现现代化。从现在起要把现代化理念、现代化机制、现代化要素融入到农业农村的日常生活、生产、生态、文化孕育和乡村治理中去；要在2025年、2035年和2050年依次达到初步形成乡村振兴格局、基本实现农业农村现代化、全面实现农业农村现代化的阶段性目标。在明晰目标的指引下，全国各行动主体齐心协力奋斗，乡村振兴战略终将如期圆满落实。

第二，落实总体要求，思路明晰踏实干。在十九大报告中，习总书记指出了我国乡村振兴战略的总要求：产业兴旺、生态宜居、乡风文明、治理有效、生活富裕。这一总体要求是对我国乡村建设思路的清晰刻画，是全国落实乡村振兴战略的总方针。产业兴旺，意味着实现包括农业在内的农村产业更加发达和更有活力；生态宜居，意味着全面创造宜居的良好生态环境，建设好美丽乡村；乡风文明，意味着充分认识乡村的文化价值，要从文化自信的角度，以文化人，把优秀的文化风俗融入到乡村建设的方方面面；治理有效，意味着要注重治理的效果，要把乡村民主自治、法治和德治融合成为有效的乡村治理体系，形成有序、有效的乡村治理新格局；生活富裕，意味着农民收入显著提高，并进一步过上富足的生活。方针提出来了，思路也就清楚了，各地可以以此为指针，创造性地细化行动方案，因地制宜地把振兴当地乡村的事业，脚踏实地地干出来。

第三，抓住关键要素，打破瓶颈高效干。实施乡村振兴战略，要抓住“人、地、钱”三大关键要素。人气是乡村振兴的第一要素。我国大多数具有发展前景的乡村，拥有适宜居住的生态环境、打下了良好的产业基础，实现振兴还需要进一步凝聚人气，要培育一支精干的农业农村工作队伍，促进产业兴旺，抓好乡村治理，培育文明乡风，让乡民与全国人民一道追求和享受富裕文明的现代化生活。从“地”来看，就是要巩固和完善农村基本经营制度，深化农村土地制度改革，落实承包地“三权”分置，实现土地与农村产业和农业科技的高效匹配，切实提高土地经营效率和效益，在壮大集体经济实力的同时，稳步提高农户收入。从“钱”来看，要促进公共财政和社会资源投入“三农”发展事业。一方面要按照坚持农业农村优先发展的理念，使公共资源配置优先向“三农”倾斜，增强财政支持农业、发展农村和补助农民的力度，切实提高农村公共服务供给水平和效率，力求达到城乡平等目标；另一方面要创造条件激励社会资本投入农村振兴事业，促进适合农村发展的产业、项目、技术分流到农村，鼓励万企万村对接，以提高农村技术水平、产业兴旺程度和现代化程度，为农民提供更多就业机会，增加其收入。

第四，聚焦关键难题，有的放矢精准干。站在中国特色社会主义新时代，党中央提出乡村振兴战略，就是要解决农业农村发展不平衡不充分的短板问题。这些问题集中表现为：城乡之间，发展水平差距依然较大；“三农”内部，农业供给质量、综合效益和竞争力不高，农民增收后劲不足，农村自我发展能力较弱。解决城乡发展差距问题，必须依靠建立健全城乡融合发展体制机制和政策体系，把城乡融合起来统筹考虑，系统推进二者的建设和发展，一方面要秉持历史耐心稳步推进城镇化进程（李强，2015），把更多农村富余劳动力有序吸引到城镇去就业和安家；另一方面要优先发展农业农村，把工业技术力量和城镇生活便利传播到农村，提高乡村发展水平。针对农业问题，必须继续推进农业供给侧结构性改革，构建三大体系发展现代农业，促进农业转型升级，切实提高农业供给质量、综合效益和竞争力。针对农民问题，要坚持两手抓，一手抓农业转移人口市民化，为农民落户进城创造条件，通过减少农民以富裕剩余农民；另一手抓乡村留守农民能力提升，通过提高农民的经营能力、经营规模和资产规模以提高其收入。针对农村问题，要通过资源的统筹匹配，形成乡村的自我发展能力。在基本资源具备的前提下，农村自我发展的关键是要形成具有战斗能力的基层干部队伍。依靠这支精干的队伍去领导农民、发展农业、管理农村，形成兴旺、美丽、文明、和谐、富强的农村发展新局面。

三、踏准四大战略路径

任何战略的实施，均须精准施策，找准路径，方可成功。战略路径就是战略实施的推进方向，是战略实施阻力最小的路线图。乡村振兴战略可以从如下四大战略路径推进。

第一，全面深化农村改革，通过机制创新路径推进农村振兴。体制机制是社会发展活力的总开关，体制顺了机制活了，乡村社会才会活力涌现，各项事业才能够蓬勃发展。全面深化农村改革，全面激活市场、要素和主体，打通渠道，激发各类主体有序奋斗，让广大农民最大限度地分享改革红利，从而实现乡村整体的振兴。首先，要巩固和完善农村基本经营制度，深化农村土地制度改革，完善承包地“三权”分置制度，保持土地承包关系稳定并长久不变，第二轮土地承包到期后再延长30年，为推进农业规模化经营和可持续发展的各类主体提供稳定预期。其次，要深化农村集体产权制度改革，切实保障农民财产权益，不断壮大集体经济。再次，要发展多种形式适度规模经营，培育新型农业经营主体，健全农业社会化服务体系，实现小农户和现代农业发展有机衔接。此外，要积极鼓励农民和城镇居民返乡创新创业，促进农村多种业态融合发展，激活乡村发展新动能。

第二，加快振兴农村产业，通过产业发展路径助力农村振兴。乡村振兴归根结底是发展问题，产业兴旺是乡村振兴的根本。产业为首，首要的问题解决了，后续的问题就有了解决的基础和前提条件。首先，要因地制宜确定乡村的产业发展策略。依据乡村的资源优势、区位优势和发展过程中积累的其他比较优势，确定自己的主导产业，形成能够充分利用自身资源并符合市场需要的产业结构，着重发展特色产业。其次，促进农业与二、三产业的融合发展。要充分挖掘和拓展农业的多维功能，促进农业产业链条延伸，丰富农村产业增值环节；促进农业与其他产业尤其是文化旅游产业的深度融合，大力发展农产品加工和农村新兴服务业，为农民持续稳定增收提供更加坚实的农村产业支撑。再次，加快农业供给侧结构性改革，构建现代农业产业体系、生产体系、经营体系，发展多种形式适度规模经营，培育新型农业经营主体，健全农业社会化服务体系，全面推进农业现代化进程。此外，还要完善农业支持保护制度，调整农业农村补贴方式，增强补贴的指向性和精准性，提高农业补贴的效能（刘合光，秦富，2015）。

第三，发挥科技引领作用，通过科技创新路径高效振兴乡村。科学技术是第一生产力。现代化建设离不开科学技术的支撑。乡村振兴实现农业农村现代化，要充分利用一切适宜的科学技术成果。发挥科技引领作用，可以实现农村发展的弯道超车效应，迅速提高乡村发展水平，缩小城乡差距。首先，整合公共力量，进一步加大农业科技资金投入，整合各方面科技创新资源，完善国家农业科技创新体系、现代农业产业技术体系和农业农村科技推广服务体系，依靠科技创新激发农业农村发展新活力。其次，整合民间力量，促进私人资本扩大对农村科技开发、推广和应用的投入，在农村环境保护、农村治理、农村产业发展、农村生活便利化等各个领域扩大现代科技成果的广泛应用，并切实提高应用效率和效果。再次，促进互联网技术、智能化技术、物联网技术等现代技术与农业农村生产生活生态的密切融合，让农民充分享受现代科技成果，并运用这些成果实现乡村振兴，进一步引导农民积极参与现代科技的创新创造活动，实现乡村升级发展。

第四，打造乡村人才队伍，通过人才培育路径引领乡村振兴。人才是经济社会发展的第一资源。一个能人可以振兴一片乡土。乡村振兴离不开热爱乡土的带头人。打造乡村人才队伍，就是为乡村振兴播下能够形成星火燎原式乡村繁荣局面的种子。人才路径，是实现乡村振兴“以一当百”效应的重要路径。一是改造、巩固和建设好乡村党支部，搭好乡村振兴的班子，为乡村实现良好治理打下组织基础。二是加强职业农民和新型农业经营主体培训，培养造就一支懂农业、爱农村、爱农民的“三农”工作队伍。三是要激励更多优秀的城市人才下乡创业，支持和鼓励农民就业创业，为乡村产业兴旺播下人才种子。四是打造乡村信息人才队伍，促进乡村全面融入信息化浪潮，依靠互联网高效接受新政策、新技术、新思路、新商机。五是打造乡村科技人才队伍，依靠科技人才，吸收现代科技成果改造传统农业和农村，依靠现代科技发展现代农业，促进农村产业融合发展。六是培育乡土文化人才，促进乡土文化传承和文化创作，繁荣乡土文化，树立文明乡风。

四、规避战略实施的潜在误区

一些国家在推进乡村发展的过程中，遭遇过挫折，出现过失误，一度给农民增加了负担，严重的甚至导致国家发展陷入“发展中陷阱”、社会动荡频繁发生。我国实施乡村振兴战略，有必要汲取它们的教训，必须避开一些潜在的战略实施误区，各地在落实战略部署时要避免走上歧路，要按照党中央提出的指导方针，平稳有序实现乡村振兴的伟大战略构想。

第一，避免“大跃进”，乡村振兴要循序渐进。乡村振兴不能一哄而上，没有条件的乡村不能急于挤进乡村振兴的首班车。“大跃进”式的乡村振兴是要命的，轻者劳民伤财、重者伤及国家元气。我们必须明白，城镇化是中国乡村振兴战略实施的时代背景。我国城镇化进程还没有结束，农村人口向城镇转移的趋势还没有发生转变。在此背景下，一些乡村注定是要退出历史舞台的。乡村振兴不是要振兴所有乡村。应该有所为有所不为。要在一定标准下筛选出值得振兴的乡村来。是否有历史文化积淀、是否有可以持续发展的产业、是否有人口的凝聚力、是否有适宜居住和发展的资源、是否有善治和良治的前景，应该作为首批入选乡村的主要筛选标准。然后按照乡村振兴的战略部署和阶段划分，量力而为、精心而且有序地分批次实现各地的乡村振兴。

第二，避免无参与，乡村振兴要激活村民。虽然乡村振兴是国家战略，是自上而下提出的乡村发展总要求，但是乡村振兴不能没有村民的参与。如果农民在这场关乎自己家乡建设和自身利益的乡村建设和发展中集体“失语”，将会导致乡村振兴落空成为纸上谈兵，或者只是发展了样板，或者仅仅增加了摆设。在未来各地落实中央关于乡村振兴的战略部署中，务必发挥农民的主动性，激活村民的活力和潜力，采取自下而上和自上而下相结合的方式制定具体村庄的振兴规划和方案，使村民积极为乡村勾勒发展蓝图献计献策，参与乡村的有效治理，把良好乡风融入自身习惯，为乡村的“富强、民主、文明、和谐”发展贡献自身力量。

第三，避免太单一，乡村振兴要因地制宜。多元化是有价值和必要的，单一是死板和遏制活力的。推进乡村振兴战略不能千村一面，不能大范围复制有限的乡村样板，不能形成单调的乡村发展局面。对不同乡村，要采取因地制宜的发展策略。非农产业发达、区位条件优越的乡村，宜以就地城镇化为主，但应注意避免照搬城市建设，需要保留乡村特色。生态环境非常脆弱、村庄人口分布极为分散的乡村，宜以异地搬迁或就地保护为主。广大的传统农区与人口外迁地区，则宜通过土地整理、产业升级、基础设施投资等多种手段，实现农村与城市生活的平等融合发展，逐步缩小城乡差距。因地制宜推动乡村振兴战略落地，必须发挥我国各地典型乡村的优势、特色，继承好典型文化传统。

第四，避免增负担，乡村振兴要精进解压。在实施乡村振兴战略的过程中，各地如果只做花架子不取得发展绩效、只铺摊子不取得实际进展、只求过高标准不顾各主体承受能力，必然使乡村振兴战略陷入误区，导致各主体负担猛增、压力陡涨，最后造成怨声载道，落得一地鸡毛。乡村振兴要精进解压，切实不给农民添压力重的负担、不给乡村增不可承受的债务、不给基层政府压超过承受能力的任务、不给国家财政造难以弥补的支出窟窿。避免这种战略歧路，要采取系统对策。一要搞好国家顶层设计，推广城乡融合发展的理念，制定切实可行的战略规划，配套精准有效的战术措施；二要因地分类施策，根据各地实力和省情，因地制宜，分类推进落实乡村振兴战略部署；三要匹配好战略资源与目标，谨记过犹不及，做到用好有限资源实现有限战略目标，不好大喜功；四要激活农村发展新动能，让实施振兴规划的村庄能够自我滚动发展，不是成为一时摆设或者永远填不满的大窟窿，而是促进其迈上可持续发展的乡村振兴之路。

五、结论

实施乡村振兴战略，是破解新时代我国经济社会发展面对的主要矛盾、全面建成小康社会、深入推进社会主义现代化强国建设进程的重要抓手。在此战略机遇期，要激活参与主体，充分发挥其作用，抓住抓好四大战略关键点，遵循四大战略路径，规避潜在的误区，落实党中央的乡村振兴伟大战略构想，形成城乡融合发展的新格局。必须坚持以“人的城镇化”为核心，实施城镇化与乡村振兴双轮驱动的城乡融合发展战略，推进城乡同步、协调、和谐、融合、平等发展。建立健全城乡融合发展体制机制和政策体系，主要在规划布局、要素配置、产业发展、公共服务、生态保护等多个方面实现城乡的共同发展。推进农业农村优先发展，推动要素资源更多向农村配置，加快推进城乡基本公共服务均等化，加大农村各项事业建设力度，实现农村振兴和农业农村现代化建设目标，补齐城乡融合发展的短板。要贯彻城乡融合平等发展的理念，树立城乡一盘棋的发展思路，城市和乡村的发展都要服务于城乡融合发展大局，切实破解我国经济社会发展不平衡不充分的现实难题。

【参考文献】

李强．关键是人的城市化——学习贯彻习近平总书记在中央经济工作会议上的重要讲话精神．求是，2015（3）．

刘合光，秦富．完善我国农业补贴政策的思考．经济研究参考，2015（48）．

习近平．决胜全面建成小康社会，夺取新时代中国特色社会主义伟大胜利——在中国共产党第十九次全国代表大会上的报告．北京：人民出版社，2017．

（作者单位：中国农业科学院农业经济与发展研究所）

新时代下乡村建设的理论与实践及未来发展方向研究

刘国斌　马嘉爽

2017年中央1号文件中提出要加强农村环境治理，加快推进美丽宜居乡村建设，进一步促进乡村生产生活生态协调统筹发展，实现乡村经济进步。十九大报告中又提出了乡村振兴战略，对于乡村建设提出了更高的要求，由此可见，乡村建设已然上升到国家战略高度。随着乡村建设的持续深入，其内容也不断调整，“产业兴旺、生态宜居、乡风文明、治理有效、生活富裕”作为新一轮美丽乡村建设的目标及内容，对于加快城乡统筹发展，优化农村产业结构，实现城乡合理布局，加快新型城镇化进程，促进乡村振兴等具有重要战略意义。“创新、协调、绿色、开放、共享”的五大发展理念使得新时代下乡村建设有了新方向，对于优先农业农村发展，繁荣农村经济，促进农民增收，加快农村农业现代化建设步伐，实现乡村振兴战略目标等具有重要作用。因此，对乡村建设的理论与实践及未来发展方向研究十分必要。

一、相关理论回顾

国外学者有关乡村建设的理论研究开展较早，刘易斯提出二元经济结构理论，他认为：发展中国家和地区的经济发展是由现代工业部门和传统滞后的农业经济部门共同组成的，工业部门由于其自身的经济、技术等优势集聚了农业部门的资源劳动力和技术，对农业部门起着支配效应，而农业部门发展中存在着一定的过剩劳动力，这部分劳动力对于农业部门发展是负担，因此需要将过剩的农业劳动力转移到工业部门中，促进劳动力资源的合理利用。这对于推进乡村建设，实现城乡协调发展，促进城乡要素资源合理配置，促进农村劳动力向非农产业转移，进而解决“三农”问题，促进乡村振兴具有重要理论参考价值。舒尔茨提出了改造传统农业理论，他认为：技术创新、制度创新、人力资本投资等现代投入品向传统农业的投入是打破传统农业低水平均衡，改造传统农业的关键。乡村建设的重点在于乡村产业发展，而乡村产业普遍是以农业为主的，因此，需要对乡村农业进行现代生产要素投入，改造乡村农业，提升乡村农业经济效率，进而深化乡村建设，促进乡村振兴。因此，在某些层面，舒尔茨改造传统农业理论对于乡村建设具有理论支撑作用。约翰·弗里德曼（John Friedmann）于19世纪60年代初提出了核心边缘理论，他认为：一个地区的经济发展是由多个地域社会系统组成的，这些社会地域系统由于经济历史政治等方面的影响形成了不同发展水平和程度的社会地域子系统，经济发展好、潜力大、资源条件好、创新能力强的社会地域子系统可以称为区域经济发展的“核心区”，经济发展滞后，创新能力弱，产业部门不完善的社会地域子系统则是区域经济发展的“边缘区”，核心区往往对边缘区的经济发展具有支配支援和引导的作用。

结合国外学者相关研究，国内学者对乡村建设的理论及实践研究取得了一些成果。有关乡村建设的功能定位及作用方面的研究，吴理财、吴孔凡（2014）研究认为：乡村建设的关键在于发挥政府、社会、市场的引导和带动作用，进而实现乡村经济进步，提高农民生活水平和质量，推进城乡协调发展。韩喜平、孙贺（2016）研究认为：乡村建设是社会主义新农村建设的重要组成部分，是推进乡村社会经济自然协调统筹发展的系统工程，对于解决“三农”问题，促进地方经济发展具有战略意义和作用。

有关乡村建设的困境及挑战方面的研究，于法稳、李萍（2014）研究提出：乡村建设是关系农业、农村、农民的重点社会民生工程，是促进乡村经济提质增效，提高农民生活质量的重点举措，但在推进乡村建设过程中仍存在诸多问题制约着乡村社会经济发展，乡村基础设施建设不完善，乡村生态环境污染严重，相关部门协调工作机制不健全等不利于乡村建设。王卫星（2014）研究认为：我国在推进乡村建设过程中面临诸多困境和制约因素，缺乏制度保障，政府部门之间协调难度大，建设不规范，社会市场作用发挥有限，“硬件”和“软件”建设不足等不利于乡村建设。孙金海（2016）从制度层面研究了新农村民主法制建设的理论与实践问题，研究认为：民主管理工作不尽合理，新农村法制建设制度不完善，村级关系处理不当等不利于新农村民主法制建设，不利于乡村社会全面振兴。刘彦随、周扬（2015）研究认为我国美丽乡村建设面临挑战，包括：城乡发展与二元结构矛盾、农村污染加剧、“乡村病”问题制约、农村基础设施不完善、古村落文化保护难度大等问题制约着乡村社会经济的全面提升，不利于乡村建设与乡村振兴。王丹玉等（2017）基于农村产业融合视角对乡村建设的困境进行了具体分析，研究提出：乡村建设的产业支撑动力不足；村庄环境承载力有限；乡村建设的管理机制体制不完善等问题是制约乡村建设的不利因素，影响着乡村社会经济的进一步发展。

有关乡村建设的模式方面的研究，刘晔（2013）研究认为生态乡村建设是将生态文明建设理念融入到乡村建设过程中的长期系统工程，对于统筹乡村生态、生活、生产协调发展，构建和谐绿色美丽乡村，缓和农业农村农民问题具有积极作用。推进生态乡村建设过程，要坚持城镇化与工业化区域内的生态乡村模式、农业发展区域内的生态乡村模式、生态保护区域内的生态乡村模式、能矿资源重点开发区内的生态乡村模式，基于以上模式推进生态乡村建设。刘素芳，任海洋（2016）研究认为：生态乡村模式、工业园区带动模式、开发旅游模式等是美丽乡村建设的成功模式，对于改善乡村生产生活环境、推动农村经济进步、促进城乡协调等具有重要意义。吴广艳等（2017）基于义乌乡村建设实践提出了该地区乡村建设的具体模式，即旧村改造模式、村庄整治模式、异地奔小康模式，丰富和完善了乡村建设理论与实践研究。

有关乡村建设的思路及对策方面的研究，谢辉、余天虹、李亨、Holger Behm、Alexander Schmidt（2015）以德国为例对农村建设理论与实践问题进行了深入剖析，对我国乡村建设提供了经验启示。研究认为：要发挥村民参与乡村建设的主体作用；坚持乡村建设、生态建设与乡村传统文化共同发展，进而切实推进乡村建设。王国恩、杨康、毛志强（2016）对日本魅力乡村建设的经验进行了具体分析，研究认为：日本乡村建设的关键在于深入发掘乡村的多元价值、制定相对完善且具有针对性的法律法规、加强农村社区营造，通过这些途径实现魅力乡村建设，这对于我国乡村建设具有参考价值。王文龙（2016）通过对日韩乡村建设的研究提出：加强农业基础设施建设，促进城乡一体化发展，实现城乡资源合理配置，构建生态宜居乡村，培育乡村内生发展能力，及时调整乡村发展政策等是日韩两国进一步推进乡村建设进程，振兴乡村经济的有效做法，对于我国乡村建设具有积极作用。关锐捷（2016）研究认为：推进乡村建设必须要坚持提升发展乡村产业，提升乡村建设的动力支撑；积极推进生态文明建设与乡村建设同步发展，注重乡村生态建设；坚持文化传承，打造人文乡村，进一步促进乡村振兴，加快推进新型城镇化进程。黄娟（2016）研究认为：乡村建设应该坚持创新、协调、绿色、开放、共享的五大发展理念，进而提升乡村建设质量，促进乡村振兴。贺雪峰（2017）研究认为：乡村建设的关键及出路在于乡村文化建设，通过乡村文化建设，进一步构建和谐美丽乡村的文化价值体系，从而促进乡村振兴。

综上所述，国外学者关于乡村建设主要集中在理论方面的研究，国内学者关于乡村建设的相关研究主要集中在功能定位及作用、困境及挑战、建设模式、建设思路及对策等方面。本文结合国内外学者的相关理论与实践研究，综合产业经济学、区域经济学等相关理论，对新时代下乡村建设的必要性、适用理论、典型实践及未来发展方向等进行深入剖析，旨在构建和谐、绿色、生态、宜居、宜业的美丽新乡村，进一步促进乡村建设，解决“三农”问题，进而为新时代下的乡村建设提供发展之道，加快实现乡村振兴战略步伐。

二、新时代下乡村建设的必要性

（一）深入推进乡村农业发展

新时代下乡村建设有助于深入推进乡村农业发展，促进农业经济进步。新时代下的乡村振兴的关键在于产业兴旺，产业兴旺的基础在于优先农业发展，只有农业发展起来了，才能发挥其对工业和服务业的支援功能及作用，进而实现农村一、二、三产业融合发展，加快农民工市民化进程。因此，新时代下的乡村建设的关键是优先发展农业。从农业产业产值情况来看，2015年农业产值达到107 056.4亿元，比2014年增加了4 830.27亿元，同比增长4.97%。从农业产业固定资产投资来看，2015年农业产业固定资产投资达到21 042.66亿元，占全社会资产总投资的3.74%，与2014年相比，农业产业固定资产投资增加了26.96%，占全社会资产总投资的比重增加了0.5%。从这两方面可以看出农业产业发展趋势是平稳增长的、呈上升态势的，农业作为乡村经济的主要产业部门，对于乡村经济社会发展具有重要作用。新时代下更加强调对乡村农业优先发展，实施乡村振兴战略。因此，新时代下乡村建设能够有助于深入推进乡村农业发展，实现农业现代化，进而促进乡村振兴。

（二）加快农村现代化进程

新时代下乡村建设有助于加快农村现代化进程，实现乡村社会经济振兴。一方面，新时代下的乡村建设在于科技创新，通过科技创新，实现产业创新，进而促进乡村现代农业发展，为农村现代化提供有效供给和服务。另一方面，新时代下农村现代化建设的关键在于建设生态宜居乡村，通过加强乡村治理、坚持乡村经济绿色发展、构建新型农村社区等措施实现农村现代化。一是要加强乡村治理，坚持乡村绿色发展，只有这样才能在遵循绿色发展理念下实现未来乡村的现代化。

数据显示，2015年，我国乡建成区人均公园绿地面积1.10平方米，同比增加了2.8%；全国11.4%的行政村对生活污水进行了处理，62.2%的行政村对生活垃圾进行了处理，较之2014年分别增加了1.42%、14.02%，这有助于构建绿色美丽乡村，助推农村现代化。二是要构建新型农村社区，加强新型农村社区的产业集聚和人口集聚，进而形成功能集聚，在通过功能集聚推进乡村现代化。需要在中心城镇与自然村落之间构建“亚核心区”，即培育和构建新型农村社区，发挥新型农村社区的“亚核心”作用和功能，连接中心城镇和自然村落，形成“中心城镇（核心区）—农村社区（亚核心区）—自然村（边缘区）”的新型乡村格局，进而促进乡村经济振兴，实现乡村现代化。

（三）促进农民就业，实现农民增收

乡村建设有助于促进农民就业，实现农民增收。随着乡村建设的持续深化，乡村地区的产业体系不断完善，其产业发展对于乡村劳动力的吸附能力不断提升，有助于加快农民就业，实现农民增收。乡村建设的最终目的是为了解决“三农”问题，推进新型城镇化进程。随着乡村建设的持续深化，乡村农业现代化进程不断加快，乡村第二、第三产业不断兴起，产业体系不断完善，由于乡村经济发展以及收入水平差异等因素影响，农村劳动力由第一产业向第二产业转移，再向第三产业转移，尤其是新时代下乡村电商行业，乡村旅游业，乡村涉农企业等新业态的吸附劳动力就业能力较强，能有助于促进农民增收，振兴乡村经济。数据显示，2015 年乡村就业人员 37 041 万人，较之 2013 年减少了 4.4%，城镇就业人员 40 410 万人，较之 2013 年增加了 5.7%；2015 年第一产业就业人员 21 919 万人，较之 2013 年减少了 9.3%，而第三产业就业人员增加了 10.8%；2015 年农村居民人均可支配收入达到 1.14 万元，与上年相比增加了 8.9 个百分点。这些数据也在侧面反映出随着乡村建设的持续深化和乡村经济的不断发展，农民就业机会和收入不断增加，乡村建设步伐不断加快。

三、新时代下乡村建设的理论分析

十九大将乡村振兴提升至新的国家战略高度，乡村建设必然迎来新的转折。尤其是在五大发展理念的引导下，乡村建设的内涵、目标、未来方向以及地方政府政策等诸多方面将相应调整。因此，要深入分析新时代下的乡村建设的相关理论，明确其与乡村建设之间的关系，进而深入推进乡村建设，实现国家乡村振兴战略目标。

（一）改造传统农业是优先乡村农业发展的理论基础

舒尔茨提出了“改造传统农业理论”。其核心思想是：通过引入现代生产要素，加大人力资本投资以及为引入现代生产要素创造有利条件等手段，改造传统农业，提升农业生产效率和发展质量，进而推动经济进步。这是优先乡村农业发展的理论基础，有助于为新时代下的乡村建设提供理论支撑。

新时代下乡村建设的重中之重是优先农业发展，这是十九大提出的实施乡村振兴战略的目标和关键所在。优先农业发展的最终本质是要实现农业现

代化，而实现农业现代化就需要对乡村传统农业进行升级改造，以提升农业产业发展质量和效益，实现适度规模经济，进而助推乡村经济振兴。特别是在五大发展理念指导下，乡村农业产业发展迎来新的结构性变革，要持续加大对传统农业领域的现代生产要素的投入，改变乡村农业发展方式和管理模式，尤其是加强互联网技术、农业生产技术、农村人力资本、现代农业生产经营管理理念等新的要素投入，实现乡村农业生产技术创新、管理模式创新、经营理念创新，有力促进乡村传统农业产业优化升级，实现乡村农业产业化和现代化，进而深入推进乡村建设。因而，改造传统农业理论是新时代下优先发展乡村农业，推进乡村建设的理论基础。

（二）可持续发展理论是实现乡村绿色发展的必然选择

可持续发展理论是科学发展观的重要理论分支，该理论强调经济、生态和社会的可持续发展。其核心思想就是指在满足当代人需求的基础上，不危害后代人发展的一种观点，强调共同性、持续性和公平性。新时代下，五大理念成为当前时代发展的新思想、新潮流、新方向，特别是绿色发展、协调发展理念对于乡村建设具有积极的理论指导意义。绿色发展、协调发展其实质就是可持续发展理论的表现，无论是当前还是未来乡村的建设，必须要坚持可持续发展理念，既要金山银山，也要绿水青山，乡村经济发展与生态建设要紧密结合，协同共进，在保护乡村生态性的基础上发展乡村社会经济。

乡村建设的目标之一在于建设生态宜居的美丽乡村，生态宜居作为其中的标准之一，对乡村建设的方向提出了要求。“生态宜居”从字面上来看就是“生态＋宜居”，是构建资源节约和环境友好的“两型”乡村。“生态”就是要保护乡村生态环境，在不危害乡村生态环境以及在乡村生态环境承载力范围内发展乡村经济。“宜居”就是要进行乡村综合治理，改变村庄村容村貌，对乡村生活环境进行有效治理，为乡村居民提供舒适的生活环境。无论是“生态型乡村”还是“宜居型乡村”建设，都需要以实现乡村绿色发展为前提。只有坚持绿色发展理念，才能实现乡村社会、生态、经济的可持续发展。一方面，在发展乡村产业过程中，要应用低碳清洁技术、互联网技术，转变乡村产业发展方式，减少环境污染。另一方面，要对乡村面源污染进行综合治理，循环利用农村废弃资源，减少生活垃圾污染。只有这样，才能有效推进绿色乡村建设，实现乡村生态宜居建设目标。因此，可持续发展理论是实现乡村绿色发展的必然选择。

（三）县域经济“亚核心”理论是乡村就地城镇化的关键

县域经济“亚核心”理论是在核心边缘理论、增长极理论等理论研究基础上形成和发展起来的，是吉林大学刘国斌教授率先提出的一种县域经济发展的理论，丰富和完善了区域经济发展理论体系。其核心思想是：县域经济起着承接城市经济和农村经济的作用。城市地区的经济发展由于具有经济基础条件好、竞争力强等先天优势，因此在区域经济中处于核心地位，农村地区的经济发展则由于地缘条件，产业发展薄弱，创新能力和竞争力不强，在区域经济发中处于边缘地位，而县域的经济发展介于二者之间，它从属于城市核心区，是城市核心区的边缘区，但又统领和支配着农村边缘区，是农村边缘区的核心。县域经济是区域经济发展的“亚核心”，与城市核心区和农村边缘区共同组成了区域经济发展的社会地域系统。

乡村就地城镇化是乡村人口不向大中城市转移，以中心城镇、小城镇等为依托，通过发展社会事业，改善农民生活水平，使农民就地就业生活并享受城市一般福利待遇的既不离土又不离乡的就地城镇化模式。乡村就地城镇化的关键在于要培育以新型乡村社区为主导的“亚核心”，通过新型乡村社区的建设实现产业集聚和人口集聚，吸引农村劳动力就地就业生活，从而实现乡村就地城镇化。新时代下乡村建设的重心在于新型乡村社区建设，新型乡村社区建设的关键在于：一是要发展乡村产业，主要是要优先发展农业产业，实现农业现代化，重点发展相关配套设施产业，完善农村产业体系。二是要发展乡村社会事业，主要是发展农村医疗、教育、文化、社保、旅游、社区建设等事业，缩小差距，实现城乡统筹发展。三是要完善农村社区的经济功能、社会功能、社会福利保障功能以及社会参与功能。基于此，通过乡村社区功能集聚，引导产业集聚和人口集聚，形成新型农村社区，真正实现农村就地城镇化。这种新型农村社区从本质来看既从属于中心城镇又统领着乡、村地区，可以看作是城镇经济的“亚核心”，服务中心城镇社会经济发展，带动乡、村边缘地区经济进步。新型农村社区属于“亚核心区”的范畴，是县域经济“亚核心”的衍生，对于推进乡村建设具有重要作用。所以，从这个视域来看，县域经济“亚核心”理论是乡村就地城镇化的关键。

（四）产业融合是乡村建设的核心动能

新时代下乡村建设的关键在于产业兴旺，而乡村产业兴旺的核心在于发展乡村产业，发展乡村产业的途径则要乡村产业融合，产业融合则是乡村建设的核心动能。产业融合的本质是同一产业内的不同行业部门之间相互交叉融合以及不同产业之间相互交叉组合而形成新产业形态的演变过程。通过乡村三次产业融合发展，进一步完善乡村产业体系，进而促进就业和实现农民增收，有助于优先农业农村发展，促进乡村振兴。

一方面，围绕乡村农业自然资源，大力发展相关农副产品加工业是实现农村一、二产业融合的有效模式，通过发展农副产品加工业，延长农业产业链和价值链，提高农业产业发展层次，进而促进农业现代化发展，对于繁荣农村经济，优先农业发展，促进农民增收等具有积极作用。另一方面，农村电子商务是实现农村二、三产业融合的重要组成部分。通过发展农村电子商务，转变农村、农业、农民生产生活方式，有助于促进农村就业，实现要素的跨区域合理配置。此外，农业休闲旅游业是实现农村一、三产业融合发展的新业态，将农业和旅游业相融合，有助于拓宽农业功能，通过功能集聚实现产业集聚和人口集聚，提升农业休闲旅游业的规模和效益，从而实现农村三产深度融合，促进乡村产业兴旺和乡风文明建设。因此，从这些层面来看，乡村一、二、三产业融合是乡村建设的核心动能。

四、新时代下乡村建设的实践经验——以桐城市范岗镇杨安村为例

（一）桐城市范岗镇杨安村基本概况

杨安村位于安徽省桐城市范岗镇，辖区面积 9 000 亩*，其中耕地面积 5 000 多亩，山地面积 100 多亩，有 41 个村民组，总人口 5 087 人。地处亚热带季风气候带，夏季高温多雨，冬季温和湿润，全年降水日 130 天左右，年平均气温 16 ℃。气候宜人，四季分明。杨安村位于龙眠河水域平原，地势平坦，水系发达，适宜水稻种植。农业经济是杨安村主导经济产业部门，对于杨安村的社会经济发展具有重要战略地位，是全国著名的新农村建设示范村、现代农业示范村、绿色示范村，其农业产业化发展进程较快，乡村建设取得了一定的成果，形成了具有杨安村地域特色的社会主义新农村。

（二）桐城市范岗镇杨安村乡村建设的主要做法

1. 培育中心村。杨安村在推进其乡村建设过程中，坚持以培育中心村为核心，积极促进该村经济振兴。一是推进范岗镇土地整理项目核心区建设，打造杨安村高标准农田建设项目，吸引了一批涉农龙头企业的投资，积极将杨安村建成省级现代农业示范村和示范区，成为周边地区的中心村和核心区，辐射带动周边自然村的经济发展。二是通过土地流转，将土地集中经营，形成了优质稻麦和有机蔬菜产业，吸纳了该村 2 000 多人的劳动力就地就业，对于加快推进该村经济社会振兴，打造中心示范村起到了助推作用。三是通过发展非农产业，促进劳动力就地转移，既完善了该村的产业体系，提升了产业竞争力，也有助于促进就业，提高村民收入水平。基于此，着力将杨安村打造成为范岗镇的产业完备和功能集聚的中心村，进一步促进该村经

* 亩为非法定计量单位，1 亩＝1/15 公顷。——编者注

济振兴。特别是在县域经济“亚核心”理论指导下，通过中心村的培育和发展，形成范岗镇的经济发展“亚核心”，从而实现对范岗镇的经济服务和支援，对杨安村周边乡、村的社会经济的辐射带动，进而助推杨安村经济振兴。

2. 提升特色村。杨安村在加快其乡村建设过程中，坚持以“提升特色村”的发展思路推进该村乡村建设。一是坚持规划先行与规范指导相结合的思路，将杨安村打造成为“特色村”，通过乡村综合治理和乡村村庄建设，柏油路替代原来的泥巴路、新村庄代替原来的旧村庄、旧房危房整改等措施进一步改变着杨安村的村容村貌，使之具有了新时代的特征。二是坚持生态建设与生产发展共生的乡村建设模式。在保持杨安村田园自然风光的乡村性、生态性的基础上，大力发展乡村特色产业，积极建设杨安村特色的优美生态环境，完善该村基础设施，进一步推进特色乡村建设步伐。在可持续发展理论及改造传统农业理论的指导下，“提升特色村”的关键是在保持乡村自然资源生态性的基础上，引入现代生产要素，改造杨安村传统产业，坚持绿色发展，进而培育和发展杨安村特色产业，推进其乡村经济社会发展。

3. 整治自然村。乡村建设离不开乡村治理，通过乡村治理，能进一步提升乡村的容量和承载力，进而加快乡村建设。杨安村在推进乡村建设进程中，以“整治自然村”为工作重点，积极加快杨安村综合治理，加快该村社会经济进步进程。一方面，在杨安村基建方面，通过资金自筹的模式，新建和硬化杨安村主次干道3.2公里，为中心村173位住户安装自来水，推进了村庄亮化工程建设，加强了电力安装以及太阳能路灯安装工程建设。另一方面，在杨安村村庄环境综合治理方面取得了一定成效。其中，兴建了动力污水处理站和处理池各1座，修建排污管道2.34公里，草坪栽培4 700平方米，拆除和改造危房42间，这些环境综合治理工程的有效实施进一步提升了杨安村村庄的环境承载力，对于改善该村居民生活生产环境，促进乡村居民幸福，乡村经济振兴起到了积极作用。这些做法充分体现了杨安村在乡村建设过程中以可持续发展理念为指导，优先农村发展，积极打造生态宜居型乡村，对于深入推进乡村建设具有积极作用。

（三）桐城市范岗镇杨安村乡村建设的经验启示

1. 大力发展非农产业，以产业兴旺助推乡村振兴。杨安村在推进乡村建设过程中，积极发展制刷业、烟机配件、包装及物流等二、三产业，对于促进村居民就业和提升村居民生活水平具有较强的支撑作用，能够有效促进乡村经济发展。乡村建设不仅仅要优先农业发展，更要发展相关配套服务产业部门，发展乡村电商、信息技术服务、乡村旅游等非农产业，完善乡村产业体系和功能，进而实现对要素资源的集聚和整合，促进乡村社会经济进步。一方面，大力发展乡村非农产业有助于吸引农村劳动力就业，促进农民增收；另一方面，大力发展乡村非农产业有助于优化和调整农村地区产业结构，转变农村地区产业发展方式和经营方式，进而辐射带动乡村经济建设。因此，在乡村振兴过程中，应该坚持因地制宜的原则，坚持产业兴旺的要求，大力发展非农产业，完善乡村产业体系，以产业兴旺助推乡村振兴。

2. 加快推进乡村综合治理。乡村建设离不开乡村治理，通过乡村综合治理，进一步构建乡村有效的协调发展机制，实现城乡统筹发展，改变村庄村容村貌，建设生态宜居乡村，助力乡村振兴。要坚持乡村地区生态环境和村庄建设的综合治理。一是要发展循环农业，将资源进行有效利用和重复利用，变废为宝，减少乡村生态环境破坏，推进乡村生态文明建设与乡村经济振兴协调发展。二是要加强清洁技术、低碳技术在乡村产业生产加工过程中的应用，改造传统乡村农业高污染高排放低效率的发展方式，以现代技术投入要素的增加来实现农业低碳可持续发展，进而提供更高质量的产品供给和服务，加快推进农业现代化进程。三是要积极加快乡村环卫工作建设，完善乡村环卫基础设施，对乡村废弃物进行综合治理，对乡村垃圾进行分类回收处理，进而打造生态宜居的美丽绿色乡村，推进乡村现代化进程。

3. 坚持特色发展理念，促进乡村振兴。坚持特色发展理念，培育乡村品质，促进乡村个性化、特色化发展，培育乡村社会经济发展的比较优势和竞争优势是促进乡村振兴的重要方面。一方面，要依托乡村自然资源禀赋，培育新的乡村地区特色优势产业，进而促进乡村振兴；另一方面，要坚持个性化、特色化的发展思路，积极打造特色村庄，在村庄面貌及村庄建设的空间布局规划上具有自己的文化特色，避免千篇一律式的乡村建设。特色化的乡村建设其实质就是新的经济增长极的培育过程，通过新的经济增长极的集聚扩散效应的发挥，集聚周边地区要素资源，延长乡村产业链体系，推进乡村劳动力就地就业，提高农民收入水平，进而助推乡村振兴。

五、新时代下乡村建设的未来发展方向

（一）新时代下乡村建设的未来发展思路

1. 构建乡村创新发展机制。新时代下创新发展作为社会经济发展的潮流，对于乡村建设起到了积极的引导作用。创新发展是乡村建设和振兴的主要动力，因此，要构建乡村创新发展机制，依托创新实现乡村社会经济进步。一是要积极推动乡村创新发展的动力机制建设。一方面，要加强科技创新和人力资本投入，激发农村产业的创新能力，实现农村产业多元化发展；另一方面，加强农村涉农企业技术创新，依托新的农业生产技术，深入推进农业现代化发展，提高农村产业的竞争力、创造力和比较优势。二是要推动乡村创新发展的运行机制建设。即构建新的行之有效的乡村社会经济发展的

运行机制。一方面，要打造新型农村社区，通过社区功能集聚引导产业和人口集聚，从而加快乡村社会运行效率；另一方面，要转变乡村产业发展的运行模式，以村集体为单位，打造“农户＋村集体＋企业”的产业经营运行模式，进而创新乡村发展的运行机制，实现乡村社会经济进步。三是要推动乡村创新发展的保障机制建设。一方面，要加强政府政策激励，鼓励乡村企业创新，产业创新；另一方面，加强乡村社会事业发展，为乡村创新提供保障。通过乡村创新发展的动力机制、运行机制和保障机制建设，构建乡村创新发展机制，进而实现乡村振兴。

2. 培育乡村产业协调发展机制。一是要培育乡村产业协调发展的动力机制。乡村产业协调发展有助于乡村要素资源的合理分配，进而实现乡村产业有序合理发展，促进有效供给和服务，实现乡村劳动力的有序转移。乡村产业协调发展的关键在于要实现农村三产融合，发展新兴农村产业，完善农村产业体系，尤其要推进农村工商服务业协调发展，这样才能为实现乡村产业协调提供动力支持。二是要培育乡村产业协调发展的实现机制。要积极打造农村产业园区，通过园区功能集聚，实现乡村产业集聚和人口集聚，进而打造集农业、工业、服务业协调发展的新型农村产业格局，实现产业协调发展。三是要培育乡村产业协调发展的保障机制。一方面，要实现产业间资源共享和利用，进而拓宽和延长乡村产业功能；另一方面，要加强乡村基础设施、公共服务、科教文卫等社会事业发展，为促进乡村产业协调发展保驾护航。基于此，培育乡村产业协调发展机制，促进乡村产业协调发展，实现乡村振兴。

3. 坚持绿色发展理念，建设生态宜居乡村。生态宜居是乡村建设的基本要求，这需要坚持绿色发展理念，实现乡村社会经济建设与生态建设同步协调发展，尤其中共十九大之后，乡村建设进入新阶段，绿色发展已然成为未来乡村建设的重要方向。因此，要在科学发展观指导下，以绿色发展理念为前提，积极建设生态宜居的美丽乡村。一方面，要改善乡村生产生活环境。要加强乡村治理工程建设，建立乡村污水处理池和垃圾分类处理厂，对废弃物等进行有效处理和回收利用，实现乡村社会经济可持续发展，防治乡村环境污染和破坏，改善乡村生产生活环境。要加强排污管道等方面的建设，积极打造生态环保型乡村。另一方面，要加快清洁生产低碳技术在乡村产业发展过程中的实践应用，转变乡村产业发展方式，推动乡村产业绿色化、低碳化、内涵式发展，降低乡村产业发展过程中的废气废水排放，实现乡村社会、经济、生态效益共赢，进而深化乡村建设，实现未来国家乡村振兴战略目标。

（二）新时代下乡村建设的未来实现路径

1. 培育乡村品质，促进乡村振兴。培育乡村品质，其实质就是培育乡村的比较优势和竞争优势，从而达到促进乡村经济振兴的目标，从产业角度来看，就是培育乡村地区特色优势产业。通过特色优势产业的培育来塑造乡村品质，促进乡村振兴。一方面，要充分依托乡村地区资源，通过资源培育形成产品优势和比较优势，进而形成具有乡村特色的农业产业体系、工业产业体系以及服务业产业体系，在市场主导以及政府引导下，进一步将乡村特色产品优势和比较优势升级为竞争优势和经济优势，从而形成乡村地区的经济增长极。通过经济增长极的集聚和扩散作用的发挥，不断提升特色优势产业在乡村地区的功能和作用，使乡村地区具有“一村一品”的特质，从而打造新时代下的特色乡村。另一方面，要坚持文化传承，在保护乡村古村落人文景观和历史的基础上，在五大发展理念指导下，挖掘乡村文化资源，重塑乡村文化品质，赋予乡村地区新的功能和内涵，随着乡村地区文化功能品质的不断集聚，引发产业的集聚和人口的集聚，进而实现对乡村社会经济的辐射带动效应，促进乡村振兴。可见，新时代下未来乡村建设应该坚持培育乡村品质，走特色化、个性化的发展之道。

2. 加强乡村建设的政策保障。新时代下乡村建设将以“产业兴旺、乡风文明、生态宜居、治理有效、生活富裕”的新20字方针为前提，以五大发展理念为指导，以优先农业农村发展为目标，积极推进乡村产业融合，实现乡村振兴，这需要政府提供强有力的政策保障。一是政府相关部门要加强农业产业发展的政策支持。一方面，加强农业财政政策支持，加大对乡村农业的技术投入、资金投入、人力资本投入等，积极推进乡村农业产业提质增效，加快推动农业供给侧结构性改革，优化农业产业结构。另一方面，加大对非农产业发展的政策制定和执行力度，鼓励发展乡村电商及休闲农业，拓宽农民增收渠道，实现产业兴村。二是政府相关部门要积极推进农村体制改革。通过深化农村土地制度改革、农村集体产权制度改革等方面的政策实施，进一步推进乡村健康稳定持续发展。三是政府相关部门加强农村社会事业发展的政策支持。加强在乡村失地农民就业安置、乡村居民子女教育、乡村居民卫生医疗等方面的政策制定和实施，保障乡村居民的合法权益，促进城乡共享发展，进而深化乡村建设。

3. 深化服务“三农”人才队伍建设。新时代下的未来乡村建设需要创新，创新则需要人才支持。因此，未来乡村建设的关键还是在于人才，要深化服务“三农”人才队伍建设。一方面，乡村地区相关部门或者组织应该不定期地对乡村产业从业人员提供技术培训，使之能够掌握新时代下的新技术和新设备的使用，能够将互联网技术、低碳技术、清洁生产技术等运用到乡村产业生产全过程中，从而提升产业质量和效益。另一方面，委托相关高校进行农民教育培训，转变农民的发展理念和思维方式，使农民掌握新的农业技术知识，进而服务“三农”。要因地制宜，切实培养一批“懂农业、爱农民、爱农村”的服务“三农”的人才队伍，促进农村社会经济繁荣，农业提质增效，农民增收，实现乡村振兴。加强服务“三农”的人才队伍建设，使之在乡村农业发展、农村建设等方面发挥重要作用。

【参考文献】

关锐捷．美丽乡村建设应注重“五生”实现“五美”．毛泽东邓小平理论研究，2016（4）：22-28，92.

韩喜平，孙贺．美丽乡村建设的定位、误区及推进思路．经济纵横，2016（1）：87-90.

贺雪峰．乡村建设的重点是文化建设．广西大学学报（哲学社会科学版），2017，39（4）：87-95.

黄娟．五大发展理念：美丽乡村建设的根本指导思想．求实，2016（12）：78-86.

刘素芳，任海洋．新农村发展中美丽乡村建设的模式及做法——以河南省为例．农业经济，2016（1）：63-65.

刘彦随，周扬．中国美丽乡村建设的挑战与对策．农业资源与环境学报，2015，32（2）：97-105.

刘晔．生态乡村建设模式与途径分析．经济问题，2013（6）：117-120.

孙金海．浅析新农村民主法制建设的理论与实践．人民论坛，2016（14）：113-115.

王丹玉，王山，潘桂媚，奉公．农村产业融合视域下美丽乡村建设困境分析．西北农林科技大学学报（社会科学版），2017，17（2）：152-160.

王国恩，杨康，毛志强．展现乡村价值的社区营造——日本魅力乡村建设的经验．城市发展研究，2016，23（1）：13-18.

王卫星．美丽乡村建设：现状与对策．华中师范大学学报（人文社会科学版），2014，53（1）：1-6.

王文龙．中国美丽乡村建设反思及其政策调整建议——以日韩乡村建设为参照．农业经济问题，2016，37（10）：83-90，111-112.

吴广艳，张俊芳，谭剑，牛建农．也谈义乌乡村建设的模式．规划师，2017，33（8）：144-148.

吴理财，吴孔凡．美丽乡村建设四种模式及比较——基于安吉、永嘉、高淳、江宁四地的调查．华中农业大学学报（社会科学版），2014（1）：15-22.

谢辉，余天虹，李亨，Holger Behm，Alexander Schmidt. 农村建设理论与实践——以德国为例．城市发展研究，2015，22（4）：39-45.

于法稳，李萍．美丽乡村建设中存在的问题及建议．江西社会科学，2014，34（9）：222-227.

中华人民共和国住房和城乡建设部．2015 年城乡建设统计公报．http://www.chyxx.com/research/201703/500889.html.

（作者单位：吉林大学生物与农业工程学院）

产业发展研究

新时代推进农业供给侧结构性改革的思考

农业部原常务副部长　万宝瑞

（2017 年 12 月 17 日）

十九大报告提出实施乡村振兴战略，必须始终把解决好“三农”问题作为全党工作的重中之重，要坚持农业农村优先发展。这彰显了党中央在新时代解决“三农”问题的决心。在新形势下，“三农”工作的开展依然严峻，存在着城乡发展不平衡、农村农业发展不充分、农产品供应结构性不平衡等矛盾。而推进农业供给侧结构性改革，保障农产品有效供给，提高农业综合效益和竞争力，是当前和今后一个时期我国农业政策改革和完善的主要方向。

一、新时代农产品供需特点

在消费结构升级和区域经济一体化的背景下，我国农产品市场环境快速变化，供需两方都面临着新的形势，主要表现四个方面：

（一）农产品生产与消费不匹配，市场波动频繁

由于我国中产阶层和城市群体在不断扩大，农产品消费需求每年都在发生变化。在消费模式和消费习惯尚未定型的背景下，完全按照消费来组织生产，常常出现农产品“一会儿卖难，一会儿买难”。加上国际农产品市场波动频繁，国内生产条件千差万别，农业产业化程度不高，农产品生产端不稳定等，导致农产品的生产与消费不匹配、“买难”与“卖难”的现状将持续存在。

（二）无效供给和低端供给过剩，有效供给和高端供给不足

部分品种生产与市场需求脱节，再加上我国对外开放程度不断扩大，居民消费选择逐渐走向差异化和全球化，国内农产品难以满足消费者对优质化和多样化的需求。如，近三年畜产品和水产品尽管国内发展很快，但进口量仍然大幅增长，尤其是牛羊肉、液态奶、婴儿奶粉进口的数量不断增加，2016 年畜产品贸易逆差达 177.6 亿美元，同比增长 22.0%。部分农产品品种单一，无法满足市场多样化需求。

（三）非必要农产品进口过多，进口替代品增加显著

农业供给侧结构性改革实施以来，对解决我国粮食生产存在的高产量、高库存、高进口等“三高”现象已初显成效。玉米去库存取得了明显的效果，但库存量仍然高达 2.1 亿吨。2016 年国内稻谷库存超过 1 亿吨，由于国内外价格倒挂，依然进口了 2 199.7 万吨谷物。一些粮食替代品由于没有关税配额的限制，进口量剧增。如，2015 年大麦进口增加 98.3%，高粱进口增加 85.3%，玉米酒糟进口增加 26%。这些品种的进口使玉米成了结构性过剩品种，造成储备膨胀，“国货入库、洋货入市”现象比较严重。

（四）国内农产品缺乏标准，与现代加工业需求脱节

我国农产品标准中主要是质量标准，营养标准比较少，而现代农产品加工业对农产品有一定的营养要求，国内的相当多农产品满足不了加工业的需求，只好增加农产品进口。如，国内小麦收获后强筋和弱筋混在一起，而小麦加工企业非常注重不同小麦的面筋含量、常常因为国内小麦达不到营养标准而从国外进口。特别是烘焙业对小麦品种标准要求更高，国内小麦品种多数达不到要求，这就是 2016 年在谷物进口总量下降的情况下，小麦进口数量却在增加的重要原因。大豆进口也是如此，除了国内大豆价格高于国外大豆价格外，更重要的是国内大豆质量和营养标准难以满足加工业的需求。

二、新时代推进农业供给侧结构性改革面临的挑战

满足国内消费对农产品新需求是推进供给侧结构改革的出发点，当前面临的挑战主要有四个方面。

（一）人口城镇化进程加快，农产品供给不平衡、不充分

随着城镇化深入推进，越来越多的农民转移到城镇，由粮食生产者变为粮食消费者，他们的食品消费理念和消费结构也随之改变，即口粮消费减少、肉蛋奶消费增加，人均粮食消费总量不断上升。研究表明，一个城镇居民每日的饲料粮消费约 713.7 克，比农村居民的 463.6 克高出 250 克。预计未来，我国大米和小麦基本保持自给，但是饲料粮（玉米和大豆）自给率将会显著下降，食物供需矛盾逐渐凸显。此外，随着农村贫困人口实现脱贫，同全国一道进入全面小康，其食品消费结构将发生重大变化和升级，其中优质、安全、多元化和个性化的农产品和食品必将成为消费中重要组成部分。

（二）中产阶层迅速壮大，加剧农产品供需不平衡

按照国家统计局的定义，家庭年可支配收入 9 万～40 万元即为中等收入阶层。按这个标准，现在我国中产阶层已有 3.34 亿人，占到 24.3%。随着人均可支配收入不断上升，这部分人的消费升级对优质、安全农产品需求更加迫切。与此同时，其余人群的消费虽然在奔小康的过程中得到进一步的提升，但整体提升仍然较慢，他们对农产品还停留在“刚需”层面。我国各阶层对农产品的需求呈现不平衡状态，这也导致我国农产品的生产格局将长期分化，农业生产应更加注重提供不同品类的产品，满足不同人群需求，农业产业政策的制定和调整显得更为复杂。

（三）粮食生产比较效益低，农民生产积极性不高

保障农产品有效供给首先是要保障粮食安全。尽管我国粮食总产量稳定在 6 亿吨水平，但粮食安全基础仍很脆弱。国家统计局数据表明，扣除生产费用后，2016 年主要粮食亩均收益 642 元，同比下降 10.4%。其中冬小麦、稻谷、玉米和大豆亩均收益分别为 510 元、902 元、568 元、374 元。如果扣除人工费用、土地费用和农机具折旧费，仅稻谷有微利，小麦保本，玉米和大豆都亏损。人工费用和土地费用占粮食生产总成本 6 成以上，是导致粮食生产效益低下的重要原因。对于农民来说，当前粮食价格已无利可图，但国外粮食进口我国仍有一定的利润空间。例如美国的小麦生产人工费用仅为我国的 1%，土地费用仅为我国 1/3。当前国内外价格倒挂现象不可避免，国内粮农收入短期内难以提高。

（四）对外开放不断扩大，农产品难以应对国际竞争

自 2008 年金融危机以来，我国由于采取大规模刺激政策，导致土地租金、劳动成本、农业投入品等要素价格不断上涨，农产品的生产成本不断提高。而同期国际市场需求不足，国际大宗农产品价格又下跌。国内价格普遍高于国际价格，如专家调研表明，2010 年国内生产的稻谷、小麦、玉米的价格全面高于国际市场离岸价，2013 年后高于配额内进口完税价格，出现了进口价低于国内生产价的“倒挂”现象，农产品难以应对国际竞争。我国政府采取农业补贴、最低收购价、临时收储等政策措施，一方面要看到保护农民的利益，另一方面也要看到，这种政策措施的负面效应长期积累下来，国内农产品价格逐步提高，就造成了“洋货入市、国货入库”等新问题。在新时代，如何应对国际农产品的竞争，关系到今后我国农业产业安全和农民增收问题。

三、推进农业供给侧结构性改革，要抓好五个转变

通过推进农业供给侧结构性改革，把农产品质量“调优”、把居民的菜篮子“调新”、把农业生产方式“调绿”，这是一项系统工程，重点应抓好以下五个转变：

（一）满足农产品需求由注重数量向注重质量转变

深入推进农业供给侧结构性改革，要由注重满足“数量”需求向满足“质量”需求转变。随着城乡居民消费结构加快升级，人们不仅要求吃得饱、吃得好，还要吃得营养健康。当前农业发展应顺应国内食品消费结构升级趋势，把重点放在压减低端供给、增加中高端供给上。要优化农业区域布局，统筹调整粮经饲种植结构，调减玉米面积，重点发展非转基因高蛋白大豆，稳定棉花、油料、糖料自给水平；发展规模高效养殖业，推动养殖业逐步走向规模化、专业化、标准化；做大做强优势特色产业，发挥品牌建设在特色农业中的重要作用，以品牌化促进规模化、标准化、信息化、良种化等现代农业生产方式，提升农产品质量和食品安全水平。

（二）由常态发展向绿色、创新式发展转变

提高农业供给质量，必须推动现代农业由常态式发展向绿色、创新式发展转变。一是调绿农业生产方式、增强农业可持续发展能力。要集中治理农业环境突出问题，把过量使用的化学投入品减下来，把超过资源环境承载能力的生产退出来，把农业废弃物资源利用起来，让透支的资源环境得到休养生息。二是不断促进农业科技创新及推广应用。我国农业科技进步贡献率仅为56%，还有很大提升空间，当前迫切要解决现代种业提升、主要农作物生产全程机械化、农业信息化等突出问题。要加快健全农业科技推广服务体系，充分调动社会力量，使科技成果不断应用于生产实际，形成生产力。三是加强农村人力资本投资。注重培养新时代懂农业、爱农村、爱农民的“三农”干部。要培养懂技术、会管理的新式农民，特别要把电子商务人才培养当做农村职业教育和技能培训的重点任务。

（三）由政府驱动为主向市场驱动转变

随着我国农业对外开放程度不断扩大，农业生产经营主体的市场意识也越来越强，完全靠政府主导，难以适应市场需求的变化。对于地方政府，无论是培育新型农业经营主体、农业社会化服务主体，或建设现代农业产业园，都必须以市场需求为导向。政府在制定政策、出台措施时，既要尊重农

民意愿，又要符合市场需求，更要防止脱离市场供求关系的短期政绩行为。

（四）农产品价格形成机制由政府保护价向价补分离转变

十九大将“让市场在资源配置中起决定性作用”写入党章，意味着农产品价格形成机制将逐渐由政府定价转变为“市场定价、价补分离”。要破除粮食生产“三高”现象，必须依靠市场。未来我国粮食政策发展走向是谷物基本自给、口粮绝对安全，因此，改革的顺序应当是先饲料粮、再口粮，逐步退出临时收储制度、托市收购、最低保护价等政策，让价格真正反映供求关系，让价格机制能够有效引导农业资源配置。在坚持由市场形成农产品价格同时，还要兼顾保护农民的利益。2016 年的玉米收储制度改革以及配套的“粮豆轮作”补贴、玉米生产者补贴等，就是在向“价补分离”方向转变。

（五）农产品生产由第一产业向三产融合发展转变

农业全产业链长、环节多、形态多，要实现良好产业融合互动发展，必须发挥农户、合作社、农业企业等主体主观能动性，强化农民合作社和家庭经营在农村的基础作用，以家庭经营为基础、以合作与联合为纽带、以社会化服务为支撑、以农业企业为龙头，培育多元化农村产业融合主体，构建现代农业经营体系。以第一产业为基础，通过提高种养业供给质量，实现提质增效和农民增收。利用好农业多功能和农业全产业链等优势，做强第一产业，做优第二产业，做活第三产业，通过一、二、三产业融合发展，做大农业品牌，提高农业综合效益，带动农业增效、农民增收。

总部经济与发展现代农业研究

邱仰林

总部经济随着新型城镇化战略的提出，进一步升温，现已成为不少地方政府振兴地方经济的重要路径选择。总部经济与其他经济形态的重要区别在于，它是在某经济领域或区域的核心，以追求单一产业价值观为目标，将创意、决策、组织、指挥等高端智能的所有关联环节进行大规模的聚集，使之产生极化与聚化效应，由此扩散出彻底颠覆松散经营模式的经济效能和效益，进而拉动整个行业领域或区域经济的高速发展。不难看出，总部经济战略理论认为，任何产业都在极化，农业作为产业在新时代已经极化了，发展现代农业要有新思维。

一、总部经济是世界经济发展的第四次浪潮

近年来，总部经济纷纷被列于地方经济发展规划，在给地方或区域带来多重经济社会效益的同时，总部经济的长远健康可持续发展也更加需要越来越多高端智能人才及其发明的新技术的支撑。

一个城镇一旦发展总部经济，势必会在该城镇形成发展经济的“黑洞”，把资金、人才、技术等往里吸，相关产业也将顺势成为当地的重要支柱产业。

北京丰台总部基地产生了巨大的经济效益和社会效益：带动区域经济“蛙跳式”发展；打造成了创意、创新、创富的高地；通过近几年的发展，2016 年北京市丰台区总部基地（轨道交通、航天军工、工程技术、生物医药等四大特色产业集群）总收入实现 3 500 多亿元，用 1%的土地面积实现了对丰台区财政收入 30%以上的拉动。

根据最新发布的北京总部企业发展情况，截至 2016 年年底，北京总部企业数量达到 4 007 家。总部企业数量在北京市企业总数中占比近 1%，而拥有资产达到 105.8 万亿元。总部企业资产在 85%左右，收入达到 70%左右，而利润达到 90%，分别占北京市全市规模以上企业的 86.9%、67.8%和 88.7%。

在美国，产值的 70%～80%来自于总部经济。发展影视业的总部经济的美国好莱坞，其总盈利超过美国电信、计算机和信息服务三个行业盈利的

总和。全球大约有85%售出的电影票是出自好莱坞电影的贡献。

随着城镇化的发展，基础设施的提高，总部经济特色小镇在世界和中国成为热点。

随着小城镇基础设施的提高和改善，小城镇发展总部经济是国际总部经济发展的客观规律。从20世纪60年代开始，发达国家逐渐出现了逆城市化现象，大量总部企业纷纷从市中心向郊区小镇转移。在美国，排名前500位的大公司中，大约已经有80%的企业将总部迁移到了郊区。例如IBM总部迁移到了美国纽约州的小城怀特普莱恩斯，沃尔玛搬到了小镇，雀巢公司的总部、奥迪的总部、劳斯莱斯的总部都设在了小城镇。实际结果表明，基本都实现了企业因落户小镇而强、小镇因承接总部而兴的双赢的效果。

浙江远洋渔业小镇规划面积约3.18平方公里，其中建设用地面积约1.26平方公里；总体布局为“一核五区”，包括核心区（远洋渔都风情湾区，即小镇客厅），以及远洋健康产品加工区、健康产品物流区、生活配套区、健康休闲体验区和综合保障区。浙江定海远洋渔业小镇未来将大力发展以“海洋健康食品和海洋生物医药研发制造”为主的海洋健康制造业，积极培育远洋渔业的总部服务经济和文化休闲经济功能，围绕“海洋健康制造”主题积极引进战略运营商，不断改善和塑造远洋渔业小镇的软硬件环境，建成“一港、一湾、一基地”的目标愿景。

浙江平阳宠物小镇定位为国内知名宠物主题小镇，着力打造成为温州宠物用品研发制造基地、温州宠物主题文化时尚中心、南雁景区休闲旅游特色门户和北港片区新兴产城融合板块等四大功能。宠物小镇重点培育宠物用品产业和宠物休闲旅游产业这两大主导产业，将产业、旅游、社区、人文功能融于一体，建设成为集全国最重要的高端宠物用品研发制造基地、时尚展销窗口、主题旅游目的地和综合服务中心为一体的特色小镇。浙江平阳宠物小镇主要打造游客接待中心、宠物文化博物馆、溪心岛休闲旅游特色村和基础设施项目，分为三大功能区：一是结合游客接待中心、宠物文化博物馆、产业研发与公共服务中心和宠物产业总部经济园的建设打造小镇的核心区；二是宠物用品产业核心制造基地，包括科创园、电商园、生产示范园，以及宠物用品小微创业园；三是以旅游和居住为主的综合服务性功能区块，包括宠物时尚主题乐园、特色旅游村、宠物用品商业街和综合商住区。

一个区域发展总部经济，总部企业之间存在各种微妙的、复杂的五种非线性相互作用，这种作用的重要后果之一，是产生整体不等于部分之和的系统效果：

1. 专业技术人员的可获得性。总部经济是高端智能聚合型经济，总部企业所从事的活动绝大多数是智能型劳动密集的或曰知识密集的活动，能否及时获得专用性知识的人力资本，直接影响到总部企业的经营绩效。一般来说，在总部经济形成的同时，也会在总部经济区形成相应的人力资本市场，这有助于保证总部企业获得令其满意的人力资本。

2. 专业化生产服务的可获得性。企业总部往往是行业产品或服务的专业生产者，他们需要从外部市场购买相关的生产服务，而不是自己生产这些服务，这是充分利用其资产特色竞争优势，取得利润最大化所决定的。因为总部企业自己去生产某些本来应当从外部购买的生产服务，其某些资源就不得不从其核心业务退出，从而损害其特色竞争力。由于这种需求，在总部经济形成的同时，必然会在总部经济区出现许多总部企业所需生产服务的专业化生产者，以满足总部企业对外部生产服务的需求。

3. 知识外溢。知识外溢是指一个主体通过某种非市场的途径增加了另一个主体的知识，却无法得到货币形式的补偿。总部经济中的总部企业需要获取一些都市特定的知识，如都市的政治、文化、消费者偏好、市场条件、地方政府规定和竞争对手状况等的知识。这些知识常常具有意会性、情景专用性和分散性等特征。所谓意会性也就是知识的“只能意会不能言传”的性质。这些知识总部企业无法通过市场而只能通过个人之间非正式的经常是面对面的接触，才能获得。这是总部企业愿意进入总部经济区以靠近其他总部企业的一个重要原因。

4. 空间竞争。发展总部经济受到城市土地稀缺的约束，总部经济聚集区一旦形成，城市地产价格往往就上升。预见到这种情况的总部企业有可能为了“抢地盘”而抢先进入总部经济区，从而在总部企业间形成一种争夺稀缺城市土地使用权的竞争。

5. 关系网络的资源优势和信息优势。进入总部经济的企业，目标之一是发现新的市场机遇和获取战略性资源的新途径，以降低企业对特定环境的依赖，最终降低经营风险。进入总部经济中的企业与未进入的企业相比，有更多的人际互动的机会，易在重复的人际互动中发展出关系网络。建立这种信任的关系网络可促进总部企业对投资伙伴、技术伙伴和客户的搜寻，可获得金融资源、生产诀窍、互补技术和分销渠道等方面信息优势。

总而言之，一个国家发展总部经济，一个区域发展总部经济要依据优势，一家企业发展要有总部经济战略思维。

二、新技术农业产业的极化

总部经济战略理论认为，任何产业都在极化。

例如，计算机软件产业经过了三个极化阶段：①固态（台式电脑时代，软件以固态存在，必须在桌边使用软件，仿佛一块大石头搁在桌上）；②液态（手提电脑时代，软件存在于好似河道和绿洲的咖啡馆，通过 Wi-Fi（终端无限互联技术）这个“出水孔”获得）；③气态（移动智能时代，通过手机上网随时随地获得）。

影像产业经历了从数码成像技术到银盐成像技术的极化，导致柯达破产、富士转型成为全球最大的TAC薄膜（广泛应用于第三代平板液晶显示上，IT电子行业）提供商、乐凯转型成为拥有一部分属于影像行业的胶卷胶片、平板液晶显示器（光学级PET薄膜）的IT电子行业、印刷包装行业、交通行业、太阳能行业的多元化企业，导致了爱国者等诞生和逐渐强大。

电子商务产业经历了三种极化阶段：互联网电子商务（商城）、移动互联网电子商务（电子商城、微博销售、微信销售、微店）、物联网电子商务。

随着技术的发展，目前全球科技经历了极化的三个阶段：①工业时代。机器代替了人的四肢（1784—1993年，大规模生产）。②互联网时代。机器代替了人的神经（1993—2016年，“互联网+”）。③人工智能时代。机器代替了人的大脑（2016年至今，AI+）。相对应，结合原始农耕技术，农业经历了四个极化阶段：原始农业→工业农业→共享农业→智能农业。当今时代是互联网时代，共享农场必将大行其道；未来是人工智能时代，机器人农场将越来越多。

就实际农业企业而言，农业旅游越来越成为热点，上海世博会参观人数7 800多万人，门票60亿元，而纪念品收入却达到308.9亿元，因而农业企业也要做农业旅游纪念品。

在互联网时代，内容是媒体属性，用来做流量的入口；社群是关系属性，用来沉淀流量；商业是交易属性，用来变现流量价值，因而农业企业要有新的商业模式。

在互联网时代，农业企业转型成为媒体型企业，才能顺利发展。

2017年1月10日，美国总统奥巴马在发表告别演说时认为，美国下一波经济紊乱不是来自海外，而是“来自于机器自动化不舍昼夜的脚步”，而机器自动化趋势将使得大量中产阶层失去工作，因此尤其需要形成新的社会契约，保证教育等民生。这意味着在即将到来的人工智能社会，智能农业成为必然，我们必须加强对从事农业的人员的智能产业方面的培训。

华为是一个面向全球将近200个国家销售和服务的公司，是一个70%左右收入在中国市场之外的真正全球化的高科技企业。华为总裁任正非先生曾经认为：“未来社会是一个智能社会，不是以一般劳动力为中心的社会，没有文化不能驾驭。若这个时期发生资本大规模雇佣“智能机器人”，两极分化会更严重。这时，有可能西方制造业重回低成本，产业将转移回西方，我们将空心化。即使我们实现生产、服务过程智能化，需要的也是高级技师、专家、现代农民……因此，我们要争夺这个机会。就要大规模地培养人。”

在人工智能时代，农业机器人将大量出现，现代农民应该学会使用和管理农业机器人。

三、发展现代农业的对策

在实践中，我参与了很多农业项目的考察和设计。

例如，2015 年 12 月 1—3 日，我随中国农牧产业联盟团队考察了辽宁省阜新市彰武县三家园区及一家企业，阜蒙县一家园区和两家企业，与当地领导分别举行座谈，建议结合沙漠打造具有阜新特色的农业和服务沈阳的总部经济休闲农业。

2016 年 7 月 5—6 日，我随中国农牧产业联盟团队考察河北省邯郸市涉县，就总部经济和农业发展与当地县领导进行交流，总结涉县特点：一涉一县（险）、一喜一忧、一心一民（名），涉县发展农业应注意农产品个性化定制、农业画中游（农业美术游）、农业红色体验游（129 师）、农业惊险游（惊险刺激＋葡萄）、农业 4.0 发展、大农业园区（建设涉县农业博物馆），发展农业与旅游相结合的总部经济。

2016 年 12 月 24 日，我随团队考察北京市延庆区刘斌堡乡，打造和平玫瑰小镇项目。

2017 年 4 月 23—25 日，我随团队应邀考察云南省曲靖市陆良县打造奶业特色小镇。

世界硒都·富硒产业发展论坛暨“世硒尚品”一县一店启动仪式于 2017 年 5 月 16 日在湖北恩施土家族苗族自治州文化中心顺利召开，我在论坛上演讲时建议在恩施打造硒产业的总部经济，建议发展硒产业应与健康、旅游纪念品相结合。

2017 年 7 月 22 日，我随团队考察湖北省恩施市打造世界硒都总部特色小镇。

2017 年 11 月 18—19 日，我随团队应邀考察河北省秦皇岛市海港区，结合 5.0 农业打造奔马田园综合体。

现在农业企业总部设在小城镇将成为潮流。农业产业应与健康产业、旅游产业相结合，现代农业应与工业、旅游业结合成为第六产业。

不忘初心，中国进入大调整周期，并提出五年内全面建成小康社会。社会发展由城市转向农村，农村、农业、农民，“三农”迎来了一个黄金时代。

党的十九大报告指出，我国社会的主要矛盾已经发生了变化：中国特色社会主义进入新时代，我国社会主要矛盾已经转化为人民日益增长的美好生活需要和不平衡不充分的发展之间的矛盾。我们要实施乡村振兴战略。农业农村农民问题是关系国计民生的根本性问题，必须始终把解决好“三农”问题作为全党工作重中之重。要坚持农业农村优先发展，按照产业兴旺、生态宜居、乡风文明、治理有效、生活富裕的总要求，建立健全城乡融合发展体制机制和政策体系，加快推进农业农村现代化。巩固和完善农村基本经营制度，深化农村土地制度改革，完善承包地“三权”分置制度。保持土地承包关系稳定并长久不变，第二轮土地承包到期后再延长三十年。

党的十九大报告指出，深化农村集体产权制度改革，保障农民财产权益，壮大集体经济。确保国家粮食安全，把中国人的饭碗牢牢端在自己手中。构建现代农业产业体系、生产体系、经营体系，完善农业支持保护制度，发展多种形式适度规模经营，培育新型农业经营主体，健全农业社会化服务体系，实现小农户和现代农业发展有机衔接。促进农村一、二、三产业融合发展，支持和鼓励农民就业创业，拓宽增收渠道。加强农村基层基础工作，健全自治、法治、德治相结合的乡村治理体系。培养造就一支懂农业、爱农村、爱农民的“三农”工作队伍。

实施乡村振兴战略，加快推进农业农村现代化，关键在构建现代农业产业，在实践中，打造包含农业的各种产业的总部经济特色小镇，打造田园综合体，把农业与总部经济、旅游、文化、各种产业融合发展成为必然。

在新时代，消费结构正在向“学乐康安美”等新五大需求方向升级，新五大需求分别是学习需求、快乐需求、健康需求、安全需求、美丽需求，其比重正在不断提高过程中。新五大需求在“十三五”期间比重的进一步提高，为发展与其相适应的现代农业产业带来了新机遇。现代农业产品应该满足人民的健康需求、安全需求、美丽需求。

随着总部经济逐渐发展成为热潮，各种产业的总部经济的工作人员的休闲也大规模出现，农业与旅游相结合的休闲农业项目也得到大发展，在游客需求的不断增长中也得到了较快的成长。其多变的发展形式，以及各种各样的休闲农业产品、服务产品在时代的潮流当中应运而生。我们不可忽略休闲农业的发展前景，只有选择对了营销策略，休闲农业的发展才能发挥出其最大的魅力。

（作者单位：中国网中国开发区智库）

推进粮食最低收购价政策改革的思路与建议

程国强　朱满德

在前期赴东北、南方有关水稻主产区深入实地走访调研的基础上，最近在早稻上市之际，我们粮食最低收购价政策课题组赴南方有关水稻主产县市，分别与政府部门、粮食企业以及种粮农户等座谈讨论，深感改革粮食最低收购价政策的时机已经成熟，当务之急是系统研究设计改革方案，尽早部署落实推进措施。

一、最低收购价政策改革时机已经成熟

调研表明，基层各方面对推进粮食最低收购价改革的认识趋于一致，改革的时机和条件已经成熟。

*第一，地方政府部门对改革已经形成共识。*地方有关政府部门同志在座谈时表示，虽然最低收购价政策对保护和调动农民种粮积极性、促进粮食生产稳定发展发挥了重要作用，但近几年政策实施的环境和条件发生重大变化，粮食出现阶段性产大于销、价格倒挂、企业经营困难等新形势新问题，大家一致建议应抓紧启动最低收购价政策改革，建立完善新形势下粮食支持政策体系。

*第二，粮食企业对改革充满期待。*湖南兰溪米市的大米加工企业反映，新世纪初到2010年的10年，是粮食生意最好做的时候，该市场集聚大米加工企业曾达300多家。近年受最低收购价政策的托市收购影响，稻米价格严重倒挂，企业经营困难，许多被迫关停并转，目前减到160余家，且大多开工率不到1/3。我们在长沙召开的粮食企业座谈会上，来自湖南、湖北、安徽、河南、河北、江西等地的十几家粮食企业也反映，2012年以来，由于连续提高最低收购价，导致出现稻强米弱、麦强粉弱等问题，加之国内外价格倒挂，大米走私严重，加工企业普遍生存艰难。他们期待尽快改革收储政策，理顺市场关系，改善粮食产业发展环境。

*第三，种粮农户对改革有一定思想准备。*许多没有流转土地的普通农户表示，过去并没有足额拿到政府提高粮价带来的好处，托市政策主要起“定心丸”作用。由于种粮收益占家庭总收入比重不到1/5，今后调整政策、降

低价格，其敏感度并不高。一些种粮大户表示，国家连续两年降低早稻托市价格，实际上已经发出了改革收储政策的信号，因此已经有一定思想准备。部分大户表示可以接受小幅降价，今后将通过降低生产成本、增加优质品种种植、延长产业链（如提供农机作业、烘储等服务，发展粮食加工）等方式稳定收入水平。

第四，保障改革的基础比较稳固。一方面，2004 年以来启动实施的大豆、棉花目标价格改革以及 2016 年实施的玉米“市场定价、价补分离”改革，不仅积累了改革经验，可供最低收购价改革借鉴参考，也坚定了深入推进农产品价格形成机制改革的信心。另一方面，当前我国粮食库存充裕，具有压舱石、稳定器作用，为应对改革中可能出现的风险和困难奠定了坚实基础。

基层各方面对如何改革粮食最低收购价政策，也提出了若干要求和建议，主要包括：

一是，希望继续保留政策构架。基层政府部门、种粮农民、各类粮食企业一致表示，最低收购价政策是稳定预期的“定心丸”，小麦、稻谷事关口粮安全，其改革不能简单照搬玉米模式，应继续保留政策构架。其中，部分种粮大户担心没有政策性收购后，种的粮食卖不出去，因此对保留政策框架要求强烈；粮食企业则力主加快改革步伐，尽可能退出托市收购。

二是，适度调低价格水平。大家认为，过去最低收购价只涨不跌，严重扭曲市场信号，改革完善最低收购价政策，必须从调低价格水平入手。特别是对东北产区而言，调价的倒逼机制已经形成。如 2016 年玉米收储政策改革后，玉米价格大幅回调，东北地区稻谷相对玉米的比价优势更加明显。如果最低收购价不及时跟进调整，东北地区有可能出现稻谷对玉米的大面积种植替代，引发旱改水问题。粮食企业大多希望降价一步到位，尽快与市场接轨。也有部分企业建议，应采取渐进方式将粮价调低至合理水平，使市场逐步消化降价预期，这样可避免市场大幅波动。部分种粮大户表示，稻谷最低收购价每千克降 0.1～0.12 元是能够接受的，若降得太多，按照现在的种植方式种粮就不合算了。部分基层干部认为，调低粮价是必然趋势，但需给种粮农民一定补偿，原则是“少降不补、多降给补”。

三是，改革粮食收储机制和调控机制。大家认为，改革收储机制是推进最低收购价改革的重点，必须系统设计、统筹推进。一要注重落实地方政府责任，切实发挥地方粮食行政管理部门对政策性收储的监管作用；二要合理设定政策性收储的启动和退出机制，给市场化收购留出足够的时间和空间；三要支持和鼓励有条件的粮食企业参与政策性收储和市场化收购；四要提高调控能力，采取更加严格的措施打击走私、控制粮食进口，为改革营造更加宽松的环境。

二、改革方案设计需把握的几个关键

综合近几年调研情况和国际比较分析，我们认为，研究设计粮食最低收购价改革方案，需把握好以下四个关键。

第一，必须把握改革的基本原则。改革粮食最低收购价，一要坚持底线思维，确保口粮绝对安全。稻谷和小麦作为口粮品种，自给率要求较高，必须始终把“保供给”作为改革的基本底线。二要坚持市场化改革取向，注重保护农民种粮利益。要以市场化改革为方向，促进粮食价格由市场形成，激发市场活力，同时也要保护好粮农基本利益。三要坚持价补分离，增强政策弹性。要按照价补分离原则，逐步退出政策的增收功能，完善实施机制，增强政策操作的灵活性和弹性。四要坚持稳中有进，逐步完善。要保持政策构架基本稳定，稳妥推进政策改革，逐步建立相对成熟有效的粮食支持政策体系。

第二，必须厘清改革的基本思路。综合考量各方面影响因素，建议最低收购价政策改革的基本思路为“稳定构架、增强弹性、改革机制”。其中，“稳定构架”指要保持最低收购价政策构架的基本稳定，给种粮农民吃“定心丸”。“增强弹性”指粮价既可升、也能降，政策既要及时启动，也要适时退出。“改革机制”指改革最低收购价政策的功能与机制，由既保供给又保增收的托市机制，调整回归至兜底保障、解决卖粮难的托底机制。

第三，必须选准改革的基本路径。近几年我国棉花“目标价格补贴”改革和玉米“市场定价、价补分离”改革已取得初步成功，为下一步推进小麦、稻谷最低收购价政策改革积累了宝贵经验。但小麦、稻谷作为口粮产品，显然不可简单复制玉米改革模式，把“市场定价、价补分离”作为改革路径和设计方向。

我们认为，应选择“托底收购＋价补分离”作为改革路径。即在稳定最低收购价政策构架的基础上，逐步将最低收购价调低至合理水平，将托市机制转变为托底机制，配套实施粮农收益补偿措施。如此考虑，一是可纠正政策对市场的严重扭曲，并突出“保底线”的政策定位，有利于稳定口粮生产；二是易于使基层各方面理解和接受改革方案，减少改革阻力；三是增强农民风险意识和市场意识，促进农业结构优化调整。

第四，必须加强改革的风险评估。目前部分人对最低收购价政策改革心存疑虑，认为改革有可能影响到粮食安全和农民增收。为此需加强对改革方案的风险分析和综合评估。初步分析，按照上述思路和路径推进最低收购价政策改革，一方面，不会影响国家粮食安全保障。原因在于，一是最低收购价适度下调对粮食产量影响有限。研究表明，2001 年以来稻谷播种面积对价格的弹性在 0.069～0.088，若价格降低 20%，播种面积仅减少 1.32%～1.76%，减产不足 1.8%。二是目前国家粮食库存充裕，截至 2017 年 7 月底，仍有最低收购价库存稻谷（不含中央和地方储备粮）10 822 万吨、小麦 7 796 万吨，分别相当于稻谷、小麦全年消费量的 58%和 72%。即使出现粮食产量大幅下滑，现有库存也足以支撑到下一季生产，不会威胁到粮食安全供给。三是目前国际市场粮食供应充足，通过原粮、肉类等多元化进口，也能有效缓解短期供求矛盾。

另一方面，对农民收入影响也相对有限。我国人均耕地约 1.2 亩，平均亩产稻谷 492.5 千克、小麦 420 千克。若按一步到位调低方案（即将最低收购价下调至 2013—2015 年粮食平均生产总成本）测算，人均收入最多损失 380 元，不足 2016 年农民人均纯收入的 3%。而且，此方案设计需配套实施粮农收益补偿措施，因此对农民收入的影响会进一步减小。若按渐进式方案逐年调低粮价，对农民收入的影响将更不明显。相对而言，改革对种粮大户将有一定冲击。但调研表明，改革也将促进种粮大户采取节本增效、提质增效、调整结构等措施来稳定收入水平。尤其需要指出的是，在目前粮食供给阶段性过剩的形势下，即使不改革最低收购价政策，那种单纯依靠粮食增产、不考虑提质增效来促进农民增收的方式早已难以为继。

三、改革实施重点与配套措施建议

按照“稳定构架、增强弹性、改革机制”思路，以及“托底收购＋价补分离”路径，推进最低收购价政策改革，建议重点实施以下四项措施：

第一，*归并水稻品种*。今后政策实施只针对稻谷，不再分早籼稻、中晚籼稻与粳稻设定价格。亦即，在分步调整的基础上，今后国家只公布稻谷最低收购价，不再分别设定早籼稻、中晚籼稻、粳稻最低收购价。一是三个品种的生产成本已相差不大，具备统一价格水平的基础；二是消除品种间政策差异过大问题，有利于释放正确的政策信号，避免进一步加剧粳稻的结构性矛盾。品种归并后，粳稻和籼稻可保留一定质量差价，即今后粳稻价格可比国家公布的稻谷最低收购价高 0.1 元/千克；三是有效解决早籼稻、中晚稻政策执行时间重叠所引发的问题，简化政策操作，提高政策效能。

第二，*合理确定托底价格水平*。改革能否成功将最低收购价政策的托市机制转变为托底机制，关键在于要对平均种粮成本，逐步调低价格。亦即，要根据农业供给侧结构性改革的总体要求，按粮食生产总成本确定今后的托底价格。如 2013—2015 年粮食生产平均总成本，小麦 2.3 元/千克，稻谷 2.40 元/千克。这意味着，小麦只需降低 0.06 元/千克，就可使价格一步调整到位。

对稻谷而言，可考虑采取以下3个方案使价格调整到位。

一是一步到位。即2018年，将早籼稻、中晚籼稻最低收购价调低至2.40元/千克，粳稻调至2.50元/千克。由于价格调低幅度较大，建议配套给予粮农基本收益补偿，每亩的补贴水平大致与玉米补贴相当。

二是分步到位。即采取分步调整策略使价格逐步降到位。第一步，先统一早籼稻和中晚籼稻托底价格。以2018年为例，不再区分早籼稻和中晚籼稻价格，将籼稻最低收购价下调至2.6元/千克（其中，早籼稻没有调价，中晚籼稻调低0.12元/千克）。粳稻价格可考虑从3.0元/千克下调至2.8元/千克。第二步，统一籼稻和粳稻托底价格。2019年将稻谷最低收购价统一降低至2.40元/千克（粳稻2.50元/千克），与此同时，配套给予粮农基本收益补偿。

三是在上述调价的基础上，若今后粮食去库存、结构改革压力仍然较大，也可考虑按粮食生产总成本的85%确定托底收购价。按2013—2015年粮食生产总成本的85%测算，小麦每千克1.96元、稻谷2.04元，接近于粮食生产成本（即不含土地租金的生产成本）。同时需配套建立合理的基本收益补偿机制。

*第三，建立粮农基本收益补偿机制。*按照“价补分离”原则，为补偿改革给粮农带来的基本收益损失，建议配套建立粮农基本收益补偿机制。设计的基本要求为，一是适度补偿，即对由于改革所导致的种粮基本收益受损部分，给予一定补偿；二是品种平衡，即要与已有的大豆、玉米等直接补贴衔接，使粮食品种之间、主产区之间的补贴水平基本一致；三是“蓝箱”设计，即要规避WTO规则约束。

*第四，创新粮食收储机制。*一是鼓励和支持多元市场主体参与政策性粮食收储业务。支持有仓储条件和良好信誉的地方收储企业、大型加工企业等市场主体参与政策性收购，享受与中储粮公司相同的收储补贴和贷款政策，并在规定期限内对其实施定向拍卖（相当于对加工企业进行补贴），多措并举激发市场活力。二是将最低收购价政策启动时间向后推迟1个月，给予各类市场主体入市收购新粮的足够时间，有效发挥市场机制的作用。三是建立最低收购价启动与退出机制，实现政策启动与退出的制度化和规范化。四是创新管理机制，将专储轮换计划管理改为总库存按实物量比例控制管理，在确保专项储备在库规模始终不低于70%的前提下，变静态轮换为动态轮换，充分发挥储备粮轮换对市场价格的支撑和调控作用。要增强储备轮换的主动性和灵活性，借鉴今年湖南产区早籼稻收购做法，利用中央和地方两级储备粮轮换形成的市场需求，发挥轮换收购对市场价格的支撑作用。要促进轮换经营与市场有效对接，提高储备调控市场的针对性和有效性。

与此同时，推进最低收购价政策改革，还要研究实施以下配套政策措施。

第一，严格贯彻落实粮食安全省长责任制。要进一步强化属地政府粮食安全履责与行政监管责任；建立政策性粮食收储监管工作协调机制，加强各主体之间协调联动；按照“谁审批谁监管，谁主管谁监管”原则，落实属地政府对粮油政策性收储的监管责任，加强对违法违规行为查处和责任追究。探索研究由地方政府负责粮食政策性收储的基本机制和管理办法。

第二，适度增加中央储备粮规模。多年来，中央储备粮制度在关键时期发挥了保障供给、稳定市场、安定人心的顶梁柱、压舱石作用。当前和今后一个时期，应对国际政治经济格局深刻调整的复杂局面，更好地服务我国改革发展大局，必须进一步强化中央储备粮制度的保障和支撑能力，有效提升国家粮食安全系数和保障水平。建议充分利用当前粮食政策性库存充裕的有利时机，适度增加中央储备粮规模。目前可考虑直接划转 3 000 万～4 000 万吨政策性库存充实中央储备粮。

第三，加大粮食“去库存”力度。一是短期可采取适度降价、随行就市拍卖方式，加快稻谷库存消化。建议优先安排近两年的新粮竞拍供应市场，减少新陈品质差价损失，防止陷入“新粮变陈粮、陈粮变陈化粮”循环。对品质较差和超期储存粮食，低价定向销售给加工企业，避免坏粮和进一步损失。二是积极推进“一带一路”农业国际合作，探索建立粮食出口机制，打开中亚、中东欧市场，在粮食出口配额、许可证、经营权等方面予以支持。三是建立粮食对外援助机制，将成品粮纳入对外援助项目。

第四，强化粮食进口控制。要加强进口关税配额管理，从严安排国有贸易配额动用数量，指导企业把握好进口节奏。加强对非国有贸易配额使用的监督检查，严肃查处违法违规行为，维护正常进口秩序。继续保持严厉打击粮食走私的高压态势，坚决遏制走私猖獗势头。

第五，深入推进农业结构调整。要深入推进农业供给侧结构性改革，以规模经营主体为重点，引导发展市场紧需品种、优质畅销品种，鼓励发展综合种养和生态种养，提升品质、树立品牌，促进提质增效。加大对规模经营主体种植结构调整的基础设施配套、金融信贷和风险管理支持。严格控制华北地下水漏斗区和东北超采地下水生产粮食，积极引导南方重金属超标地区种植结构调整。盘活存量补贴、创新增量补贴，引导农民实行保护性耕作和轮作休耕，推进农业生态治理修复，保护粮食产能，实现“藏粮于地”，增强可持续发展能力。

第六，抓紧启动农户基础信息系统建设。借鉴棉花目标价格补贴改革经验，充分利用卫星遥感等现代信息技术，结合直接补贴、承包地确权颁证、农地流转登记、农业普查等工作，建立以农户为基本单位的耕地资源、土地流转、主粮种植面积、生产和市场监测基础信息平台和管理系统，为新形势下建立和完善农业支持政策体系、推进国家“三农”工作管理能力现代化奠定基础。

第七，大力发展粮食产业经济。加大对粮食加工产业支持力度，给予税费减免和用电优惠政策，解决民营粮油加工企业土地使用税减免等问题。支持主产区发展粮食经济，延伸粮食产业链，促进把资源优势转化成产业优势和经济优势。

（作者单位：程国强：国务院发展研究中心
朱满德：贵州大学经济学院）

推进上海农村一、二、三产业融合发展研究报告

王东荣　顾吾浩　吕　祥

近几年来，中央反复强调要转变农业发展方式，推进农业一、二、三产业融合发展。2014 年中央农村工作会议提出要大力发展农业产业化，促进一、二、三产业融合互动；2015 年中央 1 号文件明确要求把产业链、价值链等现代产业组织方式引入农业，推进农村一、二、三产业融合发展，国务院还就此专门印发《关于推进农村一二三产业融合发展的指导意见》（国办发〔2015〕93 号）进行具体部署安排；2016 年中央 1 号文件再次强调“促进农业产加销紧密衔接、农村一二三产业深度融合，推进农业产业链整合和价值链提升，让农民共享产业融合发展的增值收益，培育农民增收新模式”。这是中央立足经济发展新常态下，推进农业供给侧改革提出的重大战略举措，是加快实现农业现代化道路的重要决策。

深入贯彻中央有关文件精神，促进一、二、三产业深度融合，是上海市加快发展都市现代农业，加快农业转型发展的任务，也是上海市“十三五”农村改革发展的重点。近年来，在上海市委、市政府的重视和领导下，按照中央要求，加快转变农业发展方式，着力推进农村一、二、三产业融合发展，逐步从自发分散向系统推进演变，并在一些领域加积累了一些有益做法和经验，如松江的家庭农场发展、金山的农业与二、三产业融合发展等探索，得到了中央和国务院有关部门的肯定。

“十三五”是上海建设世界级国际大都市和实现农业现代化的重要关键时期，为进一步推进上海农业一、二、三产业深度融合，2017 年上海市农村经济学会承接了市政府发展研究中心《关于上海推进农村一、二、三产业融合发展的研究》课题之后，组织研究力量进行了大量调查研究，听取农村基层干部群众和“三农”专家的意见，查阅了国内外有关农业转型发展和一、二、三产业融合发展的历程、经验，对上海实现一、二、三产业融合发展的情况进行了分析研究，提出了相应的对策建议，形成了本研究报告，供有关领导部门决策参考。

一、一、二、三产业融合发展的背景和意义

（一）农村一、二、三产业融合发展提出的背景

改革开放以来，我国农业得到了快速发展，农民收入有了显著提高，各

种农产品的数量已经基本满足国内消费需求，农业的发展方式也正在从传统农业向现代农业转变。但与国际发达国家相比，我国农业的竞争力还有很大差距。2015 年中央 1 号文件先后四次提出提高我国农业竞争力，这充分表明，提高农业竞争力在我国农业发展中的重要意义和重要地位。近几年来，由于我国劳动力成本每年上涨 10%左右，而劳动生产率并未同步提升，劳动密集型农产品出口竞争力趋弱．随着城镇化的推进，耕地面积不断减少，农业投入品价格不断攀升，也增加了农业生产成本，加上水资源的过度透支以及土地面源污染，生态因素以及食品安全等成为制约农业可持续发展的重要因素。此外，农业科技对农业产业发展驱动力也在减弱，农村金融制度和保险制度很不健全，这些因素共同导致我国农业竞争力的整体性下降，加上我国农产品进口关税普遍低于国际上大部分国家，致使国内部分农产品的价格高于国外农产品价格，而且这种部分农产品的内外价差，已经逐步向多种农产品内外价差转变。加入 WTO 以来，我国农产品进口持续快速增长，年均增长超过 20%，进口额每 3 年翻一番。近 3 年我国大宗农产品进口中相当部分不是因为国内短缺，而是受内外价差所驱动，从而造成“国货入库、洋货入市”“边进口、边积压”的现象。

随着全面建设小康社会的推进，社会对农产品和食品的需求，不再停留在传统的初级产品，而多元化、优质化和安全的农产品和食品备受青睐。由于国内农业和食品加工业还不够发达，一时难以满足居民消费结构升级需求，消费者对于进口食品需求不断增长，国外农产品和食品逐渐占领国内市场已成为发展趋势。加上国内一些农产品和食品质量安全事件屡有发生，消费者信心脆弱，进口的农产品和食品备受消费者欢迎。

“十三五”时期是我国全面建成小康社会的决胜阶段，农业农村经济在高起点上实现新发展，面临的挑战之大、任务之重前所未有。加快转变农业发展方式、提升农业发展的质量效益和竞争力、促进农民收入爬坡过坎实现翻番的目标，必须加快一、二、三产业融合，激发产业链、价值链的分解、重构和功能升级，形成新业态、新组织方式、新商业模式和新经营机制等，带动资源、要素、技术、市场需求的整合集成和优化配置。正是在这个意义上，2014 年以来的中央 1 号文件都明确提出“推进农村产业融合，促进农民收入持续较快增长”。推进农村一、二、三产业融合发展，已经成为指导农业和农村工作的一个新亮点。

（二）农村一、二、三产业融合发展概念内涵

根据国内外的大量研究和实践经验看，产业融合是由于技术进步和制度创新，发生在产业边界和交叉处的产业业态、模式以及产品特征出现了变化，导致产业边界模糊化和产业界限重构。产业融合有不同的分类方式，从

市场角度分析，有供给方面（技术融合）和需求方面（产品融合）的融合；从融合程度分析，有完全融合、部分融合，也有虚假融合；从融合方向分析，有横向融合、纵向融合，也有混合性融合；从融合形式分析，有高新技术产业渗透融合、产业间延伸融合、产业内部重组融合等。在农村一、二、三产业融合发展中，农业是产业融合发展的基本前提，产业联动、要素集聚、技术渗透、体制创新是基本实现途径和手段，专业大户、家庭农场、农民合作社、农业产业化龙头企业以及进入农业的工商资本等是产业融合发展所依赖的新型经营主体，延伸农业产业链、扩展产业范围、提升农业功能、增加农民收入是产业融合的目的。

农村一、二、三产业融合起源于日本的六次产业化理论。1994 年，日本学者今村奈良臣首次提出农业的“六次产业”的概念，认为农业的六次产业是指农村地区各产业之和，即 1＋2＋3＝6。其意为，农业不仅指农畜产品生产，而且还应包括与农业相关联的第二产业（农畜产品加工和食品制造）和第三产业（流通、销售、信息服务和农业旅游）。后来他对这一提法进行了修改，认为农业的六次产业应是农村地区各产业之乘积，即 1×2×3＝6。其意为，农村产业链中若其中一个产业的产值为零，则六次产业所带来的总体效益变为零。农业“六次产业”的界定从农村的各产业相加向各产业相乘转变，意在向人们警示，只有依靠农业为基础的各产业间的合作、联合与整合，才能取得农村地区经济效益的提高。在中国，也有类似于一、二、三产业融合的概念，即农业产业化经营。农业产业化起源于 20 世纪 80 年代末，主要是为了解决小农户与大市场的对接问题，其是在家庭承包经营的基础上，以市场为导向，依靠龙头企业的带动，并与农户建立“风险共担、利益共享”的利益联结机制，把农业产前、产中、产后各个环节连接起来，实现产加销一体化的一种农业经营方式。经过 20 多年的发展，农业产业化理论日臻完善，然而在实践中，由于利益机制不完善、公司和农户交易双方都可能存在的机会主义行为，且强制履约机制缺失，从而导致合约极不稳定。而农村一、二、三产业融合发展，是各类农业产业组织通过延伸产业链条、完善利益机制，打破农产品生产、加工、销售相互割裂的状态，形成各环节融会贯通、各主体和谐共生的良好产业生态，是农业现代化的新业态新途径。

目前我国各地农业与二、三产业融合发展有四种形式。一是农业内部产业重组型融合，比如种植业与养殖业相结合。这种融合是一些新型农业经营主体，以农业优势资源为依托，将种植业、养殖业的某些环节甚至整个环节连接在一起，形成农业内部紧密协作、循环利用、一体化发展的经营方式。二是农业产业链延伸型融合。即一些涉农经营组织，以农业为中心向前向后延伸，将种子、农药、肥料供应与农业生产连接起来，或将农产品加工、销售与农产品生产连接起来，或者组建农业产供销一条龙。三是农业与其他产业交叉型融合，比如农业与文化、观光旅游业的融合。这里，农业与生态、文化、旅游等元素结合起来，大大拓展了农业原来的功能，使农业从过去只卖产品转化到还卖风景、观赏，卖感受、参与，卖绿色、健康。由此，农业产生了意想不到的价值提升。据不完全统计，目前我国各类休闲观光旅游农业经营主体有180多万家，接待游客年均增长保持在15%以上，2014年接待人数达9亿人次。四是先进要素技术对农业的渗透型融合，比如在“互联网+”下，农业实现在线化、数据化，农业生产经营的网络在线监控管理，农产品线上预定、结算，线下交易、销售（O2O）。信息技术的快速推广应用，既模糊了农业与二、三产业间的边界，也大大缩短了供求双方之间的距离，这就使得网络营销、在线租赁托管等都成为可能。据统计，2014年我国涉农类电商企业达到3.1万家，其中涉农交易类电商企业4 000家，农产品电子商务交易额超过1 000亿元。从近几年的国内发展实践看，农村一、二、三产业融合发展取得了显著效果，农业产业链延长了，农村产业范围拓宽了，农业附加值提高了，农民收入也得到明显增加。

（三）农村一二三产业融合发展的重要意义

推进农村一二三产业融合发展，是加快农业发展方式转变、推进农业现代化的重要途径。

1. 有利于农民增收，分享产业融合的红利。推进农村产业融合发展，使农业生产经营活动在传统的生产环节之外，增加了农产品加工包装运输保管销售等环节，将与农业产业链相关的二、三产业增值收益留在农村，拓展了农民就业增收渠道。农村产业融合发展可以激活农村土地住宅和金融市场，增加农民财产性收入。

2. 有利于推进农业转型升级，促进农业现代化。推进农村产业融合发展，广泛应用现代农业技术成果，加快高端农业、设施农业、资源节约型农业发展，既有利于克服农业产业结构单一、农业发展空间相对狭小的局限，推进农业内部结构调整，又有利于减少农业生产对自然资源的依赖，农业发展更多地依靠科技和知识投入，增强农业可持续发展能力，还有利于更好地发挥服务业对农业发展方式转变的引领支撑带动作用，促进农业价值链升级，提高农业竞争力和附加值，促进农业现代化。

3. 有利于催生农村新业态，形成国民经济新增长点。推进农村产业融合发展，实现一、二、三产业关系在农村的优化组合和空间重构，将催生生物农业、智慧农业、休闲农业、创意农业、工厂化农业等新业态，以及农村电子商务、产地直销、会员配送、个性化定制等新模式。借此，顺应或引领消费结构升级方向，更好地满足城乡居民多层次多样化的消费需求，并创造新的社会需求，带动形成居民消费新热点和国民经济新增长点，促进农业发展由生产导向向消费导向转变。

4. 有利于提高农业竞争力，推进美丽乡村建设。推进农村产业融合发展，有利于推动形成生态农业和循环农业的发展模式，提高农产品和加工副产品的综合利用率，减少农业对水土气等自然环境的污染，促进农业生产和农民生活方式向绿色环保方向改变，更好地推动生态文明建设；有利于拓展城市资本和生产要素进入农业农村，强化农村产业发展的要素支撑，促进以城带乡和强农惠农、缩小城乡差距和实现城乡一体化；有利于通过发展休闲农业、创意农业等产业融合新领域，增加对农村基础设施、生态环境、居住条件等建设和投资，完善农村公共服务体系，更好地保存乡村传统文化和历史底蕴，保护绿水青山，推动绿色发展，推进美丽乡村建设。

二、上海农村一、二、三产业融合发展现状

上海的农村一、二、三产业融合到目前为止共走过了三个阶段：①起步于农业产业化经营，改革开放以来，重点推进了农工商一体化经营、产加销一条龙的农业产业化经营等，由此逐步延长了农业产业链，拓宽了农业产业范围，提高了农业附加值，增加了农民收入；②发展于农产品加工、以休闲农业为主体的农业旅游业、农产品营销业等农业产业链的延伸；③近年来正在推进的农村一、二、三产业深度融合发展，不断促进了上海农业竞争力的提升。

（一）主要特点

1. 产业融合的主体初步形成。不断拓展农业领域，贯穿产业链上下游，多元经营主体迅速发展。一是家庭农场迅速崛起。全市已发展家庭农场3 829户，其中粮食生产家庭农场3 555户，水稻种植面积达到45.94万亩，经济作物家庭农场175户，水产养殖家庭农场59户，其他家庭农场40户。二是农民合作社蓬勃发展。全市已有农民合作社6 302家，注册社员6.5万人，带动非成员农户12.3万户，实现经营收入86亿元；年销售额千万元以上农民合作社已超过200家，农业组织化水平达到80%。三是龙头企业不断壮大。全市现有农业龙头企业387家，实现销售收入1 059.68亿元，实现利润总额45.22亿元。其中，生产加工型龙头企业265家、专业市场型龙头企业29家、其他企业92家；年销售收入1亿元以上的龙头企业有84家，销售收入10亿元以上的企业有13家，50亿元以上有6家，100亿元以上的有4家。

2. 产业融合的载体形式多样。一是国家现代农业示范区建设步伐加快。2014年，根据农业部有关要求，上海市积极推进国家现代农业示范区建设

试点，并在浦东、崇明、金山等区开展示范区创建的基础上，申报开展全市范围整建制创建国家现代农业示范区创建工作。2015 年，本市被农业部正式认定为国家现代农业示范区。着力推进会展农业、创意农业和休闲农业，促进农业与二、三产业融合发展，不断提升服务农业发展水平，更好发挥示范引领作用。二是休闲旅游、乡村旅游发展态势较好。上海休闲农业围绕“城市让农业增效、农业为城市服务”的主题，积极拓展农业多种功能，促进一、二、三产业融，实现都市休闲农业持续稳定健康发展。目前，本市已初步形成了农家乐型、休闲农庄型、观光农园型、农业园区型、人工生态林公园型及民俗文化村型等六大类休闲农业发展模式。其中，有荣获全国十佳休闲农庄 2 家，全国休闲农业与乡村旅游星级示范创建企业（园区）五星级 7 家、四星级 11 家、三星级 13 家，还包括众多 3A 级以上景点，全国休闲农业与乡村旅游示范点、示范县等等。

3. 产业融合的形态种类丰富。一是一村一品立足一产稳定发展。本市一村一品工作紧扣都市现代农业发展目标，创新一村一品发展模式，促进了以蔬菜、瓜果等为主导产业的一村一品专业村、镇快速发展，有力推动了特色产业培育和现代农业发展进程，促进了农业增效、农民增收和农村经济的持续、健康发展。截至 2014 年年底，本市已有 18 个村镇获全国一村一品示范村称号，共涉及农户 10.7 万户，其中从事主导产业农户 2.9 万户，主导产业收入 10.5 亿元。试点村镇的农产品品质、品位、品牌综合提升显著，示范带动作用突出，在技术支撑、人才培育、主体建设、品牌打造、营销创新等五方面的借鉴意义很强。二是加工业立足二产扩张快速。本市农产品加工企业规模化发展，整体盈利能力显著提升。截至 2014 年年底，上海市农产品加工企业 2 253 家，其中规模以上农产品加工企业 804 家，大中型企业 93 家，上市公司 16 家。2014 年，规模以上农产品加工企业资产总计 1 356 亿元，比“十一五”末增长 82.5%；总产值达 987 元，同比增长 72.3%；实现总利润 32.0 亿元，出口产品销售收入 42.7 亿元，行业的销售利润率达到 4.8%。三是乡村休闲旅游立足三产发展喜人。涌现出了崇明县前卫村、浦东新区书院人家、松江区浦江源温泉农庄、金山区廊下现代农业园区、奉贤区海湾国家森林公园等一大批乡村休闲旅游的精品和典型，已初步实现“季季有活动、月月有节庆、天天有游客”的繁荣景象。截至 2015 年年底，全市已建成各类农业旅游景点 249 个，共接待游客 1 765.9 万人次，直接带动各类涉农旅游总收入 14.4 亿元，解决当地农民就业 3.1 万人。

4. 一、二、三产业融合的手段多元。一是农业品牌建设步伐加快。上海农业企业经过多年的经营发展，农产品品牌的知名度、美誉度和忠诚度与外省市同类产品相比，有了比较明显的竞争优势，主要体现在品牌溢价能力较强、市场占有率较高。“马陆葡萄”已成为嘉定区马陆镇的一张名片，培育了“传伦”牌有机葡萄、“管家”牌绿色葡萄、“文兴’牌无公害葡萄等多个知名品牌，其中葡萄研究所研制的“传伦”牌有机葡萄以每千克70元的售价成为葡萄中的“贵族”。“海丰”牌大米、“绿妮”牌西瓜、“军安”牌鸡蛋等也都是农产品中的“明星”。“爱森”牌猪肉比市场平均价高10%～15%，年销售额近4亿元，其在上海品牌猪肉中的市场占有率高达40%，在长三角地区占有率也达到26%。截至2015年年底，全市有“三品”生产企业1 631家，7 590个产品获得农产品质量认证。其中，无公害农产品证书使用企业1 432家，无公害农产品7 289个；绿色食品证书使用企业191家，绿色食品275个。近两年，本市“三品一标”农产品的抽样合格率达99.8%，成为名副其实的品牌农产品。二是龙头企业带动力增强。本市农业龙头企业直接和间接带动农户49.1万户，其中，带动本地农户14.5万户。同时，龙头企业为保证农产品的质量和安全，实施标准化生产，从生产的最初阶段便介入管理和监控，逐步形成了较为稳定的订单采购基地，通过合同订单采购农产品146亿元。农业龙头企业与家庭农场、农民合作社等通过建立利益联结机制融合发展，能发挥不同经营主体在产业链中不同的作用。如上海松林工贸公司与家庭农场签订代养协议，形成“农业龙头企业＋家庭农场”经营模式，公司实施统一供苗、统一供料、统一服务、统一收购，家庭农场负责生猪养殖，每个家庭农场全年可饲养肉猪1 800头，公司向农场主提供体重每头30千克以上的健康苗猪，同时提供肉猪不同生长阶段饲料，肉猪饲养到105～110千克时，由公司统一回收并进行加工销售，每户农户养猪收入稳定在8万元左右。三是社会化服务供应能力有效提升。市场配置资源作用充分发挥，以规范化农机合作社建设为抓手，推广农机“一用就管”和重点农机具台账制度，提高农机合作社规范化管理和标准作业水平，鼓励发展先进农业装备和应用新型农机化技术。实施政策资金聚焦、倾斜，发展新型农机社会化服务模式，推广以松江区“粮食生产＋农机作业”的“机农一体”家庭农场和机农互助点为代表的农机作业“小结合”、以嘉定区“大中型农机合作社＋粮食生产＋家庭农场农机作业”为代表的农机作业“大结合”，开展“订单作业”“复式作业”“一条龙”服务等农机生产作业；注重教学实训，规范培训程序，严把“入口关”和“出口关”，提高农机驾驶操作人员的业务水平，增强农机人才支撑作用；举行“3·15农民维权暨放心农机下乡现场会”，调查督导补贴农机具质量，提高农机产品质量水平。

（二）发展模式

上海的农村一、二、三产业融合发展模式大体来看有四种，形式虽然不同，但最后的落脚点相似，都是通过一、二、三产业融合发展，增加农民当地就业，让农民真正分享产业升级带来的红利；同时，使现代要素渗透到传统农业，实现农业现代化，培育农村新的增长点。

1. 农业内部产业整合型融合。鼓励多种类型家庭农场发展，粮食家庭农场中，机农结合家庭农场561户、粮经结合家庭农场321户、种养结合家庭农场80户。另外，家庭农场也与其他经营主体进行融合发展，如农民合作社＋家庭农场、农业龙头企业＋农民合作社＋家庭农场、农业合作组织＋家庭农场、镇农投公司＋家庭农场、农机合作社＋家庭农场等。松江区家庭农场发展至1 240户，经营面积15.28万亩、占全区粮食播种面积的90.9%，其中机农一体家庭农场405户、占32.7%，种养结合家庭农场73户，全区机农一体和种养结合总比例达到38.5%。全区粮食家庭农场户均净收入为11.3万元，种养结合家庭农场户均种粮和养猪净收入约达19.5万元，机农一体家庭农场户均种粮和农机服务净收入约达16万元。

2. 农业产业链延伸型融合。以农业为中心向前后产业延伸，将种子农药肥料供应与农业生产连接起来，或将农产品加工销售与农产品生产连接起来，或者组建农业产供销一条龙生产服务。如上海集贤虾业养殖专业合作社拥有自己的育苗场、加工企业，形成了集苗种淡化、成虾养殖、饲料销售、成虾收购、精深加工、冷藏保鲜、技术服务、品牌销售等一体的产前、产中及产后一条龙的产业体系，基本实现了养殖一、二、三产业融合发展。2014年，合作社养虾面积1.6万亩，辐射带动农户近1 000户。

3. 农业与其他产业交叉型融合。比如休闲农业，主要是利用农业生态资源、农事活动、农产品加工和农家餐饮居屋、农村乡土文化等，开展休闲观光和体验教育，实现农村一、二、三产业有机融合。2015年“十一”黄金周，上海各农业旅游景点接待游客90.87万人次，直接带动各类涉农总收入7 434.23万元，其中农产品销售收入2 512.07万元，解决就业5 577人。

4. 先进科技对农业渗透型融合。一是农业科创中心建设。重点打造浦东现代农业科技创新中心、崇明生态农业科技创新中心和上海现代农业科技服务平台，以企业为主体，以市场为导向，营造农业科技创新和推广的良好环境，着力培育农业物联网示范基地，支持企业研发具有自主知识产权的核心技术与产品。在农业部2017年发布的310项农业物联网成果中上海占63项，排名第一。二是着力发展智慧农业。以物联网建设为抓手，大力推进电子商务、大数据建设、微信平台开发，积极探索信息化在现代农业建设过程中的应用，有效促进上海都市现代农业发展的科技化、智能化、信息化。截至2015年年底，全市农业物联网云平台已整合接入75个业务系统与平台，有63项成果列入农业部发布的农业物联网产品展示与应用推介目录（全国共310项成果），已在200多家蔬菜园艺场、17个区县动物卫生监督所、8个市境道口、110个产地检疫报检点、16家屠宰场检疫点及58家动物产品集散交易单位建立了信息管理系统，实现生产过程档案电子化，基本建立了农产品质量安全可追溯系统。三是推广生态高效农业技术。集成与示范设施绿芦笋生态安全综合技术，开展设施芦笋生态化、标准化、组织化、品牌化建设，示范推广面积 5 955 亩，实现芦笋平均亩产量 1 655.8 千克，产品通过绿色食品认证，2015 年平均亩产值达到 1.2 万元。

（三）薄弱环节

目前本市一、二、三产业融合发展还处在发育期，特点鲜明、复制性强的典型还比较少，欠缺成熟的经验做法，在一定程度上影响了一、二、三产业融合的进一步深入，还存在一定的薄弱环节。

1. 产业融合程度有待提高。农业产业融合包括农资供应、农产品生产、加工、销售及服务环节的纵向融合，以及农业引入生物技术、信息技术等高新技术产业的发展理念、技术成果和管理模式的横向融合。前者延长了农业产业链，使农业产业从纯农产品生产领域延伸到加工、服务等第二、三产业领域，拓展纵向增值空间；后者拓宽了农业产业链，使农业产业化从单一的农业发展平台渗入到服务高新技术等产业领域，拓展横向增值空间。但从上海总体情况来看，农村一、二、三产业间结合的层次依然比较浅，纵向产业链条延伸不够长，先进科技要素间的横向渗透不够强，从而限制了产业融合的增值空间，没能最大限度地发挥出六次产业（第一产业×第二产业×第三产业）的效益，从而限制了农民的增收空间。

2. 主体培育质量有待提高。虽然本市家庭农场、农民合作社及农业龙头企业数量不少，但仍存在规模不够大、发展水平不高和质量参差不齐的问题；特别是农民合作社，以资金或土地入股的不多，部分流入的土地仍处于分散经营中。同时，农民职业化经营程度低下，家庭农场（或种养大户）经营者普遍处于依靠经验种植养殖阶段，大部分农业经营者普遍存在年龄偏大、学历较低、技能偏弱、知识和观念老化等问题，缺乏能够从事规模农业、现代农业所需的懂农业、懂经营、会管理的复合型农业人才，因此当前涉农人才的稀缺制约了上海农村一、二、三产业融合的顺利发展。

3. 农产品加工有待精细化。农业是食品业发展的基础，农产品的加工程度决定着食品业的规模和竞争力。虽然本市农产品加工业集聚形态基本形成，农产品加工企业已呈现规模化发展，农产品加工业知名品牌众多，品牌影响力逐步提高，但本市绝大部分农产品均是以初级产品方式销售为主，农产品精细化加工水平有待进一步提高，且真正享誉国内外的本地农副产品品牌微乎其微，尤其是以农产品为原料深度加工形成的蟹壳黄、擂沙圆、糟田螺、南翔小笼等具有上海特色的传统风味甜点小吃还未充分发挥其品牌知晓度、美誉度及内涵文化价值，造成本地农产品的附加值难以有效提升，在一定程度上影响了本市农村一、二、三产业的深度融合发展。

4. 利益协调机制有待完善。目前本市农产品生产加工型龙头企业 265 家，但大部分经营利润却外溢在农村地区之外，其中一个重要的原因就是在实行“公司＋农户”“公司＋合作社”及“龙头企业＋合作社＋农户”模式中，各主体之间没有形成完整的利益共同体，农民在产业链条中缺乏市场话语权和利益分配比例相对较低，容易导致道德风险、逆向选择等问题的发生。这会造成生产加工和服务一体化的新型农业经营组织联盟缺乏稳定性，形成负向循环，在一定程度上影响了农村一、二、三产业融合的稳定发展。

5. 财政政策支持有待加强。由于农业的弱质性、比较效益低，银行放贷要在效益与风险之间进行权衡，农民又缺少有效抵押物，农村土地承包经营权抵押获得融资还处在试点阶段，授信担保困难；资金来源受限和持续发展资金需求之间的矛盾制约了经营规模的扩大。另外，一些上规模的家庭农场、农民合作社、农业龙头企业等新型农业经营主体发展所需的必要设施用地、产品加工和仓储用地、农机具的存放用地的问题一直得不到妥善地解决；财政扶持资金和项目多头投入、分散使用，影响了财政资金整体效益的发挥，也造成了资金浪费。因此，财政政策的连续性、稳定性、科学性，也在一定程度上影响着本市农村一、二、三产业的融合发展。

三、上海农村一、二、三产业融合发展面临的机遇和挑战

（一）上海农村一、二、三产业融合发展面临的机遇

当前，上海农村一、二、三产业融合发展面临着比较好的机遇，概括起来讲，主要有以下几个方面。

1. 中央和上海市委市政府重视农村一、二、三产业融合发展。党中央、国务院始终坚持把解决好“三农”问题作为全部工作的重中之重，加快补齐农业现代化短板，推进农村一、二、三产业融合发展，已成为全党和全社会的共识，为开创工作新局面汇聚强大推动力。

中央十八届五中全会通过的“十三五”规划纲提出：要大力推进农业现代化，农业是全面建成小康社会、实现现代化的基础。加快转变农业发展方式，发展多种形式适度规模经营，发挥其在现代农业建设中的引领作用。着力构建现代农业产业体系、生产体系、经营体系，提高农业质量效益和竞争力，推动粮经饲统筹、农林牧渔结合、种养加一体，一、二、三产业融合发展，走产出高效、产品安全、资源节约、环境友好的农业现代化道路。

2015 年中央 1 号文件要求：推进农村一、二、三产业融合发展，增加农民收入，必须延长农业产业链、提高农业附加值。立足资源优势，以市场需求为导向，大力发展特色种养业、农产品加工业、农村服务业，扶持发展一村一品、一乡（县）一业，壮大县域经济，带动农民就业致富。积极开发

农业多种功能，挖掘乡村生态休闲、旅游观光、文化教育价值。扶持建设一批具有历史、地域、民族特点的特色景观旅游村镇，打造形式多样、特色鲜明的乡村旅游休闲产品。加大对乡村旅游休闲基础设施建设的投入，增强线上线下营销能力，提高管理水平和服务质量。研究制定促进乡村旅游休闲发展的用地、财政、金融等扶持政策，落实税收优惠政策。激活农村要素资源，增加农民财产性收入。

2016 年中央 1 号文件又进一步要求：推进农村产业融合，促进农民收入持续较快增长。深度挖掘农业的多种功能，培育壮大农村新产业新业态，推动产业融合发展成为农民增收的重要支撑，让农村成为可以大有作为的广阔天地。推动农产品加工业转型升级。加强农产品加工技术创新，促进农产品初加工、精深加工及综合利用加工协调发展，提高农产品加工转化率和附加值，增强对农民增收的带动能力。加强农产品流通设施和市场建设，健全统一开放、布局合理、竞争有序的现代农产品市场体系，在搞活流通中促进农民增收，加快农产品批发市场升级改造，完善流通骨干网络，加强粮食等重要农产品仓储物流设施建设。大力发展休闲农业和乡村旅游，依托农村绿水青山、田园风光、乡土文化等资源，大力发展休闲度假、旅游观光、养生养老、创意农业、农耕体验、乡村手工艺等，使之成为繁荣农村、富裕农民的新兴支柱产业。完善农业产业链与农民的利益联结机制。促进农业产加销紧密衔接、农村一、二、三产业深度融合，推进农业产业链整合和价值链提升，让农民共享产业融合发展的增值收益，培育农民增收新模式。

最近国务院印发的《全国农业现代化规划》对推进农村一、二、三产业融合发展又提出了具体要求：一是协同推进农产品生产与加工业发展。统筹布局农产品生产基地建设与初加工、精深加工发展及副产品综合利用，扩大产地初加工补助项目实施区域和品种范围，加快完善粮食、“菜篮子”产品和特色农产品产后商品化处理设施。二是完善农产品市场流通体系。在优势产区建设一批国家级、区域级产地批发市场和田头市场，推动公益性农产品市场建设。实施农产品产区预冷工程，打造农产品营销公共服务平台，推广农社、农企等形式的产销对接，支持物流服务网络和设施为农服务。三是发展农业新型业态。加快发展农产品电子商务，引导新型经营主体对接各类电子商务平台，到“十三五”末农产品网上零售额占农业总产值比重达到 8%。推动科技、人文等元素融入农业，稳步发展农田艺术景观、阳台农艺等创意农业，鼓励发展工厂化、立体化等高科技农业，积极发展定制农业、会展农业等新型业态。四是拓展农业多种功能。依托农村绿水青山、田园风光、乡土文化等资源，大力发展生态休闲农业。采取补助、贴息、鼓励社会资本以市场化原则设立产业投资基金等方式，支持休闲农业和乡村旅游重点村改善道路、宽带、停车场、厕所、垃圾污水处理设施等条件，建设魅力村庄和森林景区。加强重要农业文化遗产发掘、保护、传承和利用，强化历史文化名村（镇）、传统村落整体格局和历史风貌保护，传承乡土文化。五是创新一、二、三产业融合机制。以产品为依托，发展订单农业和产业链金融，开展共同营销，强化对农户的技术培训、贷款担保等服务。以产业为依托，发展农业产业化，建设一批农村一、二、三产业融合先导区和农业产业化示范基地，推动农民合作社、家庭农场与龙头企业、配套服务组织集群集聚。以产权为依托，推进土地经营权入股发展农业产业化经营，通过"保底＋分红"等形式增加农民收入。以产城融合为依托，引导二、三产业向县域重点乡镇及产业园区集中，推动农村产业发展与新型城镇化相结合。

2017 年通过的上海市农业"十三五"规划提出：党的十八大以来，本市全面落实国家稳增长、促改革、调结构、惠民生、防风险各项政策措施，全力推进创新驱动发展、经济转型升级各项重点工作。本市都市现代农业在与新型工业化、信息化、城镇化同步发展中面临许多新机遇：一是国家和本市高度重视"三农"工作，把发展现代农业作为转变经济发展方式的重大任务，对农业的投入力度不断加大，政策的支持力度不断增强。二是在上海全面推进"四个中心"建设、打造具有全球影响力的科技创新中心的大背景下，大力推进城乡发展一体化战略，为上海都市现代农业发展提供了重要机遇。三是"互联网＋"将成为促进农业集约化经营、提高农业生产经营效率的重要抓手，成为都市现代农业创新发展的重要驱动力量。具有新技术、新产业、新业态和新模式特征的农业"四新"经济不断涌现。四是把产业链、价值链等现代产业组织方式引入农业，一、二、三产业融合互动已经成为都市现代农业新的经济增长点。五是围绕农业生产、加工、流通、销售等重点环节，农业生态化、机械化和数字化的快速发展和普及应用将极大地促进农业生产力的提高。

2. 上海农村工业化、城镇化、农业现代化发展到达关键时刻。"十二五"期间，上海农村的工业化、城镇化、农业现代化、城乡一体化取得了快速发展：

农村工业化：2015 年，上海全市生产总值为 25 123 亿元，其中，第一产业增加值为 109.78 亿元、第二产业增加值为 7 991 亿元、第三产业增加值为 17 022 亿元，一、二、三产业的比例为 0.4%：31.8%：67.8%。上海郊区生产总值为 7 997.93 亿元，其中第一产业增加值为 109.78 亿元、第二产业增加值 6 608.99 亿元、第三产业增加值为 1 279.16 亿元，一、二、三产业的比例达到 1.4%：82.6%：16.0%。本市农村居民家庭人均可支配收入 23 205 元，其中工资性收入 17 483 元，占 75.4%；经营净收入 1 462 元，占 6.3%；财产净收入 775 元，占 3.3%；转移净收入 3 485 元，占 15.0%。

农村城镇化：2015 年年底，本市常住人口城镇化率和户籍城镇化率均达到90%左右，全市农业户籍人口从2010年的157万人下降到2015年的136万人。

农业现代化：都市现代农业加快发展，农产品供应保障能力不断增强，全市粮食种植面积保持在150万亩左右，菜田面积稳定在50万亩。农业生产的机械化、组织化和规模化水平不断提升，到“十二五”末，主要农作物生产综合机械化水平达到83%，农业劳动生产率达到8.5万元/人，全市共发展家庭农场3 829户，具有一定经营能力的农民合作社3 192户，农业产业化龙头企业387家，承包地流转比例达到73.7%，规模经营和各类新型农业经营主体加快发展。

城乡一体化：郊区农村基础设施建设加快推进，至2015年年底，全市高速公路通车里程达到826公里。轨道交通服务进一步向郊区城镇延伸，运营里程达到617公里（含磁悬浮）。镇村公交基本实现全覆盖。完成12万户农村生活污水改造，农村生活垃圾末端处理设施基本建成。实施500公里骨干河道综合整治工程，完成5 000公里中小河道轮疏。城乡社会保障和就业政策体系基本确立，2015年，全市城乡低保标准实现一体化，水平统一提高到790元，与2010年相比，分别提高了76%和163%。实施统一的鼓励创业带动就业、扶持就业困难人员就业和职业技能培训补贴等政策，出台面向农村富余劳动力的跨区就业补贴和低收入农户就业补贴政策，城乡居民收入差距比下降至2.28∶1。城乡基本公共服务均等化水平不断提高，不断加大城乡基本公共服务财政投入力度，基本形成覆盖城乡的基本公共服务体系，城乡差距逐年缩小。完善教育经费投入保障机制，郊区与市区生均财政性教育经费差距逐年减小，郊区公共卫生设施和服务能力得到普遍改善，标准化的基层卫生服务网络覆盖城乡。农村文化、体育设施和内涵建设均有明显进展。

上海郊区农村已经进入新型工业化、深度城镇化、都市农业转型发展时期，其主要表现为：工业化向农民提供了大量非农就业机会，农村人口大量向城镇转移，在农民收入中来自农业的收入逐步缩小，这为农村土地流转，农业实现规模经营创造了条件。随着上海城乡一体化进程加快发展，加快农业发展方式转变，推进农村一、二、三产业融合发展，率先实现农业现代化已经具备了十分有利的客观条件。

3. 农产品的国际国内市场供给关系发展了深刻变化。党的十八大以来，我国经济发展进入新常态：一方面农业基础设施加快改善，农产品供给充裕，农民发展规模经营主动性不断增强，为农业现代化提供不竭原动力。另一方面，国内农业生产成本快速攀升，大宗农产品价格普遍高于国际市场，国外农产品进口逐年快速增长，农业出现了利用国际、国内两种资源两个市场发展的新趋势。同时，我国农业还面临着资源利用与环境保护的压力不断增大，农业发展的条件和环境发生深刻变化，农业供给侧结构性改革亟待深入推进等新情况。转变农业发展方式，推进农村一、二、三产业融合发展，加快补齐农业现代化短板成为全党和全社会的共识，为开创发展现代农业工作新局面汇聚强大推动力。

农产品的国际国内市场供给关系的变化，给上海农业结构调整，提供了十分有利的条件下。上海可以在继续重视粮食生产的前提下，根据市场需求，大力发展市场急需的个性化、多样化、优质化农产品，发展附加值比较高、竞争力比较强的中高端农产品。加快补齐农业现代化短板，全力推进农业结构优化、推进创新驱动发展。

4. 上海农业已经从比例农业向功能农业转变。20 世纪 90 年代以来，随着上海城市的拓展和郊区工业化城镇化的推进，这几年来，上海农村的耕地大幅度减少，耕地面积 2010 年第二次农业普查时为 284.64 万亩，比 1996 年第一次农业普查时减少 40%；农业增加值在全市生产总值中的比重已从 2000 年的 1.6%，减少到 2015 年的 0.4%。按照发达国家发展农业现代化的路径，在农业内部的产业结构中，养殖业比重超过种植业是一个重要标志，但为了保护上海特大城市的生态环境，严格限制畜牧业的发展，上海农业种植业、养殖业（包括渔业）比重从 2000 年的 42∶58，到 2015 年上升到 60∶40。上海作为特大城市郊区的都市型农业，已经突破了一般现代农业发展的模式，开始从比例农业向功能农业转变。

今后一个时期，随着上海人口总量控制在 2 500 万人左右，建设用地减量化等措施的实施，上海的农业用地将进入一个相当稳定阶段，但农业的功能将进一步转变。上海农业功能将从主要为城市提供副食品需要之外，进一步发展农业的生态功能、休闲旅游功能、养生健康功能、农耕体验等多种功能。农业的各种新产业、新业态、新科技、新模式将不断涌现。上海农业将进入大有作为的重要战略机遇期。

（二）上海农村一、二、三产业融合发展面临的挑战

“十三五”时期，上海农业现代化的内外部环境更加错综复杂，上海农村一、二、三产业融合发展面临着许多新的挑战。

1. 农业可持续发展的后劲不足。由于工业化城镇化的快速推进，建设用地的大量增加导致了上海耕地资源持续减少，2015 年，上海农业总产值为 302.62 亿元，低于 2011 年 314.58 亿元的水平，上海农业的总产值已经从 2013 年起连续 3 年下降，如果剔除物价因素和从 2003 年起增加统计了农业服务业产值的因素，下降趋势还要明显。

郊区农业环境的约束加剧，随着工业“三废”和城市生活垃圾等污染向农业农村扩散，水环境污染严重，耕地质量下降；化肥农药等投入品过量使

用、农业面源污染问题加重，农产品质量安全风险增多；郊区农村生态环境欠债较多，推动绿色发展和资源永续利用十分迫切。

随着在新形势下我国农业主要矛盾已经由总量不足转变为结构性过剩，城市农产品供应充盈，在一部分干部群众中对农业基础地位的作用开始松懈，特别是对上海今后还要不要保留农业产生争议，有的甚至认为，上海农产品的供应可以通过市场大流通解决，农业土地产出率太低，种庄稼不如种“砖头”，搞农业不如搞二、三产业。提出上海郊区今后不要保留农业了，这种想法不仅为现行的政策法律所不允许，而且也是对农业功能的片面认识。综合国际上对农业功能的研究，一般可以概括为五大功能：一是经济功能，主要表现在为社会提供农副产品，以价值形式表现出来的功能，是农业的基本功能。二是社会功能，主要表现为对劳动就业和社会保障，促进社会发展方面的功能。三是政治功能，主要表现为农业在保持社会和政治稳定的作用上。四是生态功能，主要表现在农业对生态环境的支撑和改善的作用上。五是文化功能，主要表现为农业在保护文化的多样性和提供教育、审美和休闲等的作用上。农业是一个古老的产业，其内部蕴藏着丰富的文化资源。另一方面，农业对教育、审美等有关人们的价值观、世界观和人生观的形成有积极作用，有利于人与自然的和谐发展，农业还承担着传承传统文化载体的职能。国际上一些发达国家的大城市，特别是一些世界级城市，如纽约、巴黎、伦敦、东京等，都特别重视城市周边的都市现代农业建设，他们不仅重视农业提供副食品的作用，而且都把农业作为未来城市发展的绿色屏障，让农业为城市提供更加优质的生态环境，提高城市的绿色发展水平，提高市民生活的生态环境质量。

2. 农业效益仍然较低，缺乏竞争力。农业劳动生产率比较低。近几年来，由于上海农村富余劳动力向非农领域转移加快，农村土地流转和农业规模经营不断推进，上海农业的劳动生产率提高较快：2015 年，上海农业总产值为 302.62 亿元，农业从业人员为 38.61 万人，农业从业人员人均产出 7.838 6 万元。据市统计局统计，农业劳动生产率已经达到 8.5 万元，居于国内领先水平。但与美国和英国相比，分别是同期上海农业的劳动生产率的 7.67 倍和 4.15 倍，与日本、韩国和我国台湾地区相比，分别是同期上海农业的劳动生产率的 1.89 倍、2.20 倍和 2.59 倍。土地亩均产出率急需大力提升，2015 年，上海农业增加值 109.79 亿元，耕地面积 284.64 万亩，以此计算，亩均净收入为 3 856 元，高于全国同期平均水平 28.8%。但与发达国家相比，上海农业土地的亩均产出率差距较大，资料显示，2012 年，日本的土地的亩均产出率为 8 122.56 美元，荷兰为 2 645.11 美元，以色列为 3 854.32美元。因此可见，2012 年日本、荷兰、以色列农业土地的亩均产出率分别是 2015 年上海农业土地的亩均产出率的 13.24 倍、4.31 倍、6.29

倍。上海农业土地产出率的提升还有很大空间。农户从事农业收益比较低。据调查资料显示，2015年，上海农业人口农户户均收入为6万元左右，韩国农户户均收入为20万元，英国达到46万元。在农户收入构成中，来自农业的收入上海为4.9%，韩国为30%，英国为70%左右。主要原因是上海农户人均经营土地较少，农业经营效益比较低，而且农民大部分是兼业农民，专业农户较少。农业经营效益低下，导致了城乡居民可支配收入差距较大。2015年，上海农村居民人均可支配收入为23 205元，而城市居民人均可支配收入为52 962元，收入比为1∶2.28。而一些农业现代化水平比较高的发达国家，如日本等农民收入都高于城市居民，即使一些国家农民收入低于城市居民，一般差距也不大。土地级差高、农业成本上升、农业效益下降。近年来，随着建设用地价格上涨，上海土地级差不断提高，土地流转价格也水涨船高，一般每亩都要超过1 000元以上，高的已达到每亩3 000元以上。加上农业投入品不断涨价，粮食等主要农产品降价，若没有国家这几年的大力扶持"三农"政策，农业将难以为继。上海农业发展进入了一个比较困难的转型发展期，必须调整农业结构，转变发展方式，推进一、二、三产业融合发展。

3. 农业产业链短，发展水平低。现代农业产业链贯通农业产前、产中和产后三大领域，包括各种农产品的物流链、信息链、价值链、组织链四大链条，连接产前、生产、加工、流通、消费五大环节。其中，由五大环节构成产业链主链，每个环节又包含若干次级链。农业产业链延伸度长、拓展空间宽、发展水平高是现代农业追求的目标。

由于长期以来上海农业追求的目标比较单一，即为城市解决副食品供应，因此上海农业的最终产品大部分为鲜活农产品，农产品加工业，特别是农产品精深加工业发展迟缓。近几年来，虽然提出了上海农业发展要"接二（产）连三（产）"，但到目前为止，仍旧没有从根本上改变农业和二、三产业融合度差、产业链短、发展水平低的状况，农业还基本停留直接生产领域，处于产业链最低端的一段。狭小的产业空间，影响了农业效益和农民收入的提高。据2013年全国第三次经济普查资料显示，上海从事农业的劳动力占全市劳动力的3.42%，后续产业链的从业人员占食品饲料制造业的1.2%、食品饮料批发业的0.9%、食品饮料零售业的0.32%、餐饮业的2.7%，农产品食品链产业总体容纳就业人员占全市从业人员的8.3%，农业就业人员和后续产业链从业人员之比为1∶1.53。而我国台湾地区，2014年在农业食品链的生产总值为1 165亿元，占台湾GDP总量的7.3%，就业人数189万人，占就业总人数17.1%，农业和后续产业链就业人数之比为1∶2.45。日本的农业后续食品产业链生产总值接近农业的9倍。几年来，农业的休闲旅游业对农业效益提高的贡献越来越大，是农民增加收入的一个重要来源，也是农业后续产业链发展的一个十分重要方面。2015 年，我国台湾地区前往农村休闲旅游的人数已达到 2 450 万人次，创造价值 105 亿元。这几年，上海郊区的农业休闲旅游、农家乐等乡村旅游从 2010 年以来一直呈上升趋势，但与发达国家和我国台湾地区、浙江等周边农业休闲旅游发展比较成熟的地区相比，差距很大。特别是由于近期郊区环境整治、拆违和农业休闲旅游规划、转型升级跟不上等原因，本市农业休闲旅游和乡村旅游产品远远供给不够，直接导致了大量市场需求外溢到周边地区，上海市民选择在本市旅游休闲的人次，从 2014 年开始连续两年出现负增长。

4. 市民对农产品质量安全要求越来越高。这几年来，上海对农产品的质量安全总体上是比较重视的，根据 2015 年对上海本地生产上市蔬菜 5 000 份样本的农药残留定量检测，合格率 99.96%，快速检测 130 万份，合格率 100%；草莓检测 149 份，合格率 95.3%；西甜瓜 358 份，合格率 98.3%；食用菌 169 份，合格率 99.4%。兽药残留监测 845 批次，合格率 99.9%。饲料质量监督抽检 1 684 批次，合格率 99.9%；养殖水产品抽检 620 份，合格率达 100%。上海农产品的质量基本上是安全的。但是，上海市民对农产品质量安全担心和满意度却在不断下降。其主要原因：一是公众要求越来越高。随着农产品供求关系的变化和城乡居民安全消费意识的提高，人们对农产品的需求已由"吃得饱"向"吃得好、吃得安全"转变，大家更多的考虑农产品是否有营养，是否有利于身体健康。农产品质量安全已成为人们最关心、最直接、最现实的问题之一。二是外部市场要求越来越高。受国际金融危机影响，国际贸易过程中的保护主义有所抬头，质量安全已经成为一个制约国际农产品贸易的重要因素，与农产品贸易关联度越来越大，各国对进口国的农产品质量安全要求越来越严格、越来越苛刻。三是信息技术的发展对农产品质量安全的影响越来越大。随着现代信息技术的发展，特别是网络技术和媒介的发展，信息传播速度日新月异，农产品质量安全一旦出问题，信息马上就会迅速扩散，不断地成倍放大。不仅影响到消费者利益和一个地方的声誉，而且还会对整个行业和产业构成威胁，甚至带来灾难性、毁灭性打击。上海农业的发展必须考虑向更高层次质量安全要求发展。

5. 周边地区产业融合快速发展给上海形成新的压力。近几年来，党中央国务院特别重视绿色生态发展，"绿水青山就是金山银山"理念越来越深入人心，周边的浙江等省在农村环境整治，发展农村绿色产业，推进特色小镇、美丽乡村取得了突破性的进展，带动了农村休闲旅游业的发展。2015 年，浙江投入美丽乡村建设资金 254 亿元。全省共开展 10 010 个村的农村生活污水治理，污水纳管农户 245 万户，全省 98%的村实现生活垃圾集中收集处理，79%的村实现生活污水有效治理，已有 58 个县（市、区）成为美丽乡村创建先进县。全省在建历史文化村落保护利用重点村 130 个，保护利用一般村 649 个；农家乐特色村 897 个、特色点（各类农庄、山庄、渔庄）2 389 个。不少农村和农村地区形成了具有文化传承、各有特色、山清水秀、环境优美、健康养生、休闲旅游的好去处。2015 年，浙江的旅游业收入 6 720 亿元，旅游业收入占全省生产总值的 15.67%，到浙江旅游的人次达到 52 532 万人。上海到浙江农村休闲旅游的人数越来越多，长兴、安吉等地甚至形成了多个以接待上海旅客为主的“上海村”。

四、上海推进一、二、三产业融合发展的对策

按照本市农业“十三五”规划，到 2020 年要基本实现农业现代化。加快农村一、二、三产业融合发展，实现农业新的飞跃和华丽转身，已经成为“十三五”期间上海农业改革和发展的一项重要任务。课题组成员经过调查研究，对上海推进一、二、三产业融合发展，提出以下几个主要方面对策建议。

（一）围绕农业供给侧结构性改革，加快上海农村一二三产业融合发展

1. 加快发展多功能农业。多功能农业是农村一、二、三产业融合的一种重要形式。农业多功能性概念的提出可以追溯到 20 世纪 80 年代末和 90 年代初日本提出的“稻米文化”。1992 年联合国环境与发展大会通过的《21 世纪议程》正式采用了农业多功能性提法。1996 年世界粮食首脑会议通过的《罗马宣言和行动计划》中明确提出农业的多功能性，提出农业多功能性可以促进农业和乡村可持续发展。1999 年 9 月联合国粮农组织在马斯特里赫专门召开了 100 多个国家参加的国际农业和土地多功能性会议，强调农业除具有经济功能外，还同时具有社会功能、生态功能和政治功能等多种功能。根据国外的研究结果，我国农业多功能性是指农业具有提供农副产品、促进社会发展，保持政治稳定、传承历史文化、调节自然生态、实现国民经济协调发展等功能；而且各功能又表现为多种分功能，各功能相互依存、相互制约、相互促进的多功能有机系统特性。

“十三五”期间，上海农业又面临着土地资源减少，生产成本上升等不利因素，怎样解决在土地资源减少的情况下，不断提高农业的产出率，发展多功能农业是唯一出路。发展多功能农业是上海农业提高竞争力的历史选择，是上海农业发展的必由之路。必须抓住机遇，结合上海实际情况，制定具体规划措施，并一以贯之地加以推进。

2. 加快发展创意农业。创意农业起源于 20 世纪 90 年代后期，由于农业技术的创新发展，以及农业功能的拓展，观光农业、休闲农业、精致农业和生态农业相继发展起来；与此同时，创意产业的理念也在英国、澳大利亚等国家和地区形成并迅速在全球扩展。借助创意产业的思维逻辑和发展理

念，人们有效地将科技和人文要素融入农业生产，进一步拓展农业功能、整合资源，把传统农业发展为融生产、生活、生态为一体的现代农业，即现在所谓的创意农业。创意农业理论是农业向物质生产以外拓展，以美学经济理论、总部经济理论、战略资本理论、附加值文化理论、消费教育理论为基础，以附加值文化为理论核心，构建创意农业理论创新体系。

上海是比较早提出发展创意农业理念的省市，虽然在总体上进展不快，但也出现了一些典型，如我们在调研中发现：金山区的山阳田园经营的20亩左右土地，由于聘用了长期从事文化旅游业、熟悉搞创意农业的人才，在经营上转变了观念，即从原来的经营农产品转变到经营生产过程，推出“亲子游”产品，吸引了大批城市三口之家的学生和家长来到山阳田园学习、观光、体验旅游，田园经营从原来的亏损转变为每年收入200多万元。上海已经进入了后工业化后城市化时代，市民对农业的要求，不仅要满足吃饱，而且要满足吃好、吃鲜、吃精、吃安全、吃健康；不仅要满足养胃，而且要满足养心、养肺、养脑、养生、养老；农业不再是苦菜花，而是成为城市的百花园、后花园、御花园、摇钱树。“十三五”期间，上海农村应该把拓展都市农业休闲旅游功能作为农业转型，一、二、三产业融合发展的战略重点。要接轨世界大都市巴黎、纽约、东京等农业的发展模式，在中心城区周围和新城区周围，大力发展供市民休闲体验的“市民农园”；在远郊地区，鼓励发展开心农场和民宿经济，把空心村变为市民度假村；同时，鼓励家庭农场和合作社，以现代农业为主导，努力发展成为融生产、生态、文化、旅游为一体的生态休闲特色农庄，提升农家乐、乡村旅游水平。通过经营农业资源、生态环境，把卖产品和卖环境、卖享受、卖生产过程结合起来，实现农业价值的叠加效应。要学习浙江建设特色小镇的经验，充分发掘上海郊区农村特色，结合新型城镇化建设，统筹规划，加快推进上海特色小镇、特色村庄、美丽乡村建设，使之成为农村一、二、三产业融合发展的集聚区、新产业、新亮点。

3. 加快发展健康农业。近日，中共中央、国务院印发了《“健康中国2030”规划纲要》，并发出通知，要求各地区各部门结合实际认真贯彻落实。纲要对农产品的总量安全提出了更高的要求：“完善食品安全标准体系，实现食品安全标准与国际标准基本接轨，加强对食品原产地指导监管，完善农产品市场准入制度”。“建立食用农产品全程追溯协作机制，完善统一权威的食品安全监管体制，建立职业化检查员队伍，加强检验检测能力建设，强化日常监督检查，扩大产品抽检覆盖面。加强互联网食品经营治理。”“推动地方政府建设出口食品农产品质量安全示范区。推进食品安全信用体系建设，完善食品安全信息公开制度。健全从源头到消费全过程的监管格局，严守从农田到餐桌的每一道防线，让人民群众吃得安全、吃得放心。”随着社会发展和人们生活水平的普遍提高，以及人类生活方式的改变，健康产品的总需求急剧增加。在发达国家，健康产业已经成为带动整个国民经济增长的强大动力，健康行业增加值占 GDP 比重超过 15%，而我国低于许多发展中国家。推进健康中国建设，是全面建成小康社会、基本实现社会主义现代化的重要基础，未来 15 年，是推进健康中国建设的重要战略机遇期。

根据我国农业发展的阶段和实际情况，目前农业部对农产品的质量要求尚停留在“无公害”阶段，根据纲要对农产品的总量安全提出“实现食品安全标准与国际标准基本接轨”的要求，上海应率先提出发展健康农业的目标，即上海农产品的质量安全应朝着促进人类健康的目标要求进行生产，成为全国高品质农产品生产的基地和高地。发展健康农业是上海农业可持续发展的需要，是提高农业产出率、增加农民收入的需要，也是上海率先实现农业现代化的需要。健康农业应该成为今后上海农产品生产的一张漂亮名片。

4. 加快发展“四新”农业。“四新”农业是指发展农业的新产业、新业态、新技术、新模式。农业新产业指随着新的科研成果和新兴技术的发明、应用以及需求的新要求，推动农业产业链的延伸、功能的拓展而形成的一、二、三产业融合发展的新兴产业。农业新业态指基于不同农业产业间的组合、农业企业内部价值链和外部产业链的分化、融合和跨界整合所形成的新型产业形态。农业新技术是指将现代世界农业新技术革命所形成的物理、化学、生物技术成果，运用于农业生产全过程，提高农业生产力水平，获得更高经济效益和社会效益的农业质的变革。农业新模式主要是农业经营方式的创新和农业发展方式的转变，从而形成多种形式的新型农业经营主体和经营方式。

“四新”农业是上海农业今后一个时期发展的方向。在农业新产业方面，上海农业要加快产业结构调整，尽快形成高效生态、优质特色新产业；大力开拓和发展农业休闲旅游等生态功能产业，以信息化为引领推进互联网智慧农业产业。在农业新业态方面，要整合资源，充分发挥区位优势，全面培育农业休闲旅游、农产品加工、农村物业经济等新型业态；农业还要与文化、教育、体育等非物质生产部门相结合，形成更多的新业态；在经营方式上要通过互联网、大数据推动互联网技术在农业生产、经营、信息服务和农产品安全追溯体系建设方面的应用，推进互联网+产业发展，促进农业向跨界经营方向转型，拓展新业态。在农业新技术方面，要抓住本市建设具有全球影响力的科技创新中心的战略机遇，通过建设孙桥现代农业、金山区、崇明生态农业和市农科院等现代农业科技创新平台，加快建成上海农业科技创新中心，使之成为上海科创中心的重要组成部分，成为能够承担国家农业科技创新战略任务的研发中心。并建议要在市级层面加强统筹，以市农科院为核心，把四个中心有效组合起来，打农业新技术研究、开发、攻关、推广的组合拳，以有利于资源更有效利用，科研力量相对集中使用，有利于集中攻关，快出成果。在农业新模式方面，要根据中央关于三权分置的要求，积极、稳妥、规范推进土地流转。围绕培育新型农业经营主体，继续推进家庭农场、农民专业合作社、产业化龙头企业、种植大户建设，进一步完善相关体制机制，加快形成适应上海发展都市现代农业，率先实现农业现代化需要的新型农业主体。为加快推进“四新”农业建设，建议在本市可选择几个乡镇试点，建立“四新”农业实践区。

5. 推进农业全产业链发展。现代农业产业链最早产生于19世纪50年代的美国，然后迅速传入欧洲、大洋洲等一些发达国家。目前，美、荷、加、澳等国的农业产业链经营已达到相当高水平，在全球范围内颇具竞争力。

上海农业要改变目前产业链短，发展水平低的状况，必须向发达国家学习，实现农业全产业链发展。农业产业链是指与农业初级产品密切相关的产业群的供给和需求关联构成的网络结构，包括为农业生产做准备的科研、农资等前期产业部门，农作物种植、畜禽养殖等中间产业部门，以及以农产品为原料的加工、储存、运输、销售等后期产业部门。农业产业链的理论基础是系统论、市场经济理论和产业划分理论，并把供应链的管理思想导入农业产业化中，以利于农业产业化绩效和竞争力的全面提升。实现农业全产业链发展，应全方位拓展农业产业链。一是延伸产业链的长度，尽可能将目前我们处于产业链低端的农作物种植、畜禽养殖等中间产业部门，向产前的科研、农资等前期产业部门和产后的以农产品为原料的加工、储存、运输、销售等后期产业部门延伸，提高农产品精深加工比重，实现价值增值。二是增加产业链宽度，尽可能提高综合利用水平，使得各个产业环节和产品功能得到扩充；三是扩大产业链的厚度，壮大农业产业链的规模，增强市场竞争力。具体体现为农业生产资源由低效益行业向高效益行业配置，由低生产率向高生产率转移，以提升整个产业链的价值，获取终端农产品的品牌溢价。

（二）围绕深化农村改革，建立完善农村产业融合发展的动力机制

农村产业融合发展，不仅是生产力，而且是农村生产关系的一场重大变革，必须以农村改革为动力，促进农村各种生产要素的重新配置，由此重构各种利益机制。

1. 加快推动农村土地使用制度的改革。要充分认识中央关于土地三权分置改革的重大意义，在本市完成承包地确权颁证的前提下，全面放开土地经营权，加快土地流转，为产业融合发展创造条件。要全面清理整顿土地流转中的遗留问题，建立土地流转的长效规范机制。要坚决纠正和制止以土地储备为名，搞“土地换保障”，变相剥夺农民土地承包权的错误做法，允许农民带地带股带资进城，共享改革发展成果。同时，要按照农村产业融合发

展的新情况新要求，市政府应统筹规划，给予农业、农业加工业、生态旅游农业及其他二、三产业一定的设施建设用地指标，确保产业融合发展具有一定的空间。

2. 大力培育发展新型农业经营主体。新型农业经营主体是农村一、二、三产业融合发展的重要载体。近年来，上海郊区农民合作社、家庭农场等发展迅速，但经营管理水平、市场竞争能力还不高，按照产业融合发展要求还有较大距离。为此，一是要进一步落实中央关于农村土地三权分置的重大政策，提高农业组织化、规模化经营水平。要清理整顿原有土地流转后的经营主体，制定农业组织化的规范要求，对于倒手转包土地经营权、农业用地非粮化非农化、乱搭建和违规使用农药等，要坚决予以彻查纠正，情节严重者应终止合同并追究责任。要规范家庭农场、合作社经营者的准入条件，鼓励和培育新型职业农民成为农业新型经营主体的领军者。加快龙头企业转型升级，围绕制约龙头企业发展的技术、资金、品牌、成本等问题，逐个研究、逐个解决。鼓励新型农业经营主体积极发展农产品加工和流通服务业，不断壮大自身实力。开展对涉农企业和农民的技能培训，提高他们的企业经营、产业融合能力。二是鼓励新型农业经营主体联合发展。现在的农业经营主体是适应农业直接生产过程而产生的，农业实现全产业链发展之后，产业必然要向产前、产后延伸和拓展，要办成目前农业经营主体想办而无法办成的事，必须建立合作社的联合体，实施联合发展。根据国际经验，新型农业经营主体联合发展的形式主要有合作联社、合作社联盟，家庭农场联社、家庭农场联盟，以及各种形式的农业产业联合体。新型农业经营主体联合体主要办四件事：一是解决农业投入品如农业生产资料的供应，农产品的销售。二是开展农产品的精深加工，国外一般家庭农场、合作社搞初级加工，精深加工由各联合社或联盟来承担；协调和开展农业休闲旅游、发展民宿经济等建设。三是农业科技推广和应用。四是开展金融服务，建立小额贷款公司，解决农业经营主体融资和贷款难的问题。农业经营主体联合体主要解决各经营主体的社会化服务问题。农业经营主体联合体由各农业经营主体投资，政府给予必要的扶持，产生的利润返还给各农业经营主体。这样，农民通过投资农业经营主体联合体既能享受到各种优质服务，又能通过股权就享受到一、二、三产业融合发展带来的红利。三是科学编制新型农业经营主体规范发展的实施方案，整体协调推进各类经营主体加快发展。推进农户委托的土地向家庭农场、农民合作社、农业龙头企业等新型农业经营主体集中流转，允许农产品加工流通型龙头企业和城市工商资本进入种养业，通过土地租赁或入股，不断注入资金等形式，持续推进适度规模经营和专业化标准化集约化生产。四是按照融合发展要求，创新农村集体经济组织实现形式。在郊区普遍实行产权制度改革的基础上，根据各地产业、资源特点，创新农村集体经济组织经营主体。如由农村集体经济组织转型发展为新型农业经营主体联合体，让农民参股入社。通过集体经济组织的创新改造，更好地推动农村产业融合发展。

3. 继续深化农村金融体制改革。发挥投融资平台作用，不断加大新型农业经营主体信贷支持力度。要根据中央要求，加快农村承包经营权、农民宅基地使用权抵押贷款的试点推广工作，针对农业转型发展，创新农村金融产品和融资机制，特别对市、区县级示范合作社要切实提高专项担保贷款额度，适当延长贷款年限，逐步放宽信贷范围，并建议将家庭农场纳入市财政专项担保资金贷款范围；同时要健全政策性农业保险制度，支持重点转向新型农业经营主体的参保投保，在资本资金方面全力扶持农村一、二、三产业融合发展。

（三）围绕农村产业融合发展，完善财税金融扶持政策

出台财政支持政策，设立财政专项，建立农村产业融合发展基金。一是明确支持主体、支持重点、支持内容和支持方式，对产业链条长、产业融合度深、带动农民就业增收明显的农民合作社、龙头企业适当给予财政补助或基金支持。二是不断增加对农业农村基础设施建设和公共服务方面的投入，扩大农业政策性保险的覆盖面，将农民合作社和龙头企业的种植养殖纳入保险范围，提供农业保险保障力度。三是在政府对农业扶持力度加强的同时，不断提高农业政策的支持效率和质量。如在完善推进农村综合改革工作奖补制度的过程中，适当将奖补资金向家庭农场、种养大户、农民合作社等新型农业经营主体倾斜，要准确把握家庭农场、农民合作社等新型农业经营主体的科学内涵、合理边界和相互关系，加强对工商资本租赁农地监管和风险防范，提高财政扶持资金的使用精准度和使用效率，防止组织异化、经营制度扭曲和农民利益受损。

（四）加强领导，落实农民利益保障机制

1. 加强和完善农村一、二、三产业融合发展的领导。实现农村一、二、三产业融合发展是一项全新的工作，需要协调方方面面的利益，必须加强领导，扎实推进。特别是农业产业链延伸后，本市各级农业管理部门的职能会有比较大的转变，由原来只管产业链的中间一段，即种植业、养殖业等农业直接生产过程，延伸到产前、产后各个领域，还延伸到农业休闲旅游、养生健康、农产品加工销售、农业生态环境建设、创意农业和农耕文化传承、智慧农业、农业“互联网＋”等，农业管理部门的机构设置应根据职能的变化而进行调整，以适应农村一、二、三产业融合发展的需要。

2. 健全完善农民利益保护机制。推进农村一、二、三产业融合发展的落脚点是促进农民增收。要探索建立适合一、二、三产业融合发展的利益协

调机制，保障农民和经营组织能够公平分享一、二、三产业融合中的红利。要在农业合作制基础上引入股份制。如农民可以出资入股，建立股份合作社，以股份合作制的形式进入农业的二、三产业，直接获得经营农业上下游的收益。农民也可将承包经营的土地以出租或入股的形式，与投资农业的工商企业共同组建股份合作企业，从中获得相应的要素收益。要鼓励工商企业进行农业品牌打造，建立与农民的利益连接机制，与农民建立利益共同体和共赢机制，提升农业产业化经营的广度和深度，提高产品附加值，在农业产业链增值收益中更多地留给农民。

3. 保护农民集体资产产权和发展权。推进农村一、二、三产业融合发展，农业向二、三产业延伸，涉及农村建设用地的供应问题。在当前全市建设用地减量化的背景下，这实属是一个十分困难的选择。近年来，在环境整治中，大量的农家乐设施被当作违章建筑（有违章、也有不是违章的）拆除，造成郊区农业休闲旅游人次下降。这些情况的产生，与当时发展起来时急于求成，顶层政策设计滞后、运作不够规范、管理松弛有关。为贯彻党的十八届五中全会精神，落实《国务院关于促进旅游业改革发展的若干意见》（国发〔2014〕31 号）、《国务院办公厅关于进一步促进旅游投资和消费的若干意见》（国办发〔2015〕62 号）相关部署，国土资源部、住房和城乡建设部、国家旅游局于 2015 年 12 月 11 日发布了《关于支持旅游业发展用地政策的意见》，明确要积极保障旅游业发展用地供应，但首先要搞好旅游规划。上海搞到现在农村旅游规划还没有出台，而该文件的时效是 5 年，周边的浙江等省已抓住机遇大发展，上了新的台阶，而上海再不出台怕是要丧失机遇了。另外，我们在调研中发现，在这次建设用地减量化过程中，农业地区（198 地块）的村，原来的老的乡镇企业厂房拆除后，建设用地指标都被区县和乡镇收缴，今后村里没有村级集体建设用地了。这次农村集体产权改制后，村级集体建设用地作为农村集体经济组织最优质的资产、大部分村是唯一的资产，股权都量化给农民了，这样一来失去集体建设用地的村级集体资产从此为零。农民反映改制时政府给农民确权给了股权，现在却失去了资产，失去了生蛋的老母鸡，今后就没有股金分配了，空心汤团一场。而农业地区（198 地块）的村基本上都是经济薄弱村，建议市有关部门研究一下政策，原则上区县和乡镇不能收缴这些村的建设用地指标，而是帮助他们在统一规划的地方，使用这些指标，入股发展农业休闲旅游业、农产品加工业等农村一、二、三产业融合发展的产业，保护农村集体经济组织和农民的财产权，保护农民的发展权。

（作者单位：上海市农村经济学会）

关系网络视角下农村一、二、三产业融合的治理逻辑与机制

李 治 王东阳

一、引言

农村一、二、三产业融合（以下简称“农村三产融合”）在吸引先进生产要素进入农业领域、提升农产品国际竞争力、综合开发农业多功能、改善农村基础设施、提高农民收入水平等方面，都表现出了积极作用，国内外也都涌现出了农业与二、三产业融合发展的成功案例。例如，日本政府依据今村奈良臣“六次产业”农村发展思想推行的六次产业化、韩国以地区农村和农民为主体设计的“六次产业”、法国以农业合作社为核心的农村三产融合，我国湖北宜昌市涌现的农业产业链延伸型融合、三次产业集聚集群型融合、农业农村功能拓展型融合、种养业重组主导的循环经济型融合等农村三产融合模式，吉林市孤店子镇发展的坚持多方受益、以旅游业作为主导的农村三产融合模式，以及盘锦市大洼区涌现的农村三产融合新业态“认养农业”模式等。现有相关文献对于农村三产融合发展的研究主要停留在内涵、模式等方面，但是农村三产融合所面临的三产融合程度低、新型经营主体带动能力不足、利益联结机制不完善、涉农公共服务不足等问题并没有得到更深层次的关注和研究。

综合分析学术界与政策部门的研究成果，可以认为农村三产融合，是指以农业农村为基础，利用要素、制度和技术创新，使农业生产突破种养环节，向产业链条前后延伸、左右拓展，与加工流通、休闲旅游、电子商务等形成协同发展态势，坚持消费导向，遵循共享、开放的发展理念。在这一过程中，“以农业农村为基础”涉及普通农户，“利用要素、制度和技术创新”等涉及以企业为代表的各类企业，“坚持消费导向”涉及消费者，而“协同发展态势”“遵循共享开放的发展理念”则强调农户、企业、消费者在农村三产融合发展过程中应信息共享、协同合作，形成良性互动的关系网络。同时，从农业产业链的角度来看，农村三产融合意味着农业产业链由以往单纯与农业初级产品密切相关的产业群的供给和需求关联构成的简单网络结构，发展成为融合农产品、休闲旅游、文化创意、电子商务等多产业链互动协同发展的复杂网络结构。

从现实情况来看，农户与企业、企业（农户）与消费者间融合共享的关系网络并不理想。一方面，农户与企业利益联结机制不完善，农户难以获得农村三产融合带来的收益；另一方面，企业与消费者联系不紧密，涉农产品供给结构落后于消费需求结构。以乡村旅游业为例，企业的产品供给（服务）仍以吃农家饭、住农家房、卖农副产品等为主要形式，停留在满足游客物质需要的层面，一次性消费、旅游产品服务趋同性严重。因此，推动农村三产融合发展，除了要解决传统产业融合领域所面临的技术创新、政府管制等问题，还须解决产业融合过程中的产品服务供给与需求所面临的各种交互作用的网络关系及其构造等问题。因此，本文基于关系网络视角，将农户、企业、消费者等农村三产融合的主要活动主体纳入到农产品、休闲旅游、文化创新、电子商务等多产业链协同互动的多链网络组织中，利用扩展的JM模型，构建以融合效应为基础的"关系—互动—协同共享"农村三产融合分析框架，探讨农村三产融合网络的治理逻辑与机制。

二、农村三产融合网络的基本框架

Johnston（2004）研究认为，活动、资本和活动主体是构成关系网络的三个基本要素。在农村三产融合发展中，农户、企业、消费者作为农村三产融合的主要活动主体，分别拥有农村土地要素以及农产品与涉农服务的生产初环节、现代生产要素以及先进的生产管理技术、清晰的涉农产品服务市场需求信息以及对于农业生产服务的空间依赖感，共同构成了以企业为中介的多主体关系网络。

首先，农村三产融合产品与服务的生产销售需要由农户与企业共同来完成，不可偏废。农业生产具有的鲜明的季节性、较长的周期性以及受自然环境影响明显的特征，使得农业生产过程中的劳动监督较为困难，家庭经营仍然是当前农业生产的主要形式，因而农业生产的家庭经营形式以及2016年实施的农村土地"三权分置"改革，有效地提高了农户在农业对接二、三产业中的话语权。同时，农村三产融合发展需要不断地引进资本、技术等生产要素，及时准确地捕捉市场需求信息，合理有效地组织融合产品服务的生产销售等，而这都需要由企业等涉农经营主体来完成。目前，农户与企业的关系网络并不紧密。农户与企业利益联结机制不完善，农户难以获得农村三产融合带来的收益，其问题在于：部分企业对普通农户的示范带动不足，狭隘理解融合共享机制导致的普通农户与企业之间难以形成互惠共赢的网络关系，相关支持制度建设不完善导致的农户和农村地区利益边缘化风险等。

其次，在互联网技术、物联网技术等新技术帮助下，消费者能够实现对与农业产品功能消费相关的农产品生产制作运销的全程监控、虚拟实践以及亲身体验培养农作物，使得消费者能够获得不同于城市紧张生活的差异化体验，进而对农产品原产地产生依赖感；同时，个性化、体验化、小众化特征明显的农业生活、生态、文化功能消费，由于本身就是一种体验性消费，相较农业产品功能消费更容易使消费者对空间场所产生依赖感。随着城乡居民收入水平的提高，其生活方式和消费结构正在发生新的阶段性变化，对食品/农产品质量和品牌农产品消费的重视程度、对农产品消费方式多样化以及便捷化要求也随之提高，以农业休闲旅游、文化传承、生态环保、科技教育为代表的农业的生活、生态功能消费也日益受到消费者的重视。注重农产品品牌质量的产品消费以及个性化、体验化、小众化的涉农服务消费，使得农村三产融合的产业集聚场地成为联系消费者的重要媒介。环境心理学认为，人在某一特定环境中从事相关活动会对该环境产生依赖感，并把人们与特定环境以实践、认知、情感为媒介产生的复杂关系成为场所依赖。就是说，由于人们在某一场所中从事能够给予其正向影响的体验活动使得其产生积极的情感寄托并使这一空间场所对于人们充满正向的个性化价值和意义，进而使得人们对于该空间场所产生正向的评价，个人对于场所的依赖感也随之增强，反之亦然。这也使得随着农村三产融合的深入发展，消费者与企业、农户的互动关系也将随之加强。

最后，农户、企业、消费者在农村三产融合网络组织中的活动主要是通过多条互动协同的农业产业链完成的。随着互联网技术、物联网技术等新技术对农业研发、生产、加工、物流、销售等环节的深度融入，农户、企业、消费者等主要活动主体能够基于互联网的线上、线下关系网络，解决由需求不确定、信息不对称等随机因素引起的各类风险问题，获取市场信息，使得涉农产品服务的生产消费联系变得更加紧密，进而改变过往忽视产品市场、忽视消费者以及将生产者与消费者、产地与销地在时空上割裂等农业生产问题。农业产业链也由以往的“生产（农户)→加工、物流、销售（企业)→消费（消费者)”单向活动形式发展成为“生产（农户)→加工、物流、销售(企业)→消费（消费者)”“消费（消费者)→加工、物流、销售（企业)→生产（农户)”“消费（消费者)→生产（农户)”等双向或多向的闭环活动形式。同时，农村三产融合发展使得农业多种功能综合开发成为可能，进而使得农产品生产加工运销产业链与农业休闲旅游、文化创意、生态观光等产业链的互动协同发展成为可能，农业产业链条也由以往的一条或多条并行发展成为多条互动协同发展，进而形成以农户、企业、消费者为活动主体的多产业链协同发展的农村三产融合网络组织。

三、农村一、二、三产业融合治理的逻辑框架

Johanson 和 Mattsson（1987）根据 Mitchell 在 1969 年提出的研究网络

化过程应从网络形态和互动关系两方面出发的思想，创造性地建立了用于研究企业国际化网络组织的JM模型，并认为网络中各结点间的关系是互为导向的，彼此关注对方利益实现，各结点间以正向诱导和亲密关系为主要特征的互动过程是一个动态互动关系。推动网络中各结点形成并愿意保持可持续关系的动力在于结点交易过程中所面临的交易复杂性和异质性。孙国强（2003）研究认为：网络组织治理逻辑过程并不是终止在互动环节而应该延续至协同环节并以此为逻辑终点，并把协同概念引入JM模型，建立了网络组织的“关系—互动—协同”三维治理结构。本文借鉴孙国强扩展的JM模型，并以融合效益为网络基础、以协同共享为逻辑终点，探讨构建农村三产融合治理的逻辑框架。

农村三产融合网络中各结点（农户、企业、消费者）以及以农户、企业、消费者为活动主体的多产业链的网络联系，使得农村三产融合具有明显的网络组织特征，也构成了农村三产融合发展的组织结构框架。其中，关系是农村三产融合主体间的本质联系，也是网络组织活动的基础；同与其他网络组织一样，农村三产融合网络组织的关系发展也是以互动为导向的。此外，农村三产融合也具有区别一般的网络组织逻辑的特征。一方面，农村三产融合的各行为主体更具异质性，包括了农户、企业、消费者以及网络组织的环境建设者政府部门，各行为主体间迥异的利益追求使得农村三产融合网络的关系和互动内容更加丰富。另一方面，无论是出于把共享开放作为农村三产融合发展理念的战略考虑，还是出于各行为主体网愿意将其经营战略、利益追求由单纯追求自身规模经济、收益最大化转向依靠互补合作来强化核心竞争力、满足个性化消费需求的现实考虑，协同共享都应该成为农村三产融合网络治理的逻辑终点。同时，产业融合效应作为农村三产融合发展的根本追求，始终贯穿农村三产融合网络治理过程。

在具体的作用过程中，一方面，农村三产融合主体间的结点关系是其互动交流的基础力量，持续健康的互动合作又会使得各融合主体间的节点关系更加牢固，进而使农村三产融合网络的凝聚力和吸引力得到提高，最终产生农村产业融合的协同共享效应；另一方面，协同共享效应在农村三产网络组织中的进一步发挥，又将各结点间的关系和互动内容推向更高层次，进而形成三者的良性互动。因此，关系、互动、协同共享构成了农村三产融合的治理逻辑框架（图1）。需要指出的是，融合效应的（预期）存在是农村三产融合网络中结点关系、动态互动、协同共享得以维系的基础，是农村三产融合得以产生和深化的根本原因。

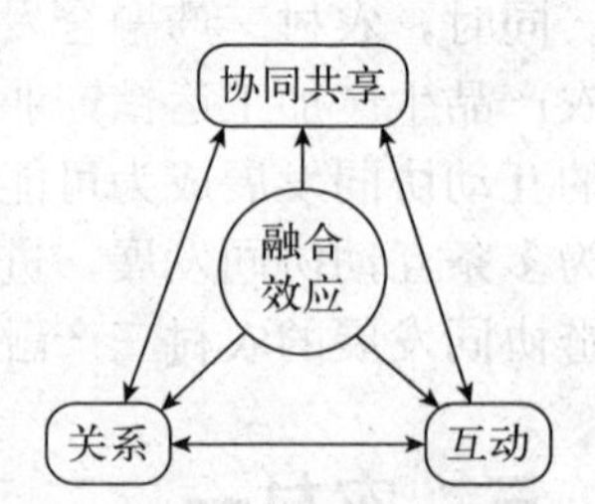

图1　基于融合效应的农村三产融合治理逻辑结构

可以认为，农村三产融合治理是一套关于融合效应分配的制度安排，其治理逻辑是以融合效应为基础的。

四、农村三产融合的三维治理逻辑分析

（一）关系及其性质

作为一种动态的网络结构，农村三产融合网络中的各行为主体间存在着相互影响、相互依赖的关系。而农村三产融合网络的动态开放性、各融合主体间的异质性以及多样化的利益联结方式，也使得各结点间的相互关系更加复杂和多样。Granovetter（1985）研究认为，强联结、弱联结和自由交易是市场交易中三种基本关系形式，并以互动频率的高低、情感投入的多少、互信程度的深浅以及互利互惠作为三种关系划分的主要度量指标。随着四种指标程度的不断加深，独立市场主体间的关系依此表现为自由交易、弱联结、强联结。在农村经济发展初期，企业仅仅把农户当作原料供应者而不是价值链上的合作者，二者关系主要以直接购买或订单生产等弱联结形式为主，经常性出现违约现象，相互信任程度较低、互惠交换不足；企业、农户与消费者之间由于销地与产地的时空割裂以及频发的农产品质量问题所引起的不信任问题等使得相互间的关系也主要维持在自由交易阶段，也就是单纯的市场交易关系，相互间的交易也具有较高的沟通成本。这种关系下，各行为主体倾向于以公平交易的经济原则处理彼此的业务关系。随着农户、企业、消费者相互间要素资源交换的深入、互动交流的持续以及涉农产品服务的消费、生产观念的改变，特别是农村三产融合发展的深化，农村三产融合网络各结点间的关系开始从单纯的经济联系表现出社会性和网络型特征，农户、企业、消费者间的关系就开始从简单的市场性关系发展成为网络组织中结点之间嵌入性的强联结。

在网络组织治理的研究文献中，一致认为：强联结的优势在于它通过一种崭新的“必要的承诺”方式来推动和改善网络各结点间的互动合作。而在具体作用机制中，“必要的承诺”通过鼓励专用型关系资产投入以及重复互动和彼此熟悉提供了“未来的阴影（Shadow of Future）”与“过去的阴影（Shadow of Past）”两种形式。一方面，专用型关系资产投入产生了承诺的“未来的阴影（Shadow of Future）”，通过对各行为主体机会主义行为的有效抑制，使得结点间互动合作情况下的长期收益超过了以往各自防御情况下的短期收益。另一方面，网络行为主体间的重复互动和彼此熟悉强化了“必要的承诺”，进而产生“过去的阴影（Shadow of Past）”，形成基于社会情感、信任等的互惠关系。同时，强联结的网络关系意味着各行为主体间的具有较高的关系密度，较高的关系密度网络在声誉机制的作用下能够有效地强

化制裁的威胁效应。在农村三产融合网络中，由于涉农产品服务的生产消费观念改变以及农户、企业、消费者的市场需求满足依赖于彼此要素资源，牢固而稳定的信任关系得以在融合网络的结点间建立，进而形成农村三产融合的“熟人网络”，使得信息、技术、土地、资本等生产要素在融合网络中加速流动，有效地提高了资源要素的使用效率和频率。同时，依赖于信任关系建立的强关系网络也有利于各行为主体将更具市场价值的资源要素在融合网络中传播，进而提高农村三产融合网络所承载的资源要素的效度和密度。相比网络内部而言，农村三产融合网络与外部环境的关系明显地表现出弱关系特征。正是这种外部弱关系特征，使得农村三产融合网络获得了不同于网络内部的异质性信息，进而避免了整个网络与外部环境的信息脱轨，构成了以内部强关系、外部弱关系为特征的农村三产融合网络信息要素交流体系。

（二）互动及其特征

网络组织各结点间的互动既不是任务导向的企业层级化沟通，也不是利润导向的市场交易化往来，而是网络组织特有的以网络各结点间的“彼此协调”形式完成的。农村三产融合网络中，任何行为主体的交易行为变化到会导致融合网络中其他主体交易行为的变化响应，并将改变整个融合网络的关系构成。因此，可以认为：农村三产融合中各主体间的交易行为互为函数关系，各行为主体所发生的任何交易行为不仅是其自身能力的函数，而且还是其他行为主体的函数。因而，融合网络中各行为主体间的交易是他们互动的结果，并通过行为主体间的彼此协调来完成其互动行为，这就使得共同治理成为农村三产融合网络中互动的基本特征。农村三产融合网络的共同治理，因其以整个关系网络为治理逻辑起点，以双向或多向互动为治理内容，以自我履约为治理途径等治理特征，使得农村三产融合网络的共同治理又明显地区别于传统的以利益相关者理论为思想基础的公司利益相关者理论。

在具体互动过程中，农村三产融合网络中各行为主体主要进行双向或多向的互动形式。通过互动，各行为主体在加强交流沟通、巩固合作关系的同时，也获得了获取其他行为主体要素资源的机会。一方面，同其他网络组织一样，农村三产融合网络中每个行为主体所拥有资源要素的市场价值不一，使得网络中的权力随各结点所拥有知识的多寡而在融合网络中成不规则分布，进而使得分散式的自我治理成为农村三产融合网络组织治理的基本特征。另一方面，从相互依赖关系来看，在农村三产融合网络中，农户、企业、消费者等行为主体为了获得单独行动不可能获得的合作收益，有动力通过提供各自所拥有的核心资源要素的方式来换取与其他行为主体的互动合作，进而形成一个以资源要素共享为核心的融合网络。综合来看，农村三产融合网络中各行为主体是一种既相互融合又彼此独立的复杂关系，其网络互动内容以共同参与、协作联合、相对独立为主要特征。这种既有联合协作又有自我治理的结点关系，使得农村三产融合网络中的结点互动具有了合作和竞争两种形式。合作性互动是以信任为基础，将提高资源要素交换的效率和频次，拓展资源要素的应用链，减少市场的交易成本，进而形成各结点间的共同利益。竞争性互动是以（预期的）融合协同效应为基础，使农户、企业、消费者等行为主体相信理性竞争将改善彼此的收益，努力减少市场中潜在的机会主义以使重复的囚徒困境博弈得以顺利进行。当然，这种既有竞争又有合作的关系网络互动过程需要各行为主体不断的相互学习和彼此适应。

（三）互动的结果：协同共享

Ansoff（1987）从企业部门管理的角度出发，提出了协同的思想，并将协同概念引入经济管理学研究之中，研究认为：企业通过一系列合理的制度安排，能够使得投资、运营、销售等环节互动合作，产生一种“1＋1＞2”的协同效应。孙国强（2003）拓展了Ansoff所定义的协同概念，将协同理论引入到网络组织的结点互动协作研究中。作为一个复杂的网络系统，农村三产融合网络中各行为主体间的互动协作形成了整个融合网络的协同效应。在这种长期互动的推动下，各行为主体间的网络关系得以制度化，各行为主体也将基于密切合作、互动协同产生关系归属感，进一步刺激融合网络的协同互动活力。

农村三产融合网络集群内涉及农户、企业、消费者多个利益相关者，决定了互动主体是多元的；同时，各行为主体所拥有的要素资源和市场能力的差异性，决定了互动过程的互补性和持续性。因此，农村三产融合网络的协同是一种多元、互补、持续的协同。当然，这种协同也有正协同和负协同之分，并对关系网络产生截然相反的影响。正协同是重复博弈的集体理性带来的帕累托改进，对资源要素合理配置能够起到正向推动作用。正协同对网络关系、互动合作的正向作用主要表现在：增强各融合网络行为主体彼此间依赖的程度，通过协调使各融合网络行为主体协作关系更具持续性，有利于培育融合共享文化等商业伦理，避免协作过程中的机会主义。负协同将给关系网络带来灾难性的威胁，产生社会惰化，是农村三产融合网络中各行为主体极力避免的。在具体的互动合作过程中，正协同是农村三产融合网络的常态。只有这样，农村三产融合网络组织形式才可能存在，并成为当下解决农村经济问题的重要手段。

需要说明的是，协同有利于要素共享，而共享是农村三产融合网络各行为主体间间互动的价值指向。在农村三产融合网络中，企业、农户、消费者等行为主体一方面将农产品种植、加工、运输、销售、消费等环节进行产业链整合并将休闲观光、农耕体验、文化创意以及互联网电商平台等融入其中，降低交易成本和生产成本，加速资源要素的时空流动和信息交换；另一方面，又充分发挥各自所用的异质性资源要素来共同面对同质性的市场环境，寻求优势互补，进而实现农村三产融合网络的环境协同，提高其市场应对能力和资源利用效率。

五、农村三产融合的治理机制分析

在农村三产融合网络中，有效的治理机制将促使各行为主体不利用信息不对称等去获取私人利益，进而确保各行为主体间的高效互动协作以及最大程度发挥网络组织的共享集聚效应。因而，治理机制是网络组织治理的核心内容，如何构建合理的治理机制也是农村三产融合治理应该研究的重要问题。本文借鉴研究网络组织治理机制文献普遍所采用的划分方法，从宏观与微观两个层面研究农村三产融合网络的治理机制。其中，宏观机制是农村三产融合治理的外部环境条件，微观机制是农村三产融合治理的内部运行依据。

（一）宏观治理机制

从宏观方面来看，权威、官僚规则、标准或法律力量等传统的治理机制并不能解决农村三产融合网络中各产业链间以及产业链内各环节间的交易问题，其问题解决主要依赖于社会机制。进入壁垒、宏观文化、联合制裁与声誉等是网络组织治理的社会机制的主要内容（Jones 等，1997）。潘文安、杨娟（2012）的研究认为，进入壁垒主要是用来解决行为主体与谁合作的问题，其治理内容属于具体运作范畴，在网络组织治理中应该归属到微观机制中。而融合网络各行为主体间的信任关系是网络组织形成的基础，因此信任机制应该成为其治理机制的基本内容。因此，本文认为农村三产融合网络组织治理的宏观机制包括信任、声誉、宏观文化和联合制裁等内容。

1. 信任机制。农村三产融合网络是由信任关系勾连的自组织结构，不管是单个产业链内部，还是多个产业链之间，信任是各行为主体之间互动合作和取得协同共享效应的决定性因素之一。在农村三产融合网络中，各行为主体间的相互信任，有利于实现涉各产业链间的内外部信息资源要素的共享融合，有利于相关产品、技术的融合创新以及研发生产销售等环节的成本节约，进而降低各行为主体间的交易成本以及市场风险，实现农村三产的高水平融合。大量的研究结果也表明：网络组织成员间的信任水平与是否接受彼此间的非正式合约成正相关，并与其非经济治理绩效成显著正相关（潘文安，杨娟，2012）。农村三产融合网络的信任机制构建，依赖于合理的分配机制以及共同的愿景描述。其中，合理的分配机制是农村三产融合网络组织能否建立信任关系的关键，共同的愿景描述则为农村三产融合网络组织的长期信任机制奠定了基础。

2. 声誉机制。作为一种社会记忆，声誉包含合作者的特征、技能、可靠性等属性。随着环境不确定性的增强，交易各方更关心自身的信息、与合作者的声誉。良好的记录与成功的表现是深入合作的基础，它通过阻止欺骗行为来减少行为的不确定性，以增强单个产业链成员间以及多个产业链间互动的有效性。在农村三产融合网络中，农业生产基础性和地域性的存在以及互联网信息技术的应用，使得有关破坏网络组织合作共享的行为信息很容易传达到网络中的每一个成员。对于那些规模较大或市场知名度较高的产业链主导企业，这一现象所产生的影响更为明显。相反，如果网络成员建立并持续维护良好的声誉，将会为其长期交易和长远利益的实现提供重要保证，进而鼓励和激发单个产业链内部以及多个产业链之间的合作行为。因此，在农村三产融合网络中，良好的声誉机制不仅可以保证各成员间交易的顺利进行，而且有利于持续、高效地发挥农村三产融合网络的协同共享效应。

3. 宏观文化机制。宏观文化是由行业、职业与专业方面的知识所构成的共同的价值观念、行为规范与期望系统。农村三产融合网络中贯穿始终的农业生产，使得农村三产融合网络的宏观文化具有明显的地域特征和乡土特征。这种独特的农业生产文化知识不仅在独立实体之间指导交易活动并创立典型的行为模式，而且可以塑造角色、定位角色关系以及确定问题解决方式。它来自于直接或间接的关系网以及制度资源和地域文化，并为所有成员所共享，而不仅仅局限于高层管理人员。农村三产融合网络的融合共享文化主要从三个方面改善成员之间的协调互动：一是通过社会化形成融合网络单个产业链成员间以及多个产业链间的期望聚合；二是在融合网络单个产业链成员间以及多个产业链间的连接活动中用特质语言来传递综合复杂信息；三是为融合网络单个产业链成员间以及多个产业链间的特殊行为提供共同的行为规则。由于融合网络单个产业链成员间以及多个产业链间基本行为规则的存在，使得它们不必为每一次交易再进行重复性工作，从而提高了交易效率。

4. 联合制裁机制。联合制裁机制是对农村三产融合网络中那些违反共同行为规范的成员所给予的集体性惩罚。在具体实施过程中，被制裁行为主要包括私下议论、有意破坏等内容，用呈现违规后果的方式来定义融合网络组织中的可接受行为，以达到保证交易顺利进行的作用。在农村三产融合网络中，各行为主体间牢固而长久的信任关系是建立在有效的联合制裁机制之上的。因为有效的联合制裁能够对各行为主体起到警示作用，使其认识到实施机会主义行为所付出的成本，进而使每个行为主体都能意识到制裁能够诱发其他成员以值得信赖的方式行动。特别是，农村三产融合网络显著的地域特征、融合共享知识以及结构性嵌入的存在，使得其联合制裁机制获得了相别其他网络织更多的联合处罚机会和更强的约束效力。

（二）微观治理机制

运作机制是网络组织的调节器，在网组织运行过程中发挥着重要的调节作用。要实现农村三产融合网络组织的治理目标，不仅依赖与宏观层面有效的治理机制，还需要微观层面完善的运作机制。本文将农村三产融合网络的微观治理机制概括为“主导—辅助”结构，主导治理机制以激励约束机制为内容，辅助治理机制以进入壁垒、决策协调、信息反馈机制等为内容。

1. 主导治理机制。在农村三产融合网络组织的微观治理过程中，最大化网络的协同共享效应和最小化网络的交易风险是网络治理的重要目标。通常情况下，融合网络产生交易风险的原因主要是资产专用性和交易不确定性，协同共享效应则是融合网络成员愿意互动合作的动力以及形成融合网络凝聚力的基础，而融合网络内所存在得对违约者惩罚力度则形成对各行为主体违约行为的约束。假定用 R 表示融合网络中的交易风险，用 A 表示各行为主体所投入的资产专用性水平，U 表示融合网络中交易的不确定性程度，C 表示融合网络中关系的协同共享效应，P 表示融合网络对违约者所给予的惩罚力度，则农村三产融合网络中的交易风险可以表示为：

$$R=r\ (A,\ U,\ C,\ P)$$

首先，农村三产融合的实质就是特定农村区域内产业间分工的内部化（苏毅清等，2016）。随着三产融合的深入发展，农业产业链内部以及产业链间分工也更加专业和细化，生产工序趋于细化，资产的专用性程度趋于增高，参与生产交易的企业数量也随之增多，进而使得拥有较高专用性资产的网络成员由于容易被其他成员“要挟”而常处于不利地位，也使得部分网络成员实施机会主义行为的机会和频率随之提高，从而导致融合网络中交易不确定程度升高，这都将引起融合网络内部的交易风险。因而有：$\partial R/\partial A>0$，$\partial R/\partial U>0$。即，随着融合网络专业化分工的日趋深入，资产专用性 A 与交易不确定性 U 都将随着增大，交易风险 R 趋向于增加。所以，作为形成农村三产融合网络凝聚力基础的协同共享效应，有效地激励各行为主体为获取协同共享效应而避免网络交易风险。因而，也就构成了农村三产融合网络微观治理的激励机制。

其次，在农村三产融合网络中，协同共享效应和对违约者所给予的惩罚力度的存在，使得融合网络拥有能够降低交易风险的内生履约机制，协同共享效应是形成融合网络凝聚力的基础，当融合网络中各行为主体能够获得较高的协同共享效应时，融合网络内部的交易风险随之降低。同时，对违约者所给予的惩罚力度是对融合网络中各行为主体违约行为的约束，当对违约者惩罚力度提高时，融合网络内部的交易风险也随之降低。因而有：$\partial R/\partial C<0$，$\partial R/\partial P<0$。即，随着融合网络中各行为主体所获得的协同共享效应 C 提高，对违约者所给予的惩罚力度 P 提高，交易风险 R 趋向于降低。同时，农村三产融合网络所具有得明显地域特征与本地化的沟通、协调，使得对违约者所实施的以终止交易关系、市场声誉贬值、联合制裁等为内容的组织惩罚都将得到有效地执行，而这些惩罚措施也将有效地限制或者剥夺违约者分享融合网络协同共享效应的机会。因而，对分享融合网络协同共享效应机会的限制或剥夺是农村三产融合网络微观治理的约束机制。

所以，以协同共享效应为核心的激励机制和约束机制共同构成了农村三产融合网络微观治理激励约束机制，在一定程度上驱使各行为主体不利用信息不对称以及契约不完全来进行投机行为，从而降低融合网络内部的交易风险，保证组织的互动协作和稳定持续发展。各行为主体加入融合网络的目的就在于分享协同共享效应，可预期的融合网络协同共享效应构成了各行为主体违约的机会成本，因而，各行为主体对融合网络的“忠诚度”取决于预期协同共享效应的大小，可预期的协同共享效应越大，各行为主体违规或退出融合网络的机会成本越高，则融合网络内部的交易风险就越低，融合网络也趋于稳定。同时，各行为主体也面临着对分享融合网络协同共享效应机会的限制或剥夺。一旦部分行为主体出现违约的机会主义行为，必将被融合网络所摒弃，无论是终止其交易行为、市场声誉贬值，还是其他行为主体所给予的联合制裁，都会使违约者的协同共享效应减少甚至消失。

2. 辅助治理机制。在农村三产融合网络组织的微观治理过程中，为了保证以协同共享效应为核心的激励约束机制能够顺利运作，还需要建立一系列的微观辅助治理机制。

首先，进入壁垒机制。进入壁垒的存在，能够减少网络中交易主体的数量并且强化融合网络的关系契约，保证了交易是在地位相似或相近的行为主体之间进行。由于融合网络中交易主体数量的限定，增加了各行为主体间互动频率，有利于形成共同行为规范和强联结关系；也为重复博弈奠定了基础，有利于降低了融合网络的协调成本，并在一定程度上提高了各行为主体间的协同共享效率。其次，决策协调机制。由于知识的分散性与相互依赖关系的存在，农村三产融合网络中各行为主体形成了一种既相互融合又彼此独立的竞争合作关系，其网络互动内容也以共同参与、协作联合、相对独立为特征。因此，客观上要求融合网络决策权必须相应分散，是一种分散基础上的群体决策和分布式的决策协调。最后，信息反馈机制。以共同参与、协作联合、相对独立为特征的农村三产融合网络组织，其行为主体之间的信息交互频率要比传统层级组织的信息传递频率大得多。因此，必须改变传统链式反馈机制下点对点的信息沟通方式，将信息沟通过程的串行结构转变为并行结构，建立网络式信息反馈机制，以达到减少信息传递时滞和避免因信息不对称所带来的逆向选择的治理目的。

综上所述，农村三产融合网络的治理机制是由以外部环境条件为内容的宏观机制和以内部运作机制为内容的微观机制共同构成。其中，宏观机制以信任、声誉、宏观文化和联合制裁为内容，微观机制以激励约束为主导内容，以进入壁垒、决策协调、信息反馈为辅助内容。

六、总结

农村三产融合是农村经济发展的新阶段，是一个新的系统性问题，从多个角度进行分析研究具有一定的必要性。本文基于关系网络视角，首先，利用扩展的JM模型，构建了一个以融合效应为基础的“关系—互动—协同共享”农村三产融合分析框架，探讨了农村三产融合发展的内在逻辑，构建了农村三产融合网络的治理逻辑。其次，根据农村三产融合网络的治理逻辑，从宏观与微观两个层面探讨了农村三产融合网络组织的治理机制，为农村三产融合的有序发展提供了一个逻辑框架。

【参考文献】

陈晓华．推进龙头企业转型升级 促进农村一二三产业融合发展．农村经营管理，2015（12）：6－9.

姜长云．推进农村一二三产业融合发展 新题应有新解法．中国发展观察，2015（2）：18－22.

姜长云．推进农村一二三产业融合发展的路径和着力点．中州学刊，2016（5）：43－49.

寇光涛，卢凤君，彭涛．我国农业产业链生产、加工与销售环节的动态博弈优化研究．中国农业资源与区划，2016（12）：179－185.

李玉磊，李华，肖红波．国外农村一二三产业融合发展研究．世界农业，2016（6）：20－24.

李芸，陈俊红，陈慈．北京市农业产业融合评价指数研究．农业现代化研究，2017，38（2）：204－211.

刘海洋．农村一二三产业融合发展的案例研究．经济纵横，2016（10）：88－91.

芦千文，姜长云．关于推进农村一二三产业融合发展的分析与思考——基于对湖北省宜昌市的调查．江淮论坛，2016（1）：12－16，58.

马晓河．推进农村一二三产业融合发展的几点思考．农村经营管理，2016（3）：28－29.

孙国强．关系、互动与协同：网络组织的治理逻辑．中国工业经济，2003（11）：14－20.

孙华平，徐央．基于“家庭农场”的乡村订单旅游发展模式研究．理论探讨，2013（6）：104-107.

王山，奉公．产业互联网模式下农业产业融合及其产业链优化研究．现代经济探讨，2016（3）：47-51.

詹卉．农村一二三产业融合发展研究．当代农村财经，2016（7）：2-8.

张春晖，白凯．乡村旅游地品牌个性与游客忠诚：以场所依赖为中介变量．旅游学刊，2011（2）：49-57.

张利庠，张喜才．我国农业产业链中价格波动的传导与调控机制研究．经济理论与经济管理，2011（1）：104-112.

周应恒，胡凌啸，严斌剑．农业经营主体和经营规模演化的国际经验分析．中国农村经济，2015（9）：80-95.

宗锦耀．扎实推进农村一二三产业融合发展．农民日报，2016-12-17（003）．

Ansonff. I. Corporate Strategy. Reviesd Edition，Penguin Books，1987.

Gulati R. Familiarity Breeds trust? The Implications of Repeated Ties on Contractual Choice in Alliances. Academy of Management Journal，1995（38）.

Johanson J，L G Mattsson. Interorganizational Relations in Industrial system：a network approach compared with the transaction-cost Approach. In：BENGT JOHANNISSON，eds. International Studies of Management & Organization. M. E. Sharpe Inc.，1987.

M Granovetter. Economic Action and Social Structure：The Problem of Embeddedness. Blackwell Publishers Ltd，2015，91（3）：481-510.

（作者单位：李治：中国农业科学院农村经济与发展研究所
王东阳：农业农村部食物与营养发展研究所）

供给侧改革背景下农业新产业新业态发展研究

——基于四川的调查分析

陈文宽　何　宇

2017 年中央 1 号文件提出要加快推进农业供给侧改革，主要目标是增加农民收入、保障有效供给，这对于农村的经济发展起了一定的促进作用，同时，也为农村工作规划了新的方向。2017 年以来，四川全省各市区以“调结构、降成本、补短板、提质量、促融合、可持续”为重点，积极推进农业供给侧结构性改革。按照中央和省上的总体思路和要求，本文基于 2017 年 4—6 月期间对蒲江、新津、资中、广安、罗江、崇州、眉山、乐山、荣县、泸州 10 地的相关调研数据，总体把握了目前四川省农业供给侧改革与农村新产业新业态的发展现状，从中归纳总结问题，并据此提出了相应的对策建议，以期为四川省农村新产业新业态发展以及三产融合提供一定参考。

一、农业供给侧改革与三产融合现状

四川省作为全国 13 个粮食主产区之一，自古就有天府之国的美誉。从 1978 年改革开放到现在 30 多年，在取得令人瞩目的成就下，继续深入推进农业供给侧结构性改革。明确提出大力发展生猪、蔬菜、水果、茶叶、中药材、蚕桑等十大优势特色产业，同时推进培育新业态新主体、增强可持续发展能力和提升农产品质量安全，并以国家现代农业示范区、国家农村产业融合发展试点示范、省级现代农业示范市县、省级现代农业畜牧业重点县等为载体，集中打造一批基地生产水平高、种养结合紧密、景区化设施完善、产地初加工能力强、社会化服务水平高、“互联网＋”应用广、产品销售有品牌、体制机制完善、利益联结紧密、社会资本参与、金融支持有力的现代农业产业融合示范园区，引领农业产业与二、三产业加快融合发展。

（一）四川省农业产业的现状

1. 种植业。种植业一直在四川省的农业结构中占据绝对优势，在进入 21 世纪以后，四川围绕优势特色产业，重点建设规模化、标准化的现代农业产业基地。围绕产业基地提质增效，重点建设万亩亿元示范区。全省以培育现代农业强县、重点县为抓手，通过两轮建设，形成了一批大基地。建成1 100个万亩亿元示范区，1 000万亩“千斤粮万元钱”粮经复合基地，培育了一批大品牌，打造了“天府龙芽”“四川泡菜”“圣洁甘孜”等区域公共品牌和“竹叶青”“吉香居”“可士可”等知名企业品牌，同时建成了一批区域性农产品交易市场。

2016年四川粮食作物播种面积645.4万公顷，粮食播种面积在略微减少的情况下，由1980年的2 599.7万吨增长到目前的3 483.5万吨。油料作物播种面积130.7万公顷，中草药材播种面积11.7万公顷，蔬菜播种面积137.2万公顷。园林水果年产量达到845.4万吨，其中柑橘产量为397.3万吨，占总产量的47%；苹果产量为63.4万吨，占比7.5%，梨产量为101.4万吨，占比12%。全省优势特色产业进一步向带状、块状聚集发展，川西600万亩“稻菜”轮作产业带、盆周山区500万亩名优绿茶产业带、龙门山脉100万亩优质猕猴桃产业带不断壮大，宜宾、乐山、雅安三市的茶园面积占全省的59.9%，川中100万亩柠檬产业集中发展区、攀枝花芒果、会理石榴等特色水果产业发展集中区加快发展，川东北不断强化高经济价值水果发展，主要以柑橘、猕猴桃和柚子为，主种植面积达185万亩。与此同时，省内国家级品牌突破100个，农村电商加快发展，培育涉农电商3 980户，建成国家级和省级电子商务进农村综合示范县57个。在农产品质量安全上，各地纷纷着力推进标准化生产、绿色化生产、完善质量检测体系。

发展不仅仅是在特色种植和电商方面，在农地经营流转模式方面，四川省创新出崇州市“农业共营制”、德阳市“小集中”、巴中市“土地信托”、眉山市“委托流转”等经营模式，全省耕地流转面积1970.3万亩，耕地的流转率为33.8%。逐步推广农村土地经营权抵押贷款试点，发放贷款21.13亿元。土地确权颁证基本完成，“三权分置”改革试点稳步推进。同时搭建了省级农业投资担保融资平台。培育农民合作社7.4万个，家庭农场3.4万家，全国示范社、省级示范社、省级示范场分别达到460个、1 650个、500家。

2. 畜牧业。畜牧业在农业总产值中占有很重要的地位。四川省一直将畜牧养殖业作为调整产业结构，帮助农民增收的一个主要途径，其主要品种有猪、牛、羊、马以及各类家禽等。通过多年的发展，建成了2.3万个畜禽标准化养殖场。2016全年肉猪出栏6 925.4万头，牛出栏305.2万头，羊出栏1 755.8万只，家禽出栏67 776.9万只。

各地通过扩大具有地方优势特色的优质猪牛羊品种的繁育来增加出产规模，例如天府肉猪、川藏黑猪和简阳大耳羊、川中黑山羊等。在设施设备方面，养殖大户都对养殖设备进行了转型升级，配套了废弃物处理利用、种养循环等基础设施；在技术方面，与高校合作建立了标准化规模养殖，通过“龙头企业＋农民合作社＋高校”，坚持畜禽良种化、养殖设施化、生产规范化、防疫制度化、废污无害化、粪便资源化、监管常态化；同时稳步推进种养业循环绿色发展，建立粮饲兼顾的新型农牧业结构。

3. 渔业。四川省水系众多，水域总面积达60余万公顷，可供水产养殖的面积达23.5万公顷，渔业生产面积大，生产条件好。1980年四川渔业产值仅为0.57亿元，在农业总产值中为0.4%；到2016年，全年水产养殖面积20.2万公顷；水产品产量138.7万吨，产值达到了200余亿元，占农业总产值的3.3%。

各地依托水域资源优势，紧密结合产村相融，宜渔则渔，引导农户依法采取多种方式流转承包地，集中成片建设规模化养殖基地。围绕水产标准化产业基地建设，进行特色优势水产品区域布局，形成特色和优势，推进现代水产业规模发展。在鱼类养殖的生产方式上，由原来的粗放的、高污染的传统养鱼方式转变为标准的、生态的多模式养鱼。例如泸州市合江县，通过对池塘的标准化改造，配套现代设施设备，推广池塘综合养殖技术，以提高单产和养殖效益。另外部分地区实行“稻鱼轮作”“稻虾轮作”模式，通过实施粮经复合稻田养鱼养虾，提高稻米质量安全，增加优质生态水产品供给，实现“一水两用，一田双收，稳粮增效，粮渔双赢”。

（二）三产业融合现状

四川农村一、二、三产业融合发展过程中，以市场需求为导向，以完善利益联结机制为核心，以制度、技术和商业模式创新为动力，以新型城镇化为依托，强调把产业链、价值链等现代产业组织方式引入农业，以农产品加工业和休闲农业为引领，通过农业“接二连三”、农产品加工业“接一连三”、休闲农业“接二连一”和信息技术“接三连二连一”，促进农村一、二、三产业融合发展，促进农业增效、农民增收和农村繁荣。综合考虑资源禀赋、区位条件、区域经济发展水平、主导产业和市场需求等因素，探索形成了一、二产业融合，一、三产业融合，一、二、三产业深度融合等多种产业园区发展模式。

1. 一二产业融合模式。所在区域休闲旅游等消费需求不旺盛，农产品鲜销效益更佳，加工增值效果更好的园区，重点发展生产、加工和销售环节，依托龙头企业，向产前产后延伸，拉长农业产业链，提升农产品附加值。生产环节，在园区内有机肥需求量大的种植业集中生产基地，配套建设养殖场，实行以种定养、以养促种。在规模养殖区域，配套建设沼气池、沼液运输设施，打通畜禽粪污就近还田通道，促进种养循环绿色发展。加工环节，根据不同农产品确定加工种类，如鲜销农产品重点发展贮藏保鲜、清洗分级等初加工和商品化处理。蔬菜重点发展以预冷为主的初加工和以泡菜为主的精深加工，水果重点发展以保鲜为主的初加工和以健康饮品为主的精深加工，茶叶重点发展茶饮品、功能保健品等精深加工，中药材重点发展以烘干为主的产地初加工和精深加工。销售环节，配套完善物流、包装等相关加工服务产业。如广元市苍溪县双龙现代农业产业园，向前连接产业基地，集中连片发展红心猕猴桃、雪梨等特色水果2.18万亩，优质粮油1.64万亩，建成标准化生态畜禽养殖养殖小区12个，形成果、粮、畜（禽）、沼（气）配套的种养循环产业链。同时配套建设了贮藏保鲜、清洗分级等初加工和商品化处理设备，通过引进培育的4家省级农产品加工龙头企业，打造品牌、连接市场，2016年实现农产品加工16万吨，产值12.2亿元。

2. 一、三产业融合模式。布局在城镇居民休闲旅游消费需求旺盛，区位优势明显，经济发展水平较高的园区，充分利用丰富的农业资源和厚重的农耕文化，依托现代农业产业基地建设，发展休闲农业、乡村旅游和农村电商等新产业新业态。一是依托本地绿色生态资源，强化农业与旅游、文化创意等产业的融合，提升生产经营水平，开发农业多种功能，培育新型业态，提升农业价值，拓展增效增收空间。二是应用物联网、云计算、大数据等现代信息技术，通过引入新兴产业、高端服务行业实现产业升级，催化生成新的业态，实现农产品线上线下交易以及农业信息共享，拓展了各种优质鲜活农产品的销售市场。全省休闲农业与乡村旅游经营单位发展到3.1万家，以现代农业产业基地为依托的休闲农业景区景点4 531个，以引领全省休闲农业转型升级发展的休闲农庄1 987个。全省休闲农业景区景点接待游客3.2亿人次，综合经营性收入达到1 008亿元，带动全省1 034万农民就业，为全省农民人均增收贡献82.1元，成为全省农民增收的重要渠道和最大亮点。

3. 一、二、三产业深度融合模式。充分发挥资源、技术、资金等优势，依托龙头企业或产业链核心企业，促进涉农企业集聚集群发展，做强农业、做大加工业、做活农村服务业，实现一产“接二连三”、三产联动发展，打造出融合生产加工、科技研发、物流储藏、商务会展、信息咨询、金融服务、生态旅游、养生休闲等于一体的复合型产业园。如眉山市围绕泡菜产业，打造中国泡菜城，成为全国规模最大、功能最全、工艺最新的泡菜产业园区，辐射带动全市建成45万亩标准化、绿色泡菜原料种植基地。深度挖掘泡菜文化，建成了泡菜博物馆、泡菜风情街、泡菜广场、企业观光生产线、万亩绿色蔬菜基地为核心的旅游景点，形成观光环线，打造了“互联网+东坡泡菜”电商平台。充分应用信贷、保险等金融手段支持园区内经营主体发展。园区内设立了泡菜产业研究院，科研成果有效服务泡菜加工企业。构建起集种植、研发、生产、观光、销售于一体的全产业链运行模式。2016年，园区综合产值达到90亿元，连续两年增长超过25%以上。

二、存在的问题

（一）地方政府认识不足

地方各级干部、从业人员等对农业供给侧改革的理解认识不深、思路举措不清、建设合力不足，这是调研过程中普遍存在的问题。

1. 理解认识不深。什么是农业供给侧改革，其内涵和要求是什么，很多地方干部和从业人员都缺乏相应的认识。调研中发现，某些市县甚至各级农业系统工作人员均认为农业供给侧改革就是减种粮食作物增种经济作物，在所种植的经济作物上盲目跟风，不关注地方区位的适宜性和市场发展的长远性。

2. 思路举措不清。地方政府在产业布局、空间布局等方面缺乏科学合理的远景规划，调研中发现有的市县一味追求产量和大规模发展，却无法形成品牌竞争力，市场潜力较小；有的市县有品牌化意识，但贪多求大广撒网，想要面面俱到，试图发展多个品牌，实际上却没有一个产品的名气叫得响。包括应该发展何种农产品，应该发展多少，是否适宜发展，很多地方并不清楚。

3. 建设合力不足。农业生产经营者和政府工作人员及社会力量协同推进农业供给侧结构性改革的力度不够，各方参与的主动性、积极性、创造性不高，部分地区工作人员甚至还存在一定抵触情绪；农业生产经营新型主体大多实力不强、产品附加值不高，部分县区甚至没有具有地方代表性的新型主体；“股份＋合作”的农村利益联结机制尚不健全。

（二）产业调整存在误差

1. 产业同质化严重。由于利益的驱动以及地方政府的定位，都争向发展市场价格高的产品或是根据往期的市场行情选择种植品种，调研中发现部分地区由于柑橘去年的市场行情好，就大力种植，缺乏统一的规划，没有根据自身的特点进行合理的布局和准确定位，由于大多数地区都种植柑橘，低水平重复种植，行业之间恶性竞争，而地方的优势、特色产业没有得到很好的发挥；另外，特色产业也存在同质化现象，如达州仍在大量发展清脆李，市场已趋饱和，产品滞销压力凸显。

2. 产业盲目化发展。跟风是目前行业发展的一种病态，不用做市场调研，见效快，导致大多数农户和商家不进行深入的市场分析，不采取差异化、规模化、品牌化的经营方式，不结合实际延伸产业链，一味扩大生产规模，或是仅仅根据当前的市场价格来调整，盲目发展。调研过程中发现，部分地区对整个市场行情并不了解，全国各地已有很多地方在种植柚子，品种也较多，但某些地区仅一个市就种植20万亩的柚子，使得市场供过于求。

3. 产业融合度不高。由于各产业之间的关联性，各产业相互渗透、交叉、重叠，但目前各产业之间的融合度不高，调查发现，蒲江、眉山等地均有大学生创业孵化园，有很多发展农村电商的项目，但都处于起步阶段，且存在许多问题，发展的农产品大多都有保鲜期，在运输过程中极易损坏、变质。另外，虽然各地都发展有水果产业，都是独立发展，没有与二、三产业较好地连接，尤其是旅游业的融合，其发展模式仍有待探索、创新。

（三）农业供给与市场需求不适应

1. 农产品结构不平衡。这里的结构失衡主要指供给和需求的不匹配。调研发现部分农产品供大于求，出现过剩现象，特别是一些水果，由于起初的市场行情好，大家跟风种植，导致水果烂市。再比如茶叶，目前四川约有500万亩的茶叶面积，呈逐年增长趋势，但仍有部分地区有加大种植茶叶的意愿。而另一部分农产品的需求旺盛，供给明显不足，主要是一些独特品牌，比如资中塔罗科血橙具有唯一性，由于其特有的气候光照及土壤条件，全县种植面积达16万亩，占全省的80%，销往全国各地，但产量并不能满足广大消费者的需求。

2. 农产品安全质量差。由于人民生活水平的提高，对农产品的品种质量和安全性的要求也越来越高，然而现有产品无法满足消费者对农产品的新需求。在调研过程中发现，部分地区的大米出现了大量的黑穗，导致大米急剧减产、变质，质量安全受到一定程度的影响。另外部分受访政府人员表示，每当收成季节，家中亲戚都会送来大量的大米，但仍会另外购买其他的泰香米、珍珠米等，原因在于自家种植的大米口感不好。此外，大量农产品喷有农药化肥等，且使用不科学，人们对于绿色无污染食品的需求不断增长。

3. 农产品有效供给少。有效供给较主要指能够满足人们需要的供给，但是目前农产品的初级产品多，加工产品少；低端产品多，中高端产品少；一般品牌多，精品名牌少；单一功能产品多，多种功能产品少。低档的、一般性的农产品供应较多，大量的产品和资源浪费，优质和特色农产品却供不应求，即有效供给不足，明显不能满足人们日益高端化的消费需求。葡萄可以酿成葡萄酒，猕猴桃可以加工成果汁、果干等，大部分地区的加工产业都有待发展。

（四）资源配置错位

1. 土地资源配置矛盾凸显。目前我省地方大量存量土地已被现有产业所占用，新的产业要获得发展，必须有相应的土地作为支撑，我国土地资源稀缺不允许产业发展再走外延扩张占用耕地的道路，土地资源配置矛盾凸显。如：本次调查中发现乡村旅游业主对乡村旅游的渴望与政府政策不匹配，乡村旅游供地与基本农田红线政策矛盾尖锐，新增建设用地规模指标审批程序过于烦琐且耗时长。如何优化配置土地资源，并使产业结构得以优化，最终促进经济发展，已经成为当前迫切需要解决的问题。

2. 金融资源配置欠缺。四川省地方产业发展缺少项目支撑，针对农业农村的项目支持很少，争取项目支持很难，项目相对较小，发挥效益较难。如：本次调查中发现资中作为全国的血橙第一县，没有任何项目扶持资金；地方产业申请贷款有瓶颈，现存涉农贷款少，较少企业能够达到省上规定的要求，大多企业经营规模小、缺乏信息透明度、缺少有效担保、抵押品不足，金融机构不愿提供信贷服务，地方企业缺乏经营资本，导致产业打造进展缓慢。

3. 人力资源配置不均衡。由于地方现有生活环境、医疗水平、薪资水平相对落后，导致地方在吸引人才方面缺乏竞争力；地方教育经费投入过少，教学条件较差，师资力量相对薄弱，地方辍学率远高于城市辍学率，阻碍了地方劳动力素质的提升。地方严重缺乏一线的年轻人才和懂科学技术、专业技能的人才，形成了人力资源城乡分布不均、地方人力资源数量优势与质量劣势并存的格局。

（五）新科技、新装备应用不足

1. 农用新技术普及缓慢。根据调研发现，许多县市对农业新技术重视度不足，专业人才十分缺乏，大部分都是选取当地长期种地的农民来做技术带头人。这些农民经验丰富，但是理论知识较为欠缺，对于供给侧改革下所要求种植的新农产品的最新技术了解不多，同时相关知识和技术的获取渠道十分有限和狭窄，导致他们对于新技术的学习和利用也较为滞后。

2. 农用装备推广进展乏力。四川省地形为盆地，多数县市地处丘陵，小块田土多，坝子田土少，且分布失衡，有的地方山高坡陡，这些因素制约着农机的推广。部分市县反应机耕道等基础设施不完善，大部分田土农业机械在使用、转移、运输等方面都存在困难，难以发挥农业机械应有的工作效率，导致推广新机具特别是大型机具和新技术难度大，群众购买的欲望低。因农村劳动力向城市大量转移，大部分为 50 岁以上的高龄劳动力，年轻有文化有知识懂技术的比例少之又少，所以就算购买农机，也会造成机器闲置。

三、对策建议

（一）提高地方政府认识水平

1. 加强培训指导，提升理解认识。地方政府可邀请高等院校和科研机构的专家学者对基层干部和从业人员进行培训指导，从调结构、建品牌、培育新动能、打造新业态等角度对农业供给侧改革的内涵和要求进行全面的剖析讲解，提升相关人员的理解认识。

2. 理清发展思路，科学合理规划。地方政府应紧密结合农业供给侧改革的内涵和要求，秉持可持续发展的理念，因地制宜，科学合理地制定地方产业发展规划；要有预见性的调节产业结构，避免盲目的以市场为导向；要注重品牌化和品质化，避免同质化；品牌化发展要注重可行性，避免贪多求大广撒网式发展。

3. 营造良好氛围，调动多方力量。地方政府应当完善相关的财政、税收、土地、金融、保险、科技、用电等方面的配套政策，形成政策扶持和服务支撑体系；加大宣传力度，充分运用报纸、广播、政务网站、微信、微博等媒体，营造良好的社会舆论氛围吸引各方力量参与到农业供给侧改革中来；要培育壮大龙头企业，打造新型职业农民，培养农村合作经济组织的骨干力量和带头人；要完善"风险共担、利益共享"的利益联结机制，提升农民的参与度，促进农民增收提效。

（二）优化产业转型升级

1. 发展特色优质产业。综合考虑地区客观因素，统筹调整地区产业结构，制定特色产业建设规划，规避同质化现象；实施优势特色农业提质增效行动计划，采用"龙头创、基地促、市场护、政策扶"方式，带动辐射周边农户开展规模化、标准化、专业化建设，打造特色产业集群；建设一批地理标志农产品和和原产地保护基地；打造全国性品牌，改造提升传统名优品牌。

2. 适度调整产业规模。搭建产业发展大数据处理和云管理中心，建立农产品供求信息系统，完善产业动态监测机制，全面观测、及时更新产业发展相关数据，结合地方实际适当调整产业结构、规模，优化品种种植结构。研究建立农业适度规模评价指标体系，使土地发展规模与当前农业生产发展水平、阶段性特征及农户的农业生产经营管理能力相适应；促进资金、人力、装备、技术等生产要素的合理配置，使资源得到最大化配置。

3. 加强三产融合。加快三产融合，深入挖掘农业的休闲旅游、文化传承、生态保护等多重功能，大力发展"休闲农业、生态旅游、休闲康养"等一、二、三产业深度融合的新产业新业态；深入开展"互联网+"建设，加快发展农村电商，鼓励特色农产品进入淘宝、京东等电商平台，促进线上线下融合发展；完善主要农产品信息分析预警体系，着力发展末端配送，解决农村电商配送"最后一公里"的问题。

（三）协调农产品市场供求关系

1. 构建适应市场需求的品种结构。要适应消费结构升级和需求多样化、个性化的趋势，从改善供给入手，为消费者提供丰富多样、质量优良的产品供给，更加关注消费者的口味变化、健康需求、饮食习惯等，不仅解决吃饱的问题，更要满足人们的中高端饮食需求。另外要严格控制产品种植数量，避免产品供过于求，造成资源的浪费。

2. 提升农产品质量安全水平。一方面要引进新的科学技术，包括种植技术、储藏技术等，发展冷链物流，保障运储质量，满足人们对安全高质量绿色产品的需求；另一方面，加强质量安全监管，建立健全农产品质量安全标准体系，提高产品区分度，实现优质优价，并加强监测预警，壮大监管队伍建设，加大部门宣传执法力度以及对劣质农产品的打击处罚力度。

3. 增加农产品有效供给。定期做市场调查，建议每月进行市场行情分析，社会需要什么就种什么，确保有效供给充足。成立农业专业合作社，进行专门化、组织化管理，发展壮大优势特色产业以及精深加工产业，形成更有效率、更有效益、更可持续的农产品有效供给体系。

（四）提升资源配置的效率

1. 科学配置现有土地资源。为满足经济建设和粮食安全的需要，只能立足于盘活现有存量土地，对现有的农村集体建设用地优化配置，走集约合理利用土地的道路，合理分配土地资源到各个产业中，并使土地利用效率水平达到最大，需要从产业的用地规模和产业的用地布局两方面进行调整。基于产业单位产值占地面积系数法和回归系数法两种方法测算单位产值占地率，结合预测产业规划期末的产值来确定某产业的用地规模；利用产业比较土地生产率测算国民经济中各产业耗用土地的相对水平，结合区位理论，找到适合产业发展的地理位置。发挥遵循市场规律的客观要求，运用地价杠杆以及对不同区位的土地征用不同的土地使用税引导土地使用者合理的选址行为。

2. 优化金融资源配置。设立产业发展试点专项基金；增加涉农贷款种类及金额，适当调整涉农贷款发放标准，建立农业新型经营主体贷款的担保体系，探索信贷担保公司，建立担保基金，为新型经营主体规模经营提供担保；尽快实施 2017 年 1 号文件中“流入的土地经营权、农业生产设施和大型农机具”均可抵押的政策，扩大有效抵押物，使农民尽快得到贷款；推进农业“三项补贴”改革，即将原来的农资综合补贴、种粮农民直接补贴、农作物良种补贴合并为农业支持保护补贴，充分发挥补贴对农业供给侧改革的促进作用；通过财政补贴、税收优惠、金融支持等政策，吸引工商资本到地方发展。

3. 打破人力资源配置局限性。建立城乡无差别人力资源市场，消除城市对地方人力资源的就业歧视，加强地方农业人才引进力度，增加对地方的基础设施、卫生医疗等的投入，优化农业人才薪资福利待遇，引导大量有知识、懂技术、会经营的人才到地方就业；加强职业农民的培育、认证、扶持工作，建立完善新型农民培育体系，从根本上解放农民思想，提高农民主观能动性，注重发挥青年农民的中坚力量，充分发挥职业学校、农村现代远程教育网络和农业技术推广培训基地作用，培养粮食种植人才、粮食经营管理人才、粮食精深加工人才，促进农民适应现代农业发展需要及农业科技进步、农产品市场需求的变化；建立地方人力资源信息库和人力资源流动服务机构，加强地方信息网络建设，充分发挥信息技术在人力资源配置中的作用。

（五）完善技术培训体系和农机推广配套政策

1. 完善新科技新技术普及渠道。农用新科技新技术的普及，关键在于对新型农业经营体系下的职业农民和农业职业经理人进行培训。通过建立“政校行企”四方联动的培训模式，出台相关鼓励政策，联合省内相关高校，建立跨企业培训中心，并最终形成行业协会，这样就能快速有效的对农业新型经营主体精准普及与之相关的新科技、新技术知识。

2. 完善新装备相关配套政策支持。农机化想要快速进行推广，首先是健全基础设施，只有配套的基础设施完善之后才能开展现代化的农业发展工作，也只有在基础设施健全的前提下才能够保证整个农机的顺利进行，加强农村机耕道的建设，全面深入田间地头，才能为农机的引进做好铺垫。其次联合农机生产销售企业多组织年轻、有知识、先进的农民，尤其是对农机中介服务组织和农机专合社开展多形式多层次内容丰富的农机技术培训，然后使之投入使用，这样机具就不至于闲置浪费。

【参考文献】

陈锡文．论农业供给侧结构性改革．中国农业大学学报（社会科学版），2017（2）．

国家发展改革委员会．四方面推进农村一二三产业融合发展．经济日报，2016-01-09.

姜长云．推进农村三次产业融合发展要有新思路．宏观经济管理，2015（7）．

孔祥智．农业供给侧结构性改革的基本内涵与政策建议．改革，2016（2）．

罗必良．农业供给侧改革的关键、难点与方向．农村经济，2017（1）．

徐绍史．推进农村一二三产业融合发展．经济日报，2016-01-25.

（作者单位：四川农业大学管理学院）

新型农业经营主体推进农业供给侧结构性改革的成效与对策研究

——基于河南省和黑龙江省实地调研分析

刘清娟

一、引言

2016年中央1文件提出推进农业供给侧结构性改革，发挥多种形式农业适度规模经营引领作用。坚持以农户家庭经营为基础，支持新型农业经营主体和新型农业服务主体成为建设现代农业的骨干力量，积极培育家庭农场、专业大户、农民合作社、农业产业化龙头企业等新型农业经营主体。大力培育和支持新型农业经营主体和服务主体，通过经营权流转、股份合作、代耕代种、土地托管等多种方式，加快发展土地流转型、服务带动型等多种形式规模经营和专业化规模化服务。用改革的办法优化农业结构，一个重要着力点是大力培育新型农业经营主体。调整种植结构、养殖结构，说到底要由农业经营主体具体操作、落到实处。与一般农户相比，新型农业经营主体更能积极主动适应农产品需求新变化，在无效供给上做“除法”，在低效供给上做“减法”，在有效供给上做“加法”，在高效供给上做“乘法”。

新型农业经营体系是指大力培育发展新型农业经营主体，逐步形成以家庭承包经营为基础，种养大户、家庭农场、农民（专业）合作社、（农业产业化）龙头企业为骨干，并以新型农业服务组织为补充的新型农业经营体系。培育新型农业经营主体，是在坚持农村土地家庭承包制基础上，在依法、自愿、有偿流转土地经营权前提下，生产关系层面的重大创新。这一重大创新恰好与深入推进农业供给侧结构性改革的大趋势高度契合。本文针对河南省和黑龙江省两省的6市12县进行了专题调研，对两省初步掌握了全省依托培育新型农业经营主体推进农业供给侧结构性改革中取得的显著成效以及存在的问题，并据此提出一些政策建议。

二、新型农业经营主体在推进农业供给侧结构性改革中取得了显著成效

（一）新型农业经营主体优化了供给布局，在调整产业结构中产生了示范效应

调研发现，以龙头企业为主的新型农业经营主体已经成为优化供给布局

调整产业结构调整的重要抓手。河南省延津县和永城市以农产品加工龙头企业为依托，积极推进优质小麦订单种植，政府和企业对优质专用小麦种植户实行统一供种和统防统治，并给予价格补贴，使优质小麦种植面积大幅度增加，推动了小麦产业由普通小麦种植向优质小麦产业的转变。黑龙江省涌现了一大批新型农业经营主体特别是农业专业合作社，它们以其自身的信息、技术和资金优势主动调整生产结构，并辐射带动周边农户生产更加适应市场需求的经济作物和饲草作物，促进了粮经饲三元种植结构的协调发展。

（二）新型农业经营主体打造了知名品牌，在提高农产品品质中产生了促动效应

调研发现，新型农业经营主体是打造知名品牌和提高产品品质的优势主体。新型农业经营主体以市场需求为导向，打造特色品牌，提升了农产品品质，加快转变了农业发展方式，打造节本增效、绿色环保的示范区。既提高了农产品市场竞争力和占有率，又提高农业效益、增加农民收入，为消费者提供营养健康、质量安全的放心农产品。并且积极发展订单农业、一村一品，通过统一标准和技术规范要求，提升农产品质量，增强农产品市场竞争力。如新乡市封丘县青堆树莓产品、五常大米及原阳大米等争创“中国驰名商标”的农产品，提升了农产品市场竞争力，提高了知名度和美誉度，也保证了食品质量安全。黑龙江省现代产业示范园不断向农业产业价值链的高端跃升，在高端农产品生产方面发挥了显著的能动作用。

（三）新型农业经营主体培育了新型业态，在促进产业融合中产生了辐射效应

新型农业经营主体在推动三产融合培育新型业态中发挥着重要作用。通过推进一、二、三产业相互渗透、协调发展，发展农业旅游、体验、休闲、采摘等第三产业，实现农产品的多元化、多维化、多功能化、高附加值化，以三产带动二产和一产，既延长农产品价值链，提高农产品附加值，又提高了农民收入和农业竞争力，加快推进“互联网+”现代农业发展，推动农业产业转型。如夏邑县太平镇百果生态园及建设具有采摘、休闲、观光、旅游、教育于一体的综合功能的田园综合体，原农生态科技有限公司致力于生态农产品种植，利用产销对接平台以 O2O 模式进行销售；博爱县一品农庄家庭农场和哈尔滨天旺生态农业有限公司，积极发展新型业态，在农业供给侧结构性改革进程中发挥了带头作用。

（四）新型农业经营主体开展了土地规模经营，在降低生产成本中产生了引领效应

新型农业经营主体引领了适度规模经营，降低农业生产成本。开展规模

经营解决承包地细碎化问题，鼓励承包农户采取转包、出租、互换、转让及入股等方式长期流转承包地并促进其转移就业。统筹协调推进，不仅提高了规模经营产出比，增强了抗风险能力，而且降低了生产成本、经营成本和融资成本。温县裕田种植专业合作社通过“六统一分”的半托管模式，使社员每亩地每年减少投入250元以上，净收入增加400元左右。武陟联丰良种工程公司利用高科技手段开展玉米大数据育种，带动种植面积5.5万亩，实现了玉米育种效率的成倍提升，显著促进玉米种植成本的下降。黑龙江北安农民专业合作社土地标准化经营，实行“五统一”，辐射带动周边地区的农户3 100多户，耕地6.1万亩，为其提供农资代购，粮食代收、代烘、代储、代销，完成了联合社的“基层联合”。

（五）新型农业经营主体在完善基础建设、弥补农业短板中产生了强化效应

新型农业经营主体在稳定完善农户家庭经营基本格局基础上，发展新型农业服务主体，强化完善基础设施建设，弥补了农业生产短板，提高农业规模化经营水平。一是可大规模改造中低产田，加强土地整治力度，完善农业生产配套辅助设施和农村生活和生态环境基础设施建设，实施农村饮水安全工程，持续重视村级路网建设，推广和实施农村清洁能源和民居改造工程。如夏邑县刘井村的农民专业合作社通过在基础设施建设方面如硬化村内道路6.8公里，安装路灯90盏，修通下水道1.8公里，新建桥涵6座，配套机井36眼，针对性地采取“一户一法”的帮扶到户措施，取得了显著的扶贫成效。二是了佳木斯桦南县正拓农机专业合作社等新型农业经营主体通过土地流转、土地入股、土地托管、代耕代种、联耕联种等多种服务形式，弥补了农业供给侧结构性改革的“短板”，强化了土地规模化生产的效应。

（六）新型农业经营主体助推精准扶贫，在产业发展中产生了带动效应

依靠新型农业经营主体，有利于创新产业精准扶贫模式。新型农业经营主体能够拉扯贫困农户通过产业发展走上脱贫致富之路，做到把产业的发展自觉与精准扶贫相结合，实现农村贫困人口的精准扶贫，在精准脱贫中发挥积极作用；能按照“以点带面，示范带动，辐射周边，规模发展”的要求，大力发展“一村一品、一村一业”特色农业规模种植助推精准扶贫，将产业做和大做强，在实现产业良好发展方面发挥主力军作用。如夏邑胡桥刘井村瓜果蔬菜基地他北安市新华村群拓果蔬农民专业合作社为了实现贫困村整村脱贫，以合作社“五统一”实现规模化、集约化发展，实现脱贫致富。如两省通过产业扶贫示范基地建设以谷物、蔬菜、水果、花卉、苗圃、中药种

植、销售为一体的新型农业经营主体，主要采取“基地＋电子商务＋贫困户”的产业扶贫模式，实现贫困户稳定脱贫，脱贫户不再返贫。

二、新型农业经营主体推进农业供给侧结构性改革中存在的问题

（一）新型农业经营主体的自身实力

一是规模相对偏小、总体发展水平不高。土地生产效率较低，生产稳定性差，基础设施薄弱，不利于规模化经营。大部分新型农业经营主体经营规模较小，部分合作社合作范围仅限于本村，甚至有空壳合作社出现。业务范围多数停留在信息、技术服务及初级产品的包装销售层面上，而通过产品精深加工提高农产品附加值层面上的很少。二是适应市场的能力不强、灵活性不够。了解市场需求的能力弱，主动引领市场的能力不足，模仿多，创新少，结构单一，市场风险大。三是产品缺乏科技含量，同质化问题严重。四是管理不规范，发展后劲不足。大部分新型农业经营主体存在生产资金短缺、可供抵押的资产缺乏、财务管理不规范等问题。目前，各类新型农业经营主体还表现出创新能力薄弱、研发投入不足、市场竞争力弱、农业产出效率不高、高新技术发展滞后等问题。致使带动辐射能力弱，示范性差。

（二）农业生产基础设施用地相关政策

一是土地流转关系不稳定降低了新型农业经营主体的投资动力。部分农民基于自身的考虑，不愿流转土地或不愿长期流转土地，使部分新型农业主体难以获得规范、稳定和集中连片的流转土地，不稳定的土地流转关系降低了农民的投资动力。二是设施用地政策落实面临困难。与单一农户生产相比，新型农业经营主体从事规模化生产和加工产生了更强烈的设施用地需求。国土资源部和农业部曾联合发文，明确规定设施用地管理要求和支持政策。但平原地区基本农田保护率高，这一政策在落实上遇到很大的困难，设施用地审批难的问题非常突出。部分地区甚至反映已经建好的晒场、仓库等设施用地，会被国土部门认定为非法建筑，要求拆除，这在一定程度上制约了农业的供给侧结构性改革的推进。

（三）新型经营主体融资难

首先，经营主体经营成本偏高，需要金融信贷支持。目前，农业生产成本高昂，种子、化肥、浇灌，尤其人工成本不断上涨，土地流转费用上升，巨额租金对农业生产主体形成了较大压力。但由于目前土地承包权、宅基地、林地等仍不可用于抵押贷款，再加上目前大部分民营担保公司破产，国

有担保公司担保能力有限，涉农贷款缺乏有效的抵押和担保，经营主体贷款难的问题仍然非常普遍。其次，农村金融贷款结构性矛盾突出，急需处理“点小额大”与“面大额小”的关系。农村金融贷款主要向农产品加工龙头企业和各级示范合作社集中，对于作为种养业主力军的大部分家庭农场或种植大户的生产周转资金需求，普遍得不到满足。涉农贷款缺乏有效的抵押和担保，经营主体贷款难。同时，农业经营主体抵押担保范围有限，银行要求流动资金贷款要提供全额资金担保，对于融资大的企业难以实现；机器设备不能抵押，影响了企业融资。另外，保证担保能力难以实现，目前大部分民营担保公司破产，国有担保单位数量少，担保能力有限，不能满足民营企业融资担保要求。最后，农村金融产品单一，服务方式急需创新。涉农金融信贷品种普遍是金额小、期限短，与新型农业经营主体渴望延长贷款期限的需求不匹配。四是农业保险供给市场主体偏少，保险品种单一，赔付程序复杂，需完善多形式、多渠道的农业保险体系。农业保险供给市场主体偏少，保险品种单一，政策性保险覆盖面小，银保合作有待加强。

（四）新型农业经营主体高素质人才缺乏

第一，农业专业人才缺乏，人才存量不足。劳动力普遍文化素质偏低，了解市场需求和使用新技术能力不强，缺乏先进技术和管理经验。第二，农村外出人员回乡创业积极性不高，高素质人才引进困难。成功的农民工不愿再回到农村，大学生不愿走进农业，即便是农业专业毕业的大学生也因为待遇、环境、前景等问题选择远离农业，造成农业高端人才缺失，满足不了目前新型农业经营主体的需求。第三，农业人力资源出现“两头重中间轻”的情况。农业从业人员老龄人员超出中青年，大多数农业经营者年龄在50岁以上，一旦他们退出农业生产，农业难以有充足的后继人才，粮食安全不能得到有效的保障。四是新型职业农民培训缺乏平台。大部分地方还缺乏职业农民的培训方式、培训渠道，对农民创新、创业能力的培训还在探索阶段。

（五）集体经济薄弱

通过实地调研发现：一是集体经济主体缺位。由于农村集体经济组织，没有相应的法人主体资格，对资产管理上没有法律效力，且不能取得合法营业资格和组织机构代码，严重影响了集体经济的正常运营。二是集体经济来源渠道不多。村集体收入除了上级转移支付、一些专项补助资金及各种形式的占地补偿外，别无来源，导致部分村集体成为“空壳村”。三是村干部开拓创新能力不强。部分村干部虽然有干好工作的良好愿望，对发展集体经济却往往缺乏信心。四是农村集体经济经营管理人才匮乏。随着城市经济的快速发展以及城乡收入差距的加大，农村缺乏有文化、懂技术、会管理、会经营的新型职业农民。五是村集体资产管理不严。管理制度不完善，集体资产流失严重，制约了集体经济的发展壮大，也影响了干群对发展集体经济的关心和信心。

（六）农业社会化服务体系不健全

在推进农业供给侧结构性改革进程中，应加快培育农业社会化服务体系。第一，农业公益性服务组织数量少、组织程度不高。一些农业公益性服务组织存在形式松散、人员不稳定、服务功能不强、没有方向、缺少资金、应对风险能力差、组织不健全、机制不灵活、保障不得力等问题。也有一些公益性服务组织出现营利化倾向。第二，经营性服务组织发展严重滞后。起步晚，实力弱，服务能力严重不足；与农户的利益联结不紧密，功能单一，特别是农产品保鲜、储运、加工、销售以及农业金融、保险、信息等服务比较短缺。第三，专业性服务产业水平低。如从农机服务内容看，合作社大多是从事夏秋大宗作物的耕、种、收环节的农机服务，服务项目少。从农机服务时间看，存在农机作业链条短、三夏跨区作业时间短等特征。所以，单纯从事农机服务不足以维持合作社运营。

三、培育新型农业经营主体推进农业供给侧结构性改革的政策建议

（一）加快各地科学引导农业用地和农业规模经营

一方面，针对新型农业经营主体的用地问题，根据国土资源部、农业部下发的《关于完善设施农用地管理有关问题的通知》，更好地协调相关部门，落实好国家制定的补划方法、备案制度等用地政策，优先安排一定的用地指标专门用于新型农业经营主体的农产品仓储、加工、包装等永久性基础设施建设以及创建养殖小区、农产品临时收储等临时用地。

另一方面，在新型农业经营主体开展农业规模经营中，政府可不再大力号召各地各部门推行土地流转，而是根据各地的实际情况，分门别类、因地制宜地发展不同形式的农业规模经营。已经进行过或者比较容易开展土地流转的，明确仍然可以走扩大耕地面积发展农业规模经营的路子；还没有进行过或者比较难以开展土地流转的，则可以进行土地入股和提升新型农业经营主体的辐射作用，通过“统一机械操作、统一种养标准、统一农资供应、统一服务管理、统一产品收购、统一产品品牌”等形式开展农业规模经营。针对新型农业经营主体的运营机制，引导农地自营独享向共营共享转变。鼓励探索发展股份制、共营制、托管制、合同制、合作制、认养制、会员制、订制式等新型运行机制，让农业经营更有包容性和弹性。

（二）多方面积极协作化解新型农业经营主体融资难问题

强化投入政策创设。统筹谋划，补贴政策要聚焦新型经营主体；金融政策要在加强产品创新、服务创新的同时，加大面向农业的机构创新力度，创设面向农民的银行，鼓励发展农村合作金融。积极探索新型农业经营主体贷款担保机制，制定贷款贴息优惠政策，搭建融资平台，解决融资难问题。比如说建立新型农业经营主体的抵押、担保、信用体系，创新抵押担保方式；通过密切政府、金融、保险三方配合，促进政府金融保险三方配合的“政融保”的普及推广，拓展“政融保”的参与单位，将众多的金融机构引入到为农贷款的主力军里来，大幅度增加投融资渠道和数量，同时拓展“政融保”的使用范围，由目前基本上仅仅面向贫困户改为面向所有经营主体，使新型农业经营主体有机会分享金融创新成果。

（三）吸引“新农人”返乡创业

一是大力吸引实现了“五子登科”（挣到了票子，学到了点子，开阔了脑子，找到了路子，坐上了车子）的在城市务工经商的农民工返乡创业，由这些根在农村的人创办新型农业经营主体，满腔激情地带领乡里乡亲奔小康。二是拓展创新创业的鲜活舞台，大力提倡具有科学文化素质，掌握现代农业生产技能，具备一定经营管理能力的大中专毕业生，成为以农业生产、经营或服务作为主要职业，以农业收入作为主要生活来源的“新农人”，努力使他们成为发展壮大新型农业经营主体。三是加速培育愿留在农村务农的村组干部、地地道道的老农民，迅速成为新型职业农民和“新农人”。四是大力鼓励大学生村官、部队转业官兵、基层农技人员等通过系统学习和培训，成为“新农人”队伍的有力补充。

（四）积极发展壮大农村集体经济

宣传老典型，树立新示范，总结推广发展农村集体经济的已有经验，鼓励发展多种形式的农村集体经济，尤其是要将发展观光旅游、文化创意、休闲体验、农耕教育、养生养老等新产业新业态与发展壮大农村集体经济紧密结合起来。另一方面，重点选择与农村集体经济有诸多共性的农村股份合作经济并对其进行改造，通过转换运行机制发展壮大农村集体经济。在股权构成中设计集体股、社员股和现金股三大类，在分配方式中设计按劳分配、按股分配，通过改革探索，使农村股份合作经济在经营层次上既包括集体统一经营又包括家庭经营两大层次，通过发展更高层次的合作经济发展壮大农村集体经济。

（五）加快发展农业社会化服务体系

一是坚定落实国家相关政策，将公益性服务做大做强。二是大力支持发展农业经营性服务，先从政策引路、舆论倡导入手把开展全社会农业经营性服务的积极性调动起来，再从典型示范、保障权益入手把农业经营性服务组织的数量扩张和规范经营统一起来。三是鼓励搭建农产品网上流通平台，各级政府、农业部门除了畅通无阻地及时向新型农业经营主体发布农产品供求信息外，还要鼓励通过行业协会、农业促进会等加强农业信息服务平台建设，鼓励通过网上沟通、微信交流加强新型农业经营主体之间的信息传递。四是逐步推广政府向经营性服务组织购买农业公益性服务活动，通过政府订购、定向委托、以奖代补、贷款担保、招投标等方式，支持具有一定资质的经营性服务组织从事可量化、易监管、受益广的农业公益性服务，创新农业公益性服务有效实现方式。

（六）大力开展粮食主产区农业政策性保险

一方面，本着“扩面提标增品”目标，大力引导现有保险公司涉足农业保险业务，鼓励它们增设机构，积极开发大灾保险等新型险种，提高农村保险密度和深度，建立“低保费、广覆盖”的农业巨灾风险分散机制，特别是要支持保险公司创设新型经营主体专属的农业保险产品。另一方面，从长远看，现代农业发展和农业现代化的实现都要求必须走农业政策性保险的道路，以粮食主产区的省情、农情为依据，开展农业政策性保险试点。基本思路可以是：补贴换保险。即，将粮食保护价收购资金以及其他多种农业补贴全部取消，改为开展农业政策性保险的基本财政资金来源，再加上中央、省两级财政的适当支持，彻底完善农业政策性保险体系，真正让新型农业经营主体和农户吃上“旱涝保收”的“定心丸”，使政策性农业保险真正成为新型农业经营主体发展壮大的“防火墙”“安全网”和“稳定器”。

【参考文献】

蒋和胜，刘世炜，杨柳静．发展新型农业经营体系的体制机制研究．四川大学学报（哲学社会科学版）．2016（4）：107－116.

阮荣平，周佩，郑风田．“互联网+”背景下的新型农业经营主体信息化发展状况及对策建议——基于全国1 394个新型农业经营主体调查数据．管理世界．2017（7）：50－64.

云红梅．杞县发展新型农业经营主体的实践与探索．河南农业．2016（25）：10－11.

张红宇．新常态下，新型农业经营主体发展突破．当代县域经济．2015（12）：11－14.

张红宇．新型农业经营主体发展趋势研究．经济与管理评论．2015（1）：104－109.

张立山，李军国．培育发展新培育发展新型农业经营主体建设现代农业经营体系．当代农村财经，2015（11）：7－10.

（作者单位：河南工业大学经济贸易学院）

对我国非粮农业发展战略的反思

倪学志

一、引言

中国要用全世界9%左右的耕地养活近21%的人口，如此紧张的人地关系迫使我国在粮食生产上采取了追求高单产的策略。近十几年在粮食种植面积变化不大的条件下，粮食产量实现了大幅度提高，农业机械化、杂交育种、化肥等化学合成物的密集使用等工业化农业合力贡献了我国的粮食高产。由于粮食是土地密集型产品①，加之我国人多地少的国情，在粮食生产上追求高单产是次优选择。尽管为了获得如此收获我国付出了耕地土壤营养退化、农业面源污染加重等较大的生态代价，但此种生态代价在一定节点之前可以通过政府推动进行逐步修复。我国政府正在推进的化肥、农药零增长的精准农业战略，耕地休耕、轮作战略，畜禽粪便归田再利用的种养结合战略，土地规模经营战略等都会推动耕地地力的逐步恢复。

出于人均土地资源困乏的考虑，我国政府事实上把粮食高单产策略也使用到了畜禽养殖、蔬菜、水果、水产等劳动密集型非粮农业上。不同于粮食的高单产，非粮农业的高单产是一个立体的周期性的概念，是指在一定时间内使一定的养、种植空间面积内创造出较大的产出。具体表现为，生猪和肉鸡养殖的过密化和出栏的短周期；一年内多产出周期的反季节温室蔬菜大棚的普遍推广；“一村一品”的水果生产鼓励；加之动植物激素的大量使用，致使我国非粮农业的“单产”和总产量呈现出了年年有余和产能过剩的富足景象。

然而，非粮农业的高单产在满足不断增长的需求同时，居民却为此付出了较大的隐性食品安全风险和长期的健康问题。同时，假定我国养殖业仍然采取现在的生产模式，即使实现了畜禽粪便归田再利用的种养结合，但由于自然界的物质循环是在一个大生物圈范围内完成的，如果粪便中含有动植物

① 土地密集型产品在农业生产上是相对于劳动密集型产品而言的。土地密集型产品是指获得一定的产出需要较大的土地面积，而需要的劳动付出相对较少，如粮食产品。而劳动密集型产品是指为了获得一定的产出需要的土地面积相对较少，而需要的劳动付出较多，如畜禽养殖、蔬菜、水果、水产等非粮产品。

激素的残留又进入到土壤中，并被农业作物所吸收，人类最终仍然避免不了受到这些化学激素的伤害。因此，目前我国这种非粮农业的高单产策略需要对其进行反思和改变，试着探索出一条既能在总产量上满足需求，又能尽量避免上述高单产模式给居民造成健康伤害的非高单产策略。

二、目前非粮农业获得高单产的途径及引发的居民健康风险和背后的严重浪费

（一）我国非粮农业总量的宏观现状

我国在非粮农业领域普遍存在"产能过剩"现象。苹果滞销、白菜价跌的"伤农"事件时有发生。目前我国苹果种植面积超过了 4 000 万亩，2015 年产量超过了 3 000 万吨。我国目前生产了全球 70%左右的淡水产品、67%的蔬菜，全球 80%的大棚设施农业集中在我国，及 51%的生猪、40%的大宗果品。但我国人口只占世界人口的 21%。2012 年我国畜禽肉类、蔬菜等的生产量都超过了平衡膳食条件下的最高需求量，其中畜禽肉类的产量超过了平衡膳食条件下最高需求量的 2.39 倍。

（二）非粮农业获得高单产的途径

从宏观上讲，我国非粮农业的高产措施采取的是与粮食农业有着本质不同的生物学方法。粮食生产尽管在育种过程中采取了杂交、转基因等改变作物基因的非"自然"方法，但在粮食作物生长过程中并没有采取影响植物生命机理的外源技术。而非粮农业却使用了影响动植物生命机理和生命节律的外源技术，结果引发的生态和居民健康代价也较大。因此，从结果上看，非粮农业的发展在一定程度上走的是"高物质投入、少劳动投入、高污染、高产出、低成本、低价格、产品质量整体水平不高与浪费严重"的"亚健康"道路。

就畜禽而言，过密化养殖和出栏的短周期成就了畜禽肉的高单产。为了减少养殖成本，增加单位养殖场所的产出，许多畜禽养殖场普遍存在笼舍狭小、卫生标准偏低的现状，饲养密集度过高，畜和禽类像"囚犯"般生活，这样较差的生长环境使畜禽的疫病抵抗力变低，致使畜禽生病的概率增加，为了防病治病又必须使用大量的抗生素，这些抗生素残留最终又通过食物链部分进入人体中。我国每年生产抗生素原料大约 21 万吨，其中有 9.7 万吨用于畜牧养殖业，占年总产量的 46%。因此，较差的动物福利直接影响了我国畜禽肉食品的质量安全。

同时，为了增加单位产出，缩短出栏周期，养殖户更愿意使用增产效果直接的化学饲料，而这些化学添加剂中含有铜、砷等重金属元素，或被添加

了抗菌素等兽药，并且这些含有“催生”成分的饲料都是符合国家标准的合格产品。结果过分依靠化学合成物的猪、鸡养殖过程改变了畜禽动物本来的生命机理和生命周期，也使畜禽肉含有了影响居民健康的有害化学合成物残留。这就是我们俗称的“催肥猪”和“速生鸡”。

蔬菜的高单产也主要源于石化农业的贡献。在所有作物中蔬菜的化肥和农药使用量最大，2012 年蔬菜种植使用的化肥量为 1 214 万吨，所占化肥总使用量的 23%左右。大田蔬菜的高产也是大量使用化肥和农药的结果。在作者的亲身调查中也证实了这一点，大田种植白菜的菜农每亩菜地一年花在农药上的支出多达 200 元，一年要喷洒农药 4～5 次。而目前我国温室反季节蔬菜的高产模式更离不开化肥和农药的大量使用。为了让单位土地在一年内蔬菜产出最大化，为了缩短单季蔬菜的生长周期，为了让反季节果蔬早日上市，菜农、果农大量使用植物生长剂、催熟剂、保鲜剂等激素，促进作物非常规生长，产品长期储存和看相良好①。温室大棚的过度集约化种植，也必然伴随的是肥料的密集使用，土壤很难得到休养，常常出现板结、酸化、盐碱化等问题，造成化肥的边际效用逐年下降，菜农为了维持产量，只能施用更多的肥料。另外，由于我国大多数菜农的温室大棚并没有相应地采用设施农业可以控制温度、湿度等生态技术，致使温室大棚里始终保持高温、潮湿的环境，通风条件也不好，非常容易滋生细菌和病毒。一旦出现病虫害，就会导致大幅度减产甚至绝收。为了防患于未然，农民要频繁地喷洒农药。

我国大棚蔬菜的过度发展也与各地政府对发展大棚蔬菜的补贴有关，据党国英的实证研究表明，如果把广东蔬菜运输到沈阳，5 000 千克蔬菜的运费不到 5 000 元，综合成本明显低于在辽宁建设温室，只是由于当地政府对建设大棚的固定成本给予了较大比例补贴，从而降低了菜农自身的生产成本。

总的来说，我国非粮农业走的是非常规快速发展模式，较多的流动资本即饲养过程中较多的物质投入，也就是说使用较多的化学饲料添加剂、较多的化肥与农药及动植物激素，这样就会“排放出”较多的污染物，生产的产品含有的化学合成物残留也会增多，产品质量也因此会降低，但上述生产方式会导致单位产出增加，这样分担到每单位产出的成本就会较低，单位产品价格就会较低，结果低价与数量保证了相应生产者的利润。

（三）非粮农业高产出背后的严重浪费

首先是畜禽饲养过程中的高死亡率导致的浪费。在我国的生猪养殖中，

① 在调查中就发现菜农为了使黄瓜有个好看相及便于包装和运输，会在黄瓜生长时施用让黄瓜变的较为笔直的植物激素。

中小养殖户由于保温、降温和通风设施不完善及卫生条件差，导致较高的死亡率。我们也会从许多农户的“非理性行为”和市场的“非理性”表现中看到非粮产品的严重浪费现象。2015 年山东潍坊的大姜贱卖、海南乐东的香蕉弃摘；陕西延安苹果、安徽怀远石榴、河南南阳寿桃等先后遭遇卖难厄运；2014 年湖北省蔬菜生产大县嘉鱼的大白菜喜获丰收，价格却比往年低了 1/3，甚至不足以支付人工装车费用，无法对外销售，只好任其烂在地里。2015 年 1 月下旬华北、华中、华南等地区生猪出栏价一度跌破 6 元，有的地方甚至暴跌到了 4 元多。我国食物在消费和运输环节的浪费更为严重，其中餐桌浪费尤为突出。有关研究表明，我国每年在餐饮场所、家庭饭桌、机关食堂、饭店酒楼等就餐环节以及粮食收获、储藏环节的食物浪费和损失就达 5 000 万吨，约占总产量的 10%。餐桌浪费中更多的组成部分是肉类和蔬菜，因为剩余的主食可以方便地带走，并且主食的保质期也较长，从而可以过后食用，进而避免了浪费，但由于肉类和蔬菜类餐桌食物不易携带和保存因而被废弃的概率更大。温铁军教授甚至推算我国生产的蔬菜有一半都浪费掉了。同时，我国蔬菜水果类产品在采摘、运输、储存以及交易等环节的损失率高达 30%～20%；消费者为了减少农药残留的安全风险，从而过度废弃果蔬产品的表层部分进而造成的浪费也不容忽视。我们会见到消费者在购买大白菜时，为了避免白菜表层的农药残留把白菜撇掉好几层造成了白菜的浪费。而发达国家的产品损失率一般控制在 5%左右，美国仅为 2%。另外，非粮产品的较低价格也会在某种程度上诱使消费者不珍惜食物从而造成浪费。因此，非粮农户借助过量化学合成物生产的非粮农产品有很大部分被浪费掉了。与其在消费端被浪费掉，为何不在种养时激励和约束农户减少化学合成物的使用从而减少产出，收获的却是农产品品质的提高和农业面源污染的减少。

（四）非粮农业非常规快速发展引发的健康问题

化肥、农药及动植物激素等各种石化物质或者以表面残留通过水体、大气被人体吸收，或者通过食物链内循环方式直接被消费者食用，尤其是动植物激素的内化、难以观察、不易检测和无法清洗，更成为消费者食品安全的内源性和系统性风险，经过一定时期的累积，达到一定阈值后，将给不同群体带来不同程度的健康疾病问题。

据统计，当前，我国癌症发病率为 2 855.91/100 000，平均每天 8 550 人新发癌症，按照目前人均期望寿命计算，我国居民一生患癌症的概率为 22%，即每 5 个人中就有 1 个会患癌症。根据钟南山的研究，近年来肠癌、妇女宫颈癌和卵巢癌发病率的快速增长与食品中大量生长剂、催熟剂、保鲜剂的残留有直接关系。同时，近些年肥胖、高血压、糖尿病、心脑血管疾病等饮食性疾病已成为常见病。由于猪、鸡是在短期内迅速被催肥的，人们长期食用后也会被催肥。据第四次全国营养与健康调查的数据，我国成人超重率为 22.8%，肥胖率为 7.1%，10 年间肥胖率上升 97%。因此，尽管我国人均寿命已达 76 岁，但为数不少的人是在病痛与药物的相伴下度过其老年生活的，生命长度延长的背后是生活质量和幸福感的下降。而与人类健康和生活质量关系最大的是食品，其最基本的源头又是粮食、蔬菜、肉类等初级农产品。初级农产品中的石化物质成分正是引起上述疾病的重要因素。

近年来我国频繁的食品安全事件中由畜禽肉以及蔬菜质量安全引发的概率较多也说明了非粮农产品的质量安全存在的隐患较大。“瘦肉精”事件、“速生鸡”问题、毒韭菜等食品安全事件时有发生。

三、应对非粮农业发展现有困境的策略探讨

总的来说，今后非粮农业的增长要尽量少使用影响动植物生命机理的激素性物质，同时也要减少化肥和农药的过量使用。具体策略如下。

（一）对副作用较强的动植物激素应逐步实行强制性禁用

对短期内副作用不明显的激素“添加剂”我们往往都是采取限量的方法来进行管制，即允许饲料加工企业或农户在一定的比例和频率范围内添加或使用，但由于含有激素农产品的质量的信任品[①]和强隐藏特性会使限量管制失效。具体地讲，由于使用激素的农产品的质量即使在消费者消费之后也难以了解、获取和判断该产品是否在生产过程中使用了激素，尽管存在品牌及声誉机制的信息显示和市场筛选功能，但由于这种信息显示机制需要巨大的监督成本，同时在外就餐、购买即时食品等无法体现原料的品牌和商标的消费环节又被排除在这种信息显示机制之外，加之随着我国居民生活水平提高和生活节奏的加快，城乡居民选择在外就餐（其中包括学生、单位员工在学校和单位食堂的就餐情况）、外买现成食品的次数与数量也越来越多，从而给含有激素的产品提供了较多的市场需求和空间。

另外“信息悖论”的存在也是从始端上抑制化学合成物减量使用的原因之一。因为初级农产品的终端质量成分检测结果并不能完全反映农户在生产过程中的化学投入品实际使用量。比如农户在蔬菜生产过程中使用了过量的激素、化肥和农药等化学投入品，但这些化学投入品大部分都没有被作物所

① 信任品特性则是消费者即使在消费之后也难以了解、获取和评判的有关食品质量安全和营养保健等方面的特征，如涉及食品质量安全的激素、抗生素、胆固醇和农药残留等有害物质含量，以及涉及营养与健康的营养成分含量和配合比例等。

吸收，而是流失在土壤、水体和空气中，这样就会出现最终产品指标合格但造成的面源污染并没有减少的尴尬境地。而流失在水体和空气中的这些有害物质最终也会部分地被人类所吸收，从而对人类健康构成威胁。

正是由于存在上述的信息显示缺陷，对于农户来说，任何激素只要能够增加产量，保护农产品的“表面”品质，便如获至宝，农户就会无限量的使用，限量管制就会失去作用。因此政府应对副作用较大的激素如畜禽养殖中的催生催肥剂和果蔬种植过程中的催熟剂和生长剂等实施逐步的强制性禁用，即不允许饲料企业在饲料生产中添加相应成分，不允许加工企业生产副作用较大的作物生长剂和催熟剂等，也不允许农户使用相应的激素。

（二）在养殖业中实施支持改善动物福利、粪便工业化堆肥策略

政府过去往往选择全额补贴且政府建设的方式来激励养殖户改造和改善养殖环境减少养殖污染，但效果不尽理想。这是由于这种政府行政化供给方式会出现下面三种无效率情况，或者出现项目建设的质量有问题导致项目建成以后难以正常运行；或者出现项目没有完全落实只是套取了国家补贴；或者单个农户由于难以实现规模效应导致运行成本较大从而使建成的项目被弃用。而采取补贴加农户自有资金配套的方式，意味着农户必须自己出资一部分加之政府补贴到市场上购买相应的标准化改造服务，当然标准化的改造服务也需要政府鼓励和支持企业进行市场化提供，只有这样技术的建设和使用才会融为一体。同时由于农户要出比例较大的改造资金，农户就有激励来管理好养殖卫生环境的改造。

改造的内容包括增加单个畜禽的生长空间，减少饲养密度，以及对粪便清理收集方式、通风设施等卫生条件进行科学改进，从而提高畜禽的自身免疫力，减少畜禽的患病概率和死亡率，进而减少抗生素的使用和增加畜禽的出栏数目，这也会在一定比例上弥补了减少饲养密度带来的养殖数目减少。并配以提高兽用抗生素价格，以提高养殖户使用抗生素的养殖成本，从而抑制抗生素的使用进而得以从反向来激励养殖户改善动物福利。

养殖户完成畜禽粪便收集后能否进行快速的无公害处理和利用是保证养殖环境可持续良好的关键。粪便处理无论是堆肥还是制造沼气都是费力费时的工艺，在劳动力价格比较高的条件下，即使给予一定的补贴，这些费时费力的绿色技术也会被农户放弃。统计数据显示，2001—2010年，中央政府对农村户用沼气池建设补贴金额达到182.7亿元，同时，地方财政也提供了一些配套补贴资金，但2010年生猪粪便用于沼气生产的比例只有8.6%，直接废弃的比例高达25.3%。因此，堆肥和沼气建设都需要通过鼓励能实现规模效应、减少具体实施者劳力消耗的商业化、企业化即工业化的堆肥模式来加以推广，而不是单纯的给予农户补贴。这样政府的主要支持资源就由

农户转向技术提供方企业，政府更多的支持就是要围绕如何使企业形成持久的、能发挥规模经济效应的生态农业技术服务和产品产能。这也就意味着政府在生态农业支持上要从福利补贴重农导向转向服务重农导向。事实上，养殖户自身也愿意改善养殖场所的卫生条件，这样他们就可以在健康的环境下进行生产和生活，以减少脏差养殖环境对自身健康造成的影响。

当然，禁止畜禽养殖中的催生催肥剂等副作用较大的激素物质使用和减少养殖密度都会减少单位养殖空间的年产量，但政府可以通过鼓励现有养殖场进行扩建改造以增加畜禽养殖数目来弥补一部分上述的产量减少，毕竟畜禽养殖不是土地密集型产业，即使是略扩大些养殖空间规模也不会占用太多的土地，并且畜禽养殖几乎使用的都是山地、坡地、盐碱地等差地，这样多占用些土地也不会挤占粮食生产用地。即使现有养殖场不扩建，由于扩大每个畜禽的生存空间而导致的养殖数目减少，也可以通过畜禽肉价格提高来获得应得的利润，因为整体减少激素和抗生素的使用必将提高畜禽肉的整体品质，畜禽肉的价格也将随之普遍有所提高，以消解改善动物福利的成本。

同时，在粮食主产区特别是东北黑土区还有新建养殖场的空间和必要性，由于目前东北粮食主产区的畜牧业比例较低，我国存在严重的地区间畜禽粪便不平衡，在畜禽养殖业主产区，当地畜禽粪便及废弃物产生量往往超过当地农田安全承载量数倍乃至百倍以上，造成严重的污染与浪费，而东北等粮食主产区由于畜禽业发展规模小导致补充耕地营养所需的畜禽粪便不足，因此，政府应鼓励东北粮食主产区扩大畜禽养殖以实现种养结合。这样，由于禁止畜禽养殖中的催生催肥剂的使用与减少养殖密度所减少的单位养殖空间的年产量，也可以用在更加需要的地区增建新养殖场来弥补。如此便可以实现农畜结合的良性循环，畜禽养殖中激素和抗生素使用量的减少，畜禽粪便中含有的有害成分也就随之减少，用此营养的粮食作物的品质也会提高。

（三）在果蔬种植业中实施支持设施农业绿色治理病害虫技术推广和精准施肥策略

本来设施农业温室大棚应该是科技含量较高的，通过对环境温度和湿度的控制可以减少病害虫发生和农药使用，但由于我国设施农业中绝大多数农户都没有使用温度表、湿度表等仪器，也不勤于通风、掀棚晾晒，才使设施农业的绿色科技作用没有发挥出来，反而会导致大棚农业使用比大田农业更多的农药。为此，政府应鼓励菜农在设施农业中使用上述控温、控湿等减少病害虫及病害虫综合管理方法技术。在化肥的减量策略上应配套推广测土配方肥料和科学施肥方法技术，因为目前我国化肥综合利用率低的原因除了肥料营养元素与土壤不匹配外，农民在施肥数量、施肥时间及施肥土壤深度等施肥方法上的不当也是一个主要原因。

由于果蔬种植业在一年内的土地使用集约程度较高，设施农业更为明显，农户在果蔬种植过程的化肥农药使用量和使用成本更大，这样绝大部分农户自身有强烈的意愿来减少农药和化肥的使用量以减少生产成本，只是苦于缺乏这样的技术服务。所以政府应以半公共产品的形式把减少化肥和农药使用量的生态种植技术提供给农户，即政府支持企业或者技术推广机构先使此项技术得到产业化生产，然后再给予农户一定的补贴鼓励农户从企业哪里以市场的方式购买相应的技术服务和技术指导，而不像目前这样以行政化和项目化的方式去进行推广。

支持化肥企业①生产转型，进行区域化和多样化生产。鼓励化肥企业在蔬菜生产基地所在的城镇建立分厂，生产和配送符合当地土壤营养需求的测土配方专用肥料。为了更有效地减少化肥的使用，除了使用测土配方肥料外，还要鼓励相关企业提供科学的施肥方法服务。也要鼓励企业在蔬菜生产基地所在的城镇建立提供设施农业绿色病害虫治理服务的“坐商”机构。结果，以企业为主导的生态种植技术推广方式会促使企业形成持久的、能发挥规模经济效应的化肥和农药减量化的技术服务和产品产能。

相应地，政府应取消对常规化肥农药生产企业的财政补贴，并增收生产和使用常规农药和化肥的环境污染税，停止对农药、化肥研发的补贴，以增加农户使用常规农药和化肥的种植成本，进而从反向来“激励”菜农减少化肥和农药的使用。当然，为了抑制蔬菜过剩各级政府也应取消对新建温室大棚的补贴，对已建温室大棚的一般性运营补贴也应取消，以通过市场机制淘汰一部分设施条件较为落后的产能。

四、结语

我国通过过度集约化种植养殖以及激素使用在非粮农业发展上取得较大产量成就的同时也带来了很大的困境，这表现在以下两个方面，一是这种生产方式收获巨大产量的同时也带来了非粮农产品品质的下降并由此带来了一定程度的居民健康和污染问题；二是较大的产量并没有全部实现有效需求，非粮农产品存在严重浪费。为此本文提出了相应的解决对策，当然这样的对策会或多或少地增加非粮农业的生产成本，导致非粮农产品价格提高，但伴随的却是产品品质的提高，价格提高不仅不会减少反而会增加整体社会福利水平，农产品提价或许会增加我们的食品支出，但基本饮食健康的保证会减

① 目前我国化肥产能过剩较为严重，磷肥和钾肥的过剩最为突出，大路货化肥产能过剩的产业环境也会激励化肥生产企业进行生产转型，进行区域个性化生产和服务。

少我们的医疗费用支出；非粮农产品提价，也会促使我们更加自觉对食物的珍惜，从而减少食物的浪费；同时，农产品质量安全的保障，会减少我们对其处理和清洗的费用和浪费。当然，非粮农产品的提价也会影响到低收入家庭居民的正常消费，但政府可以对低收入家庭给予一定的食物购买补贴费用。

【参考文献】

蔡荣．农业化学投入品状况及其对环境的影响．中国人口．资源与环境，2010（3）：107－110

党国英．农业浪漫主义批判．学术月刊，2016（6）：177－184.

金书秦，周芳，沈贵银．农业发展与面源污染治理双重目标下的化肥减量路径探析．观察，2015（8）：50－53.

潘丹，孔凡斌．养殖户环境友好型畜禽粪便处理方式选择行为分析．中国农村经济，2015（9）：17－29.

潘岩．关于确保国家粮食安全的政策思考．农业经济问题，2009（1）：25－28.

彭新宇，张陆彪．畜禽业污染的经济学思考．中国禽业导刊，2006（16）：11－12.

全国肿瘤登记中心．中国肿瘤登记年报 2012. 光明日报，2013－12－01.

宋亚平，宋菲菲．拷问农产品价格“天花板”现象．江汉论坛，2015（11）：5－10.

温铁军．农业现代化的误区．财经界，2014（11）：40－45.

杨承训，张新宁．提高耕地质量：农业内涵式发展之基．中国井冈山干部学院学报，2014（4）：111－118.

杨艳葵．浅谈传感器在设施农业中的作用．农业服务，2010（6）：793－795.

张月华．新时期我国鲜活品冷链物流存在的问题与对策．中州大学学报，2008（2）：8－10.

郑风田．中国食品安全问题与解决之道．光明日报，2013－03－25.

终南山．食品安全问题已经是一个很严峻的问题．南方日报，2004－03－27.

周镕基，皮修平，吴思斌．供给侧视角下农业“悖论”化解的路径选择与体制机制构建．经济问题探索，2016（8）：150－154.

周振亚，高明杰，李全新，等．基于平衡膳食的中国主要农产品需求量估算．中国农业资源与区划，2014（4）：85－90.

周振亚，罗其友，等．基于节粮潜力的粮食安全战略研究．中国软科学，2015（11）：11－16.

（作者单位：内蒙古财经大学经济学院）

要素投入变化、技术进步与中国粮食产出增长

郑志浩　程　申

一、引言

自1978年农村经济体制改革以来，中国粮食综合生产能力不断提高，粮食产量从1978年的3亿吨提高到1998年的5.1亿吨再提高到2015年的6.2亿吨。然而，粮食产量并不是直线性连年增产而是波动中上升。1978—2015年，整个粮食产量增长过程可以划分为四个阶段：1978—1984年，粮食产量持续大幅增长阶段；1985—1998年，粮食产量周期性波动中逐步提高阶段；1999—2003年，粮食连年减产阶段；2004—2015年，历史上少有的粮食连年增产阶段。

中国粮食产量增长表现出来的阶段性特征反映了生产要素投入特别是粮食播种面积增减变动对粮食总产量的影响。统计资料显示，1978—1984年、1985—1998年、1999—2003年、2004—2015年，粮食播种面积年均增长率分别为－1.11％、0.34％、－3.19％、1.00％，粮食总产量年均增长率则分别为4.72％、2.55％、－3.74％、2.58％，因此，除了改革开放初期的粮食增长没有依赖于播种面积的扩张外，其他时期的粮食增长变动均与播种面积的增减变化高度关联。不仅如此，随着改革开放以来国民经济的高速增长和人口计划生育政策实施导致的人口转变，农业剩余劳动力大大减少，农业劳动力供过于求的局面发生了改变（蔡昉，2007）。伴随着农业劳动力相对于机械、土地相对于化肥等生物化学要素的稀缺程度和价格呈不断上升趋势，农业生产中机械投入不断上升，化肥、农药等投入品使用量迅速增加，农业生产中劳动力使用的密集程度下降，农业特别是粮食生产要素投入结构由劳动密集型向资本密集型转变。因此，过去30年来中国粮食产量增长的阶段性特征也反映了生产要素结构变化对粮食总产量的影响。

农业科技发展及其技术推广对20世纪60年代以来的中国农业高速增长特别是粮食作物单产的飞跃提高做出了巨大贡献（Huang and Rozelle, 1996；Fan and Pardey，1997；Jin et al.，2002）。按照新古典生产理论，技术进步由非体现的技术进步、体现的技术进步（与资本质量提高相对应）以及人力资本增长（与劳动力质量提高相对应）构成，而全要素生产率

(Total Factor Productivity，TFP）应该仅限于非体现的、外生的、希克斯中性的技术进步（Solow，1957）。然而现实操作中，如果无法将体现的技术进步和人力资本增长剥离出来，全要素生产率的增长既包括了非体现的技术进步也包含了体现的技术进步和人力资本增长（郑玉歆，1998），即全要素生产率的增长等同于技术进步[①]。上述全要素生产率的定义意味着粮食生产要素投入及其结构的变化不仅影响了要素投入量对粮食产出增长的贡献，而且左右了体现在要素中的技术进步抑或全要素生产率对粮食产出增长的促进作用。

本文旨在估计生产要素投入及其结构变动和技术进步对过去30年中国粮食产出增长的贡献。为此，本文首先验证生产要素产出弹性表征的粮食生产要素结构是否发生了变化并据此估计不同阶段的生产函数。根据新古典经济学理论，完全市场竞争条件下的要素价格等于其边际产品，因此生产函数中的要素产出弹性代表了要素收入份额[②]。随着农业生产技术变迁趋势由劳动密集型向资本密集型转变，劳动用工和资本的边际收益均会发生变化；与此同时，随着大量农村劳动力流向非农业产业，劳地矛盾减缓，土地的边际产出也会变动。因此，要素弹性表示的粮食生产结构会随着生产技术变革而发生变化。然而，由于要素收入份额等于要素边际产品与投入量的乘积除以粮食产出，而要素投入量会随着要素相对价格的变动而增减，因而中国粮食生产要素收入份额是否会沿着节约稀缺性要素、使用丰裕性要素的诱致性变迁路径演进需要严谨的计量经济学模型验证。其次，本文通过不同时期的生产函数要素参数估计结果，采用分解分析的方法，测算粮食播种面积（土地）、物质和服务费用（资本）、劳动用工（劳动）等生产要素和全要素生产率对1985—2014年各时期粮食产出增长的贡献。

根据不同时期的生产函数估计结果开展粮食产出增长贡献研究有重要的政策意义。首先，度量生产要素和技术进步对1985年以来的中国粮食产出增长的贡献，不仅有助于明晰生产要素和技术进步对粮食产出增长的贡献，而且有助于间接了解过去30年来粮食价格波动对要素投入和粮食产出增长的影响，进而有助于了解和预测2016年开始实施的粮食“价补分离”政策在当前及未来粮食产出增长中可能扮演的角色。虽然已有研究文献测算了生产要素、制度变迁、技术进步以及气候对中国农业或粮食产出增长的贡献

---

① 本文因此将技术进步与全要素生产率视为同一概念。

② 假定粮食产出 Y 是资本 K 和劳动 L 的规模报酬不变函数并随着时间 t 演进，即 $Y=F(K, L, t)$，那么全微分该函数并统一除以 Y，取得函数式 $dY/Y=(F_K K/Y)(dK/K)+(F_L L/Y)(dL/L)+(F_t/Y)dt$，其中 F_i 表示 F 关于变量 i 的偏导数（即 i 要素的边际产品）。完全市场竞争环境下的要素价格等于其边际产品，因此括弧内的 $(F_K K/Y)(dK/K)$ 和 $(F_L L/Y)(dL/L)$ 既表示要素产出弹性也等于要素收入的份额（Young，2003）。

（McMillan et al.，1989；Fan，1991；Lin，1992；Zhang and Carter，1997；Colby et al.，2000；乔榛等，2006），但这些文献主要致力于1978—2004年的农业和粮食增长研究，没有涵盖2004年以来粮食生产的新情况新问题。其次，了解粮食生产要素结构是否发生显著变化并据此估计相应时期的生产函数，不仅能够更为精确地度量生产要素和技术进步对粮食产出增长的贡献，而且有助于明确新时期粮食种植业的特征和问题，加深理解要素结构变化引致的农业生产方式和组织形式变化及其对体制创新的要求（蔡昉等，2007）。已有的研究文献大多侧重于验证并估计机械对农业劳动的替代程度或者地形地貌自然禀赋对机械替代劳动的约束程度（Wang et al.，2016；郑旭媛，许志刚，2016），但鲜有研究关注生产要素产出弹性表征的要素结构是否发生了变化及其引申出来的相关政策含义。

本文的结构安排如下：第二部分介绍数据的来源及数据的统计分析结果；第三部分介绍采用的生产函数模型、要素结构变化的估计方法以及估计结果；第四部分展示并分析粮食产出增长的分解核算结果；第五部分给出本文的研究结论及其政策涵义。

二、数据来源与统计分析

本文所用数据为1985—2014年全国29省份（即海南与广东合并、重庆与四川合并，共29省份）的面板数据。分品种粮食作物产量和播种面积来自农业部的历年《中国农业年鉴》（中国农业出版社），其中，粮食播种面积单位为千公顷。为了将不同品种的粮食作物表征为统一的单位，借鉴Roberts和Schlenker（2013）的做法，按照每个粮食作物品种的单位热能含量，折算出粮食总产出热能数量（亿焦）。分品种粮食作物生产所用的劳动用工数量和资本（物质与服务费用）量来自国家发展改革委员会的历年《全国农产品成本收益资料汇编》（中国统计出版社）。《全国农产品成本收益资料汇编》未记录所有省份和所有粮食品种的劳动用工量和资本量①，为此，首先计算出已有粮食作物品种的亩均劳动用工量和资本量，将这两个平均数视为未记录的粮食作物品种的亩均劳动用工量和资本量；然后将分品种的粮食作物亩均劳动用工量和资本量与相应作物品种的播种面积相乘，取得分品种的劳动用工总量和资本总量；最后，全部作物品种的劳动用工量和资本量加总取得分省份的粮食作物用工量（万人·小时）和资本量（万元）。对于

① 《农产品成本收益资料汇编》收录的粮食品种：早籼稻9省、中籼稻10省、晚籼稻9省、粳稻15省，小麦为20省，玉米为21省，大豆12省，高粱3省，谷子5省，马铃薯为9市。这些省份均为具体粮食品种的主产省份。

那些未有亩均劳动用工量和资本量的省份，则基于自然条件相似省份的信息计算出这些省份相应的粮食作物品种的亩均劳动用工量和资本量以及粮食作物用工总量和资本总量。考虑到各省的粮食生产资本投入量为当年的价值量，本研究基于1985年为基期的各省农业生产资料价格指数对资本价值量进行了平减。农作物有效灌溉面积视为粮食作物有效灌溉面积的代理变量（千公顷），表征土地质量的改善状况。气候变量由农作物受灾面积占全部农作物面积的比重（%）代理。分省份农作物有效灌溉面积、受灾面积以及农作物面积均来自国家统计局的历年《中国统计年鉴》（中国统计出版社）。

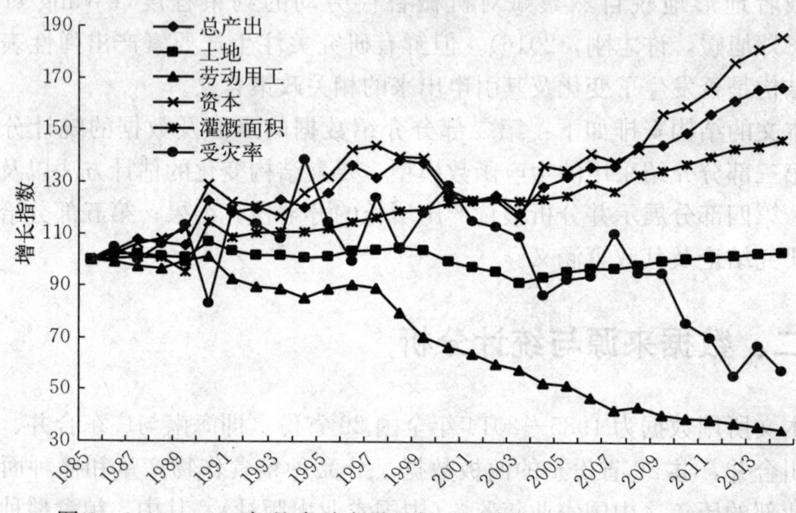

图1 1985—2014年粮食总产量、投入要素以及受灾率的变动情况

图1展示了1985—2014年粮食总产量、投入要素、有效灌溉面积以及受灾率等变量指数的变动情况。1985—2014年，粮食总产量、播种面积、资本投入量基本呈现相同的走势。1985—1998年、1999—2003年、2004—2014年，粮食总产量年均增长率分别为2.55%、−3.74%、2.68%，播种面积年均增长率分别为0.34%、−3.19%、1.04%，资本投入量则分别为2.60%、−4.55%、3.14%。有效灌溉面积一直呈现上升态势，但第二个阶段的增长速度趋缓，明显低于前后两个时期的增速。1985—1998年、1999—2003年以及2004—2014年，有效灌溉面积年均增长率分别为1.33%、0.69%、1.71%。总体上看，1985—2014年粮食播种面积和资本投入量走势与同时期粮食总量基本相同，意味着土地和资本投入量的变化对中国粮食生产增长的阶段性特征产生了决定性影响。

1985—2014年，粮食生产劳动用工量持续下降，特别是1996年以来，粮食生产劳动用量呈现加速下降的趋势。分阶段看，1985—1998年、1999—2003年和2004—2014年，粮食生产的劳动用工量年均下降率分别为

1.73%、4.68%、4.00%；平均每亩粮食作物的用工量分别为 23.7 工日、17.1 工日、11.2 工日。对应于不断高启的劳动用工成本，粮食生产中代表机械和生物技术的资本投入量迅速增长（图 1）。过去 30 年来，伴随着机械价格相对于雇工工资、化肥价格相对于地租价格的不断下降①，中国粮食生产要素投入结构基本上循着诱致性技术变迁理论刻画的路径演变（速水佑次郎和拉坦，2000）。

1985—1998 年、1999—2003 年、2004—2014 年，农作物受灾率分别为 0.32%、−1.96%、−3.98%，其中，2007 年以来，农作物受灾率总体上持续下降。无疑，好天气对 2004 年以来的粮食产出的持续增长起到了促进作用。

中国粮食总产出和投入要素在 2003—2004 年前后为一拐点，是否意味着 2003—2004 年是要素产出弹性衡量的中国粮食生产要素结构的显著变化时点？由于要素产出弹性实际上反映了要素收入份额，取决于各要素边际产品和投入量的相对变化，只有通过严谨的计量经济学分析，方能对要素产出弹性衡量的要素结构是否发生变化以及变化的具体时期或年份做出判断。另外，中国粮食产出增长与土地、资本等要素投入量高度相关，是否意味着中国粮食产出增长主要源于要素投入？换句话说，中国粮食产出增长更多地源于要素驱动而非技术进步？一方面，回答上述问题要取决于生产函数模型的估计结果，而仅仅根据上述的统计结果恐怕无法给出肯定或者否定的答案；另一方面，要素投入增长往往与要素质量改进同步，从理论上说生产要素投入增加会伴随着技术进步（郑玉歆，1998）。

三、研究方法与估计结果

（一）随机前沿生产函数

生产函数是描述一定的投入要素组合与最大产出量之间的关系；而用实际产出量作为样本数据估计生产函数，得到的生产函数所反映的只是一定投入要素组合与平均产出量之间的关系。因此，前者为边界生产函数，后者为平均生产函数。现实中，如果需要通过生产函数估计一组要素投入量下“一般讲”可以获得多大的产出量时，应用平均生产函数是合适的；但如果需要估计一组要素投入量对应的“最大”生产能力，则通过边界生产函数才有可能（李子奈，1992）。一般情况下，粮食产出量只能在生产函数的前沿面或者前沿面下方，因此本文采用随机前沿函数（Stochastic Frontier Produc-

① 1998—2015 年，机械价格指数与雇工工资指数比率年均下降 9.5%，而化肥价格指数与地租价格指数比率则年均下降 5.45%。

tion）开展实证研究。基于省级面板数据的随机前沿生产函数式如下：

$$\ln(Y_{it})=\ln f(x_{it}, \alpha)+v_{it}-u_{it} \quad (1)$$

式中，i 表示省份；t 表示年份；Y_{it} 指粮食产出；x_{it} 表示 $1\times k$ 行的要素向量；$\alpha's$ 表示待估参数；$f(x_{it}, \alpha)$ 是潜在产出值；v_{it} 是经典白噪声项，$v_{it}\sim iid(0, \sigma_v^2)$，主要包括测度误差和各种不可控随机因素；$u_{it}$ 是非负且为独立分布并服从均值为 m_{it}、方差等于 σ_u^2 的非负断尾正态分布，即 $u_{it}\sim iidN^+(m, \sigma_u^2)$。

考虑到柯布-道格拉斯函数具有简洁、易于分解和经济含义明显的特点，式（1）中的 $f(x_{it}, \alpha)$ 采用柯布-道格拉斯函数设定，即：

$$\ln(Y_{it})=\alpha_0+\alpha_1\ln(Land_{it})+\alpha_2\ln(Labor_{it})+\alpha_3\ln(Capital_{it})+$$

$$\alpha_4\ln(Irr_{it})+\alpha_5\ln(Disas_{it})+\alpha_6 T_t+\sum_{j=1}^{28}\phi_j D_j+v_{it}-u_{it} \quad (2)$$

其中，$i=1, \cdots, 29$，表示 29 个省份；$t=1985, \cdots, 2014$，表示涵盖的年份；Y_{it} 表示分省粮食总产量；$Land_{it}$ 表示粮食播种面积；$Labor_{it}$ 表示粮食生产劳动用工；$Capital_{it}$ 表示以 1985 年为基期的农业生产资料价格指数平减的机械、化肥、农药等物质与服务费用；Irr_{it} 表示农作物有效灌溉面积；$Disas_{it}$ 表示农作物受灾面积占全部农作物播种面积的比重；T_t 表示时间趋势，代表中性的技术进步；D_j 表示 28 省的省级虚拟变量，表征各省在气候、土壤、人力资本等方面的差异①。上述函数式即所谓的一维固定效应模型。

$\lambda=\frac{\sigma_u^2}{\sigma_s^2}$，其中 $\sigma_s^2=\sigma_u^2+\sigma_v^2$，反映整个复合扰动项全部复合方差中技术无效率项所占的比例，其估计值大小可以用来判定随机前沿函数设定是否合适。如果 λ 越趋近于 1，越说明误差主要来源于技术无效率项 u_{it}，采用随机前沿函数也就越合适；如果 λ 接近于 0 时，表明实际产出与最大可能产出的差距来自于不可控的纯随机因素所造成的白噪声误差，采用平均生产函数要优于随机前沿生产函数。

（二）生产要素结构变化的识别方法

本文的目标之一是验证并识别模型 $\ln(y_{it})=\ln f(x_{it}, \alpha)+\varepsilon_{it}$ 在某个时间点结构或参数是否发生显著变化。假设有观测数据：$y_1x_{11}\cdots x_{1k}$，$y_2x_{21}\cdots x_{2k}$，…，$y_Tx_{T1}\cdots x_{Tk}$，而且这个时间点是在 t_0 和 t_{0+h} 之间，因此，需要将此时间点看作一个待估计参数放到极大似然函数里，即 $L(y)=prob$

① 最初的模型设定中还包括人力资本变量（即受教育程度为高中及以上农业劳动力占全部农业劳动力的比重、45 岁以上农业劳动力占全部农业劳动力的比重和女性劳动力占农业劳动力比重）和机械质量改善状况变量（即大中型机械马力占全部农业机械马力的比重）。这些变量数据来自于历年的农业统计年鉴和农业普查年鉴。可能存在高度相关性，这些变量系数要么不显著，要么难以置信，因而在后来的回归分析中这些变量被删掉了。

$(y_1, y_2, \cdots, y_T \mid \boldsymbol{X}, \boldsymbol{\beta}, t)$，极大化 $L(y)$，即 $\max[L(y)]$，就可以取得参数（$\boldsymbol{\beta}, t$）的最大似然估计值。

具体地说，t 是离散值而且个数有限，即 $t \in [t_0, t_{0+h}]$，构建的相应最大值函数式如下：

$$\max[L(y)] = \max\{\max[L(y)_{t0}], \max[L(y)_{t0+1}], \cdots, \max[L(y)_{t0+h}]\} \tag{3}$$

在生产函数应用中，每一个 $\max_{(\beta,t)}[L(y)]$ 都可以通过在构造相应结构时间点的虚拟变量基础上，基于 SAS 程序中的 PROC QLIM 命令，通过运行随机前沿函数而取得。利用 SAS 程序中的 MACRO 命令，则可以得到每一个时间点作为结构变化时间点时的极大似然函数值。所有时间点的极大似然值序列中，如果存在一个特殊似然值，或者显著大于前后时间点或者显著小于前后时间点，那么这个时间点将会是生产函数的结构或参数发生了显著变化的时间点。另外，基于 SAS 程序中的 PROC QLIM 运行前沿生产函数时，同时可以获得相应的 AIC 和 Schwarz _ Criterion（BIC）统计值，以此辅助判断某个时间点的生产函数结构或参数是否发生了显著变化。

（三）估计结果

图 2、图 3 展示了基于随机前沿生产函数估计的各个时间点的最大似然值以及 AIC 和 Schwarz _ Criterion 值。虽然统计指标不同，但图 2 的最大似然值和图 3 的 AIC 和 Schwarz _ Criterion 值均显示，2000—2001 年前后为要素产出弹性衡量的粮食生产要素结构发生显著变化的年份。考虑到结构变化的时间点更接近于 2000 年，后面模型设定全部以 2000 年为中国粮食生产要素结构变化的时间点。

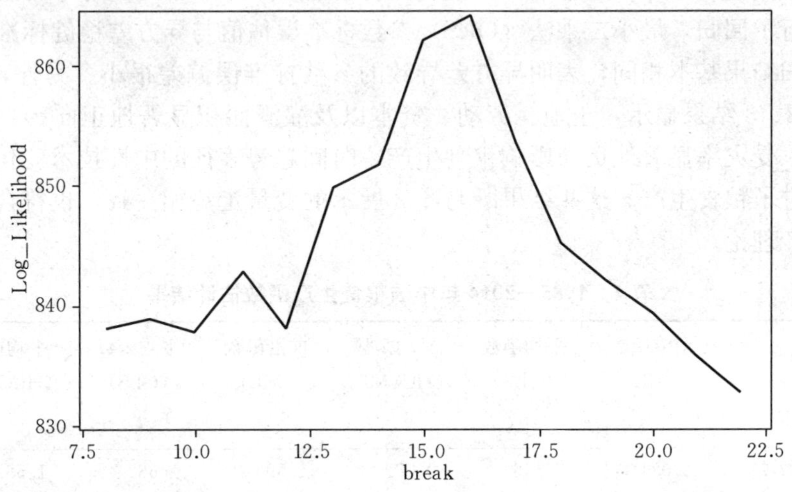

图 2　随机前沿生产函数最大似然值的时点分布

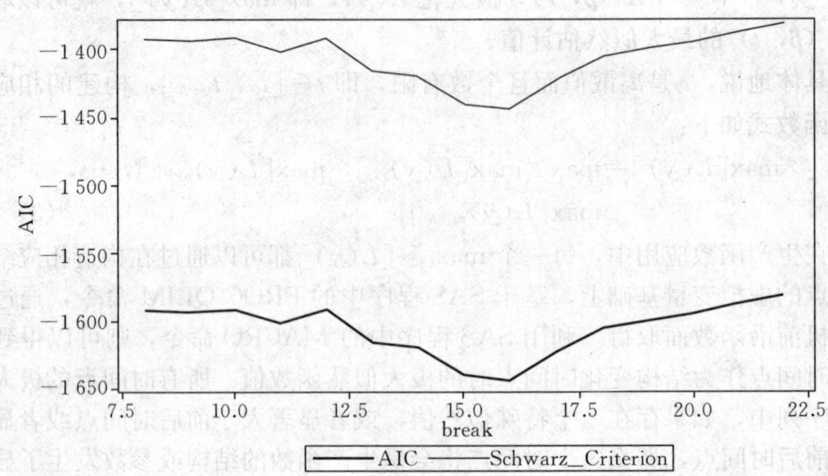

图 3　随机前沿生产函数 AIC 和生产函数 Schwarz _ Criterion 值的时点分布

表 1 报告了不同模型设定的生产函数参数回归结果。随机前沿函数回归结果显示，$\lambda=\frac{\sigma_u^2}{\sigma_s^2}$接近于零，平均生产函数设定优于随机前沿生产函数。实际上，随机前沿生产函数参数估计结果非常接近于平均生产函数的回归结果，表明平均生产函数是本文研究的恰当模型设定。超越对数生产函数是目前估计全要素生产率增长率最流行的生产函数形式。与常用的柯布-道格拉斯生产函数相比，超越对数生产函数更具一般性。本文比较了柯布-道格拉斯生产函数与超越对数生产函数的适当性，检验结果否决了超越对数生产函数优于柯布-道格拉斯生产函数的原假设。为了消除异方差导致的参数估值标准误偏差问题，本文采用异方差稳健标准误法（HCCME）对平均生产函数进行了回归。最小二乘法（OLS）参数标准误估值与异方差稳健标准误法的回归结果基本相同，表明异方差导致的参数标准误偏差很小。另外，表 1 模型 2、3 结果显示，土地、劳动、资本以及灌溉面积显著地正向影响粮食生产，受灾率显著地负面影响粮食生产，时间趋势表征的中性技术变化显著地促进了粮食生产。这些结果既与图 2 展示的变量走势相一致，也符合新古典生产理论。

表 1　1985—2014 年中国粮食生产函数估计结果

	前沿函数（ML）	平均函数（OLS）	平均函数（HCCME）	前沿函数（ML）	平均函数（OLS）	平均函数（HCCME）
	(1)	(2)	(3)	(4)	(5)	(6)
常数项	2.084***	2.146***	2.082***	1.590***	1.682***	1.589***
	(0.210)	(0.201)	(0.235)	(0.233)	(0.229)	(0.273)

（续）

	前沿函数（ML）(1)	平均函数（OLS）(2)	平均函数（HCCME）(3)	前沿函数（ML）(4)	平均函数（OLS）(5)	平均函数（HCCME）(6)
土地	0.754***	0.754***	0.754***	0.938***	0.938***	0.938***
	(0.048)	(0.049)	(0.049)	(0.057)	(0.059)	(0.067)
劳动	0.161***	0.161***	0.161***	0.095***	0.096***	0.096***
	(0.020)	(0.021)	(0.021)	(0.024)	(0.025)	(0.026)
资本	0.130***	0.131***	0.131***	0.116***	0.116***	0.116***
	(0.027)	(0.027)	(0.029)	(0.028)	(0.029)	(0.032)
灌溉面积	0.161***	0.161***	0.161***	0.150***	0.150***	0.150***
	(0.024)	(0.025)	(0.027)	(0.025)	(0.025)	(0.030)
受灾率	−0.007**	−0.007**	−0.007**	−0.016***	−0.016***	−0.016***
	(0.004)	(0.004)	(0.004)	(0.004)	(0.005)	(0.006)
时间	0.018***	0.018***	0.018***	0.019***	0.019***	0.019***
	(0.001)	(0.001)	(0.001)	(0.001)	(0.001)	(0.001)
土地×D				−0.192***	−0.192***	−0.192***
				(0.026)	(0.027)	(0.036)
劳动×D				0.095***	0.095***	0.095***
				(0.021)	(0.021)	(0.022)
资本×D				−0.041*	−0.041*	−0.041*
				(0.021)	(0.022)	(0.024)
灌溉面积×D				0.125***	0.125***	0.125***
				(0.021)	(0.021)	(0.021)
受灾率×D				0.015***	0.015***	0.015***
				(0.006)	(0.006)	(0.006)
时间×D				0.001	0.001	0.001
				(0.002)	(0.002)	(0.002)
省级虚拟变量	略	略	略	略	略	略
Log Likelihood	818.911			853.729		
Adjusted R^2		0.993	0.993		0.994	0.993
Wald test				72.541***	69.083***	52.445***
观察值数目	870	870	870	870	870	870

注：D表示虚拟变量，其中，D=1 表示 2001—2014 年，D=0 表示 1985—2000 年。*、**、*** 分别表示 10%、5%、1%水平上显著；HCCME 表示异方差稳健标准误法；Wald Test 数值表示交互变量系数等于零的原假设的检验结果。

根据要素产出弹性衡量的结构变化结果（图 2、图 3），本文采用虚拟变量方法对生产函数自变量斜率是否发生变化进行了检验，为此构建一时间虚拟变量，2001—2014 年等于 1，1985—2000 年等于 0，然后通过交互变量的方法生成新的变量，然后将这些新变量放入到模型中与已有的变量一起回归。Wald 检验结果显示，2000 年前后要素斜率没有变化的原假设被否决，表明 2000 年前后要素产出弹性发生了显著变化。表 1 模型 4、5、6 的估计结果显示，土地、劳动、灌溉面积以及受灾率等交互变量参数 1％水平上显著，资本交互变量参数在 10％水平上显著，与图 2、图 3 展示的结果相一致，进一步佐证了 2000 年前后生产要素和气候对粮食生产的影响发生了显著变化。受灾率交互变量参数估值显著正向影响中国粮食生产，表明 2001—2014 年受灾率对粮食生产的负面影响趋小，与图 1 展示的受灾率变动趋势相吻合。时间趋势表征的中性技术进步在 2000 年前后没有显著变化，表明中性技术进步促进了 1985—2014 年粮食产出增长，没有呈现出增长或减缓特征。

为了比较 2000 年前后要素产出弹性估值的差异，我们将表 1 模型的结果列入到表 2 中，其中，1985—2014 年要素弹性估值来自模型 3，1985—2000 年和 2001—2014 年结果来自模型 6。为了更直观地观察要素弹性估值的变化，我们将 2000 年前后的弹性估值进行了正规化处理。表 2 结果显示，2000 年前后生产要素产出弹性发生了显著变化，土地和资本要素的产出弹性变小，而劳动用工和有效灌溉面积的产出弹性变大。更具体地说，土地和资本要素的产出弹性分别由 1985—2000 年的 0.721、0.090 下降为 2001—2014 年的 0.580、0.059，分别降低了 19％和 34％；劳动用工和有效灌溉面积的产出弹性分别由 1985—2000 年的 0.074、0.115 上升为 2001—2014 年的 0.148、0.213，分别提高了 100％和 85％。

表 2　粮食生产要素产出弹性估值

要素	非正规化弹性			正规化化弹性	
	1985—2014	1985—2000	2001—2014	1985—2000	2001—2014
土地	0.754***	0.938***	0.746***	0.721***	0.580***
	(0.049)	(0.067)	(0.056)	(0.051)	(0.043)
劳动	0.161***	0.096***	0.190***	0.074***	0.148***
	(0.021)	(0.026)	(0.026)	(0.020)	(0.020)
资本	0.131***	0.116***	0.076**	0.090***	0.059**
	(0.029)	(0.032)	(0.036)	(0.024)	(0.028)
灌溉面积	0.161***	0.150***	0.275***	0.115***	0.213***
	(0.027)	(0.030)	(0.037)	(0.023)	(0.029)
合计	1.207	1.300	1.287	1.00	1.00

注：数据来自表 1。括号内的数字表示标准误，其中 *、**、*** 分别表示 10％、5％、1％水平上显著。1985—2014 年弹性估值及其标准误来自表 1 模型 3，1985—2000 年非正规化要素弹性估值及其标准误来自表 1 模型 6，2001—2014 年非正规化要素弹性来自表 1 模型 6；2001—2014 年非正规化要素弹性标准误和正规化要素弹性估值标准误，均采用 delta 的方法估计的。

徐庆等（2011）采用1993—2000年混合面板农户数据的估计结果显示，春小麦的土地、劳动用工、资本弹性估值分别为0.974、0.089、0.052，早籼稻的土地、劳动用工、资本弹性估值分别为0.919、0.093、0.075；冬小麦的土地、劳动用工、资本弹性估值分别为0.776、0.084、0.262，玉米的土地、劳动用工、资本弹性估值分别为0.809、0.036、0.144。李谷成等（2009）基于1999—2003年农户面板数据的估计结果表明，种植业的土地、劳动用工、资本产出弹性值分别为0.634、0.107、0.263。与以上研究结果比较，本文的资本变量与有效灌溉面积变量可能存在一定程度的相关性，致使有效灌溉面积变量捕捉了资本变量的部分影响结果，进而导致本文的资本要素弹性估值整体上有些偏低。考虑到粮食有效灌溉面积是良种—化肥等生物技术变革的必要组成部分（速水佑次郎和拉坦，2000），本文将此变量与资本变量视为一个整体，将两者估值的合计数表征为粮食生产中的广义资本变量估值加以讨论①。

速水佑次郎和拉坦（2000）关于1880—1980年美国和日本农业技术变革偏向的研究结果显示，随着劳动工资相对于机械价格、土地地租价格相对于化肥价格的上升，劳动成本份额趋小，机械、化肥的成本份额均变大，美国土地成本份额整体上呈现变大趋势，而日本土地成本份额总体上则呈下降态势。Binswanger（1974）关于1912—1968年美国农业技术变革偏向结果表明，土地成本份额微降，劳动用工、其他投入品成本份额均趋小，机械、化肥则均由小变大。因此，美国和日本农业技术变革沿着节约稀缺性要素、使用丰裕性要素的诱致性技术变迁路径演进。然而，即使将有效灌溉面积与资本视为一体，即资本及灌溉面积合计收入份额由小变大（表2），本文估计的2000年前后粮食生产中的劳动用工份额由小变大趋向也与诱致性技术变迁理论不一致。本文估计的要素弹性估值是否存在着偏差？图4展示了1985—2015年稻谷、小麦、玉米三种粮食作物亩均物质成本、人工成本、土地成本占总成本比重的变动情况。1998—2008年，物质和人工成本比重基本呈平缓下降趋势，土地成本比重则表现出较为明显的平缓上升趋势；2008—2015年，土地成本比重走势基本平稳，物质成本比重快速下滑，人工成本比重则迅速提高。因此，本文估计的劳动用工和资本收入份额结果基本反映了2000年前后中国粮食生产成本的实际变动情况②。

① 图1显示的有效灌溉面积与资本曲线走向基本相同，而且良种、化肥、农药等生物要素只有在水利设施齐全和水资源灌溉充足的土地上才能发挥作用（速水佑次郎和拉坦，2000），因此，将有效灌溉面积视为资本的组成部分更恰当些。

② 1998—2015年要素成本占亩均粮食产值的比重走向与图4要素成本份额走向是一致的。

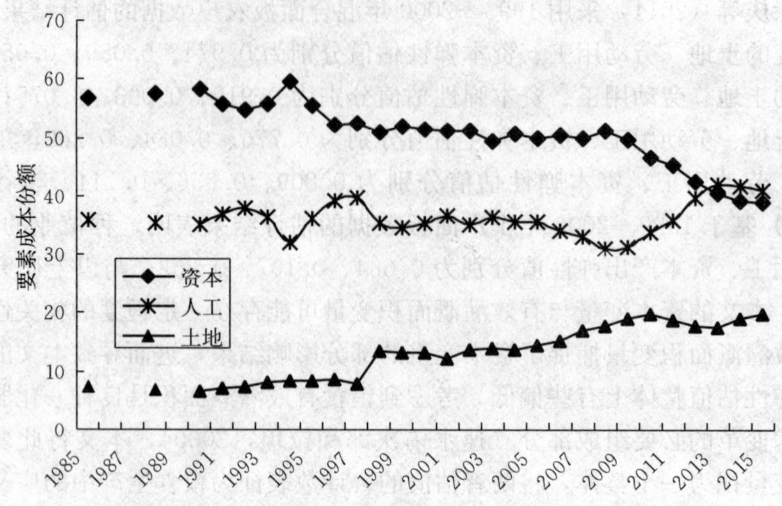

图4　1985—2015年粮食作物（稻谷、小麦和玉米）物质、人工、土地成本占总成本的比重

资料来源：《全国农产品成本收益资料汇编》（历年）。

为什么要素收入份额表征的中国粮食种植业技术变革没有完全循着诱致性技术变迁理论刻画的路线演进？相关统计资料数据显示，1998—2014年，农业机械价格指数相对于雇工价格指数由100变为19.2，年均下降9.8%；粮食生产亩均用工量由20工日下降为8.8工日，年均下降5.02%，而实际物质与服务投入量（资本）指数年均上升1.81%。因此，粮食生产中的劳动用工时间机会成本上升速度快于劳动用工的减少速度，而劳动用工下降速度又明显快于物质与服务投入量的上升速度。上述数据说明，随着从事非农业的农村劳动力日益增多，农业劳动力特别是粮食作物劳动力稀缺程度加剧，其机会成本和实际报酬快速上升；与此同时，机械没有及时、充分地替代粮食生产中的劳动用工。机械不能及时、充分地替代劳动用工与中国山地多、平原少的地理禀赋条件有关（郑旭媛，许志刚，2017），但恐怕更多地源于小规模农户的经济行为。目前，中国耕地面积少于15亩的农户达到1.93亿户，占全国农户总量的87%（Huang and Ding，2016）。由于农业部门依然滞留着相当数量的剩余劳动力，农业劳动力实际成本很低。现实中小农户不计算其自身成本，通过相对比较密集的劳动投入、精耕细作，实现了较高的粮食单位面积产出。本文研究结果：2000年后劳动用工收入份额不降反升①，实际上反映了由二元经济向一元经济转变的转型期的小农户粮食生产困境。

①　需要指出的是，仅依据2000年前后生产函数弹性值来判断粮食生产技术变革偏向有些武断，有必要采用要素成本数据，通过成本函数来严谨地论证中国粮食生产技术变革是否遵循着诱致性技术变迁理论演进。

四、粮食产出增长分解结果

基于平均生产函数式（表1模型6），并对时间求导，粮食产出增长可以分解为：

$$\frac{\partial \ln Y_{it}}{\partial t}=\sum_{k=1}^{4}\hat{\alpha}_k\frac{\partial \ln X_{kit}}{\partial t}+\hat{\alpha}_5\frac{\partial \ln W_{it}}{\partial t}+\hat{\alpha}_6+\frac{\partial \varepsilon_{it}}{\partial t} \quad (4)$$

其中，第1项为相应要素产出弹性加权的全部要素（土地、人工、资本以及灌溉面积）增长率，以测量投入要素的变化对粮食产出增长的影响；第2项表示气候（即受灾率）对粮食产出增长的影响；第3项表征中性的技术进步对粮食产出增长的影响；最后1项为残差项，以表征粮食生产效率的改善。因此，最后两项（即第3、4项）之和为全要素生产率抑或技术进步。

表3报告了1985—2014年中国粮食产出的增长分解核算结果。1985—1998年和2004—2014年，中国粮食产出年均增长率分别为2.55%和2.68%，土地、劳动用工、资本以及有效灌溉面积等合计对粮食产出增长的贡献率分别为25.84%和27.04%，全要素生产率的贡献率则分别为74.36%和72.81%。因此，这两个时期的要素投入与全要素生产率对粮食产出增长的贡献率基本相似。然而，这两个时期的各要素对粮食产出增长的贡献率不完全相同。具体地说，虽然劳动用工下降对后期比对前期粮食产出增长的负向影响大，但粮食播种面积、资本及有效灌溉面积则对后期比对前期粮食产出增长的贡献大，从而弥补了劳动用工量减少对粮食总产量的负面效应。另外，尽管气候对粮食增长的影响较小，但气候因素对前期的粮食增长的贡献率是负向的，而对后期的粮食增长则是正向的。

1998—2003年，中国粮食产出下降主要源于要素投入的下降。表3结果显示，1998—2000年和2000—2003年，中国粮食产出年均增长率分别为−5.28%和−1.81%，生产要素年均增长率分别为−3.38%和−3.17%，全要素生产率年均增长率则分别为−1.72%和1.35%。虽然2000—2003年粮食全要素生产率增长了，但依然无法弥补要素大幅度减少对粮食产出带来的负面影响。劳动用工、资本投入的减少均对粮食减产产生了影响，但粮食播种面积的大幅度缩减是粮食产出急剧下降的关键要素变量。1998—2000年和2000—2003年，播种面积锐减对粮食减产的贡献率分别达到了42.04%和117.78%。另外，这个时期的恶劣气候也加剧了粮食减产，1998—2000年，受灾率对粮食减产的贡献率为3.33%。

通过分析1985—2014年的不同阶段粮食产出的增长核算结果，可以提炼出以下几个结论：第一，粮食播种面积、资本以及有效灌溉面积是中国粮食产出增长率和粮食全要素生产率增长率变动的决定因素。表3结果显示，

表3　1985—2014年中国粮食产出增长的年均贡献率

	参数估值	1985—1998		1998—2000		参数估值	2000—2003		2004—2014	
		解释变量变化[a]	增长贡献（%）	解释变量变化	增长贡献（%）		解释变量变化	增长贡献（%）	解释变量变化	增长贡献（%）
	(1)	(2)	(3)=(1)×(2)	(4)	(5)=(1)×(4)	(6)	(7)	(8)=(6)×(7)	(9)	(10)=(6)×(9)
要素			0.659		−3.383			−3.166		0.726
			(25.840)		(64.031)			(174.602)		(27.043)
土地	0.938	0.342	0.321	−2.368	−2.221	0.746	−2.863	−2.135	1.044	0.779
			(12.591)		(42.036)			(117.784)		(29.012)
劳动	0.096	−1.727	−0.165	−8.571	−0.819	0.190	−4.510	−0.858	−3.999	−0.761
			(−6.477)		(15.509)			(47.312)		(−28.338)
资本	0.116	2.602	0.303	−4.587	−0.534	0.076	−3.108	−0.236	3.14	0.238
			(11.894)		(10.113)			(13.019)		(8.885)
灌溉面积	0.150	1.331	0.200	1.278	0.192	0.275	0.232	0.064	1.709	0.469
			(7.831)		(−3.627)			(−3.514)		(17.484)
受灾率	−0.016	0.322	−0.005	11.059	−0.176	−0.001	−5.383	0.005	−3.977	0.004
			(−0.201)		(3.333)			(−0.297)		(0.148)
全要素生产率			1.895		−1.724			1.347		1.954
			(74.361)		(32.637)			(−74.305)		(72.809)
粮食年均增长率			2.548		−5.283			−1.813		2.684
			(100.000)		(100.000)			(100.000)		(100.000)

注：基于表3结果估算。括号内数值为百分比。a表示解释变量年均百分比变量率。

粮食产出增长时期往往是播种面积、资本和有效灌溉面积等生产要素投入增长时期；相反，粮食产出下降时期则是播种面积、资本和有效灌溉面积等要素显著减少时期。近30年来，中国粮食生产技术进步速度加快，这种技术进度主要体现在良种的施用、化肥和机械等物质资本质量的改善以及灌溉用水设施和方式的改进。因此，全要素生产率对中国粮食产出贡献率的波动与播种面积、资本和灌溉面积等变动密切相关，生产要素投入增长时期，全要素生产率贡献率变大，生产要素投入下降时期，全要素生产率贡献率则变小，说明粮食全要素生产率更多地来自于体现在要素中的技术进步。第二，2004—2014年土地、资本及灌溉面积对劳动的替代幅度显著大于1985—1998年，意味着节约稀缺性要素、使用丰裕性要素的技术变革保障了2004年以来的粮食产出快速增长。第三，受灾率表征的气候变量对中国粮食产出有显著影响，但其对粮食产出增长的贡献率极低。由于受灾率仅仅反映了受气候灾害影响的粮食作物面积，没有反映出气候对粮食作物的全方位影响。Zhang和Carter（1997）基于县级降雨和气温数据发现，20世纪80年代初粮食增长的7.7%左右来自好天气。因此，本研究结果可能低估了气候因素对粮食产出的影响幅度。

生产要素投入、粮食产出以及“粮改”①绑定的粮食收购价格之间密切关联：当粮食收购价格高时，生产要素投入量增加，粮食产出迅速增长；当粮食收购价格低迷时，生产要素投入量下降，粮食产出增长缓慢甚至负增长（陈锡文，2017）。根据新古典生产理论，实际生产几乎总是在边际成本开始上升的节点开始运行，提高产品价格或者降低要素价格方能诱使生产者增加要素投入量（Wen，1993）。因此，粮食价格相对于要素价格的变动对粮食产量影响的估计结果，可以间接了解粮食实际价格对要素投入变化的影响程度。基于1985—2014年全国年度数据，本文估计的粮食相对于生产资料价格的供给弹性为0.165。此数字意味着，其他条件不变的情况下，粮食价格相对于农业生产资料价格指数每增加100%，粮食产出将会增加16.5%。粮食价格相对于要素价格的上升驱动了要素投入量，提高了体现在要素中的技术进步贡献，进而共同促进了粮食产出的增长。

Fan（1991）研究结果显示，要素投入和全要素生产率对1965—1985年农业增长贡献分别为57.7%和42.3%；Lin（1992）基于Griliches的扩展型生产函数估计结果表明，生产要素和全要素生产率对1978—1984年种植业增长贡献分别为45.79%和48.64%；Zhang和Carter（1997）研究结果表明，要素投入和全要素生产率对1986—1990年粮食产出增长贡献率分

① 粮食等农产品价格形成机制、农民补贴以及粮食流通体制改革等称之为“粮改”（陈锡文，2017）。

别为69.6%和30.4%；Colby等（2000）估计结果显示，要素投入与全要素生产率对1986—1994年粮食产出增长的贡献率分别为81%和19%，对1995—1997年粮食产出增长的贡献率则分别为84%和16%；陈卫平、郑风田（2006）的估计结果显示，要素投入和全要素生产率对1985—1996年粮食产出增长的贡献率分别为47.63%和52.37%，对1997—2003年粮食产出增长的贡献率则分别为169.7%和−69.7%。总体上看，20世纪80年代中期之前中国农业和粮食产出增长更多源于生产要素投入的贡献；而1985—1998年和2004—2014年中国粮食产出持续增长更多地来自于全要素生产率增长的贡献。

五、基本结论和政策含义

本文基于1985—2014年29省省级面板数据，采用柯布-道格拉斯生产函数，识别了粮食生产要素结构显著变化的年份；基于不同时期生产函数的要素弹性估值，对1985—2014年中国粮食产出增长进行了分解核算。本文的研究结果表明，生产要素弹性表征的粮食生产结构于2000年前后发生了显著变化，表现为土地份额下降，劳动用工份额上升、资本及有效灌溉面积合计份额变大；粮食价格相对于要素价格的变动显著影响了要素投入量，进而决定了过去三十年中国粮食产出的增长波动特征；1985—1998年和2004—2014年中国粮食产出持续增长更多地来自于全要素生产率增长的贡献。

上述研究结果对于保障国家粮食安全和农民种粮收益有政策含义：

第一，要素产出弹性衡量的粮食生产要素结构于2000年前后发生了显著变化，佐证了中国经济处于由二元经济向一元经济转变的论断（蔡昉等，2007）。由于小规模农户经营方式的制约，机械替代劳动用工的速度和规模受到了约束，从而导致中国粮食生产技术变革没有完全遵循诱致性技术变迁理论刻画的路径演进，表现为劳动用工收入份额不降反升。此结果意味着劳动力机会成本的上升速度快于机械替代劳动力的速度，粮食生产成本飙升，粮食生产比较效益低下的特征愈加凸显，粮食种植业已经没有比较优势可言。因此，价格激励和规模化经营成为了促进粮食产出增长的重要政策选项。基于新时期粮食种植业的新特点新问题，中央政府出台了土地所有权、承包权、经营权“三权分置”政策，旨在推进土地租赁市场的发展，促进粮食生产的规模化经营，同时，2016年开始施行“价补分离”政策，以解决国内粮食价格脱离市场问题。大量研究表明，粮食生产效率特别是土地产出率与土地经营规模呈反向关系，而农业经营收入依然是广大农村居民家庭收入的重要来源。日本、韩国以及台湾地区的经验表明，农业劳动力转移出农业部门的过程和农户土地规模扩大的过程相当缓慢（Kawagoe et al.，1985）。因此，在粮食种植业缺乏比较优势与农业劳动力依然存在剩余的特定时期内，如果粮食购销市场化改革没有对种粮农民辅以相应的收入保障机制，或者通过行政命令或扭曲要素价格的方式推行土地规模化经营，那么将会对这一时期的国家粮食安全和农民利益带来损害。

第二，粮食价格相对于要素价格的变动影响了要素投入进而左右了中国粮食产出和全要素生产率的增长波动。随着 2016 年粮食“价补分离”政策的实施，粮食生产者价格迅速下降，粮食播种面积减少，调减粮食产出的政策目标开始显现。过去 30 年来中国粮食生产的经验表明，粮食播种面积调减的政策背景下，低迷的粮食价格与不利的气候因素往往会放大粮食产量调减的政策效应。因此，政府有关部门有必要未雨绸缪，预备相应的政策工具，防止 1999—2003 年粮食产量持续下滑局面的再次出现。

【参考文献】

蔡昉．“刘易斯转折点”近在眼前．中国社会保障，2007（5）：24－26.

陈卫平，郑风田．中国的粮食生产力革命——1953—2003 年中国主要粮食作物全要素生产率增长及其对产出的贡献．经济理论与经济管理，2006（4）：56－61.

陈锡文．人物与回忆——我国农村改革的历程．新华文摘，2017（9）：96－105.

李谷成，冯中朝，范丽霞．小农户真地更加具有效率吗？来自湖北省的经验数据．经济学（季刊），2009（10）：95－124.

李子奈．计量经济学——方法和应用．北京：清华大学出版社，1992.

乔榛，焦方义，李楠．中国农村经济制度变迁与农业增长．经济研究，2006（7）：73－82.

速水佑次郎，弗农·拉坦．农业发展的国际分析．北京：中国社会科学出版社，2000.

徐庆，尹荣梁，章辉．规模经济、规模报酬与农业适度规模经营．经济研究，2011（3）：59－94.

郑旭媛，徐志刚．资源禀赋约束、要素替代与诱致性技术变迁．经济学（季刊），2016（1）：45－66.

郑玉歆．全要素生产率的测算及其增长的规模——由东亚增长模式的争论谈起．数量经济技术经济研究，1998（10）：28－34.

Binswanger H P. The Measurement of Technical Change Biases with Many Factors of Production. American Economic Review，1974，64（6），964－976.

Colby H，X Diao，A Somwaru. Cross-Commodity Analysis of China's Grain Sector：Source of Growth and Supply Response. Economic Research Service/USDA，Tb－1884，May 2000.

Fan S，P Pardey. Research，Productivity，and Output Growth in Chinese Agriculture. Journal of Development Economics，1997，53（6），115－137.

Fan S. Effects of Technological Change and Institutional Reform on Production Growth In Chinese Agriculture. American Journal of Agricultural Economics，1991，73（2），266－275.

Huang J，J Ding. Institutional Innovation and Policy Support to Facilitate Small-Scale Farming Transformation in China. Agricultural Economics，2016，47（S1），227－37.

Huang J，S Rozelle. Technological Change：Rediscovery of the Engine of Productivity Growth in China's Rural Economy. Journal of Development Economics，1996，49（3），337－369.

Jin S，J Huang，R Hu，S，Rozelle. The Creation and Spread of Technology and Total Factor Productivity In China's Agriculture. American Journal of Agricultural Economics，2002，4（11），916－930.

Kawagoe T，Hayami Y，V W Ruttan. The Intercountry Agricultural Production Function and Productivity Differences among Countries. Journal of Development Economics，1985（19）：113－132.

Lin Y. Rural Reforms and Agricultural Growth in China. American Economic Review，1992，82（1），34－51.

McMillan J，J Whalley，L Zhu. The Impact of China's Economic Reforms on Agricultural Productivity Growth. Journal of Political Economy，1989，97（4）：781－807.

Roberts M，W Schlenker. Identifying Supply and Demand Elasticities of Agricultural Commodities：Implications for the US Ethanol Mandate. American Economic Review，2013，103（6）：2265－2295.

Solow，R. M. Technical Change and the Aggregate Production Function. The Review of Economics and Statistics，1957，39（3）：312－320.

Wang X，F Yamauchi，J Huang. Rising Wages，Mechanization，and the Substitution between Capital and Labor：Evidence from Small Scale Farm System in China. Agricultural Economics，2016，47（2）：309－317.

Wen G. Total Factor Productivity Change in China's Farming Sector：1952—1989. Economic Development and Cultural Change，1993.

Young A. Gold into Base Metals：Productivity Growth in the People's Republic of China during the Reform Period. Journal of Political Economy，2003，111（6）：1220－1261.

Zhang B，C A Carter. Reforms，the Weather，and Productivity Growth in China's Grain Sector. American Journal of Agricultural Economics，1997，79（4）：1266－1277.

比较与出路：农业发展范式的共生样态和演化呈现

郑淋议

“范式”一词，最早出现在托马斯·库恩《科学革命的结构》一书，根据其定义，它特指被学术共同体奉为标准的一系列普遍性规则、方法、概念及理论。库恩写此书强调了范式及其变革对学科发展的重要意义，实际上，在中国农业发展的不同阶段也遵循着普遍性的规律，中国农业也存在着不同的发展范式。简单归纳，处在城乡转型与经济转轨时期的中国农业呈现三种不同的发展范式相互共存，即小农经济发展范式、规模农业经营范式、特色效益农业范式。中国地域横跨三级阶梯，东中西部经济发展差距较大，现阶段，三种发展范式都不同程度地分布、存在于中国广大农村的各个角落，它们在不同阶段既凸显着其合理性，也表现出其固有弊端，同时大致表现出以小农经济发展范式为基点向其他农业发展范式渐次演化的生存逻辑。

一、小农经济发展范式

小农经济发展范式是一种土地规模约束下的以生存导向为基本追求的以家庭为基本单位的农业发展范式。此种范式之前也有，不过与现存的小农经济发展范式相比，首先其内生环境存在制度之别，因改革开放以来的中国农地制度非“私”非“公”，而是一种集体成员所有、均田承包的制度安排。

（一）阶段特征

与近古时期的小农经济发展范式所不同的是，这种集体所有下的均田承包制度实际上无形之中为小农经济发展构筑了两道保护屏障，从而构成了现代小农经济发展范式的独有特征。一道屏障是集体所有，有着节约集体成员内部交易成本和提供集体成员最低生活保障的功能，属于分配性努力；另一道屏障是均田承包，有着基本生存问题自决和土地收益自得的功能，属于生产性努力。农业发展问题始终要置于生产发展中才能得以解决，在改革开放之初，农地制度的目标主要是激活后一道屏障，即向着生产性努力迈进。改革之初，农民生活长期在低水平线上徘徊，人地紧张约束下，温饱问题是第一安排，生产问题是首要任务，公平和效率的天平会落重于前者。中国是一个人口大国，人均耕地严重不足，城乡二元结构下人地关系更是高度紧张，集体所有下均田承包的制度安排对于改革开放之初，其生活水平已长期处于匮乏时代的农民来说，能公平地分配到一亩三分地，无疑形成一个有效激励，农民生产积极性便得到了极大的提高。

不过，此种制度安排解决的是农民的基本生存的问题，单从农业本身的生产功能来说，它不能兼顾农业发展的效率问题。小农经济范式，它所承载的地理环境是地块细小，零碎分散，土壤好坏，分布不均。如若不是计划生育的强制性人口制度安排，这一地块系碎化现象将在分家分户的非正式制度作用下变得更为严重。而改革开放初期的农业增产奇迹，严格来说，也并不能简单归功于农民劳动生产率的提高，还有制度激励下的农业内卷化（黄宗智，2000）集约效应的充分释放。但这一效应在农村劳动力大量剩余的情景中是不能持久的，细小地块下的增长空间毕竟有限，无论是争取提高复种指数，还是采取集约投入，都不是保持产量增长的长久之道。

解决的根本之道应是统筹城乡发展，推进城乡一体化，转移农村剩余劳动力（杨玉震，常崇信，1988）。伴随着城镇化、工业化的深入推进，市场化改革浪潮下的中国社会正经历着从“乡土中国”到“城乡中国”的转变（刘守英，2016），藉此，以农村人口外流为基本特征的新型人地关系格局既塑造着城市，也影响着农村，中国小农经济式的农业发展范式也经历着新的变化。就单个农户来看，由于土地规模太小，劳动力部分转移之后，农业剩余有限，经历市场交易的农业经营收入仍然微不足道，劳动力转移带来的更多的是务工性收入的显著提高和家庭劳动力的优化配置，对应地表现为农户收入来源的多元化以及农业经营的兼业化，小农经济发展范式更多表现为以种养结合为主要特征的“大农业”式的兼营化农业经营模式和以非农就业为主要收入来源的“三产互动”式的兼业化农业经营模式。

市场化交易以货币为媒介，一切收支以货币为衡量，这构成了现阶段小农经济发展范式与近古时期以自给自足为特征的小农经济发展范式的第二个重要区别。显然，当更多的农户卷入市场经济当中，生存问题就不仅仅是以粮食生产为基本特征的农业发展问题，而是如何最大限度地获取总体收入以提高家庭生活水平为基本目标的居民收入问题。可以判断的是，对于小农来说，这其中存在一个收入的权衡，即当非农就业的边际收入大于甚至远远大于务农的边际收入，农村人口更是存在举家迁移的可能，进而导致的结果是农地的闲置或者农地的流转。当然，若是农户的农业经营收入基本和非农就业收入基本持平，或者农民市民化程度较难时，那么小农经济范式在农村人口占绝大多数的中国仍然将得以部分并长久地存在。

(二) 发展约束

不过，囿于土地规模的限制，假设农产品价格稳中向好，以及农业存在极小的自然风险和市场风险，然而，在真实世界中，由于农产品价格一向低廉，尤其是对于粮食作物而言，没有补贴更是难以维持，对于具有土地情结的传统小农而言，经济作物的种植成为其不放弃农业的一个经营选项。但经济作物有一个很大的特点，那就是市场波动较大、市场风险较高，即使不考虑农业的自然风险，小农也难以驾驭市场风险，“谷贱伤农”的事例屡屡发生。有鉴于此，普惠式的补贴在很大程度上是解决不了根本问题的，有能力的农户发展规模经营，要么开发农业多功能，要么从事非农行业，以此增加收入来源。但有此能力的农户毕竟少数，这也是现阶段大多数相对贫困的人群存在于农村，同时农村中几乎不存在绝对贫困人口的主要原因。

将单个农户的情形放大，扩展到以农户集合为单位的村落来看，当大多数农户都举家迁移，一种可能的情形是农地闲置与宅基地闲置相互交织而成的“空心村”问题，另一种可能是新型农业经营主体生成下的农业规模经营。在前一种情形下，谁来种地是关键问题，解决不好，以此为对应的农村必然经历着衰败，在很大程度上，可以说这是城镇化进程中农村传统三要素过度单向外流的结果（温铁军，2017）；在后一种情形之中，农村传统三要素之一的土地不存在外流，部分劳动力要素的外流则恰好缓解了农村人地关系，而资本要素不存在外流甚至在国家政策鼓励下迎来了政策资金和社会资本的充盈。诚然，工业化、城镇化进程中，农村生产要素逐渐从传统的单向外流走向城乡自由流动，农村中土地、资本、劳动力、农民企业家等要素的空间重组与优化配置正深刻塑造着新的农业发展范式。现阶段，农业经营主体已实现从单一的承包农户向多元的新型农业经营主体转变。

二、规模农业经营范式

规模农业经营范式实质上是以新型农业经营主体为主导的靠土地规模取胜为特征的发展模式。在土地连片成规模的情形下，专业化的规模农业经营范式，可以节约诸多成本，带来诸多规模效益。

(一) 本质特征

基于市场结构的视角，规模农业经营范式的优点可以从与小农经济发展范式的比较中得出：中国农民仍占绝大多数，小农经济一片“汪洋大海”，小农经济范式所强调的市场结构实际上类似于一个完全竞争市场，农产品大多单一而同质，小农在市场上既缺乏价格定价权，也缺乏必要的组织联合，没有谈判地位的小农，在土地规模制约下，获取较多的经济利益事实上难上加难。规模农业经营范式下的农业则明显不同，较大规模的土地，专业化的农业生产，使得它面临的市场近似于一种介于完全竞争市场与垄断竞争市场之间的市场形态，市场议价能力明显提高，农产品价格相对较高。不过，同样值得说明的是，近似垄断竞争不等于垄断竞争，更不等于完全垄断，在工业领域产能过剩的大背景下，社会资本、工商资本大量进入农村，规模农业经营范式所面临的价格竞争优势也日趋下降，它们同样遭遇着市场风险的冲击，而正因其具有规模优势，得到的冲击也是规模性的，尤其是在规模效益效应不能得到发挥的情况下，生产成本和交易成本也格外趋高，其破坏性极具杀伤力，极易造成资金链断裂，引致农业经营破产。

与小农经济范式的目标设置不同，规模农业经营范式所强调的不是生存温饱型的风险规避式的收入增长，农业规模农业经营范式的目标定位在赚取高额利润的基础之上，将农业看作有前途、有前景的产业。严格来说，在“农地农用”的政策规制下，如果没有政府补贴或政府最低收购价，粮食作物种植实际上赚钱是很难的，甚至很可能亏本。粮食作物的规模经营优势更多的是体现生物技术、化学技术、机械技术和互联网技术等现代技术的创新与应用所带来的技术替代劳动的成本节约，以及它在连片规模经营条件下的固定成本稀释和变动成本减少。当然，现代技术的采用必然依赖高投入的增加，如果涉农补贴与规模效益的总体收益低于投入成本，经营主体也会倾向从粮食作物向经济作物或花卉苗木种植的转变，或者向“种养加一体”的“大农业”转变。亦即表明，规模农业经营范式本身不是构成必然盈利的充要条件，是否盈利很大程度上取决于其作业对象及其所面临的市场结构，就范式而言，关键在于能否真正地实现成本节约。

有必要说明的是，规模农业经营范式不仅是土地的规模或生产经营的规模，如果得不到相应规模的服务体系相匹配，其技术上和规模上的成本节约将大打折扣。从实践来看，规模农业经营范式体现为“土地规模＋服务规模”两种路径（张红宇，张涛，2015）的相互支撑、相互促进。因此，上述规模农业经营范式不仅仅存在于土地规模，而且反映在服务规模的实践之中。前者是基础，可催生新型农业服务主体，产生服务上的规模效益，扩大农业服务半径，促进农业规模经营的发展；后者是补充，新型农业服务主体的形成又将支撑土地规模效益的进一步发展，扩大农业经营半径，同时促进服务规模的发展。经营半径和服务半径的重叠、交互、扩充，都将服务于整个规模农业经营范式，适度规模本身构成农业生产条件与农业经营主体生产能力、农业服务供给水平和农业服务供给能力的函数，规模经营的适度与否也将紧紧围绕上述变量进行动态性的、适时性的调整。

（二）发展约束

任何经济发展范式都有其约束条件，规模农业经营范式发展到一定阶段也不可避免地将面临和回应三大问题，一个是内生的交易成本问题，另一个是外在的风险规避问题，还有一个则是内外互动的利润空间压缩问题。三个问题都不是小问题，不过，市场经济条件下，农业经营主体真正关心的，恐怕当属于利润空间的压缩问题。

鉴于适度规模本身构成农业生产条件与农业经营主体生产能力、农业服务供给水平和农业服务供给能力的函数，新型农业经营主体对于自己的经营规模是否需要进一步扩大是相当清楚的，内生的交易成本实际上具有可观察性和可调整性，故而，在新型农业经营主体看来，规模适度在一定程度上是可控的，防患于未然总是可以巧妙地规避其影响。就风险规避而言，规模农业经营范式的风险规避就在于其规模本身，无论是自然风险，还是经营风险，抑或是市场风险，一旦遭遇，其破坏也将是乘数倍的规模破坏性。不过，庆幸的是风险的发生往往都是离散而随机的，作为一个市场经济主体，他的终极目标不是规避风险，而是在风险规避中追求利益最大化。毫无疑问，利润空间压缩问题才是农业经营主体最为关切的，尤其是在“天花板”（产品价格）和“地板”（要素价格）同时挤兑和压缩的情况下。

与此相伴生的是，随着规模农业经营范式所带来的利润日趋增加，劳动力和土地等要素价格也日渐上涨并呈刚性。另一方面，在经济全球化的时代背景下以及中国加入 WTO 的既成事实中，中国农业发展在获得国际国内两种资源的同时，也饱受国际国内两种价格所带来的冲击。一个明显的事实是，中国农业规模农业经营范式所强调的规模，在服务规模和经营规模都具有比较优势的欧美发达国家面前，显得有些苍白无力。额外的冲击则是，在中国工业领域出现产能过剩后不久，大量的工商资本涌入农村，在促进农村经济发展的同时，农业领域也出现了产能过剩（温铁军，2014），部分农产品价格低迷，甚至出现大面积滞销。利润空间的压缩使得规模农业的进一步发展遇到亟待突破的瓶颈。

在利润空间压缩的情形之下，逆袭之道还需从要素价格和产品价格两个源头着手，一是降低要素价格，二是提高产品价格。而正如前所述，有鉴于要素价格日趋上涨并呈刚性的特征，在经济发展进入快速通道和人民生活水平日益提高的背景下，降低系列要素成本显然难以奏效。与小农经济范式的另一转型路径相类似，一个出路是，在大力强调适度规模经营的同时，必须注重品牌特色发展，提高产品附加值，进而提升产品价格，即从发展范式上讲，必须实现从规模农业经营范式向特色效益农业范式转变。

三、特色效益农业范式

关切社会多元化需求，强调产品异质性，推动品牌化建设，注重附加值提升是特色效益农业范式与规模农业经营范式的本质区别。

（一）本质特征

随着经济社会的发展和人民生活水平的提高，当前城乡居民的消费需求日趋多元，消费结构也更加优化，这构成了多元化消费和高质量消费的重要前提。一个显著的表现是，就农业的生产功能而言，一方面，消费者会倾向于丰富多元的农产品消费，另一方面，消费者会更加重视农产品的质量与安全。可以说，在很大程度上，农业供给侧结构性改革的提出也是基于此的回应。另一个新兴的表现则是，消费者也越来越关注农业的非生产功能，休闲、体验、旅游、文化等新元素也融入农业，正多维度地充实并丰富着农业的多功能性，可以说，农业的内涵和外延得到了不同程度的扩展，农业的功能得到了前所未有的开发。在很大程度上，三产融合、新产业新业态、田园综合体等概念的提出也都是基于此的回应。故而，对于特色效益农业范式而言，农业的概念已发生很大的变化，农业不仅仅是农业，一、二、三产融合，做农业也不能仅仅做生产，做农业还要兼顾销售和服务，未来农业的发展应该更多地注重消费者日益增长的美好生活需求，注重农业多功能性的全方位开发。

（二）发展约束

总的来说，当前特色效益农业范式方兴未艾，但其能否持续持久依然面临不少困难。首先是资金筹措问题，与规模农业经营范式的农业相比，品牌特色农业同样具有前期投入大、回报周期长等特点，只是除了前期基础设施建设以及每年生产成本开销之外，额外的投入还有来自于品牌的打造、农特产品的营销、相关专利的申报以及健康标准的认证等。显然，高额的成本投入对于所在的农业经营主体都是所难以承受的，非正规金融和正规金融具有重要作用。

其次是生产经营问题，诚如前文所体现，特色效益农业范式在生产经营方面主要有两种取向，一种是以农产品为核心，重点打造农特产品、品牌农产品，注重生态有机，提高产品附加值；另一种取向是以农业功能开发为抓手，推动一、二、三产业融合，延长农业产业链，实现农业综合创收。毋庸置疑，这样的农业一方面需要农业生物技术、农业机械化技术以及农业信息技术等现代农业技术的支撑，另一方面也需要财务管理、市场营销、人力资源管理以及农业经济管理等管理知识的积累。注重人力资本投资，培育新型农业经营主体，培育现代职业农民或农民企业家，都是未来农业发展的重要任务。

最后是利益联结问题，尤其是与承包农户的利益联结问题。在改革开放以来的农地制度安排中，实现承包农户增收是制度目标，维护承包农户权益是制度底线，农地制度的进一步改革需要围绕上述制度约束进行边际调整，在现行的农地制度框架下，农地制度的产权安排实际上是所有权归集体、承包权归承包农户、经营权归新型农业经营主体这样一个三权分置的格局。因此，如果日常经营中，经营权与承包权、所有权的关系未处理好，那么一方面将无助于承包农户的地权稳定，另一方面也将影响新型农业经营主体的经营预期，最终不利于农村的社会稳定和农业的可持续发展。

四、研究结论与政策含义

（一）简要回顾

就目前来看，三种农业发展范式都广泛存在，并呈现各自的生存逻辑，体现着中国转型转轨的时代变化。对于小农经济范式来说，它是中国人多地少国情下人地关系紧张约束的直接产物，同时又处在中国社会从“乡土中国”向“城乡中国”转型，“计划经济”向“市场经济”转轨的过渡阶段（郑杭生，2009）。在工业化和城镇化的进程中，城乡要素的自由流动鼓励着这种范式的劳动力都得到充分的释放，城乡之间可进可退的制度通道也使得以种养结合为主要特征的“大农业”式的兼营化农业经营模式和以非农就业为主要收入来源的“三产互动”式的兼业化农业经营模式都表现出一定的生命力。不过，对于单个家庭而言，这种发展范式所获得的收入总体来说是较少的，收入跃升一个台阶需要付出很大的努力，城乡融合发展是支持它们进一步发展的重要动力。

对于规模农业经营范式来说，工业化、城镇化进程中，农村承包农户和经营主体的分离，农地的自由流转以及工商资本的准入放开，构成了此种发展范式以及品牌特色范式的前提。它遵循的是新古典经济学的利益最大化原则，产量最大化情况下的成本最小以及成本最小化情况下的产量最大始终是追求的目标，因规模本身具有经济性及规模催生经济性，再加上政府补贴的作用，这种农业发展范式也保持着较强的生命力。规模农业经营范式面临的问题则是如何规避市场风险，争取产有所销，实现马克思所谓的“惊险的一跃”。

与规模农业经营范式所不同的是，特色效益农业范式并不仅仅局限于“产量-成本”的思维模式，它更关注的是“价格-成本”约束下的利润突围。

此外，如果说规模农业经营范式主要关注的是消费者群体的一般性问题、数量的问题，特色效益农业范式主要关注的则是消费者群体的特殊性问题、质量的问题，后者更加懂得去回应消费者收入水平提高后消费形式多样化、消费结构优化的问题，其简单的逻辑是消费者群体对某一特定商品的需求总是有限的，即存在边际消费递减，而差异化、多元化的需求总是无穷的，即需求也可创造供给。不过，特色效益农业范式面临的挑战也更大，资金筹措、生产经营和利益分配等问题都制约着它的发展。三种农业发展范式大致呈现“小农经济发展范式—规模农业经营范式—特色效益农业范式”的演进路线，但这种演进也并不绝对，共生共存的范式生态便是很好的证明。

（二）趋势研判

据此，我们可以有一个简单的预判，即在未来很长时间内，以上三种农业发展范式都将存在并且长期存在。不过，这种存在将是一种动态的演化，一个方向是，部分农民市民化，不再从事农业；另一个方向是，部分农民职业化，农业经营形态更多的朝着规模农业经营范式和品牌特色范式所指引的方向发展。当然，不论是部分农民市民化，还是部分农民职业化，都还得回到农业本身来寻求答案。在市场经济条件下，农业归根结底是一个产业，是产业还需关注利润或收入问题。如果经营农业不能获得利润，那么农业问题就是真命题，反之，农业问题就是假命题。

至于获取多大利润，不同农业经济发展范式所追求的目标是不同的。对于小农经济发展范式而言，他们基本属于理性的风险规避者，只要经营农业的收入不低于其非农就业的收入，一般来说，他们仍然是倾向于从事农业，农业不仅构成了他们的生产方式，也构成了他们的生活方式。对于规模农业经营范式和特色效益农业范式而言，他们基本理性是属于风险偏好者，除非他们对农村有着特殊的情结，否则，经营农业的收入需要远高于其从事非农产业的收入，他们才有可能从事农业生产，不然，对他们而言，进入农业既是一种风险，也是一种挑战。

（三）政策含义

最后，关于未来中国农业农村经济发展的政策含义也是极为明显的：①建立健全城乡融合发展机制，促进劳动力合理有序转移。人地关系始终是制度变革的主轴，农民收入的提高、农村经济的发展有赖于农村人地关系的改善，以及城乡互动过程中的要素回流与重组。②转变农村经济发展思路，发展农业和农村两个现代化。在城乡居民消费结构日益改善以及消费水平明显提高的背景下，农民收入的提升既要关注农业的生产功能，也要关注其非生产功能，要从农业经济的概念上升到农村经济的概念，追求农业农村现代化，最大限度地提高农民收入。“不考虑农民的出路在哪里，是解决不了中国农村问题的”（陈锡文，2017）。总之，回到农业发展范式本身，未来农业发展的关键还在于农业是否能够创造一个与其他产业相匹配的可观收入，是否能够在尊重小农经济范式的情况下，大力扶持规模农业经营范式与特色效益农业范式，改善不同发展范式的约束条件，增加农业经营主体总体收入，进而藏粮于民、藏粮于地、藏粮于技，确保中国转型转轨中国的粮食安全与食品安全，满足消费者日益增长的美好生活需求。

【参考文献】

陈锡文．不考虑农民的出路在哪里，是解决不了中国农村问题的．第一财经，http://www.yicai.com/news/5349376.html.2017-09-24.

黄宗智．华北的小农经济与社会变迁．北京：中华书局，2000.

刘守英．从“乡土中国”到“城乡中国”．财经杂志，http://news.ifeng.com/a/20160801/49696998_0.shtml.2016-08-01.

托马斯·库恩．科学革命的结构．金吾伦，胡新和，译．北京：北京大学出版社，2004.

温铁军．粮食金融化挑战中国粮食安全．上海证券报，http://paper.cnstock.com/html/2014-12/03/content_467816.htm.2014-12-3.

温铁军．中央一号文件和“三农”问题．中央电视台，http://news.cctv.com/2017/03/28/VIDErG4MeiZchNdbArIOQzuI170328.shtml.

杨玉震，常崇信．城乡经济一体化中农村劳动力转移问题研究．农业经济问题，1988(9)：21-25.

张红宇，张涛．农业规模经营的两种路径选择．农村实用技术，2015(12)：16-17.

郑杭生．改革开放三十年：社会发展理论和社会转型理论．中国社会科学，2009(2)：10-19，204.

（作者单位：浙江大学中国农村发展研究院）

比较优势视角下的我国农业技术路线选择

肖双喜

一、引言

我国粮食的“两板挤压”“三量齐增”“双灯限行”等问题已经成为客观现实①。以我国政府定义的粮食标准看，国内粮食真实自给率已经不到80%。按此趋势发展，我国农业将极度缺乏竞争力。此局面的形成表明我们农业技术路线可能出现了战略性失误。本文结合理论推演、实证模型以及田野调查，对此问题进行了初步研究。

二、研究综述

针对我国农业竞争力降低的事实，众多学者进行了研究，并给出了解决对策。陆文聪、许为（2016）利用 BEPII-BACI 数据库计算结果表明，我国农产品国际比较优势一直呈下降趋势。原本处于比较劣势的农产品仍然是劣势，而原本具有优势的农产品也因成本上升而不断下降，未来我国农产品国际贸易竞争压力越来越大。陈锡文（2016）指出我国农产品问题主要是价格缺乏竞争力，而该问题根本原因是我国人多地少、规模经营非常有限导致。解决此问题的办法就是市场化，把政府补贴与市场价格分开，恢复国内农产品的竞争力。另外一个思路就是继续实施规模化，扩大经营规模，提升社会化服务水平。钟甫宁（2016）研究指出农业劳动力成本上升是我国粮食成本上升的关键因素。而降低劳动力成本需要通过机械化与制度创新，同时尽可能用生物技术消除或者缓解瓶颈阶段（即季节性需求）的劳动力需求。何秀荣（2009，2015）通过对世界各国农业微观组织的竞争力进行比较以后，发现规模化的公司制农场是最有竞争力的。因此，以企业为母体的租赁式公司农场和以农地股份制为基础的公司农场将成为我国未来农业微观组织的重要形态。只有把农场规模扩大到具有农场经济可持续性的底线之上，才有机会再

① “三量齐增”，指粮食产量、库存和进口量全部增长；“两板挤压”指我国农产品生产成本代表的“地板”与国际农产品市场价格代表的“天花板”对我国农业生存空间的挤压；“双灯限行”指我国资源环境的“红灯”与世贸组织设置的农业补贴政策的“黄灯”对我国农业继续发展的限制。

来缓解农业中的一系列其他问题，否则任何农政措施实际上只会治标不治本。

对于我国农业竞争力低下问题的原因与解决对策，还有一部分学者提出了完全不同的观点。温铁军、董筱丹、石嫣（2010）以国际比较方式指出我国以“石化”为特征的农业现代化在20世纪50年代与90年代的探索都没有成功，而同样学习石化农业的朝鲜与古巴也都前后导致了粮食危机。因此，走石化农业的道路不适合发展中国家，也不适合我国，石化农业是造成我国农业竞争力低下的最根本原因，而解决此问题必须要走社会化生态农业道路。蒋高明等（2017）以长期的实践为基础，研究发现临沂农村在多年发展石化农业后已经遇到了环境污染、农产品质量降低、现代疾病高发等各种不利情况，但在发展生态农业后，环境得以保护，农产品产量与质量都得以提升，农民收入水平也显著提高，因此发展生态农业才是提升我国农业竞争力的根本道路。

综上可知，我国学术界对农业竞争力低下问题的原因判断与对策设计都完全不同，仍处于争论之中。农经界部分学者认为我国农业竞争力低下的原因在于规模与价格制度，而解决的办法不外乎提升规模、机械化、价格改革等。显然，这种思路未能找到我国农业竞争力低下的真正原因。而另一部分学者分别从农村发展、世界比较以及实践发展等角度分析了我国发展生态农业的必要性与可行性，但未能用经典的经济学理论来论证我国发展生态农业的理论必然性，因而未被学术界重视与认可。学术界的这种争论反映到政府决策中就是我国农业发展道路的摇摆。一方面政府宣称要发展生态农业，建设“两型社会”，另一方面又斥巨资收购石化农业技术巨头先正达，默许转基因滥种。这种摇摆浪费了我国农业发展的宝贵时机，使农业竞争力越来越弱，粮食安全、农村发展都遭到了巨大挑战。本文以传统的比较优势理论为基础，论证我国农业技术路线方向，以期明确我国农业发展的未来之路。

三、我国农业技术路线理论推演

根据田国强（2005，2016）、林毅夫（2009）关于经济学方法论以及经济学本质中对假说的研究，以及李正风（1996）、沙世蕤（2005）等人对假说研究方法的论述，本人将研究假说整理成如下五个部分：第一，假定，即对研究环境、研究对象的简化定义，其目的在于简化环境以突出研究对象；第二，设定，即对研究对象目标、资源与行动制度进行主观界定以明确分析问题；第三，因果关系，即确定研究对象（可理解为模型中的变量）之间影响关系；第四，均衡结果及其推论，即各研究对象在相互影响后最终达到的相对稳定结果，以及利用这些结果对事实的解释与未来的预测；第五，假说评估，即对假说结果有效性进行评价。以此为基础，对我国农业技术路线进行了理论推演与基本评价。

（一）石化技术下的我国农产品国际贸易竞争优势恶化假说

假定 1：世界上只有经济不断增长的中、美两国，每国只有农业生产者、消费者以及作为管理者的政府；两国生产者、消费者、政府都是理性经济人。

设定 1：美国人少地多且地势平坦，劳动节约型技术优势显著，生产者追求个体利润，政府追求产业竞争优势，消费者追求价廉的农产品；我国人多地少且地形复杂，劳动节约型技术无优势，但精耕细作的劳动密集型技术生态经验优势明显，生产者追求利润，消费者追求价廉农产品，政府追求农业综合效益最大化；入世前，中美之间存在贸易壁垒但在入世后中美生产者与消费者按市场规则进行交易，不考虑贸易壁垒。

因果关系 1：

H11：美国因人少地多与劳动节约型技术支撑，农业规模越大，石化投入越多，其成本越低，农业比较优势越强大。

H12：我国因人多地少、地形复杂，劳动节约型技术应用困难，农业规模难以增加，石化投入增加未必能带来成本的持续性降低，农业比较优势难以提升。

H13：中美农产品成本逐渐拉大，入世带来的贸易壁垒消失导致我国农产品进口量越来越大，美国出口量越来越大，我国农业国际比较优势下降而美国上升。

均衡结果及其推论 1：我国必须不断进口来自美国的农产品，如大豆、棉花等，直至美国边际成本上升到我国水平，中美农产品市场取得均衡。在这种贸易格式下，美国将继续扩大农业经营规模，同时继续大力发展劳动节约技术，尤其是转基因技术、化学技术与机械技术。而我国必须让渡出部分国内市场，农业、农村出现一定的萧条。

假说评估 1。该假说推论表明，在中美农产品国际贸易中，美国利益实现了最大化，而我国农业则完全舍弃了自己的比较优势。我国人多的优势完全被石化技术所消除，而地少的劣势则因规模化经营的客观要求而遭无限放大。对我国而言，这条技术路线完全违背了国际贸易比较优势理论。

（二）生态技术下的我国农产品国际贸易竞争优势提升假说

假定 2：同假定 1。

设定 2：同设定 1，但消费者追求目标从价廉的农产品转变为健康的食物与优美的环境。

因果关系 2：

H21：收入越高，消费者的健康与环保意识越强；健康、环保意识越强，对质量更好且更环保的生态农产品支付意愿越高，再加上政府引导，生态农产品消费者群体越来越大。

H22：美国的人少地多与劳动节约技术的双重优势并不能转化成农产品质量优势，因而导致其在生态农产品市场上缺乏竞争优势，经济越发展，美国规模化的石化农业越没有竞争优势；我国生态技术研发与推广，再加上传统农业经验与人多地少优势，可以带来更强的生态农产品生产与质量优势，我国经济越发展，农业竞争优势越强。

H23：因为我国生态农产品竞争优势越来越大，我国逐渐减少从美国进口低劣农产品，并开始向美国出口更多优质生态农产品。

均衡结果 2：我国将向美国出口越来越多的生态农产品，然后导致我国农业成本上升；而美国在现代机器人技术支撑下大力发展生态农业，并使其成本下降；当国际贸易使两国边际成本相等时，两国实现贸易均衡。

假说评估 2：该假说可实现帕累托最优且激励相容。我国生态农产品出口提升了美国农产品质量，且降低了美国消费者生活成本，这样美国政府对我国生态农业发展持欢迎态度。而我国生态农业发展既满足了国内需求，又全面发挥了比较优势，真正彻底解决了我国农业竞争优势低下问题。

（三）技术发展路线总结

从假说 1 到假说 2 转变的条件是消费者需求从追求质低、价廉的农产品转变为追求健康农产品与优美环境。一旦该条件成熟，我国农业劳动力丰富、生态种植经验悠久的潜在优势就会变成现实优势，而人多地少、规模偏小的成本劣势也会迅速得以弥补。而通过本人调查与判断，我国的这个条件正在形成。我国抓住这种战略机遇的唯一办法就是大力发展生态农业，在生产出健康农产品同时创造优美的生态环境；同时，也要逐步放弃以低成本、低质量为代表的石化技术，尤其是目前广泛使用的化学技术以及抗虫、抗除草剂转基因技术。该假说成立的重要推论就是我国农业技术方向必须转型，从劳动节约型为主的石化技术转向劳动、知识双密集型的生态技术。

四、农业技术方向变化的实证分析

（一）实证方法与数据来源

对前面两个假说的实证，关键在于证明美国农业比较优势与其石化技术之间的正相关关系，同时证明我国农业比较优势与石化投入的负相关关系，最后再证明，实施生态技术后，我国农业会再次恢复比较优势。一国农产品比较优势一般显示性比较指数进行表达，本文以 Balassa（1963）设计的公式进行表达，其公式如下：

$$RCA_{i,c} = \frac{x_{i,c} / \sum_i x_{i,c}}{\sum_c x_{i,c} / \sum_{i=1}^{n} \sum_{c=1}^{n} x_{i,c}}$$

式中，$x_{i,c}$ 表示 c 国家 i 产品出口额；$\sum_i x_{i,c}$ 表示 c 国出口总额；$\sum_c x_{i,c}$ 表示 i 产品的世界出口额；$\sum_{i=1}^{n} \sum_{c=1}^{n} x_{i,c}$ 表示世界总出口额。

该定义可以表达为某国某一产品的出口额占该国出口总额的比除以该国出口总额占世界出口总额的比。该指标在回归过程中会导致大于 1 的样本赋予更大权重且导致 t 统计不可靠，因此本文采用对称的 RCA（Symmetric RCA），其公式为：

$$SRCA_{i,c} = \frac{RCA_{i,c} - 1}{RCA_{i,c} + 1}$$

中美农业比较优势指数建立后，利用回归模型判定其与石化投入之间的关系，验证假说 1。再利用调查数据与典型案例证明假说 2。我国农产品比较优势数据以及石化技术投入，如化肥、农药、柴油等数据全部来自于国家统计局数据库，美国农业比较优势计算数据与投入数据分别来自美国农业部 PSD ONLINE 与 NASS 数据库。全世界产品出口数据，美国与我国总出口额数据来自 WTO 年度统计数据库。调查数据与案例来自于笔者主持的安徽农业大学每年举行的农经调查与相关二手资料整理。

（二）美国农业比较优势变化与石化技术关系分析

1. 模型与数据介绍。为验证美国农业比较优势变化与石化技术关系，笔者建立以美国农业对称显示性比较优势指数为因变量，以石化技术投入与我国对称显示性比较优势指数为代表的自变量。考虑到我国加入世贸组织后，我国农产品进口壁垒减少，美国农业比较优势可以迅速体现出来，模型中加入了我国加入世贸组织虚拟变量。根据第三部分假说，美国农业比较优势与其石化投入是成正相关的，即农场规模越大，石化投入（化肥、农药与能源投入总量）越多，转基因种植面积（数据缺失）越大，美国农业比较优势越大。模型设计如下：

$$Y = f\,(farms,\ fuelchem,\ CSRCA,\ D1)$$

式中，Y 为美国农业比较优势，以对称显示性比较指数代表 $farms$ 为美国农场规模；$fuelchem$ 为美国农业石化支出；$CSRCA$ 为中国农业对称显示性比较优势指数；$D1$ 为中国加入世贸组织虚拟变量。

模型样本为 32 个，从 1985—2016 年。石化投入单位为 10 亿美元，农场规模单位为英亩，对称显示性比较优势指数按上述公式计算，在－1 与 1

之间。J-B值及其概率显示，数据为正态分布。数据描述性统计见表2。另外，由于是时间序列，在建模之前需要对各变量平稳性进行检验，并判断变量之间是否存在协整。经过计算，除虚拟变量，其他变量皆为一阶单整，并存在协整方程，可建立回归模型。加入世贸组织虚拟变量在2003年以前设为0，其后设为1。之所以这样设计是因为在实际数据处理过程中发现我国主要农产品进口大幅增长并不是发生在入世的2001年，而是滞后于2003年(表1)。

表1　入世后我国每年部分农产品进口增长率

指标	2015	2014	2013	2012	2011	2010	2009	2008	2007	2006	2005	2004	2003	2002	2001
大豆	0.14	0.13	0.09	0.11	−0.04	0.29	0.14	0.21	0.09	0.06	0.31	−0.02	0.83	−0.19	0.34
棉花	−0.40	−0.41	−0.19	0.53	0.18	0.86	−0.27	−0.14	−0.32	0.42	0.35	1.20	3.83	2.00	0.20

资料来源：笔者整理，原始数据来自国家统计局数据库。

表2　美国模型主要自变量描述性分析

	石化投入	农场规模	我国加入世贸	我国对称显示性比较优势指数	美国对称显示性比较优势指数
均值	17.69	440.03	0.47	0.17	0.20
中位数	15	440.00	0.00	0.28	0.21
最大值	33	464.00	1.00	0.96	0.36
最小值	8	418.00	0.00	−0.61	−0.06
标准差	7.46	11.05	0.51	0.58	0.13
偏度	0.54	0.37	0.13	−0.06	−0.56
峰度	2.02	3.20	1.02	1.37	2.23
J-B值	2.84	0.79	5.33	3.58	2.44
J-B概率	0.24	0.68	0.07	0.17	0.29
总和	566	14 081.00	15.00	5.53	6.45
离差平方和	1 726.88	3 786.97	7.97	10.57	0.50
观察值	32	32	32	32	32

数据来源：作者计算，原始数据来自美国农业部与WTO数据库。

2. 计算结果。 模型计算结果显示，$R^2=0.63$，F值为12，对应的概率为0.00，模型整体效果较好。从各自变量情况来看，美国农业比较优势与其农业石化投入密切相关，在1%概率下通过检验，初步验证了假说1中的美国农业比较优势与石化投入正相关；美国农场规模与美国农业比较优势没有关系，这与美国农场规模在上世纪就已经趋于稳定有关，根据张士云等(2014)对美国农场规模变化趋势的研究，自1990年以来美国农场规模已经趋于稳定，且因小农场数量增加而略有下降，这是美国生态农业发展的结果，单独使用美国石化农场规模数据才能验证该观点；我国农业比较优势与美国农业比较优势没有出现假说中的负相关关系，反而是显著的正相关关系，其原因在于我国农产品市场在入世前是近似封闭的，美国的农产品比较优势无法通过自由贸易展示出来。而我国加入世贸组织的虚拟变量较好地显示了这种影响，模型显示，我国加入世贸组织显著地提升了美国的比较优势。为了验证中美比较优势是负相关的，仅取 2001 年以后的数据并去掉入世虚拟变量后再建模，这时发现我国的农业比较优势与美国比较优势完全负相关，且在 1%的概率下通过检验，见表 4。更为重要的是，在该模型中，影响美国农业比较优势的石化投入、农场规模变量皆不显著，唯一显著的就是我国农业比较优势，且模型调整后总体拟合优度达到 0.86，这说明美国农业比较优势上升几乎完全是我国农业比较下降带来的。虽然本文只是假定世界上只有中美两国，理论上其他国家也会有一定的影响，但没想到真实的世界离假说是那么接近。

表 3　美国农业比较优势影响因素（1985—2016）

变量	系数	标准差	T 值	概率
常数项	－1.09	0.81	－1.35	0.19
石化投入	0.02	0.01	4.22	0.00
农场规模	0.00	0.00	0.68	0.50
我国比较优势指数	0.62	0.11	5.55	0.00
入世	0.46	0.08	5.51	0.00

资料来源：作者计算。

表 4　入世后美国业比较优势影响因素（2001—2016）

变量	系数	标准差	T 值	概率
常数项	0.95	0.62	1.54	0.15
石化投入	0.01	0.00	1.45	0.17
农场规模	0.00	0.00	－1.60	0.14
中国比较优势指数	－0.26	0.08	－3.16	0.01

资料来源：作者计算。

3. 总结。美国农业的比较优势来自于其高效、低成本的石化技术与大规模的土地。美国因为有丰富的土地资源，石化技术的发展可以大幅降低成本，所以能在国际上获得强大的比较优势。以美国主食小麦为例，在石化技术的帮助下，每英亩真实成本是不断下降的，见图 1，该结论补充验证了美国农业比较优势与石化投入的关系，即石化投入降低了美国农业的真实成本，进而使美国农业在国际上获得更大的比较优势。

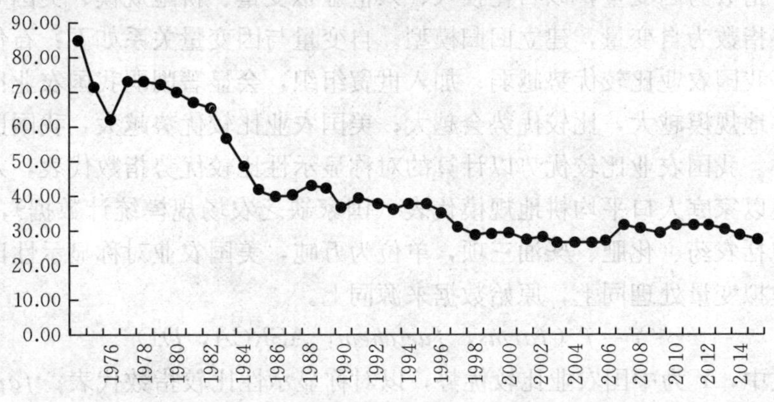

图1　美国小麦每英亩成本趋势（1975年不变价）

资料来源：美国农业部 NASS 数据库，美国商业部经济分析局。

在自由贸易的国际市场上，美国农业比较优势可以实现自我强化，并以他国比较优势恶化为代价，见图2。我国在加入世贸组织后的2003年对称比较优势指数就降到了0以下，而美国反而迅速上升。不管是模型的计算结果，还是简单的图形展示，都可以看出美国农业比较优势上升是以我国比较优势恶化为代价的，见图2。

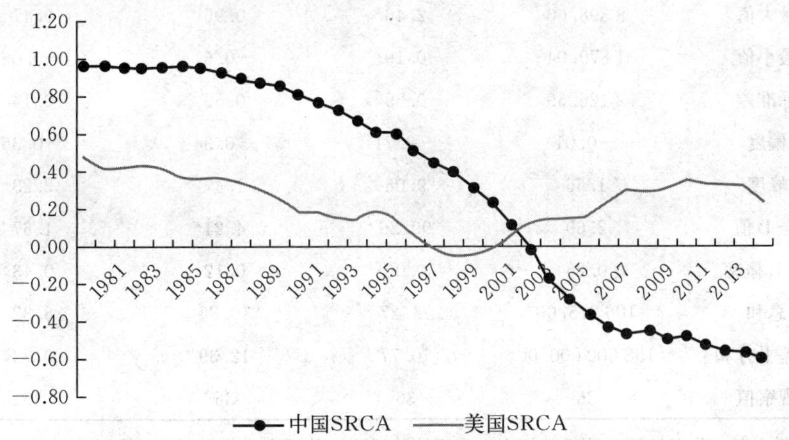

图2　中美对称显示性比较优势指数变化

资料来源：作者按公式计算，原始数据来自于 WTO 统计数据库、美国农业部统计数据库、我国统计局数据库。

（三）我国农业比较优势弱化与石化技术关系分析

1. 模型与数据来源。根据前述假说，我国农业在采用石化技术以后并不能带来成本持续性降低，不但不会导致比较优势增加，反而因质量优势的消失而使我国农产品比较优势不断降低。为验证该假说，本文以我国对称比较优势指数为因变量，以石化投入、入世虚拟变量、耕地规模、美国对称比较优势指数为自变量，建立回归模型。自变量与因变量关系如下：石化投入越多，我国农业比较优势越弱；加入世贸组织，会显著削弱我国农业比较优势；耕地规模越大，比较优势会越大；美国农业比较优势越大，我国比较优势越小。我国农业比较优势以计算的对称显示性比较优势指数代表，人均耕地规模以家庭人口平均耕地规模代表（国家缺乏农场规模统计数据），石化投入包括农药、化肥、柴油三项，单位为万吨，美国农业对称显示性比较优势与虚拟变量处理同上，原始数据来源同上。

$$Y=f\ (farms,\ fuelchem,\ ASRCA,\ D1)$$

式中，Y 为中国农业比较优势，以对称显示性比较指数代表；$farms$ 为人均耕地规模；$fuelchem$ 为中国农业石化投入；$ASRCA$ 为美国农业对称显示性比较优势指数；$D1$ 为中国加入世贸组织虚拟变量。

表 5　我国模型主要自变量描述性分析

	石化投入	人均耕地规模	我国优势指数	美国优势指数
均值	5 174.30	1.98	0.30	0.23
中位数	5 425.83	2.08	0.47	0.25
最大值	8 398.60	2.46	0.96	0.47
最小值	1 879.04	0.19	−0.61	−0.06
标准差	2 126.69	0.55	0.59	0.14
偏度	−0.01	−2.71	−0.34	−0.36
峰度	1.66	9.06	1.47	2.23
J-B值	2.69	99.26	4.21	1.67
J-B概率	0.26	0.00	0.12	0.43
总和	186 275.00	71.27	10.88	8.32
离差平方和	158 000 000.00	10.77	12.39	0.73
观察值	36	36	36	36

资料来源：作者计算，原始数据来自我国统计局库、美国农业部与 WTO 数据库。

2. 计算结果。利用上述模型与数据，在假说与数据散点图分析的基础上，建立线性回归方程。由于是时间序列，对所有数据进行了单整检验，除虚拟变量外，各变量都是一阶单整，且变量间存在协整（具体步骤略）。计算结果如下：模型调整后 $R^2=0.99$，F 值对应概率通过检验，模型总体效果非常好。所有自变量在 10%概率下通过检验。从单个自变量来看，除农户经营规模与比较优势正相关外，其他变量都呈显著负相关，其中我国入世与美国比较优势影响最大（表 6）。这说明，在国际农产品自由贸易中，我国农业比较优势一定会被美国化解，并且越来越弱。

表 6 我国农业比较优势影响因素

变量	系数	标准差	T 值	概率
常数项	1.45	0.07	20.03	0.00
石化投入	−0.000 2	0.00	−16.04	0.00
农户经营规模	0.09	0.02	3.96	0.00
入世虚拟变量	−0.34	0.05	−6.27	0.00
美国比较优势	−0.19	0.10	−1.78	0.09

资料来源：作者计算。

3. 总结。与美国相反，石化技术不但没有增强我国农业的比较优势，反而使其不断下降，进而导致了我国现在“三量齐增”“双灯限行”的战略困境。入世后，再次加剧了这一进程。同是石化技术，在美国能降低成本，在中国却增加成本，其原因在于我国人多地少的客观条件。人多地少使我国农户无法形成与美国农场匹敌的经营规模，所以石化农业在较大规模上降低成本的威力在我国无法体现，反而因各类物质投入增加使成本不断上升（图 3），比较优势丧失则是必然结果，这与美国相比正好是完全相反的趋势（图 1）。

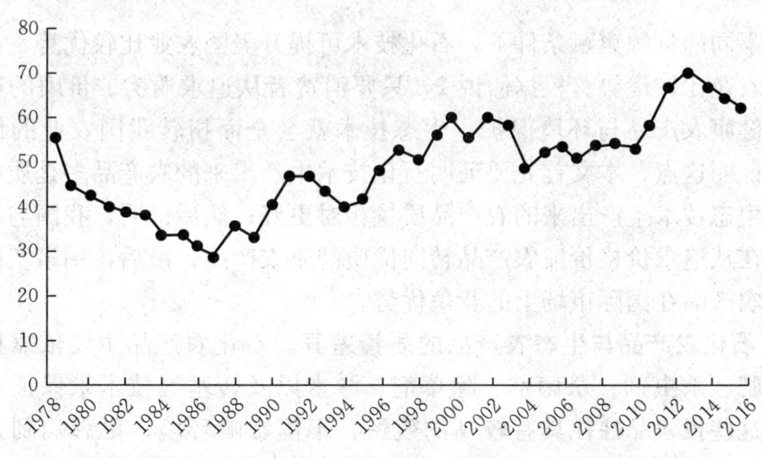

图 3 我国三种粮食成本变化趋势（以 1978 年不变价计算）

资料来源：中国知网数据库。

根据日本贸易振兴会（JERTO）提出的标准，当 RCA 数值大于 2.50 时该产业具有极强比较优势。以此为依据，我国在 1999 年以前，农业都是具有极强比较优势的，比较优势的真正丧失是2003年以后，见图4。在石化技术尚未完全普及的20世纪80年代，我国农业比较优势指数则在10以上，传统农业在科技落后的情况下依然可以在国际上为工业发展不断创汇。而今天，在经过多年的石化技术发展后，我国的多数农产品在国际市场上连低价贱卖的资格都丧失了（各国会以绿色壁垒为借口直接拒绝我国农产品）。由此可见，石化农业在成本与质量上都彻底抑制了我国农业的优势。

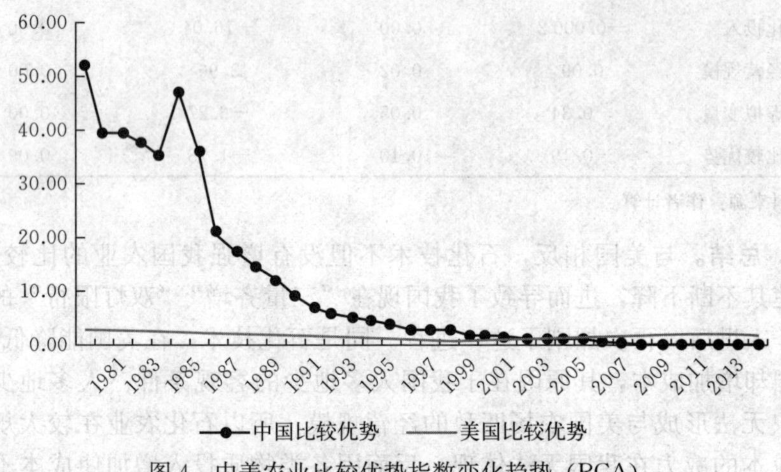

图4　中美农业比较优势指数变化趋势（RCA）

资料来源：笔者按公式计算，原始数据来自于WTO统计数据库。

（四）生态技术路线与我国农业比较优势提升实证

在不同的资源禀赋条件下，石化技术可提升美国农业比较优势，也可降低我国农业比较优势。根据假说2，只要消费者从追求质劣、价廉的产品转向追求健康农产品与环境保护，生态技术就会全面扭转我国农业的比较劣势。要证明这点，本文首先要证明石化技术生产出来的农产品多是质劣、价低，而生态技术生产出来的农产品质量相对更好；然后证明，我国与美国消费者正在从追求价格价廉农产品转向优质健康农产品；最后，用事实证明我国生态农产品在国际市场上的竞争优势。

1. 石化农产品与生态农产品的质量差异。石化农产品主要依靠投入大量的化肥、杀虫剂、杀菌剂、除草剂、激素以及转基因技术来保证农业生产。而这些投入品往往具有较高的残留，不但影响环境，更影响到人类健康。根据国内外相关研究，农药残留对人体健康影响总体表现为“三致”，即致畸、致癌、致突变。如，相关研究发现长期食用含有有机磷农药残留的食物会导致出生缺陷（Bouchard M，Chevrier J，Harley K，2011）、神经系统功能障碍、生殖毒性、癌症等（伍一军，2005）；而有机氯类农药残留体内代谢产物具有干扰内分泌功能，产生生殖与发育毒性（刘国红，杨克敌，刘西平，2005）；有机磷、有机氯农药残留会对人甲状腺内分泌产生干扰，进而影响甲状腺功能（王琦，2015）。除农药外，以草甘膦为代表的除草剂对人体健康影响也较为明显，塞拉里尼等（2013）研究指出即使是低剂量的草甘磷残留也会诱发实验老鼠产生各类生殖疾病与癌症，刘剑（2013）研究发现除草剂阿特拉津对人卵巢癌 Skov3 细胞的具有增殖及侵袭能力，谢永鹏（2011）研究指出百草枯会造成肺成纤维细胞增殖活性降低，促进肺纤维化，降低纤维细胞黏弹性，改变了肺成纤维细胞正常的生长代谢及骨架结构，进而给中毒者带来非可逆的致命伤害。作为石化技术的自然延伸，被主流学者一向认为安全且与传统食物实质等同的转基因农产品也出现了质量低下的问题。夏义苗、陈复生、郝莉花（2017）通过对国内外文献进行整理，发现抗草甘膦大豆与非转基因大豆在总体成分、蛋白质及氨基酸、脂肪及脂肪酸、抗营养因子和矿物元素组成等五个方面仍然存在显著性差异，美国传统的实质等同标准并不存在。在夏义苗等介绍的研究中，T. Bøhn，M. Cuhra，T. Traavik（2013）对有机大豆、化学施肥大豆和抗草甘膦大豆在糖类、蛋白质、脂肪和灰分等三方面的对比研究最为显著，该研究发现有机大豆有益营养价值最高，而不利的饱和脂肪酸和 ω-6 脂肪酸含量最低，抗草甘膦大豆草甘膦和氨甲基膦酸农药残留量较高，与有机与常规大豆存在显著差异。以上相关研究共同表明，石化技术生产出来的农产品对人类健康有着显著的负面影响。

与石化技术生产的农产品相反，生态技术生产的农产品产品质量更为可靠，农药、硝酸盐、重金属残留更少而各类营养物质更多。除此之外，多数生态农场还通过绿色与有机认证。这些产品对人类健康产生了积极影响，如美国 Joshua P. Berning（2012）研究发现原本从超市购物的美国家庭转向从 CSA 农场购买食物后，在其他条件不变的情况下，其家庭成员体重在一年内降低了 20%。2017 年 6 月，笔者对合肥市参加农夫市集的生态农场产品进行了抽检，发现有机磷、有机氯两大类农药残留远低于国家绿 A 级标准，而市场采购的产品则多数超过上述标准，见表 7 与表 8。

表 7　合肥市新农人市集蔬菜有机氯类农药残留检测结果

单位：毫克/千克

农场名称	平均值	绿 A 平均值	结果
1. 闽萃堂韭菜	0.04	0.13	符合标准
2. 安绿园豆角	0.06	0.13	符合标准
3. 谷米农庄空心菜	0.05	0.13	符合标准
4. 麦吉小西红柿	0.08	0.13	符合标准

（续）

农场名称	平均值	绿 A 平均值	结果
5. 善田农场辣椒	0.03	0.13	符合标准
6. 乐圃小南瓜	0.04	0.13	符合标准
7. 御菜园空心菜	0.06	0.13	符合标准
8. 读蔬豆角	0.05	0.13	符合标准
9 莎莲娜西红柿	0.08	0.13	符合标准
10. 金寨生姜	0.09	0.13	符合标准
11. 阜阳生姜	0.63	0.13	超标
12. 云南生姜	0.40	0.13	超标
13. 市场笋干	0.16	0.13	超标

注：数据来自于本课题委托安徽农业大学大别山试验站检测。检测的平均值是指 12 种有机氯农残平均值，绿 A 标准是指绿 A 中的 12 种农残在不同蔬菜上的平均值，为便于比较，进行平均。10 -13 号产品来自于大别山试验站在当农贸市场的采购，用于对比。

表 8 新农人市集蔬菜有机磷类农药残留检测结果

单位：毫克/千克

农场名称	平均值	绿 A 农残平均值	结果
1. 闽萃堂韭菜	0.12	0.15	符合标准
2. 安绿园豆角	0.00	0.15	未检出
3. 谷米农庄空心菜	0.01	0.15	符合标准
4. 麦吉小西红柿	0.01	0.15	符合标准
5. 善田农场辣椒	0.00	0.15	未检出
6. 乐圃小南瓜	0.01	0.15	符合标准
7. 御菜园空心菜	0.00	0.15	未检出
8. 读蔬豆角	0.00	0.15	未检出
9 莎莲娜西红柿	0.01	0.15	符合标准
10. 金寨生姜	0.04	0.15	符合标准
11. 阜阳生姜	0.04	0.15	符合标准
12. 云南生姜	0.05	0.15	符合标准
13. 市场笋干	0.41	0.15	超标

资料来源：安徽农业大学大别山试验站检测。

2. 健康农产品的消费趋势正在形成。随着收入增加，健康越来越成为公众关注的重点，人们对健康食物的需求也会越来越大。以美国为例，其作物、牧场有机认证面积与肉牛、肉羊认证数量在不同年代都有迅速的增长，近期增长速度也较为迅猛，见表7。这表明美国消费者对有机农产品需求不断增加，健康农产品在美国已经成为许多中产家庭食物消费的首选。全食（Whole Food）超市在美国的兴起支撑了本判断。

表9　美国不同年代有机认证面积变化率

单位：%

时间段	1992—1997年	1997—2002年	2002—2007年	2007—2008年	2008—2011年
认证总面积	45	43	123	12	12
牧场认证面积	7	26	220	8	6
作物认证面积	111	53	76	16	16
肉牛认证数量	35	428	176	1	67
肉鸡认证数量	120	7，820	145	21	218

资料来源：美国农业部。

我国生态农产品需求趋势也已经形成，并呈迅猛发展态势。根据社会生态农业大会统计，自中国人民大学博士生石嫣2008年从美国“洋插队”回国创建CSA农场以来，短短几年间我国已经有了400多家CSA农场。每年CSA大会（即社会生态农业大会）参会人员已经从200人增加到上千人。除生态农场外，北京、上海、西安、合肥等大中城市还出现了专门销售生态农产品的“农夫市集”。安徽农业大学农村经济研究所与安徽农嘉乐科技股份有限公司2016年在合肥市的调查发现，合肥市20%的消费者在市场有供给的情况下肯定愿意购买生态农产品，仅合肥市的市场规模就达200亿元。与此趋势相呼应，合肥周边已经出现了一批生态农场，并组建了合肥市新农人农夫市集，生产与销售都呈现健康发展的局面。

表10　合肥市生态农产品购买意愿

购买意愿	肯定购买	可能购买	不会购买	总数
分布	36	131	9	176
比例	20.45%	74.43%	5.11%	100%

资料来源：《合肥市家庭消费需求调查报告》，安徽农业大学农村经济研究所与安徽农嘉乐科技股份有限公司联合调查，2016年。

3. 我国生态农产品可以在国际上取得竞争优势。我国生态农产品只要采取以质取胜的差异化战略，会在国际市场上重获竞争优势。美国竞争战略大师迈克尔·波特指出，企业之间的竞争战略有三类，一是成本领先，二是差异化，三是聚焦。在农业经济领域中，当人们讨论国与国之间的竞争时，几乎都默认成本领先战略。其原因在于在很长一段时间，人们都认为农产品是“同质的”。实际上，农产品天然存在质量差异，但在饥不择食的年代，这种差异会被消费者忽略，也被多数农业经济学家选择性忽视。而随着农业科技进步，农产品供给短缺的时代已经结束，农产品质量差异已经开始被消费者重视。与石化农业相比，生态农产品质量优势无疑更加显著。因生态农业是典型的“知识与劳动力双密集型”产业，其经营规模适度即可，当中美同时发展生态农业时，中国的优势将更加明显，原因如下：美国虽有大量土地，却因劳动力缺乏而无法利用生态技术生产出健康的农产品；中国人多地少，可充分发挥劳动力优势，再加上我国农民具有丰富的传统生态农业经验，可以在现有的条件下生产出价格合适但质量更优的生态农产品。这些农产品会帮助我国在国际上重获竞争优势。国内生态农业现实发展态势说明了上述观点：

以山东泰安泰山亚细亚食品有限责任公司为例，它是山东最早出口有机蔬菜的的企业，目前具有5万亩蔬菜基地，带领1.6万农户发展有机蔬菜种植。最近几年，亚细亚有机蔬菜出口年均产值1.2亿人民币以上，年均以5%以上速度增长，且主要出口地正是农业比较优势强大的美国[①]。地处安徽省大别山区的国家级贫困县岳西与金寨，近几年大力发展生态农业，脱水蔬菜、山芋大量出口日本，带动了地方扶贫产业发展。笔者近三年调研发现，规模较大、质量普通的石化粮食农场在没有政府补贴的情况下，多数亏本，承包大户放弃承包，中途跑路现象时有出现；而那些不依靠政府补贴，真正独立发展的农场几乎都是生态农场，合肥周边的读蔬、皖园、谷米、乐圃等农场就是这样的代表。

五、结论与讨论

（一）主要结论

在新形势下，石化技术不宜作为我国农业发展方向。石化技术提升了美国农业比较优势，但降低了我国农业比较优势。虽然它为我国解决粮食安全问题做出了巨大贡献，但在消费者追求健康、环保的大趋势下，继续石化农业，只能错失发展良机。

生态技术可扭转我国农业国际竞争的劣势，应成为我国农业发展的方向。生态技术弥补了我国资源禀赋的劣势，不但可以更好地满足消费者对健康农产品需求，还可创造更加美丽的环境，是我国应该选择的技术路线。大量鲜活的生态农场发展案例表明，只要大力发展生态农业，我国的农业不仅可以在国际市场上恢复比较优势，甚至还可引领世界的健康消费潮流。

① 本部分信息来自笔者的电话访问与食品伙伴网相关报道，http://news.foodmate.net/2007/04/63253.html。

（二）讨论

1. 是否应该全面禁止转基因？ 转基因是符合少数国家资源禀赋的重大技术创新，也是西方石化技术的延伸，其特点是劳动节约、土地密集，产品可能安全但不健康。如果我国选择质量优先的差异化竞争战略，首先抛弃的就应该是这种只能生产低劣产品的转基因技术。据张志昆、袁龙飞、刘庆菊等人的研究，转基因农作物（包括抗草甘膦与 Bt 转基因两类）具有更强的重金属吸收能力，其产品的重金属蓄积量是非转农产品的两倍以上；更为严重的是，转基因作物中的手性 D-氨基酸及其代谢物会损伤 DNA、L-抗坏血酸以及生育酚，进而导致癌症与不孕不育等相关疾病。值得注意是该项成果来自国家自然基金项目资助，且是中科院与北京大学众多学者研究成果，具有极高的可信度。而类似的研究成果也不断在其他国家出现。其实，不管转基因产品是否真的安全，它是与中国资源禀赋不相匹配的技术，应及早放弃。

2. 生态农业能否养活中国人？ 这是生态农业发展中的关键问题，我国科学家已经给出了明确的答案。中科院蒋高明研究员在其家乡创建了弘毅农场，其有机小麦、玉米、花生产量都已赶上或者超过当地石化农业的产量。安徽农业大学指导的金寨县大畈村有机米平均产量 2016 年已经达到 402 千克/亩，超过了安徽省水稻平均单产。笔者以稻鸭共养技术指导几个生态农场与普通农户种植生态水稻，第一年产量仅比石化方法低 16%，但综合效益超过石化农业。根据美国相关研究成果，使用生态方法第一年的产量一般会比石化方法低 20%，但五年后会恢复到石化方法的平均水平，且在干旱年份超过石化技术的产量。因此，单纯从技术上看，生态农业养活中国人没有任何问题，而且更健康、更环保。

3. 应该如何发展生态农业？ 生态农业是知识与劳动双密集型产业，受市场制约较大。发展生态农业首先必须解决整个社会的理念问题。政府高层应尽快明确我国农业发展的生态技术路线，并出台相关政策引导社会形成生态农产品消费与生态农业发展的大趋势。其次，引导学术界结合各地实际情况，研发适地性生态农业技术，支撑全国生态农业发展。最后，鼓励有知识、有抱负的年轻人进入生态农业领域。这部分优秀的年轻人可以创建生态农场与个体品牌，在地方政府区域品牌支撑下，生产质量优异的生态农产品，打造优美的生活环境，实现三产融合式发展。生态农场创建可以先从山区、丘陵等自然条件较好区域开始，重点发展大城市周边等生态产品需求较大区域，最后扩展到平原粮食主产区，逐步实行全国所有区域生态化发展。届时，我国的农业竞争力会再次恢复，结合美丽乡村建设，“三农”问题将全面、彻底解决。

【参考文献】

何秀荣．关于我国农业经营规模的思考．农业经济问题，2016（9）.

蒋高明，郑延海，吴光磊，等．产品与经济效益共赢的高效生态农业模式：以弘毅生态农场为例 科学通报，2017，6（4）：289-297.

刘国红，刘西平，杨克敌，刘四海，鲁文红．产妇体内有机氯农药残留对血中 4 种生殖激素水平的影响．环境与职业医学，2005（6）：519-522.

刘剑．除草剂阿特拉津对人卵巢癌 Skov3 细胞增殖转移能力影响的体外研究．长春：吉林大学，2013.

王琦．有机磷、有机氯农药分析方法及甲状腺内分泌干扰效应的研究．昆明：昆明理工大学，2016.

温铁军，董筱丹，石嫣．我国农业发展方向的转变和政策导向：基于国际比较研究的视角．农业经济问题，2010（10）：88-94.

伍一军，杨琳，李薇．有机磷农药的多毒性作用．环境与职业医学，2005，22（4）：367-370.

夏义苗，陈复生，郝莉花．抗草甘膦大豆与非转基因大豆营养组成对比研究进展．我国油脂，2017，42（6）：25-30.

谢永鹏．百草枯对人肺成纤维细胞增殖、CTGF 表达及生物力学特性影响的研究．吉林大学，2011.

许为，陆文聪．我国农产品比较优势的动态变化：1995—2013 年．国际贸易问题，2016（9）：3-15.

张士云，江激宇，栾敬东，兰星天，方迪．美国和日本农业规模化经营进程分析及启示．农业经济问题，2014，35（1）：101-109，112.

张志昆、袁龙飞、刘庆菊，等．基于手性 D-氨基酸的毒理性对转基因食品安全性的研究 [J]. 中国科学：化学，2015，45（1）：98-108.

钟甫宁．正确认识粮食安全和农业劳动力成本问题 农业经济问题，2016（1）：4-9.

Bouchard M，Chevrier J，Harley K，Kogut K et al. Prenatal exposure to orpanophosphate pesticides and IQ in 7-year-old children Environmental Health Perspectives，2011，119（8）：1189-1195.

Séralini G-E，Clair E，Mesnage R，Gress S，Defarge N，Malatesta M，Hennequin D，De Vendômois JS. Answers to critics：why there is a long term toxicity due to a Roundup-tolerant genetically Modified maize and to a Roundup herbicide. Food Chem Toxicol，2013（53）：476-483.

（作者单位：安徽农业大学经济管理学院）

中美目标价格实施的经验对比及政策启示

张瑞娟　齐皓天

一、引言

2017年是农业供给侧结构性改革的深化之年，价格改革是农业供给侧结构性改革的关键一招（杜鹰，2017）。农业供给侧结构性改革的主要任务之一是理顺粮食价格形成机制，通过改革粮食价格体制和补贴制度，达到去库存的目的，从而提高中国粮食产业的国际竞争力（孔祥智，2016）。可见，理顺粮食和重要农产品的价格形成机制是中国农业供给侧结构性改革的重要任务。

为完善粮食和重要农产品价格形成机制，2014—2016年，国家对东北和内蒙古大豆、新疆棉花启动了目标价格补贴试点。三年来，棉花和大豆目标价格试点效果具有显著差异，棉花目标价格试点实现了调控的基本目标，如：完善了棉花价格形成机制，国内外棉花差价逐渐缩小，新疆地区棉农的基本收益得到了保障，新疆地区棉花生产区域优势显著增强，种植棉花品质有所改善，上下游关系被理顺，产业竞争力进一步提升等（黄季焜，王丹等，2015；翟雪玲，李冉，2015；张杰，杜珉，2016；魏后凯等，2017）。因此，2017年3月16日，国家发展改革委员会和财政部联合发布了《关于深化棉花目标价格改革的通知》，明确2017年起在新疆深化棉花目标价格改革。

然而，大豆目标价格带来更多的是政策问题，如：农民的基本收益不能得到较好地保障、粮豆轮作的促进作用不足、地方政府财政负担加重、补贴资金被摊薄、补贴对象难落实等（徐雪高，吴比等，2016；张晶，王克，2016；王文涛，张秋龙等，2015；刘慧，秦富等，2016）。因此，国家发展改革委员会发布的《2017年国家将在东北三省和内蒙古自治区继续深化玉米等收储制度改革》中提到：调整大豆目标价格政策是推进农业供给侧结构性改革的重大举措①。

---

① 国家发改委发布的《2017年国家将在东北三省和内蒙古自治区继续深化玉米等收储制度改革》中提到：2017年国家将坚持市场定价、价补分离、主体多元的改革方向，在东北三省和内蒙古自治区继续实施和完善玉米市场化收购加补贴机制，同时调整大豆目标价格政策，实行市场化收购加补贴机制，并强调大豆目标价格政策是推进农业供给侧结构性改革的重大举措。

从价格体制改革的初衷看，美国目标价格补贴政策给中国粮食和重要农产品市场价格改革带来重要启发。美国在 1973 年的《美国农业与消费者保护法》中，第一次提出了“目标价格”概念。自此，“目标价格”补贴政策存在于 1973—2014 年的美国历年农业法案中，不同经济发展背景下目标价格补贴政策的实施方法和措施不同，但不同时期的“目标价格”补贴政策都对激发农场主种植积极性、保障农场主收入发挥了重要作用；同样，美国目标价格补贴政策实施过程中也出现过农产品生产过剩、违反 WTO 规则的诉讼、品种结构失衡和财政负担重等问题（齐皓天，徐雪高等，2016）。中国在实施棉花和大豆目标价格试点的过程中，同样存在财政成本较高、“黄箱”补贴受限、调结构效果不显著等问题。在中国，棉花目标价格的深化改革和大豆目标价格的取消，需要中国对目标价格制度本身的重新认识，因此有必要将美国目标价格补贴政策在不同阶段发挥的作用和面临的问题进行重新梳理和认识，并将中美目标价格补贴政策进行对比，从中汲取教训，避免走改革弯路。

二、美国目标价格的改革变迁与政策调整

从美国目标价格补贴政策的发展历程看，美国目标价格补贴政策主要经历了以下四个阶段：①目标价格确立及逐步提高阶段（1973—1984 年）；②目标价格调整及逐步降低阶段（1985—1995 年）；③目标价格暂停实施阶段（1996—2001 年）；④目标价格重启及升级替代阶段（2002 年至今）[①]。

（一）目标价格确立及逐步提高阶段（1973—1984 年）

基于国内外农产品供求失衡的巨大压力，为刺激农业生产，保障农场主收益，1973 年 8 月 10 日《美国农业与消费者保护法》签署成法。该农业法案第一次提出了“目标价格”的补贴方式，并将目标价格和无追索权贷款“绑定使用”以差额补贴的方式对农业生产进行支持保护。1977 年和 1981 年的美国农业法案延续了 1973 年农业法案中关于目标价格实施的主要内容，主要区别是两部法案均在前一部法案的基础上进一步提高了各农作物的目标价格水平。同时，1981 年农业法案中赋予了农业部长可以根据各农作物生产成本的增加来提高目标价格补贴水平的权利。从 1974—1985 年美国三次颁布的农业法案看，目标价格是与无追索权贷款“绑定使用”的一种差额补贴政策，且 12 年间，各农作物的目标价格补贴水平在逐步提高。

① 关于美国目标价格的改革变迁与政策调整的具体演化路径及相关概念解释详见：齐皓天、徐雪高、王兴华：《美国农产品目标价格补贴政策演化路径分析》，中国农村经济，2016 年第 10 期。

（二）目标价格调整及逐步降低阶段（1985—1995年）

1973—1985年逐年提高的目标价格补贴方式带来了严重的财政赤字、库存积压、国际竞争力显著下降等问题，1985年12月23日《粮食安全法案》签署成功。与以往逐年提高目标价格不同，该法案规定1986年以后逐年降低目标价格。且1985年农业法案首次将棉花和水稻实施53年的“无追索权贷款”改为“营销援助贷款”和“贷款差额支付”，目标价格与“营销援助贷款”和“贷款差额支付”“限产休耕计划”等项目绑定使用。1990年11月28日《食品与农业贸易保护法案》签署成功，该法案规定1991—1995年各农作物的目标价格补贴水平与1990年持平且5年的补贴标准保持不变。在该法案实施期间，玉米、小麦和大豆也改为“营销援助贷款”和“贷款差额支付”。可见，1985—1996年是美国目标价格补贴政策的调整期。

（三）目标价格暂停实施阶段（1996—2001年）

基于20世纪80年代贸易保护主义的抬头，由美国、欧盟、日本等缔约国倡导的“乌拉圭回合”谈判历时7年半时间，在1994年4月顺利结束。为了适应新的贸易规则，美国彻底修正了以目标价格补贴和“无追索权贷款”为主导的农业支持方式，1996年4月4日，《联邦农业促进与改革法案》签署成法。该法案暂停实施自1973年开始的目标价格补贴政策，推行生产灵活性合同，将所有农作物的“无追索权贷款”修正为“营销援助贷款”和“贷款差额支付”，基本实现了所有农作物市场机制的调控作用。1996年的农业法案中，生产灵活性合同完全取代了目标价格补贴，成为美国1996—2002年最主要的农业补贴方式。

（四）目标价格重启及升级替代阶段（2002年至今）

1996—2002年持续6年的完全市场化的农业补贴方式带来美国农场主市场风险增大、不确定性增强、种植积极性不高等弊端。同时，面临全球农产品价格低迷、美国财政盈余等形势，美国又通过不同补贴方式的“绑定使用”重新启动了目标价格补贴政策。2002年5月13日《农业安全与农业投资法》签署成法，该法案通过“反周期支付”的方式重新启动目标价格补贴政策。2008年全球金融危机爆发，全球农产品价格进入大涨大跌阶段，农业不确定性增强，为保护国内农业产业，保障农场主收入，美国农业补贴强度加大，法案中大部分农作物的目标价格补贴水平较2002年均有所提高。2008年的农业法案基本继承了2002年农业法案的做法，并增加了农作物目标价格的补贴范围和补贴力度，且增加了“农作物平均收入选择项目”。面临高额的财政赤字、极端气候、多哈农业谈判进展不利等背景，2014年2

月7日《食物、农场与就业法案》签署成法。该法案将“目标价格”更名为“参考价格”，新设立价格损失保险和农业风险保障两个项目，农场主可以在两者中选其一。从价格补贴水平看，“参考价格”是“目标价格”的升级替代，所有农作物的参考价格较之前的目标价格均有较大幅度提高。

从美国1973年至今对目标价格补贴政策的运用和探索可以看出，在全球化不断加深的背景下，面临WTO规则约束、国内财政资金约束、市场风险和自然风险约束等，美国已经探索出一条较为成熟有效的目标价格补贴政策的实施方式和路径。

三、中美目标价格：经验和效果对比①

（一）中美目标价格实施背景和目标对比

从中美目标价格发展阶段、实施背景和实现目标的对比看，美国是在农产品价格高涨，需求旺盛和供给不足的情况下，为保障农业生产，促进农产品有效供给而实施的目标价格补贴政策。中国是在国内外价格倒挂，生产量、进口量和库存量齐增，“国内农产品入库、国外农产品入市”情况下，为保障国内农业生产，恢复上下游产业活力，保障农民基本收益而实施的目标价格补贴政策。从最初实施目标价格的背景和实现目标看中美存在一定差异。

但从美国的发展阶段看，1985—2002年美国的农业发展背景和实现目标与目前中国农业的发展相似度较高。当时的美国存在着农产品供给过剩、库存过剩、政府财政预算吃紧、国际竞争力下降等问题，中国目前也存在着产量过剩、库存过高、财政压力和库存压力大，国际竞争力下降等问题。他们的实现目标也具有高度相似性：发挥市场机制调控作用、提高国际竞争力、保障农民收益等。从当时美国目标价格的实施情况看，1985—2002年的美国实行了降低目标价格补贴水平直至最后完全暂停目标价格补贴政策。从效果看，这种变革方式发挥了市场机制的调控作用，削减了财政支出，但由于“完全脱钩”的补贴，精准性差且缺乏效率，农场主种植积极性下降，

---

① 2017年3月16日，国家发展改革委员会和财政部联合发布了《关于深化棉花目标价格改革的通知》，明确2017年起在新疆深化棉花目标价格改革。2017年3月，国家发改委发布的《2017年国家将在东北三省和内蒙古自治区继续深化玉米等收储制度改革》中提到：调整大豆目标价格政策，实行市场化收购加补贴机制。因此，2017年中国已经取消了大豆的目标价格补贴政策，目前在中国实施目标价格的品种只有棉花，本文将主要以中国实施棉花目标价格的背景、经验、效果等为例进行中美目标价格补贴政策对比。截至目前，美国目标价格补贴政策实施了44年，中国目标价格补贴政策实施了4年，从历史发展历程和发展现状看，本文将从纵向和横向两方面比较中美目标价格补贴政策的实施经验和效果。

收益明显下滑等问题凸显，这给美国农业生产带来一定打击。2002 年至今，美国重新审视历史总结经验，重新启动了目标价格补贴政策，并且通过“贷款率”“目标价格”“有效价格”“参考价格”等各种补贴方式的组合来保护农业生产和保障农场主收入。因此，从中美目标价格发展背景和目标对比看，中国应从美国目标价格发展历程和不同阶段中吸取经验和教训，并结合自我发展特征实施目标价格补贴政策，以促进农业发展，保障农民收入。

表 1　美国目标价格补贴政策发展阶段、实施背景及目标

发展阶段	实施背景	实现目标
目标价格确立并逐步提高阶段（1973—1985 年）	美国经济处于萧条时期，农产品供给量下降，农产品价格的涨幅剧烈，国内农产品消费力不足等	保障农产品有效供给、保障农场主收入、保障消费者能够在合理的价格水平上获得足够的食物供应
目标价格调整及逐步降低阶段（1985—1996 年）	农产品供给过剩、严重的财政赤字、库存积压、国际竞争力显著下降、生态资源遭到破坏等	削减财政支出和提高农业国际竞争力、保护农业生态资源、保障农场主收入
目标价格暂停实施阶段（1996—2002 年）	政府财政预算吃紧、美元升值和国际竞争力下降、WTO 农业谈判顺利进展等	发挥市场机制调控作用、推动全球农产品自由贸易顺利进展、增强农业国际竞争力
目标价格重启及升级替代阶段（2002 年至今）	遭遇极端气候、国际农产品价格剧烈波动等农业不确定性加大、农场主收益下滑、WTO 农业谈判受阻、“黄箱”约束、其他国家加大补贴力度等	更好地应对自然风险和市场风险，保护农业生产、保护农业生态资源、保障农场主收入，继续提高农业国际竞争力

注：实施背景和实现目标主要来自美国历年农业法案，齐皓天、徐雪高等（2016），Dimitri et al.（2005）、李先德、宗义湘（2012）、Gary M.（2017）等文献资料。

表 2　中国目标价格补贴政策发展阶段、实施背景及目标

发展阶段	实施背景	实现目标
棉花、大豆目标价格试点阶段（2014—2016 年）	国内外价格倒挂、三量齐增，产业竞争力显著下降、国内财政和库存压力大、下游企业利益严重受损等	发挥市场机制调控作用、降低库存压力、提高产业竞争力、保护农业生产、保障农民收益、恢复上下游产业活力
棉花目标价格正式实施阶段（2017 年至今）	价格形成机制被理顺、去库存效果明显、农产品全球化进程加速、产业竞争力有所提升、WTO 规则约束等	继续发挥市场机制调控作用、实现棉花量质齐增、保护农民收益、优化供求结构、继续提高产业竞争力、激活上下游产业活力

（二）中美目标价格运作方式对比

1. 目标价格补贴水平确定方法。美国目标价格补贴水平是决策者以美国农业部统计的农产品价格、农业投入价格和成本收益调查数据为参考依据，经过“初定—辩论—制定”的过程确定的。市场价格的收集主要通过美国农业部全国农业统计服务局，市场价格的计算公式为农产品营销年度各月份市场价格的平均值（彭超，2013）。美国目标价格补贴水平会在历年农业法案中明确列出，农业法案一般是5年颁布一次，特殊年份由于各种原因会有所推迟，推迟后仍然按照最新生效前的法案执行。历年农业法案中确定的目标价格水平不一定是一致的，如：2008年农业法案中分2008年、2009年和2010—2012年三个不同的目标价格补贴水平；而2014年确定的参考价格在2014—2018年农业法案的实施年份是一致的。

自2017年起，中国取消了大豆目标价格补贴试点，继续深化了棉花目标价格改革。棉花目标价格补贴水平是决策者依据棉花近3年生产成本加合理收益的方法确定，经国务院批准，由国家发展改革委会同财政部提前向社会公布。目前实施的棉花目标价格补贴水平是3年确定一次，如3年内棉花市场发生重大变化，报请国务院同意后可及时调整目标价格水平[①]。棉花的市场价格按照采价期（棉花为当年9—11月）内全省（区）的平均市场价格计算，最后由国家发展改革委同农业部、粮食局、供销总社等部门共同检测（农业部，2014）。

从中美目标价格补贴水平确定方法的比较看，经过棉花和大豆三年目标价格试点，中国的目标价格补贴水平确定方式、市场价格计算方法已经较为成熟。在2017年正式实施三年的棉花目标价格里，中国政府意识到提前公布目标价格补贴水平的重要性，将目标价格提前三年进行公布。同时，中国政府在公布未来三年目标价格的同时，考虑到其他风险存在带来的重大市场变化，给目标价格的实施增加了弹性。政策实施的稳定性和弹性机制给棉农吃了定心丸，有利于稳定农民种植预期，提高棉农种植积极性等。

2. 目标价格补贴面积的确定方法。美国目标价格补贴面积是基于补贴基础面积确定的，即先确定一个农场主可以参与目标价格补贴的基础面积，再乘以一个比率才是可以获得补贴的补贴面积。农业法案会对基础面积和补贴面积做具体规定。2014年农业法案规定，基础面积有两种选择，第一种是继续保持之前法案中的通用基础面积，即1998—2001年四年的平均值；第二种是可以调整，将2009—2012年四年的平均值作为基础面积。与目标价格相关的“反周期支付”“价格损失保险”中农场的补贴面积均为基础面

---

① 来自国家发展改革委 财政部《关于深化棉花目标价格改革的通知》。

积的85%。

目前，中国实施的棉花目标价格补贴政策，只有补贴总额的10%用于南疆四地州的基本农户是按照面积进行兑付的，其余均按照交售量进行兑付。棉花目标价格补贴面积是当年农民种植的实际面积，每年统计一次并进行逐步核查和抽查。为保证真实性、公平性和合理性，各省（区）均采取公开透明的办法统计实际种植面积。一般程序是：村民上报种植面积—村委会核实后建立花名册—村委会张榜公示—乡镇核实—乡镇张榜公示—县市核查—省（区）核查—上报国家统计局—建立各省区农户种植面积数据—发放种植面积证明（翟雪玲，李冉，2015）。

从中美目标价格补贴面积确定方法的比较看，中美差异较大。从表述上看，美国目标价格补贴面积是基于历史种植面积，同时又可以按照最近四年的平均值进行调整。基于美国大规模农场主的资金投资量大、机械和技术专用性强、产业链延伸广等特征，美国大农场主进行种植结构调整的成本较高，以历史种植面积为补贴基准实则与实际种植面积差别不大。但以历史种植面积为补贴基准的表述，可以规避WTO的“黄箱”限制，又可以提高补贴的精准性和效率。中国以农民当年实际种植面积为补贴面积的方法，存在行政成本高、受WTO规则约束、容易引起干群摩擦等问题。

3. 目标价格补贴产量的确定方法。美国目标价格补贴的产量主要是确定单产。美国历年法案中都会对未来五年目标价格补贴的单产进行明确规定。2014年农业法案的补贴单产主要沿用2008年的单产规定，但又做了以下调整：一是油料农作物的单产由1998—2001年的农场平均单产确定；二是油料农作物也可以按照1998—2001年全国平均单产与1981—1985年的全国平均单产的比率进行调整；三是如果某农场油料农作物1998—2001年的平均单产低于全国平均单产的75%，则按照75%进行核算；四是农场可以选择按照2008—2012年平均产量的90%确定所有农作物的单产；五是如果某农场农作物2008—2012年的平均单产低于全国平均单产的75%，则按照75%进行核算。

目前，中国实施的棉花目标价格补贴政策，补贴总额的90%用于按照种植者实际交售量进行兑付。交售产量的确定步骤和种植面积相同，只是最后的补贴是按照交售棉花的发票额领取。一般的确定步骤如下：村民上报种植面积—村委会核实后建立花名册—村委会张榜公示—乡镇核实—乡镇张榜公示—县市核查—省（区）核查—上报国家统计局—建立各省区农户种植面积数据—发放种植面积证明—按照交售农作物的发票额领取补贴（翟雪玲、李冉，2015）。

从中美目标价格补贴产量确定方法的比较看，与补贴面积类似，美国依旧以历史种植单产确定补贴单产，同时可以按照最近四年的平均值进行调整。以历史单产为补贴基准的表述，可以正当规避 WTO 的“黄箱”限制，又可以提高补贴的精准性和效率。中国以农民当年实际交售量为补贴产量的确定方法，同样存在行政成本高、受 WTO 规则约束等问题。

4. 目标价格补贴方式及额度计算。美国的目标价格补贴一直与其他补贴方式“绑定使用”。1973 年成立之初的目标价格补贴是与无追索权贷款“绑定使用”。2002 年和 2008 年的目标价格是通过“反周期支付”的方式，与“营销援助贷款和贷款差额支付”“直接补贴”等“绑定使用”。2014 年农业法案将“目标价格”改为“参考价格”，通过“价格损失保险”的方式与“营销援助贷款”等“绑定使用”。价格损失保险的计算公式是：补贴额=(参考价格-年度全国平均市场价格/营销援助贷款利率)×补贴单产×补贴面积。反周期支付的计算公式为：补贴额=(目标价格-有效价格)×补贴单产×补贴面积。中国的目标价格补贴比较单一，当市场价格低于目标价格时发放补贴，当市场价格大于等于目标价格时不发放补贴。

从中美目标价格补贴方式及计算看，美国目标价格补贴一直都是几种补贴方式“绑定使用”后的差价补贴，各种补贴方式在不同环节都发挥了重要作用。如：营销援助贷款，在农场主收获后，可以立即按照贷款率获得下一年农业生产资金安排生产，待农产品销售后再按照市场价格、目标价格、贷款率之间的差额进行补贴。中国的目标价格补贴是单纯的目标价格与市场价格的差价补贴，农产品收获时间、销售时间与目标价格补贴时间每个环节均存在时滞，导致农民获得补贴的时间较晚，不利于安排下一年农业生产。

（三）中美目标价格实施效果对比

从中美目标价格实施的正面影响看，该政策的实施均实现了可以发挥市场机制调控作用、提高农民种植积极性、保护农业产业、保障农民收入等政策目标。目标价格有别于“最低收购价”“临时收储”等价格托市政策，它是在市场价格形成后，再依据目标价格与市场价格、贷款率、有效价格等的差额进行补贴，因此可以发挥市场机制的调控作用。基于价格的收入补贴，可以避免因价格下跌给农民带来的损失，对“谷贱伤农”起到了很好的调节作用。同时基于价格的收入补贴，可以提高补贴的精准度，实现保障特定农作物生产，防范市场风险的政策目标。

从中美目标价格实施的负面影响看，两国由于政治体制、经济体制、农业生产主体等的显著差异，目标价格带来的负面影响差异也较大。从美国目标价格带来的负面影响看，由于目标价格只覆盖了部分农作物，这势必会影响农民的种植决策。农民会倾向于种植目标价格覆盖的农作物或目标价格较高的农作物，因此也间接扭曲了市场机制，造成了部分农产品过剩、市场价格持续下跌等问题；基于价格风险的不可预见性，在市场价格持续下跌时，会不断增加政府的财政负担；如果目标价格操作不当还容易引起贸易摩擦，最典型的就是巴西起诉美国棉花补贴案。

从中国目标价格带来的消极作用看，以家庭承包为主体的小农经济给目标价格的实施带来了较高的财政负担和政策执行成本；由于统计和测量数据的偏差，补贴资金被摊薄、补贴精准度差等问题凸显；由于目标价格政策实施的单一性，其操作过程存在滞后，最后导致补贴资金到位滞后，影响农民安排下一年生产；按照当年种植面积或交售量领取补贴，会滋生腐败，出现发票或数据弄虚作假现象，也容易因为计量问题影响干群关系；同时与当年种植面积和产量挂钩的棉花目标价格补贴也要预防 WTO 成员方起诉，以免引发贸易摩擦。

表 3　中美目标价格补贴政策实施效果对比

国家	积极作用	消极作用
美国	保障农产品供给、保障农场主收入、发挥市场机制调控作用、提高农业国际竞争力、保护农业生态资源	增加了政府财政负担、影响农场主种植决策间接扭曲市场、引起贸易摩擦等
中国	完善了农产品价格形成机制、保障农民收益、提高农民种植积极性、促进产业上下游协调、改善了农产品质量	增加政府财政负担、政策执行成本高、补贴资金被摊薄、资金到位滞后、弄虚作假、滋生腐败、社会不稳定、引发贸易摩擦等

注：美国实施目标价格的积极作用和消极作用主要来自美国历年农业法案，齐皓天、徐雪高等（2016）. Dimitri et al.（2005）、李先德、宗义湘（2012），Goodwin et al.（2013），Gary M.（2017）等文献资料。

四、美国经验对中国完善农业支持政策的启示

鉴于美国目标价格补贴制度 40 多年的发展历史和经验，中国在实施农业支持政策时应从中吸取经验和教训，以期实现中国农业长期发展的战略目标。

（一）重新审视“价格托市”政策，提倡以价格信号为导向的收入补贴政策

“最低收购价”“临时收储”等“价格托市”政策，在市场价格高于托市收购价格时，不会对市场价格形成机制产生影响，但当市场价格低于托市收购价格时，会直接影响市场价格机制的发挥，造成价格“只涨不跌”局面；市场价格形成机制的紊乱会带来市场信息对供求导向失灵的负面影响，

不断提高的价格引导农民继续扩大生产，市场供求进一步失调，最终导致生产量、进口量和库存量“三量齐增”局面。与价格导向完全脱钩的“直接补贴”政策，不能调控市场失灵现象，会造成补贴效率低的局面，比如当价格暴涨时，“直接补贴”政策会起到反向作用，农民获得的收益反而会更高。

以“目标价格”“参考价格”等价格信号为导向的收入补贴政策，一方面不会直接影响市场价格形成机制，会对市场失灵进行调节和补充；另一方面还会提高补贴的效率和导向性。当市场价格高于目标价格或参考价格时，以价格为导向的收入补贴政策不发挥作用；当市场价格低于目标价格或参考价格时，弥补价格下跌的收入补贴政策发挥作用。这样既通过市场形成价格机制合理引导供求变动，又通过以价格为导向的补贴方式弥补了农民的收入下跌。

（二）重新审视单一的价格支持政策，提倡多种支持方式的“绑定使用”

从美国目标价格发展历程和实施方式看，目标价格实施初期与无追索权贷款“绑定使用”；2002年开始通过“反周期支付”发挥作用，但同时也是与“直接补贴”“营销援助贷款和贷款差额支付”等补贴方式“绑定使用”；2008年除了“反周期支付”，又增加了“农作物平均收入选择项目”；2014年农业法案将“目标价格”更名为“参考价格”，通过“价格损失保险”“农业风险保障”发挥作用，同时与“营销援助贷款和贷款差额支付”等方式“绑定使用”。

从中国目标价格的补贴方式看，中国目标价格是单一的以价格为导向的收入补贴政策，单一的补贴方式会受到多种不确定性的影响，比如：由于各地区地理特征、人文特征的复杂性，目标价格补贴的兑现时间较晚，如果本年度市场价格较低或农民受到自然灾害影响，就会严重影响农民下一年的生产计划和现金需求。如果“目标价格补贴”与“农业保险项目”“营销援助贷款项目”等绑定使用，会减少单一政策的补贴压力，提高农民收入补贴的时效性和精准性。比如：成立商品信贷公司，建立“营销援助贷款项目”，为满足下一年生产需求，农民可以以农产品抵押获得贷款，然后将农产品在市场上销售，按照目标价格、市场价格与贷款率之间的差额对农民进行“差额补贴”；将“目标价格补贴”与“农业保险项目”进行“绑定使用”，政府部门与保险公司可以合作核定农民实际种植面积或交售量，共享数据，同时还可以降低目标价格补贴在自然风险防范上的实施压力。目前国际粮食价格比较低迷，为预防国际粮食市场价格暴涨暴跌给国内生产者消费者带来的不利影响，目标价格补贴制度应与“应急收放储制度”来“绑定使用”，当价格暴涨时，启动“应急放储”，价格暴跌时，启动“应急收储”。

（三）重新审视目标价格实施方法，提倡以历史经验数据为支撑的补贴方式

从美国目标价格确定方式、补贴面积和补贴单产看，美国是在农业法案中提前公布未来五年目标价格的补贴水平、补贴面积和补贴单产。从补贴面积和补贴单产看，均是以历史经验数据为补贴标准，只有市场价格是当年采集的价格。以历史经验数据为支撑的补贴方式即可以减少政策执行成本，又可以规避 WTO 的“黄箱”规则。

为减少政策执行成本、规避 WTO“黄箱”规则等，中国应借鉴以历史经验数据为支撑的目标价格补贴方式。首先，要提前公布目标价格补贴水平，不能在临近播种时期发布，临近发布会带来资金补贴到位滞后、政策指导性差等问题，影响农民生产和决策；其次，要按照历史经验数据确定补贴面积和产量，以 3～5 年为一个周期。进行一次大面积普查、核查种植面积、产量后，未来 3～5 年均可以该次普查数据为基础进行补贴；最后，要做好补贴面积和产量的动态调整工作。以历史经验数据为基础的同时，要考虑到农民种植的动态调整，对于有动态调整的农民要通过农民上报、村委会核查等环节及时调整，在一个 3～5 年周期内可以不调整只报备，周期结束后，要重新按照种植数据和产量进行调整。

（四）重新审视统计数据和信息搜集方式，提倡建立完善的统计和信息共享平台

从中国实施目标价格的效果看，部分负面影响是中国不完善的统计数据和信息搜集方式带来的，如：由于基层政府大量人力、物力耗费在种植面积或交售量核查上，政策执行成本非常高（黄季焜，王丹等，2015）；由于种植面积核查不到位，补贴资金被摊薄、补贴精准度较差；由于前期核查工作不及时到位，后期资金到位滞后；同时由于统计和数据搜集缺陷还存在弄虚作假、腐败、社会不稳定等问题。对于新疆棉花目标价格来说，其试点成效显著与新疆建立的“自治区棉花目标价格改革信息平台”有很大关系。该平台实现了棉花种植面积、交售量，补贴数据、加工企业信息等统计数据和信息的完全公开化，为棉花目标价格补贴政策的实施提供了前提和保障。因此，完善的统计和信息共享平台是建立以价格为导向的收入补贴政策的关键。

【参考文献】

黄季焜，王丹，胡继亮．对实施农产品目标价格政策的思考——基于新疆棉花目标价格改革试点的分析，中国农村经济，2015（5）．

孔祥智，农业供给侧结构性改革的基本内涵与政策建议．改革，2016（2）．

李先德，宗义湘．农业补贴政策的国际比较．北京：中国农业科学技术出版社，2012.

刘慧，秦富，陈秧分，朱宁．大豆目标价格改革试点进展情况的个案研究．经济纵横，2016（2）．

彭超．美国农业目标价格补贴：操作方式及其对中国的借鉴．世界农业，2013（11）．

齐皓天，徐雪高，王兴华．美国农产品目标价格补贴政策演化路径分析．中国农村经济，2016（10）．

王文涛，张秋龙，聂挺．大豆目标价格补贴试点政策评价及完善措施，价格理论与实践，2015（7）．

魏后凯，等．中国农村经济形势分析与预测（2016—2017）．北京：社会科学文献出版社，2017.

徐雪高，吴比，张振．大豆目标价格补贴的政策演进与效果评价，经济纵横，2016（10）．

翟雪玲，李冉．价格补贴试点与政策匹配：例证棉花产业．改革，2015（10）．

张杰，杜珉，新疆棉花目标价格补贴试点效果调查研究，农业经济问题，2016（2）．

张晶，王克．农产品目标价格改革试点：例证大豆产业．改革，2016（7）．

Dimitri C；Effland A and Conklin N. The 20 th Century Transformation of U. S. Agriculture and Farm Policy. Economic Information Bulletin，2005（3）．

Gary M Adams. US Cotton Industry Structure，Market Dynamics and Collaboration with the U. S. Government. China Cotton Association Policy Forum，2017（4）．

Goodwin B K，Smith V H. What Harm Is Done By Subsidizing Crop Insurance? American Journal of Agricultural Economics，2013，95（2）：489－497.

（作者单位：张瑞娟：中国社会科学院农村经济发展研究所
齐皓天：西南大学经济管理学院）

家庭农场可持续发展的政府行为优化路径构建

——基于政府、市场与社会关系的分析框架

张朝华　黄　扬

一、问题的提出

自 2013 年中央 1 号文件首次提出家庭农场这一新型农业经营形式以及 2014 年底农业部正式发布《关于促进家庭农场发展的指导意见》以来，我国已注册的家庭农场数量已达到了 34 万户。与此同时，学界也持续开展了家庭农场相关研究。对比原有的其他农业经营形式，家庭农场有其独特的优势，不仅能够充分地适应农业发展的自然属性，也能够进一步提升农业发展的社会属性，从而促进农业生产和农户家庭特征的有效结合。作为一种立体式、复合式、规模化的新型农业经营体系，家庭农场有利于推动我国农业供给侧结构性改革。作为世界农业发展的一种基本趋势，家庭农场通过生产要素的重新组合与优化配置，在农村系统演进中实现了功能优化，因而备受政府与社会各界的广泛关注。但由于我国家庭农场发展起步较晚、时间短，现阶段家庭农场在发展过程中仍然存在诸多问题，如家庭农场的概念界定不清、认定条件模糊，配套的金融服务机制不健全且缺乏创新性，相关的社会化服务体系不完善以及财政补贴落实不到位等。要解决家庭农场发展中存在的以上问题，促进家庭农场可持续发展，其实质是要理清哪些主体需要承担责任，以及应该承担怎样的责任这样一个具有很强社会现实意义的命题。

政府作为农业生产发展不可或缺的主体之一，担负起宏观调控和战略路径引导，对农村经营体制进行改革，推进城乡公共服务均等化，构建农村社会保障体系和农村社会管理体制等关键职责，这俨然已成为学界在农业发展中的普遍共识。尽管政府在农业发展中扮演重要的角色，但却并非是唯一的责任主体，更不能完全取代市场与社会的功能和作用。在中国特色社会主义市场经济的环境下，政府需要与市场、社会进行互动、合作，协调好三者之间的关系，才能更为有效地促进家庭农场与农业规模化生产的发展。因此，科学、合理地认识与划分政府、市场与社会在家庭农场发展中的责任与边界，确保三者有效地找到各自在家庭农场发展过程中的着力点，尤其是政府能够优化其行为选择，处理好与市场、社会的关系，从而真正促进我国家庭

农场的可持续发展，这正是本研究的目的与意义之所在。基于此目的，本研究通过梳理政府、市场与社会在我国农业经营模式变迁和发展过程中的影响与作用，归纳和构建出农业经营发展中政府、市场与社会的关系框架，从而提出促进我国家庭农场可持续发展的政府行为优化路径以供参考。

二、我国农业经营模式变迁中政府、市场与社会对其发展的影响

（一）1978—1999年的农业经营模式变迁

在20世纪70年代末，我国部分农村地区开始自发地开展“包产到户”的农业经营模式新尝试，但该经营模式初期并未正式获得政府许可。1978年，党的十一届三中全会明确提出了加快农业发展的指导方针。随后，1982年，党中央和国务院联合发布第一个中央1号文件，明确认可了“包产到户”和“大包干”，这也使家庭联产承包责任制的经营模式正式得到官方认可。之后，中央连续发布5个1号文件，开始了对我国农村农业的第一轮改革。统计资料显示，到1983年年底，全国99%的农业生产队以及近95%的农户已经完成了向家庭联产承包责任制的经营模式转变，以农户为基本单位，自主开展农业生产。此后，经过多年的改革实践和制度完善，以家庭联产承包责任制为基础，统分结合的双层经营体制得以最终确立。

20世纪90年代中期，由于此前确立的家庭联产承包责任制15年土地承包期面临到期的问题，1995年，党和政府发布了《关于当前农村和农业经济发展的若干改革措施》，正式提出了各地在原有的15年土地承包期到期后，可以再次延长30年，并允许依法进行土地使用权的转让，从而进一步稳定了家庭联产承包责任制经营模式。除了制度设计和政策安排，国家对农业发展的财政投入也在逐年提高。1978年，国家农业财政支出为150亿元，而到2000年，全年农业财政支出已经达到1231亿元。

随着家庭联产承包责任制经营模式在全国范围内的普及和农业改革的深入，我国农业生产发展取得了十分显著的效果，1978年，全国粮食总产量为3.04亿吨，而到了1984年，全国粮食总产量已增长到4.07亿吨，五年间，全国农业总产值的增长幅度达到了455.40%。同时，农业生产经营的进一步发展急需实现市场化，市场机制的引入也成为必然趋势。因此，在1985年后，政府也逐渐放松了对农产品的流通管制，城乡农贸市场体系逐渐建立，国家计划管制的农产品品种也逐渐减少，而在市场中进行流通的农产品却在不断增加。此时，国家也对原有的粮食流通体制进行了改革，“国家粮食统购模式”转变为“合同定购模式”。随着农产品流通机制的改革与完善，我国农村的市场制度正在逐渐形成。到1992年，党的“十四大”明

确提出建设中国特色社会主义市场经济之后，我国的粮食流通体制更是完全进入了市场化阶段，由市场来决定粮食收购价格。不难发现，在党和政府的主导和制度安排下，经济效益更高的市场经济体制逐渐在农产品流通中取代了原有的计划经济体制。伴随着农村市场经济的不断发展和完善，以及农业产业化的提出与建设，我国农业经济发展成果显著，并逐渐朝着集约化、商品化、专业化的方向发展，农业经营市场化的发展方向对我国的农业生产经营有着显著的促进作用，是提升农业发展效率的必由之路。但是，在20世纪90年代，连年的农业生产大丰收却导致了农产品价格下跌，销售困难等突出问题。因此，政府也通过调整农村产业结构等政策、农产品储备机制以及设立农业风险基金等举措对农业生产经营进行了宏观调控，从而使我国农业生产经营能够在社会主义市场经济条件下保持相对稳定的状态。

在家庭联产承包责任制的农业经营模式下，除了政府进行制度安排和宏观调控，以及市场的基础调节作用之外，社会力量也逐渐成为农业经营发展中不可或缺的一个主体，尤其是农业社会化服务俨然成为当时农业经营模式下农业生产发展迫切需要的基本服务。对此，党和政府也给予了高度重视，1983年，中央1号文件中首次提出了“社会化服务”的概念。此后，“社会服务”“生产服务社会化”等理念也被逐渐提出。在这一阶段，国家号召和呼吁社会各方面的力量积极参与到农业社会化服务中来，共同建设农业社会化服务体系，以求能够解决农户对农业生产中资金、技术、营销、物流、信息等层面的需求。同时，政府还通过提出“利益共沾”等激励政策，引导研究机构、高等院校、农业企业等社会主体积极参与其中。

到20世纪90年代，社会化服务体系及相关政策逐渐走向完善。1990年，国家正式提出“农业社会化服务体系”的这一理念。之后，又进一步对“农业社会化服务体系”的内涵及框架进行了更为详细的界定和说明。1993年后，围绕社会化服务的相关政策法规不断完善，《中华人民共和国农业技术推广法》的颁布，更是以法律的形式支持和鼓励农业技术推广、农业技术服务等社会化服务组织的发展。在这一阶段，社会力量开始参与到农业社会化服务体系中来。当然，这一阶段的社会化服务也主要为传统型服务，如农业生产技术服务、动植物防疫服务等，且社会化服务的覆盖度相对较低，并以常规性、被动性的服务模式为主，虽对我国农业生产发展具有一定的促进作用和协调作用，但仍未能很好地满足农户的实际需求。

（二）21世纪以来的农业经营模式变迁

21世纪以来，党和政府一如既往的高度重视“三农”问题，尤其是农业经济的发展。国家在全国范围内通过进行包括取消农业税等举措在内的农村税费改革，大力推进农村基础设施建设以及实行“四补贴”等一系列惠农政策，使我国的农业很快走出了上世纪末的发展低谷，并极大地促进了我国农业经济的结构性转变。尽管我国农业发展的形势有所好转，但相较于政府的投入力度，我国农业发展的经济效益仍然不高，其中，社会化大生产与独立而分散的农户经营模式之间的矛盾尤为突出。因此，国家开始进行新的农业经营模式改革，重中之重就是建立在土地流转基础上的，从农户分散经营到适度规模经营的改革。事实上，随着农业税费改革的进行，农业适度规模经营模式就已经进入了加速塑造阶段。在法律和政策层面上，2003 年 3 月，《农村土地承包法》正式施行，其明确地赋予和保障农民的土地使用权，并强调维护土地承包者的合法权益；2007 年 10 月，《物权法》的颁布更是对我国农村土地承包权的流转以及适度规模经营进行了较为全面的、明确的规范。2008 年 10 月，党的十七届三中全会也提出“进一步提高我国农业经营的集约化水平”的要求；2013 年，中央 1 号文件再次强调要稳定农村土地承包关系，支持和培育多种类型的新型农业经营主体。在财政支出层面，国家在继续提高原有各类财政补贴的基础上，将新增的农业补贴向包括农业合作社、家庭农场等在内的适度规模经营主体进行倾斜。截至 2015 年年底，相关的财政补贴类型已经多达几十种。总体上，在这一阶段，国家通过构建法律和政策体系、增强财政补贴、培育新型主体等有力举措进一步推动了我国农业经营模式的转型。

同时，在这一阶段，我国农业市场化的进程也在进一步提速，市场化的影响逐渐深入到农业规模化经营的产前、产中和产后的多个环节中。一方面，在农业投入上，土地经营权流转、鼓励投资者进行农业投资等改革都提升了我国土地投入、资本投入以及人力资源投入的市场化水平，推动了我国农业适度规模经营的改革。同时，农业技术成果的商品化供求机制也进一步完善，农业龙头企业等组织也促进了非政府农业技术的推广。此外，基本的农业信息服务和农业经营管理等也在逐渐走向市场化，并对我国农业发展产生着越来越大的促进作用。另一方面，在农业产出上，农产品流通与销售的市场化水平也在逐渐提高，这主要通过农产品的流向以及价格决定机制的市场化来体现。整体上，农业市场化水平的提高在一定程度上促进了我国农业生产的产量与收益的提升，并促进了更多社会资源的流入。但是，现阶段我国农业市场化仍然面临诸多问题，由于农产品市场所存在的市场失灵、信息滞后等问题，农产品价格机制容易出现波动和混乱；农业信息、管理和技术等层面的市场供求机制仍然很不完善，相关的激励机制和政策体系仍未真正落到实处，这都导致了我国目前农业信息市场化、管理市场化和科技推广市场化整体处于明显滞后的状态；同时，农地的交易价格形成机制不健全、中介服务不完善也制约了土地市场化水平的提高。因此，我国的农业市场化亟需通过政府的宏观调控与制度创新来实现进一步的发展。

在上一阶段基本确立社会化服务体系框架的基础上，我国的农业社会化服务体系在走向完善，并逐渐过渡到新型的农业社会化服务体系。国家仍然通过各类方针、政策等对社会力量的参与进行积极的引导和扶持。如从2004—2007年，多个中央1号文件均明确提出“要进一步深化农业科技推广体系的建设”。而在2008年后，由于我国城乡一体化的力度进一步加大，原有的农业社会化服务体系已经难以满足农业现代化、规模化的深化改革要求。因此，2008年的中央1号文件提出推动农业社会化服务迈出新步伐，促使农业竞争力提高的要求。2010年，中央1号文件再次强调，农业社会化服务要向多元化、多形式的服务模式进行转变，积极建设各类社会化服务组织，以更好地为农户提供专业化的服务。2013年，围绕着家庭农场、农业合作社等新型农业主体的建设，国家加强了对新型的公益性、经营性农业社会化服务组织的培育和扶持，并提倡和鼓励多元化农业服务体系的建设。这一阶段，在党和政府的政策引导下，我国公益性的农业社会化服务组织发展迅猛，服务的覆盖率显著提高，尤其是许多农村地区的集体组织充分使用民间的资金，积极开展农业基础设施建设和机械作业，从而进一步扩大自身的生产。在公益性的服务体系之外，伴随着我国农业市场化水平的不断提升，经营性的农业社会化服务也在加速发展，尤其是农业龙头企业积极参与到农业规模化经营的农资供应、技术服务、机械作业、人员培训、营销渠道等多个环节中来。据统计，截至2015年年底，全国已有农业龙头企业12.9万家。经营性农业社会化服务组织相较于政府主导的传统农业服务组织，其具有服务种类齐全、成本较低、服务形式灵活等显著优势，并在多元化农业社会化服务体系中发挥着重要作用，有效地推动了我国农业产量的连年增长。

三、农业经营发展中政府、市场与社会关系框架的构建

通过对农业经营模式变迁的回顾，我们不难发现，在我国农业经营模式变迁中，政府、市场与社会所产生的影响以及彼此之间的关系是较为复杂的。本研究尝试构建一个农业经营中政府、市场与社会的关系框架，梳理三者在农业经营中合理的关系安排，以期为促进我国家庭农场的可持续发展，提供政府行为的优化路径。

总结对我国农业经营模式变迁中政府这一主体所产生的深刻影响，不难发现：在农业现代化、农业产业化和农业规模化的发展进程中，政府扮演着重要的角色，其作用是不可替代的。首先，农业作为一个弱质性的、基础性产业，要实现可持续的经营发展离不开政府的高度重视和大力扶持。一方面，农业面临着比较突出的自然风险，农业的经营发展与包括土地、水源等

在内自然环境要素联系十分密切，因而更容易遭遇自然灾害的威胁。另一方面，农业往往需要较高的前期投资，但其生产周期长、回报率较低，这也导致其投资风险和市场风险较大。但由于农业始终是我国国民经济的基础，起作用具有不可替代性，因此，政府必须给予农业经营发展强有力的政策保护和资金扶持。其次，由于市场机制存在与生俱来的“缺陷”，其市场失灵、信息滞后性、供需不平衡以及趋利效应等问题都需要政府该出手时就出手，及时地、准确地通过制度安排、政策工具等手段来进行宏观调控。再次，社会力量参与农业经营同样也离不开政府前期的制度设计、积极引导与精心培育，政府通过构建合理的、健康的利益分配机制和激励性的政策措施可以有效地引导社会力量进入农业产业，促进农业社会化服务体系的建设健全。最后，政府也需要对农业经营发展中各个主体与环节的关系进行协调，促进农业产业链的顺畅运行。

市场在农业经营发展则占有最为基础的地位，要使市场这双“看不见的手”在我国农业经营发展的产前、产中和产后等各个环节充分发挥其基础性作用，农业的生产经营就要以市场的需求为基本导向。同时，市场机制应该对农业经营发展所需要的土地、资金、人力资源、技术、管理等各类农业生产要素和资源进行配置，农产品的价格决定机制、流通机制均要遵循市场的规律与需求。当然，正如前文所论述的，市场存在不可避免的缺陷，会带来一定的市场风险。因此，政府在设计和建立适合农业市场经济发展的运行制度之外，要加强对市场“失灵状态”的重视，及时地进行宏观调控。同时，在我国不断调整公共治理机制、提升整体公共管理能力的今天，社会这一主体更加广泛地、更加深入地参与到社会发展中来成为必然的趋势。对于我国的农业经营发展来说，社会力量的广泛、深入参与同样也必不可少，只有社会力量的进一步参与，才能促进我国公益性和经营性农业社会化服务组织的发展，从而形成有序的、完整的农业社会化服务链，为农业经营发展尤其是规模化的农业经营模式的发展提供必要的、基本的服务与支持。毋庸讳言，社会参与也需要政府提供基础性的制度安排，以及积极的引导和有力的扶持。

基于以上理论基础，本研究拟构建一个农业经营发展中政府、市场与社会的关系框架（图 1）。在这一框架中，市场在农业经营发展的整个过程中起到基础性的资源配置作用，农业生产的要素调配、价格机制等均决定于市场的需求；社会则主要通过社会化服务的形式参与到农业经营发展中，除了提供服务本身外，对于农村社会组织的培育也具有重要的作用；市场与社会之间也存在相互促进的积极作用，一方面，只有发挥市场的基础性作用，推动农业经营市场机制的发展，才能为社会力量进入农业社会化服务体系提供更为广阔的渠道与路径。另一方面，农业市场化的水平要进一步提高，市场机制要在农业经营发展中充分发挥应有的作用，也离不开农业社会化服务机制的健全；政府要为农业的经营发展提供最基本的政策保护和资金扶持。同时，政府也要承担起制度设计、制度创新的职能，为市场与社会提供良好的、基础的运行环境。对于市场的失灵，政府要加强宏观调控、规范监督；对于社会力量的参与，政府要积极引导、大力扶持。当然，政府对于市场和社会的所有调整行为都要立足于尊重市场和社会机制的基础之上。

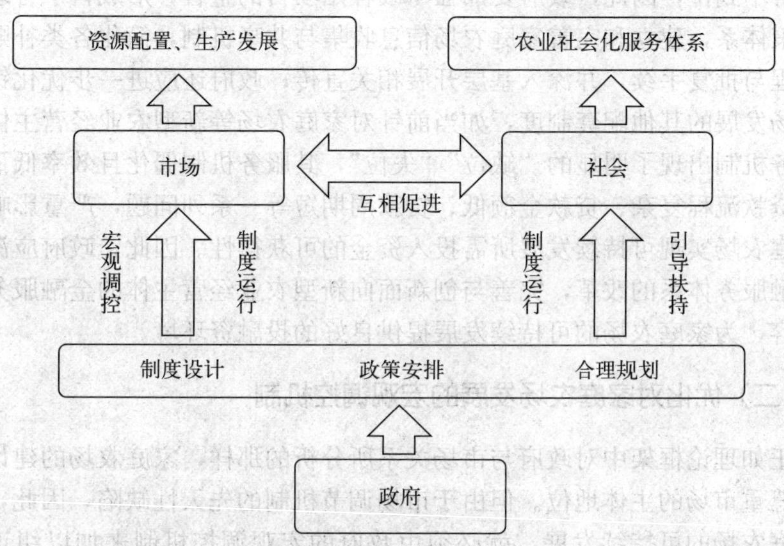

图1　农业经营发展中政府、市场与社会的关系框架图

四、促进家庭农场可持续发展的政府行为优化路径

基于以上所构建的农业经营发展中政府、市场与社会的关系框架，本研究提出以下几点关于促进我国家庭农场可持续发展的政府行为优化路径以供商榷。

（一）打造有利于家庭农场发展的基本制度环境

家庭农场的可持续发展离不开良好的制度环境，但由于我国的家庭农场建设处于起步阶段，整体的制度环境和法律法规仍然很不完善。从理论框架图可知，政府应在家庭农场发展过程中积极地承担起制度设计和制度安排的责任，为我国家庭农场的可持续发展提供健康的、科学的制度基础。现阶段，由于我国家庭农场的相关概念与认定条件等仍存在模糊性，导致了在实际操作中，家庭农场认定与建设工作的不规范、不合理以及不统一。因此，国家急需结合各地家庭农场建设的实际情况，制定具有针对性与可操作性的相关家庭农场法律法规，从而进一步推动家庭农场内涵定义、法律地位和认定标准的明晰化。同时，政府要加快我国的农地产权制度改革，尤其是农地所有权、承包权与经营权的分置改革，推动农地流转市场的建立健全，并合理地规范农地流转的流程手续、价格机制与时间限制，从而促进农地流转内生动力的提高。政府要建立健全支持家庭农场发展的财政补贴制度，现阶段，面向家庭农场的财政补贴项目种类繁多、申请流程繁琐且补贴政策的宣传非常不到位，因此，政府要加强财政补贴项目的整合，形成科学合理的补贴政策体系，建立和完善家庭农场信息收集与共享机制，简化各类补贴的申请流程与批复手续，并深入基层开展相关宣传；政府还应进一步优化针对家庭农场发展的其他配套制度，如当前针对家庭农场等新型农业经营主体的金融服务机制出现了明显的“缺位”“失位”，其服务机制僵化且效率低下，出现了贷款流程复杂、贷款金额低、贷款周期短等一系列问题，严重影响了我国家庭农场实现可持续发展所需投入资金的可获得性。因此，政府应深化农村金融服务体系的改革，完善与创新面向新型农业经营主体的金融服务方式与内容，为家庭农场的可持续发展提供良好的投融资环境。

（二）优化对家庭农场发展的宏观调控机制

正如理论框架中对政府与市场关系所分析的那样，家庭农场的建设过程需要尊重市场的主体地位。但由于市场调节机制的先天性缺陷，因此，要实现家庭农场的可持续发展，就必须由政府的宏观调控机制来加以纠正和调节。政府要科学地做好家庭农场发展过程中产业结构的战略性安排，借助家庭农场的发展推动地方农业产业结构的优化，要积极引导家庭农场结合地方特色和农业资源，开展地方农产品的生产经营，例如结合地方文化特色对农产品进行加工、包装和营销，打造“一村一品”的发展模式，延长地方农产品的产业链，提升农产品附加值，从而也避免地区性的农产品同质化，并形成独特的差异化竞争优势。同时，政府也要注重种植类、畜牧类、水产养殖类等不同生产类型家庭农场的比例合理性，以实现产业结构与市场需求的契合。政府要协调好家庭农场发展过程中各个经济主体的利益关系，尤其是家庭农场与社会化服务组织、农业企业以及村委会等的关系，政府要充分发挥宏观调控的职能，合理安排各个主体间的利益分配机制、风险处理机制等，保证家庭农场发展中的各个相关主体“风险共担、利益共享”，实现“多方共赢”的局面。要保证农产品价格的稳定性，同样也需要政府采取一定的干预手段来进行调控，政府应进一步扩大家庭农场农产品直接补贴的种类、范围与数量，并借助农产品的国内生产与进口储备相结合的模式，保证我国农产品供应状况的稳定的同时，也要积极推动农产品分类定价机制的改革，从而有效保障农产品价格的稳定。此外，包括水电设施、交通设施、卫生设施等在内的农村基础设施由于前期投资数额大、回报周期长等原因，市场主体往往不愿参与投资，因此，政府要在该领域承担必要责任，加大基础设施投入力度，创新基础设施的管理模式，从而满足家庭农场实现可持续发展的基本硬件需求。

（三）引导与扶持社会力量参与社会化服务体系建设

正如关系框架中所示，政府除了要为社会力量参与家庭农场建设提供基本的制度安排和宏观的运行环境之外，也要为以家庭农场等新型农业经营主体为主要服务对象的社会化服务体系提供积极的引导措施与强有力的扶持措施。政府要充分尊重和遵循我国社会主义市场经济的竞争机制，一方面，政府要减少对家庭农场社会化服务发展的行政干预；另一方面，要积极引导多元化的社会主体积极参与到新型家庭农场社会化服务体系建设中来，鼓励公益性的社会化服务组织与经营性的社会化服务组织、官方的社会化服务组织与民间的社会化服务组织共同参与、积极合作、相互竞争、互为补充，从而在充分竞争与利益博弈的基础上，实现家庭农场社会化服务效益的最优化，并最终形成多元性的、竞争性的、动态性的新型社会化服务格局。目前，我国家庭农场的农业社会化服务体系还存在服务环节不够完整、服务类型不够丰富等问题，导致其难以满足家庭农场实际发展中的个性化、多元化需求，例如现阶段针对家庭农场的农业教育与培训等项目安排的缺乏，导致农技推广服务仍难与家庭农场经营的实际需求相契合，并制约了家庭农场的可持续发展。因此，政府要有针对性地引导社会力量有序地、科学地参与到社会化服务体系的产前、产中和产后等各个服务环节中，尤其是现阶段仍然较为薄弱的农资供应、农技推广、信息服务与营销服务等环节，使其明确自身的服务定位和服务目标，以提高家庭农场社会化服务链条的完整性、服务结构的合理性和服务层次的丰富性。政府要加强对社会力量参与家庭农场社会化服务建设的资金扶持力度，完善相关的财政补贴项目，对达到一定标准和要求的社会化服务组织可以重点培育，并借助媒体平台加强相关的宣传工作，从而起到积极的示范效应，吸引更多的社会力量参与其中。此外，政府还应引导社会力量跨区域地参与家庭农场社会化服务建设，从而实现区域间社会化服务的互为补充和协同合作。

【参考文献】

曹东勃．农业适度规模经营的理论渊源与政策变迁．农村经济，2014（7）：13－18.

陈建成，刘进宝，方少勇．30年来中国农业经济政策及其效果分析．中国人口·资源与环境，2008（5）：1－6.

陈楠，王晓笛．家庭农场发展环境因素及优化对策．经济纵横，2017（2）：99－103.

戴青兰．农地流转中地方政府缺位和越位问题研究．经济纵横，2010（12）：23－26.

范宝学．财政惠农补贴政策效应评价及改进对策．财政研究，2011（4）：18－21.

高强，孔祥智．我国农业社会化服务体系演进轨迹与政策匹配：1978—2013年．改革，2013（4）：5－18.

高强，周振，孔祥智．家庭农场的实践界定、资格条件与登记管理——基于政策分析的视角．农业经济问题，2014（9）：11－18.

郭国荣，李冀．“九五”期间我国重要农产品流通体制改革思路探讨．商业经济与管理，1996（1）：14－17.

韩长赋．论稳定农村土地承包关系．中国农村经济，1998（1）：1－4.

何劲，Emmanuel K. Yiridoe，祁春节．加拿大家庭农场制度环境建设经验及启示．经济纵横，2017（5）：118－122.

何劲，熊学萍．家庭农场绩效评价：制度安排抑或环境相容．改革，2014（8）：100－107.

孔祥智，楼栋，何安华．建立新型农业社会化服务体系：必要性、模式选择和对策建议．教学与研究，2012（1）：39－46.

兰勇，周孟亮，易朝辉．我国家庭农场金融支持研究．农业技术经济，2015（6）：48－56.

郎玫，张泰恒．改革开放三十年中国行政体制演化的理论与实践研究——一个基于政府、市场、社会的分析框架．经济体制改革，2008（5）：14－18.

雷俊忠，陈文宽，谭静．农业产业化经营中的政府角色与作用．农业经济问题，2003（7）：41－44.

雷俊忠，陈文宽，谭静．政府与市场双轮驱动下的家庭农场发展路径选择——基于上海松江、浙江宁波的调查数据分析．上海经济问题，2016（3）：120－129.

李俏，王建华．农业社会化服务中的政府角色：转型与优化．贵州社会科学，2013（1）：109－113.

李善民．家庭农场金融服务困境及其优化路径——以广西151户家庭农场为例．南方金融，2014（5）：62－66.

刘莉君．农村土地流转与适度规模经营研究．求索，2010（3）：72－73.

刘向华．我国家庭农场发展的困境与农业社会化服务体系建设．毛泽东邓小平理论研究，2013（10）：31－35.

刘欣．家庭农场经营模式下参与主体目标取向及社会效益分析．农村经济，2016（10）：18－24.

农业部农村经济体制与经营管理司，中国社会科学院农村发展研究所．中国家庭农场发展报告（2015）．北京：中国社会科学出版社，2015：22－28.

农业部新闻办公室．农业部关于促进家庭农场发展的指导意见．2014－02－06. http://www.moa.gov.cn/sjzz/jgs/cfc/zcfg/bmgz/201505/t20150507_4583485.htm.

祁春节，蔡荣．我国农产品流通体制演进回顾及思考．经济纵横，2008（10）：45－48.

孙志红，王亚青．农产品期货、龙头企业发展与农业产业化．中南大学学报（社会科学版），2016（1）：98－105.

王敏．充分体现国际惯例的我国农业技术推广法．经济管理，1994（1）：45－49.

吴江，张艳丽．家庭联产承包责任制研究 30 年回顾．经济理论与经济管理，2008（11）：43-47.

肖鹏．日本家庭农场法律制度研究．亚太经济，2014（6）：64-68.

徐柏园．半个世纪来我国农产品流通体制变迁．北京社会科学，2000（1）：127-133.

薛冰．合作收益、公众参与与社会和谐——基于公共管理演进的视角．西安交通大学学报（社会科学版），2007（4）：55-59.

薛国琴，项辛怡．发达国家农产品定价机制的特点及启示．经济纵横，2015（7）：126-128.

杨建利，周茂同．我国发展家庭农场的障碍及对策．经济纵横，2014（2）：49-53.

杨秋林．“三农”问题的宏观调控机制研究．江西社会科学，2010（3）：242-246.

郁建兴，高翔．农业农村发展中的政府与市场、社会：一个分析框架．中国社会科学，2009（6）：89-103.

张朝华，黄扬．家庭农场发展中存在的八个问题研究——基于广东清远、湖北仙桃和湖南武冈的调查．经济纵横，2017（7）：85-90.

张朝华．农户农业基础设施需求及其影响因素——来自广东的证据．经济问题，2010（12）：84-87.

张朝华．制度变迁视角下我国农业科技政策发展及展望．科技进步与对策，2013（10）：119-123.

赵晓飞，李崇光．农产品流通渠道变革：演进规律、动力机制与发展趋势．管理世界，2012（3）：81-85.

朱启臻，胡鹏辉，许汉泽．论家庭农场：优势、条件与规模．农业经济问题，2014（7）：11-17.

朱希刚．中国农村改革 20 年：回顾与展望．农业经济问题，1998（9）：2-7.

（作者单位：暨南大学）

当前新疆棉花生产存在的主要问题与对策建议

王　力　程文明　孙鲁云

一、引言

2014 年中央 1 号文件，启动了新疆棉花目标价格改革试点，经国务院批准，国家发展改革委、财政部、农业部联合发布 2014 年棉花目标价格，为每吨 19 800 元。国家发展与改革委员会 2017 年 516 号文件中，确定 2017—2019 年新疆棉花目标价格水平为每吨 18 600 元。2016 年中央 1 号文件《中共中央国务院关于落实发展新理念加快农业现代化实现全面小康目标的若干意见》提出，持续夯实现代农业基础，提高农业质量效益和竞争力，到 2020 年，现代农业建设取得明显进展，农产品供给体系的质量和效率显著提高。在农业部颁布的《全国种植业结构调整规划（2016—2020 年）》中提出适应经济发展新常态，推进农业供给侧结构性改革，必须加快转变发展方式，调整优化种植结构，全面提高发展质量，全力保障国家粮食安全和重要农产品有效供给。2017 年中央 1 号文件《中共中央国务院关于深入推进农业供给侧结构性改革 加快培育农业农村发展新动能的若干意见》推进农业供给侧结构性改革，要在确保国家粮食安全的基础上，紧紧围绕市场需求变化，以增加农民收入、保障有效供给为主要目标，以提高农业供给质量为主攻方向，以体制改革和机制创新为根本途径，优化农业产业体系、生产体系、经营体系，提高土地产出率、资源利用率、劳动生产率，促进农业农村发展由过度依赖资源消耗、主要满足量的需求，向追求绿色生态可持续、更加注重满足质的需求转变。《农业部关于推进农业供给侧结构性改革的实施意见》中“坚持新发展理念，紧紧围绕推进农业供给侧结构性改革这个工作主线，以优化供给、提质增效、农民增收为目标，以绿色发展为导向，以改革创新为动力，以结构调整为重点，着力培育新动能、打造新业态、扶持新主体、拓宽新渠道，加快推进农业转型升级，加快农业现代化建设，巩固发展农业农村经济好形势”。习近平总书记所作的党的十九大报告指出，必须坚持质量第一、效率优先，以供给侧结构性改革为主线，推动经济发展质量变革、效率变革、动力变革，提高全要素生产率。在目标价格补贴政策的背景下，农业供给侧结构性改革的战略背景下，这一系列的重要文件中指出了农业提质增效的重要性，棉花产业也不例外。

全国棉花看新疆，新疆棉花看兵团，新疆生产建设兵团（简称兵团）棉花在全国棉花资源供给中占有重要的地位，兵团机采棉现代化水平位于全国甚至全球前列，在北疆垦区机采面积已经达到95%以上，南疆垦区机采面积50%左右，机采面积还在不断扩大。近年来，我国棉花从国际国内来看均面临着相当大的挑战。从国际上看，美国、澳大利亚等国的高质量、低价格的棉花冲击着国内棉花产业，当前政策背景下可能被别国起诉补贴等问题；从国内的看，面临着高成本，低收益，以及自然环境约束不断增强的现实困境，以及当前政策下政府预算不稳定，补贴慢效率低等问题。在这样一种国际国内环境多重约束下，要保障我国的棉花产业安全，兵团的机采棉的出路在于必须探索出提质增效的有效途径。因此，这一研究不仅符合国家产业安全的战略方向，而且是一件关乎数以万计棉农的能不能长期增收的问题，具有非常重要的现实意义。

二、我国的棉花产业现状

（一）新疆已经成了保障我国棉花供给“最后一根稻草”

为了给我国的纺织企业提供稳定的棉花供给，在长江流域和黄河流域的植棉面积锐减，棉花生产领域国际合作不畅的情况下，要将国内纺织企业棉花需求的资源主要来源掌握在中国人自己手里，新疆毫无疑问成为了保障我国棉花产业供给安全的“最后一个稻草”。

1. 我国棉花种植面积及总产量概况。棉花种植面积。中华人民共和国成立初期在毛主席提出的“以粮为纲，全面发展”的农业生产方针下，1949年我国的棉花种植面积为4 155万亩，在1982年和1994年达到了两次峰值，分别是10 384.7万亩和10 252.5万亩。从1992年后总体上表现为起伏式下降的趋势，到2015年下降到5 698.4万亩（图1）。

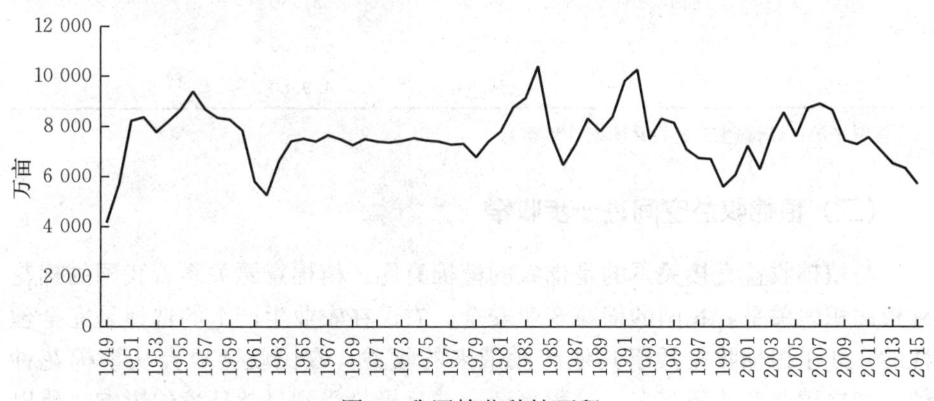

图1　我国棉花种植面积

资料来源：《中国统计年鉴》。

棉花产量。我国的棉花产量从1994年的44.5万吨，以波浪起伏上升的趋势上升到2015年的560.5万吨。在2007年达到最大值762.36万吨，从2007年以后我国的棉花总产量下降明显（图2）。

图2　我国棉花总产量

资料来源：《中国统计年鉴》。

2. 新疆棉花种植面积及总产量概况。新疆近6年的棉花种植总面积和棉花总产量表现为明显的上升趋势，占全国种植面积和产量的比重越来越高，2015年分别达到60.34%、76.70%，未来还有进一步集中的趋势（表1）。

表1　2010—2015年兵团棉花生产基本情况

年份	棉花种植总面积（千公顷）	占全国比重（%）	棉花总产量（万吨）	占全国比重（%）
2010	1 460.60	30.12	247.90	41.59
2011	1 638.06	32.52	289.77	43.92
2012	1 720.80	36.71	353.95	51.78
2013	1 718.26	39.54	351.80	55.85
2014	2 421.33	57.35	451.00	73.00
2015	2 273.11	60.34	429.80	76.70

资料来源：《新疆生产建设兵团统计年鉴》。

（二）植棉收益空间进一步收窄

与植棉收益直接关系的是棉农的植棉意愿，植棉意愿关系着我国的棉花种植面积，关乎着我国的棉花产业安全。农民在农业生产上的选择是完全理性的，如果植棉收益低于其他产业带来的收益，农民就会放弃从事棉花种植。加之棉花产业环节多、过程复杂，并且极易受到自然环境的影响，所以要保障我国的棉花产业供给的安全，首先要保障国内棉农植棉的收益。

由于兵团植棉收益统计不完善，选择新疆植棉收益数据进行分析。近3年的我国棉生产的成本收益可知（表2），目前全国及新疆的植棉收益空间快速收窄，2013年全国的平均现金利润是1 223.17元/亩，2015年直线下降到493.94元/亩；新疆的现金利润由2013年的1 217.94元/亩，下降到2015年的39.83元/亩，这一下降速度是惊人的，一旦棉农植棉收益小于其他产业带来的收入时，他们必然放弃棉花种植，这给我国的棉花产业安全带来了极大的挑战。其中略感欣慰的是我国的植棉成本略有下降，这得益于机采棉的大范围的推广，大幅度地减少了雇用拾花工人的费用。

表2 2013—2015年棉花种植成本和收益

	2013年		2014年		2015年	
	全国	新疆	全国	新疆	全国	新疆
净利润（元/亩）	−214.98	439.30	−686.44	345.04	−921.55	−653.78
现金总成本（元/亩）	739.35	1 256.39	884.88	1 496.14	872.95	1 446.48
现金利润（元/亩）	1 223.17	1 217.94	747.24	351.88	493.94	39.83
成本利润率/%	−9.87	21.59	−30.13	−15.73	−40.27	−30.55

资料来源：《全国农产品成本收益汇编》。

（三）近年来新疆棉花质量不稳定

1. 新疆棉花长度及棉花断裂比强度变化。由图3可知，新疆棉花平均长度从2008—2016年总体上呈现先后两次先降后升的趋势。从2008年的最高值29.32毫米下降到2009年的28.88毫米，2010年上升到29.26毫米，随之而来的是棉花长度持续3年的下降态势，2013年下降到最低点28.41毫米，从2014年实施目标价格补贴政策以来，新疆棉花长度经历了先降后升的波动趋势，2016年达到了29.05毫米，为近6年最高值。

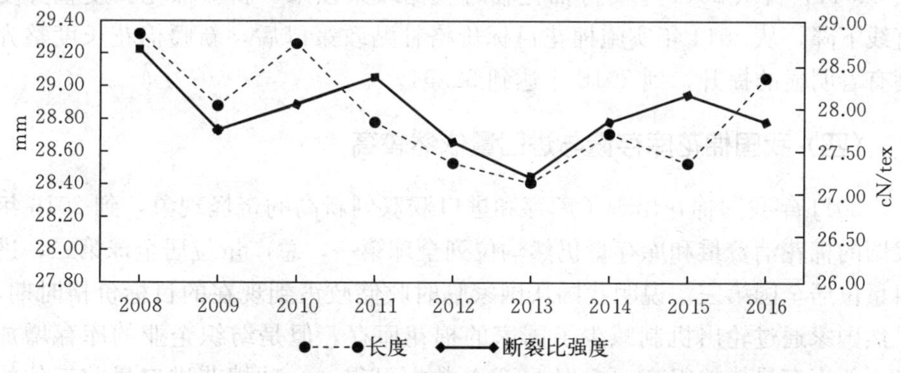

图3 2008—2016新疆棉花长度和棉花断裂比强度变化趋势

新疆棉花的平均断裂比强度，从 2008—2016 年同样呈现先后两次先降后升的趋势。从 2008 年 28.67 cN/tex 下降到 2009 年的 27.75 cN/tex，然后持续上升到 2011 年的 28.35 cN/tex，随之持续下降到 2013 年的 27.22 cN/tex，从 2014 年起实施棉花目标价格补贴政策后，棉花断裂比强度有所提升，到 2015 年上升到 28.15 cN/tex，2016 年下降到 27.84 cN/tex，根据实地调研得知，2016 年新疆棉花断裂比强度下降是因为天气所导致。

2. 新疆马克隆值 A+B 占比及长度整齐度变化。根据图 4 新疆棉花马克隆值 A+B 占比变化可知，从 2008 年新疆的棉花马克隆值 A+B 占比最高点 96.76%，一直处于 90%左右波动状态，到 2015 年达到最低点 62.12%，2016 年上升到 79.71%。仔细分析可知，说明 2014 年起实行的棉花目标价格补贴政策对棉花马克隆值的影响具有一定的滞后期。

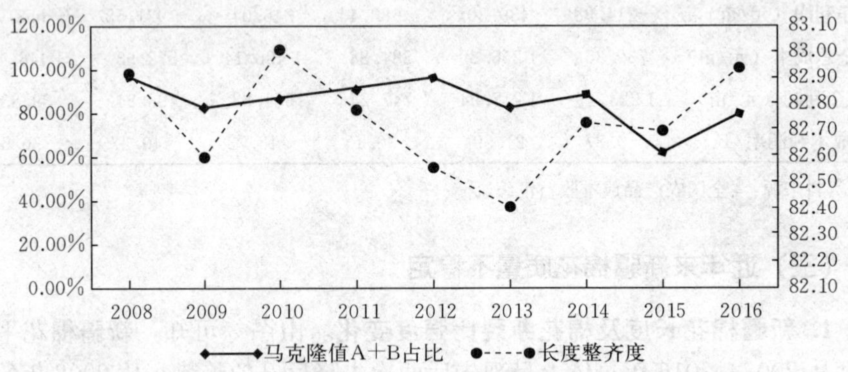

图 4　2008—2016 新疆棉花马克隆值 A+B 占比及长度整齐度

资料来源：中国棉花公检网。

2008—2016 年新疆棉花长度整齐度变化趋势可知，最高点为 2010 年 83.01，总体上经历了两个大的低点，分别是 2009 年 82.60 及 2013 年最低点 82.41，自从 2011 年实行棉花临时收储政策以来，新疆棉花长度整齐度直线下降，从 2014 年实施棉花目标价格补贴政策以后，新疆棉花长度整齐度有着明显的提升，到 2016 年达到 82.94。

（四）我国棉花库存量与进口量依然较高

2011 年我国棉花出现了库存和进口双双创新高的奇怪现象，到 2016 年我国的棉花消费量和库存量仍然均位列全球第一，总产量位居全球第二，进口量位居全国第三。说明我国从国家临时收储政策到现在的目标价格时期，虽然国家通过轮出机制减少了国家的棉花库存，但是纺织企业的库存增加了，总库存量依然很高。根据 USDA 数据可得，全球棉花进口量前三位的国家是孟加拉国 6 300（千包）、越南 5 000（千包）、中国 4 500（千包）。

表 3　2016 年我国棉花在世界上的基本情况

	消费量	产量	库存量	进口量
1	中国	印度	中国	孟加拉国
2	印度	中国	印度	越南
3	巴基斯坦	美国	巴西	中国

资料来源：USDA2016 年《棉花：全球市场与贸易》。

（五）机采棉是我国棉花产业未来发展的必然方向

“机采棉”是以机械采摘棉花为核心，包括品种选择、种植模式、田间管理、加工工艺、质量检测、设备制造、纺织使用等在内的一项综合技术。我国近十年推广“机采棉”技术的实践经验证明，“机采棉”不是简单的机械采摘技术的应用，它涉及土地规模、品种选择、种植模式、田间管理、脱叶技术、采收作业、加工工艺、质量检测、设备制造、仓储物流和纺织使用等棉花产业链上各个环节，是对我国棉花传统种植、采摘、加工等模式的重大挑战[①]。而实际在棉花生产过程中，我们各环节的技术已经比较成熟，但是各个环节并没有衔接好，没有从选种播种到最后加工成皮棉全过程的角度来综合考虑对机采棉的种植。

在生产技术成熟的条件下，棉农选择种植棉花主要取决于其他产业的收益，即机会成本。通过表 4 对比 2016 年南北疆兵团的主要植棉区域的机采面积比重、平均纤维长度、平均生产总成本、平均收益可以明显得出，我国棉花质量的下降不是因为机采而造成的。反而，南疆的兵团一师手摘棉占比较高的地区，其表现为质量低，生产成本高；北疆区域的兵团八师和兵团六师主要为机采，显然质量更好，而且成本更低，总体上机采棉面积大的地区收益更高，以八师为例，2016 年的植棉收益每亩为 1 196.31 元。

表 4　2016 年南北疆兵团棉花基本情况

区　域	北疆		南疆
	兵团八师	兵团六师	兵团一师
机采棉比重（%）	100	＞95	48
平均纤维长度（毫米）	29	28.5	27.6
平均生产总成本（元/亩）	1 521.55	1 747	1 953.3
平均收益（元/亩）	1 196.31	477.25	585.41

资料来源：依据 2017 年 3 月在各农业管理部门调研整理得出。

① 我国机采棉产业发展整体解决方案．中国棉麻经济研究，2017（1）．

三、新疆棉花提质增效的动因

（一）棉花供给资源的国际竞争

根据 USDA 数据 2016 年全球棉花总产量是 2 265.9 万吨，世界平均单产水平是 775 千克/公顷，全球棉花种植总面积是 2 928 万公顷。2016 年我国的棉花总产量是 457.2 万吨，占全球比重的 20.18%，由于印度将棉花种植面积增加到了 2 亿亩，使得其在总产量上超过了我国，为 587.9 万吨，位居全球第一；单产是 1 633 千克/公顷，位居全球第 3，第一位和第二位分别是澳大利亚 1 866 千克/公顷和土耳其 1 742 千克/公顷；我国的棉花种植面积是 2.8 百万公顷，占全球比重为 9.56%，印度种植面积为 10.5 百万公顷占全球比重为 35.86%，位居全球第一，巴基斯坦近年棉花产业发展较快，2016 年种植面积达到 2.4 百万公顷，占全球比重为 8.2%，位居全球第三位。长期以来我国一直是全球最大的棉花生产国，我国的棉花单产在世界上处于绝对的领先水平，但是近年来国际植棉形势已经有了很大的变化，在国际竞争中我国的棉花产业面临着更大的挑战。

2017 年 11 月 13—17 日，进口棉中国主港到岸均价的国际棉花指数（M）折合成人民币为 13 467 元/吨，而我国 11 月 13—17 日，代表内地标准级皮棉销售均价的国家棉花价格 B 指数为 15 854 元/吨，我国国内的棉花价格比进口棉花价格每吨高 2 387 元。以美棉为例，截至 2017 年 11 月 16 日，美国 2017/2018 年度棉花分级检验量达到 743.48 万包（168.6 万吨），主体色级为 31（相当于我国白棉 3.0），叶屑级为 3 级，平均纤维长度 29.13 毫米，马值 4.30，断裂比强度 30.36，一致性 81.39，含杂 0.39。截至 2017 年 11 月 14 日，我国棉花年度全国 870 家棉花加工企业按照棉花质量检验体制改革方案的要求加工棉花并进行公证检验，检验量达到 957.13 万包（216.62 万吨）。全国棉花平均纤维长度为 29.22，断裂比强度是 28.66，马克隆值 A（3.7～4.2）占比为 7.55%，B（4.3～4.9）占比为 56.81%，白棉平均等级为 2.7。通过对比国内棉花价格和国际棉价、国内棉花质量和美国棉花质量可知，2017 年美棉的主要质量指标比我国棉花的质量要高很多，同时棉花的进口价格远低于我国国内的棉花价格，对我国国内棉花产业的发展有着很强的冲击，国内棉花产业面临着高成本和比国外低的质量困境。

（二）棉纺织企业的需求迫使兵团棉花必须提质增效

我国是世界上第一大棉花消费国，这是源于我国是世界第一的纺织企业大国。首先，我国对于棉花资源的需求量是非常大的，必须要求我国在一定程度实现自给，结合国情不可能完全进口。其次，随着我国经济水平的不断提高，城乡居民的整体消费水平得到了大幅度的提高，纺织服装作为我们每个人的生活必需品，目前基本上能够达到数量上的满足，但是当前个性化的发展趋势，加之人们不断关注产品的安全性、高品质，这为纺织企业提出了新的要求。近年来我国的棉花产业正在经历着政策密集调整期，棉花质量整体依然不高，在国际竞争中不具备成本、质量比较优势，不能满足纺织企业的需求。

根据调查，新疆棉区主要为纺织企业提供纺 21～60 支的棉花，其代表着中低端的棉花。随着经济社会化的不断发展，排浪式的消费已经成为了过去式，现在作为消费者更多追求的是个性化需求，纺织企业也不例外，要满足高端消费者的个性需求或者定制，就必须要高端的棉花供给，而新疆作为我国的棉花供给的主要来源，在质量上还不足以支撑我国的纺织企业需求。进口棉花在一定程度上可以缓解我国对高质量棉花的需求，但是我国棉花有 89.4 万吨的配额限制，也不可能完全依赖国外的棉花生产。

虽然棉花不能无限制的低价进口，但是棉纱进口没有配额的限制。根据国家棉花市场最新监测报告，2017 年 11 月 13—17 日，中国 C32S 普梳纱市场交易价 23 316 元/吨，越南 C32S 普梳纱折人民币进口成本 22 636 元/吨，印度 C32S 普梳纱折人民币进口成本 22 695 元/吨，印度尼西亚 C32S 普梳纱折人民币进口成本 22 835 元/吨，巴基斯坦 C21S 普梳纱折人民币进口成本 20 599 元/吨。由此可见，国外棉纱的进口成本远比国内的低，究其原因主要是由于我国棉花植棉成本较高所导致的。因此，降低生产成本，提升棉花质量已经迫在眉睫。

（三）棉农提高收益的迫切需求

在国储时期，优质棉与劣质棉对棉农来说会获得相同的收益，质量高的棉花不能卖出高的价格，不能体现出质优价优。而在目标价格补贴政策实施期间，我国的棉花价格已经基本上实现了与国际市场的接轨。棉花优质优价是必然趋势，棉农要想获得更高的收益，除非种出优质的棉花，否则棉农的最高收益只能按照棉花目标价格规定的价格来计算，同时纺织企业宁愿选择国外低价优质的棉花。

就全新疆而言，棉花是全疆的主要经济作物，关系着无数老百姓的生产、生活问题，棉花生产是农民的主要收入来源。在新形势下，从棉花供给的角度分析，棉农只有提高棉花质量，才能增加更多的收益，才能促进早日实现全面小康。

四、新疆棉花生产存在的主要问题

（一）对机采棉的认识观念不统一

很多人反对采用机采的原因是认为机采会导致棉花质量下降，就我们的研究认为这是一个不科学的说法，因为在棉花产业同时追求高产和高质量在一定程度本就是悖论。要追求高质量就要放弃一部分的采净率，多采收一遍，追求更高的采净率就会增加相应的杂质，增加含杂率，影响棉花的销售。仔细分析，近年来机采的地区棉花内在品质比如长度、长度整齐度、断裂比强度、马克隆值这些内在品质还比非机采地区好，而含杂率、三丝含量等因素这并不是棉花内在品质指标中的因素，只是由于使用机采带来的负的外部性因素所导致。综合来看，机采地区的棉花内在品质更好，而不是机采棉使棉花质量下降了，我们认为通过技术改进和提高管理措施至少可以减少这种负的外部性。

（二）目标价格补贴政策下行政成本太高

棉农在交售棉花时要入库公检，要经过预约、入库、取样、包包公检、出库等多个程序，不仅手续多、操作繁杂，而且重量检验与质量检验不同步，检验数据信息反馈不及时，信息容易错误、丢失。在目标价格补贴政策下，对于棉花质量监管过程中的行政成本高、程序多、手续复杂等问题，可以通过实施棉花价格保险，来减少政府对棉花的质量监管，由保险公司通过其与棉农的相关合约及监管实现监督，可大大减少行政成本。同时对于棉农的目标价格补贴数额的预算可以转为对保险公司及棉农购买棉花价格保险的补贴。

（三）国产设备较国外落后

1996 年，兵团就将机采棉技术和相关采棉机械的研究试验正式纳入棉花全程机械化的整体部署，投资 3 000 万元立项实施“兵团机采棉引进试验示范项目”。但早先的机采棉主要模仿美国机采棉的模式，主要从国外购买了采棉机械，单台机械价值近 200 万元。2005 年，兵团与贵州航空合作，开始国产采棉机的研发。2010 年，经过引进、消化、吸收和不断改进完善，逐步达到国际先进水平，形成了年产 200 台的生产能力，对兵团棉花在种植的适应性也不断增强，结束了采棉机完全依赖进口的历史。2011 年又启动了年产 500 台采棉机总装生产线项目。根据调查，国产采棉机在某些技术还不够成熟，采棉效率没有国外机器高，而且故障多。

（四）相关配套技术不完善

目前新疆的棉花生产主要是机采棉，机采棉必须从品种研发、田间管理、脱叶催熟、采收拉运、清理加工、公检销售等诸多环节采取相适应的配套技术。现实情况是现阶段机采棉在上述生产环节中的配套技术并不完善，主要是品种多但乱杂，适合机采的品种并不多；很多的机采管理手段和措施在实行的时候不能很好落实；加工能力与采收能力不能匹配影响了棉花的质量。

五、对策建议

（一）加大宣传转变棉农对机采棉的认识

在未来机采棉是必然的趋势。对棉花使用机采替代人工，至少可以有以下几点好处：一是节约成本，以采收阶段为例，根据 2017 年最新的调查数据得到，北疆兵团五师机采费用为每千克 0.4 元，人工采收至少每千克 2 元，每千克可以节约 1.6 元的成本；二是减少对棉花品质的损伤，比如棉花喷施脱叶剂阶段，使用无人机可以减少甚至避免人在棉田穿梭中对棉花的损伤；三是有效地降低了信息不对称的问题，在棉花生产过程中，棉农始终是掌握信息资源更优的一方，管理者相对处于信息劣势地位，要降低这种信息的不对称问题，只有减少人员的参与，只要有人的参与就会存在信息不对称的问题，信息不对称就会增加信息收集或者实现目标的成本，并且在机器的管理上远比管理人员的成本要低，更加的方便。因此，应该加大对机采棉的宣传，转变棉农对机采棉的认识。

（二）应该采用面积补贴的方式，而不是使用产量补贴的方式

当前目标价格补贴政策下，使用产量补贴的方式会导致棉农依然只是重视产量，而不是重视质量，因为只要高产就能够获得更高的收益，因此建议使用面积的补贴方式。使用面积补贴的方式可以有以下几个好处：一是现在已经可以使用 GSP 技术对棉花多个领域进行操作了，比如使用 GSP 设定无人机喷施脱叶剂、使用 GPS 可以很容易的测出棉花的种植面积，可以使用播种、壮苗两次测算植棉面积，可以有效地测算出植棉面积；二是使用面积补贴的方式可以使棉农更早拿到补贴，不会影响家庭的基本支出。

（三）加大对国产彩棉技术装备和相关配套设施的投入

对于我国当前的机采棉来说，主要存在的问题是有些技术还不成熟，应该加大研发投入，从技术上克服相应的困难。加之，各环节相对分离，各环节联系不紧密，各环节缺少对棉花质量管理的沟通协作，没有形成完整的技术集成的体系，因而导致在不同的环节由于操作上的不当或者管理不规范的问题，对棉花质量产生了不利的影响。对于棉花提质增效的路径在于要对机采棉从选种育种、栽培、采收、加工各个环节形成一套完整技术集成体系，形成制度化的管理体系，来降低这些负外部性效应，只要形成完整的技术集成体系，就能大幅度地降低生产成本，并且能够实现有效的棉花质量控制。

（四）使用棉花价格保险替代目标价格补贴政策

当前的目标价格补贴政策，主要的问题是行政成本高，政府不能准确地稳定地进行预算，补贴的执行效率低，缺乏价格保险措施，“黄箱”政策转向“绿箱”政策等问题。由于以前棉花产业从未有过关于价格波动的保障措施，为避免或者降低价格的波动给棉农带来的损失实施棉花价格保险。棉花价格保险能够运用保险公司的优势，有效地降低棉花价格波动导致的风险，可以保障棉农的收益。在目标价格补贴政策下，对于棉花质量监管过程中的行政成本高、程序多、手续复杂等问题，可以通过实施棉花价格保险来减少政府对棉花的质量监管，由保险公司通过其与棉农的相关合约及监管实现监督，可大大减少行政成本。同时对于棉农的目标价格补贴数额的预算可以转为对保险公司及棉农购买棉花价格保险的补贴。

【参考文献】

王力，温雅．新疆棉花目标价格补贴政策的实施效果与对策分析．价格月刊，2015（9）：37-41.

王力．棉花进口和库存为何走高．经济日报，2012-12-04（013）.

赵新民，张杰，王力．兵团机采棉发展：现状、问题与对策．农业经济问题，2013，34（3）：87-94.

（作者单位：石河子大学）

政府保费补贴的奶牛保险能够减轻养殖户的损失吗?

——基于内蒙古奶牛养殖户数据的实证分析

赵元凤　张旭光

一、引言

奶牛养殖业是我国畜牧业经济中的重要产业，也是农牧民增收的重要渠道之一。作为一种生物生产过程，奶牛养殖对自然环境的依赖较强，尽管应用现代养殖技术可以人工改善环境，但奶牛养殖依然无法完全摆脱疫病和自然灾害的影响。例如，许多高致病性重大疾病及在广大草原牧区发生的白灾、黑灾等自然灾害等，都对奶牛养殖业造成严重影响，使广大养殖户损失惨重，甚至有可能使奶牛养殖户因此而致贫返贫。然而，从目前全国奶牛养殖风险防范情况看，奶牛养殖业抵御疫病风险和自然风险的能力还很弱，并且面对较为分散的受灾养殖户，政府传统的灾害救助与补偿能力有限，无法从根本上解决问题①。

从国际经验看，奶牛保险作为一种分散奶牛养殖风险的非价格保护工具，得到了各国政府不同程度的重视。美国充分运用农业保险这一 WTO "绿箱" 政策，通过支持奶牛保险的发展，为本国奶牛养殖者提供了全面的风险保障，其中不仅涉及对奶牛生理价值进行保障的奶牛死亡和疾病保险，还包含保障养殖户收入的价格和收益保险。

我国自 2007 年开始在国内 6 个省区试点实行政府保费补贴的奶牛保险政策。政府保费补贴的奶牛保险政策是指养殖主体在购买奶牛保险时保险费用得到政府财政资金的支持，截至 2014 年，奶牛保险保费补贴区域已经扩大至全国范围。2014 年我国奶牛保险保费由中央、省（自治区）、地（市）、县四级财政支付 85%，养殖户支付 15%。其中地方财政的补贴比例由 2008 年 50%下降为 30%，而中央财政对中西部地区的补贴比例同期由 30%提高至 50%。

内蒙古自治区是全国最大的奶牛饲养和乳制品生产区域，2014 年饲养

① 中华人民共和国农业部网站，"于康震副部长在保险支持畜牧业发展经验交流会上的讲话"，2014 年 9 月 5 日，http://www.moa.gov.cn/govpublic/XMYS/201409/t20140912_4053117.htm。

奶牛 236 万头，占全国的 15.7%；牛奶产量 788 万吨，占全国的 21.2%[①]。2008 年，内蒙古自治区开始全面实施政府保费补贴的奶牛保险政策，保险标的为由于重大病害、自然灾害和意外事故导致死亡的 1～7 岁的奶牛；保障水平分 4 000 元/头、5 000 元/头和 6 000 元/头三个档次，保险费率为 8%；保险费由中央、自治区、市、县四级财政补贴 85%，养殖户承担 15%；2015 年，内蒙古自治区将奶牛保险的保障水平提高为 6 000 元/头、8 000 元/头和 10 000 元/头三个档次，保险费率下降为 5%。2008—2014 年，内蒙古奶牛保险的保费补贴资金由 5 139 万元增加至 20 865 万元，增长了 306.01%，年均增长达 22.16%。政府的高额保费补贴有效提高了奶牛养殖户的参保积极性，承保奶牛头数由 2008 年 16.10 万头增加到 2014 年的 52.55 万头，奶牛保险承保率[②]由 6.55%增长至 22.27%，同期保费收入由 6 423.42万元增加到 24 547.26 万元[③]。

奶牛保险政策作为我国农业保险制度的重要组成部分，目前主要遵循“政府引导，市场运作”的运营模式，依据“政府财政补贴”的保费缴纳体系向参保者收取保费，对“保险合同内约定的奶牛死亡事故”，按“低保障、广覆盖”的原则，进行“奶牛生理价值损失”的保险赔付。由此可见，我国目前实施的奶牛保险政策属于一种“政府引导”的财政惠农政策，其实施的目的在于利用保险手段建立疫病和自然灾害的风险防范机制，降低养殖户的奶牛死亡损失。但与此同时，也不难发现目前我国奶牛保险政策的风险保障范畴也主要停留在“奶牛死亡损失”层面，尚处于“低保障”水平。但是，在当前饲养技术与防疫环境下，面对奶牛死亡风险逐渐降低（吴洋，2009）、奶牛生理价值不断走高（吴宗学，吴祖宏，韦祖勤，2012）的现实情况，只负责奶牛死亡赔付的“低保障”奶牛保险政策是否能够真正减轻参保者的奶牛养殖损失？如果不能，是什么原因限制了其减损作用的发挥？对这些问题做深入研究与探讨，对完善我国奶牛保险的风险分散机制、促进奶牛保险产品创新和提高农业保险制度对农业生产的支持作用具有重要的理论与现实意义。

内蒙古自治区作为我国最大的奶牛养殖和乳制品生产区域，奶牛保险的发展一直处于全国前列。因此，无论在奶牛养殖还是奶牛保险的发展方面，内蒙古自治区在全国都具有代表性。本文选取内蒙古作为研究对象，基于对奶牛养殖户的微观实地调研，探讨奶牛保险政策对参保者养殖损失的影响，研究结论对进一步完善全国奶牛保险政策、促进奶牛保险的可持续发展具有

① 《中国农村统计年鉴 2015》。

② 承保率=(承保奶牛头数/总奶牛头数)×100%。

③ 中国保险监督管理委员会内蒙古监管局。

重要的决策支持作用。

本文在梳理国内外相关研究文献的基础上，应用风险管理与保险经济学理论，对奶牛保险是否具有减轻养殖户损失的作用进行理论分析与探讨。为了实证检验奶牛保险政策的实际减损效果，利用奶牛保险政策在内蒙古自治区逐步开展这一特点，构建实证设计所需的“自然试验”，基于微观调查数据，应用倍差法（DID）和倾向得分匹配倍差法（DDPSM），对奶牛保险的实际减损效果进行实证检验。最后，结合内蒙古奶牛保险发展及奶牛养殖实际，本文对实证结果进行了进一步的分析与讨论。

本文安排如下：第二部分为文献综述；第三部分为理论分析；第四部分为实证方法与数据；第五部分为实证分析与稳健性检验；第六部分为讨论；第七部分为结论与政策建议。

二、文献综述

通过梳理国外研究发现，众多国外研究者认为奶牛保险是一种有效的风险分散工具，对降低灾害损失、稳定养殖户收入发挥着积极作用。Mohammed 和 Ortmann（2005）从养殖者奶牛保险需求的角度出发，指出奶牛保险降低参保者养殖损失的功能，是维持养殖户较高奶牛保险需求的重要原因；Jansson 和 Norell（2005）应用仿真模拟模型对比分析了政府灾害救济与强制保险对欧盟各国口蹄疫风险防范的影响，结果表明强制保险通过较为高效的风险风散机制，在降低口蹄疫的损害程度方面更具优势；Gould（2011）从美国奶牛保险风险分散原理和产品特点角度，指出奶牛保险相对于金融组合期权策略，是一项更具发展优势的风险管理工具，能够有效降低生产者的养殖损失，实现对生产者最低养殖收入的风险防护；Kenny 等（2014）以偏离平均奶牛养殖收入的程度（标准差）作为风险程度的代理变量，通过收集美国 13 个主要乳制品生产区 2001—2011 年的月度玉米、牛奶等期货价格和市场价格的历史数据，对美国奶牛收入保险的减损效果进行了实证测算，结果表明奶牛收入保险能够降低参保者 28%～39%的收入损失，奶牛收入保险减轻养殖户损失的效果明显。

早在政策性奶牛保险实施以前，我国就有学者呼吁：奶牛保险是一种分散养殖风险的重要手段。庹国柱（1999）指出奶牛养殖业面临两大风险：市场风险和自然风险。对于市场风险，可由政府建立风险基金或建立价格保险制度；对于奶牛养殖的自然风险，让养殖者参加奶牛保险是万全之策。政策性奶牛保险实施后，学者从奶牛保险发展现状及存在的问题角度进行了定性探讨：一些学者认为，政策性奶牛保险，作为一种风险转移和补偿安排，可以为养殖者提供有效风险保障（赵元凤，冯平，2014）；同时，也有一部分学者指出当前奶牛保险政策在经营机制、政府扶持、养殖者的保险意识等诸多方面还存在着很大不足，奶牛保险的风险保障效果欠佳（田佳佳，2008）。然而，我国当前实施的奶牛保险政策的减损效果究竟如何？国内研究者基于奶牛养殖户层面的实证分析较少。现有的少量的对农业保险政策效应的实证研究成果，也主要集中在农业保险对种植业农户收入的影响。有关农业保险对种植业农户收入的影响效应，国内学界也并未形成一致结论。一部分学者认为农业保险有助于稳定农户收入，促进农户收入增加（邢鹂，黄昆，2007；罗向明，张伟，丁继锋，2011）。周稳海、赵桂玲和尹成远（2014）应用动态面板系统GMM模型对农业保险的农户收入作用进行了实证分析，认为农业保险总效应会显著提高农户收入，但其发挥的促进作用较小。与此同时，也有一些学者提出了不同的看法，认为农业保险不会促进农户收入提高（冯文丽，2004；陈晓安，2013）。Yuanfeng Zhao 等（2016）基于内蒙古种植业农户的问卷调查，运用倍差模型和匹配倍差模型实证检验农业保险对农户收入的影响，结果表明当前我国实施的“广覆盖、低保障”的农业保险政策，尚难以发挥稳定农户收入的作用。

总结以上国内外相关研究，不难发现国外学者对奶牛保险的实际减损效果进行了较为丰富的定量分析，大部分国外学者研究表明奶牛保险是一种有效的风险分散工具，对稳定农户收入、降低灾害损失发挥着积极作用。但是，以美国为代表的发达国家的奶牛保险制度是一种以牛奶价格或养殖户收入为保险标的的保险制度。我国目前实施的奶牛保险主要是针对奶牛死亡导致的奶牛生理价值损失进行保障，二者在保障水平及风险责任等方面存在较大差异。对中国现行的奶牛保险产品是否也具有减轻和弥补奶牛养殖户灾害损失的作用，国内学者的研究成果更多的是一种理论分析和现象归纳，而鲜有实证研究。

鉴于此，本文基于对奶牛养殖户的实地调研数据，从当前农业保险制度直接关注的农业生产者损失的角度，实证检验奶牛保险政策对参保养殖户由于奶牛死亡而带来的损失的影响。本文的主要贡献在于：第一，研究视角上，从微观参保者直接农业生产损失变化的角度，对农业保险政策效果进行考察。以此视角进行实证分析，更加符合当前我国农业保险制度只强调“保成本”，而非“保收入”的现状。第二，本文利用奶牛保险政策在内蒙古自治区逐步开展这一难得的“自然试验”，检验奶牛保险对养殖户奶牛死亡损失的影响，并结合奶牛保险及奶牛养殖实际探究其中的原因，此过程的实证分析与原因探讨填补了当前国内学术界对奶牛保险减损效果实证研究的不足，丰富了农业保险的研究内容，有助于政府及业界对农业保险政策实施效果的深入理解。

三、理论分析

在经济系统中，风险通常被用来描述不确定结果发生的情况。Harrington 与 Niehaus（2005）认为风险可以从两方面理解：一是风险发生时期望损失值的大小；二是围绕期望损失值的不确定波动，即一种情形如果比另外一种情形在以上两方面表现出更严重的程度，则说明具有更高风险，而保险作为一种风险管理工具，主要是从分散期望损失、减少损失波动不确定性的角度进行风险控制。

在奶牛养殖过程中，养殖户会面临意外灾害事故（如重大疫病、自然灾害和意外事故）发生带来的损失。在不失现实性、一般性的前提下，为简化分析，做出如下假定：①意外灾害事故发生的概率为 P，造成的损失程度为 L，意外灾害事故不发生的概率为 $1-P$，造成的损失程度为 0，其中 $0\leqslant P\leqslant 1$；②养殖户是风险厌恶者，具有风险规避的特征；③养殖户选择奶牛保险进行风险分散时需要向保险公司支付保险费 c，由纯费率计算而来；④面对参加保险的养殖户，如果风险事故发生，保险公司按约定支付给参保者保险赔偿 I，如果风险事故未发生，保险公司不需进行保险赔偿，其中 $0<I\leqslant L$。由此可得参保养殖户和未参保养殖户在风险灾害事故发生或未发生时的损失情况（表 1）。

表 1　参保养殖户和未参保养殖户在风险事故发生与否时的损失情况

是否参加奶牛保险	灾害事故发生（P）	灾害事故未发生（$1-P$）
参加（L）	$L-I+c$	c
未参加（L_0）	L	0

由表 1 可知，参加奶牛保险的养殖户和未参加奶牛保险的养殖户在奶牛养殖过程中面临的期望损失分别为：

$$E(L)=P(L-I+c)+(1-P)c=PL-(PI-c) \tag{1}$$

$$E(L_0)=PL \tag{2}$$

式（1）中“PI”在保险行业中，通常被理解为保险人支付的期望索赔成本（Harrington，Niehaus，2005）。由保险定价和费率厘定的原则可知，保险公司向投保养殖户支付的期望索赔成本应恰好等于保险公司收取的纯保费，即 $PI=c$，通常可以这样理解：从长期看，投保人支出的保费最终等于从保险公司获取的保险赔付（Babcock，2004）。因此，此种情况下养殖户是否参加奶牛保险并不影响其期望损失的大小。但是，如果养殖户参加享受政府保费补贴的奶牛保险政策，参保后其期望损失又如何变化？由目前我国实施的农业保险政策可知，养殖户在实际参加奶牛保险过程中，可以享受政府提供的大量保费补贴，养殖户不需要全部支付按保险市场定价原则计算出的保费，只需按比例支付部分保费即可，故养殖户实际缴纳的保费为 $c_s=(1-\rho)c$，其中，ρ 为政府保费补贴比例，在内蒙古自治区这一比例高达85%，故奶牛养殖户实际承担的保费必定小于保险公司支付的期望索赔成本，即 $PI-c_s=PI-(1-\rho)c>0$，所以，此时对比参保与未参保养殖户的期望损失可知：$E(L_s)<E(L_0)$，因此，理论上认为当前政府大力推行的奶牛保险保费补贴政策具有降低养殖户奶牛养殖过程中期望损失的作用。

为了进一步了解参加奶牛保险对养殖户养殖损失波动的影响，依据方差计算公式，分别计算了参保养殖户和未参保养殖户的损失分布方差，结果显示如下：

$$D(L)=E[L-E(L)]^2=P(L-I+c-PL+PI-c)^2+(1-P)(c-PL+PI-c)^2=P(1-P)(L-I)^2 \tag{3}$$

$$D(L_0)=E[L_0-E(L_0)]^2=P(L-PL)^2+(1-P)(0-PL)^2=P(1-P)L^2 \tag{4}$$

式（3）和式（4）方差计算结果显示，养殖户参加奶牛保险后明显降低了其养殖损失的波动性，减少了损失变动对养殖户收入带来的不确定影响。同时，上述计算结果也反应出政府是否提供保费补贴并不会改变奶牛养殖户参保后的损失概率分布的方差大小，说明政府保费补贴政策并不会直接进一步降低参保养殖户的损失波动情况。但是，由于政府提供的保费补贴会降低养殖户的期望损失，提高养殖户的保险购买力，刺激养殖户的保险需求，因此政府的保费补贴政策可以有效推动奶牛保险政策的快速发展，进而放大保险的损失分散功效，避免损失的巨大波动对养殖户的稳定生产带来的不利影响（Cabrera，Gould and Valvekar，2011）。

假设养殖损失的概率分布服从正态分布①，如图1所示，分别对三种情况下（未参加奶牛保险、参加无政府保费补贴的奶牛保险、参加有政府保费补贴的奶牛保险）养殖户的养殖损失概率密度分布情况进行了说明。相对于未参加奶牛保险的养殖户，参加无保费补贴奶牛保险的养殖户虽然其期望损失值并未发生明显的改变（$E(L)=E(L_0)$），但是其所面临可能损失的分布区间明显变小（$D(L)<D(L_0)$），养殖户参保后减小了养殖损失实际值围绕损失期望值的变动可能性，降低了养殖过程中的最大可能损失，同时由

① 风险损失究竟服从何种分布国内外学者并无得出一致结论。现实中，影响养殖损失的因素众多，损失概率分布的实际图形复杂而多样，本研究只是结合前文表1计算结果，为了更直观地显示“有无保险措施”“保险有无保费补贴”情况下，养殖户养殖损失的概率分布变化情况，而作此假设。

于参加者的保费支付，反过来也增大了最低可能损失。如图1所示，参加奶牛保险（无保费补贴情况）的养殖损失正态分布曲线与未参加者的正态分布曲线的中心位置相同，但是，参加者比未参加者的损失正态分布曲线更陡峭。正如Kraft（1996）通过分析农业保险对农户收入的影响时指出："农业保险会对农户农业净收入的可能分布产生影响，农户参加农业保险需要支付保费，从而减少其可获得的最大可能收入，但由于保险的灾害补偿功能，同时也避免了农户获得更低收入的可能性"。进一步，如果养殖户参加有政府保费补贴的奶牛保险政策，相对于无保费补贴的奶牛保险产品，尽管养殖户在参加保险时需要交纳保费，但是由于政府的保费补贴，参保后其期望损失值得到显著降低（$E(Ls)<E(L)$），而养殖损失波动方差的大小并不受保费补贴与否的影响。如图1所示，参加有保费补贴奶牛保险政策的养殖户其养殖损失正态分布曲线中心位置发生改变，损失期望值减小，而养殖损失正态分布曲线的离散程度并无改变。

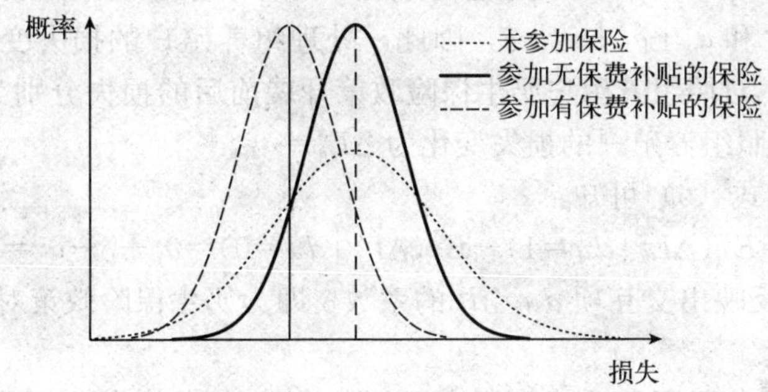

图1　有无保险、保险有无补贴情况下养殖户养殖损失的概率分布示意图

因此，理论上认为政府财政支持的奶牛保险政策具有降低和分散养殖户养殖损失的作用。相对于未参保者，政府保费补贴的奶牛保险政策不仅会降低参保养殖户的期望损失值，同时也会减小养殖损失概率分布的方差，降低损失实际值围绕损失期望值的不确定性波动。

四、实证方法与数据

（一）实证方法

为了有效估计奶牛保险政策的实际减损效果，本部分将采用倍差模型（DID）和倾向得分匹配倍差模型（DDPSM）进行实证分析。

1. 倍差模型。倍差模型被广泛用于公共政策效果评估方面（周黎安，2005；邓柏峻，李仲飞等，2014）。在本研究中，首先选择使用倍差模型对奶牛保险政策的减损效果进行实证检验与分析。

具体应用过程中，按是否参加奶牛保险将受访养殖户分为处理组和对照组两类，其中，将参保养殖户定义为处理组，未参保养殖户定义为对照组，并据此构造一个政策虚拟变量 du_{it}（参加，$du_{it}=1$；未参加，$du_{it}=0$）；同时，再构造另一个奶牛保险政策实施期的虚拟变量 dt_{it}（政策开展前，$dt_{it}=0$；政策开展后，$dt_{it}=1$）。上述两个虚拟变量 du_{it} 和 dt_{it} 将全部受访养殖户分为四组，即奶牛保险政策开展前的对照组、开展后的对照组、开展前的处理组以及开展后的处理组。然后，比较处理组养殖户和对照组养殖户在奶牛保险政策开展前后奶牛死亡损失的变化，即如果处理组养殖户在参加奶牛保险后，其养殖损失系统性低于对照组养殖户，那么我们则有理由认为奶牛保险政策的实施降低了养殖户的奶牛死亡损失。具体检验模型如下：

$$L_{it}=\alpha_0+\alpha_1\cdot du_{it}+\alpha_2\cdot dt_{it}+\delta\cdot du_{it}\times dt_{it}+\varepsilon_{it} \tag{5}$$

式（5）中，L_{it} 表示养殖户 i 在第 t 期的奶牛养殖死亡损失，ε_{it} 是模型误差项。

同时，由式（5）可知，处理组养殖户在奶牛保险政策开展前后的损失分别为 $\alpha_0+\alpha_1$ 和 $\alpha_0+\alpha_1+\alpha_2+\delta$，因此，处理组养殖户的损失变化为 $\Delta L_{it}^1=\alpha_2+\delta$；同理，对照组养殖户奶牛保险政策开展前后的损失分别为 α_0 和 $\alpha_0+\alpha_2$，因此，对照组养殖户的损失变化为 $\Delta L_{it}^0=\alpha_2$。

进一步由式（6）可知：

$$\delta=E\ (\Delta L_{it}^1\,|\,du=1)-E\ (\Delta L_{it}^0\,|\,du=0)=\alpha_2+\delta-\alpha_2=\delta \tag{6}$$

式（6）反映出交互项 $du\times dt$ 的系数 δ 即为奶牛保险政策对奶牛死亡损失的处理效应。

2. 倾向得分匹配倍差模型。在运用上述倍差模型进行实证分析时，存在以下两个难点：一是倍差模型应用的假设前提是 $E\ (\Delta L_{it}^0\,|\,du_{it}=1)=E\ (\Delta L_{it}^0\,|\,du_{it}=0)$，即处理组与对照组除了在是否参加奶牛保险方面存在差异外，在其他方面应尽可能地具有相似性，如果二者差异较大，则应用上述倍差法进行回归分析时，将会导致估计结果的有偏；二是如果政策虚拟变量 du_{it} 具有内生性，即受访养殖户参保与否不是随机决定的，而是可能与影响养殖损失 L_{it} 的其他遗漏变量相关，那么模型将会产生选择性偏差问题，从而不能得到回归结果的一致估计。

为了克服倍差模型存在的不足，本部分首先使用倾向得分匹配的方法（PSM）为参保养殖户“找到最相似”的从未参保的养殖户，以减少模型的选择性偏差，增强处理组与对照组的可比性；随后，再应用倍差模型（DID）对上述经过匹配后的样本进行估计。此外，为了减轻模型遗漏变量所引发的内生性问题，本部分将参考已有研究，在式（5）中合理添加一些控制变量以保证回归结果的稳健性。

具体地，本部分应用的倾向得分匹配倍差法主要按以下步骤展开：

第一步，建立如下 Logit 选择模型，计算给定样本特征 X_i 下，每一位奶牛养殖户成为处理组的概率 $p_i(x)$，即倾向得分值（PS 值）：

$$p_i(x)=P_r(du_i=1|X_i)=F[h(X_i)] \tag{7}$$

式中，du_i 为模型中的因变量，表示政策虚拟变量，其含义与前文一致，若 $du_i=1$，则说明养殖户参加奶牛保险，若 $du_i=0$，则说明养殖户未参加奶牛保险；X_i 为模型中的自变量，表示第 i 个养殖户的特征变量，主要用以评判处理组和对照组的相似度；$F(\cdot)$表示 Logistic 函数，$h(\cdot)$为线性函数。

第二步，根据计算出的 PS 值，对于处理组的每一个奶牛养殖户 i，从对照组中寻找与其 PS 值最相近的养殖户作为其“反事实”状态的参考。

第三步，对经过倾向得分匹配后的处理组和对照组各样本养殖户，进行倍差法回归估计，相应的回归方程如式（8）所示。

$$L_{it}=\alpha_0+\alpha_1\cdot du_{it}+\alpha_2\cdot dt_{it}+\delta\cdot du_{it}\times dt_{it}+\gamma\cdot cv_{it}+\varepsilon_{it} \tag{8}$$

式中，cv_{it}表示控制变量，其他变量含义与前文一致。式（8）为本部分奶牛保险政策减损效果评价的基准模型，δ 的估计值即度量了奶牛保险政策对养殖户奶牛死亡损失的影响。

（二）数据

1. 调研区域选择。本研究应用 DID 和 DDPSM 模型实证检验奶牛保险政策对养殖户的减损效应，需要采集政策实施前后养殖户的样本数据。2014 年，内蒙古自治区政府加大奶牛保险政策的推广力度，扩大了奶牛保险政策的开展区域[①]，因此，2014 年，内蒙古很多地区的奶牛养殖户属于首次参加中央财政补贴的奶牛保险政策。国家财政保费补贴的奶牛保险政策在内蒙古自治区逐步开展这一特点，为本研究 DID 和 DDPSM 模型的应用构建了一个良好的“自然试验”。而本研究在调研地区的选择上，正是充分利用内蒙古自治区奶牛保险政策逐步推进的特点，着重对 2014 年新开展奶牛保险政策的地区进行实地调查。

首先，根据自治区各盟市奶牛存栏数量和奶牛保险承保数量的变化情况，确定调研的盟市。综合考虑图 2 和图 3 数据情况，可知内蒙古自治区呼和浩特市、包头市、呼伦贝尔市和兴安盟 4 个盟市，既是内蒙古自治区重要的奶牛养殖区域（2014 年，这四个盟市的奶牛养殖头数为 127.38 万头，占

① 2013 年年末，内蒙古自治区农业保险保费补贴领导小组办公室发布《2013 年内蒙古自治区农业保险保费补贴工作总结及 2014 年主要工作安排》，其中明确指出“将两年内未开展养殖业保险业务和 2013 年 8 月 31 日前未开展业务的旗县（少于 5 000 头的），确定为 2014 年养殖业保险经办资格调整区域”。

整个自治区荷斯坦奶牛头数的 65.09%），又符合 DID 方法对“政策新开展实施”的实证应用需求①，因此，本次课题组最终选择的调研盟市为内蒙古西部区的呼和浩特市和包头市，东部区的呼伦贝尔市和兴安盟。

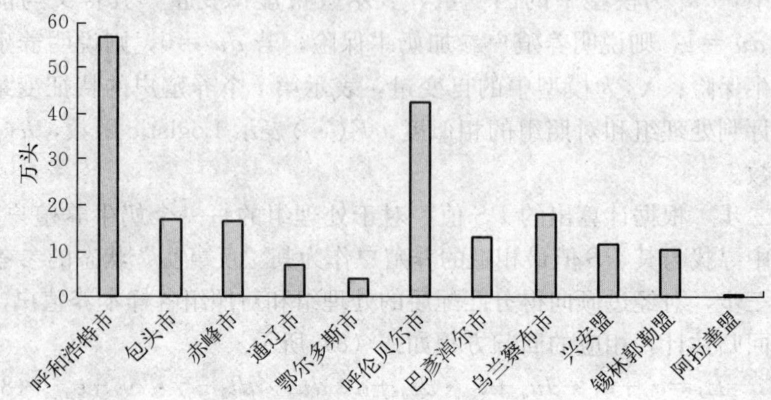

图 2　2014 年内蒙古自治区各盟市奶牛存栏数量

注：由于乌海市数据缺失，图中没有显示

资料来源：内蒙古自治区奶业协会。

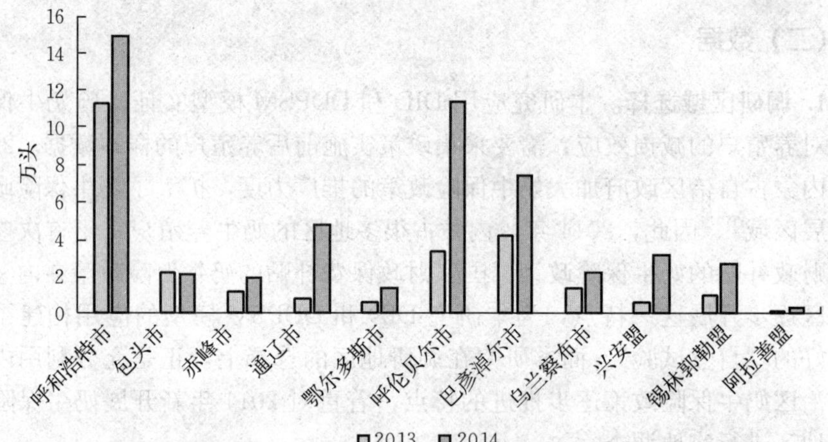

图 3　2013 年和 2014 年内蒙古自治区各盟市奶牛保险承保数量

注：由于乌海市数据缺失，图中没有显示。

资料来源：内蒙古自治区农业保险保费补贴领导小组。

其次，在上述已经确定的四个盟市，根据课题组与当地农业保险领导小组的座谈情况，选择 2014 年大幅度扩大奶牛保险承保数量的具体旗县

① 图 3 数据显示，相比于 2013 年，内蒙古部分盟市的奶牛承保数量在 2014 年出了较大幅度的增长，而短期内较大幅度的增长，说明这些盟市在 2014 年扩大了奶牛保险政策的开展区域。并且，通过后期课题组与当地农业保险领导小组的座谈及反馈情况，也证实了这一点。

（区），并在各个旗县（区）选择新开展奶牛保险政策的乡镇作为具体调查地区。

2. 抽样方法及调查内容。在上述已经确定的旗县或乡镇，本研究随机抽取被调查的养殖户。具体的，在每个乡镇选取1～3种养殖模式[①]，在每种养殖模式下，根据饲养规模随机抽取一定数量的养殖户作为调查样本。

本次共调查内蒙古自治区呼和浩特市、包头市、呼伦贝尔市和兴安盟4个盟市、10个旗县（区）、17个乡镇或园区、24个行政村，共166个奶牛养殖户。剔除重要指标缺失的样本后，有效样本157个，样本有效率为94.58%。其中，在2014年参加奶牛保险的受访养殖户有109户，未参加的有48户。在本次调研过程中，同时对受访养殖户2013—2014年连续2年（共314个样本）的奶牛养殖及奶牛保险购买情况进行了询问调查，问卷内容主要涉及受访养殖户的个人特征（如性别、年龄、受教育程度、饲养年限等）、养殖情况（贷款金额、养殖规模、牛奶销售价格等）、奶牛死亡及处理情况、对奶牛保险政策的认知和奶牛饲养风险防控措施及费用投入等。

五、实证分析与稳健性检验

（一）变量的选取

本研究的目的在于实证检验奶牛保险政策对养殖户奶牛死亡损失的影响，根据已有经验研究和理论分析，并结合样本养殖户的生产及问卷调查实际，本部分选择养殖户奶牛死亡损失[②]为模型因变量，养殖户是否参保为模型主要自变量；同时，添加其他一些影响养殖户奶牛养殖死亡损失的可测变量，以保证模型应用的可忽略性假设得到满足，其中，主要包括以下三类：养殖户的个体特征（养殖户的性别、年龄、受教育年限和养殖年限）、养殖经营特征（成年奶牛饲养数量和养殖人员数量）、养殖风险及防疫特征（是否有专业兽医人员和奶牛疫病检疫数量）。具体各变量的定义见表2。

---

① 据本次调研情况的反馈可知，当前内蒙古自治区奶牛养殖模式包括散户、养殖小区、奶联社或合作社、家庭牧场和农牧业公司。

② 养殖户的奶牛养殖损失主要是指养殖户在奶牛养殖过程中因遭受自然灾害、意外事故、疫病或者疾病等事故所造成的奶牛直接死亡损失。公式表达为：奶牛养殖损失＝成年奶牛死亡头数（头）×平均奶牛市场售价（元/头）－奶牛保险购买总费用＋奶牛保险总赔款。其中，“奶牛保险购买总费用”仅指养殖户自己支付的部分。同时需要指出的是，由于死亡奶牛原则上需要进行无害化处理，因此这里不再对死亡奶牛的残值进行考虑。

表 2　变量的定义与赋值

变量名称	代码	单位	测量方法
奶牛死亡损失	*loss*	万元	连续型变量，实际数据
养殖户是否参保	*insu*	—	二分类变量（参保=1；未参保=0）
养殖户性别	*gen*	—	二分类变量（男性=1；女性=0）
养殖户年龄	*age*	岁	连续型变量，实际数据
养殖户受教育年限	*edu*	年	连续型变量，实际数据
养殖户奶牛养殖年限	*exp*	年	连续型变量，实际数据
成年奶牛数量[a]	*sca*	头	连续型变量，实际数据
养殖人员数量[b]	*lab*	人/头	连续型变量，实际数据
是否有专业兽医[c]	*vet*	—	二分类变量（有=1；无=0）
奶牛疫病检疫数量[d]	*qua*	项	连续型变量，实际数据

注：a. 成年奶牛数量这里指的是养殖户所饲养的1～7岁的奶牛数量；b. 养殖人员数量=家庭或养殖场养殖人员数量/奶牛养殖数量；c. 是否有专业兽医人员是指养殖户所在的村、养殖场或养殖小区是否具有专业的兽医人员。d. 疫病检疫数量是指政府免费向养殖户提供的奶牛疫病检疫数量。

表3列示了奶牛保险政策开展前后，处理组与对照组样本养殖户的数据特征情况。由表3可知，奶牛保险政策开展前后，参保养殖户和未参保养殖户的奶牛养殖死亡损失情况都得到了一定的改善，参保养殖户的奶牛死亡损失由2013年的2.62万元，下降到2014年的1.77万元；未参保养殖户的奶牛死亡损失由0.54万元，下降到0.49万元，说明奶牛保险政策开展前后，养殖户奶牛养殖损失的变化可能存在“时间效应”的影响，即上文所述的时间趋势引发的差异；另外，奶牛保险政策开展前，处理组（参保养殖户）的奶牛死亡损失（2.62万元）明显大于对照组（未参保养殖户）的奶牛死亡损失（0.54万元），说明参保养殖户和未参保养殖户之间的损失差异可能存在“分组效应”的影响，即上文所述的政策参与者与未参与者在政策开展之前本身存在的差异。同时，由其他控制变量的t检验结果可知，“养殖户的受教育年限”和“奶牛疫病检疫数量”两个变量在5%显著水平上拒绝了处理组和对照组养殖户均值相等的原假设。上述样本数据特征反映出的“时间效应”和“分组效应”的存在，进一步表明本研究选择应用倍差模型和匹配倍差模型进行奶牛保险减损效果实证检验的必要性与合理性。

表 3　奶牛保险政策开展前后参保养殖户与未参保养殖户数据特征

变量	2013 年					2014 年				
	参保养殖户		未参保养殖户		t 统计量	参保养殖户		未参保养殖户		t 统计量
	均值	标准差	均值	标准差		均值	标准差	均值	标准差	
loss	2.62	1.079	0.54	0.195	−1.27	1.77	0.51	0.49	0.197	−1.65
gen	0.67	0.045	0.71	0.067	0.48	0.67	0.045	0.71	0.067	0.48
age	44.06	0.913	44.60	1.458	0.32	45.06	0.913	45.60	1.458	0.32
edu	8.21	0.299	7.00	0.528	−2.12**	8.21	0.299	7.00	0.528	−2.12**
exp	14.51	0.762	12.81	1.253	−1.20	15.50	0.764	13.79	1.251	−1.20
sca	35.61	16.951	22.54	7.001	−0.50	36.49	15.63	25.75	8.880	−0.44
lab	0.17	0.016	0.19	0.023	0.50	0.17	0.017	0.19	0.027	0.65
vet	0.26	0.042	0.23	0.061	−0.37	0.26	0.042	0.25	0.063	−0.09
qua	2.87	0.110	2.62	0.165	−1.24	3.00	0.103	2.54	0.179	−2.35**

注：** 表示 5%的显著水平。

资料来源：奶牛养殖户/养殖场调查数据。

（二）模型估计与结果

1. 倍差模型估计。 表 4 为基于倍差模型对样本数据进行的初始检验，其中，方程（1）为不加任何控制变量的基准检验，方程（2）为加入了养殖户的个体特征、养殖经营特征、养殖风险及防疫特征等控制变量后的实证检验。由表 4 中方程（1）和（2）的回归结果可知，交互项 $du \times dt$ 的影响系数为负向，但是不具有统计显著性，说明内蒙古自治区当前实施的奶牛保险政策对降低养殖户的奶牛死亡损失不具有显著作用。但是，考虑到前文所提到的样本选择偏差及时间效应等问题的影响，DID 的估计结果可能是有偏的。为此，本研究进一步进行了下面的匹配倍差回归。

表 4　倍差模型回归结果

变量	(1)		(2)	
	系数	稳健标准误	系数	稳健标准误
du	2.080*	1.098	1.494**	0.648
dt	−0.050	0.276	−0.132	0.471
$du \times dt$	−0.798	1.226	−0.768	0.897
gen	—	—	0.573	0.430
age	—	—	0.028	0.024
edu	—	—	0.125	0.147

（续）

变量	(1)		(2)	
	系数	稳健标准误	系数	稳健标准误
exp	—	—	−0.033*	0.017
sca	—	—	0.039***	0.007
lab	—	—	−1.691	1.232
vet	—	—	−1.171**	0.587
qua	—	—	0.123	0.101
cons	0.542***	0.195	−2.163	1.939
N	314		314	
adj. R^2	0.013		0.590	

注：*、**、*** 分别代表 10%、5%和 1%的显著性水平。

2. 匹配倍差模型估计。表 5 为对样本进行倾向得分匹配后的倍差模型回归结果。其中，方程（1）为应用核匹配方法（Kernel Matching）进行的倍差模型回归，方程（2）为应用半径匹配方法（Radius Matching）进行的倍差回归检验。由表 5 中方程（1）和（2）的回归结果可知，核心检验变量 $du \times dt$ 的影响系数为负，表明奶牛保险政策对奶牛死亡损失具有负向处理效应，但该变量并没有通过显著性检验，说明当前自治区实施的奶牛保险政策尚不能显著降低参保养殖户的奶牛死亡损失。

表 5 匹配倍差模型回归结果

变量	(1) 核匹配法		(2) 半径匹配法	
	系数	稳健标准误	系数	稳健标准误
du	1.353**	0.667	1.410**	0.717
dt	−0.141	0.410	−0.150	0.429
$du \times dt$	−0.538	0.826	−0.591	0.863
gen	0.588	0.412	0.612	0.424
age	0.027	0.025	0.027	0.026
edu	0.132	0.159	0.144	0.171
exp	−0.030*	0.018	−0.030	0.018
sca	0.031*	0.016	0.031*	0.016
lab	−2.111*	1.184	−2.199*	1.212
vet	−1.105*	0.571	−1.118*	0.574
qua	0.118	0.095	0.118	0.097
cons	−1.952	2.358	−2.064	2.516
N	307		299	
adj. R^2	0.097		0.099	

注：*、** 分别代表 10%和 5%的显著性水平。

关于其他控制变量。养殖户的养殖年限对奶牛死亡损失的影响为负，并且在10%水平上显著，说明养殖户从事奶牛养殖的年限越长，奶牛养殖的死亡损失越低。可能的原因是：养殖户的养殖年限越长，养殖经验越丰富，其所饲养的奶牛出现死亡的可能性越低；养殖户饲养的成年奶牛数量对奶牛死亡损失的影响显著为正，因为本部分探讨的奶牛死亡损失为成年奶牛死亡引发的直接损失，因此，成年奶牛饲养数量越多，发生的死亡损失的可能越大；养殖人员数量对奶牛死亡损失的影响显著为负，反映出每头奶牛所配给的养殖人员越多，养殖户所饲养的奶牛出现死亡的概率越小。是否具有专业兽医人员对奶牛死亡损失的影响显著为负，说明养殖区域周边拥有专业的畜牧兽医人员，对减少奶牛死亡、降低养殖户奶牛养殖损失具有重要作用。这与我国目前加强基层畜牧防疫机构建设、加大专业畜牧兽医人员投入的政策措施相一致。

（三）稳健性检验

为了检验上述匹配倍差模型回归结果的可靠性，我们做了如下检验，以增强基本结论的可信度：

首先，对上述匹配倍差模型中应用到的各匹配变量进行了平衡性检验，以验证匹配后的对照组样本是否更符合处理组的“反事实效应”需求。

由表6可以看到，倾向得分匹配后（PSM）后所有变量的标准化偏差（% bias）均小于10%；并且，由变量的t检验统计值可知，匹配前“受教育年限”“养殖年限”和“奶牛疫病检疫”三个变量统计显著，匹配后不再统计显著，即不能拒绝处理组与对照组无系统差异的原假设，说明匹配后处理组与对照组样本特性比较“相似”。对比匹配前的结果，大多数协变量的标准偏误绝对值均大幅度减小，表明匹配后处理组与对照组的样本均值更加接近。总之，经过倾向得分匹配后，基本上消除了处理组与对照组样本之间的个体特征差异，增强了两组样本的可比性，保证了倍差模型回归结果的可靠性。

表6 匹配变量平衡性检验

变量	样本	均值		标准偏误（%）	标准偏误绝对值减少（%）	t检验	
		处理组	对照组			t	$P>\|t\|$
性别	匹配前	0.670	0.708	−8.3	−8.1	−0.67	0.500
	匹配后	0.670	0.628	9.0		0.90	0.369
年龄	匹配前	44.564	45.104	−5.5	55.5	−0.45	0.650
	匹配后	44.717	44.477	2.5		0.25	0.802

（续）

变量	样本	均值		标准偏误（%）	标准偏误绝对值减少（%）	t 检验	
		处理组	对照组			t	$P>\|t\|$
受教育年限	匹配前	8.211	7.000	35.7	88.3	3.01	0.003***
	匹配后	8.076	7.934	4.2		0.45	0.651
养殖年限	匹配前	15.005	13.302	20.5	62.1	1.70	0.090*
	匹配后	14.858	14.213	7.8		0.83	0.406
成年奶牛数量	匹配前	36.046	24.146	9.4	51.6	0.67	0.503
	匹配后	18.925	24.685	−4.6		−1.38	0.167
养殖人员数量	匹配前	0.171	0.188	−10.0	72.2	−0.82	0.414
	匹配后	0.174	0.178	−2.8		−0.29	0.772
是否有专业兽医	匹配前	0.257	0.240	4.0	−75.8	0.32	0.746
	匹配后	0.245	0.276	−7.0		−0.71	0.477
奶牛疫病检疫	匹配前	2.936	2.583	30.7	98.8	2.54	0.012**
	匹配后	2.915	2.911	0.4		0.04	0.969

注：此处汇报的是核匹配后的匹配变量平衡性检验结果；*、**、*** 分别代表 10%、5%和 1%统计显著性水平。

其次，按样本不同养殖规模进行分组。其中，小于等于 10 头的被定义为散户组，大于 10 头而小于等于 50 头的为小规模养殖户，大于 50 头的为中规模及以上的养殖户①。分组后，各组样本更为同质，可以进一步控制样本养殖规模及其他方面的差异，以保证结果的稳健性。表 7 估计结果显示，奶牛保险对不同规模养殖户实际产生的减损影响仍不显著，与上文两种模型估计所得结论一致，反映出估计结果是稳健和可靠的。

表 7 不同养殖规模的匹配倍差回归结果

变量	散户	小规模	中规模及以上
du	0.190*	0.254	1.478
	(0.109)	(0.336)	(8.225)
dt	0.411**	−0.400	9.329
	(0.185)	(0.354)	(9.559)
du×*dt*	−0.150	0.387	−10.702
	(0.223)	(0.480)	(9.746)

① 此处对养殖规模的界定主要参考《全国农产品成本收益资料汇编》中对奶牛养殖规模的划分标准。

（续）

变量	散户	小规模	中规模及以上
cv	*yes*	*yes*	*yes*
N	92	189	26
$adj.R^2$	0.125	0.123	0.654

注：括号内为稳健型标准差；*cv* 代表模型中的其他控制变量；*、** 分别代表 10%和 5%统计显著性水平。

六、讨论

理论上，政府保费补贴支持的奶牛保险政策具有降低参保养殖户灾害损失的作用，但基于实地调研的定量分析发现，奶牛保险的减损作用并不显著。理论与实证结论之间的冲突，反映出我国当前实施的奶牛保险政策在产品及条款等制度设计方面还存在很多不足。奶牛保险制度设计与奶牛养殖实际之间的不匹配，是造成奶牛保险政策实际减损作用不显著的重要原因。具体分析如下：

第一，养殖户奶牛死亡率低，奶牛死亡损失对养殖户的影响较小。

由于当前奶牛疫病防疫、预警系统的不断完善，饲养管理环节的不断规范，养殖技术与养殖环境的不断改进，在现代养殖过程中，奶牛死亡损失已不再是当前养殖户面临的主要风险，因此，只针对奶牛死亡进行赔付的单一保险险种，所发挥的风险防范作用有限。奶牛死亡率低的具体表现如下：

首先，在当前饲养条件下，奶牛死亡现象的发生并不普遍。

表 8 为以户计算的奶牛死亡事件发生频数。由表 8 可知，在本次受访的 157 位养殖户中，2013 年发生奶牛死亡事件的有 43 户，占 27.39%；而其余 72.61%的养殖户都未曾发生奶牛死亡。与 2013 年情况类似，近 2/3 的受访养殖户在 2014 年未发生奶牛死亡。并且，在本次受访的养殖户中，连续两年（2013 年和 2014 年）都未发生奶牛死亡的比例也高达 49.04%。

表 8　2013—2014 年发生奶牛死亡的养殖户数量

奶牛发生死亡情况		发生	未发生	合计
2013 年	数量（户）	43	114	157
	占比（%）	27.39	72.61	100
2014 年	数量（户）	58	99	157
	占比（%）	36.94	63.06	100

资料来源：奶牛养殖户/养殖场调查数据。

其次，在奶牛养殖过程中，即使发生奶牛死亡事件，奶牛死亡率[①]也普遍较低，死亡数量普遍不高，奶牛死亡带来的直接损失较小。

图 4 分别列示了奶牛死亡相对值（死亡率）和绝对值（死亡数量）的分布情况。由 a 图可知，2013 年和 2014 年，受访养殖户的奶牛死亡率主要集中于 3%以下，分别占 74.52%和 68.79%，这一点再次说明在当前饲养条件下，奶牛养殖过程中很少发生奶牛死亡。并且，即使发生奶牛死亡，死亡数量也普遍较小，对养殖户生产经营造成的影响有限[②]。由 b 图可知，在发生奶牛死亡的养殖户中，2013 年 41.86%的养殖户只出现 1 头奶牛死亡，23.26%的养殖户出现 2 头奶牛死亡，出现 3 头及以上的养殖户占 34.88%；而 2014 年奶牛死亡的头数更为集中，出现 1 头奶牛死亡的养殖户占 65.52%，出现 2 头奶牛死亡的占比为 13.79%，出现 3 头及以上的占比为 20.69%。

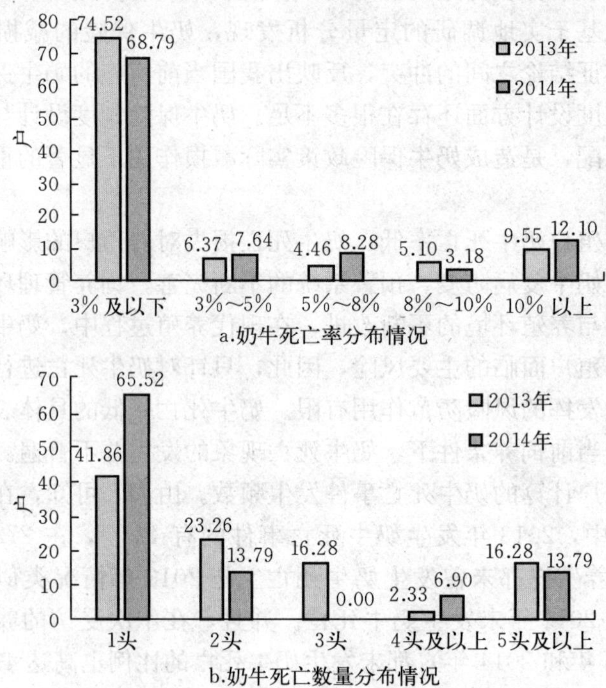

图 4　2013—2014 年奶牛死亡率与死亡数量分布情况

① 奶牛死亡率=家庭或养殖场奶牛死亡数量/奶牛养殖总数量。

② 当然，本次调研数据显示 2013 年和 2014 年奶牛死亡数量不高，除了得益于当前饲养技术、防疫水平的不断提高，也得益于近几年并没有发生大的自然灾害或重大疫情，因此，在突发事件（自然灾害或重大疫情）很少发生的情况下，奶牛死亡损失对养殖户生产经营产生影响逐渐在变小。而相对于奶牛死亡损失，当前养殖户更为关心的是市场风险带来的损失，如奶价不断走低、饲料价格不断上涨、拒奶情况严重等。

第二，奶牛保险涉及的死亡责任范围较小，保险理赔条件设置较为苛刻。当前，我国大部分地区实施的奶牛保险，其保险责任范围是保险合同约定的“重大病害、自然灾害和意外事故”所导致的投保奶牛直接死亡，并非所有非人为因素造成的奶牛死亡，可以说当前我国实施的奶牛保险也只是“有限责任”的奶牛死亡保险。而实际养殖过程中常发的一些引起奶牛死亡的疾病（如难产、乳房炎等）并没有纳入到当前奶牛保险的风险保障范畴。同时，当灾害发生，投保人向承保人请求保险赔偿时，较为苛刻的保险理赔条件设置也让很多养殖户望而却步。以内蒙古奶牛保险为例，投保养殖户在请求保险赔偿时，按规定养殖户应提交保险单正本、损失清单、政府畜牧防疫监督管理机构出具的真实合法的诊断证明、死亡原因证明和防疫记录等证明材料。

因此，对于参保养殖户，即使其所养殖的奶牛在保险期间发生非人为因素造成的死亡，但由于死亡原因不属于保险责任范围或理赔材料不符合保险约定，养殖户也不一定会获得保险赔付。由图 5 可知，对于在 2014 年首次参加奶牛保险的 109 位养殖户，其中，发生奶牛死亡的有 48 户，占总参保养殖户数的 44.04%；而在上述发生奶牛死亡的参保养殖户中，获得奶牛保险赔偿的有 31 户（其中 6 户只是部分死亡奶牛获得赔偿），另外 35.42%（17 户）发生过奶牛死亡的养殖户，虽然参加了奶牛保险，但是由于不满足保险责任范围要求，最终并没有获得奶牛保险任何赔偿。

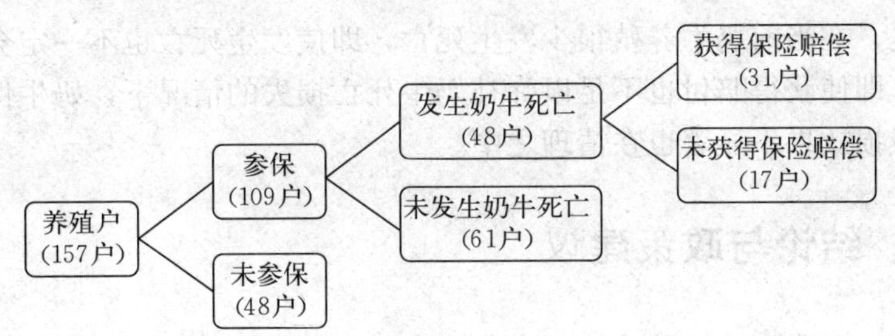

图 5　参保养殖户获得奶牛保险赔偿情况说明

第三，奶牛保险赔付金额低，不足以弥补养殖户的奶牛死亡损失。农业保险的灾后补偿金额是影响其减损作用发挥的重要方面。但是，正如庹国柱（2015）所说：“我国目前的农业保险项目，无论从哪个意义上讲，提供的保障水平都还太低”。而较低的保障水平或保险赔付，必然会在很大程度上限制农业保险减损效果的发挥。因此，奶牛保险较低的风险保障水平，也是导致其减损作用不显著的重要原因。

由表 9 成年奶牛市场价格统计可知，2013 年和 2014 年内蒙古自治区成年奶牛市场价格较高，其中，2013 年成年奶牛市场价格的平均值为

14 506.50元/头，2014 年为 14 132.61 元/头，远远高于自治区 2014 年和 2013 年的奶牛保险保险赔偿金额（5 000 元/头、6 000 元/头）。

表 9　成年奶牛市场价格统计

单位：元/头

年 份	总 数	均 值	标准差	最小值	最大值
2013	157	14 506.50	2 903.638	6 000	20 000
2014	157	14 132.61	2 791.998	5 000	20 000

资料来源：奶牛养殖户/养殖场调查数据。

表 10 对 2014 年受访养殖户获得的奶牛保险赔偿金额与成年奶牛市场价格之间的差额情况进行了统计。由表 10 可知，2014 年 31 户获得奶牛保险赔偿的养殖户中，其所获得的保险赔付金额与其所饲养的成年奶牛市场价格之间普遍存在着较大的差距，二者之间差距最大者可达 15 000 元，最小的为 3 000 元，平均差额近 9 000 元。

表 10　奶牛保险赔付金额与成年奶牛市场价格的差额

单位：元/头

年 份	总 数	均 值	标准差	最小值	最大值
2014	31	8 919.36	3 019.65	3 000	15 000

资料来源：奶牛养殖户/养殖场调查数据。

总之，在当前奶牛养殖很少发生死亡，即使发生死亡也不一定会获得保险赔付，即使获得赔付也不足以弥补奶牛死亡损失的情况下，奶牛保险产生的实际减损效果不显著也在情理之中。

七、结论与政策建议

作为一项非直接补贴政策，农业保险对农业生产的支持作用已引起学术界的广泛探讨（孙香玉，钟甫宁，2009）。但基于当前我国农业保险制度直接关注的农业生产损失的角度，考察农业保险对微观参保者的影响研究较少。鉴于此，本文结合内蒙古奶牛保险政策逐步开展的特点，基于微观实地调研数据，利用倍差模型和匹配倍差模型，实证检验奶牛保险政策对参保养殖户奶牛死亡损失的影响。研究发现，当前实施的奶牛死亡保险政策尚不能显著降低参保养殖户的奶牛死亡损失。进一步分析发现，单一的保险险种、有限的奶牛死亡责任范围、苛刻的理赔条件和较低的保险赔付水平，是造成奶牛保险政策实际减损作用不显著的主要原因。

本文的研究结论对充分认识我国奶牛保险的减损效果，完善奶牛保险的风险分散机制，促进奶牛保险对奶业产业的支持作用具有重要的启示意义。具体地，各级政府和保险经办机构应结合奶牛养殖实际和养殖户需求，不断完善奶牛保险产品及与制度设计。短期内，可以在不改变当前奶牛保险“保成本”这一特点的前提下，通过扩大奶牛保险的保险责任范围、提高奶牛保险的风险保障水平和制定科学合理的理赔措施等方法来进一步提高奶牛保险的减损效果；长期内，我国奶牛保险的健康发展，需要不断拓宽奶牛保险的服务领域，加强产品创新，逐渐将奶牛养殖经营的经济风险纳入奶牛保险的风险防范范畴，调整现在的“保成本”为“保价格”或“保收入”（庹国柱，王国军，2015）。

【参考文献】

陈晓安．财政补贴后的农业保险对农民增收的效果．金融教学与研究，2013（4）．

邓柏峻，李仲飞，张浩．限购政策对房价的调控有效吗．统计研究，2014（11）．

冯文丽．我国农业保险市场失灵与制度供给．金融研究，2004（4）．

罗向明，张伟，丁继锋．收入调节、粮食安全与欠发达地区农业保险补贴安排．农业经济问题，2011（1）．

孙香玉，钟甫宁．福利损失、收入分配与强制保险-不同农业保险参与方式的实证研究．管理世界，2009（5）．

田佳佳．黑龙江省畜牧业保险发展对策研究．科技信息，2008（17）．

庹国柱，王国军．农业保险：改革推进与前景展望．中国保险报，2015-01-15.

庹国柱．我国奶业的市场化进程及面临的抉择．中国农村经济，1999（1）．

吴洋．内蒙古乳业风险因素研究．呼和浩特：内蒙古农业大学，2009.

吴宗学，吴祖宏，韦祖勤．奶牛养殖风险分析．中国畜牧兽医文摘，2012（10）．

邢鹂，黄昆．政策性农业保险保费补贴对政府财政支出和农民收入的模拟分析．农业技术经济，2007（3）．

张旭光，赵元凤．奶牛保险对奶牛养殖规模的影响研究．保险研究，2017（2）．

赵元凤，冯平．内蒙古自治区 2013 年农业保险保费补贴绩效评价．北京：中国农业科学技术出版社，2014.

周黎安，陈烨．中国农村税费改革的政策效果：基于双重差分模型的估计．经济研究，2005（8）．

周稳海，赵桂玲，尹成远．农业保险发展对农民收入影响的动态研究——基于面板系统 GMM 模型的实证检验．保险研究，2014（5）．

Brian W Gould，Victor E Cabrera. USDA's Livestock Gross Margin Insurance for Dairy：What is it and How Can it be Used for Risk Management. Staff Paper No. 562，Department of Agricultural and Applied Economics，University of Wisconsin-Madison，2011.

Kenny Burdine，Roberto Mosheim，Don P. Blayney. Livestock gross margin-dairy insurance：An assessment of risk management and potential supply impacts. Economic Research Service，Economic Research Report，NO. 163，2014.

Kraft Darley. 1996：影响农场决策的一切险农作物保险的微观经济问题//庹国柱，李军，皮立波．国外农业保险：实践、研究和法规．陕西：陕西人民出版社，1996.

M A Mohammed，G F Ortmann. Factors influencing adoption of livestock insurance by commercial dairy farmers in three Zobatat of Eritrea. Journal of Risk & Insurance，2005，44（2）：172－186.

Scott E Harrington，Gregory R Niehaus. 风险管理与保险．陈秉正，王珺，等，译．北京：清华大学出版社，2005.

Victor E Cabrera，Gould，Valvekar. Livestock gross margin insurance for dairy cattle：an analysis of program performance and cost under alternative policy configurations. Annual Meeting Agricultural and Applied Economics Association，July 26－28，2009.

Yuanfeng Zhao，Zhihui Chai，Michael S Delgado，Paul V Preckel. An empirical analysis of the effect of crop insurance on farmers' income. China Agricultural Economic Review，2016，8（2）：299－313.

（作者单位：内蒙古农业大学）

大豆目标价格政策缘何在中国走不通？
——基于 EDM 的一个经济学解释

蔡海龙　马英辉

一、引言

目标价格政策是我国价格支持政策市场化改革的重要内容，但大豆目标价格政策在试点 3 年后将不再实施。为保护农民利益、稳定农业生产，2004 年我国对水稻和小麦实施最低收购价格政策，2007 年又先后对主产区玉米、大豆、油菜籽、棉花、食糖等实行临时收储政策。但随着市场环境的变化，一方面，国内生产成本快速上升，国内主要农产品价格高位运行，国内价格由以往低于国际市场转为高于进口成本；另一方面，国内农产品市场进一步开放，国外低价农产品大量进入国内市场。由于上述市场环境的变化，实施直接价格支持政策面临诸多困难和挑战，特别是产业链长、受国际市场影响大的棉花、大豆等农产品矛盾突出。为了在保障农民利益的前提下充分发挥市场在资源配置中的决定性作用，将价格形成交由市场决定，以促进产业上下游协调发展，2014 年中央 1 号文件提出对临时收储政策进行改革，并以棉花和大豆为试点实施目标价格政策。目标价格政策试点实施 3 年后，2017 年 3 月 23 日国家发改委发布消息，要调整东北大豆目标价格政策，统筹玉米、大豆补贴机制。这意味着实施了 3 年的东北大豆目标价格政策会被取消，进而实行像玉米一样的市场化收购加补贴的政策。

尽管学者对我国大豆目标价格政策实施效果的评价存在分歧，但总体上是从肯定逐步转向否定。在目标价格政策出台之前，许多研究都认为目标价格政策实施能够在保障农民收益的同时减少对市场的扭曲，而且有利于降低财政负担。李光泗、郑毓盛从目标价格政策的一般原理出发，认为能够减少政府对粮食市场价格的扭曲，发挥市场自身调节作用，大量节省的粮食储备及调控成本，较好补贴价格波动对生产者与消费者福利的影响。陈菲菲等的研究显示目标价格补贴政策有效保障了种植户的基本收益，促进了大豆市场定价机制的完善。樊琦等认为自 2014 年东北地区大豆目标价格制度改革以来，我国大豆市场价格已逐步回归市场供求调节，市场价格机制作用正得到有效发挥，加工企业经营效益和行业景气度明显回升。但目标价格实施后，学者通过对政策实际实施效果的评价发现，大豆目标价格并没有达到预期的政策效果。王文涛、张秋龙的研究表明目标价格政策并没有达到刺激大豆播种面积和产量的目标，也没有明显缩小国内外大豆价差。徐雪高等研究发现目标价格补贴政策实施后，农民种地收益下降，目标价格政策没有较好地保障农民的基本收益；中央财政支出减少，但地方财政支出增加。卢凌霄等、王萍等调研发现农户对大豆目标价格的满意度较低，无法调动农民种植大豆的积极性。上述研究将当前大豆目标价格政策效果不尽如人意的主要原因归结为目标价格水平低、采价不合理、操作成本高等方面。

现有研究在分析我国大豆目标价格政策效果时存在两处不足：一是对进口大豆和国产大豆做同质化假设，或是假定二者是完全不同的两类产品，因此没有充分考虑进口大豆和国产大豆之间的替代性；二是常常以东北产区代替全国大豆生产，没有考虑目标价格政策对其他产区带来的影响。此外，这些政策效果的分析以归纳和描述市场现象为主，对现象背后的经济学原因分析不足。因此，本文将构建一个经济学理论框架讨论大豆目标价格政策对市场均衡、政府支出和社会福利的影响，并以此为基础解释为什么大豆目标价格政策不再实施。本文第二部分将对大豆目标价格政策效果进行理论分析；第三部分将依据理论分析构建一个大豆市场的局部均衡模型；第四部分将利用上述模型并结合市场参数进行模拟分析；最后讨论模拟结果的政策含义。

二、理论分析

大豆是我国市场开放程度最高的农产品之一。我国大豆进口实施3%的单一关税，2015年进口8 169万吨，进口依存度达到了87%。因此，在分析大豆目标价格政策效果时，应该考虑进口大豆和国产大豆之间的替代关系。Armington替代弹性常常被用来衡量进口产品和国产产品之间的替代关系。替代弹性一般介于[0，+∞]之间，当替代弹性小于1时，二者为互补品；当替代弹性大于1时，二者为替代品，且这一弹性值越大进口产品和国产产品的替代程度越大。由于进口大豆和国产大豆之间更多地表现为替代关系，因此本文不考虑替代弹性小于1的情况。由于替代弹性对目标价格政策效果的影响在定性分析中难以具体体现，为了便于理论分析，本文将在理论分析部分仅讨论替代弹性为1和∞两种极端情况下目标价格的政策效果，在随后的模拟分析中将会具体分析替代弹性对政策效果的影响。

（一）替代弹性为1

当替代弹性等于1时，两种产品的交叉价格弹性为0，二者的支出份额固定不变。因此，在消费者支出不变的情况下，进口产品价格变化不会引起对国内产品需求的变动。这一假设的现实含义可以理解为进口大豆和国产大豆在用途上产生了明显的分化（比如进口大豆主要榨油，国产大豆主要食用），二者的替代作用很弱，大豆进口不会对国产大豆市场产生影响，国产大豆相当于是一个封闭的国内市场。在这一前提下，目标价格政策效果可以分析如下。

假定在没有政策干预时，大豆市场的初始均衡价格和均衡数量为 P_0 和 Q_0，政府制定的目标价格均为 P_G（图 1）。当目标价格政策启动时，生产者面临的价格变为 P_G，但由于目标价格政策不直接干预市场价格（消费者面临价格），市场价格就会因供给增加下降为 P_c，此时的消费者需求和生产者供给都增加到 Q_2，市场出清。市场均衡价格为 P_c，市场均衡数量为 Q_2。政府按照 P_G-P_C 的价格差对生产者进行补贴。由于市场价格下降，消费者剩余增加了 $d+e+f+g$，生产者剩余增加了 $a+b+c$，政府支出为 $a+b+c+d+e+f+g+h$，因此社会总福利减少了 h。

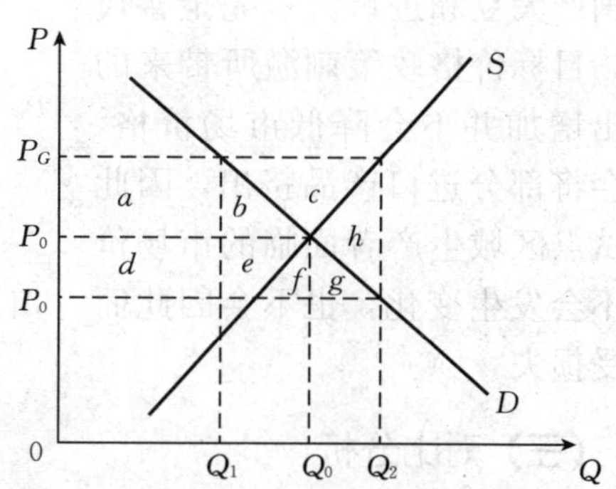

图 1　替代弹性为 1 时的国内大豆市场均衡

但目标价格政策的实施对试点区和非试点区大豆种植农户的影响是不同的。目前我国并非在全国范围内实施目标价格政策，而仅在东北三省和内蒙古开展试点。由于政策实施地区可以获得差价补贴，大豆市场供给增加，市场价格因此降低，非试点地区的大豆生产者将会因此受到损失，且供给弹性越小，农户福利损失越大。

（二）替代弹性为∞

替代弹性为∞意味着国产大豆和进口大豆是完全同质的，可以完全替代。这也是许多学者在分析我国大豆市场时的前提假设。在完全替代条件下，由于我国大豆市场开放程度较高，因此就必须考虑进口的影响。

尽管我国大豆进口量巨大，但许多学者都认为我国在国际大豆市场上缺乏话语权，因此常常假定我国是国际大豆市场价格的接收者。假设国际大豆价格为 P_w，由于产品完全替代且市场完全开放（仅 3%单一关税），国内大豆市场初始均衡价格为 P_0P_w，均衡数量为 Q_0。此时国内生产大豆 Q_1，进口大豆数量为 Q_0-Q_1（如图 2）。若政府实施目标价格政策，且制定的目标价格为 P_G，那么由于国内市场完全开放，市场均衡价格不会受到影响，市场均衡数量也不会发生变化。因此消费数量和消费者福利均不会发生变化；但国内产量会从 Q_1 增加到 Q_2，进口量减少，生产者福利增加 $a+b$；政府实施差价补贴，政府支出增加 $a+b+c$，总社会福利将会减少 c。

非政策实施区域的农户不会因目标价格政策的实施而受损。当国产大豆和进口大豆完全替代时，目标价格政策刺激所带来的产出增加并不会降低市场价格，只会将部分进口产品挤出，因此非试点区域生产者面临的市场价格不会发生变化，也不会因此而蒙受损失。

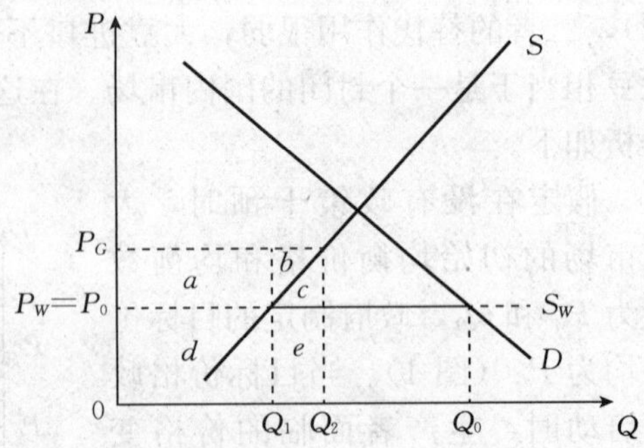

图 2　替代弹性为∞时的国内大豆市场福利

（三）对比分析

综合上述分析结果，在其他条件不变时，不论替代弹性为 1 时还是∞，目标价格的实施都能够增加国内大豆产量，增加生产者福利。国内大豆市场价格会因目标价格实施而下降，并且国产大豆和进口大豆的替代弹性越小，市场价格下降幅度越大。消费者剩余也会随着目标价格的提高而增加，但在其他条件不变的情况下替代弹性越大，消费者剩余增加越少。但不论是生产者福利增加还是消费者福利增加，福利增加的部分并非来自市场效率的提高，而是来自于政府补贴。此外，由于政策仅在东北地区试点实施，因此非试点产区生产者会因目标价格实施而蒙受损失，且替代弹性越小，福利损失越多。

三、模型构建

为了进一步量化分析目标价格政策的效果及其影响因素，本文拟利用局部均衡理论构建一个均衡移动模型（Equilibrium Displacement Model, EDM）进行模拟分析。均衡移动模型最早由 Muth 和 Gardner 建立和发展，用来分析在外生变量冲击下市场均衡的变化，是一种比较静态分析方法。

（一）结构模型

根据需求效用的弱分性[①]，我们可以将大豆需求同其他商品需求分离开

① 弱分性意味着效用函数可以被分解为若干子效用函数，即如果需求集内一组商品需求的变化不会影响其他组商品间的边际替代率，那么这组商品的效用是可以被分离的。$\frac{\partial MRS_{i,j}}{\partial q_k}=0$，（$i$，$j\neq g$；$q\neq g$）。

来，即可以将大豆看作是一组独立的商品。因此本文不考虑大豆与其他商品间的相互联系，而只关注大豆市场的均衡变化。

考虑在一定的支出约束下消费者分别购买互为替代品的国产大豆和进口大豆，因此国产大豆和进口大豆的需求函数可表达如下：

$$d=d(p_d, p_m) \tag{1}$$

$$m=m(p_m, p_d) \tag{2}$$

其中，d、m 分别表示国产大豆和进口大豆的需求量，p_d 表示国产大豆市场价格，p_m 表示进口大豆市场价格，由于我国大豆市场完全开放，因此进口大豆市场价格实质上由国际市场价格决定，而且我国在国际大豆市场上缺失定价权，进口大豆价格可视为一个外生变量。此处假定影响需求的其他外生变量保持不变，由于后面要对需求函数进行差分，这些保持不变的变量差分后为 0，所以收入等影响大豆需求的其他外生变量没有出现在需求函数中。

为了反映目标价格政策对试点区和非试点区的影响，本文将国产大豆供给分为两部分，即：

$$s=s_a+s_b \tag{3}$$

式中，s 表示整个国内市场国产大豆供给量，s_a 表示目标价格政策实施区的国产大豆供给量，s_b 代表非政策实施区的国产大豆供给量。在政策实施地区，农户面临的生产者价格是目标价格而在非政策实施区，农户面临的生产者价格是市场价格。因此政策实施区和非实施区的大豆供给函数表达如下：

$$s_a=s_a(p_G) \tag{4}$$

$$s_b=s_b(p_d) \tag{5}$$

式中，p_G 代表政府设定的目标价格。农户按照目标价格和市场价格之间的差额获得差价补贴 T。即：

$$p_G=p_d+T \tag{6}$$

在小国假定的条件下，进口大豆的供给量仅受世界大豆市场价格的影响，则供给函数可以表达为：

$$w=w(p_m) \tag{7}$$

若假设市场出清，则：

$$d=s \tag{8}$$

$$m=w \tag{9}$$

当目标价格政策启动时，政府需要对生产者进行差价补贴，财政补贴金额可以表达为：

$$G=T\cdot s_a \tag{10}$$

式中，G 表示政府财政支出。

方程组（1）～（10）构成了大豆市场的初始均衡，其中包含8个内生变量和2个外生变量。各变量含义见表1。

表1 模型变量含义

变量类型	变量名	含义
内生变量	s	国内市场国产大豆供给量
	d	国产大豆的需求量
	m	进口大豆的需求量
	s_a	政策实施区的国产大豆供给量
	s_b	非政策实施区的国产大豆供给量
	p_d	国产大豆市场价格
	G	政府财政支出
	T	差价补贴
外生变量	p_G	政府设定的目标价格
	p_m	进口大豆市场价格

（二）模型求解

目标价格水平发生变化时，上述市场均衡会发生一系列反应从而达到新的均衡。根据Muth和Gardner的方法，我们将上述结构模型进行全微分，并将变量表达成变化率的形式，得到模型的移动形式如下：

$$d^* = \eta_{dd} p_d^* + \eta_{dm} p_m^* \quad (1')$$

$$m^* = \eta_{md} p_d^* + \eta_{mm} p_m^* \quad (2')$$

$$s_a^* = \varepsilon_a p_G^* \quad (3')$$

$$s_b^* = \varepsilon_b p_d^* \quad (4')$$

$$s^* = r_a s_a^* + r_b s_b^* \quad (5')$$

$$w^* = \varepsilon_m p_m^* \quad (6')$$

$$p_G^* = k_d p_d^* + k_T T^* \quad (7')$$

$$d^* = s^* \quad (8')$$

$$m^* = w^* \quad (9')$$

$$G^* = T^* + s_a^* \quad (10')$$

其中，带*号的变量表示变量的相对变化率，例如：$x^* = \frac{\mathrm{d}x}{x} = \mathrm{dln}x$。$\eta_{dd}$和$\eta_{mm}$分别代表国产大豆和进口大豆的马歇尔需求价格弹性；$\eta_{dm}$表示国产大豆需求对进口大豆价格的交叉价格弹性；$\eta_{md}$表示进口大豆需求对国产大豆价格的交叉价格弹性；$\varepsilon_a$和$\varepsilon_b$分别表示试点区和非试点区的大豆供给弹性；$r_a$ 和 r_b 分别代表试点区和非试点区的大豆供给量占大豆总供给量的份额；ε_m 表示进口大豆的供给弹性；$k_d=\frac{p_d}{p_G}$ 和 $k_T=\frac{T}{p_G}$ 分别代表市场价格和补贴占目标价格的比重。为了反映国产大豆和进口大豆的替代程度，本文将 Armington 替代弹性引入模型。依据 Armington 的思路，在不变替代弹性效应函数假定下，进口大豆需求和国产大豆需求之间的替代关系可以表示为：$\frac{m}{d}=\left(\frac{p_d}{p_m}\right)^\sigma$。其中，$\sigma$ 表示替代弹性。在消费者支出一定的条件下，替代弹性与自价格弹性和交叉价格弹性之间存在如下关系，$\eta_{ii}=\sigma(w_i-1)-w_i$，$\eta_{ij}=\sigma w_j-w_j$。其中，$\eta_{ii}$ 和 η_{ij} 分别代表自价格弹性和交叉价格弹性；w_i 和 w_j 分别代表不同产品在消费者支出中所占份额。如果将上述公式应用到我国大豆市场，则存在以下等式关系：

$$\eta_{dd}=\sigma(w_d-1)-w_d \tag{11}$$

$$\eta_{dm}=\sigma w_m-w_m \tag{12}$$

$$\eta_{mm}=\sigma(w_m-1)-w_m \tag{13}$$

$$\eta_{md}=\sigma w_d-w_d \tag{14}$$

将等式（11）～（14）带入方程（1'）和（2'），得到：

$$d^*=[\sigma(w_d-1)-w_d]p_d^*+[\sigma w_m-w_m]p_m^* \tag{15}$$

$$m^*=[\sigma(w_m-1)-w_m]p_d^*+[\sigma w_d-w_d]p_m^* \tag{16}$$

方程组（15）、（16）、（3'）～（10'）中包含 8 个内生变量、2 个外生变量，我们可以利用克莱姆法则将其求解后得到模型的最终形式，即外生变量变化引起的内生变量变化率。

$$p_d^*=\frac{-r_a\varepsilon_a}{\sigma w_m+w_d+r_b\varepsilon_b}p_G^* \tag{17}$$

$$d^*=s^*=\frac{r_a\varepsilon_a(\sigma w_m+w_d)}{\sigma w_m+w_d+r_b\varepsilon_b}p_G^* \tag{18}$$

$$m^*=\frac{-(\sigma-1)r_a\varepsilon_a w_d}{\sigma w_m+w_d+r_b\varepsilon_b}p_G^* \tag{19}$$

$$s_a^*=\varepsilon_a p_G^* \tag{20}$$

$$s_b^*=\frac{-r_a\varepsilon_a\varepsilon_b}{\sigma w_m+w_d+r_b\varepsilon_b}p_G^* \tag{21}$$

$$T^*=\frac{\sigma w_m+w_d+r_b\varepsilon_b+k_d r_a\varepsilon_a}{k_T(\sigma w_m+w_d+r_b\varepsilon_b)}p_G^* \tag{22}$$

$$G^*=\left(\frac{\sigma w_m+w_d+r_b\varepsilon_b+k_d r_a\varepsilon_a}{k_T(\sigma w_m+w_d+r_b\varepsilon_b)}+\varepsilon_a\right)p_G^* \tag{23}$$

通过上述均衡移动模型的求解结果，我们可以讨论市场各方福利的变化。Sun 和 Kinnucan 在线性需求函数和供给函数的假设条件下，推导了消费者福利和生产者福利变化公式。依据他们的推导方法，并结合本文研究的具体问题，目标价格变动带来的消费者和生产者福利变化计算公式可表达如下：

$$\Delta CS=\Delta CS_d+\Delta CS_m=-p_d^0 d^0 p_d^*\left(1+\frac{1}{2}d^*\right)+m^0 p_m^0 V_m^*\left(1+\frac{1}{2}m^*\right) \tag{24}$$

$$\Delta PS=\Delta PS_a+\Delta PS_b=p_G^0 s_a^0 p_G^*\left(1+\frac{1}{2}s_a^*\right)+p_d^0 s_b^0 p_d^*\left(1+\frac{1}{2}s_b^*\right) \tag{25}$$

$$V_m^*=P_{m_m=0}^*=\frac{-\eta_{md}}{\eta_{mm}}p_d^*=\frac{(\sigma-1)w_d}{\sigma w_d+w_m}p_d^* \tag{26}$$

式中，ΔCS 和 ΔPS 分别表示在外生变量冲击下消费者福利和生产者福利变化量；消费者福利的变化可以分解为 ΔCS_d 和 ΔCS_m，分别表示消费者在消费国产大豆和进口大豆时的福利变化；生产者福利的变化也可分解为 ΔPS_a 和 ΔPS_b，分别代表政策试点区和非试点区生产者的福利变化。p_d^0，p_m^0 和 p_G^0 分别表示市场初始均衡时的国内市场价格、国际市场价格和目标价格。d^0，s_a^0，s_b^0 分别表示市场初始均衡时国产大豆需求量、试点地区大豆供给量和非试点地区大豆供给量。V_m^* 表示进口大豆需求曲线的垂直移动量。

四、参数设定与模拟分析

（一）参数设定

将理论模型中参数赋值后即可模拟目标价格变动对市场均衡及社会福利的影响。上述理论模型涉及 9 个参数，其中 3 个参数需要使用计量经济学方法估计获得，分别是试点区和非试点去供给弹性以及替代弹性，本文将借鉴前人的研究结果，其他 6 个参数可以根据变量的初始值计算获得（表 2）。

表 2 变量初始值和参数值设定

变量名	含 义	参数值	单位
d^0	国产大豆的初始均衡需求量	1 215	万吨
m^0	进口大豆的初始均衡需求量	8 169	万吨
p_d^0	国产大豆的初始均衡市场价格	4 000	元/吨
p_m^0	进口大豆的初始均衡市场价格	2 651	元/吨
s_a^0	政策实施区的国产大豆的初始均衡供给量	600	万吨
s_b^0	非政策实施区的国产大豆的初始均衡供给量	615	万吨
p_G^0	政府设定的初始目标价格	4 800	元/吨
w_d	国产大豆在消费支出中所占份额：$d^0 p_d^0/(d^0 p_d^0+m^0 p_m^0)$	18%	—

（续）

变量名	含　义	参数值	单位
w_m	进口大豆在消费支出中所占份额：$m^0p_m^0/(d^0p_d^0+m^0p_m^0)$	82%	—
ε_a	试点区的大豆供给弹性	0.98，[0.4，1]*	—
ε_b	非试点区的大豆供给弹性	0.44，[0.4，1]*	—
r_a	试点区的大豆供给量占大豆总供给量的份额：$s_a^0/(s_a^0+s_b^0)$	49%	—
r_b	非试点区的大豆供给量占大豆总供给量的份额：$s_b^0/(s_a^0+s_b^0)$	51%	—
k_d	市场价格占目标价格的比重	83%	—
k_T	补贴占目标价格的比重	17%	—
σ	Armington 替代弹性	1.72，[1，5]*	—

注：带 * 数值为敏感性分析时的取值区间，其他值作为基准值。

对于国产大豆供给弹性，陈永福及美国食品和农业政策研究中心估计的我国大豆供给弹性分别为 0.865 和 0.45。司伟、李雷利用 Nerlove 供给反应模型估计了东北、黄淮和其他产区的供给弹性，分别为 0.98、0.44 和 0.32。朱思柱、周曙东研究也表明东北地区的大豆供给对价格的反应较其他地区更敏感。由于查找的文献中，只有司伟和李雷的研究结果涉及了目标价格试点区和非试点区的价格弹性，因此本文将他们的研究结果作为大豆供给弹性的基准值。

对于替代弹性，现有研究中专门针对我国大豆市场国产大豆和进口大豆之间替代弹性的研究很少。孟东梅、姜绍政利用 1992—2001 年数据测算出我国消费者对进口大豆和国产大豆的 Armington 替代弹性为 3.37；谷强平等利用 1994—2013 年数据测算的短期替代弹性为 1.72，长期替代弹性为 4.5。由于谷强平等人的研究中使用的数据比较新，且包含了我国加入 WTO 后的数据，更具有参考性。另外，从现实情况来看，目前国产大豆与进口大豆之间的用途已逐步分离，二者的替代性在逐步减弱。因此本文将 1.72 作为替代弹性的基准值进行模拟分析。

对于其他参数，可以通过变量的初始值计算获得。2015 年我国大豆产量为 1215 万吨，其中，目标价格试点区（东北三省和内蒙古）产量为 600 万吨，非试点区产量为 615 万吨，因此试点区和非试点区供给份额分别为 49%和 51%。2015 年大豆进口额为 347.7 亿元[①]，国内大豆产值为 78 亿元，因此在假定市场出清的条件下，消费者对进口大豆和国产大豆的支出份额分别为 82%和 18%。2015 年大豆目标价格被设定为 4800 元/吨，国内市场平均价格为 3600 元/吨，差价补贴平均为 1200 元/吨，因此国内市场价格和差

① 按 2015 年平均汇率折算：1 美元=6.228 4 元。

价补贴在目标价格中的比例分别为 83%和 17%。

（二）模拟分析

根据上述参数设定，本文就目标价格变化对市场均衡和福利变化进行了模拟分析。由于理论模型中变量都是变化率形式，因此本文模拟方案设定为：在其他条件不变的条件下，如果目标价格提高 2%（提高约 100 元/吨），各内生变量变化的百分比。依据各个变量的变化率，并利用变量的初始值可以计算变量绝对量的变化。在给各参数取基准值后，具体模拟结果见表 3。

表 3　参数基准值模拟结果

变量	变化率	绝对值	单位
p_d^*	−0.53%	−21.35	元/吨
d^*	0.85%	10.32	万吨
m^*	−0.07%	−5.65	万吨
S_a^*	1.96%	11.76	万吨
S_b^*	−0.23%	−1.44	万吨
T^*	14.67%	146.70	元/吨
G^*	16.63%	99 774.99	万元
ΔCS	—	12 795.32	万元
ΔCS_d	—	26 054.42	万元
ΔCS_m	—	−13 259.10	万元
ΔPS	—	51 598.33	万元
ΔPS_a	—	58 164.48	万元
ΔPS_b	—	−6 566.15	万元
DWL	—	35 381.34	万元

即，目标价格提高 100 元/吨产生的效果如下：

(1) 国产大豆供给量增加 0.86%，市场均衡价格降低 0.53%。由于试点区大豆生产者面临的价格提高，试点区大豆供给量将增加 1.96%，约 11.76 万吨。大豆供给增加导致国产大豆市场价格下降 0.53%，约 21 元/吨。国产大豆市场价格下降又导致非试点区大豆供给量减少 0.23%，约 1.44 万吨。综合来看，国产大豆供给量增加了 0.85%，约 10.32 万吨。

(2) 大豆进口量会减少 0.07%。由于国产大豆与进口大豆之间存在替代关系，国产大豆市场价格降低会减少大豆进口 0.07%，约 5.65 万吨。大豆进口量的变化与替代弹性大小密切相关，替代弹性越大，对进口大豆的挤出效应越强。

(3) 差价补贴提高 14.67%，政府支出增加 16.6%。由于目标价格提高而市场价格下降，价差扩大导致单位产品补贴增加 14.67%，同时由于试点区大豆产量增加，政府补贴资金支出将增加了 16.6%，约 10 亿元，从目前的 60 亿元增加到 70 亿元。

(4) 由于目标价格提高，试点区生产者福利增加 5.82 亿元，但由于市场价格下降，非试点地区生产者福利减少 0.66 亿元，因此生产者总福利增加 5.16 亿元。在国产大豆市场上消费者福利因市场价格下降而增加了 2.61 亿元，但在进口大豆市场却因消费数量下降而降低了 1.33 亿元，因而总消费者福利仅增加了 1.28 亿元。由于目标价格政策带来的生产者福利和消费者福利的增加均来自于政府补贴，政府补贴增加了 10 亿元，而消费者福利和生产者福利一共增加了 6.44 亿，占政府支出的 64.54%。其中，消费者福利增加量在政府支出总额中占 12.82%，生产者福利增加量占 51.71%。除增加生产者福利和消费者福利外，政府支出中另外的 3.54 亿元成为无效损失，即作为政府干预市场而带来的效率损失，所占比例为 35.46%。

(三) 敏感性分析

为了分析国产大豆和进口大豆之间的替代弹性对目标价格政策效果的影响，本文选取不同的替代弹性值进行政策效果模拟。同时，由于参数的准确性对模拟结果有着重要的影响，所以本文还将政策试点区和非试点区的大豆供给弹性设定一个取值区间，并进行敏感性分析。

1. 替代弹性的敏感性分析。中国产大豆和进口大豆的短期替代弹性为 1.72，长期替代弹性为 4.5，因此在进行敏感性分析时，本文将替代弹性的取值区间设定为［1，5］，每隔 0.5 取一个值。但在政策效果模拟过程中，当替代弹性取值为 3 时，消费者福利变化已经由正变负，故在文中仅给出替代弹性从 1 变到 3 的政策模拟结果（表 4）。

表 4 替代弹性敏感性分析结果

变量	替代弹性				
	1	1.5	2	2.5	3
p_d^*	−0.79%	−0.59%	−0.47%	−0.39%	−0.34%
d^*	0.79%	0.84%	0.86%	0.88%	0.89%
m^*	0.00%	−0.05%	−0.09%	−0.11%	−0.12%
S_a^*	1.96%	1.96%	1.96%	1.96%	1.96%
S_b^*	−0.35%	−0.26%	−0.21%	−0.17%	−0.15%
T^*	15.96%	14.96%	14.37%	13.97%	13.69%

（续）

变量	替代弹性				
	1	1.5	2	2.5	3
G^*	17.92%	16.92%	16.33%	15.93%	15.65%
ΔCS	38 624.00	18 333.90	7 481.33	1 104.16	−2 864.76
ΔCS_1	38 624.00	28 931.30	23 127.46	19 263.13	16 505.28
ΔCS_2	0.00	−10 597.40	−15 646.13	−18 158.96	−19 370.04
ΔPS	48 427.80	50 872.83	52 336.36	53 310.60	54 005.78
ΔPS_1	58 164.48	58 164.48	58 164.48	58 164.48	58 164.48
ΔPS_2	−9 736.68	−7 291.65	−5 828.12	−4 853.88	−4 158.70
DWL	20 456.18	32 337.76	38 157.22	41 183.96	42 762.16
$\Delta CS/\Delta G$	35.93%	18.06%	7.64%	1.15%	−3.05%
$\Delta PS/\Delta G$	45.05%	50.10%	53.42%	55.76%	57.51%
$\Delta DWL/\Delta G$	19.03%	31.85%	38.95%	43.08%	45.54%

替代弹性越大，国产大豆市场价格受目标价格政策的影响越小。从表 4 数据可以看到，随着国产大豆和进口大豆之间替代弹性的增加，由于目标价格提高而导致的国产大豆市场价格的下降幅度在减小。当完全替代时，国产大豆价格与进口大豆价格始终保持一致，并由进口大豆价格决定，目标价格将不会影响国产大豆市场价格。

替代弹性变化不会影响试点区生产者的福利变化，但对非试点区生产者的福利变化影响显著，替代弹性越大非试点区生产者福利损失越小。替代弹性从 1 变到 3 的过程中，由于目标价格提高而导致的试点区大豆供给量的增长率均为 1.96%，不随替代弹性的变化而变化。试点区生产者福利也不因替代弹性变化而发生变化。这主要是因为试点区生产者面临的价格实质上是目标价格，目标价格确定后试点区供给量就确定了，与替代弹性大小没有关系。相反，非试点区农户产出和生产者福利与替代弹性关系密切。替代弹性从 1 变到 3 的过程中，由于目标价格提高 2%而导致的非试点区农户供给量下降幅度从 0.35%减小到 0.15%；非试点区生产者福利损失也从 9 737 万元减小到 4 159 万元，下降了 57.29%。这是因为非试点地区生产者面临的是国产大豆市场价格，市场价格下降幅度越小，供给量和生产者福利减少的幅度越小。而替代弹性越大，国产大豆市场价格受目标价格政策的影响越小。

随着替代弹性增大，目标价格政策带来的消费者福利增加量迅速减少并很快转变为福利损失。目标价格提高会刺激国产大豆供给增加，从而降低国产大豆市场价格，消费者因此会增加福利；但由于替代效应，消费者对进口大豆的消费量会减少，而且替代弹性越大，进口大豆的消费量减少的越多，消费者福利会因此减少。消费者总福利的变化取决于这两种效果的叠加。替代弹性从1增加到3的过程中，消费者福利从增加3.86亿元变成减少0.29亿元，减少了107.42%。

替代弹性越大，生产者和消费者福利增加量在政府财政支出中的比重越小，政策效率越低。从理论分析可以知道，消费者福利和生产者福利的增加都来自政府补贴，因此分析可以用消费者福利和生产者福利在政府支出中的占比来衡量政府支出的效率。替代弹性从1变到3的过程中，目标价格提高带来的政府支出效率从80.98%降低到54.46%，而无谓的效率损失在财政支出中的比重从19.03%提高到45.54%。替代弹性越大，意味着实际的市场开放程度越高，此时对生产者补贴越多则对市场扭曲越严重，无谓效率损失的增加可以理解为市场开放的代价。

2. 供给弹性的敏感性分析。在目前查阅的文献中，大豆供给弹性最小为0.44，最大为0.98，因此本文将政策试点区和非试点区的大豆供给弹性区间设置为［0.4，1］，每隔0.2取一个值进行敏感性分析。本文着重分析了供给弹性变化对政府支出、消费者福利、生产者福利和无谓效率损失的影响。结果显示（表5），试点区供给弹性对目标价格政策的影响非常显著，而非试点区供给弹性则对政策效果影响甚微。试点区供给弹性从0.4变化到1的过程中，政府支出会增加约20%，消费者福利增加量会增长约150%，生产者福利增加量会减少约6%，无谓效率损失增加约55%；消费者福利占政府支出的比重从6.30%增加到13.14%，生产者福利占政府支出比重从66.08%下降到51.13%，无谓效率损失占比从27.62%增加到35.73%。

表5　试点地区与非试点地区供给弹性模拟

		试点区供给弹性			
		0.4	0.6	0.8	1
非试点区供给弹性	G^* 0.4	13.90%	14.85%	15.80%	16.75%
	G^* 0.6	13.84%	14.76%	15.69%	16.61%
	G^* 0.8	13.79%	14.68%	15.58%	16.47%
	G^* 1	13.74%	14.61%	15.48%	16.36%
	CS 0.4	5 253.75	7 895.28	10 546.59	13 207.67
	CS 0.6	4 971.96	7 471.08	9 978.95	12 495.58
	CS 0.8	4 718.86	7 090.13	9 469.29	11 856.34
	CS 1	4 490.28	6 746.15	9 009.16	11 279.31

（续）

		试点区供给弹性			
		0.4	0.6	0.8	1
非试点区供给弹性	*PS* 0.4	55 120.07	53 880.11	52 640.15	51 400.18
	PS 0.6	55 264.93	54 097.40	52 929.87	51 762.33
	PS 0.8	55 395.09	54 292.64	53 190.19	52 087.73
	PS 1	55 512.68	54 469.03	53 425.37	52 381.71
	DWL 0.4	23 036.73	27 340.43	31 634.36	35 918.52
	DWL 0.6	22 820.34	27 017.37	31 205.65	35 385.18
	DWL 0.8	22 625.81	26 726.89	30 820.07	34 905.36
	DWL 1	22 450.00	26 464.27	30 471.40	34 471.39

五、结论及启示

（一）基本结论

本文通过构建均衡移动模型来模拟目标价格变化对我国大豆市场均衡产生的效果，进而分析对政府财政支出和经济福利变化的影响。分析结论归纳如下：

目标价格提高对促进我国大豆产出的作用有限。在其他条件不变的情况下，若大豆目标价格提高100元/吨（约提高2%），政策试点区的产量将提升1.96%，而由于供给增加导致市场价格下降，非试点区的大豆产量会随之下降0.23%。总体来看，国产大豆供给量增加了0.86%，约10.3万吨。

目标价格提高会显著增加政府财政负担。若目标价格提高100元/吨，每吨大豆差价补贴将增加14.67%，总补贴支出将增加16.63%，按照2015年60亿元的补贴基数计算，财政支出会因此增加约10亿元。

目标价格政策的经济效率不高。从目标价格提高带来的福利水平变化来看，生产者福利和消费者福利增加量占政府支出的比重分别为12.82%和51.71%，另外有35.46%的政府支出成为无谓效率损失，并且国产大豆和进口大豆的替代性越强，这种效率损失就越高。

从上述结论来看，大豆目标价格政策既没有刺激大豆产量的明显增加，又难以显著改善消费者福利和生产者福利，而且政策带来的无谓效率损失很高。因此，这也就从经济学框架内为大豆目标价格政策的退出提供了一个理论层面的解释。

（二）政策启示

对外依存度会显著影响目标价格政策的实施效果。由于大豆市场开放程度高，对外依存度大，因此大豆目标价格政策的实施会对资源配置产生较大扭曲，从而使得政策实施效率大大降低，没有实现预期政策效果。为此目标价格政策的实施要充分考虑市场开放程度、进口依存度以及产品供给弹性等条件，并非适合任何产品市场。

与大豆产量挂钩的补贴政策效果也会不尽如人意。根据国家发改委文件，大豆目标价格取消后会实施和玉米一样的生产者补贴政策，即实施与种植面积或产量挂钩的补贴政策。挂钩的补贴政策同样会产生扭曲，而且进口依存度越大产生的扭曲越大，政策的经济效率越低。实质上目标价格政策就是一种差价补贴，若取消目标价格政策转而实施与大豆产量挂钩的补贴政策仍不会取得令人满意的政策效果。

支持大豆产业应增加研发投入提高大豆单产水平。目前的补贴政策多与种植面积挂钩，对单产的刺激作用很小。而当前大豆产业发展面临的重要瓶颈是单产水平过低，从而导致种植大豆的比较收益不高。因此，大豆产业支持政策应着力于研发高产大豆品种，提高大豆单产水平。

普惠性补贴将更有利于东北地区种植业结构调整。东北地区主要种植水稻、玉米和大豆等粮食作物，这些农产品都是国家重点支持的对象。如果针对单独产品分别实施补贴政策将会影响作物之间的比价关系，造成种植结构失衡，因此建议实施普惠性的补贴政策，这样既能降低政策对市场的扭曲，提高政策效率，又有利于满足市场的有效需求，实现种植业结构的优化。

【参考文献】

陈菲菲，石李陪，刘乐．大豆目标价格补贴政策效果评析．中国物价．2016（8）：63-66.

陈永福．中国食物供求与预测．北京：中国农业出版社，2004.

樊琦，祁华清，李霜．粮食目标价格制度改革研究——以东北三省一区大豆试点为例．宏观经济研究．2016（9）：20-30.

谷强平，周静，杜吉到．大豆进口的 Armington 弹性测算及福利波动分析．农业经济．2015（12）：125-127.

李光泗，郑毓盛．粮食价格调控、制度成本与社会福利变化——基于两种价格政策的分析．农业经济问题．2014（8）：6-15.

刘宇宁．应着力解决我国大宗商品国际定价权缺失问题．经济纵横．2013（10）：32-34.

卢凌宵，刘慧，秦富，等．我国农产品目标价格补贴试点研究．农业经济问题．2015（7）：46-51.

马述忠，王军．我国粮食进口贸易是否存在“大国效应”——基于大豆进口市场势力的分析．农业经济问题．2012（9）：24-32.

孟东梅，姜绍政．我国大豆进口的 Armington 弹性及福利波动分析．商业研究．2013（7）：57-60.

司伟，李雷．我国大豆蚜虫防治的经济福利效应．农业技术经济．2013（7）：94-99.

王萍，李智媛，孙明明，等．农民对大豆目标价格政策的满意度分析．大豆科学．2016（1）：155-159.

王文涛，张秋龙．大豆目标价格补贴政策效应的理论分析及整体性框架建议．湖南师范大学社会科学学报．2016（2）：126-134.

徐雪高，吴比，张振．大豆目标价格补贴的政策演进与效果评价．经济纵横．2016（10）：81-87.

周应恒，邹林刚．中国大豆期货市场与国际大豆期货市场价格关系研究——基于 VAR 模型的实证分析．农业技术经济．2007（1）：55-62.

朱思柱，周曙东．基于扩展 Nerlove 模型的中国大豆供给反应弹性研究．大豆科学．2014（5）：752-758.

Armington P S. A theory of demand for products distinguished by place of production. Staff Papers. 1969，16（1）：159-178.

Gardner B L. The farm - retail price spread in a competitive food industry. American Journal of Agricultural Economics. 1975，57（3）：399-409.

Sun C，Kinnucan H W. Economic impact of environmental regulations on southern softwood stumpage markets：a reappraisal. Southern Journal of Applied Forestry. 2001，25（3）：108-115.

（作者单位：中国农业大学经济管理学院）

江西粮食供给侧结构性改革研究

余艳锋　药林桃

粮食安全始终是关系经济发展、社会稳定和国家安全的全局性重大战略问题。新常态下，我国经济将以中高速发展，工业化、城镇化将持续快速推进，粮食生产的刚性需求不断增加，保障国内粮食供给的任务不断加大。但随着粮食连年丰收，各种资源要素紧绷、环境承载压力不断增大，我国粮食供给由总量不足已转化为结构性矛盾。江西作为我国南方主要的商品粮产地、全国13个粮食主产区之一，稻谷约占粮食耕地面积的91%以上、产量的95%以上，一直承担着保障国家粮食安全的重要责任，因此稳定水稻生产，不断提高水稻产能，对保障国家粮食安全，特别是口粮安全至关重要。

一、江西粮食产业发展的主要特点

（一）粮食生产持续丰收

近10年来，江西粮食种植面积趋于稳定，播种面积、总产量呈现波动上升的态势，粮食生产能力有了较明显的提高。尽管受气候和病虫害影响，2017年江西早稻总产微减，但秋粮获得丰收，2017年江西粮食总产仍突破2 100万吨，处于历史高位。

表1　2007—2016年江西粮食播种面积、总产量及单产

年　份	播种面积（千公顷）	总产量（万吨）	单产（千克/公顷）
2007	3 525.3	1 904.2	5 401.5
2008	3 578.1	1 958.1	5 472.5
2009	3 604.6	2 002.6	5 555.7
2010	3 639.1	1 954.7	5 371.4
2011	3 650.1	2 052.8	5 624.0
2012	3 676.0	2 084.8	5 671.4
2013	3 690.9	2 116.1	5 733.3
2014	3 697.3	2 143.5	5 797.5
2015	3 711.3	2 147.1	5 785.3
2016	3 686.2	2 138.1	5 800.3

资料来源：历年《江西统计年鉴》和《中国农业统计年鉴》。

（二）水稻种植结构和种植方式有所调整

2010 年以来，江西省水稻种植面积基本稳定在 3 300 千公顷以上，早稻种植面积 2013 年以后逐年减少，中稻和一季晚种植面积逐年上升，晚稻面积基本持平。常规稻种植比例有所上升。籼改粳试验示范方向已从中稻转向晚粳，虽然还没有引起种植结构上大的变化，但为结构调整储备了品种和技术。直播稻面积逐年扩大，再生稻试验再创高产。

表 2　2010—2016 年江西水稻种植规模

年份	水稻种植面积（千公顷）	早稻面积（千公顷）	早稻单产（千克/公顷）	中稻和一季晚面积（千公顷）	中稻和一季晚单产（千克/公顷）	晚稻面积（千公顷）	晚稻单产（千克/公顷）
2010	3 318.5	1 401.1	5 035.5	391.9	6 609	1 525.5	5 859
2011	3 317.7	1 384.3	5 676	401.5	6 631.5	1 531.9	5 863.5
2012	3 328.3	1 389.5	5 880	398.1	6 672	1 540.7	5 908.5
2013	3 338.1	1 397.9	5 914	392.9	6 732	1 547.3	5 892
2014	3 339.4	1 394.6	5 880.2	394.5	6 907.5	1 550.3	6 015
2015	3 342.3	1 391.5	5 834.7	399.8	6 932.2	1 551	6 036
2016	3 316.4	1 365.1	5 757	424.6	6 964.2	1 526.7	6 054.3

资料来源：历年《江西统计年鉴》和《中国农业统计年鉴》。

（三）土地规模化经营程度有所提高

江西农村土地流转风险防范加强，推行土地流转示范合同，截至 2016 年，依托农经机构建成 11 个市级流转服务中心、102 个县级流转服务中心、1 454 个乡级流转服务中心，促进农村土地流转和农业适度规模经营。2016 年年底江西农村承包土地经营权流转面积 1 150.2 万亩，流转率为 36.2%。全省家庭农场和种粮大户有较快发展，已有农民合作社 4.73 万家、家庭农场 2.7 万家、种粮大户 2.83 万户、农业社会化服务组织 10 万个。

（四）农业机械化程度取得快速提升

2004 年国家实施农机购置补贴政策以来，江西农业机械化真正实现了跨越式发展，取得了新的历史性突破，机插和机烘等制约水稻全程机械化的机具得到爆发式增长，2016 年全省新增乘坐式插秧机 971 台、烘干机 2 795 套，均多于 2016 年前历年新增量总和；新增无人植保机 523 架，相当于

2016年前拥有量的40倍。从图1可以看出，江西水稻种植机耕率稳定提升，2016年机耕率已基本实现全面机械化，年增长2.2个百分点；2016年机收率达99%，年增长5.2个百分点；机械种植面积在2013年有小幅回落后稳定增长。

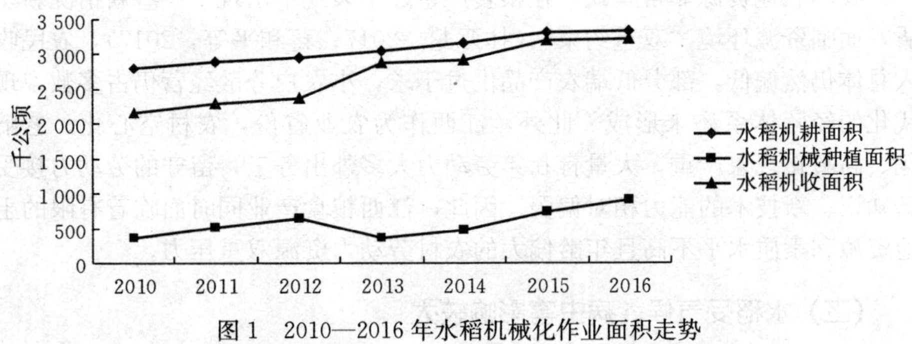

图1 2010—2016年水稻机械化作业面积走势

(五) 购销进度较快

近两年来江西稻谷呈现“快收快销”态势，稻谷购销进度正常，社会加工企业收购积极性高，还有部分湖北、安徽企业进入江西收购中晚稻，绝大部分地区不存在“卖粮难”问题。2017年7月28日起，江西率先在全国全面启动了早籼稻最低收购价执行预案，2017年早稻购销进度明显快于往年，农户无惜售和储粮意愿。据江西省粮食局统计，截至9月30日江西早稻最低价收购结束，全省累计收购早稻31.2亿千克，同比增加0.85亿千克，占全国最低收购价早稻收购总量的74%。但晚稻收购时间晚于上年，2017年11月11日起江西才启动中晚稻托市收购，对稻谷收购价起到一定支撑和提振作用。普通稻市场价格上扬，农户卖粮意愿较为强烈，据省粮食局统计监测显示：截至11月20日，全省新季中晚稻累计收购15.4亿千克，同比增加2.8亿千克，其中：国有企业收购5.8亿千克，同比减少1.7亿千克，社会企业收购9.6亿千克，同比增加2.75亿千克。

(六) “水稻＋”立体种养模式迅速推广应用且成效显著

早在2003年江西就启动以稻鸭共栖为主要技术的绿色大米发展计划。2015年江西启动现代农业十大产业技术体系，依托水稻产业技术体系，目前全省出现多处“水稻＋”综合种养模式，如崇仁县稻田养蛙试验，亩产值超过5万元，；永修县云山垦殖场稻田养鳖实验，亩产值1.5万元。稻田立体种养模式推动了有关学科交叉融合，农业发展新动能不断凝聚，尤其在加快农业供给侧结构性改革方面颇有成效。

二、江西水稻产业存在的问题及影响因素

（一）土地资源与劳动力资源要素紧缺

我国农地资源非常紧缺，在粮食产量连丰表现下出现了一些新情况新矛盾，面临资源环境“双重约束”（林万龙，2017；蒋和平等，2017），农民收入总体仍然偏低，部分低端农产品供过于求，小农户分散经营仍占多数，现代化的经营体系还未形成。此外，江西作为农业省份，农村空心化、老龄化、高龄化现象严重，大量青壮年劳动力大多外出务工，留守的劳动力接受新知识、新技术的能力相对偏弱。因此，江西粮食产业同时面临着有限的土地资源和素质水平不高且年龄偏大的农村劳动力资源双重压力。

（二）水稻受气候、病虫害影响较大

近些年，江西极端气候事件频发，旱涝等灾害风险增大，病虫害发生频率增加，特别是极端性天气给粮食生产带来的负面影响加剧，给粮食安全增加了一些不稳定因素。一是从气候条件来看，2017 年 6 月江西大部分地区早稻陆续进入扬花灌浆阶段，期间强降雨发生频率高、持续时间长、累计雨量大，赣中、赣北等粮食主产地遭受持续强降雨袭击，对早稻生长造成不利影响。根据国家统计局的数据，江西省早稻播种面积 2 023.1 万亩，较上年减 24.6 万亩，降幅 1.2%；单产 373.9 千克，较上年减少 10.1 千克，减幅 2.6%；总产量 7.55 亿千克，较上年减 3 亿千克（减少 29.9 万吨），减幅 3.8%。二是从虫害影响来看，二化螟呈暴发成灾之势。2016 年 12 月至 2017 年 2 月，全省平均气温 9.8 ℃，较常年同期平均偏高 2.3 ℃，为 1959 年以来历史第一高值，暖冬天气对病虫越冬十分有利；3 月中旬至 4 月上旬江西多阴雨天气，雨日数普遍为 18～25 天，有利于病虫发生为害。据植保部门调查，江西水稻二化螟冬后田间每亩虫量平均 12 056 条，是上年同期的 2.65 倍，部分县每亩最高达 10 万～16 万条，创历史之最。

（三）大米品质缺乏竞争力

一是外米流入本地市场，本地普通大米销售困难。一直以来，江西稻米主销区就是邻省广东、福建，然而近年来越南等低价进口米大量涌入广东、福建市场，江西米难以进入其市场，反而广东、浙江、福建等传统销区大米逆向流入江西产区，造成产销区倒挂。二是大米加工企业严重缩减。传统销区正逐步丧失，江西大米加工业举步维艰，大米加工企业以每年 150 家左右的速度减少，幸存的加工企业减产维持，大米外调大幅减少，转为内销为主。三是加工链条虚化，中高端大米加工品少。江西绝大多数企业在稻谷加

工技术研发方面投入不足，仍限于普通大米和精洁米等初级产品加工，加工大米的正品率低，稻谷加工损耗率高达5%左右，全省每年产生的近300万吨副产品中的稻米营养素（含量约64%）一直未能有效利用，精细食品及高附加值的多功能产品加工尚处于发展初期，还不适应市场需求。

（四）当前流通体制和储备制度引发多重问题

受国家粮食储备制度和流通体制影响，江西稻米陷入“托市困局”。一是粮食持续增收，仓容缺口扩大。据悉，2017年据江西省粮食局新闻发布会报告，全省各地早稻收购期间能够投入使用仓容约22亿千克，基本能够满足农民售粮需求，但宜春、上饶、南昌等主产区局部地区仓容仍然偏紧。二是粮农种粮往往唯产量和成本为第一决定因素，导致农户种植结构与市场需求错配，导致优质稻种植比例严重扭曲下降，稻谷供给质量低。三是粮农鲜有储粮意愿，稻谷“快收快销”，直接以低价的地头湿谷交易给粮食经纪人，由粮贩子承担起了“最后一公里”并享受本应由粮农所得的国家托市政策红利。

（五）高效种植模式仍存在技术难点

一是直播稻存在技术难点。江西直播稻面积迅速增长，因其省工、省力、产量高且生育期缩短等优点颇受粮农欢迎，但在实际生产中存在采用长生育期优质常规稻、出苗不整齐，后期易倒伏、肥料利用率不高等技术难题。二是再生稻发展技术需加快探索。再生稻作为中稻增产的有益补充逐步得到推广应用，但目前筛选出来的比较适宜的、再生能力强的可适用品种少，未能形成标准化再生稻技术规程，生产中存在机收、抗病等关键技术环节问题的解决。三是立体生态种养协调性问题。江西高效立体综合种养模式多样，但如何协调好同一区块内多种作物的共生共样，以及和土壤环境的匹配，仍有待专家实验探索，防控技术漏洞。

（六）水稻全程机械化尚有瓶颈

受江西特殊地形地势、水稻种植结构复杂和基础设施建设相对落后影响，江西水稻生产全程机械化发展有着“先天不足”，历经多年发展，目前仍存在一些问题。一是双季稻机插技术难题仍待攻破。江西目前双季稻生产的主要环节机械化水平仍低于全国平均，尤其是机插率仅为13%，只有全国的一半。双季稻机插过程中存在如水稻品种选择、机插均匀度、氮肥利用率等技术难题。二是新机具研发与创新仍需加快。目前江西适应杂交稻、超级稻高产机械化和免少耕高产栽培以及秸秆全量还田高产栽培机械化发展需要的新机具研发与创新仍不能满足杂交稻和超级稻大面积高产栽培的需要，如，机械化秸秆还田技术还不够成熟，秸秆不能完全粉碎和均匀深埋，水稻机械化种植过程中易造成机具缠草、机插漂秧、栽后僵苗等问题。

三、建议

结合十九大报告精神和粮食产业发展实际，未来江西粮食产业可遵循“质量创新兴粮、品牌文化强粮”新发展理念，注重生产前端和产品价值后端提升，开启提高全要素生产率的供给侧结构性改革实践。

（一）从生产前端角度，优调增效，质量创新兴粮

1. 优能。优化存量资源配置，扩大优质增量供给，实现供需动态平衡。

（1）土地与农业劳动力基本资源要素的保护与提升。一是严控土地面积，提升土地质量，加快土地流转。土地是粮食生产发展和产量增加的基础和保障，是不可替代、不可再生的稀缺资源，尤其是在我国土地资源紧缺的情况下，加强耕地资源的保护是藏粮于地战略实施的根本性基础和保障（王雅鹏等，2017）。第一，严控耕地面积，坚持耕地红线不突破，基本农田不占用，真正保住粮食的生产能力和潜能。第二，随着土地经营权不断流转，畅通农村承包地退出渠道，推进农村土地“三权分置”（张越杰等，2017），依托土地流转服务中心等中介机构提升土地要素的流动性，既能充分保障广大农民的财产权益，又有利于土地集约节约利用，逐步实现土地集中、生产规模化、经营产业化和粮食生产科技现代化。

二是促进普通农户成长和家庭农场发展，稳固和提高江西省粮食综合竞争力。第一，要扶持中小型耕地承包户适度发展。十九大报告中特别强调保持土地承包关系稳定并长久不变，第二轮土地承包到期后再延长30年。因此在当前和今后相当长一段时间内，耕种承包地的普通农户依然是数量最多、经营土地面积最大的群体，更是保障我国重要农产品有效供给和粮食安全的主要力量。因此要大力发展农业生产性服务业。为仍从事农业的普通农户提供专业化社会化服务，积极推广代耕代种、联耕联种、联管联营等农业生产托管方式，降低生产成本，提高经营效益。第二，控制家庭农场规模，提高农场主素质。在尊重市场规律前提下，尤其是我国的经济社会条件和人均资源稀缺的基本情况，粮食作为资源性农产品很难形成国际比较竞争力和比较优势，因此要适度控制家庭农场规模（李珊珊等，2017）。其次，培养爱农业、懂技术、善经营的新型职业农民。农场主的素质决定了家庭农场的发展潜力和未来中国农业的竞争力。

（2）推进高标准农田和农田设施装备建设，实现藏粮于地。一是全面提高农田质量和扩大高标准农田的面积（余欣荣，2016），确保藏粮于地的可

行性。在坚持最严格的耕地保护制度，确保耕地数量不减的同时，狠抓农田质量的提高。通过建立有效的农田整治投融资机制、农田培肥和质量提升补偿机制、农田标准质量监管机制，继续实施测土配方施肥、绿肥种植、秸秆还田、畜粪沼气化利用及沼液沼渣及时投入农田、酸化土壤改良培肥、增施商品有机肥等为主要内容。特别注意耕地面源污染的防治和重金属污染的处理。

二是按照资源禀赋、生产条件和增产潜力等因素，加快建设粮食生产核心区和开发后备产区，扩大轮作休耕面积。进一步强化以农田水利建设为中心的农田基本建设，注重农田水网渠系建设，尤其是干渠、支渠的疏浚清淤和农田灌溉排涝系统以及受灾后水毁农田基础设施的修复更新，真正做到旱能灌、涝能排，从工程设施上降低粮食生产的灾害风险。加强农田基本连片整治，以保证全程机械化作业和粮食生产机械化水平的提升。结合 2018 年农业结构调整补贴，扩大轮作休耕范围，改善土地质量。

三是加大仓储、烘干等配套设备建设，推进和示范水稻生产全程机械化。在国有粮企仓库配备稻谷烘干设备，粮农收割稻谷后直接送到粮企烘干，达标后直接交售粮库，让粮农享受最后一公里红利。支持开展粮食烘干、农机场库棚、仓储物流等社会化服务组织，大幅增加烘干设备购置补贴额度，以专项补贴、贷款贴息等方式支持储粮设施建设，降低粮农烘干成本。

(3) 积极拓宽粮食收购渠道，实现去库存。一是推动粮食产后服务体系建设，全省国有粮食企业严格执行国家粮食收购政策，主动适应粮食生产组织方式的新变化，与种粮大户、农民合作社等新型粮食生产经营主体对接，开展代储存、代烘干、代质检、代加工、代销售“五代”业务，以基层现有粮库为基础进行功能改造，优化地方国有粮食库点布局，采取“退城进郊”等方式，为新型农业经营主体和小农户提供专业化服务，提高入库原粮品质，形成多元化、规模化的合作格局，构建渠道稳定、运行规范、方便农民的新型粮食收购网络体系。

二是在积极争取国家粮食“去库存”政策支持的同时，江西省承储企业严格落实政策性粮食销售和出库政策，加快政策性粮食竞价交易，加强与周边省份合作，鼓励多元主体多收粮、农民多存粮。

2. 调优。

(1) 调结构、调品种、优布局，实施比较优势战略。一是加快绿色投入品的开发、研究、运用。从农药、肥料、饲料投入品上下功夫，推出绿色投入品，实现安全生产，降低稻谷镉含量。

二是抓好水稻种植结构调整，实现高效生产模式。重点集成双季双抛、双季机插、双季直播等高产高效技术；组装“双季稻＋油菜（绿肥）”“一季稻＋再生稻＋油菜（绿肥）”“早籼晚粳”“一季中粳＋油菜/绿肥”等高产高效模式，选育优质早稻和早稻直播专用品种，压籼扩粳，压常规稻、扩优质稻，加大优质水稻品种推广，如“甬优 1538”“春优 84”。对劳力不足的双季稻区，可适当种植部分再生稻调配生产季节，提高二茬稻谷质量。

三是推广“水稻＋”种养结合模式。积极引导和扶持种粮大户、家庭农场、农民合作社、农业龙头企业等新型经营主体，开展稻鸭、稻蛙、稻鱼、稻虾等综合种养示范，构建绿色生态种养技术规程。

(2) 打造一批绿色高效典型，示范推广粮食种植新模式，激活粮食产业。一是充分利用好国家生态文明试验区（江西）、江西省国家级、省市县级现代农业示范区建设，现代农业（水稻）产业体系项目或水稻科研项目建设，鼓励农技专家，尤其是要充分发挥江西省水稻产业技术体系中全产业链研究团队中各岗位专家的技术专长，深入到各县市开展粮食增产模式示范，积极试验示范和推广新型高效水稻种植模式，形成地方示范带动效应，带动周边区域均衡发展。

二是通过示范建设工程，推动现代信息技术在粮食收购、仓储、物流、加工、供应、质量监测监管等领域的广泛应用，推动绿色有机大米溯源，树立绿色有机粮食品牌，打造几个和粮食相关的主导产业，带动生产、服务、经营方式变革，实现粮食全产业链发展。

3. 增效。实现江西水稻产业现代化核心和关键要靠科技，靠科技创新，靠科技进步。

(1) 科技增效，提升科研创新能力。一是坚持区域发展特色，围绕政策导向与生产需求双轨，使科研成果更具实用性。科研人员既要围绕政策导向开展科技攻关，也要深入生产一线发现问题寻找课题，根据农民、企业和新型生产经营主的实际需求开展研发工作，使之研发成果更接地气。如江西应加强双季稻机插技术、培育直播专用早稻、攻克稻曲病防治难题、研发利用智能化和水肥一体化技术。

二是引导科研院所与企业协作，大力发展现代种业，全面提升自主创新能力。推动科研单位与企业合作，共同设立研发基金、实验室、成果推广工作站等方式（丁声俊，2016），加强杂种优势利用、分子设计育种、高效制繁种等关键技术研发，培育和推广适应机械化生产、高产优质、多抗广适的突破性新品种，完善良种繁育基地设施条件，协调商业化育种与科研创新的双轮驱动，提升种业的创新能力。

(2) 推进和示范水稻生产全程机械化。一是培育符合现代稻作生产需求的优良品种并合理布局。要从品种选育入手，选育一批与机械化相适应的抗倒伏能力强、生育期适中、返青分蘖快、根系发达的优育品种，特别是超级稻和大穗型品种。要开展籼稻、粳稻和杂交稻合理布局，选择相应丰产机械化方式，发挥各地品种优势和潜力。同时通过改良和选择品种，提高作物生物特性和物性的统一度，便于机械统一作业。

二是研究适宜丘陵山区水稻生产的小型农机具。要根据丘陵山区的土壤类型、水热条件、耕作制度，系统调查分析水稻栽培农艺，实现农机农艺有机有效融合农机农艺融合，为丘陵山区农机具开发和推广应用奠定基础。政府应扶持农机企业创新研制一批适应性强、操作简单、可靠性好的小型轻简农机装备，重点研究开发适合丘陵山区小田块水稻机械化种植机械，为丘陵山区农机化发展夯实装备和技术基础。

三是农机农艺切实融合，构建江西省水稻丰产栽培全程机械化技术体系。选型或研发配套的秸秆还田、种植、施肥、灌溉、植保等先进机具与农艺技术，加大低成本、高性能、高可靠性、多元化的播栽机械研发力度，加强本土化水稻机械化（超）高产高效栽培关键技术研发。针对目前江西省水稻直播面积日益增大的现状，要大力研发能使水稻在田间有序精确分布的条播或穴播机械，在精确行株距的同时，确保种子播在土中的适宜深度。加大力度开展育秧技术研究，针对杂交稻机插生长特性，攻克杂交稻机插标准化壮秧培育与大田质量群体起点建成难题，为杂交稻高产群体构建提供技术支撑。

针对水稻病虫害防治问题，将高效安全植保机械研制、施药技术的研究和各类药剂开发应用作为有机统筹考虑，增强植保装备和技术的创新，提高农药利用率和农产品安全化，促进病虫草防治精确化、高效化、机械化、无公害化。

与此同时，突出区域稻田主体种植制度下的水稻高产高效全程机械生产模式与栽培技术体系的集成创新，特别是前季作物机械收割、秸秆全量还田耕作整平、精确高质量机插以及此后的配套高产农艺的统筹研究，通过改进农艺技术，提高农机作业的适应性，以实现农机在水稻生产上的规模化、标准化和集约化作业。

四是在全省范围内重点创建农机示范社，有效发挥示范社样板带动作用，引导支持示范社加大配套机具和基础设施投入，提高服务能力，打造服务品牌，推动农机合作社整体建设和农机社会化服务跃上新台阶。利用各种宣传手段，加大政策宣传力度，适时组织现场演示，开展多种形式的培训、示范，从而更大范围的带动辐射全省水稻全程机械化的推广普及。

（二）从产品价值后端角度，破瓶颈，品牌文化强粮

品牌是市场发展的重要载体，可带动产品价值和市场竞争力提升，实现产业升级和综合效益提升。

1. 强化加工环节，突出功能特色。长期形成的稻强米弱格局难以打破，

江西稻米全产业链中最薄弱的环节仍处在加工链条，做强做大江西大米产业是江西省粮食产业发展的目标和方向。因此，提高粮食加工企业的规模和实力非常重要。一是提高企业在稻谷加工技术研发方面的投入，不断研发新技术、新产品。发展稻谷加工，鼓励支持加工企业改造升级，加强机械加工技术研究和碾米稻谷水分控制，加强碎米综合利用、油糠综合利用、粗糠综合利用等稻谷综合利用技术研究和引进吸收，加强江西米粉和蒸谷米的开发。提升粮食加工技术装备水平，控制盲目投资和低水平重复建设，倒逼落后加工产能退出。二是加快发展粮食精深加工与转化，突出某一功能，大力推动水稻初、精深和主食加工发展，如富硒大米、高糖米、米粉稻、富含γ-氨基丁酸（GABA）、低谷蛋白等特种稻、功能稻（保健稻）特色品种。

2. 强化稻米文化的注入，创“江西大米”品牌。按照“政府引导、企业自愿”的原则，进一步整合现有商标资源，同时大力推进以优势企业和优势品牌为核心、“江西大米”为母品牌的双商标策略，实行统一品牌、统一包装、统一宣传、利益分享。品牌打造中强化绿色生态稻作文化的注入，使稻米具有生命力和精神力，使受众食“江西大米”有所感、所悟。鼓励和支持本省粮食企业与省外企业合作，建立深化产销协作长效机制，扩大赣产稻谷在省外市场的占有率。鼓励和支持省内粮食企业到省外、境外开办企业和开展投资合作。

3. 树立“大农业”观念，实现三产融合。发展与稻米相关的休闲农业、观赏休闲旅游业、电商业、商贸物流业、生产性服务业、绿色餐饮业等，加大粮食文化资源的保护和开发利用力度，支持爱粮节粮宣传教育基地和粮食文化展示基地建设，推动文化产业、休闲产业与稻米生产相交叉的新型产业发展，进一步促进农业产业结构调整，实现一、二、三产业融合发展。

4. 依托智慧农业，积极开展“互联网+”现代农业行动。结合2017年7月出台的《江西省整省推进信息进村入户工程工作方案》，全省开展智慧农业建设，大力推进现代信息技术在粮油产业上的运用，不断改造传统粮油产业，提升产业发展水平。第一，建立生产智能监测服务平台。建立粮油生产田间定点监测点，对作物生育进程、生长环境、土壤肥力、苗情、墒情、灾情等信息进行定点监测、实时数据采集分析，因时、因地、因苗指导作物生产。第二，建立病虫害实时自动监测系统。建立病虫田间监测网点，配备基于物联网的自动虫情测报灯或害虫自动计数性诱监测系统等设备，实现病虫发生信息的实时自动采集和传报。第三，推广应用“江西微农”微信服务平台。组织农业干部、农技人员、示范区种植大户、新型经营主体等关注使用“江西微农”微信平台，实现高产高效关键技术应用网上实播，提高服务效率，提升示范效果。第四，实现数据互联互通。大力推进农业物联网建设，将示范区物联网与省厅“智慧农业”云平台端口对接，实现数据互联互通。第五，积极发展粮食电子商务，推广“网上粮店”等新型粮食零售业态，促进线上线下融合，建设市场交易和网上卖粮双流通渠道。

5. 开展订单农业和私人订制，推动农业经营由生产导向型向消费导向型转变。第一，推动国有粮食企业向上游与新型农业经营主体开展产销对接和协作，通过定向投入、专项服务、良种培育、订单收购、代储加工等方式，建设加工原料基地，探索开展绿色优质特色粮油种植、收购、储存、专用化加工试点，为打造有市场影响力的品牌提供优质粮源。第二，粮食企业开展定制化服务，实行会员制，会员可全程监控认养的田块，采用精耕细作模式，企业则定期配送新米到会员家庭，满足消费者不同需求。

【参考文献】

丁声俊．以“供给侧”为重点推进粮食“两侧”结构改革的思考．中州学刊，2016，231（3）：42－48.

蒋和平，王大为．农业供给侧结构性改革下我国粮食产业的发展思路与方向．价格理论与实践，2017（2）：13－18.

李姗姗，匡远配．基于供给侧改革的粮食生产策略研究——以湖南为例．粮食科技与经济，2017，42（4）：11－14.

林万龙．农地经营规模：国际经验与中国的现实选择．农业经济问题，2017（7）：33－41.

王雅鹏，文清．供给侧改革中的湖北粮食发展思考．农业现代化研究，2017，38（1）：1－6.

余欣荣．调整优化粮食结构引领农业供给侧结构性改革．中国经济报告，2016（12）：18－20.

张越杰，王军．推进粮食产业供给侧结构性改革的难点及对策．经济纵横，2017（2）：110－114.

（作者单位：江西省农业科学院）

多元目标约束下的玉米供给侧结构性改革

姜天龙　郭庆海

21 世纪之初，中国的粮食总产量经过短暂的下滑，而后，表现出强劲的增长势头，实现了前所未有的“十二连增”，粮食总产量跨过 6 亿吨的台阶。但在成绩单的背后，仍然存在隐忧，即粮食的供给结构出现了严重问题。显著的体现在：国产玉米大量积压在仓库里，而国产大豆远远不能满足国内需求，每年进口量高达 8 000 万吨左右。就玉米来看，其表现出来的非常规特征，也可以说是困境，已经成为学界热议的焦点。

一、玉米供给侧的困境

“高产量、高库存和高进口”是玉米供给侧表现出来的直观表征，玉米供给侧的问题还不止于此。“国产玉米入库，进口玉米入市”凸显的是竞争力的问题；在单产未大幅提高的前提下，产量提高的前提条件是播种面积增加。事实正是如此，2015 年全国玉米播种面积为 38 119 万亩，占粮食总播种面积的 34%，是 2000 年的 1.7 倍。玉米播种面积的增加，要么是玉米挤占了其他作物的播种面积，造成了种植结构的扭曲，要么是利用了新开垦的土地。早在 20 世纪八九十年代，适宜的土地已经被种上农作物，近些年新开垦的土地对生态环境造成了危害。

（一）国产玉米入库，进口玉米入市

在 20 世纪 80—90 年代我国每年有数百万吨的玉米出口。进入 21 世纪以来，由于粮食自给率下降，玉米出口逐年减少。2006 年以后，由于市场供求关系趋紧，玉米出口基本为零，转而成为玉米净进口国。如图 1 所示，2010 年以来中国每年进口玉米为 100 万吨以上，2015 年更是达到 473 万吨。我国玉米市场之所以会呈现出国产玉米滞销与进口玉米数量不断增长的逆向趋势，根本原因在于国内玉米价格显著高于进口玉米价格，为进口玉米让开了国内市场。2016 年国内玉米与进口玉米相比，每吨价差达 900 元之多。如此高的差价，直接导致国产玉米在国际市场丧失竞争力。

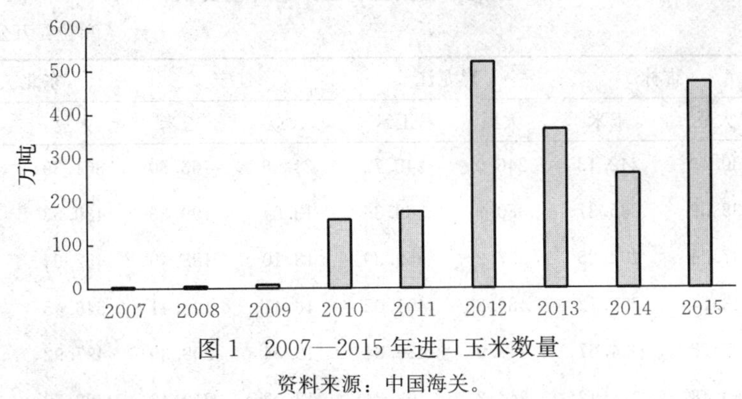

图1　2007—2015年进口玉米数量

资料来源：中国海关。

（二）加剧了作物种植结构的扭曲

由于玉米生产技术进步幅度大，在大田实现从种到收的全程机械化作业已经不是难题，相比于水稻或大豆，节约了大量的劳动，在东北的作物结构中占据了较强的优势，致使20世纪80年代以来，玉米的种植面积一直呈上升趋势。20世纪90年代后期，在玉米核心产区的吉林省，玉米的种植面积就已经达到了农作物种植面积的63%。玉米种植面积的增加，主要替代了大豆和杂粮作物，其中大豆种植面积的减少尤为显著，1998年的大豆种植面积已经比1978年减少了50%。2004年以后，伴随着我国粮食支持政策的实施，玉米作为高产作物成为粮食增产重点关注的作物。从农民角度说，种什么不种什么完全是利益的选择。大豆的节节败退，根本原因在于其与玉米之间比较利益关系的变化。尽管大豆的价格也在不断调整提高，但由于大豆生物学特性的制约，使其单产的提高与玉米相比不成比例。以吉林省为例，1978—1980年玉米平均单产是大豆平均单产的2.9倍，而到了2011—2013年，玉米单产则是大豆的3.6倍。就玉米和大豆的单价比较，较高的年份在2009年，达到1∶2.49，此后一路下降，较低的年份不足1∶2，2015年才恢复到1∶2.35的水平。从中可见，玉米与大豆之间的比较收益基本停留在3∶2的水平上，这样的比较收益关系必然导致农民放弃大豆而选择效益较高的玉米。正是这种比较收益的变化，导致2013年的大豆种植面积又比1998年减少了30%。如表1所示，2014年吉林省的玉米种植面积达到369.66万公顷，比实施临储价格之前的2007年增加84.29万公顷，增长幅度为29.5%，玉米占粮食作物的种植面积达到了74%。同期，东北三省的玉米种植面积增加了273.1万公顷，玉米占粮食作物种植比例由2007年的47.78%增加到2014年的57.5%。大豆种植面积则从2007年到2013年减少166.39万公顷，减少幅度为38.7%[①]。

表1　东北三省大豆、玉米的种植面积

单位：万公顷

	吉林		黑龙江		辽宁		东北三省	
	大豆	玉米	大豆	玉米	大豆	玉米	大豆	玉米
1998	30.43	242.13	246.0	248.72	24.96	163.80	301.39	654.65
2007	35.59	285.37	380.9	388.36	13.04	199.86	429.53	873.59
2008	37.34	292.25	397.2	359.39	18.10	188.49	452.64	840.13
2009	43.74	295.72	486.3	401.02	16.41	196.41	546.45	893.15
2010	37.68	304.67	447.9	436.84	12.34	209.30	497.92	950.81
2011	30.48	313.42	346.2	458.74	12.02	213.46	388.70	985.62
2012	23.00	328.43	260.0	519.06	11.58	220.67	294.58	1 068.16
2013	21.45	349.91	230.2	544.75	11.49	224.56	263.14	1 119.22
2014	21.36	369.66	314.6	544.02	10.64	233.01	346.60	1 146.69

资料来源：中国及东北三省统计年鉴。

（三）对生态环境造成了的侵害

玉米价格一路走高，一时间使玉米成了趋之若鹜的投资热点，不仅使既有耕地资源向玉米集中，也刺激了非耕地资源的滥垦，包括毁林、毁草、毁湿（地）开荒现象在东北三省及内蒙古的玉米主产区大量发生。在山区、半山区，“挂花地”（超过25度坡毁林开荒的耕地）逐年增长，大量湿地草地消逝，农业可持续发展受到严重挑战。近10年来，我国粮食产量之所以出现逐年“连增”的超常规势头，不能不说这些过度开发的非法耕地起到了不可低估的“帮忙”作用。

二、玉米供给侧困境产生的原因

玉米作为我国产量最高的谷物是近年来的事情，早在20年前，玉米刚刚从大宗粮食作物的第三位跃升到第二位，此后又历经15年的发展，到2012年已经超过水稻，成为第一大谷类作物。据国家统计局数据显示，2016年我国玉米产量已经突破2.2亿吨，占粮食总产量的35%。

① 国家于2014年启动东北（辽宁、吉林、黑龙江）和内蒙古大豆目标价格改革试点，导致黑龙江省2014年的大豆种植面积比2013年高出84.4万公顷。

（一）表象因素——临时收储政策的实施

在水稻和小麦两大主粮实施保护价收购之后，玉米主产区政府积极争取将玉米纳入保护价，以调动农民的种植积极性。玉米主产区的诉求，得到了中央政府的响应。于是，2008 年秋粮上市之际，首次出台了玉米临时收储价格。玉米临储价格的出台，除了应玉米主产区的诉求之外，还与此前我国的粮食生产背景及国家粮食支持政策的变化相关。1999—2003 年 5 年间，是我国粮食产量持续下降的时期。此前的 1998 年，粮食产量达到历史的峰值，总产量为 5.12 亿吨。此后，粮食产量持续下降，至 2003 年下降到 4.3 亿吨，回落到 20 世纪 90 年代初的水平。人均粮食占有量下降到 341.7 千克，不仅低于 1998 年人均 421.6 千克的水平，而且也低于 1984 年人均 392.8 千克的水平。粮食生产的陡降，引起了中央政府的高度关注。2004 年以实施粮食直补政策为切入点，农业支持政策开始进入新政时期。全面取消农业税，实施农业生产资料综合补贴，以及国家加大对农业基本建设的支持力度等，极大地调动了农民的生产积极性。2004 年以后，粮食供给形势出现拐点，粮食产量扭转了持续 5 年的下降趋势，进入了连年丰收的增长期。2007 年以后，伴随着玉米加工业的扩张及国际玉米市场趋紧，为进一步稳定农民种粮的积极性，保持粮食持续增长的势头，于 2008 年国家实施了玉米临时收储政策。临时收储政策，顾名思义，应是一个短期性的保护政策。然而，在接下来的 8 年中，基本处于稳中有升态势（表 2），除了 2015 年有所下降。2014 年，东北地区的玉米临储均价已经达到 2.24 元/千克，比临储政策出台前（2007 年）的价格提高了 60%以上。就玉米临储价格运行轨迹而言，不仅表现为刚性化特征，也表现为增长幅度之大之快的特征。玉米临储价格何以持续提升？如果从近 10 年来我国的粮食增产结构来看，可以发现玉米在整个增加的产量中占到了 62%，换言之，玉米是增加粮食总量的最佳作物，最有利于实现粮食“N 连增”的目标偏好。就玉米临储价格的积极作用而言，突出地表现在增加玉米主产区农民收入和增加国家粮食供给两个方面。以吉林省为例，主产区农民收入中的 50%～60%来自于玉米，玉米价格的提升意味着农民收入的增加。2010—2013 年的 3 年间，年均玉米产量已经达到 270 亿千克，每千克玉米比上一年价格提高 0.20 元，每年可使农民增收 54 亿元，一个年产 1.5 万千克玉米的农户一年就可增收 3 000 元；从玉米对增加粮食总产的贡献来看，2014 年我国粮食产量比 2007 年增加 1.055 亿吨，其中玉米产量增加 0.634 亿吨，占粮食总增量的 60%，显然，没有玉米产量的增加，就难以产生粮食产量“连增”的效果。然而，当临储价格多情于供给的同时，也无情地抑制了需求，价格的“双刃剑”作用得到了充分的表达。

表 2　2008—2013 玉米临储价格变动情况表

单位：元/千克

年份	内蒙古	辽宁	吉林	黑龙江
2008	1.52	1.52	1.50	1.48
2009	1.52	1.52	1.50	1.48
2010	1.82	1.82	1.80	1.78
2011	2.00	2.00	1.98	1.96
2012	2.14	2.14	2.12	2.10
2013	2.26	2.26	2.24	2.22
2014	2.26	2.26	2.24	2.22
2015	2.00	2.00	2.00	2.00

资料来源：国家粮食局网站等。

（二）深层次原因——单一政策无法承载多元目标

一直以来，我国的农业支持政策以价格支持为主。例如，稻谷和小麦的最低收购价、玉米的临时收储政策等。价格政策出台的初衷是稳定大宗农产品的供给数量，此时的价格政策本质上是托底价格。也就是说，当市场价格高于托底价格时，生产者将产品在市场上销售；反之，则按照托底价格销售给国家，进入国储。托底价格的现实功能是对生产者收入的保护，避免其收入大幅下降，确保其具有再生产的能力。而后，随着燃料乙醇项目在国内的兴起，农业政策的目标偏向于粮食增产，从作物生理特征来看，玉米应是粮食增产的首选作物。于是乎玉米临储价格不断提高，此时临储价格由托底价格逐渐演变为托市价格，托市价格显然高于市场价格，有了托市价格，市场形成价格的机制遭到破坏，农户按照托市价格进行生产和销售决策。此时的政策恰又迎合了提高农民收入的目标，因此在一段时间里，托市价格显示出其特有的价值。

值得思考的是，农业政策追求的目标并非只有粮食增长和农民增收，作为农业大国，粮食的国际竞争力以及生态环境的可持续发展依然是亟待考虑的问题。不断走高的玉米托市价格，在收之桑榆的同时，也失之东隅，造成了玉米生产成本的大幅提升，国家财政负担加大，国际竞争力丧失以及生态环境恶化。这就是说，单一农业政策的实施难以兼顾农业的多元目标，农业的多元目标应是通过农业政策体系中各政策的交织作用而达成的。

三、多元目标改革面临的难点和障碍

农业发展要实现多元目标，并非本文提出的观点，而是农业发展的客观要求，忽略或弱化某个目标是需要付出代价的。鉴于农业目标之间存在的冲突性，不应企图用一个政策承载多元目标，必须改变目前的决策方式，在政府制定政策之前，必须充分考虑国家、农民、产业以及生态方面的目标，制定稳妥、周全的产业政策组合或体系。

（一）农业目标之间存在一定程度的内在冲突

农业发展的目标具有多重性，例如保障农产品供给数量，确保农产品生产质量、提高农产品的竞争力、保护生态环境可持续发展、提高农民收入或稳定农村社会发展，等等。就提高粮食产量和保护生态环境两个目标来讲，在中国目前的农业生产实践中，就存在一定的矛盾。不考虑技术进步，那么只能靠增加投入的方法来实现粮食产量的增加，包括增加土地和农业生产资料投入。土地方面，在不宜开垦的土地上种植农作物，必然导致生态环境受到影响；生产资料方面，更多的化肥、农药投入必然带来环境的恶化。这种现象早在 1962 年出版的《寂静的春天》一书中有过论证。重新审视后期的玉米临储政策，虽然达成粮食增产和提高农民收入的目标，但是造成国产玉米与进口玉米价格倒挂，产生了“国产玉米入库，进口玉米入市”的非常规现象。这充分说明运用价格支持政策来实现粮食增产和农民增收，必将带来丧失竞争力的严重后果。

（二）缺乏精准施政信息

农业信息是农业政策是施政基础。缺乏准确的农业信息，农业政策将成为无源之水、无本之木，施政效果也会大打折扣。比如粮食直接补贴政策（简称粮食直补），是指国家财政按一定的补贴标准和粮食实际种植面积，对种粮农户直接给予的补贴，其出台的初衷是为进一步促进粮食生产、保护粮食综合生产能力、调动农民种粮积极性和增加农民收入，而在实际操作的层面，会出现以下三种问题：一是补贴并未补到种粮农户手中，补到了拥有土地承包经营权的农户手中。考虑到对于多数租地经营的农户来讲，其租种土地的来源、数量、年限等信息并未到有关部门登记，导致政府无法将种粮补贴真正的发放到种粮农户手中。二是非种粮农户依然可以获取粮食直补。中国农村的人际关系依然是熟人社会或宗族社会形式的，必然存在这样的道德风险：某农户虽然将自家土地种植经济作物，但是他依然可以领取国家的粮食直补，只因其种植决策行为并不会被其他农户揭发出来。这种现象可以用一个简单的博弈来解释：其他农户面对该农户的行为，有两种选择，一是揭发；二是不揭发。如果其他农户揭发该农户的行为，那么其在熟人社会或宗族社会里必然树敌，给自身在群体里活动造成一定的不便，揭发的效用为负。如果其选择不揭发，则其在熟人社会中的活动不受任何影响，不揭发的效用为零。显然不揭发是其他农户的理性选择。三是不区分优劣，统一标准补贴。精耕细作，单产高的农户，与粗放经营的农户所获补贴是相同的，都是按照面积来补贴，不利于新品种和新技术的推广和应用。这样看来，粮食直补政策更像是一个农业生产的普惠政策，这归根结底是由于缺乏精准的农业信息造成的。进一步讲，我国在新疆对棉花实行了目标价格政策，一部分生产者是按照交售量来享受目标价格政策，而另一部分生产者是按照面积享受目标价格政策。很显然，按照面积推断产量来享受目标价格政策，有悖于目标价格的初衷。中央政府之所以这样做的原因在于按照交售量实施的目标价格政策缺乏精准的信息支撑，其获取信息的手段仍然在探索中，并不成熟。

（三）高额的生产成本

中国、美国、巴西、阿根廷等国家是玉米的主产国，其中中美两国的玉米产量约占全球产量的60％。在1978年时，中美两国玉米的生产成本几乎持平，而后，都呈现出上涨的趋势。不同的是，美国玉米的生产成本在前期增速快，后增速逐渐下降，而我国的玉米生产成本恰巧相反，前期增速慢，后期增速快。2008年是我国玉米生产成本增速变化的转折点，这一年也正是玉米临储政策开始实施的年份。到了2013年，中国的玉米生产成本远超美国，约为其的1.5倍。从玉米生产成本的构成来看，高昂的人工成本是中国玉米生产成本居高不下的根本所在。如表3所示，中美两国物耗费用和土地成本差别基本不大，美国玉米的间接费用高出118.65元/亩，而中国玉米的人工成本高出427.29元/亩，总体比较，国产玉米成本较美国玉米每亩高出321元。

表3　中美玉米生产成本比较

	中国	美国	对比
总成本	1 012.04	690.58	321.46
物耗费用	350.05	363.04	−12.99
人工成本	455.37	28.08	427.29
土地成本	196.96	171.14	25.82
间接费用	9.66	128.31	−118.65

资料来源：《农产品成本收益资料汇编2013》、美国农业部网站。

中美两国农业生产中人工成本的差异，并非由劳动力价格决定，而是由劳动效率决定的。美国劳动力价格远高于中国，同时美国单个农业劳动力所经营的土地面积远超中国，美国的家庭农场规模平均为160～200公顷，而中国户均土地面积不足2公顷，可以说，依附在同样面积土地上的劳动力数量，中国远高于美国，这造成了劳动效率的巨大差异。归根结底，上述现象的产生源于土地制度以及资源禀赋的差异。不仅是生产成本问题，中国农业的诸多问题，都源于分散的、小规模的经营模式。可以说，实现规模经营，是增加农民收入，提高农产品国际竞争力的根本途径，也应是实现农业发展目标的有效手段。

（四）短期内难以消减的巨大库存

在政策的推动下，国内玉米几乎年年增产，2016 年产量达到 2.2 亿吨。截止 2016 年，国家共计收购临储玉米 3.1 亿吨，累计出售量约 0.7 亿吨，库存 2.4 亿吨。考虑到部分已成交玉米在近期将顺利出库，临储玉米库存仍将高达 2.1 亿吨，处于历史高位。全国仓容爆满，尤其是东北地区，几乎没有空余的仓容可以用。每吨玉米收购和存储费用为 152 元/年，资金占用利息 100 元/年，也就是说玉米仓储一年的费用为 252 元，2.1 亿吨玉米存储一年就需要 529 亿元，这给国家带来了沉重的财政负担。

表 4　玉米及其替代物进口

单位：万吨

年份	玉米及其替代物	玉米	大麦	高粱	木薯	DDGS
2010	1 297.60	157.3	236.8	8.3	576.3	318.9
2011	1 024.60	175.4	177.6	—	502.6	169
2012	1 734.20	520.7	252.8	8.7	713.8	238.2
2013	1 765.30	326.6	233.5	107.8	738.8	358.6
2014	2 778.60	259.9	541.3	577.6	858.3	541.5
2015	4 235.00	473	1 073.00	1 069.00	937	682

注：DDGS 是干酒糟。

资料来源：中华粮网。

临储玉米属于政策性粮食，国家规定政策性粮食应按照“顺价销售”的原则出库，“顺价销售”意味着销售价格应高于粮食收购成本价（临储价格）与存储费用之和。临储价格本身就是一个缺乏竞争力的价格，这种情况下用粮企业进口更为便宜的玉米或玉米的替代品，放弃使用成本更高的临储玉米，是理性的选择。这就是为什么能够形成“国内粮食入库，进口粮食入市”的原因。如表 4 所示，2010—2015 年，玉米及其替代物进口量增长了 2.3 倍，2014 年、2015 年进口量分别比上一年增加 1 000 万吨以上。虽然近期有关临储玉米销售的文件上，已经将按照顺价销售改为按照合理价格销售，但较小的议价空间仍然使去库存工作“任重而道远”。另一方面，临储玉米出库采用的是“先入先出”的原则，新玉米入库后，两三年后才竞拍销售，此时玉米已经不能作为口粮和饲料粮，只能用作工业用粮。按照国家粮油信息中心提供的玉米消费数据来看，目前我国年饲料消费1亿吨，工业消费6 000万吨，口粮消费只有700万吨，年结余超过5 000万吨。上述的存储和销售方式，相当于人为地给玉米的“使用价值”打了折扣，消减了玉米去库存的渠道。

四、破解难点的路径

（一）政策制定要统筹兼顾多元目标

农业的多元目标至少包括国家、农民、产业和生态四个层面，分别是粮食安全、农民增收、产业发展和生态可持续发展。目前玉米的困境，很大程度上是由于农业政策未统筹兼顾多元目标导致的。玉米临储政策对于实现粮食增产和农民增收起到了显著的作用，但其带来的负面作用也已经凸显。临储政策的实施成效与达成“提高农业竞争力”和“保护生态环境”的目标出现了违背。这充分说明，在不断提高玉米临储价格时，有关方面并未充分考虑农业发展的多元目标，缺少“未雨绸缪”的谋划。换句话说，在农业政策制定时，应“三思”农业的多元目标“而后行”。

（二）健全农业政策体系

从各个国家的农业实践来看，在现实的约束下，农业发展的部分目标之间存在一定的制约，使得单一农业政策无法兼顾多元目标。就中国目前的情况来看，应改变以价格支持为主的农业支持和保护政策，转而调整为以综合型风险管理、健全农业服务体系、保持生态可持续发展为主的政策体系。综合型风险管理政策以农业信贷和农业保险为主，为农户提供收入保障措施；农业服务体系政策以支持农业科研、农业基础设施、农产品销售和农业生产性服务为主，旨在降低农业经营成本，提高农产品的竞争力；生态可持续政策以环境保护和食品安全为主，旨在为消费者提供安全优质农产品，并保护生态环境。玉米供给侧结构性改革需要能够兼顾多元目标的农业政策体系。

（三）加强农业基础信息体系建设

农业基础信息体系建设包括农业信息的搜集、整理、发布、使用等一系列规则和制度，建设的目标是服务于农业发展以及国家的宏观决策。农业政策的效果依赖于制定政策时对农业信息的掌握程度以及农业信息本身的准确程度。2016年玉米临储政策改革为“市场化收购＋补贴”政策，意味着国家不再以临储价格收购玉米，玉米的卖价由市场机制确定，同时政府给予种植玉米的农户补贴，以减少改革对农民收入的冲击。“市场化收购＋补贴”政策就其本质而言，与目标价格并无不同，都是在市场价格过低时，对农户收入的一种补偿政策。目标价格的精准实施，有赖于对每名农户农产品销售量的精准统计，这是建立农业基础信息体系的意义所在，而依据种植面积进行补贴的方式，会带来诸多的道德风险。

（四）降成本调品种

玉米总产量高，本身不是问题，在托市价格下不得已成为“库存”，无法消化，才是问题。如果国内玉米价格处于低位，则有利于燃料乙醇、赖氨酸、玉米油等下游产业的发展，有利于出口。如此一来，玉米不愁没有销路。就供给侧而言，国内玉米价格处于高位的主要原因在于人工成本过高，中国不适合走日本的现代农业道路，即高补贴的小农模式，应通过转移农村劳动力，将土地盘活，在农业上适度规模经营，增加每名农业劳动者的经营面积，来降低人工成本，从而降低玉米总生产成本，增加玉米的市场竞争力。土地集约的过程，必然是漫长的，农民并不会轻易转让土地的“承包权”。一种现实的做法是已经在江苏省射阳县实践的“联耕联种”模式。这种模式是在不改变土地“承包权”和“经营权”的前提下，实现了有组织的连片种植，再由服务组织提供专业的农业生产性服务，既实现了农业的集约经营，又有效地降低了生产成本，完全可以尝试在玉米主产区推广。

另外，在无法短期内降低成本的前提下，将一部分原来种植籽粒玉米的土地，用来种植青贮玉米，也是一种可行之选。一般来讲，青贮玉米的效益是籽粒玉米的三倍，既有利于调整结构，又有利于农民增收。需要注意的是，青贮玉米效益高的前提是将种养有机结合起来，否则很难实现青贮玉米的高效益。

【参考文献】

程郁，叶兴庆．借鉴国际经验改革我国农业支持政策．中国经济时报，2016-12-12.

全世文，于晓华．中国农业政策体系及其国际竞争力．改革，2016（11）：130-138.

习银生．多措并举深入推进玉米供给侧结构性改革．农村工作通讯，2017（5）：52.

（作者单位：姜天龙：吉林农业大学经济管理学院

郭庆海：粮食主产区农村经济研究中心）

我国大豆供给侧结构性改革路径研究

刘后平　王雪梅　邓浩月

一、引言

我国最早提出供给侧改革是在 2015 年 11 月的中央财经领导小组第 11 次会议上，会议提出“在适度扩大总需求的同时，着力加强供给侧改革”。2015 年 12 月召开的中央农村工作会议提出“着力加强农业供给侧结构性改革，提高农业供给体系质量和效率，真正形成结构合理、保障有力的农产品有效供给”。2016 年中央 1 号文件进一步提出，“推进农业供给侧结构性改革，加快转变农业发展方式，保持农业稳定发展和农民持续增收”。2017 年中央 1 号文件明确指出“农业的主要矛盾由总量不足转变为结构性矛盾，突出表现为阶段性供过于求和供给不足并存，矛盾的主要方面在供给侧。”

2017 年中国大豆进口量实现了 14 连增，大豆横向供给不均衡情况越来越严重。针对大豆供给问题，我国学者从价格、机械化、供给侧、需求侧、政策等方面出发，做出了诸多研究。姜长云和杜志雄（2017）的研究给出了农业供给侧结构性改革的一个总观，农业供给侧结构性改革的着力点在于农产品价格形成机制、农产品补贴政策的转型、发展现代农业经营体系、推进产业融合。刘静娴（2017）从农产品供给全局出发，表明农产品供给改革重点是增加要素投入和降低供给成本。进一步细化到大豆，肖琴、李建平、刘冬梅（2015）以转基因大豆冲击为角度提出中国大豆产业发展对策。谭林和武拉平（2009）分析了中国大豆供需平衡状况。高颖和田维明（2007）利用差异化的进口需求模型对中国大豆进口需求进行了研究。赵红雷（2016）揭示了中国整个大豆产业所面临的问题。乔金友、姜岩等（2017）通过对大豆主产区农业机械化现状研究，认为机械化的发展并没有挖掘出大豆生产应有的效率。张晶、王克（2016）以大豆目标价格为例，对政策实施的效果进行评估，结果表明目标价格改革试点基本实现了设计之初的政策目标，但仍需根据实际进行完善。赵杭莉、孙印法（2015）基于灰色预测模型对中国大豆市场进行供求分析，预测我国在 2015—2020 年间大豆的供给将大于需求，且进口量会逐年攀升。

基于前述学者的研究发现，影响大豆供给的主要因素并没有得到一致结论，各学者多是选择供给、需求、价格等中的一个原因来进行研究。本文以价值变化为基点，综合考虑供求双方，采用数据解析和实证分析，探寻大豆供给侧结构性改革的路径。

二、大豆供给与需求变化的理论与现实分析

（一）大豆供给与需求变化的理论分析

大豆作为市场中流通的一种商品，具有使用价值和价值。使用价值方面，大豆历史以来主要用于压榨、饲料、食品加工三个方面，并未出现巨变，真正发生重大改变的是大豆的价值。大豆的价值是凝结在大豆中的无差别的人类劳动，随着科技的发展，农业现代化的逐步实现，大豆种植技术取得重大进步，比如机械化播种、联合收割机和免耕种植法等。萨缪尔森曾指出，技术创新是农业生产率增长高于其他产业的重要原因，进一步延伸，正是大豆种植技术的不断革新引起了农业生产成本的持续下降，从而导致大豆的价值下降、价格下跌。

按照马克思在资本论中所表达的观点，市场价值说明着供求的变动。大豆生产费用的变化，引导大豆价值发生变化，从而引起大豆需求的变化，需求的变化又牵动大豆供给变化，最后大豆供求关系发生改变。所以促使国产大豆供给出现问题、急需调整结构、倒逼改革的反应链是：国产大豆价格高于大豆中等的国际市场价值，结果需求减少，市场价格被迫降低，豆农利益受损，劳动力和资本被抽走，供给减少，进口增加。

经由上述分析可知，中国大豆供给侧结构性改革绝不能照搬国外的理论。英美两国的供给侧改革出现于20世纪七八十年代，当时两国经济停滞、通货膨胀、失业率攀升并存，他们的政策也主要是针对这三个问题的，强调自由市场经济，反对政府干预。而中国供给侧结构性改革诞生的经济环境与英美两国有很大的不同，目前我国经济进入新常态，仍旧保持中高速增长，就业稳定，供给侧结构性改革主要针对“供需结构错配”的问题。

所以，结合国情，国产大豆供给侧结构性改革的路径应是：在于政府的引导下，适度扩大总需求的同时，提高供给侧的生产效率。

（二）国产大豆需求变化现实分析

供给与需求是辩证统一、不可分割的整体，我国大豆供给侧结构性改革的一个重要指导方向就是消费者的需求。目前我国大豆主要需求包括压榨、饲料、食用三个方面。

持续增长的大豆消费中，压榨用大豆占据鳌头，大豆压榨需求占总需求的百分比已超过85%。2000年国内大豆压榨需求为1 890万吨，2008年增

加至4 103万吨，增长1.17倍。2008—2012年4年间又增长了将近50%。到2016年，中国大豆压榨量突破8 490万吨。究其原因是豆油和豆粕需求的增加。从植物食用油历史来看，豆油相对于花生油和菜籽油价格更为低廉，2001年我国豆油、花生油、菜籽油消费量分别为3 692千吨、2 145千吨、4 700千吨，2016年豆油、花生油、菜籽油消费量分别为15 400千吨、2 985千吨、5 500千吨，增长幅度分别为3.17倍、0.39倍、0.17倍，豆油的消费增长速度明显高于花生油和菜籽油。另外，据数据显示：从2013年开始，豆粕在全价饲料中的添比日益增加，2014年、2015年、2016年的添比最高值分别为16.4%、17.71%、16.78%，2016年豆粕添加比整体略有下降，但2017年2月这一数值反弹为18.96%，与之相对应的是豆粕的国内消费量近直线形增长，1993年豆粕国内消费量为4 420千吨，2016年上升至65 470千吨，约增加14倍。所以，由于豆油和豆粕消费的增加导致大豆压榨量的增加，从而导致大豆总的消费量的增长，国内大豆供给结构与需求结构错位。

大豆加热处理后对各种牲畜有良好的饲喂效果，对某些动物来讲，其营养价值甚至超过了豆粕，所以随着养殖业的发展，大豆在饲料中的用量逐年递增。根据USDA供需报告，1964年，我国大豆饲料用量是77.3万吨，1993年突破100万吨，2014年达到250万吨，特别是2007年至2016年之间增加了1.55倍，截止2017年5月大豆饲料用量已经达到360万吨，并且有继续上升的趋势。

大豆作为食品直接食用在我国已有悠久的历史，特别是进入21世纪之后，人民生活质量标准的提高，大豆食品用量由2001年的650万吨增加至2016年的1 150万吨，增长76.9%。总体来讲，1995年以后，我国大豆食品用量逐年增加。

综上，从需求侧来看，大豆饲料用量和食品用量在总需求中的比例虽然有所下降，但是各自的绝对需求量是平稳上升的，压榨用大豆的绝对和相对需求量都处于剧增趋势。

三、影响大豆供给因素的实证分析

（一）计量模型构建

传统的计量经济学方法是建立在一定的理论基础上的，分析问题时需要严格的理论支撑来描述变量之间的动态关系，对于未知的变量，我们无法判断其在方程的哪一端。1980年C. A. Sims将VAR模型引入到经济学中，采用非结构性方法来建立各变量之间关系的模型，解决了这一问题。

VAR（P）模型的一般数学表达式为：

$$y_t = \phi_1 y_{t-1} + \cdots + \phi_p y_{t-p} + Hx_t + \varepsilon_t \quad t=1,2,3\cdots \tag{1}$$

其中，y_t 是 k 维内生变量列变量，x_t 是 d 维外生变量列变量，p 是滞后阶数，T 是样本个数。维矩阵 ϕ_1，…，ϕ_p 和 $k\times d$ 维矩阵 H 是待估计的系数矩阵。是 k 维扰动列向量。在实际运用中，考虑的 VAR 模型都是不含外生变量的非限制向量自回归模型，如下：

$$y_t = \phi_1 y_{t-1} + \cdots + \phi_p y_{t-p} + \varepsilon_t \quad t=1,2,3\cdots \tag{2}$$

在模型构建合理的基础上，对设定的变量是否具有经济意义进行格兰杰因果关系检验，y_t 的最优预测表示为：

$$\hat{y}_t = \hat{\phi}_1 y_{t-1} + \cdots + \hat{\phi}_p y_{t-p} \quad t=1,2,3\cdots \tag{3}$$

y_{it} 到 y_{jt} 不存在格兰杰意义下的因果关系的必要条件是 $\hat{\phi}_{ij}^{q}=0$，$q=1$，2，3，…，p。

之后，应用广义脉冲响应分析说明模型受到冲击时对系统的应用影响，假定冲击发生在第 j 个变量上，则向量 y_{t+q} 的响应表示为：

$$\psi(q, \delta_j, \Omega_{t-1}) = E(c \mid \varepsilon_{jt}=\delta_j, \Omega_{t-1}) - E(y_{t+q} \mid \Omega_{t-1})$$
$$q=0, 1, 2, \cdots \tag{4}$$

式中，Ω_{t-1} 表示 $t-1$ 期的信息集合。

另外，y_i 的方差可以分解为 k 种不相关的影响，通过方差分解可以测定各个扰动项对 y_i 方差变化的贡献度，尺度计算方式如下：

$$RVC_{j\to i}(\infty) = \frac{\sum_{q=0}^{\infty}(\theta_{ij}^{(q)})^2\sigma_{ij}}{\sum_{j=1}^{k}\left[\sum_{q=0}^{\infty}(\theta_{ij}^{(q)})^2\sigma_{ij}\right]} \quad i,j=1,2,3,\cdots,k \tag{5}$$

（二）变量及数据选取说明

根据供给学派的理论主张，决定产品供给的要素主要有劳动、资本、土地和技术。此外，贸易流通之后，进口作为外因同样影响一国自产农产品的供给。故而内因方面，本文选取库存消费比作为因变量（Y），衡量我国大豆供给阶段性供给不足和阶段性供给过剩并存的状况。以大豆种植面积变化率（X_1）表示土地要素的投入程度，乡村人口变化率（X_2）表示劳动力的增减、农业机械总动力的变化率（X_3）反映我国农业现代科技化程度，此三者为内因自变量。外因方面，选取大豆进口量占国内大豆消费量（X_4）以说明进口大豆挤占市场对国产大豆的影响。本文所用为 1992—2015 年的数据，并对原始数据进行增长变化率计算，所有数据均来源于 wind 和中国统计年鉴。

（三）数据平稳性检验

时间序列数据往往是非平稳的，为了避免伪分析结果的出现，本文采用

ADF 单位根检验对所用数据进行平稳性检验，在检验类型中根据 SC 准则选择最优滞后阶数，结果如表 1 所示。

表 1　数据平稳性检验结果

变量	检验类型	ADF 值	1%临界值	P 值
Y	(C，0)	−1.150 559	−3.769 597	0.676 3
DY	(C，0)	−5.200 772	−3.788 030	0.000 4
X_1	(C，2)	−2.636 407	−3.808 546	0.102 5
DX_1	(C，1)	−7.092 324	−3.808 546	0.000 0
X_2	(N，0)	0.246 789	−2.674 290	0.748 5
DX_2	(N，1)	−3.534 399	−2.685 718	0.001 3
X_3	(C，0)	−1.467 548	−3.769 597	0.530 7
DX_3	(C，0)	−4.092 241	−3.788 030	0.005 2
X_4	(C，2)	−2.732 721	−3.808 546	0.086 1
DX_4	(C，0)	−8.087 244	−3.788 030	0.000 0

注：D 表示一阶差分，检验类型（C，K）中，C 表示有常数项，T 表示有趋势项，K 表示滞后阶数，N 表示既不含常数项也不含趋势项。

表 1 结果显示，在 1%的置信水平上，原始时间序列数据的 ADF 值均大于临界值，即原序列存在单位根，未通过平稳性检验，说明原序列是非平稳的。对原始数据进行一阶差分，并对一阶差分序列进一步做单位根检验，结果表明，一阶差分后的所有序列在 1%的置信水平上的临界值小于 ADF 值，均通过了平稳性检验。所以，原时间序列皆为一阶单整序列。

（四）VAR 模型建立及检验

本文建立的 VAR（1）模型运行结果如下：

$$\begin{bmatrix} Y \\ X_1 \\ X_2 \\ X_3 \\ X_4 \end{bmatrix} = \begin{bmatrix} 0.157\,957 \\ -0.039\,698 \\ -2.96E-05 \\ 0.012\,420 \\ 0.309\,860 \end{bmatrix} +$$

$$\begin{bmatrix} 0.309860 & 0.253100 & 2.229479 & -0.985856 & -0.056814 \\ -0.094025 & -0.039151 & -0.592073 & 0.746127 & -0.019676 \\ -0.002826 & 0.007588 & 0.349099 & -0.034597 & -0.015157 \\ 0.087537 & 0.034407 & -2.145377 & -2.145377 & -0.061575 \\ -0.402206 & -0.283099 & -3.721676 & -0.516236 & 0.596561 \end{bmatrix} \begin{bmatrix} Y_{t-1} \\ X_{1(t-1)} \\ X_{2(t-1)} \\ X_{3(t-1)} \\ X_{4(t-1)} \end{bmatrix} + \begin{bmatrix} \varepsilon_{1t} \\ \varepsilon_{2t} \\ \varepsilon_{3t} \\ \varepsilon_{4t} \\ \varepsilon_{5t} \end{bmatrix}$$

其中，因变量 y 的方程是：

$$y=0.783638y_{t-1}+0.253100X_{1(t-1)}+2.229479X_{2(t-1)}-0.985856X_{3(t-1)}-0.056814X_{4(t-1)}+\varepsilon_{1t}$$

$R^2=0.935621$　$\bar{R}^2=0.915503$　$SC=-2.885224$　$AIC=-3.182781$

因为所建立的 VAR 模型是非限制性的，为确保模型估计结果的准确性，对其进行最优滞后阶数检验和稳定性检验，结果如表 2 所示。

表 2　最优滞后阶数检验

Lag	LogL	LR	FPE	AIC	SC	HQ
0	184.787 1	NA	2.52e−14	−17.122 58	−16.873 89	−17.068 61
1	258.161 3	104.820 3*	2.73e−16	−21.729 65	−20.237 48*	−21.405 81
2	294.323 4	34.440 09	1.55e−16*	−22.792 71*	−20.057 05	−22.199 00*

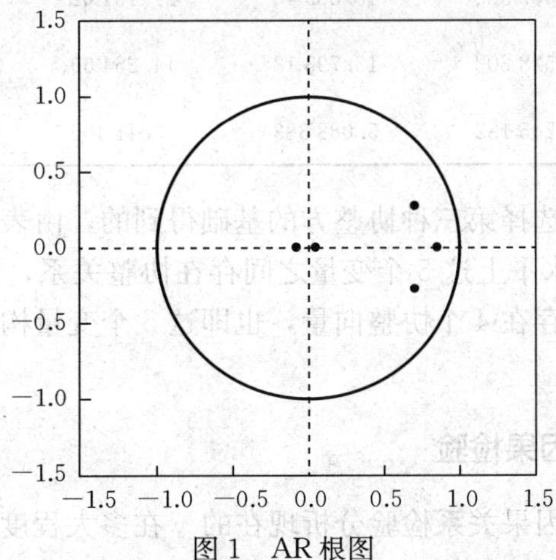

图 1　AR 根图

由表 2 可知，根据 SC 准则，模型的最优滞后阶数是 1，且被估计的 VAR 模型所有根模的倒数小于 1，即位于单位圆内，所以建立的 VAR（1）模型是有效的。

（五）协整关系检验

由单位根检验结果可知，所考察的原始序列均为一阶单整序列，同阶单整，可以进行变量间的协整关系检验，结果如表 3 所示。

表 3　JJ 协整检验结果——迹检验

假设	特征根	迹统计量	5%临界值	P 值
None*	0.792 888	95.419 20	69.818 89	0.000 1
At most 1*	0.664 485	62.354 78	47.856 13	0.001 2
At most 2*	0.586 389	39.420 91	29.797 07	0.002 9
At most 3*	0.528 603	20.881 51	15.494 71	0.007 0
At most 4*	0.215 182	5.088 383	3.841 466	0.024 1

表 4　协整检验结果——最大特征值检验

假设	特征根	最大特征根	5%临界值	P 值
None	0.792 888	33.064 42	33.876 87	0.062 3
At most 1	0.664 485	22.933 87	27.584 34	0.176 3
At most 2	0.586 389	18.539 40	21.131 62	0.111 0
At most 3*	0.528 603	15.793 13	14.264 60	0.028 4
At most 4*	0.215 182	5.088 383	3.841 466	0.024 1

上述结果是在选择第三种协整方的基础得到的，由表 3 和表 4 的结果可知，在 5%的置信水平上这 5 个变量之间存在协整关系，迹检验和最大特征值检验都表明至多存在 4 个协整向量，也即这 5 个变量构成的系统存在长期的协整关系。

（六）格兰杰因果检验

运用 Granger 因果关系检验分析现在的 y 在多大程度上可以被过去的 x 解释。结果如表 5 所示。

表 5　格兰杰因果关系检验结果

原假设	F 统计量	P 值
X_4 不是 Y 的格兰杰原因	2.147 64	0.159 1
Y 不是 X_4 的格兰杰原因	2.652 75	0.119 8
X_3 不是 Y 的格兰杰原因	6.600 15	0.018 8
Y 不是 X_3 的格兰杰原因	4.965 60	0.038 1
X_2 不是 Y 的格兰杰原因	9.081 50	0.007 1
Y 不是 X_2 的格兰杰原因	7.8E−06	0.997 8
X_1 不是 Y 的格兰杰原因	5.685 07	0.027 7
Y 不是 X_1 的格兰杰原因	0.032 54	0.858 8

由表 5 结果可知，在 5%的显著性水平上，进口大豆市场占有率与库存消费比互不为格兰杰成因。机械化率和库存消费比互为格兰杰成因。乡村人口变化率是库存消费比的格兰杰成因，而库存消费比不是乡村人口变化率的格兰杰成因。种植面积变化率是库存消费比的格兰杰成因，而库存消费比不是种植面积变化率的格兰杰成因。

（七）脉冲响应及方差分解

在 VAR 模型的基础上，进一步对大豆供给系统的代表变量进行脉冲响应和方差分解分析。

由脉冲响应图可以分析得出，种植面积变化率和乡村人口变化率对库存消费比产生正向冲击，机械化率和进口大豆市场占有率对库存消费比是负向冲击。理论来讲，种植面积的增加、劳动力投入的加大无疑都会增加大豆的供给量，增大库存消费比，使大豆供给处于充盈的状态，但由图 2 可以看出，种植面积的正向效应在第 2 期达到顶点，劳动力的正向效应在第 4 期达到峰值，之后二者一路缓慢下降。相反，机械化率和进口大豆对库存消费比是负向的冲击，机械化的冲击在第 4 期达到最低点，之后开始近直线状上升趋近于 0，波动的幅度较大，而进口大豆对国内大豆库存消费比的冲击相对平缓，总体影响程度不高。

方差分解衡量了不同结构冲击的重要性。从表 6 可知，随着时间的推移，自变量中，进口大豆对库存消费比变化的重要性逐渐上升，最高可达 53%。机械化水平的贡献度也趋于上升，最高可达 31.57%，位居第二。乡村人口对库存消费比变化的解释程度最高为 21.7%，相对于前两位影响度较弱。而种植面积对库存消费比的重要度始终停留在 6%左右。

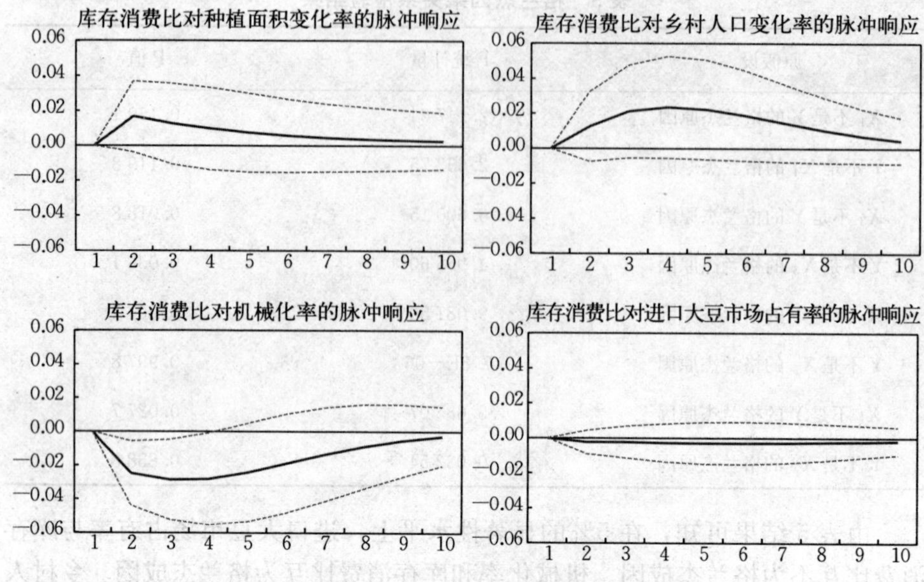

图 2　大豆库存消费比对相关变量的脉冲响应

表 6　方差分解结果

Period	S.E.	Y	X_1	X_2	X_3	X_4
1	0.043 988	100.000 0	0.000 000	0.000 000	0.000 000	0.000 000
2	0.065 086	75.128 81	6.560 737	3.760 248	14.421 40	0.128 804
3	0.079 982	61.242 45	6.811 882	9.530 664	22.245 40	0.169 597
4	0.090 453	51.956 40	6.498 835	14.236 05	27.082 90	0.225 823
5	0.097 197	46.272 10	6.221 280	17.521 38	29.695 98	0.289 262
6	0.101 137	43.050 38	6.068 297	19.585 58	30.941 84	0.353 898
7	0.103 215	41.380 89	6.015 042	20.756 61	31.433 79	0.413 668
8	0.104 206	40.599 30	6.021 088	21.348 29	31.567 27	0.464 048
9	0.104 636	40.267 14	6.054 181	21.609 49	31.566 20	0.502 993
10	0.104 813	40.132 56	6.094 627	21.707 53	31.534 39	0.530 894

四、结论及政策建议

(一) 基本结论

由实证结果可以得出，在大豆供给要素中，土地和劳动力供给具有正向效应，但需要将其调整回最优供给点，机械化并没有发挥出其应有的技术动力，进口并不能真正解决目前国产大豆存在的问题。

1. 短期来看，种植面积的增加会增大国内大豆的供给量。长期来看，这一要素缺乏后续动力。一是因为大豆种植面积本身的减少。1957 年的我国大豆种植面积为 1 274.82 万公顷，到 2016 年仅为 659 万公顷，减少 48.3%。二是我国大豆的单产水平总体较低且有下降趋势。与美国相比，国产大豆单产水平最高点是 2002 年 1 893 千克/公顷，美国为 3 228 千克/公顷，是国产大豆的 1.7 倍之多，而且此差距有继续扩大的趋势。三是大豆种植成本逐年上升。2004 年大豆种植每亩总成本是 253.05 元，2015 年增加到 674.71 元，增加了 1.7 倍，相应的利润由 2004 年的 127.06 元减少到 −115.09元，农民纷纷转向种植收益相对较高的玉米，从而不仅造成了国内大豆供给不足，也形成了“胖玉米”之痛。故而，短期内可以通过适度调增大豆种植面积，增加大豆供给，同时必须着力提高大豆单产水平，使大豆种植达到效率与规模的最佳结合点。

2. 不论是传统农业还是现代农业，都需要充足的劳动力做保障。改革开放以来，大量农村劳动力向城市和非农业转移，我国开始农业劳动力老龄化现象。这是城镇化、经济发展的必然结果：1970—1995 年，我国的城市化水平从逐步提高，1992 年进入快速城市化阶段，1995 年我国乡村人口 85 947万人，2015 年直线下降至 60 346 万人，减少 29.8%。转移的这部分乡村人口不仅包含剩余的农业劳动力还包括农业生产所必需的劳动力，劳动力不足导致种植面积下降，农产品供给短缺是必然的。但是，农业劳动力老龄化并不能完全解释我国农业比较效益低下的问题。因为传统农业向现代农业的过度，不仅需要一定的劳动力数量做根基，更需要高素质的农业劳动力作为过渡阶段的中坚力量。从脉冲响应和方差分解的结果可以看出，乡村人口数量的正向作用在达到量的饱和度后，如果没有质的转变，就会进入规模效应递减阶段。

3. 现代农业的一个重要特点就是机械化程度高，较少的劳动力通过控制先进的农机机具来实现大规模的生产。实证结果表明，目前我国农业的机械化对大豆供给还处于负影响阶段，但已有明显的正向发展趋势，并且随着时间的推移，机械化在大豆供给系统所占的地位逐步上升。就目前而言，我国农业机械化还存在一些问题亟待解决：一是农业机械化技术与其他农业技术结合度不足，造成农业机械化技术孤军难进的尴尬局面。二是农业机械供需错位、搭配不当，对不同生产条件的区域采取一刀切的匹配方法，造成机械浪费以及部分区域供给不足。三是农业机械设备落后，无法满足现代农业生产的需要。

4. 在经济开放性条件下，进口产品大面积占据国内市场，无疑会挤压本土产品的供给。中国是大豆的主产国更是原产国，1996 年之后中国由大豆出口国沦落为进口国，且进口量逐年增长。根据中国粮油信息网统计，

2015 年我国大豆进口量为 8169 万吨，占世界大豆贸易总量的 65%以上，对外依存度已超过 85%，形成了进口大豆主宰中国大豆市场、国产大豆被迫入库的严峻局面。但是从脉冲的结果，进口的增加并没有正向改善国内大豆供给不足的状况。这是因为中国大豆消费量基数比较大，进口大豆并不能完全满足中国消费者的需求，2001 年供需缺口为 1 866.9 万吨，2015 年仍存在 1 042 万吨的缺口，并且进口增长率正在下降，1993—2007 年大豆进口年均增长率 77.1%，2008—2015 年大豆进口年均增长率减少到 10.6%。所以，单纯依赖进口大豆来维持国内大豆市场的稳定是不可行的，一是随着经济的发展，人民生活水平的提高，大豆的消费需求也在不断增长；二是由于进口大豆多为转基因大豆，本身的质量安全仍有待验证，并不能完全代替国产大豆。

（二）政策建议

基于 VAR 及其相关模型，本文分别从供给侧和需求侧对大豆供给问题进行了研究。结果表明，供给方面，土地、劳动力、技术等要素的投入都存在明显的不足，即使有大量的进口大豆，国内大豆供给仍旧不能满足目前快速增长的需求，大豆自给率低下是大豆供给绝对不足的根本所在；需求方面，由于增加的主要是压榨用大豆，而国产大豆的出油率低于进口大豆，处于劣势地位，形成国产大豆供给相对不足。

基于以上分析，本文提出以下四点对策建议：①优化大豆种植布局，进一步加强大豆目标价格补贴政策的支持力度。在增加大豆种植面积的同时，应注重调整当地整体的农产品种植结构，实施合理的轮作模式，规范大豆种植过程，满足市场对大豆的精细化要求，提高大豆整体的质量水平。2014 年在东三省和内蒙古启动大豆目标价格补贴政策已初见成效，2016 年大豆种植面积增加 10.7%，但 2017 年增长 8.1%，所以，应继续加大政策补贴力度，至少应使大豆的种植收益超过玉米，调动农民的种植积极性。②加快新品大豆种子的研发，从源头提高国产大豆的种植效益。我国进口大豆中绝大部分是转基因大豆，转基因大豆由于出油率高、种植成本低、单产高等优点，更符合市场的要求，其种植面积从 2000 年的 2580 万公顷一路飙升到 2015 年的 9165 万公顷，全球转基因作物中的一半以上都是大豆。五大农业跨国公司之一的孟山都公司最初就是通过研究并推广转基因大豆种子逐步将其资本渗入到大豆供销链的各个环节，左右着全球大豆供给市场。所以，加快建立国产大豆自己的品牌迫在眉睫，而优秀的种子则是品牌树立的基石。③推进农业现代化进程，走符合中国实际的特色农业现代化道路。大豆现代化种植方式的一个重要特点就是规模化、机械化。目前大豆生产主要集中在美国、巴西、阿根廷、中国四个国家，中国排在第四位，占比 6%左右。中国与其他三个国家最大的不同在于农业组织方式的差异，美国、巴西、阿根廷采用的是大型种植园的方式，并且通过劳动分工细化了大豆种植过程，为农户提供全方位服务，提高了大豆生产效率也节约了成本。鉴于自身条件的限制，中国不可能像其他三个国家那样实行大规模的庄园种植，应结合实际，发展多种形式适度规模经营。④规范国内大豆及其加工品市场，转变国产大豆经营方式。从消费者角度出发，随着生活质量的提高，人们更加注重食品绿色健康，目前国内市场上流通的大豆及其加工品，大多数没有转基因或非转基因标志，部分产品即使有标明转基因，但标识过于隐蔽或模糊，不利于消费者辨识。反观国产大豆，属于非转基因食品，有着食品安全保障，长远来看更符合今后消费者的需求。据报道，2016年4月份时黑龙江省克山县种植的富硒大豆早已卖完，而10万亩传统品种的大豆却迟迟没有销路，农户也意识到功能型大豆、专业型大豆和绿色有机大豆才是国产大豆的优势。故国产大豆可走差异化、高附加值的路线。

【参考文献】

高铁梅．计量经济分析方法与建模．2版．北京：清华大学出版社，2009：267－295.

高颖，田维明．中国大豆进口需求分析．中国农村经济，2007（5）：33－40.

姜长云，杜志雄．关于推进农业供给侧结构性改革的思考．南京农业大学学报（社会科学版），2017（1）：1－10.

蒋和平，王大为．农业供给侧结构性改革下我国粮食产业的发展思路与方向．价格理论与实践，2017（2）：13－18.

刘静娴．供给侧下农产品供给的问题及对策研究．农业经济，2017（1）：35－37.

刘乃安，郭庆海，韩艳红．农业供给侧结构改革下我国农民增收的路径分析．经济纵横，2017（2）：35－40.

马克思．资本论（第三卷）．北京：人民出版社，2004：199－217.

钱海洋，周建华．大豆支持政策对大豆价格波动影响的实证研究．西安电子科技大学学报（社会科学版），2016（3）：31－39.

乔金友，姜岩，王博，孟庆山，陈海涛，林懿．我国大豆主产区农业机械化现状及发展策略研究．农机化研究，2017（4）：1－11.

谭林，武拉平．中国大豆需求及供需平衡分析．农业经济问题，2009（11）.

肖琴，李建平，刘冬梅．转基因大豆冲击下的中国大豆产业发展对策．中国科技论坛，2015（6）：137－153.

张蓓．农产品供给侧结构性改革的国际镜鉴．改革，2016（5）：123－130.

张晶，王克．农产品目标价格改革试点：例证大豆产业．改革，2016（7）：38－45.

赵杭莉，孙印法．基于灰色预测模型的中国大豆市场供求分析．商业研究，2015（455）：59－63.

赵红雷．中国大豆产业发展面临的主要问题与抉择．世界农业，2016（11）：219－224.
Trostle Ronald. Global Agricultural Supply and Demand：Factors Contributing to the Recent Increase in Food Commodity Prices. Economic Research Service Working Paper WRS－0801，USDA，May，2008.

（作者单位：成都理工大学商学院）

农村发展研究

农业农村优先发展的战略思路

马晓河

中共十九大报告提出两个全面建成，即到2020年全面建成小康社会，到2050年全面建成社会主义现代化强国。从全面建成小康社会到基本实现现代化，再到全面建成社会主义现代化强国，农民是不可忽视的重要群体，农业是不可忽视的重要产业，农村是不可忽视的重要区域，没有农民的参与，没有农业农村的现代化，我国是不可能全面建成现代化强国。从新时代社会主要矛盾发生变化角度看，实现两个百年奋斗目标，我国社会主要矛盾已经从人民日益增长的物质文化需要同落后的社会生产力之间的矛盾，转化为人民日益增长的美好生活需要和不平衡不充分发展之间的矛盾。在需求侧，农民对日益增长的美好生活需要是全国人民的主要组成部分，农民的美好生活需要得不到满足，我国的社会主要矛盾将难以化解。在供给侧，农业农村是建设社会主义现代化强国的主要方面，农业农村发展不平衡、不充分问题不解决，我国的百年目标也将难以实现。因此，满足农民对美好生活的需要、实现农业现代化、乡村现代化是我国全面建成现代化强国的关键所在，是我国何时能迈向发达国家行列的终极衡量标准。习近平总书记提出："中国要强，农业必须强；中国要美，农村必须美；中国要富，农民必须富"。为此，十九大提出要实施乡村振兴战略，坚持农业农村优先发展，把乡村发展摆在国家战略位置。十九大报告指出，"实施乡村振兴战略。要坚持农业农村优先发展，按照产业兴旺、生态宜居、乡风文明、治理有效、生活富裕的总要求，建立健全城乡融合发展体制机制和政策体系，加快推进农业农村现代化"。

一、农业农村优先发展必须破解四大难题

坚持农业农村优先发展，必须破解农民、农业农村发展中的四大难题：

一是从工业化、信息化、农业现代化进程来看，农业现代化是短腿。十八大以来，我国农业装备水平有了明显提高，但跟经济社会发展需要比，同工业以及非农产业现代化进程相比，现代农业建设依然滞后。以几个现代化主要指标衡量，我国农业就业比例过高，农业劳动生产率偏低，农业现代化装备水平不高。比如我国农作物耕种综合机耕率虽然提高到80.43%，但机

播率、机收率分别只有 52.08%、53.4%。检验农业现代化水平的一个主要指标是农业劳动生产率，2016 年我国农业劳动生产率为 4 459 美元，而日本目前农业劳动生产率为 40 000 美元左右，美国 50 000 美元左右，我国分别只是日本的 11%、美国的 8.9%。再用比较劳动生产率分析，目前中上等收入国家农业比较劳动生产率为 35%，第二产业 110%左右，我国 2016 年农业仅为 31%，比同类国家低了 11%，而第二产业 138%，比同类国家高出 25.5%。在比较劳动生产率上，我国与发达国家差距更大，2015 年美国的农业比较劳动生产率为 83%、加拿大 84%、法国 61%、德国 46%、意大利 66%、英国 64%、澳大利亚 92%。我国农业比较劳动生产率偏低，意味着社会资源要素配置有利于工业，不利于农业。

在现代化进程上，我国农业内部现代化进程也有不平衡不充分的矛盾，具体表现为农业生产与流通发展不平衡，生产环节现代化不充分；大田、种植业与养殖业、农产品加工业等发展不平衡，养殖业、农产品加工业等发展不充分；高附加值农业与低附加值农业发展不平衡，高附加值农业发展不充分。农业现代化建设滞后的关键问题是投入不足，与全国公共投资、制造业投资相比，现代农业投入严重不足。在现有体制下，中央政府对农业投入增长满足不了农业现代化的需要，地方政府受事权约束不愿对农业多投入，而农民因农业经营规模小收益少投入能力低下，由此导致现代农业投入缺位。

当前，农业作为供给方，在满足人民日益增长的美好生活需要方面还存在着突出的结构性矛盾。随着收入水平的提高，城乡居民的消费结构迅速升级，要求农业提供安全、优质、便捷和多样化的供给，同时还要求农业能提供生态功能和观光旅游。面对居民消费结构升级，一方面，我国农产品供给存在结构性过剩，粮食连年超库存，一些农产品频频出现卖难现象，但另一方面，安全、优质、绿色有机农产品严重供给不足。更使人担忧的问题是，由于水电、人工、土地、农资等价格不断攀升，农业的综合生产成本全面上升，比较优势在丧失，农业生产绝对收益和比较效益都在下降。表 1 是 2010 年以来我国重要农产品净利润变化情况。2010—2016 年除规模化养殖生猪在 2014 年后市场好转利润增加之外，我国大田作物每亩净利润都是明显下降的。稻谷每亩净利润由 309.82 元下降到 141.96 元，下降了 53.7%，除此之外小麦、玉米、大豆、油料、棉花等净利润全部由正转负值。表 2 是 2004—2016 年我国三种粮食（稻谷、小麦、玉米）每亩生产成本收益变化情况，12 年间三种粮食每亩综合成本上升了 176.5%，产值仅上升了 71.2%，每亩净利润由 196.5 元下降到亏损 80.28 元。在农业综合成本迅速上升条件下，我国与欧美国家的农业成本比较优势已经发生了逆转，2012 年后，中国三大粮食生产成本都远远高于欧盟和美国，尤其是人工成本和土地成本是抬高中国粮食生产成本的主要推动因素。

表 1　我国重要农产品净利润情况

单位：元/亩，头

年份	稻谷	小麦	玉米	大豆	两种油料	棉花	规模生猪
2010	309.82	132.17	239.69	155.15	252.96	983.97	140.07
2011	371.27	117.92	263.04	121.95	372	202.49	457.48
2012	285.73	21.29	197.68	128.63	296.48	25.26	133.46
2013	154.79	−12.78	77.52	33.68	13.25	−214.98	103.91
2014	204.83	87.83	81.82	−25.73	−8.98	−686.44	−14.18
2015	175.4	17.41	−134.18	−115.09	−81.67	−921.55	217.04
2016	141.96	−82.15	−299.7	−209.81	−30.22	−488.3	413.69

资料来源：《全国农产品成本收益资料汇编 2016、2017》。

表 2　2004—2016 年三种粮食每亩生产成本收益变化

项目	单位	2004	2007	2010	2014	2016
产量	千克	404.8	410.8	423.5	470.93	457.13
产值	元	592.0	666.2	899.8	1 193.35	1 013.34
成本	元	395.5	481.1	672.7	1 068.57	1 093.62
物质费	元	200.12	239.87	312.49	417.88	429.57
人工费	元	141.26	159.55	226.9	446.75	441.78
净利润	元	196.5	185.2	227.2	124.78	−80.28
收益率	%	33.2	27.8	25.25	10.46	−7.9

注：物质费包括了服务费。

资料来源：国家发展改革委价格司编 2009 年和 2016 年全国农产品成本收益资料汇编。

二是从“两个全面建成”来看，农民收入增长是短项。全面建成社会主义现代化强国，全体人民共同富裕基本实现，前提是全体农民要能共同富裕起来，这是第二个百年目标能否实现的关键所在。近几年来，尽管农民收入增长速度快于城镇居民，城乡居民收入相对差距在不断缩小。但由于城镇居民收入基数大，增长一个百分点带来的收入额远大于农民，使得城乡居民收入绝对差额不但没有缩小反而还扩大了。从表 3 可看出，2012—2016 年城乡居民收入相对差距从 3.1 缩小到 2.72，但城镇居民收入与农民之间的绝对差额，却由 16 630 元扩大到 21 253 元，绝对差额扩大了 27.8%。很显然，增加农民收入的任务依然很艰巨。更需要关注的问题是，农村内部阶层之间收入差距在明显扩大，其差距显著大于城镇内部。2000 年，农村 20%的高收入家庭人均收入水平是 20%低收入家庭人均收入水平的 6.47 倍，到 2016

年该数值扩大到9.46倍，扩大了2.99倍；而同期内城镇差距只扩大了1.75倍（表4）。收入差距在阶层之间过度扩大，不利于农村居民实现共同富裕的目标。

表3 城乡居民人均收入增长比较

年份	城镇居民人均可收入		农民人均纯收入		城镇/农村	收入差额
	绝对数（元）	增长（%）	绝对数（元）	增长（%）		（元）
2012	24 546.7	9.5	7 916.6	10.7	3.10	16 630.1
2013	26 955.1	7.0	8 895.9	9.3	3.03	18 059.2
2014	29 381.0	6.8	9 892.0	9.2	2.97	19 489.0
2015	31 790.3	6.6	10 772.0	7.5	2.95	21 018.3
2016	33 616.0	5.6	12 363.0	6.2	2.72	21 253.0

资料来源：2013—2017年中国统计年鉴。

表4 按五等份（20%）城乡居民阶层收入差距

项目	城镇居民			农村居民		
	2000年	2016年	2016年/2000年	2000年	2016年	2016年/2000年
低收入户	3 658	13 004.1	3.55	802	3 006.5	3.75
高收入户	13 390.5	70 347.8	5.25	5 190	28 448	5.48
比较	3.66	5.41	1.75	6.47	9.46	2.99

资料来源：2011年和2017年中国统计年鉴。

2012年以来，农村居民收入增长的压力在加大，农民人均纯收入年均增长从2012年10.7%，持续下降到2016年6.2%，已经低于“十三五”规划纲要提出的收入增长不低于6.5%的规划目标（图5）。影响农民收入增长因素是多重的，首要因素是外出打工困难增加，产业结构转型升级，“互联网+”、智能化、一些大城市进行的环境治理和人口规模控制，以及外资转移等，都对农民由打工带来的工资性收入产生了直接或间接的影响；其次是农业成本全面上升，收益下降；再次是农村产权制度改革滞后，财产性收入增长也赶不上城镇居民。

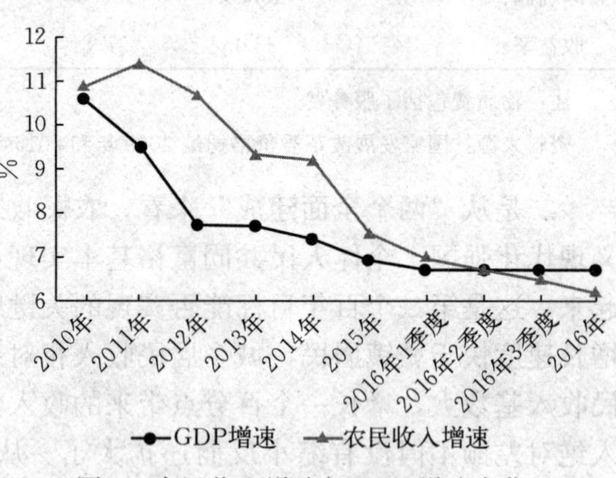

图1 农民收入增速与GDP增速变化

三是从公共服务均等化看，农村依然是短板。进入 21 世纪以来，我国基础设施建设和公共服务条件改善取得了世界级别的进步。但是，在城乡之间，基础设施、公共服务条件改善最快的是一端城市，农业农村改善相对较慢。在地区上，东部地区农村改善较快，中西部地区农村改善较慢。在公共品供给上，城镇投入多农村投入不足，城镇供给优质、结构均衡，农村供给总量不足、质量不高、结构失衡。以教育、卫生为例，农村九年制义务教育和公共卫生资源既存在供给总量不足的问题，也存在着优质公共资源向城市集中的问题。农村孩子和农民花费同等数额的资金和耗费同样的时间，并不一定能获得同等质量的教育卫生资源。表 5 是 2016 年城乡卫生资源的简单统计，从中可以看出，每千人卫生技术人员城市是农村的 2.62 倍，城市拥有的执业医师是农村的 2.31 倍，拥有的护士是农村的 3.29 倍，医疗卫生机构拥有的床位数城市是农村的 2.23 倍。还有农村社会保障虽然解决了“有”的问题，但“高”的问题还有待解决。比如农村居民最低生活保障平均标准低，平均支出水平也与城镇差距较大。农村基本医疗保险、养老保险标准仍然偏低，给付额度不足，农村老人难以维持体面的养老生活。农村生态环境问题严重，耕地土壤污染、农业面源污染、生活废弃物污染问题突出。另外工业和城市的“三废”污染向农村转移的问题依然需要认真对待。

表 5　2016 年城乡卫生资源情况

项目	城市	农村	城市/农村
	每千人卫技人数（人）	每千人卫技人数（人）	
合计	10.79	4.04	2.62
执业医师	3.92	1.59	2.31
注册护士	4.91	1.49	3.29
医卫机构床位	8.41	3.91	2.23

资料来源：2017 年中国统计年鉴。

四是从城乡融合发展来看，制度供给仍然短缺。当前，影响城乡融合发展的关键体制因素乃是城乡二元结构。这几年，城乡二元体制改革虽有些许进展，但并未有实质性突破。现有二元体制条件下，农业转移人口市民化、农村土地交易流转、公共资源配置、公共服务供给、生态环境治理等都受到了极大制约。只要城乡二元体制不破除，城乡经济社会一体化的肠梗阻就难以消除，城乡融合发展的目标就难以实现。制度障碍压缩了弱势群体改变身份的机会，在工业化、城镇化中社会对他们要求太多，征地、拆迁、转移落户、就业就学等都使农民做出很多让步牺牲，使得农民的上升通道变窄。

从建设社会主义现代化强国而言，实现新型城镇化是一个必不可少主要条件。目前世界现代化强国或发达国家城市化水平都很高，2015 年平均为

81.1%，特别是属于东亚国家的日本、韩国当年城市化率分别为 93.49%、82.47%（表 6）。而我国 2016 年常住人口城镇化率 57.4%，户籍人口城镇化率只有 41.2%，不仅明显低于发达国家水平，也低于相同发展水平的中上等收入国家。我国城镇化水平低，关键问题是农业转移人口市民化进城缓慢，户籍制度、社会保障制度和公共服务体系改革滞后。在现体制下，城镇政府都不愿承担农业转移人口市民化的成本，却乐意享受即有体制下的红利。这就必然导致三个滞后，城镇化滞后于工业化，人口城镇化滞后于土地城镇化；户籍人口城镇化滞后于常住人口城镇化。还有，我国城镇化的战略目标和规划方向是促进农业转移人口市民化，但操作层面的政策是抑制人口向城市转移。比如全国各大城市都在纷纷利用“小城市（城镇）全面放开、中等城市有序放开、大城市合理确定、特大严格控制”的政策解释空间，确定严格的进城标准，使得农业转移人口难以在大中城市落户。我国是东亚国家，人口稠密，资源高度稀缺，必须实行资源集约节约型现代化，其中包括人口密集型城镇化。一些人错误地认为，农民不进城落户在农村集中居住有利于城市有序发展。但问题的关键是，人口向城镇集聚可以促进产业结构转型升级，推动科技创新；可以促进中等收入群体成长，形成橄榄型社会新格局；可以促进需求结构调整，推动消费和投资增长。还有现代化强国建设需要农业现代化，农业现代化需要适度规模经营，规模经营需要劳动力向外转移和市民化。显然，以延缓全面现代化进程为代价的有序发展，是牺牲了全局保护了局部利益。

表 6　不同收入类型国家城市化国际比较

单位：%

年	低收入	中低收入	中高收入	高收入	日本	韩国
1970	15.55	22.46	32.2	68.93	71.88	47.70
1975	14.0	24.19	33.59	70.74	75.72	48.03
1980	19.05	26.17	36.36	72.01	76.18	56.72
1985	20.75	27.97	39.3	73.21	76.71	64.88
1990	22.58	29.85	43.18	74.45	77.34	73.84
1995	24.12	31.35	46.60	75.68	78.02	78.24
2000	25.40	32.88	50.3	76.76	78.65	79.62
2010	28.70	36.77	59.7	79.94	90.52	81.94
2015	30.7	38.96	64.12	81.10	93.49	82.47

资料来源：根据世界银行网站（world bank WDI datebase）。

另外，在社会治理方面，我国的法制体系尚待健全，执法文明、执法守法需要加强。在日常生产和生活中，农民还不能正常表达和实现诉求，经济社会活动比如迁徙、进城打工、土地交易、经营等还受到一些干扰限制。因此，农民的获得感需要加强，焦虑感需要减少、安全感需要提高。建设社会主义现代化强国，我们需要农民的全力响应，农民的获得感增加了，幸福感增强了，安全感提高了，他们参与现代化强国的建设积极性自然而然就高了。

二、农业农村优先发展的战略思路和主要途径

秉承“农业农村优先发展”要建机制、出实招、出大招。主要思路是建立四个机制，实现两个放开”。四个机制是：坚持农业现代化优先发展和优先实现思路，为此要建立农业现代化投入优先配置机制，支持发达地区率先实现现代化，积极推进各地区农业共同现代化，支持特色农业、观光旅游农业、互联网＋农业、农产品加工业的发展。坚持农村重要领域优先发展，为此要建立农村基础设施建设优先配置机制，支持实施农村路水电气网生态环境等农村基础设施建设补短板优先。坚持农村公共服务优先发展，支持建立农村公共服务优先配置机制，把对农村教育卫生资源（硬软件设施）配置放在优先地位。坚持农村社会保障从“有”向“高”转变，为此要建立社会保障城乡融合机制，支持基本医疗、基本养老首先实现城乡融合，实行同机构、同渠道、同标准，不断提高农村基本医疗、基本养老补助标准（每年5%），最终与城镇职工标准接轨。两个放开是：一是放开土地市场，加快土地制度改革，实行与城市三同，同权同市同价；二是放开农民进城限制，加快化新型城镇化进程。除特大城市外全面有序放开农民进城的限制，建立农民市民化公共成本分担机制，支持农业转移人口进城落户。

（作者：中国宏观经济研究所）

践行“两山”理念、推进绿色发展
——浙江的实践与启示

黄祖辉

一、“两山”理念精髓与丰富内涵

“绿水青山就是金山银山”的“两山”理念是习近平总书记当年主政浙江时，从安吉余村和丽水、衢州等地推动经济转型和绿色可持续发展的创造性实践中思考、提炼、总结出来的新理念、新思想。这一萌发于浙江大地，升华于美丽中国建设、生态文明建设新时期的“两山”理念，已成为中国开创生态文明建设新时代和推动中国生产方式、生活方式和消费方式绿色化的发展新理念和新思想。“两山”理念是对马克思主义生态文明观的继承和创新发展，也成为构建人类命运共同体，促进世界可持续发展的中国智慧。“两山”理念已成为习近平新时代中国特色思想的重要组成部分。2016 年，联合国环境规划署发布《绿水青山就是金山银山：中国生态文明战略与行动》报告，向国际社会展示了中国建设生态文明、推动绿色发展的决心和成效，为世界可持续发展提供了重要借鉴。

习总书记所指的“绿水青山”是对优良自然生态资源的形象概括。从这一概念出发，冰天雪地、海浪沙滩、蓝天碧云、清新空气、适宜气候，都是“绿水青山”的范畴。“金山银山”则是对经济发展、产业兴旺和人民生活幸福水平的形象表达。“两山”理念追求的是人与自然和谐的生产方式和生活方式，其发展的指向是绿色发展和永续发展，是对中国特色社会主义新时代的中国经济社会转型发展和现代化发展方向的正确指向。

“两山”理念内涵丰富。一是深刻阐明了留住和保护“绿水青山”的优良生态环境对经济社会发展的极端重要性；二是揭示了经济发展与环境保护的统一性；三是指出了生态优势向经济优势转化的可行性。此外，习总书记的“两山”理念还蕴含了人们对“两山”关系的三阶段递进认识，即：第一阶段是用“绿水青山”去换“金山银山”；第二阶段是既要“金山银山”，但是也要保住“绿水青山”；第三阶段是自觉地走“绿水青山就是金山银山”的绿色发展之路。“两山”理念告诫我们，不能再迷恋过去那种以牺牲环境为代价的发展模式和发展老路，必须走人与自然和谐相处的绿色发展和永续发展之路。

二、浙江践行“两山”理念的实践与三种模式

“两山”理念为浙江走什么样的发展路子、追求怎么样的发展指明了方向。10多年来，浙江从“千村示范、万村整治”为引领的“美丽乡村”建设到“高效生态农业的绿色发展”，从“绿色浙江”到“生态省建设”，从“美丽浙江”到“两美浙江”，从实施“811”环境整治行动和循环经济“991行动计划”到实施“五水共治”“四边三化”“三改一拆”等转型升级“组合拳”，从湖州成为“全国首个地市级生态文明先行示范区”到杭州、湖州、丽水入选“第一批国家生态文明先行示范区”等，均体现了浙江对走绿色发展之路的坚定践行，体现了浙江广大干部群众对走绿色发展之路的积极探索。

浙江在“两山”理念的践行过程中，逐渐形成了三种特色鲜明的绿色发展模式，一是城乡融合的绿色提升模式；二是优势后发的绿色跨越模式；三是治理倒逼的绿色重振模式。城乡融合的绿色提升模式的基本路径和特点是“创新领动，城乡联动和提升发展”，就是比较好地处理了生态保护与开发、产业发展与生态环境、产村（镇）融合以及多功能的发展关系，实现了理念与制度契合、城市与农村协调、多元融合的绿色发展，具有代表性的地区是杭州、嘉兴、湖州、绍兴等。优势后发的绿色跨越模式的基本路径和特点是“绿色领动，优势转化和跨越发展”，就是立足于绿水青山本底这一后发优势、坚持走绿色发展、生态富民和科学跨越之路，具有代表性的地区是丽水、衢州等。治理倒逼的绿色重振模式的基本路径和特点是“整治领动、结构调整和重振发展”，就是以治水治气等生态环境整治为突破点，倒逼产业转型发展，以生态共治为发力点，建立生态治理新体系，以发展方式的转换为着力点，重构经济社会发展新格局，具有代表性的地区是金华、温州、台州等。

三、浙江践行“两山”理念的启示

（一）深化“两山”理念认识，开启绿色发展新征程

在工业化和城市化发展时期，必须把握好“两山”理念的内在逻辑和辩证关系（图1）。

图1表明，在工业化和城市化发展时期，“两山”理念具有内在的逻辑和辩证关系。首先，“绿水青山”如果只开发不保护，就有可能成为“穷山恶水”，进而不可能成为“金山银山”；其次，生态保护和补偿是“绿水青山”赖以存在，并且避免其成为“穷山恶水”的前提条件，但如果“绿水青

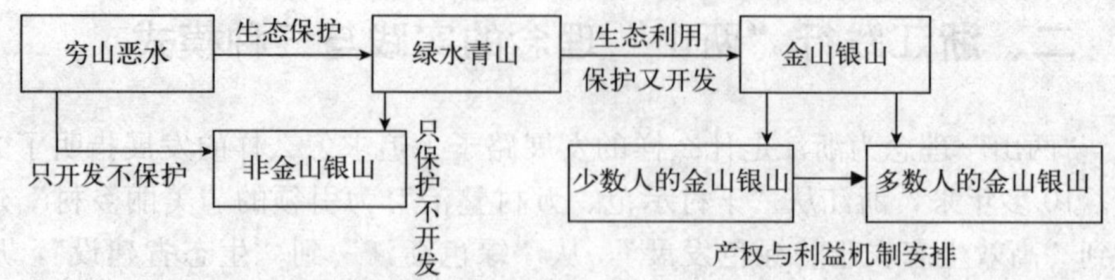

图1　“两山”理念内在逻辑

山”只保护，不合理开发和利用，“绿水青山”同样也成不了“金山银山”；再次，只有对“绿水青山”既保护又合理开发利用，“绿水青山”才有可能成为“金山银山”。同时，制度安排，尤其是生态环境资源的保护制度、产权制度与交易制度的安排，对可持续、可共享的绿色发展极为重要，这种制度安排不仅适用于“绿水青山”的保护，而且适用于“绿水青山”的合理开发和开发效益的分享问题，这是“绿水青山”能否成为“金山银山”，能否成为利益相关者共享和可持续的“金山银山”的关键。

因此，要进一步深化对“两山”理念的认识，把习近平总书记在十九大报告中所强调的“坚持人与自然和谐共生”“建设生态文明是中华民族永续发展的千年大计”“必须树立和践行绿水青山就是金山银山的理念”等思想，作为深化“两山”理念践行，加快绿色发展的行动指南。要从我国已开始迈入生态文明建设新时代的现实出发，更加自觉和准确地把握“两山”理念的深刻内涵和绿色发展的规律性。要从绿色生产方式、绿色生活方式、绿色消费方式和生态文明体制改革等方面着力，开启生态文明新时代的绿色发展新征程。

（二）遵循绿色发展规律，构建绿色发展新格局

习总书记有关人们对“两山”关系三阶段认识的论述，可以上升到人类发展与自然生态环境关系的变迁规律。从人类社会发展的三个阶段或三种文明时代观察，它构成了绿色发展的三阶段规律。一是传统农耕文明时代，或者称作传统生态文明时代的绿色发展阶段。这一阶段人类和自然生态环境和谐相处，但“绿水青山”没能成为“金山银山”，而是满足人类自给自足、低水平生存的自然资源环境。二是工业文明时代的绿色发展阶段。这一阶段人类和自然生态环境开始产生冲突，“绿水青山”时而成为工业化和城市化的代价，同时，随着工业化和城市化的发展，人类开始重视环境价值，致力于处理好经济发展和环境保护的关系，探索既要“绿水青山”，又要“金山银山”的绿色发展路径。三是后工业化文明与后城市化时代，或者称作现代生态文明时代的绿色发展阶段。这一阶段人类和自然生态环境又和谐相处，

"绿水青山"成为满足人类高水平生存与发展的"金山银山"。

我国不少地区已处在绿色发展第二阶段向第三阶段的转变之中，即处在工业文明向现代生态文明的转变阶段。但由于区域工业化、城市化发展水平的差异以及区域自然生态资源禀赋的差异，需要在遵循绿色发展一般规律的同时，结合区域工业化、城市化发展的阶段性特征和区域自然生态资源禀赋的特点，发挥区域绿色发展的各自优势，努力实现区域发展从工业文明向生态文明，从传统生态文明向现代生态文明的转变。

为此，要建构绿色发展新格局，打造绿色发展"大花园"。就浙江而言，应以杭州为核心的省域中心城市，充分发挥长三角中心城市和丰富旅游资源的独特优势，着力打造世界级绿色经济发展高地和浙江绿色发展龙头。以丽水、衢州、金华为核心的浙西南丘陵山区，充分发挥自然生态资源禀赋丰裕的独特优势，着力打造集高效生态农业、休闲旅游养生、田园生态城镇为一体的长三角丘陵山区绿色发展胜地和国内同类地区的示范区。以宁波、舟山、温州、台州为代表的东部沿海地区，充分发挥陆海相连的资源环境优势和中小企业、民营经济的发展活力，着力打造具有"陆海发展联动、一二三产联动、转型升级联动"特色的我国东部沿海"两山"发展长廊。以嘉兴、湖州、绍兴为代表的水网平原地区，充分发挥江南山水相依、鱼米之乡、城乡融洽的特色优势，着力打造具有典型江南景观与文化传统特点，城乡高度融合的我国江南水网平原地带"两山"发展区块和美丽乡村升级版。

（三）拓宽绿色发展视野，做大绿色发展新经济

拓宽绿色发展视野，就是既要立足"绿水青山"这一资源本底，又要跳出"绿水青山"的空间局限，充分发挥市场机制的作用，形成"绿水青山"的辐射与带动效应，做大做优做强绿色经济，使"绿水青山"产生更大更好的"金山银山"效应。

首先，加快发展"绿水青山"内生性产业和外生性产业。一是优先发展与"绿水青山"共生相融，以自然生态资源为本底的内生性产业或经济活动，如林下经济、休闲旅游、生态养生等产业的发展。二是加快发展以"绿水青山"为依托，与"绿水青山"相关联的外生性产业和产业配套，如相关的绿色服务业、绿色物流业、绿色地产业、绿色金融业和宜居、宜业、宜游田园生态城镇的发展和基础设施的配套。还要以信息经济和绿色智能制造为引领，以低碳绿色的现代服务业和生产性服务业来助推传统工业发展迈向新型工业化发展道路。

其次，做大绿色发展新经济，还需创新"绿水青山"经营理念和鼓励绿色消费方式。在打造城市绿色消费市场的同时，要高度重视"绿水青山"产地绿色消费市场的打造。这对于具有区域"绿水青山"特色的生态类产品或

具有产地关联性消费特性的产品和服务价值的提升尤为重要。其原因不外乎两个方面：一是产品相对稀缺，二是存在产地效应。也就是说，这样的产业、产品、服务及其关联性市场，只有在产地才能获得消费者更高的认知度和认可度，进而获得更强的支付意愿。此外，要将绿色化、生态化、特色化与品牌化、电商化、组织化有机结合，推行生态认证、地理标志认证等制度，延伸“绿水青山”产品和服务的价值链，提升其附加值。

（四）创新绿色发展制度，激活绿色发展新动能

一是创新绿色发展保护制度。建立着眼于提高补偿水平、多元化补偿、多渠道筹集，差异化补偿的生态保护体系与补偿机制。创新政府生态补偿的转移支付方式，增强产业扶持型、技术支持型和人才培训型的转移支付，同时高度重视和发挥市场、社会组织和个人在生态保护和补偿体系中的作用。建立政府、市场和社会相结合的“三位一体”的生态保护与补偿体系和机制。要创新设立碳基金制度和绿色消费支付基金，吸引企业和公众参与生态补偿，积极利用国内外生态基金，形成“政府管理、市场调节、社会参与”的生态保护与补偿新格局。要总结积累各地的实践经验和政策意见，尽快出台《生态补偿条例》。

二是创新绿色发展产权制度。进一步深化土地、林权和相关自然资源产权与环境管理制度的改革。对于难以或不宜确权到人或户的“绿水青山”资源，可采用分权化或者混合所有的思路，将产权确权到相应的主体或共同体，同时建立和完善相关规章制度，以既防止对产权主体的侵权行为，又避免产权拥有者和使用者对产权滥用所导致的负外部性。应建立政府、市场和社会共同参与的“绿水青山”产权保护与规划制度。同时，在产权明晰和确权颁证的基础上，急需建立自然资源产权和生态配额的市场交易体系与制度。首先可以考虑和实施的项目有：建立和完善水权交易体系和市场；建立中国碳汇交易所；建立森林覆盖率配额交易体系和市场；建立生态标志认证体系和标志产品溢价交易体系。

三是创新绿色发展引导机制。要建立与完善多维度的绿色发展激励约束机制，将生态环境治理约束、企业进入门槛约束、产业转型升级约束、社会消费行为约束以及绿色发展评价约束有机结合，形成多方约束合力与激励相融的体制机制，营造绿色发展法治环境，促成企业动能转换、追求绿色发展；政府评价转换、致力绿色导向；民众行为转换，崇尚绿色消费。建立科学合理，易于操作的绿色发展考评体系，突出绿色发展的绩效考核，提高相关指标的权重。

四是创新绿色发展共享机制。不仅要引导、鼓励和支持企业、社会团体和广大民众积极参与、融入绿色发展的进程，而且要建立绿色发展“共创、

共享、共富”机制，使绿色发展成果惠及普通民众，尤其是惠及“绿水青山”所在地的普通民众。为此，在绿色发展中要充分关注生态资源产权与管理制度以及相关政策安排的益贫性和公平性；要运用好产业政策和公共政策的杠杆，促进产业组织、社会团体对普通民众的包容性发展，发挥农民合作组织对小农的带动作用和益贫功能，实现小农、贫困群体与绿色发展的有机衔接和共富发展。

（作者单位：浙江大学中国农村发展研究所）

基层公众参与政策执行的机制研究

——基于Y地搬迁避让事件的实证分析

龚宏龄

在社会发展和社会治理的当前时期，随着经济体制、思想观念和政治结构的变化，社会问题和利益矛盾逐渐呈现“群体性、相似性、同源性和同质性”特征，并“从单向社会问题逐步发展成为特定政策问题，从而形成了与政府公共政策的高度相关性。”① 社会矛盾的这种公共政策趋向，使得从政策层面加强和创新社会管理，成为新时期治理社会矛盾冲突的重要思路之一。对此，党的十八大报告提出要“充分发挥群众参与社会管理的基础作用”，十八届三中全会提出“丰富民主形式，从各层次各领域扩大公民有序政治参与……在党的领导下，以经济社会发展重大问题和涉及群众切身利益的实际问题为内容，在全社会开展广泛协商，坚持协商于决策之前和决策实施之中”②，习近平总书记进一步指出：“实现民主的形式是丰富多样的……人民是否享有民主权利，要看人民是否在选举时有投票的权利，也要看人民在日常政治生活中是否有持续参与的权利……社会主义民主不仅需要完整的制度程序，而且需要完整的参与实践”③，因此要“加强协商民主制度建设，形成完整的制度程序和参与实践，保证人民在日常政治生活中有广泛持续深入参与的权利”④。

在各种政治参与活动中，政策参与具有重要甚至核心功能，而政策执行作为实现公共政策意图、落实公共政策内容的关键性阶段，则是公众参与的重要环节。

一、政策执行过程特征与基层公众政策参与

公共政策的公共性，内在地规定着政策过程须体现公共利益和公众意志，这必然要求公众有序参与公共政策过程，合理表达其利益诉求，通过各

---

① 王浦劬、龚宏龄：《行政信访的公共政策功能分析》，《政治学研究》，2012年第2期。

② 《中共中央关于全面深化改革若干重大问题的决定》。

③ 《习近平在庆祝中国人民政治协商会议成立65周年大会上的讲话》。

④ 《决胜全面建成小康社会 夺取新时代中国特色社会主义伟大胜利——在中国共产党第十九次全国代表大会上的报告》。

方主体的协商对话和利益博弈，实现公共政策的社会公正属性。

传统的政策研究认为，公众参与是“平民试图影响政府决策的活动”①，“公民只对政策制定施加影响而不介入行政过程即政策执行活动；行政管理者自然也无需关注对公民需求的回应。”② 然而，新公共行政理论认为，为确保政策的公共性取向，公众参与“不应该仅仅被限定在政策制定或决策上，更应该强调公民对政策执行的参与。”③

新公共行政理论就此论证指出，公众参与政策执行过程之所以对于公共政策的公共性具有保障意义，主要是因为，不同社会主体因话语表达、资源禀赋、参与技能等差异，在公共政策制定过程中影响悬殊，由此导致决策阶段的各方利益分配失衡，为有序合法维护和实现自身利益，相关主体需要政治空间和渠道来表达自己的诉求，达成利益平衡。在政治意义上，所谓利益平衡，实是公共政策之公共性的典型体现。

另一方面，政策执行过程不仅直接关乎政策目标的实现，而且具有一些独特属性，能使相关主体获得进一步利益表达和政策参与的政治空间和渠道。这种独特属性主要体现在：

1. 政策执行与公众之间存在直接而显性的利益关联。在理论意义上，人们常常把公共决策视为社会价值的权威性分配，而在实际政治过程中，这种价值分配能否顺利落实，则最终取决于实际政策执行情况。“如果说在政策制定中，公众和政策之间的利益关系还具有很大不确定性和间接性，更多是一种隐性模糊关系，而在政策执行过程中，公民个人利益与政策之间就变成了一种显性的清晰关系。”④ 政策执行过程具备的这种与公众利益之间的直接而显性的关联性，使得公众具有相对公共决策过程更为强烈的参与动力。而且，在政策执行过程中，公众与执行者之间往往有着直接而密切的接触，这就使得公众参与政策执行的意图更容易转化为实际行动。

2. 政策执行的协调推进有赖公众的配合。政策执行成功与否“取决于政府中决策和执行的角色与非政府体系中政治角色的相互配合——亦即政府与公民之间的关系。”⑤ 这意味着，政策的有效执行，不仅需要执行者的努力推进，还需要公众的协调配合。协调配合的前提是认同该政策，任何政

① 塞缪尔·亨廷顿、琼·纳尔逊：《难以抉择——发展中国家的政治参与》，华夏出版社，1989年版。

② 王雁红：《公共政策制定中的公民参与——基于杭州开放式政府决策的经验研究》，《公共管理学报》，2011年第3期。

③ 辛芳坤、孙荣：《环境治理中的公众参与——授权合作的“嘉兴模式”研究》，《上海行政学院学报》，2016年第4期。

④ 蒋俊明：《利益协调视域下公众参与型公共政策机制建构》，《政治学研究》，2013年第2期。

⑤ 李倩、严强：《县级政府公共政策执行中公民参与的逻辑与路径》，《南京社会科学》，2015年第1期。

策，只有获得公众认同方可顺利实施，否则就会遭到他们的抵触甚至抗拒。政策认同以正确的政策认知为基础，公众对政策方案及其执行的认知过程也就是其认同感的形成过程，而这一过程奠基于公众对政策信息的了解情况。因此，可以说，公众对政策信息的了解、认知与认同是政策执行双方主体协调互动、政策执行有效开展的前提基础。这一前提基础既是公众参与政策执行的体现，也是借以影响他人参与行为的中介环节。

3. 政策执行是执行体系与周围环境因素不断互动的过程。公共政策本身就是“政府机构和它周围环境之间的关系”①，因此，任何社会的政策执行都必然在一定的环境下运行，受环境因素的影响。这些环境因素包括政治、经济、文化、社会心理以及国际环境等。它们渗透在政策执行的各个环节，与政策执行所涉参量紧密交融，并不断与之进行物质与能量的交换、要求和支持、输入与输出的转换。这种交换和转换的过程，为公众通过影响环境因素来参与政策执行创造了可资利用的机会与渠道。

4. 政策执行与政府决策紧密关联。虽然人们常常在学术研究时将政府决策和政策执行加以区分，但是，“这种理论的区分，绝不意味着在实际政策过程中，政策制定和政策执行是截然分开。”② 事实上，在公共政策过程中，政策制定既无明确的开始，又无确切的终结，是一个不断调整变化的动态演变过程，因为“已经做出决定的政策往往具有极大的模糊性，需要在执行过程中不断地明晰和调整”③；而且，随着时间的推移、政策执行的深化以及政策环境的变化，一些新情况和新问题会逐渐凸显出来，并带来一些始料未及的影响，需要不断修正和调整原定的政策执行方案甚至政策本身。这种可建构性、开放性和动态性，使政策执行与政策制定在逻辑上常常相互融合、相互交织，由此构成一个统一的过程。这就意味着，政策执行过程，实际上是公共政策的持续再制定和再决策过程，这就使得政策在执行中被不断建构，在建构中被反复执行，而“那些寻求将政策付诸实施的人和那些采取行动需要依靠的人之间的互动和谈判过程，随着时间的推移，一直在进行着。”④

5. 政策执行过程特征使政策执行行为具有一定的自由裁量空间。在实际政治运行中，政策执行对社会价值权威性分配的贯彻落实，常常需要通过一系列持续的过程来实现，而“过程”一词，“可理解为在统治主体的管辖

---

① R. Eyestone，The Thrends of Public Policy：A Study in Policy Leadership，Indianapolis：Bobbs-Merril，1971，p. 18。

② 米切尔·黑尧：《现代国家的政策过程》，中国青年出版社，2004年版。

③ 陈玲：《制度、精英与共识：寻求中国政策过程的解释框架》，清华大学出版社，2011年版。

④ S. Barret and Fudge（eds），Policy and Action，London：Methuen，1981，p. 25。

权内所有行动、事件和决策的结合体。”① 这意味着，政策执行不是一个简单的照章办事的过程，而是不同层次执行者根据政策原则和具体情况不断选择和调适其行为的过程。这就给政策执行者预留了一定的自由裁量空间，使其能够因地、因时制宜，妥善处理各种实际问题，灵活应对和平衡政策执行过程中的各种利益关系。同时，从公共政策出台到面向公众的最终执行，中间存在一定的层级距离，而一些重大公共政策往往需要不同部门之间协同执行，这又使得政策执行者获得了一定的选择性执行空间。

政策执行与公众利益的显性关系为公众参与政策执行过程提供了动力基础，政策执行对公众认同的依赖、与周围环境的互动关系、政策执行的再决策属性以及执行过程的自由裁量特征，为政策制定阶段未竟的各方利益互动与博弈提供了进一步互动和谈判的有效空间，也使得公众参与成为避免政策执行发生公共性偏差的校正举措。换言之，在公共政策通过执行环节影响公众的同时，公众也在不断表达诉求和利益博弈而影响公共政策，就此而言，政策执行过程，实际上是执行方与公众之间不断调适与互动的过程。

文献梳理显示，在公众参与研究方面，主要聚焦于政策制定环节的公众参与，而关于公众参与政策执行的研究，则相对缺乏。在国内，既有研究主要从理论上阐发公众参与政策执行的意义、困境和途径（叶大风，2006；宁国良，陆小成，2003；韦春艳，王琳，2009 等）、政策执行中公众参与的非制度化因素（胡宁生，1999）等问题，而关于基层公众参与政策执行的实证研究，以及基层公众如何通过政策参与来影响政策执行效能的问题，亦相对缺乏。有鉴于此，从实证角度，对政策执行过程中基层公众的参与机制进行探讨，不仅有助于丰富政策参与研究内容，而且有助于深化对政策执行及其治理效能的研究。

二、基于执行阻滞理论的基层公众参与机制探讨

在日常生活中，人们深受公共政策的影响，然而，“文本形态或政府话语体系下的公共政策转化为现实形态的政策目标的过程并不是一个直线的过程……从政策的制定到政策面向直接对象的最终执行，期间存在着一定的层级距离，这一距离给政策目标在传递过程中出现信息扭曲和偏差提供了机会，导致政策过程在一系列的层级上容易出现差错”②，进而导致一系列政策执行难题，使政策目标难以有效实现，预期政策效果难以充分彰显。

对此，国外学者从政策有效执行角度进行了分析，并形成了一些相关的

① 保罗·A. 萨巴蒂尔：《政策过程理论》，生活·读书·新知三联书店，2004 年版。
② 贺东航、孔繁斌：《公共政策执行的中国经验》，《中国社会科学》，2011 年第 5 期。

理论模型，具体如表1所示。这些理论将影响政策执行的主要因素归纳为政策本身（包括理想化的政策、政策问题的特性以及政策本身的规制能力）、政策执行方（执行机构和执行者）、公众（或称目标群体、受政策影响者、相关参与者）、环境因素等，由中可以发现，公众在政策执行中的主观能动性及其对政策执行效果的影响已经逐渐受到重视。

表1　国外关于政策执行影响因素的主要理论

理论模型	代表人物	影响政策执行的主要因素/政策有效执行的条件
过程模型	史密斯	理想化的政策、执行机构、目标群体和环境因素①
互动模型	麦克拉夫林	政策执行者和受政策影响者之间就目标或手段的互动调适②
博弈模型	巴德奇	各方参与者的“博弈”即策略的选择③
循环模式	雷恩和拉比诺维茨	政策执行过程分为纲领发展、资源分配和监督三个相互影响相互循环的阶段，只有每一阶段都奉行合法、理性和共识原则才能顺利地执行公共政策④
执行系统模型	米特和霍恩	政策参与者对政策目标的共识程度是影响政策执行的重要因素，这种影响甚至超过政策变动的影响⑤
综合模型	萨巴蒂尔和马泽曼尼安	政策问题的可变性、政策本身的规制能力以及政策本身以外的变数，其中政策问题的特性涉及目标群体的行为，政策本身的规制能力涉及外界人士的参与机会，政策本身以外的变数涉及大众的支持等因素⑥

在国内，学者主要从央地（府际）关系、街头官僚、行政体制、行政生态、政策性质、制度视角以及组织视角⑦探讨我国公共政策执行过程中的本

① Thomas B. Smith，“The Policy Implementation Process”. Policy Sciences. Vol. 4，No. 2，1973. pp. 203-205.

② Mclaughlin，M.（1976）. 8-implementation as mutual adaptation：change in classroom organization. Social Program Implementation，167-180. 或者 Mclaughlin，Milbrey Wallin. “Implementation as Mutual Adaptation：Change in Classroom Organization”. Teachers College Record 77. 3（1976）：N/A.

③ 参见张金马：《公共政策分析》，第391-392页，人民出版社，2004年版。

④ Rein，M.，and Rabinovitz，F.（1978）. “Implementation：a theoretical perspective”，In W. D. Burham and M. W. Winberg.（Eds.），American politics and public policy（PP. 307-335）. Cambridge，MA：MIT Press.

⑤ D. S. Van Meter and C. E. Van horn，The policy Implementation Process：A conceptual Framework，Administration and Society，Vol. 6，No. 4，Feb. 1975，p. 463.

⑥ P. Sabatier and D. Mazmanian，The Implementation of Public Policy：A Framework of Analysis，Policy Studies Journal，Vol. 8，No. 4，1979-1980，p. 542.

⑦ 陈丽君、傅衍：《我国公共政策执行逻辑研究述评》，《北京行政学院学报》，2016年第5期。

土化特色，并对执行效能与政策文本之间的非对称性问题进行分析。在其中，以丁煌为代表的部分学者丰富和拓展了国内学界关于政策执行问题的研究，有力地推动了国外关于政策有效执行的理论与中国情境的结合，并形成了较为系统的政策执行阻滞理论。

该理论指出，在政策执行过程中客观存在"阻滞"问题。政策执行不仅受正式制度、非正式制度以及政策本身质量的影响，还受主体行为因素的影响，其中，"作为政策执行活动的参与者之一，政策目标群体对政策顺从、接受的程度对于政策能否有效地执行具有决定性的影响"①，"政策能否成功，并不是政策制定者和执行者一厢情愿的事情，它与目标群体有着直接的关系"②，"目标群体能否认可和接受政策，是决定政策成功与否的关键因素"③。目标群体对政策执行的影响往往通过其参与政策执行的具体行为活动来实现。一般而言，目标群体参与政策执行的行为呈现三种主要倾向：接受、部分接受和不接受。接受意味着严格遵照既定政策方案行事，部分接受则是部分遵照政策方案来行事，不接受则意味着目标群体对于政策方案不认同，甚至采取阻碍政策执行的行动。目标群体的部分接受和不接受态度及行为都会不同程度地妨碍政策有效执行，从而引发政策执行阻滞问题。

如果说，国外学者关于政策有效执行的研究，已经逐渐意识到公众在政策执行中的重要影响，那么，国内学者关于政策执行阻滞问题的探讨则将公众的影响上升到了决定性高度。由此提供了解释各种政策执行阻滞和政策失灵问题的新视角，同时，也拓展了公众政策参与研究的内容。然而，进一步的分析显示，政策执行阻滞相关研究内容主要从理论上强调公众在政策执行中的重要性，而对于这种重要性及其对政策效果的实际影响何以实现的问题，则缺乏专辟话题的分析。有鉴于此，笔者在借鉴政策执行阻滞相关理论的基础上，构建公众参与政策执行的行为框架，进而探讨基层公众参与政策执行机制的基本内容。

根据政策执行阻滞理论及相关研究成果，政策执行是将政策内容付诸实施的活动过程，这个过程包含政策宣传、对宏观政策进行分解和对抽象政策予以具体化、组织和运用政策资源、开展局部范围的政策试验、全面实施政策、执行监督与反馈等诸多环节，每一个环节又都涉及众多参量，如公众的政策认同、政策执行环境、政策再制定、执行主体的心态及行为选择、执行效率与公众接受性等，其中任何一个参量都会直接或间接影响政策执行的实

① 丁煌：《政策执行阻滞机制及其防治对策》，人民出版社，2002年版。

② 金太军、钱再见、张方华等：《公共政策执行梗阻与消解》，广东人民出版社，2005年版。

③ 张骏生：《公共政策的有效执行》，清华大学出版社，2006年版。

际效能。与此同时，在本质上，政策执行又是政府执行者与受政策影响的公众之间的调适互动过程，在其中，公众的参与行为有时对政策执行效果有着举足轻重的影响。这就意味着，在政策执行所涉参量和公众参与之间存在某种关联，使得二者共同影响和塑造着政策执行的实际效能。这种关联即，政策执行所涉参量往往依托政策主体（包括政策执行者和公众）行为来影响政策执行效果，而公众则通过作用于政策执行所涉参量来参与政策执行过程，影响政策执行效能。由此而言，公众参与政策执行的机制集中体现在其作用于政策执行所涉参量的具体行为中。具体如图 1 所示。

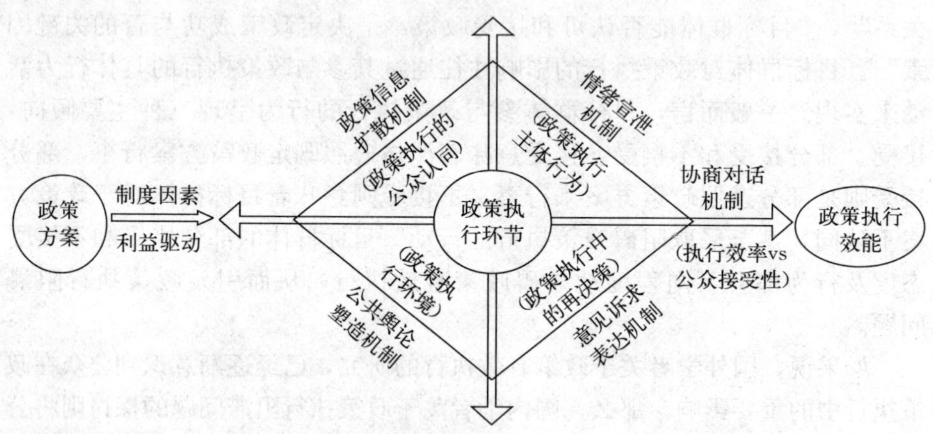

图 1　基于执行阻滞理论的公众政策执行参与机制

在图 1 中，政策方案是针对特定政策问题已经制定的政策内容及其执行方案，在理论上，政策方案的质量是政策有效执行的前提保障。制度因素包括正式制度和非正式制度两个方面，它为公众参与政策执行的行为设定选择范围与策略空间。利益驱动是公众参与政策执行的动力因素，它主要从两个方面发生作用：一是，激发主体产生相应的行为动机；二是，推动主体选择对于他而言最有效可行的行为方式。通常而言，政策方案能否被认同、接受并得以贯彻落实，最终取决于该项政策是否最大限度地反映了公众尤其受政策影响者的利益需求。如果政策未能充分体现公众的利益需求，则容易引发各种积极或消极的参与行为。

在当前社会，公众参与是公共政策过程的不争事实，但作为参与主体的“公众”本身是一个集合性概念，是指与政策存在利益关联的所有受众。在形态上，它既可能是普通公民形式的基层公众，也可能是基于共同的问题意识、利益基础和心理共识形成的社会群体甚至组织化团体。一般来说，基层公众在人员构成、资源禀赋以及政策过程中的影响力等方面与其他形式的公众存在一定差异，因而在参与政策执行的具体行为和机制上除了具有“公众”参与的共性特征，还呈现出一定的特殊性。

结合政策执行过程的特殊性，基层公众参与政策执行的机制主要体现在以下行为中：一是，通过各种渠道汲取政策信息，并将其向周围传播扩散以寻求声援，进而影响公众对政策执行的认同基础，由此形成其参与政策执行的信息获取与扩散机制；二是，通过作用于政策执行的环境因素，尤其借助公共舆论塑造机制，来形成对政策执行的阻力、压力或推动力；三是，通过各种形式的意见诉求表达影响政策执行中的政策再决策，以此使特定策执行符合自己的利益要求；四是，通过采用群体性参与等行为甚至非理性群体性事件来宣泄意见和不满，以此干预政策执行主体的心态，进而影响其政策执行行为；五是，通过与政策执行方的协商对话，来调和政策执行效率与公众接受性之间的矛盾。

为了透彻分析和阐明本项研究的主题，笔者以Y地搬迁避让事件为典型案例，以公众行为作为分析视角，通过分析事件发生和发展过程中相关公众的行为，来探讨在政策执行过程中基层公众参与的主要机制以及存在的多维困境，并在此基础上，进一步探寻优化公众参与政策执行机制的路径，提升公共政策的执行效能。

三、政策执行过程中基层公众参与机制案例分析

Y地是我国西部山地小镇，距县城约20公里，内有江河、国道、铁路和高速公路贯穿，水陆交通相当便利。但是，该地也是地质灾害易发区域，所处危岩带包括11处特大型危岩体，危岩滑坡涉及面广，直接危及该区域内7 000多人的生命财产安全。对此，各级政府先后展开数次地质勘察并组织专家评审论证，于2012年制定了“危岩采取搬迁避让、监测预警”和“滑坡采取搬迁避让、系统排水工程和监测预警”的防治方案，并于当年着手准备并逐步实施，将该区域内居民整体搬迁至几十公里之外的邻镇集中安置。

该方案涉及的直接利益相关者包括当地常住村民、区域内生态移民、个体工商户、有门面房的居民以及有房无户或有户无房的居民、同属该区域内电站淹没区和地质灾害区的住户。虽然该方案对上述利益主体具有不同的公共政策效应，但存在一个共同的特点，即该方案的实施对于这些居民具有直接而深刻的利益影响，比如：对于常住村民而言，这里有赖以生存的土地和房屋，是上下几代人的安身立命之所，举家搬迁必然使其在物质水平、生活习性以及精神心理上都遭受巨大冲击；在Y地搬迁避让之前，该地曾推行生态移民工程，并于2009年开始修建生态移民家园，2011年完工，对于这部分移民来说，多数家庭已穷尽积蓄，新的搬迁避让政策无异雪上加霜；而

该区域内的个体工商户、有门面房的居民以及有房无户或有户无房的居民，在既定的搬迁避让政策下，既无法享受搬迁人口补助，也不具备在新址建房的资格；还有一部分住户既属于险区搬迁户又符合电站淹没区搬迁条件，但两种搬迁所享受的补助待遇差异显著。

在该方案执行过程中，这些公共政策效应引发的利益诉求差异化显著的主体本身，也具有一些共同的特点，调查显示，这些共同特点使得Y地搬迁避让中涉及的上述民众具有基层公众的典型特征，具体而言：

第一，在人员构成上，此次搬迁避让事件所涉及的民众大多是长期生活在此的住户，或者虽然外出打工但安家在此的居民，虽然涉及人数众多，但呈现出“老龄化”和“空心化”特征。在我国基层社会尤其农村地区，“青壮年外出谋生、妇孺老弱留守家中”的生计模式，使得大部分有较高能力和文化素质的乡村精英外出发展。对于Y地的调研结果显示，即便年关将至，但受访人群依然绝大部分是中老年人，青年只占到一成左右，而在这些青年中，又有39.5%常年进城务工①。

第二，在资源禀赋上，这些民众既缺乏足以影响政策执行的物质基础、组织动员、领导技巧和专业组织资源，也缺乏参与政策执行过程、影响政策执行主体的社会网络，他们当中虽不乏关心时政大事者，但从整体来看，对具体政策的主动关注程度非常低。在基层社会，公告栏是政策信息的重要发布阵地，也是基层公众获取政策信息的重要渠道，但是，对Y地居民的调查显示，在受访者中，47.2%的人不清楚当地是否设置了公告栏，91%的人不清楚公告栏的更新频率，83.3%的人几乎从来不看公告栏②。

第三，在政策过程中，这些民众往往处于政策链条末梢和边缘，是政策的被动接受者。在Y地搬迁避让事件中，主要体现为民众在搬迁政策制定过程中几近缺位。在调查走访中，绝大部分受访者表示，自己是在搬迁政策出台之后才被告知相关事宜，少有的几位知情者则是通过在当地公共部门任职的亲友事先得知此事③。

Y地搬迁避让方案的实施与上述民众之间存在直接而显性的利益关联，从而驱动民众采取各种方式参与政策执行过程，以促进实现其利益要求；与此同时，上述民众虽然在利益诉求上呈现出一定的差异性，但同时也具有基层公众的典型特征，这使得，当搬迁政策正式出台并付诸实施时，他们试图通过一系列契合自身特点的参与机制，来表达意见诉求对执行方施加影响，

① 龚宏龄：《农村政策纵向扩散中的“悬浮”问题研究——基于C市宅基地退出政策传播效果的探讨》，《西北农林科技大学学报（社会科学版）》，2017年第2期。

② 对Y地住户的调查统计，2016年1月11—14日。

③ 访谈记录《Y地搬迁避让调查笔录》，2016年1月11—14日。

以争取促进政策调整或获得尽可能多的利益补偿。对于Y地搬迁避让典型案例的实证分析显示，这些基层公众参与政策执行的主要机制是：

（一）通过人际传播扩散政策信息影响公众对政策执行的认同

公众对公共政策的理解与认同，是政策有效执行的前提和基础。然而，政策制定者与基层公众位于治理的两极，政策信息从出台到被获悉，需要借助一定的传播活动来实现。就目前的实际状况来看，我国的政策信息主要通过组织模式（村干部、基层宣传部门、大学生村官等）、大众模式（电视、广播、电话、网络、图书等）和人际模式（亲友邻里、回乡大学生、打工青年等）予以传播扩散。不过，在不同的政策情景和社会环境下，三者在发挥政策传播和信息扩散的功能方面，存在着较大差异。

对Y地393位居民的调查表明，按重要程度排序，当地民众获取政策信息的渠道排列在前三位的依次是亲友邻里（29.6％）＞村干部（28.6％）＞电视（8.5％）[①]。调查同时显示，对于基层公众、尤其对于农村居民而言，以亲友邻里等为主体的“口耳相传式”的人际传播，在实现政策信息向周围人群的扩散中同样扮演着非常重要的角色，多数农村居民在通过上述渠道得知相关政策信息后，会在亲戚、朋友和邻里之间相互议论探讨，从而加深了人们对政策信息的了解，促进了政策信息在基层公众之间的传递、流动和共享，进而影响到人们对政策的认同度以及政策执行的民意基础。

（二）利用网络平台塑造公共舆论以影响政策执行环境

任何一项政策的执行无一例外都受到其所处环境的影响和制约，“它们可以成为政策执行的巨大阻力或压力，也可以成为强有力的推动力，特别是在它们以公共舆论的形式表现出来时，对政策执行过程的影响和作用表现得更为明显。”[②] 这是因为，公共舆论具有传播属性，直接关系民众对政府管理的合法性与合理性认同，是一系列重大稳定和秩序问题的心理基础。在自媒体时代，网络平台成为信息发布和舆论传播的重要载体，它所建构的不仅仅是一个虚拟的世界，还是一个现实社会民众表达意见诉求的重要公共领域。

在Y地搬迁避让事件发展到一定阶段后，人们发现，非有序参与的个体行为，很难引起政府和社会关注，更加难以产生政策效应。为此，他们开始寻求新的渠道和方式，增强对于公共政策实施过程的影响力，在这其中，通过网络平台发布信息言论是重要选择。据笔者搜索，当地民众主要利用网

① 对Y地住户的调查统计，2016年1月11—14日。

② 金太军、钱再见、张方华等：《公共政策执行梗阻与消解》，广东人民出版社，2005年版。

络问政平台、天涯论坛、微博、微信朋友圈、博客、百度贴吧、地方论坛等网络平台，发帖曝光此次避险搬迁的补助标准，披露该项政策及其执行对当地民众造成的利益损害以及可能引发的一系列严重后果。还有一些人藉此说明在测量房屋面积、计算人口补助数目、认定搬迁范围和补助对象等方面出现的不甚合理现象。

由此可见，基层公众试图借助这些新媒体，寻求社会关注，以形成对政策执行的舆论影响和压力，塑造于己有利的政策执行环境。从Y地搬迁避让事件的相关网友的跟帖和评论来看，此举确实获得不少网民关注，但也出现不少过激言论。而且，在网络表达中，存在一个与表达主体相伴生的重要群体——网络围观群众，当中不乏富有“同情心”和“正义感”的人，这些人热衷于发表各种评论并传播扩散所关注的信息，然而，这种热衷、关注和传播扩散，往往基于对信息的盲目接受，逐步发展，就会形成不利于政策执行的舆论环境。

（三）采用信访等方式表达意见诉求影响政策执行中的再决策

公共政策内容往往具有宏观性和抽象性，需要在执行中根据具体情况加以细化，同时，政策方案在落实过程中时常会遇到一些新情况、新问题，使得政策执行往往伴随着再决策，这使政策即使在执行过程中依然可能被修改、调整甚至中止。这意味着，即使在政策执行阶段，人们依然可以通过表达意见诉求影响再决策，进而使政策执行朝着于己有利的方向发展。

人们是其自身利益的最佳知晓者，因此，当政策执行导致其利益受损时，通过基层治理组织代为表达、采用接触式参与如直接找“领导”、依靠民间力量或熟人网络等，来向政府当局表达意见诉求，以求影响再决策，是多数基层民众利益表达的常见选择。在公众表达意见诉求的各种常见选择中，信访是实现利益表达的一种较为普遍的方式。中国人民大学综合社会调查显示，受访人在“遭受不公平对待时所采取的解决手段”中，上访位居首位，在“同政府机关发生纠纷时的应对措施”中，上访也排在第五位[①]。

信访这一极具中国特色的意见表达和诉求反映机制，在Y地搬迁避让事件中也得到运用。当地住户在接受访谈时表示，他们曾向当地政府反映“已经在此居住了几代，不想搬离现在的住处”“政府制定的避险搬迁补助标准太低，与相邻镇的征地拆迁价格不一致”“搬迁后，农民的土地离新址很远，不能耕种，后续生活困难”“新址存在地质灾害隐患”等问题[②]。另一

① 房宁主编：《中国政治参与报告（2011）》，社会科学文献出版社，2011年版。

② 访谈记录《Y地搬迁避让调查笔录》，2016年1月11—14日；大部分问题在当地政府政务平台“便民回答”中得到印证，http://wl.cq.gov.cn，2016年4月21日。

些居民如有房无户者、个体工商户、生态移民等，也派代表前往基层政府及其上级单位反映关于补助对象、补助标准、新址建房资格以及停产损失等问题。其中生态移民的反应尤为激烈，并在其陈情表述中得到集中体现，比如他们认为，生态移民家园是在政府主导下修建的项目，购买价格高，部分移民家庭早已负债累累，再次搬迁将对其造成二次伤害，因此，要求提高补偿标准，弥补两次搬迁造成的损失；同时，他们还质疑生态移民工程的正确性，要求相关人员为之前的“错误决策”担责①。这些信访行为及诉求表达引起当地政府的高度重视，在深入调查研究基础上，政府最终决定调整部分政策内容，如给予有意愿搬往新址的有房无户者以建房资格，适当提高生态移民的补助标准等。

（四）借助群体性事件宣泄情绪以影响政策执行主体的心态和行为

对于基层公众而言，当事态发展到难以控制的局面时，经济利益的剥夺感以及诉求表达的挫折感，往往驱使他们“更可能倾向于选择非制度渠道并以较激烈的方式表达其不满，所以一旦有具体事件的诱因，就会爆发出群体性事件”②，由此酿成大规模非法的群体性事件，从而干扰和影响政策执行主体的心态，进而影响到其具体的政策执行行为。

在Y地搬迁避让事件中，政府从2012年开始着手准备搬迁事宜，此后，民众多次就相关问题向各级政府反映各种意见，但是，并未见明显效果，这滋生了民众的无奈和不满情绪。再者，Y地镇政府、派出所、医院等公共服务设施先行搬走，给当地民众造成严重不便，使人们的不满情绪受到刺激而膨胀和蔓延。而2015年9月初关于各运营商、产权单位限期迁改以及居民限期提交搬迁新址集中建房方式的通告，则成为引爆民怨的导火索，通告颁发后，数百名群众自发集结到该地国道路段，要求当地政府公开上级关于搬迁避让的官方文件、提高搬迁补偿标准、解决搬迁后居民的生计和养老问题，前后拦堵交通长达近10个小时，甚至一度引发骚乱，造成严重的社会影响。

在此情形下，政策执行主体的态度和行为出现一定程度的转变：该事件发生后，当地政府相关工作人员针对公共服务设施先行搬走所导致的不便利的问题，承诺在当地设置安置点、办公点以方便民众日常生活；针对搬迁补偿、搬迁后的新房购买价格、生计和养老等问题，向民众详细解读相应的政策规定；针对部分民众认为此举是借避险之名迁走民众，以便后续开发旅游或房地产的揣测，耐心解释以打消其疑虑。经过数小时的劝导和沟通，民众的激烈情绪得到缓和，从而有效防止了事态恶化。

① 访谈记录《Y地搬迁避让调查笔录》，2016年1月11—14日。

② 于建嵘：《我国现阶段农村群体性事件的主要原因》，《中国农村经济》，2003年第6期。

（五）通过协商对话调和政策执行效率与公众接受性之间的矛盾

公众参与是公共政策公共性的内在要求，在公共政策过程中，公众参与“有助于增强公共政策与公民需求之间的相互适应性”，但是“同样也可能会影响到政府组织效益与效率的达成。”[①] 具体到基层公众参与政策执行实践中，这一悖论集中体现为政策执行效率与基层公众接受性之间的紧张关系。这在Y地搬迁避让的典型案例中得以集中显现，在案例中，地质灾害严重威胁到当地数千居民的生命财产安全，组织群众搬离刻不容缓，但是，民众却认为搬迁政策执行得越迅速越彻底，对他们的利益损害就越快越严重，由此激发了强烈的逆反甚至抗拒心理，从而使矛盾升级甚至演化为严重的群体性事件。

从调查走访的情况来看，当地民众所以不接受甚至抗拒该项政策实施，一个重要原因就是信息不公开，政策执行者与民众之间缺乏有效的沟通。有受访者表示：“如果真的是因为地质灾害必须要搬，即使补偿达不到令人满意的标准，其实大部分人还是愿意配合的，毕竟是为了我们自己的安全着想。但现在的问题是，信息不公开，感觉很被动……。”[②] 截至笔者前往该地调研之时，群众反映，实际上一直未曾见到政府下发的正式文件，关于搬迁避让所涉及的地质灾害、补偿标准、迁入后的生计、养老和发展规划等，也只是听干部们传达，有的甚至是依靠基层社会“口耳相传”式的人际传播才略知一二。由此可见，政策执行效率与公众接受性之间的紧张关系很大程度上是沟通协调不到位所致。

在解决政策执行悖论时，秉持协商和对话原则的协商民主，具有重要的应用价值。从Y地搬迁避让事件的发展和演化来看，协商对话机制在该地民众围堵交通的群体性事件处理以及后续政策执行过程中体现较为明显。如上所述，在拦堵道路事件爆发后，当地政府相关工作人员与民众针对公共服务便民安置点、搬迁补偿、新房购买以及生计和养老等问题进行了面对面的沟通协商。在后续政策执行中，基层干部主持召开了社员会、院坝会以及座谈会，进一步对搬迁避让政策进行宣传，并针对搬迁中的一些具体问题与民众进行沟通。民众在网络问政平台的咨询以及政府的回复和释疑，也印证了协商对话机制在后续政策执行中被广泛采用。政策执行者与公众逐渐以平等“对话者”的姿态进行协商与合作，从而协调了政策执行效率与公众接受性之间的矛盾冲突，并取得了实效，使事态逐步朝着理性和有序方向发展。

---

① 托马斯：《公共决策中的公民参与》，中国人民大学出版社，2014年版。

② 访谈记录《Y地搬迁避让调查笔录》，2016年1月11—14日。

四、基层公众参与政策执行的多重困境

在Y地搬迁避让事件中，当地民众尤其是利益相关者采用多种机制，采取了一系列参与行动，积极反映意见诉求，以影响政策执行，取得了一定成效。但是，实地调查发现，在民众表达意见诉求以影响政策执行的具体行为中，也存在着一系列问题和困境，具体而言，主要有以下方面：

（一）基层公众对政策执行所涉信息缺乏了解

调查表明，从搬迁避让政策出台到2016年年初，前后历经数年，但大部分居民对于具体政策内容仍然一知半解，如对于搬迁补助标准，大部分受访者只知道房屋补助是每平方米200～660元，却很少有人清楚正房、偏房、附属设施各自补助多少，框架结构、砖混结构、砖木结构、木质结构以及土木结构各自的补助标准又是多少。在此背景下，公众对于官方公布的搬迁理由和补助标准怀有猜忌，以至于在各种抵触和拒斥政策执行的行动中，公开上级政府“关于Y地搬迁避让的政策文件和搬迁补助标准”，成为公众的一项重要诉求[①]。这主要源于，在基层社会，干群关系状况、意见领袖“缺位”、基层政策传播者认识偏差、公众自身的局限等因素，使得公共政策传达至基层政府及干部后，时常出现信息“悬浮”难以下沉的问题，这种状况，不仅使得基层公众缺乏对特定政策的理解，从而难以有效表达其意见诉求，也削弱了政策执行的民意基础。

（二）基层公众参与行为受到政策执行环境的反作用

基层公众在影响政策执行环境的同时，其参与行为也受到政策执行环境的反作用，其中一些参与行为还因此呈现非理性特征。这主要体现为：其一，网络空间的匿名性弱化了发言者的社会责任，使网络言论“既有真实性、草根性的优势，又有非理性、偏颇性的不足”[②]，这使公众在表达意见想法时有时呈现随意性和情绪化，甚至在毫无根据的情况下对政策意图及政策执行主体行为妄加揣测或蓄意中伤，如有网友在政府公开信箱发布言论，指责当地干部存在“利用职务之便为自己和家人谋取不当利益”的行为，但后续核查则表明该网友所反映的问题并非实情。[③] 其二，虽然现有制度体系

① 访谈记录《Y地搬迁避让调查笔录》，2016年1月11—14日。

② 王堃、张扩振：《网络民意的困境与出路》，《学术界》，2012年第9期。

③ 《××县Y镇副镇长××利用职务之便为自己和家人谋取不当利益》，××县政府公开信箱，2013年2月5日，http://www.cq.gov.cn/PublicMail/Citizen/ViewReleaseMail.aspx?intReleaseID=448910，2017年3月16日。

为公众参与政策过程提供了相应的制度化渠道，但人们对这些制度化渠道的利用还不够充分，尤其当人们基于利益耦合和心理共识形成共同利益群体时，他们“往往倾向于聚集起来以群体的方式来影响政府的决策和行为。”[①] 群体心理和情绪一旦引导不力，就很容易使民众失控，甚至“在某一小的事件的触发下，也可能演变成较大规模的非制度化的参与行为。”[②] 在Y地搬迁避让过程中，这种状况有着较为集中的体现，调查显示，自搬迁避让政策出台以来，围绕相关问题不仅出现了群体访，还发生了聚众围堵道路的群体性事件，由此造成较为严重的交通隐患和社会影响。

（三）利益表达主体缺位使得政策再决策中基层公众影响力有限

公众在政策再决策中的影响力，首先在于能够充分合理表达自身利益诉求，并使之上达至再决策者。但是，我国基层社会尤其农村地区现有的生计模式使得“老龄化”和“空心化”特征明显，导致基层公众在参与政策执行实践中，意见诉求表达主体代表往往呈现形式或实质缺位，其信息反馈难以有效传达至再决策者。另一方面，在基层社会治理中，传统治理组织如村委会和居委会等承担着政策信息“下达”和民众意见诉求“上传”的“双重代理”功能，需要领导者具有高度的水平和觉悟，如果拿捏不当，往往使其在汇聚整合民意并代为发声的过程中发生失灵现象。进一步的问题是，特定地区农村自治小组被撤销，村民自治组织的行政化，使得基层社会组织与民众之间的关系逐步演变成实质上的“官和民”关系。与此同时，其他的社会组织如经济合作社、行业协会、专门理事会等的发展和规范程度仍有待提升。这使得基层公众利益的“组织”化代言人处于实际缺位状态，由此极大地弱化了基层公众在政策执行中再决策环节的影响效果。

（四）政策执行的自由裁量性一定程度上导致对基层公众参与回应性不足

政策执行是一个动态的过程，需要对已经作出决定的抽象政策予以明晰，并根据政策执行环境的变化以及政策执行中所遇到的新情况，进行因地、因时制宜的选择和调整，在这个过程中，政策执行者获得一定的自由裁量权以妥善处理各种实际问题。自由裁量权的使用需要政策执行者具有高水平的认知和觉悟，尤其对基层公众参与政策执行的合理定位，但长期的“命令一服从”式思维习惯使得一些政策执行者仅仅将公众视为被动服从的政策客体，导致出现对基层公众参与重视不够、回应性不足的问题。从Y地所

---

① 麻宝斌、马振清：《新时期中国社会的群体性政治参与》，《政治学研究》，2005年第2期。

② 王明生、杨涛：《改革开放以来我国政治参与研究的回顾与展望》，《清华大学学报（哲学社会科学版）》，2011年第6期。

在政府电子政务平台基本情况来看，与主流网络公共空间缺少有效链接，二者之间的相对隔绝状态，使得政府电子政务平台缺乏对于网络舆论的必要监测与及时回应。搜索发现，2016年6月初，有人在网络问政平台咨询区政府关于房屋补助和在新址买房的差价、搬离Y地到入驻新址间隔期间的租房、搬迁后的生计等问题，但是，截至笔者搜索之日，只见到网络问政编辑给出的一条模板式回复[①]。政府的回应性如此之低，相当程度上妨碍了民众对政策信息的了解，进而影响执行和落实该项政策的民意基础。

（五）基层公众的实际参与行为与政策执行方倡导的参与方式脱节

公众对政策的理解与认同，很大程度上取决于双方意见沟通和信息交流是否顺畅，而沟通交流顺畅与否，则又取决于其参与政策执行的行为与既有的制度机制的耦合状况。从Y地搬迁避让案例可见，当地群众表达意见诉求的实际行为，主要表现为私下抱怨宣泄不满、信访渠道表达诉求、依靠网络平台发声等，这与政策执行方倡导的群众意见表达方式——通过电话、信函、传真、电子邮件、面谈或者按照有关公告要求的其他方式……发表关于本规划方案及环评工作的意见看法[②]，存在明显脱节的现象。实际行为选择与制度化方式之间的脱节，使得政策执行效率与公众接受性的关系趋于紧张，并集中体现为公众与政府执行主体之间在意见沟通和信息交流上的悖论：一方面，制度化表达渠道处于虚置状态，政府无法通过既定方式获得政策执行所需的民意反馈信息；另一方面，公众诉求表达的实际行为效果不佳，甚至导致差强人意的后果。由此形成的政治和政策现象是，在征求意见阶段，公众参与冷漠，政策执行方案的公众满意度表面看来颇高，然而，一旦政策付诸实施，却遭遇来自各方的重重质疑和抵触，使得政策方案难以顺利落实。

从Y地搬迁避让案例的发生和发展来看，基层公众经历的利益诉求和表达空间有限的问题，会强化其挫败感和不满情绪，由此导致他们认为自己遭遇了歧视和偏见，极易致其不满情绪膨胀蔓延，进而引发社会矛盾冲突发展乃至升级。在实际行为中，他们有时会转而采取反常方式来对政策执行方施压，甚至可能“诉诸那种不利于社会稳定的群体性活动或者采取更加极端的行动取向”[③]，由此呈现“利益受损—制度化表达—非制度化表达”这样一个不断附加能量和演变转化的过程。

---

① 《关于XX市XX县Y镇滑坡搬迁问题》，XX市网络问政平台，2016年6月2日，http://cqwz.cqnews.net/redirect-b2378f70-ee14-4651-8c17-f5b484616de9.html，2017年3月16日。

② 《××县××镇危岩新址修建性详细规划环境影响评价第一次公示》，××县××镇危岩滑坡避险搬迁防治工作领导小组办公室，2016年4月13日，http://www.cqyjpg.cn/html/?79-53-1005.html，2017年3月21日。

③ 王文祥：《建立底层社会的利益表达机制》，《社会科学战线》，2005年第6期。

五、完善基层公众政策执行参与机制的对策

对于Y地搬迁避让事件案例的分析显示，政策执行过程中，基层公众的有序参与存在多重困境，这些困境不仅使其意见诉求无法得到有效表达和及时回应，还严重影响政策执行的效能。针对这种状况，可以从以下方面完善基层公众参与政策执行的机制，促进政策执行双方的良性互动：

（一）完善政策执行过程中的信息公开与传播机制

完善政策信息公开与传播机制，主旨在于保障民众的政策信息知情权，前提在于消除政策执行方对于民众的认知偏差，防止政策执行双方的沟通交流被人为阻断。分析Y地搬迁避让事件可见，部分基层政府及其干部对基层公众存在认识上的偏差，认为他们"知道的政策越多，'刁民'就越多，基层工作就越难开展"[①]，这导致政策执行双方之间的沟通交流被人为阻断，妨碍了民众对政策执行的理解与认同。为此，首先要通过宣传教育等方式转变基层政府的为政理念，使其充分认识到民众在政策执行中的参与主体地位，重视民众意见反馈对于政策执行的积极效用。

在实施机制层面，具体的针对性举措主要是：

其一，完善政策执行方的信息公开机制，通过传统信息发布阵地和电子政务平台，详尽公布政策内容、主要执行举措、民众对此的意见反馈以及政策执行方的回应、政策执行的进度与效果等信息，实现政策信息线上与线下同步更新。

其二，构建政策信息传播扩散的多维格局。进一步发挥传统组织机制在政策信息传播与扩散中的作用，如定期召开村民大会，借助大会的公开透明性和集体情境向基层公众发布政策信息；积极考虑当前基层社会尤其农村地区"一个行政村下辖多个自然村，各自然村到村委距离不一"的实际情况，合理布局宣传栏和公告栏等信息发布平台，增强基层公众对政策信息的可获得性；规范大众传媒在政策传播中的行为，减少因片面裁剪和过度加工导致的群众心理落差；利用手机短信、电话以及广播等方式缩短政策传播距离，通过建立村务QQ群、微信群等新型传播平台，实现政策信息在外出务工群体之间的传递、交流和共享。

（二）完善基层公众参与政策执行行为的疏导和规制机制

不同社会主体在政策执行中的话语影响力存在差异，影响力悬殊以及随

① 沈小平：《防止惠农政策"悬空"》，《求是》，2004年第11期。

之而来的利益分配失衡，常常使得相关主体有时诉诸非常态、非制度化方式，如操纵舆论、越级上访、集体上访，甚至最后以激进的群体性事件来抵触相关政策的执行。对此，需要及时予以疏导和规制，防止矛盾冲突和治理性危机。

对政策执行中基层公众的过激行为和非理性参与的防治，需要完善政策执行方对基层公众参与的疏导机制，如鼓励政策执行者主动联系、接触与走访群众，及时了解其意见诉求；广泛接收基层公众以各种方式反馈的政策信息，并及时予以回应，从而防止其非理性化冲动。另一方面，需要健全基层公众参与政策执行的程序，强化对各种反常规、非理性参与行为的规制，如完善信访程序，加强对越级访、重复访以及群体访的管理，防止因结转不力导致矛盾冲突累积恶变；健全舆情监测、风险评估和危机预警机制，对反常规参与行为进行事前干预，防止事态升级扩大；加强对群体性非理性寻衅滋事事件的处罚，防止其他参与者盲目从众、借机发泄；建立网民自律、政府引导、媒体把关和第三方监督的网络舆论机制，对网络意见表达进行规范与约束，防止虚假信息和不实言论干扰正常的舆论环境。

（三）健全再决策过程中的基层公众主体代表机制

有效的政策执行是一个能够有效化解矛盾冲突的过程。对于基层公众而言，这不仅需要多元畅通的协商对话机制，还需要合法有效的利益表达主体和“代言人”，以使其利益诉求得到充分合理表达，进而被纳入协商范畴之中。

具体而言，这方面的针对性举措主要是：

其一，健全基层公众诉求表达的“个体”代表机制。通过针对性的政策传播与解读，增强个体对政策的认知与认同，提高其合理表达意见诉求的能力素质；利用基层社会精英和意见领袖对政策信息的把握以及对基层社会的熟悉度，发挥其在民意表达中的“代表”作用；借助网络公共领域的迅速发展，引导外出人群积极关注政策实施动向，解决因人口老龄化和人员流动导致的诉求表达主体缺位问题。

其二，强化基层公众利益表达的“组织”代表机制。充分发挥基层治理组织如村委会、居委会和基层党委等在汇聚民声和“下情上达”中的主体地位，促进零散化、私利化的诉求内容向整合型民意转变，从而提升这些意见诉求在政策执行过程中的话语影响力；积极引导基层社会组织健康发展，通过鼓励发展诸如经济合作社、行业协会、专门理事会之类的合法社会组织，培育基层公众利益的“代言人”，以此增强其在政策执行中的利益表达能力，提升基层公众利益诉求表达的规范化和理性化水平。

（四）创新基层公众与政策执行方的政网互动机制

“有效的执行除了包括采取必要的技术、行政和法律手段外，还包括政策的执行部门及其人员与民众之间的良性互动。”[①] 在当前社会的政策执行过程中，互联网是政府与民众互动的重要渠道，如若该渠道不畅、回应性不足，容易滋生公众对于政策执行的抵触心理，甚至酝酿出新的矛盾冲突。对此，有必要通过完善政策执行过程中基层公众参与的网络化渠道，创新与政策执行方的政网互动机制，优化网络舆论环境，从而奠定政策执行的重要社会基础。

在这方面，具体可以从以下方面采取相应措施：

其一，建立政务平台与天涯论坛、网络社区、百度贴吧等主流网络公共空间之间的链接机制，防止因政府电子政务平台与主流网络空间的相对隔绝导致的信息障碍。

其二，完善网络舆情侦测机制，通过网监部门如宣传部门和公安系统等对网上言论予以甄别，实现对网络公共舆论的了解与监测以获悉基层民众对政策执行的意见反馈，从而便于以洞悉先机和前瞻性的行为来缓和部分民众对政策执行的不满和抵触情绪。

其三，健全政策执行过程中的网络信息反馈及回应机制，明确诉求表达和意见反馈对象的主体责任，使问题在双向交流与互动中及时得到回应和解决。

其四，强化政策执行方对网络信息反馈和回应的督查机制，对于民众网络表达反应的实情，责成相关部门在规定期限内及时有效地解决，以此舒缓公众情绪，防止网络舆论失控和失真信息非理性传播扩散。

（五）整合基层公众参与政策执行的协商对话机制

政策执行是一个开放而持续的过程，政策内容贯彻落实程度、预期政策目标的实现程度，取决于受政策影响的公众与政策执行者之间的调适与互动状况，取决于双方意见沟通和信息交流顺畅程度，取决于该群体参与政策执行的实际行为与政策当局提供的制度化参与方式和渠道的耦合程度。在这其中，关键在于整合政策执行参与的多元路径和机制，促进制度化渠道供给与公众实际参与行为之间的衔接，尤其重视“将仅依靠公权力主体根据事实依规范做出裁决的‘对抗性’机制，转换为多主体参与的‘对话与协商’机制。”[②]

---

① 周仁标：《论地方政府政策执行的困境与路径优化》，《政治学研究》，2014 年第 3 期。

② 缪文升：《重视群体性事件处置中的协商机制》，《党政论坛》，2011 年第 1 期。

对于基层公众参与政策执行过程创新来讲，这意味着，完善基层公众参与政策执行的制度化渠道，如通过强化基层人大代表的“代表性”、基层党员干部的职责义务、基层社会组织的自主性，畅通听证会、座谈会、电话或信件反馈等参与渠道，为基层公众参与政策执行提供切实可操作的制度化途径，防止政策执行过程中出现制度化参与渠道闲置或失灵问题；同时，考虑基层公众在参与政策执行中的实际行为偏好，从契合该群体需要和行为习惯的角度，吸纳并规范各种形式的非制度化参与路径，如认真对待基层公众通过信访、网络论坛、坊间议论等非制度化渠道表达的意见诉求，善于从中发现并吸收政策执行所需相关信息，通过参与渠道的拓展，促进基层公众与政策执行者之间从单向意见反馈或信息传达向协商对话转变。通过完善和整合政策执行者与基层公众之间的协商对话机制，促进二者之间的良性互动，从而调和政策执行效率与公众接受性之间的紧张关系。

在转型发展阶段，“强调对于公共利益的责任、促进政治话语的相互理解、辨别所有政治意愿，以及支持那些重视所有人需求与利益的具有集体约束力的政策”[①]，是解决社会矛盾和治理社会冲突的重要举措。不过，研究表明，“在诸多矛盾冲突事件背后，是利益表达机制的缺失”[②] 以及由此而来的参与失灵，对于基层公众而言，尤其如此。基层公众的表达机制缺失，使其在公共决策参与中处于边缘化状态，为维护和实现自身利益，他们将诉求表达空间延伸至政策执行阶段。在这一阶段，基层公众通过一系列机制参与并影响政策执行过程，但该群体参与政策执行存在多重困境，导致其参与行为呈现“制度化—非制度化”这样一个逐渐附加能量和演变转化的过程。为此，须从相应角度完善基层公众参与政策执行的机制，通过促进利益诉求的合理表达，协调各方利益关系进而提升政策执行效能。

（作者单位：重庆大学公共管理学院）

① Jorge M. Vakladez, Deliberative Democracy, Political Legitimacy, and Self Democracy in Multicultural Socities, USA Westview Press, 2001, p. 30.

② 孙立平：《矛盾化解，要以利益均衡为中心》，《北京日报》，2011年5月9日。

新型职业农民对农村贫困治理的影响及其政策干预

李耀锋　张余慧

一、问题的提出

农村贫困治理是我国全面建成小康社会的重大战略任务。相关研究跨越了不同学科领域，近些年有两个密切相关的重要研究议题：一是贫困问题的项目化治理。以项目化方式进行贫困治理有显著正面效应，但也存在不少问题，如，扶贫项目与贫困农民的生活和资源没有关联，项目扶贫资金投入一定程度上排挤了不具备准入条件的贫困户，扶贫项目到户率不高且益贫特征不明显，项目收益与扶贫目标存在偏离。二是精准扶贫。学者就工作流程与政策体系的构建、完善精准识别与考核机制、与乡贤治理的互塑等方面对精准扶贫进行了研究，尽管该战略极大促进了我国贫困治理，但也存在一些现实困难，主要有：贫困户参与不足、扶贫瞄准精度受现实和政策双重挑战、贫困对象识别失精准、扶贫绩效受制约等。总体看，农村内生动力不足及扶贫精准度欠佳是农村贫困治理的关键现实困境，农村贫困治理机制创新成为当务之急。

新型职业农民群体的兴起为农村贫困治理机制创新与成效提升带来了新契机和新动力。2012 年，中央 1 号文件首次明确提出“大力培育新型职业农民”。近几年，我国通过实施新型职业农民培育工程培育了数百万新型职业农民，他们大多已成为家庭农场、农业合作社等新型农业经营主体的带头人和骨干。家庭农场可有效激发农民的科技需求与组织需求，促进农业生产经营方式变革，农民合作社是农民尤其是贫困农民参与市场活动、提升贫困防范能力及抵御市场风险能力的重要载体，因此，新型职业农民将依托新型农业经营主体不断影响农民的组织方式及农村贫困治理形态。

农业部 2017 年发布的《“十三五”全国新型职业农民培育发展规划》提出，新型职业农民将以年均 146 万人的增幅不断壮大，到 2020 年总量要超过 2 000 万人。新型职业农民作为一种新兴的现代职业，展现出群体组成及农业生产组织形式的变革，他们与农村社会相关联、具有现代市场意识和创新能力、掌握较多市场化与社会化资源，势必深刻影响农村的信息流动、资源配置、政策落地、组织形式、技术推广等，从而在我国农村贫困治理中发挥日益重要的角色。特别是依托农村社区“就地”培养的新型职业农民，他们的生产经营和社会网络嵌入当地村庄，其成长可推动农村人力资源开发，激发农村社会的内生动力，破解农村贫困治理中外部力量强势介入而内生力不足的困境。

但是，新型职业农民的多样性及其所依托的新型农业经营主体的复杂性，使得新型职业农民对农村社会发展及贫困治理的影响具有风险性与不确定性。相关研究表明，社会关系不在村庄甚至跟村庄没什么关系的新型农业经营主体，会推动村庄形成“资本＋老弱病残”结构，对农村治理带来不利影响；农业转型及农业现代化中的资本下乡会遭遇各种问题，“外来”资本与农村社会将有一个长期的互动和形塑过程；资本下乡后推动的“农民上楼”和“土地流转”重构了村庄治理结构，公司代替村庄成了基层治理的社会基础。

本文将在阐释新型职业农民群体特征及类型划分基础上，解析新型职业农民对农村贫困治理的两面性影响及其内在机制，提出政策干预思路，为农村贫困治理中新型职业农民发挥更明确的积极作用提供有益的理论与实践启示。

二、新型职业农民的群体特征及类型划分

（一）新型职业农民的群体特征

1. 村庄场域的关联性。尽管新型职业农民的来源不同，技术类型与分工有差异，但由于其总是在流转村庄土地基础进行农业生产经营，因此，他们的经济活动与社会网络总是或多或少与特定时空下的村庄场域存在关联。新型职业农民的来源群体直接决定他们与村庄场域关联的性质与强度。一般而言，由农村青年、返乡农民工等与农村社会密切相连且价值认同基本上仍在村庄的群体培育形成的新型职业农民与村庄有较强关联，介入村庄的动机也更强烈。随着农村阶层分化，中坚农民在农村治理中的影响突显出来，他们的主要收入和社会关系都在村庄，家庭相对完整，对村庄公共事务有主动参与，由他们形成的新型职业农民与村庄的关联是很强的，且这种关联的维护对农村治理优化和社会秩序维护很重要。村庄场域的状况也会影响新型职业农民的培育，村庄的人口结构、社会资本、精神文化等构成了影响新型职业农民培育的重要因素，丰厚的社会资本、良好的社区文化等都有利于新型职业农民培育。

2. 职业素质的现代性。新型职业农民的生存与发展环境与传统农民大不相同，具有了很强的开放性与竞争性，需要他们具有从事现代农业应有的创新意识和专业技能。他们的农业生产不再局限于满足一家一户的生活需

求，而是面向家庭外的社会环境，致力于回应现代市场体系的需求，担负着农业现代化发展的历史责任。新型职业农民不再是一种身份，而是一种现代职业，他们不再固守于传统小农意识，而是具有爱农敬业、诚实守信等现代职业精神。他们是从事现代农业生产的“精英”人物，敢闯敢拼，具有积极的创新创业意识，是农村社会走向现代化的重要推动力。相比于村庄的传统农民，他们更具现代民主意识和进取精神，有更广泛的社会关系及更强的资源整合能力，更能与政府、市场等形成有效互动，表达和争取自身合法权益，更有能力推动农村形成多主体协同、多机制整合的均衡治理状态，促进农村治理结构优化。新型职业农民职业素质的现代性使其在现代分工体系有了独特社会功能。

3. 资源配置的中介性。新型职业农民具有现代市场的属性，他们充分融入市场，将农业作为产业，追求利润最大化，这一特征恰恰使其成为资源和机会在村庄内部及城乡之间流动配置的重要中介点与承载体，特别是返乡农民工、有志于现代农业的城市市民等携带较丰富城市化及现代化因素的社会主体成长为新型职业农民，使新型职业农民融通资源、促进发展的特征变得更为显著。我国的城乡二元体制使农村的劳动力、资金等要素资源大量流向城镇，导致城乡社会发展的失衡，新型职业农民的逐利动机、创新活力与中介性特征可促进城乡资源和机会的一体化配置，使农村发展获得更充沛的外部力量支持，而不是简单受制于刚性的城乡二元结构。与农村社会有较强关联、对农村建设有公益心和责任感的新型职业农民在这一点上会表现出更强积极效应，更有利于城乡资源的均衡化。从这个意义上讲，新型职业农民群体的兴起对我国城乡一体化及逆城镇化进程是一支重要推动力量。

（二）新型职业农民参与村庄治理的路径差异及其类型划分

尽管新型职业农民群体有一些共性特征，但是该群体并非是铁板一块，而是具有内在的类型分化。在我国当前城乡二元结构背景下，新型职业农民成为了城乡间进行信息、资源和人员互动的重要社会中介，展现出国家发展意志与农村基层实际的双向对接，基于此，本文参照杜赞奇在著作《文化、权力与国家：1900—1942 的华北农村》将“经纪人”分为营利型经纪和保护型经纪的理论思路，按照“参与村庄治理的路径差异”把新型职业农民划分为“营利型新型职业农民”与“保护型新型职业农民”两个理想类型。

“营利型新型职业农民”不管其来源是什么或是否为在地村庄居民，他们的身份认同、价值追求和生活面向都朝向村庄之外，尽管他们的生产经营和社会关系与村庄场域存在一定关联，但他们行事的准则是理性的利益最大化，他们并不关心村庄的公益事业及村民的生活改善，也不愿为此投入资源，甚至可能为了自己的利益不顾村庄或村民利益，想办法截取政府对基层村庄的扶持资金，弱化村民参与现代市场的能力。他们参与村庄治理的意愿缺乏或较弱，对村庄治理的功能具有不确定性乃至负面性，很可能与村民形成零和博弈，在村庄及周边加剧资源的非均衡聚集及贫富分化。总体上看，营利型新型职业农民“悬浮”于村庄社会，与村庄社会呈现弱关联，对农村贫困治理的影响具有两面性及条件限定性，急需政策性的规制和引导，以使他们产生更有益的社会功能。

“保护型新型职业农民”尽管具有新型职业农民群体的共性特征，但他们与营利型新型职业农民有不同的价值观念与行为动机，他们不管是什么来源或是否为在地村庄居民，都与村庄社会有相对较强的关联，表现出对村庄社会较强的嵌入性，尽管他们也奉行市场理性法则，努力通过农业生产经营谋取利润，但并不单一地追求经济利益最大化，他们对村庄社会及现代农业发展有一定的情怀、认同感和责任感，注重与村庄场域相连的荣誉感与社会评价，愿意一定程度上投入资源在村庄公益事业和村民生活改善，获得市场利益之外的社会价值或主观精神收益。他们有参与村庄治理的动机，愿意让村民不同程度上参与其生产经营，优化村民与政府、市场的互动，他们更容易与当地村民形成共赢，可促进基层的资源共享，他们因此成为促进农村贫困治理的关键社会主体。

三、新型职业农民对农村贫困治理的影响

（一）保护型新型职业农民对农村贫困治理的积极影响

保护型新型职业农民主要来源于农村或城市中热爱农业的中青年群体、返乡的农民工以及对农村发展有责任感和公益心的其他社会群体，他们选择农业为职业并非完全追求市场利润，也有某种对农村和农业的情怀与价值诉求，他们在进行经营活动时，不同程度上注重在村庄的价值感，有意愿也有能力参与村庄公共事务并采取措施帮扶带动村民共同发展。由于他们具有积极主动的创业精神，社会资源丰富，他们也会与政府部门、社会组织等维持互动，向他们反映问题及传递需求，在扶贫项目承接、扶贫信息传递、扶贫资源整合等方面发挥作用，可推动当地村民脱贫致富，达到市场价值与社会价值的协同实现。

笔者 2017 年 4 月在江西宜春所调研的新型职业农民 PFN 就显示出此方面的社会特征。PFN 是江西宜春 FN 种养专业合作社的理事长，该合作社成立于 2014 年 3 月，合作社由在外打工返乡的女性农民工 PFN 牵头组织，发动了其他 4 名村里人共同创立。截至 2017 年 4 月，该合作社共有 5 个生产基地，合计 2000 余亩，主要从事水稻、小麦、油菜的生产。该合作社的几位创立者来自周边的村庄，对村庄的社会结构及文化价值有较强嵌入性，

他们在生产经营过程中带动和帮助周边农民从事农业生产，提高他们的生产水平，推广新的农业生产技术，探索有机农业的发展，仅2014年，就发放零工工资20多万元，为在家的农民开辟了一条在地就业的新路子。同时，PFN还利用参与农业主管部门主办的培训班等机会，与宜春市YZ区农业局等相关政府部门积极沟通，反映新型职业农民培育政策落地过程中的一些现实问题，以及雇用村民做工、农产品生产及销售、农机补贴等方面存在的实际困难，促进政府部门完善相关政策措施。由于PEN是当地较为成功的种粮大户，因此很受当地农业部门重视，经常受邀参加新型职业农民的相关培训和会议，也能接触到来基层考察的上级部门政府官员，可借机向他们反馈农业生产经营中的政策成效及需求。PEN本身就是当地农民，具有较浓厚的家乡观念，在取得商业成功后有反哺与服务家乡的愿望和参与当地社会治理的动机，也较看重所在村庄社会对自己的认可与评价，总体看，她属于保护型新型职业农民。

笔者2017年8月下旬在江西泰和县调研的新型职业农民ZJJ也体现出了保护型特征。ZJJ出生在泰和的一个农村，经历了艰难的创业历程后，他在家乡创立了FX禽业有限公司，专门进行乌鸡的规模化养殖。在企业经营步入良性轨道之后，ZJJ的社会影响力不断提高，担任了多家协会的会长或副会长，当地政府和家乡周边村民对他的期望也随之提高，ZJJ感觉到了越来越重的社会责任，也开始更多参与社会公益事业。曾有过深切留守经历的ZJJ，不管是建家庭养殖场还是成立专业合作社，首先想到的是招收留守在村里的劳动力，实现了40多名村民的在地就业，不仅如此，他还主动联系合作企业为村民提供免费的技术培训，解决了相当一部分村民的就近就业难题，在当地赢得了良好口碑。2013年ZJJ牵头成立了FX养殖专业合作社，通过“公司＋合作社＋农户”模式，带动周边共同发展泰和乌鸡养殖户2 500家，年饲养泰和乌鸡260万只，辐射的农民合计增加收入上千万元，为发展本土优势的现代养殖业发挥了示范作用，增强了普通乌鸡养殖户参与市场、通过市场脱贫致富的能力，使普通农户围绕乌鸡产业及FX养殖专业合作社实现了一定的组织化，促进了农户之间的自助互助，优化了普通农户与当地政府、公司的互动关系，改善了农村治理环境。

总体来看，从PEN和PJJ身上反映出的新型职业农民对农村贫困治理的积极影响，其实质是要发挥农民群体自身的创造力与能动性，通过村民内在潜力的挖掘及互助实现“真脱贫”“脱真贫”，这有利于破解精准扶贫中存在的贫困户参与不足及扶贫绩效受制约等现实困境，也契合了项目化扶贫的机制创新方向，如：重建项目化扶贫中贫困者的主体地位，激发村民的主动性与自组织，夯实扶贫开发项目的社会基础。

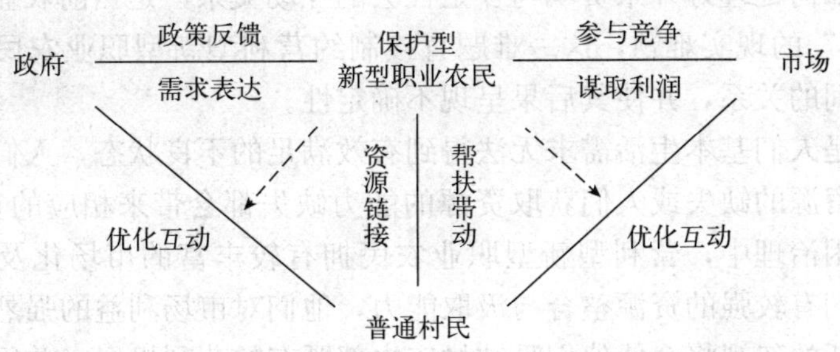

图1　保护型新型职业农民对农村贫困治理的积极影响

（二）营利型新型职业农民对农村贫困治理的两面性影响

站在农业现代化的整体视角看，营利型新型职业农民也是农业现代化的重要人力资源和行动主体，他们参与农业生产经营，努力寻求市场利润，对现代农业发展、地方经济增长及农村贫困治理有积极推动作用。但是，站在他们生产经营活动所关联的村庄社会的角度看，他们参与村庄治理的动机并不强，他们的责任感、价值感和荣誉感是在村庄社会之外的，他们追求经济利益最大化，不大情愿投入资源在村庄公共品提供上，甚至可能为了自己利益的实现而截取本应到达村庄的市场机会或政策资源，在推动新型规模化经营主体不断壮大的同时却可能阻碍普通村民应得的资源和机会，这可能加剧当地的资源聚集及贫富分化，恶化农村贫困群体的生活，使农村均衡发展遭遇困难。

贺雪峰（2015）在《论中坚农民》一文中谈及“新型农业经营主体”时指出，社会关系不在村庄甚至跟村庄没什么关系的外来规模化新型农业经营主体，主要把村庄视为获取市场收益的组成部分，他们流转了农民土地后，就脱离了村民，村庄极有可能形成“资本＋老弱病残”的结构，这对农村基层治理非常不利。贺雪峰的这一观点对于解读营利型新型职业农民对农村贫困治理的影响很有启发，就现实情况看，他所言的“新型农业经营主体”主要是在地方政府与公司合力推动下发展的，其主要的经营管理人员本身很大程度上就是“营利型新型职业农民”或营利型新型职业农民的重点来源对象，他们流转了村庄土地后就与村民形成一定隔离，缺乏对村庄的公益心和价值诉求，只是一味遵循市场法则开展农业生产经营，满足资本不断增值的需求，这难以避免使这些具有先进职业素质及强大资源中介能力的营利型新型职业农民一定程度上走向村庄发展的反面，推动村庄形成不均衡的社会结构。总体看，营利型新型职业农民的出现及壮大与农业现代化进程中的“资本下乡”趋势密切关联，外来资本下乡并以公司方式经营农业势必带来“悬浮”于当地村庄社会的新型农业经营主体及营利型新型职业农民出现，在此过程中，如何处理好外来资本与乡土社会的互动关系，是当前农业现代化中“资本下乡”的现实难题，这一难题直接制约营利型新型职业农民与当地村庄社会之间的关系，并使其后果呈现不确定性。

贫困是人们基本生活需求无法得到有效满足的不良状态，人们生活必需的每一种资源的缺失或人们获取资源的能力缺失都会带来相应的贫困问题，在农村贫困治理中，营利型新型职业农民拥有较丰富的市场化及社会化资源，且他们有较强的资源整合与汲取能力，他们对市场利益的强烈追逐以及对社区责任的忽视将会使他们吸纳村庄内部既有的获利机会，并很大程度上阻断本应下落到村民的来自政府的资源供给与来自市场的获利机会，在农村基层形成支农资源的“精英俘获”，导致资源的非均衡聚集，很大程度上剥夺了村民特别是贫困户可获得的资源和机会或弱化了他们获取资源的能力，使村民特别是贫困户的基本生活需求满足受阻，最终会带来村庄贫困恶化或衍生新贫困问题。

同时，营利型新型职业农民尽管有了一定的经济资本与职业技能，但是由于缺乏坚实的村庄社会基础，仍会面临经济与社会的双重脆弱性，特别是在农产品原材料吃紧、农忙时雇工短缺、与村民发生误解或纠纷等特殊情形时更容易显现出经营的不稳定性，不仅应对市场变化及风险的能力不够充分，也有可能在经营失利后面临市场退缩乃至返贫，成为农村贫困治理中的风险因素。因此，总体看，营利型新型职业农民对农村贫困治理的影响具有显著两面性，在相关政策与制度不够健全的情况下，更易显现出消极面。

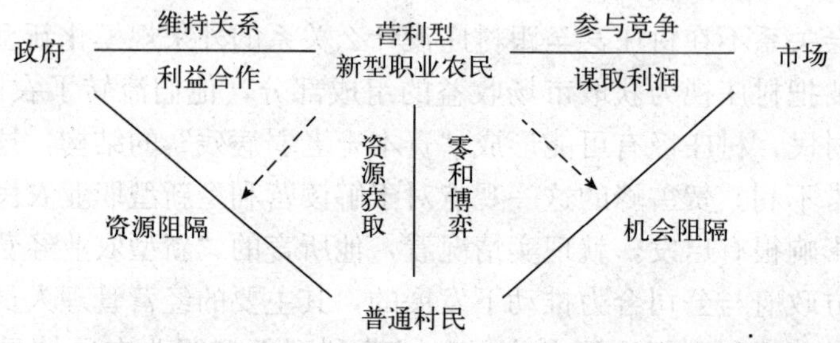

图 2　营利型新型职业农民对农村贫困治理可能带来的消极影响

四、发挥新型职业农民在农村贫困治理中积极影响的政策思路

对新型职业农民群体功能进行政策干预应着眼于大力培育保护型新型职业农民并发挥他们在农村贫困治理中的积极影响，促进营利型新型职业农民

向保护型新型职业农民转化或具有更多“保护型”因子，减少和预防营利型新型职业农民的不利影响。

（一）发挥政策对两类新型职业农民培育的托底保障

自2012年中央1号文件提出“大力培育新型职业农民”迄今，只有短短5年时间，新型职业农民培育在我国仍是新生事物。面临土地、资本及市场竞争等挑战，职业农民培养迫切需要政府政策支持，新型职业农民的生成不是靠单一因素推进的，而是需要复杂的社会环境，诸如较高的经济收入、必要的社会尊重及包括政府的支持与保护、农业教育等配套措施。只有新型职业农民群体健康成长，农村贫困治理才有坚实的人力资源基础和产业支撑，农村贫困防御体系才能牢固构建起来。当前，我国新型职业农民面临土地流转与融资困难、农产品生产成本上升、部分农产品价格持续走低等挑战，给新型职业农民成长及功能发挥带来很大制约，发挥政策对新型职业农民群体的托底保障是当务之急。

在前述案例中，江西宜春FN种养专业合作社的理事长PEN曾向笔者反映，她们合作社面临的主要困难：一是资金投入困难大，过去两年来合作社合计投入200多万元，资金除了购置农业机械外，生产经营成本也较高，但利润率却很低，农机设备的维修成本较高，每出现一次故障，少则三四百元，多则几千元不等，且农机设备的使用寿命一般不长，更新换代比较快。二是农业生产的基础设施投资大，回报率低。烘干机在购买时有国家政策补贴，但是在安装烘干机的时候却涉及很多额外的配套投入，比如场地租赁、钢架棚、雇用守护人员、场地硬化等，她们合作社2015年为安装烘干机就额外追加了将近60万元的投资，包括：场地租赁费18万元（每年1.8万元，10年租金一次性交清）、钢架棚26万元、场地硬化13万元，来年春耕时又要发放田租60多万元，农药种子化肥等又需大概60多万元。尽管FN种养合作社的情况具有一定特殊性，但也体现出了新型职业农民成长初期的共性问题，反映出新型职业农民成长中遇到的困难与经营环境等基础性政策支持有很大关系。政府应切实了解他们的需求，制定完善保障性政策，发挥好政策的托底作用。

保障性政策的完善关乎整个新型职业农民群体的培育成长，对两个类型的新型职业农民都有基础性影响。结合我国城乡二元结构及农村发展实际，可在市场准入、金融服务、财政补贴、用地用电、技能培训等方面采取政策措施鼓励农民工返乡创业，重点激发与农村有天然社会联系的农民工群体加入新型职业农民队伍，鼓励有意愿加入现代农业且对农村发展有情怀，有认同感、责任感和价值诉求的城市市民加入，从创业环境、社会保障、风险防范等方面为他们解决发展的后顾之忧，为新型职业农民群体的壮大特别是保护型新型职业农民的成长及功能发挥奠定政策基础。发挥政策的托底保障功能还有两个具体点需重视，一个是保障农村中未列入新型职业农民培育对象的村民的收益空间，防止他们陷入相对贫困；二是预防新型职业农民可能因为投资失利等原因陷入贫困。

（二）发挥政策对两类新型职业农民差异化的激励引导

营利型与保护型新型职业农民的行为动机不同，参与农村治理的意愿和逻辑也有差异，因此，在针对整个新型职业农民群体进行职业道德、社会责任价值观等方面教育培训的同时，还要针对两类新型职业农民的群体差异，制定差异化的政策措施，特别是激励性措施，做到因材施策、有的放矢。激励性政策干预的主要目的是充分激励新型职业农民的主动性，促进其发挥积极作用，特别是要激励保护型新型职业农民的作用发挥，同时激励引导营利型新型职业农民向保护型新型职业农民转化，或者使营利型新型职业农民具有更多“保护型”因子，使他们在维持正常生产经营的同时愿意一定程度上关注到当地农村社区，使其有更大积极性协同农户一起发展，有更大动力通过履行社会责任赢取市场价值。

激励性政策干预的关键是构建合理的利益协同机制，使保护型与营利型新型职业农民与当地村民有更深入的利益连带，政府部门可通过税收减免、农机种子补贴、项目分配与验收、试点示范、业务培训、贷款贴息等政策措施，促进形成“农民入股＋保底分红”“公司＋农户＋合作社”“职业农民＋贫困户”等多样化的利益协同及帮扶带动模式，使新型职业农民服务地方、带动农户发展的行为获得制度化的激励，得到实实在在的收益。一方面让营利型新型职业农民意识到国家政策干预框架下市场效益与社会效益的一致性，促进他们有更多的社会责任行为，具有更强的“保护型”色彩，甚至转变为保护型新型职业农民；另一方面促进保护型新型职业农民在当地村庄的资源投入和利益共享行为获得更实在的收益回报，在当地社会获得更好的社会评价、更高的文化赞誉，肯定保护型新型职业农民的社区价值，为保护型新型职业农民的成长构建更坚实的社会保护机制。《经济日报》2017 年 4 月 10 号版曾提到现代农业产业经营中公司与农户一起发展的案例，对激励性政策干预中的利益协同机制构建有启示价值。该案例发生在 2013 年，×公司在农村投资建设猕猴桃种植基地，流转了村民的土地，还雇用村民参与生产经营，起初由于该公司未充分考虑到村民利益，村民在种植基地经营中获益有限，积极性不高，公司发展也因此受到制约。后来，公司改变了与村民的利益共享模式，村民通过土地经营权入股等方式，每年都能获得保底分红，实现了公司与农户的共赢，公司也因此在当地农村实现了稳定发展。

与此同时，还要注重发挥政策的负向激励功能，约束营利型新型职业农民的过度理性化及不当市场行为，通过政策措施干预防范营利型新型职业农民对当地村庄获利机会的侵占，防止外来规模化的新型农业经营主体侵占“中坚农民”成长所需的获利空间和社会基础。在项目制成为我国重要的政策实现机制的现实背景下，要重视国家支农扶农过程中“项目进村”的实际成效，制定针对性的有明确奖惩的政策措施，防止营利型新型职业农民对支农项目资源的截取，治理“精英俘获”问题，使国家扶贫及其他支农资源能在村庄落地并惠及大多数普通村民，真正服务于村民脱贫致富。

五、结束语

黄宗智（2014）认为资本与劳动双密集型的小规模家庭农场是我国现代农业的发展出路，并认为家庭农场经营者的“中农”最关心本村社区事务，是可以赖以稳定、重建农村社区的核心力量，而家庭农场又被认为是新型职业农民培育和存在的理想载体，其经营者和劳动者被认为是典型的新型职业农民。可以预见，随着新型职业农民群体的不断成长壮大，他们在农村社区重建及贫困治理中的影响将逐渐增加。但是，也可能因为政策与制度的不健全不精准等原因，新生的新型职业农民会给农村贫困治理带来不确定性与风险，因此，如何通过优化政策设置，最大化实现新型职业农民促进农村贫困治理的积极功能，防范可能的负面影响，是我国农村贫困治理及新型职业农民培育的重要议题。

营利型新型职业农民与保护型新型职业农民具有不同的行动逻辑，对农村贫困治理的影响也有显著差异，因此，如何夯实新型职业农民培育的村庄社会基础，大力培育保护型新型职业农民并有效发挥其功能，同时注重增强营利型新型职业农民的“保护型”特征，减少并预防营利型新型职业农民的消极影响，是我国创新农村贫困治理机制及构建农村贫困防御体系的关键。在我国农村社会空心化及青壮年人口大量外流的现实情况下，部分不愿离开或由于照顾家庭等原因无法离开农村的仍有富足劳动力、主要收入和社会关系在村庄且家庭生活相对完整的中坚农民，是当前我国农村社会发展的骨干力量，他们应成为保护型职业农民培育的重点对象，如何精准遴选出农村的中坚农民并把他们培育成保护型新型职业农民，将对我国农业现代化的实现及农村治理结构的优化具有非常重要的意义。

【参考文献】

杜赞奇．文化、权力与国家：1900—1942 年的华北农村．王福明，译．南京：江苏人民出版社，2003. 24 - 37.

耿羽，郗永勤．精准扶贫与乡贤治理的互塑机制——以湖南L村为例．中国行政管理，2017（4）．

古学斌，张和清，杨锡聪．地方国家、经济干预和农村贫困：一个中国西南村落的个案分析．社会学研究，2004（2）．

贺雪峰．论中坚农民．南京农业大学学报（社会科学版），2015（4）．

胡小平，李伟．农村人口老龄化背景下新型职业农民培育问题研究．四川师范大学学报（社会科学版），2014（3）．

黄宗智．“家庭农场”是中国农业的发展出路吗？．开放时代，2014（2）．

焦长权，周飞舟．“资本下乡”与村庄的再造．中国社会科学，2016（1）．

李小云，张雪梅，唐丽霞．我国中央财政扶贫资金的瞄准分析．中国农业大学学报（社科版），2005（3）．

李耀锋．农村治理中“项目进村”的村庄回应：理论意涵与现实问题．农业经济问题，2016（12）．

李耀锋．需求、资源与能力：旅游开发致贫效应的机理分析——基于赣琼两个旅游村的实地调研．学术论坛，2015（10）．

刘升．精英俘获与扶贫资源资本化研究．南京农业大学学报（社科版），2015（5）．

马良灿．项目制背景下农村扶贫工作及其限度．社会科学战线，2013（4）．

渠敬东．项目制：一种新的国家治理体制．中国社会科学，2012（5）．

任超，袁明宝．分类治理：精准扶贫政策的实践困境与重点方向——以湖北秭归县为例．北京社会科学，2017（1）．

任中平．社区主导型发展与农村基层民主建设——四川嘉陵区CDD项目实施情况的调查与思考．政治学研究，2008（6）．

史月兰，唐卞，俞洋．基于生计资本路径的贫困地区生计策略研究——广西凤山县四个可持续生计项目村的调查．改革与战略，2014（4）．

宋新乐，朱启臻．新型职业农民的职业精神及其构建．西安交通大学学报（社会科学版），2016（4）．

唐丽霞，罗江月，李小云．精准扶贫机制实施的政策和实践困境．贵州社会科学，2015（5）．

唐任伍．习近平精准扶贫思想阐释．人民论坛，2015（10）．

汪三贵，郭子豪．论中国的精准扶贫．贵州社会科学，2015（5）．

汪三贵，张雁，杨龙，梁晓敏．连片特困地区扶贫项目到户问题研究．中州学刊，2015（3）．

王春光．超越城乡：资源、机会一体化配置．北京：社会科学文献出版社，2016.

王春光．社会治理视角下的农村开发扶贫问题研究．中共福建省委党校学报，2015（3）．

王雨磊．农村精准扶贫中的技术动员．中国行政管理，2017（2）．

温涛，朱炯，王小华．中国农贷的“精英俘获”机制：贫困县与非贫困县的分层比较．经济研究，2016（2）．

夏益国，宫春生．粮食安全视域下农业适度规模经营与新型职业农民——耦合机制、国际经验与启示．农业经济问题，2015（5）．

向德平，刘风．农民合作社在反脆弱性发展中的作用和路径分析．河南社会科学，2017（5）．

邢成举，葛志军．集中连片扶贫开发：宏观状况、理论基础与现实选择——基于中国农村贫困监测及相关成果的分析与思考．贵州社会科学，2013（5）．

邢成举，李小云．精英俘获与财政扶贫项目目标偏离的研究．中国行政管理，2013（9）．

徐宗阳．资本下乡的社会基础——基于华北地区一个公司型农场的经验研究．社会学研究，2016（5）．

张婕．民族地区农村扶贫项目对农村社区发展影响研究．武汉：华中农业大学，2012.

张明媚．新型职业农民内涵、特征及其意义．农业经济，2016（10）．

朱启臻，胡方萌．新型职业农民生成环境的几个问题．中国农村经济，2016（10）．

朱启臻，胡鹏辉，许汉泽．论家庭农场：优势、条件与规模．农业经济问题，2014（7）．

朱启臻．新型职业农民与家庭农场．中国农业大学学报（社会科学版），2013（2）．

Eric R. Wolf. Peasants. London：Prentice-Hall，Inc.，1966.

J. Freedgood and J. Dempsey. Cultivating the Next Generation：Resources and Policies to Help Beginning Farmers Succeed in Agriculture. American Farmland Trust，2014.

（作者单位：井冈山大学）

基于农民创业的村庄凋敝治理路径研究

王春燕　庄晋财　成　华

一、问题的提出

我国有9亿人口生活在农村，农业又是关乎国计民生的基础产业，但目前许多地区的农村却呈现出不协调景象，严重影响农村社会的稳定和可持续发展。如在发达地区，有些村庄工业发展迅猛，但对环境造成严重污染；如在欠发达地区，许多村庄青壮年人口大量流失、耕地抛荒、村庄“空心化”现象严重。现实中呈现的种种村庄凋敝现象阻碍了城乡融合发展，也有悖于“美丽中国”和“美丽乡村”目标。但也有一些村庄却呈现出经济发展、社会和谐、生态优美的繁荣景象，如近几年国家和地方政府在各地评选出的一些“美丽乡村”，大多符合上述标准，笔者近两年在广西和浙江等地调研也发现有些村庄发展繁荣、生活富裕、民风淳朴、生态宜居，让人流连忘返。综观这些“美丽村庄”，都有一个共同特征：村民创业行为活跃，绝大部分村民都能积极参与并从中获益，且在创业过程中注重对环境的保护。就理论而言，创业活动作为区域经济增长和发展的根本驱动力量，它的集聚和活跃程度，常被用来解释区域经济发展差异的原因（刘刚等，2012），同时也是影响区域社会稳定和生态环境的重要因素。那么，对于中国的广大农村来说，能否通过农民创业治理村庄凋敝，如果能够，它的作用机制是什么？具体路径又有哪些？本文就此进行探讨。

二、农民创业对村庄凋敝治理影响的理论分析

人们通常把某一区域看作是“经济—社会—生态”复合系统，不同子系统属性各异、相对独立，但又相互联系、相互作用，耦合成结构与功能统一的区域复合系统。村庄在我国有着明确的地理和行政边界，是村民从事生产和共同生活的场所，同时也是连接人和自然的纽带（朱启臻等，2014），因此，我们同样也可以把村庄视作是由经济、社会、生态三个子系统拟合而成的区域复合系统。

（一）熵变与系统的演化

从理论上来说，系统的持续运行有赖于有序度地不断提高，而有序度与

系统总熵值密切相关。根据热力学的解释，熵是系统消耗的无法做功的能量的总和，是系统无序程度的度量，系统总熵值越小，就越有序。普里戈金认为一个开放系统的熵变可以用以下公式表示：

$$dS=d_iS+d_eS$$

式中，dS 表示系统的总熵变；d_iS 表示系统内部产生的熵，由于是不可逆过程产生的熵，因此其值恒为正；d_eS 表示系统与外部环境进行物质能量交换产生的熵流，其值视情况而定，可为正，也可为负。只有当 $d_eS<0$ 且 $|d_eS|>d_iS$，即系统与环境交换物质能量所产生的负熵能够抵消系统内部产生的正熵时，才能使 $dS<0$，从而推动系统向着有序方向演进。而系统的熵变取决于系统的开放性和协同性，系统的开放性是指系统与外部环境之间物质能量交换的频率和强度，系统的协同性是指系统内部各要素及子系统之间在相互作用下使系统整体功能放大的程度。若系统的开放性越强且协同性较好时，则系统与外部环境物质能量交换形成的新能量就越多，即负熵越多；与此同时，由于系统的协同性，使系统与外部环境物质能量交换而形成新能量过程中需要消耗的能量就会减少，即产生的正熵越少（任佩瑜等，2007）。因此，当系统兼具开放性和协同性时，系统就会在与外界不断进行物质能量交换的过程中，形成一种内在的自主机制，驱动系统要素及子系统之间自发形成协调的整体运动，从而使系统向着熵值趋减、有序运行的方向演进（郭骁等，2007）。

（二）村庄系统的凋敝及其治理

根据以上熵变原理，开放性和协同性是系统持续有序运行的两个基本条件，村庄作为复合系统，它的持续有序运行同样也有赖于这两个条件。但就现实而言，许多村庄因无法同时满足开放性和协同性而造成村庄失序，如有些村庄或因封闭与外界交换较少导致村庄发展落后，或因内部经济、社会和生态子系统间相互冲突导致村庄发展失调，或两者兼而有之，我们把这些现象都称为村庄凋敝。因此，村庄凋敝要想得到治理，就需要让村庄成为开放系统，使之与外界系统有丰富的物质能量交换，并在此过程中不断提高村庄系统的协同性，以促进负熵的生成同时抑制正熵的产生。具体而言，负熵在村庄中体现为与外界交换而形成的有利于村庄经济、社会和生态子系统发展的各种新能量，正熵体现为在产生这些新能量过程中消耗的各种能量，若村庄系统在运行过程中产生的负熵大于为此消耗的正熵，则村庄总熵值趋减、有序度提高，村庄凋敝得到缓解。

（三）农民创业与村庄凋敝治理的逻辑关系

实践证明，农民创业活动有可能提高村庄系统的开放性和协同性，降低系统总熵值，是治理村庄凋敝的有效途径之一。一方面，村庄农民创业活动越活跃，村庄与外部系统的物质能量交换就越频繁，在村庄系统内部各子系统关系协调的情况下，这种物质能量交换能够形成的新能量（即负熵）就越多。首先，农民创业活动有可能对经济、社会和生态子系统产生直接的促进作用，形成新的能量。如农民创业活动通过为村民提供就业机会、拓展村民的收入来源，包括工资性收入、经营性收入、财产性收入和转移性收入等，改善村民收入结构进而增加村民的收入，在增加村庄总产出的同时也促进了村庄经济的发展（古家军等，2012）；农民创业活动增加村民间生产协作的可能性，使村民嵌入村庄内部产业网络之中，而这些村民又共同生活在村庄地域范围内，在日常的生活互助中形成村庄的社会网络，生产和生活场域在空间上的重合使村民所处的产业网络与社会网络得以叠加，有助于形成村民间生产协作与生活互助之间的良性互动（庄晋财等，2012），和谐村庄社会关系；若农民所创产业为生态产业，则有利于改善村庄生态子系统。其次，农民创业活动有可能使经济、社会和生态子系统间产生协同效应，放大村庄整体功能。农民创业活动有助于增加村庄集体收入，如将村集体的土地、山林等公共资源纳入创业要素范围，则能产生一定的经济收益。村庄集体收入的提高使村庄有能力为经济、社会和生态子系统投入更多资金、技术等要素，如为村庄提供水电路网、教育、医疗、环保和社会保障等基础设施和公共服务，在提高村民福利水平的同时，也为村庄生态子系统提供一定保障，而村庄在教育、医疗和社会保障等方面的投资有助于提升村民的人力资本（刘炫等，2016），促进村庄经济发展；生态环境的改善则有可能拓展村庄的产业边界，如生态农业、休闲旅游等生态产业的发展都需以良好的生态环境为基础，优质的空气和水源、多样化的生物资源、优美的生态景观等要素能为生态产业的发展带来更多收益（童云，2016）。因此，农民创业活动若能带来村庄经济、社会和生态子系统的协调运行，则它们间能产生互补共促的协同效应，增加村庄系统的总收益。

另一方面，若村庄子系统间协调性越强，则村庄与外部系统物质能量交换而形成新能量过程中需要消耗的能量（即正熵）就越少。首先，村庄子系统间的协调有可能降低村庄投入成本。若社会和经济子系统间协调，则创业村民间日常交往的增多能提升彼此间的信任度，在创业者之间形成社会网络，有利于资金、人力、技术、信息等资源的流动，能降低企业获取资源的交易成本（庄晋财等，2012）；更进一步，若村庄相同产业类型的企业能联合起来，如成立经济协会等社会组织，通过集中采购原料、建立统一品牌、统一对外销售等行为，则既能增强企业抵御市场风险的能力、提高话语权，又能降低成本、增加收益。从生态环境改善对经济发展成本的影响角度看，良好的生态环境意味着村庄生态子系统内部有着结构复杂的生态循环链网，物质能量在循环链网中能顺畅流动与转换，有着较强的物质再生产能力和环境自净化能力，为村庄产业发展提供数量更多、质量更好的物质资源和更优美清洁的环境，从而降低生产成本。如村庄水、气、土壤等自然资源的改善可有效降低村民在农业生产方面的投入，节约生产成本。其次，村庄子系统间的协调有可能减少村庄资源消耗和废弃物排放。若村庄经济的发展能促进新技术的引进，则有可能通过技术进步提高资源利用率，减少对物质资源的消耗和废弃物的排放。根据物质不灭和能量守恒定律可知，当资源中的能量被越多地转化为产品时，产生的废弃物就越少。技术进步提高了村庄资源的利用效率，将资源的开发利用量控制在生态阈值范围之内，同时也能降低对环境的污染。如在村庄发展生态循环农业，利用“食物链”原理，将经济活动组织成“资源利用—绿色农产品—资源再生产”闭合链网，物质能量在生态循环链网中高效流动与转换（陈良，2007），在减少自然资源消耗的同时也降低了废弃物的排放。

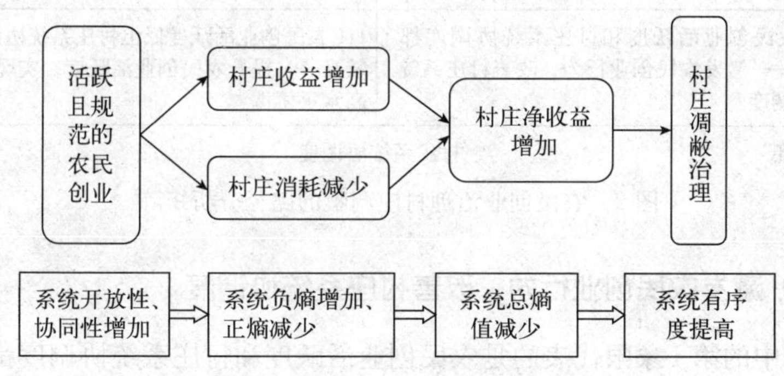

图1　农民创业与村庄凋敝治理的逻辑关系

综上所述，对村庄凋敝形成有效治理需要有活跃的农民创业活动且村庄子系统间关系协调。所以，农民创业能否起到对村庄凋敝治理的作用，取决于两个条件，一是农民创业活跃度，它决定着村庄与外界物质能量交换的频率与强度；二是村庄系统协调度，它决定着村庄与外界进行物质能量交换形成新能量的转化程度。若村庄农民创业活动活跃且村庄内部子系统间协调，则村庄通过农民创业活动带来的物质能量与村庄各要素结合转换出新能量的转换率就会极大提高，即产生的负熵大于正熵，由此村庄系统的总熵值趋减，有序度提高，村庄凋敝得到缓解。相反，村庄通过创业活动带来的要素在能量转换过程中，如果造成村庄子系统的不协调，比如经济产出影响了生态产出，那么就会极大地影响新能量的产生，当农民创业带来的新能量无法抵消因子系统冲突带来的能量消耗时，就会形成熵增，加剧村庄凋敝。因此，我们可以用农民创业活跃度与村庄系统协调度作为两个维度，分析村庄凋敝的具体类型，并在此基础上探讨农民创业对村庄凋敝治理的可行路径。

三、农民创业对村庄凋敝治理的路径

根据前文分析，农民创业活跃度和村庄系统协调度是农民创业治理村庄凋敝的两个必要条件，借此可以绘制一张农民创业治理村庄凋敝的二维矩阵图，考察农民创业对不同类型村庄凋敝治理的具体路径。图 2 中矩阵的四个象限，分别代表着农民创业活跃度和村庄系统协调度的四种不同组合，对应着四种不同类型的村庄状况，因此，通过农民创业来治理村庄凋敝的路径也会因此出现差异。

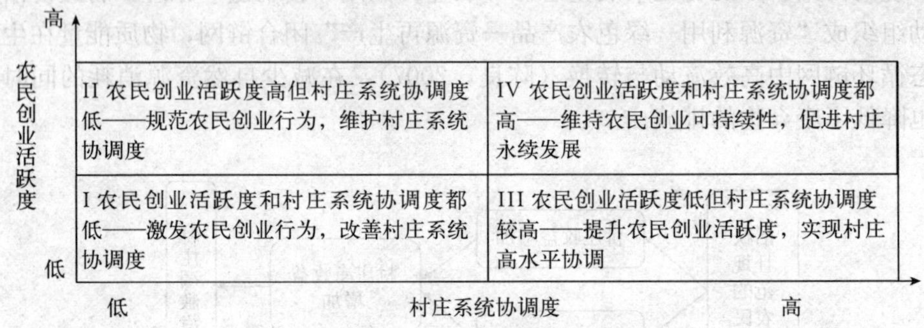

图 2　农民创业治理村庄凋敝的路径分析矩阵

（一）激发农民创业行为，改善村庄系统协调度

图 2 中的第 I 象限代表的是农民创业活跃度和村庄系统协调度都较低的村庄凋敝，这类村庄农民创业活动较少，村庄经济落后、生态环境脆弱、自然资源稀少，村民为争夺资源引发冲突，社会矛盾频发。结合我国现实，这类凋敝突出表现为以下两种情况。一是劳务输出大省的许多村庄面临这类困境：村庄二、三产业发展落后，村民很少能在本地找到除务农以外的其他就业机会。农业的低收益性和城镇化的吸引力构成离心力，村庄青壮年劳动力大量涌入城市，造成土地粗放耕种，抛荒现象时有发生，如四川省的许多村庄有近三成耕地被抛荒。村庄土地大量抛荒、农业产出锐减，使其能够向外界输出的物质十分有限，交易频率降低，许多原来在村庄内部生产的物质也需依赖外部的输入，导致村庄与外界交换失衡，村庄资源闲置，经济衰退，发展失去动力（庄晋财等，2016）。当村庄经济衰退时，村民个体和村集体都无法从村庄现有产业中获得满意收入，这一方面导致更多村民外出寻找更好的就业机会，大量精英流失，只剩下“三留人口”，社会问题频发；另一方面造成村集体经济弱化，村“两委”无力顾及道路、环境、医疗等村庄公共品的供给，严重影响了村庄社会的民生福祉，村民对基层组织失去认同，

权威弱化。同时，村庄精英的流失和基层组织权威的"架空"也导致村庄权力制衡机制失效、社会规范约束力式微，灰色势力抬头，出现"乡痞治村"等现象，灰色势力因无人管制，为所欲为，村庄治理混乱，社会失序（黄海，2014）。经济的衰退和社会规范约束力的弱化使得村民为了经济利益很少顾及生态子系统的承载能力，过度开发自然资源行为时有发生；而灰色势力对自然资源的肆意攫取更是对村庄生态子系统造成难以估量的危害，村庄生态循环链网被破坏、功能衰退、生态子系统恶化，村庄系统陷入"经济—社会—生态"发展失调困境。

二是我国农村扶贫开发纲要中规定的 14 个集中连片特困地区中也有许多村庄属于这一类型：这类村庄大都处于接近于自给自足的农耕社会，主要从事传统种植业，非农产业发展滞后，"三间土坯房、一锅苞米粥"是许多村民生活的真实写照。村庄与外部系统进行物质能量交换较少，由此形成的新能量（负熵）也较少。且由于在相对封闭的村庄环境中很难获取创业所需的机会、资源和人才等要素，因此，农民创业活动发生较少，村庄经济发展落后；许多村庄位于山区或高海拔地区，气候恶劣、土壤贫瘠、环境承载能力低，属于典型的生态脆弱区：生态链网结构简单、物质能量流动路径较少、转换率较低，同等产出下需要消耗更多的自然资源，即产生更多的正熵。在生产力水平低下的情况下，村民大都只能以开发自然资源为生计模式：垦林开荒、广种薄收，对生态系统造成极大的破坏，且随着人口的增长，问题愈发突出，水土流失严重、生态恶化（陈绪敖，2016）；同时，由于连片特困地区资源稀缺，常有企业或村民无序争夺开发资源行为发生，不合理的开发行为加剧了贫富差距并易引发生态危机，激发村民间或村民和企业间冲突、社会关系紧张（杨安华等，2012）。因此，连片特困地区的村庄往往易陷入"经济—社会—生态"系统性凋敝叠加的困境，正熵激增，无序度加剧。

无论是劳务输出大省还是集中连片特困地区的村庄凋敝，都和村庄系统与外界的物质能量交换失衡或交换不足、村庄内部子系统间不协调有关，由此导致村庄系统产生的负熵不足以抵消产生的正熵，系统总熵值增加，村庄趋于无序。根据系统学原理，通过提高系统开放度和协同度，引入负熵流，能增加系统有序度，而农民创业能为村庄发展引入负熵流。因此，对于这类村庄凋敝的治理，可通过激发农民创业活动增加村庄与外界的物质能量交换，并在此过程中不断改善村庄系统协调度得以实现。一般而言，创业活动的发生需要具备两个条件：一定的资源和能力是创业发生的内在基础，良好的外部环境是创业发生的外在条件。其中，资源是指创业活动所需的各类要素，如人才、资金、土地、技术等；能力是指机会能力和运营管理能力；外部环境主要包括政策支持、基础设施和公共服务、文化和社会规范等（买忆媛等，2008）。具体到农民创业，政府可通过鼓励农民利用自身社会网络和政策支持获得各类创业资源；利用农民在打工经历中获取的知识和技能以及政府提供的创业教育培训等提升其创业能力；良好的基础设施和公共服务能降低农民创业成本，提高创业成功率；营造尊重创业和鼓励创业的社会氛围能提高农民的创业意愿。通过政府的各种扶持政策，可有效吸引农民返乡、激发农民创业行为，由此增加村庄系统开放度，为村庄发展引入负熵流。农民创业活动通过带动村庄经济发展，增加村民个体和村集体收入，不但能提升村民生活水平，还有助于增加村庄公共品供给，提升村民福祉；且由于村民收入增加，不再需以自然资源开发为生计，有助于修复生态环境，还能避免村民因对自然资源的争夺而引发的社会矛盾。更为重要的是，农民创业活动能提供本地就业机会，有助于吸引村民回流，使残缺的家庭结构重归完整，恢复其经济、生育、抚养和赡养、教育和社会化及情感交往等多种功能，有效解决“三留人口”问题（刘筱红等，2017），且回乡的村民中许多属于有见识、有魄力的精英，能制衡村庄灰色势力，改善村庄治理，提高村庄有序度，由此实现村庄经济发展、社会和谐和生态修复的耦合。

（二）规范农民创业行为，维护村庄系统协调度

图2中的第Ⅱ象限代表的是农民创业活跃度较高，但村庄系统协调度相对较低的村庄凋敝。这类村庄农民创业活动活跃，但创业活动不规范。主要体现为以下两种情况：一是农民创业选择的产业不适合当地生态环境，极易引发环境污染或造成生态危机，有损于其他村民的利益，由此引发社会矛盾；二是创业者行为不规范，如随意排放废弃物污染环境，或在创业过程中利益分配不公等而引发社会关系冲突。如我国有些地区的村庄，经济发展主要依靠开发自然资源或从事畜禽养殖、化工、制革和印染等重污染产业，当产业发展达到一定规模，开发的自然资源或排放的废弃物超过当地的生态环境容量时，则农民创业活动会破坏村庄的生态环境，并极有可能引发村庄社会矛盾。如当村庄过度发展养殖业，畜禽产生的粪便废渣超出村庄自然承载力范围时，就会引发空气、水体和土壤污染，养殖废弃物的随意排放更是导致“庄稼倒伏”“河水黑臭”等现象时有发生，由此影响村民与养殖户间的关系；而村干部偏重村庄经济发展对污染治理采取不作为态度，导致村民对村干部信任缺失（杜焱强等，2016），村庄凝聚力消弭。再如我国东部沿海发达地区的部分村庄，民营经济发展迅猛，但村庄社会的利益分配不公，大部分村民无法共享经济发展带来的收益，导致社会矛盾。这类村庄农民创业活动活跃，部分创业村民把企业做大做强，积累大量财富，并利用经济优势和优质社会网络关系侵占村庄集体资产、垄断村庄公共资源的再分配，变相掠夺普通村民的收益，由此造成普通村民对该部分富裕创业者的怨恨，极易

引发村庄社会关系冲突，影响社会和谐（杨华等，2017）。上述类型的凋敝中村庄农民创业活动活跃，与外界有大量的物质能量交换，但由于创业活动的不规范性导致村庄子系统间发生冲突，若由此产生的正熵超过因创业带来的负熵，则村庄系统的总熵值增加，从长期来看，必定影响村庄的可持续发展。

由创业活动不规范导致的村庄凋敝其实质是创业活动引发的村庄生态子系统和社会子系统的失调：前者主要是由于农民创业过程中过度攫取自然资源或大量排放废弃物所致，是创业者向生态子系统单向无序索取的表现，也是人与自然之间关系失衡的体现；后者主要是由于在创业过程中收益分配不公导致的，是人与人之间关系失衡的体现。因此，治理这类凋敝需从规范农民创业活动入手，调整村庄人与自然、人与人之间的关系，以维护村庄系统协调度。具体而言，可从生产过程和收益分配过程两方面对农民创业行为进行规范：首先，就生产过程而言，可通过制定相应的环保政策以减少农民创业对自然资源的消耗和废弃物的排放。如，提供经济激励和技术培训等手段鼓励农民创业企业引进先进技术提高资源转化率，以减少对物质资源的消耗和废弃物的排放；鼓励企业加大污染处理设施的投入，对其增加设施补贴，以实现废弃物资源化或无害化排放（朱哲毅等，2016），减少对生态的破坏。其次，在利益分配方面，应设计合理的利益分配和执行制度，使村民能共享村庄收益，和谐社会关系。如通过对村庄集体产权制度进行改革，将村集体的土地、山林和厂房等资产产权确权到户，赋予村民集体资产的占有权和收益权。由产权理论可知，通过明确资产产权，可有效激励人们的经济行为，保证资源的配置和使用效率（周雪光，2005）。当村民拥有集体资产收益分配权和民主监督权时，就有了更强的动力去参与和监督集体资产的配置和使用，有助于遏制部分富裕的农民创业者与村“两委”之间产生“合谋”等机会主义行为，如以远低于市场价格的承包费侵占集体资产、蚕食集体资产收益等，能有效减少精英俘获行为，由此实现村庄公共利益的公平再分配（董江爱等，2013）。综上，通过规范村庄农民创业活动，可达到人与自然和谐共生、人与人之间利益公平分配，进而提高村庄系统协调度，实现村庄凋敝治理。

（三）提升农民创业活跃度，实现村庄高水平协调

图 2 中的第 III 象限代表的是农民创业活跃度低，但村庄系统协调度相对较高的村庄凋敝。这类村庄农民创业活动相对较少，村民主要从事传统农业，经济发展相对落后，但生态优美、民风淳朴、关系和谐。如我国中西部地区的许多村庄，因地理条件或区域文化等原因村庄较为封闭，受外部环境的冲击较少，仍保留着许多蕴含伦理道德和农耕文化的乡约礼俗，如对邻里

互助等良风美俗的认同、对自然环境的崇敬与保护等，既有助于和谐村庄社会关系，又能保护村庄生态环境。一方面，体现伦理道德的乡约礼俗有助于调节村庄人与人的关系。这些村庄仍保持着熟人社会的特征，伦理道德是连接和调节村民关系的纽带，村庄舆论对村民的行为起着良好的引导和约束作用，在村庄中发挥重要的秩序功能：村民为获“面子”，不断提升自身道德人格，如善待亲人、帮助他人，热心村庄公共事务等；村庄注重“人情”，强调“施”与“报”的平衡，在“施报”循环中形成互助链，实现村庄社会的互助，使村民在获得物质帮助的同时又能获得认同感和归属感，还能融洽村庄社会关系（黄金兰，2017）。另一方面，乡约礼俗也将伦理道德延伸到人与自然的关系中（柴荣怡等，2014），受世代相传的农耕文化和习俗的影响，村民在人与自然的关系中能尊崇自然，意识到自然的内在价值，共同恪守保护生态环境、合理开发自然资源的准则，由此约束了掠夺性开发等破坏生态环境的行为，在客观上起到维护生态平衡的作用（封贵平，2013）。而村民对于生态环境的保护，使村庄生态子系统的再生产能力和自净化能力得以维持，为村民的生产生活提供丰富的物质资源和优美的生态环境。村庄的乡约礼俗既是外在“他律”约束的体现，也是内在“自律”认可的体现，在“他律”和“自律”的耦合中，有助于维持村庄生产能力、实现村庄社会互助、满足村民的物质和精神需求。也正是因为这类村庄有着丰富的自然资源，使其在产业选择方面会更倾向于利用资源优势、发展与自然资源相关的产业，如种植业和养殖业等。但由于农业是弱质性产业，收益较低，有悖于市场经济对价值的追求，且由于村庄的相对封闭性，与外部系统的物质能量交换较少，缺乏促进传统农业向其他产业拓展与延伸的技术和人才等要素，农民创业活动较少发生，不利于村庄产业发展，因此，这类村庄大都经济相对落后。综上，这类村庄由于较少受到市场经济的冲击，保持着朴实的伦理道德价值观，经济、社会和生态子系统发展较为协调，但由于经济水平的相对落后难以享受现代文明成果，也属于村庄凋敝的一种。

对于这类村庄凋敝的治理，主要通过提升农民创业活跃度，优化村庄产业结构、提高村庄经济发展水平，进而促进村庄系统向着高水平协调方向发展。一般而言，产业的优化升级包括两个方面：一是原产业的升级，即产业水平由低级向高级发展；二是新产业的衍生，即产业结构由单一向多元演进，而技术进步和制度创新是产业转型升级的两个必要条件（程李梅等，2013）。具体到这类村庄，农业是其主导产业，需要通过引进技术和创新制度实现传统农业向现代农业转变、单一农业向三产融合发展，使其成为高附加值产业。如通过引入现代技术和生产经营方式，促使传统农业向多功能现代化农业转型；通过农业种植养殖产业内部融合，产加销产业链纵向延伸，向文化、旅游、养生等产业横向拓展等多种方式实现三产融合，增加村庄经济收益（赵霞等，2017）。村庄收益的增加有可能使其加大在教育、医疗、社会保障、环保设施和文体娱乐等公共服务和基础设施方面的投入，在提升村民福利的同时也美化村庄生态环境，使村庄系统协调度达到更高水平。但由于这类村庄往往地域偏远、交通不便，缺少与外界的物质能量交换，使产业的转型升级缺乏必要的要素支持。因此，政府需在技术引进和制度安排方面对其进行引导，使产业升级能结合村庄历史文化、资源禀赋、产业基础和环境承载能力；政府还需在交通和信息等基础设施建设方面加大扶持，利用电子商务平台，缩短村庄与市场的经济距离，节约交易成本；同时，在产业升级过程中要注重村庄生态环境和传统乡约礼俗的保护，防止蕴含伦理道德的社会逻辑被以经济发展为中心的市场逻辑取代，避免出现诸如“先污染后治理”等现象。该类村庄通过引入现代技术和发展理念，提升农民创业活跃度，促进村庄向现代化农村转型，实现村庄农耕文明向现代文明的转变。

（四）维持农民创业可持续性，促进村庄永续发展

图 2 中的第Ⅳ象限代表的是农民创业活跃度和村庄系统协调度都很高的村庄繁荣状况。如新农村建设时期，我国各地出现了很多美丽乡村，这些村庄大都农民创业活动活跃，且产业特色鲜明、生态环境优美、村容村貌整洁、村风民风淳朴、公共服务健全（陈秋红等，2014），实现了村庄“经济—社会—生态”的协调发展。

这类村庄当前发展状况良好，是村庄运行的理想状态。由于经济是村庄发展的基础，要想保持村庄的理想运行状态，持续发展的产业是必要前提。然而，根据产业生命周期理论，任何产业的发展都会经历初创期、成长期、成熟期和衰退期，因此，为了维持村庄产业的可持续发展，当村庄原有产业进入到成熟期后，就需要在衰退期尚未来临之前及时进行创新创业活动，以实现产业升级。但新产业的创建必定会用到与原产业不同的新元素，如新的生产要素、新组织形式、新商业模式等，在此过程中各类要素的相对重要性会发生改变，要素所有者的地位及相互间的利益关系也会相应变化，由此重构村庄系统结构，并极有可能打破原有的平衡。所以在村庄产业转型升级过程中，必须要对农民的创新创业活动进行规范，处理好村庄经济发展与利益分配、生态环境间的关系，使村庄系统尽快达到新的平衡，提高系统协调度，在螺旋式上升中实现村庄的永续发展。

四、结论与启示

综上所述，我国目前的村庄凋敝现象主要是由于村庄系统的开放性和协同性缺失所导致的，而活跃且规范的农民创业活动由于能加大村庄与外界的

物质能量交换，并能提高村庄子系统间的协调度，因此是治理村庄凋敝的有效途径之一。对于农民创业活动较少的村庄凋敝，应激发村民的创业积极性，通过创业活动带来的收益改善村庄的协调度；对于农民创业活动较多但村庄系统不协调的凋敝，应通过规范创业活动调节村庄人与自然、人与人之间的关系，以实现村庄的协调发展；对于农民创业活跃度较低但村庄系统协调度相对较高的凋敝，应通过农民创业优化村庄产业结构以促进村庄系统向着高水平协调方向发展；对于创业活跃度和村庄协调度都较高的村庄，应通过农民的创新创业活动及时进行产业升级，以实现村庄的永续发展。

无论是哪种类型的村庄凋敝，其治理都离不开活跃且规范的农民创业活动，在治理过程中需要激发村民积极性，发挥村民的主体作用，因为村民对当地的资源禀赋、历史文化和气候条件等最为熟悉，是挖掘村庄资源、开发村庄产业的最佳人选。而政府则需要为农民创业创造良好的外部环境，如修建路桥电网、提供创业培训等基础设施和公共服务，并提供优惠的创业政策吸引村民返乡创业，如在建设用地、创业贷款等方面给予支持。还需制定合理的环保政策，如提供经济激励和环保技术培训等。并改革村庄利益分配和执行制度，以全面系统地为村庄凋敝治理提供政策保障。

十九大报告提出“乡村振兴战略”，要求坚持“农业农村优先发展”，正好为农民创业治理村庄凋敝提供契机，而其提出的“产业兴旺、生态宜居、乡风文明、治理有效、生活富裕”的总要求，正是村庄经济、社会和生态高水平协调发展的体现。凋敝村庄需抓住这一机遇，借助政府的扶持，多发展规范的农民创业活动，早日实现村庄的繁荣发展。

【参考文献】

柴荣怡，罗一航．西南少数民族自然崇拜折射出的环保习惯法则．贵州民族研究，2014（11）：55－58.

陈良．生态经济：农业循环经济的理论基础．农村经济，2007（9）：104－106.

陈秋红，于法稳．美丽乡村建设研究与实践进展综述．学习与实践，2014（6）：107－116.

陈绪敖．秦巴山区生态环境保护与产业精准扶贫互动发展研究．甘肃社会科学，2016（6）：184－190.

程李梅，庄晋财，李楚，等．产业链空间演化与西部承接产业转移的“陷阱”突破．中国工业经济，2013（8）：135－147.

董江爱，李利宏．资源型农村的治理困境及出路分析——以山西省为例．中国行政管理，2013（1）：82－85.

杜焱强，刘平养，包存宽，等．社会资本视阈下的农村环境治理研究——以欠发达地区J村养殖污染为个案．公共管理学报，2016（4）：101－112.

封贵平．侗族习惯法对侗族地区生态环境的影响与启示——以贵州黔东南为例．贵州社会科学，2013（9）：155－158.

古家军，谢凤华．农民创业活跃度影响农民收入的区域差异分析——基于1997—2009年的省际面板数据的实证研究．农业经济问题，2012（2）：21－25，112.

郭骁，夏洪胜．企业代际路径可持续发展的演进机理——基于自组织理论的分析．中国工业经济，2007（5）：96－103.

黄海．国家治理转型中的乡村社会“灰色化”变迁——基于乡村混混的解读视角．中国乡村发现，2014（3）.

黄金兰．面子、人情的秩序功能及其当下变异．文史哲，2017（1）：154－163.

刘刚，李强治．创业活动与中国经济增长的区域差异分析．中共天津市委党校学报，2012（1）：61－67.

刘筱红，全芳．农村留守家庭离散的生成逻辑与治理研究．华中师范大学学报（人文社会科学版），2017（5）：11－18.

刘炫，李郁芳．人力资本投资、公共品供给与农村地区减贫．广东社会科学，2016（6）：25－29.

买忆媛，甘智龙．我国典型地区创业环境对创业机会与创业能力实现的影响——基于GEM数据的实证研究．管理学报，2008，5（2）：274－278.

任佩瑜，张莉，宋勇．基于复杂性科学的管理熵、管理耗散结构理论及其在企业组织与决策中的作用．管理世界，2001（6）：142－147.

童云．生态养殖特色农业与乡村旅游的融合模式研究．湖南社会科学，2016（5）：125－128.

杨安华，李民，张伟．连片特困地区公共安全协同治理研究——以武陵山片区为例．甘肃社会科学，2012（6）：246－249.

杨华，杨姿．村庄里的分化：熟人社会、富人在村与阶层怨恨——对东部地区农村阶层分化的若干理解．中国农村观察，2017（4）：116－129.

赵霞，韩一军，姜楠．农村三产融合：内涵界定、现实意义及驱动因素分析．农业经济问题，2017（4）：49－57.

周雪光．“关系产权”：产权制度的一个社会学解释．社会学研究，2005（2）：1－31.

朱启臻，赵晨鸣，龚春明．留住美丽乡村．北京：北京大学出版社，2014：46.

朱哲毅．畜禽养殖末端污染治理政策对养殖户清洁生产行为的影响研究．华中农业大学学报（社会科学版），2016（5）：55－62.

庄晋财，沙开庆，程李梅，等．创业成长中双重网络嵌入的演化规律研究——以正泰集团和温氏集团为例．中国工业经济，2012（8）：122－134.

庄晋财，王春燕．复合系统视角的美丽乡村可持续发展研究——广西恭城瑶族自治县红岩村的案例．农业经济问题，2016（6）：9－17.

（作者单位：江苏大学）

“两权”资产对中国农村居民储蓄率的影响机制分析

丁　毅

一、引言

中国农村居民储蓄率这一用来衡量中国农村居民消费的经济指标一直以来都是备受关注的经济议题，表达各种观点和体现不同视角的讨论、争论层出不穷。从20世纪80年代中期起，中国农村居民储蓄率开始呈现稳步增长的走势，到90年代末21世纪初，增速放缓，储蓄率稍有回落，尽管如此，近五年农村居民储蓄率依然保持在25%左右，远高于世界其他主要经济体（陈东和刘金东，2013）。国内外经济学界也深入讨论了我国农村居民高储蓄率偏高的至因和后果。居民储蓄率对宏观经济运行乃至全球金融体系有着至关重要的影响，厘清导致农村居民储蓄率居高不下的影响因素的重要意义不言而喻。

居民储蓄或消费的决策既决定其当期福利水平，又影响其长期福利水平的改善。从宏观角度看，居民的储蓄或消费决策直接影响整体经济状况。劳动者需要通过储蓄这一重要形式保障退休后的生活，同时，合理的当期储蓄率水平又可以在帮助减轻后辈们缴纳社会保险、医疗保险等的经济压力的同时，保证他们的生活水平（郭志仪和刘那日苏，2014）。居民储蓄率水平不仅直接影响退休者自身的生活水平，而且还通过对有形资本和人力资本形成提供资金支持的方式对全社会的未来福利水平产生影响。尽管居民储蓄只是国民储蓄三个来源中的一个，但是其与国民储蓄的另外两个来源（政府储蓄和企业储蓄）的关联性却关乎宏观经济的内部稳健性。近年，政府储蓄和企业储蓄逐年提高进而拉升国民储蓄，而居民消费对前两者的贡献度也在逐年提高，如企业利润水平、储蓄额、投资额均逐年提高，这意味着居民储蓄率在早期高速增长、在近年呈现小幅下滑的走势对平缓宏观经济下滑有明显作用，更重要的是，在宏观经济新常态的大背景下，如果居民储蓄率在未来出现掉头上升的走势，那么宏观经济平稳运行的期望可能将岌岌可危。从全球宏观经济的视角看，经济一体化使得国内储蓄与投资失衡的缺口可由净出口和外部资本（投资）弥补，在为投资提供资金方面，外部资本和储蓄的作用基本一致，不同的在于外部资本发挥作用的前提是金融深化。关于是否应该更多地借力于外部资本，学者莫衷一是。有的观点认为外部资本流入的提高是外部投资者的理性投资决策的结果，具有积极性；也有学者认为外部投资并非解决内需疲软、投资乏力的长久之计，内需疲软和高储蓄率积累了大量潜在消费，当前的高储蓄率意味着储蓄率在未来必将走低（Fledstein，2006）。

在我国，近7亿之众的农村居民的储蓄、消费无论对于居民当前生活质量的改善、生活幸福感的提升，还是于宏观经济平稳运行、农业供给侧结构性改革都具有不可忽视的影响作用。随着中共中央《关于加快推进农村“两权”抵押贷款试点工作的相关意见》的落实，可抵押资产的增加必将对农民生产生活产生质的影响。在这些影响中，农村居民储蓄率和消费水平的决定因素将是本文讨论的主题，传统的决定因素包含若干宏观经济变量，如农村居民负债、政府财政预算、就业率、实际利率等（贺样和臧旭恒，2016），而农村居民可抵押资产的相关研究在以往非常有限，未能成为主要研究对象。本文将根据经济发展的新变化，以农村居民“两权”资产作为新的决定变量，结合其他传统变量，基于Johansen协整检验的结果，并通过误差修正方法，构建农村居民储蓄率函数，进而讨论“两权”资产对农村居民储蓄率的影响。

二、文献综述

国外关于农村居民储蓄率的研究背景与国内不同，原因在于其他主要经济体面对的是居民储蓄率持续走低或保持低位的情况。相关研究发现，农村居民储蓄率的变动与居民财富水平的变化有关，储蓄率较低的原因在于居民拥有的财富从20世纪80年代起发生快速增长。这些快速增长的财富包括当期收入的储蓄和前期拥有财富的增值，其中，股票和房产（含土地价值）的增值占比相当高。这些日积月累的财富降低了居民对当期收入的依赖程度，居民靠资产增值的收益就可以保障其远期的生活水平（Prescott，2006）。相关实证检验的结果显示，大多数居民的储蓄率与其财富水平负相关，只有收入水平极低、受教育程度不高（高中以下）人群的储蓄率未表现出明显的财富水平相关性。还有学者专门检验了股票市场景气度（关系居民财富水平的重要指标）与居民储蓄率的关系，结果显示股票市场的繁荣对居民储蓄率的降低产生了显著影响，而且，这样的影响在以证券市场为主导的金融体系中比以商业银行为主导的金融体系中更加明显。关于财富水平和消费支出的研究还发现只有持久性的财富变动才会影响居民的消费支出，但第二次世界大战后的大部分居民财富变动都不持久。在资产增值中，房产（含土地价值）的作用十分显著，相关研究表明金融创新使房产成为易于获得现金的财富形式，因此，房产价值的波动对居民储蓄和消费有重要影响（Case 等，2015）。相关实证研究使用 15 个国家的面板数据证实了这样的关系。此外，学者还检验了房（地）产的租赁收益对居民支出的影响，研究结果显示，无论长期还是短期，房（地）产的租赁收益对居民储蓄率的影响都不显著。

国内研究通常把自有住宅资产作为农村居民财富的衡量指标（李涛和陈斌开，2014），并发现中国农村居民财富水平对储蓄率的影响符合生命周期—持久收入假说，即农村居民储蓄率与财富水平显著负相关（谢勇，2011）。之所以没有将土地相关的资产价值纳入研究作为度量农村居民财富水平的指标，原因主要有两方面：一是未经“确权”的土地价值难以精确，导致土地价值在农村居民财产中的占比逐步下降（黄少青，王周铁，黄元东，2016）；二是我国农村土地制度改革方兴未艾，农村“两权”资产出现时间较短，这类新的居民财产形式对农村居民财富水平的贡献度在近年才刚刚显现。除房产和土地资产外，与“两权”资产有关的还有农村居民贷款资产，两者相关的原因是它们都可能影响农村居民的财富和收入水平，进而影响消费和储蓄。农村居民贷款一般通过直接和间接两种途径影响其消费：消费性贷款提高消费是直接途径；生产性贷款通过提高农村居民收入影响消费，是间接途径（陈东和刘金东，2013）。我国农村居民的消费性贷款需求主要集中在教育、医疗等大宗消费支出（白重恩，李宏彬，吴斌珍，2012），这些方面的消费又很难通过当期收入得到满足，因此，消费性贷款成为农村居民满足大宗消费支出（尤其是教育，如大学生助学贷款）的必然选择（刘灵芝和范俊楠，2015）。生产性贷款对农村居民消费的间接作用也得到了实证研究的证实，相关研究表明，生产性贷款显著提高了农户收入、促进消费，同时，可预期收入的提高降低了农村居民储蓄率。

国外研究大多从生命周期—持久收入假说出发，使用经典回归模型研究制度背景相对稳定的储蓄率变动，未能反映如我国农村土地制度改革这样的制度变迁对农村居民储蓄率的动态影响。同时，国内研究囿于数据缺乏多以预防性储蓄理论为基础开展实证研究。为了解决这些问题并结合农村“两权”资产数据的有限性，本文在生命周期—持久收入理论的基础上，使用面板数据，通过协整检验和误差修正方法，考查不同制度背景下的时变特征，突出刻画农村“两权”资产对农村居民储蓄率的短期和长期动态影响。

三、“两权”资产的农村居民储蓄率函数

根据生命周期—持久收入假说，居民将竭力使用可用资源平滑其一生的消费。也就是说，如果想要在一生中保持足够稳定的消费水平，那么居民的

消费或储蓄水平必将由其当前的资产水平和余生全部的预期收入决定。同时，由于收入的周期性波动可能影响消费和生活水平，为了保持理想的开销，居民必须相应调整储蓄和其他各项资产。据此，“两权”资产的农村居民储蓄率函数定义如下：

$$SR_t = a + bCA_t + cZ_t + \varepsilon_t \tag{1}$$

式中，SR_t 代表农村居民储蓄率（Savings Rate），CA_t 代表“两权”资产（Collateralized Assets），Z_t 是由决定居民储蓄率的其他变量组成的向量，这些变量包括农村居民负债（D）、政府财政预算（B）和实际利率（R）。研究样本为2012年1月至2016年12月的月度面板数据，其中，在尚未明确提出“两权”概念的月份里，使用林权抵押资产等可比资产的数据代替。相关数据根据《中国统计年鉴》《中国农村统计年鉴》《中国农村住户调查年鉴》和《中国金融统计年鉴》整理计算得出。为了降低数据的数值，除农村居民储蓄率和实际利率外，所有数据均取其与GDP的比值，实际利率取名义利率与通货膨胀率的差。

表1　主要变量说明和描述性统计

变量名称	均值	标准差	最小值	最大值	说　明
农村居民储蓄率	0.302 5	0.240 2	0.250 6	0.354 1	由可支配收入与消费支出的差除以可支配收入求得，其中，消费支出包括基础生活支出、耐用品消费支出、医疗教育支出
“两权”资产	0.003 8	0.418 4	0.001 5	0.004 7	以农地承包经营权抵押贷款、农地收益保证贷款、林权抵押贷款、农民住房财产权抵押贷款作为代理变量
农村居民负债	0.230 2	0.214 7	0.274 2	0.175 4	包括生产性负债和消费性负债
政府财政预算	0.026 6	0.051 4	0.029 1	0.023 8	省级财政支农预算占省GDP的比例
实际利率	0.002 1	2.014 2	−0.006 0	0.011 0	名义利率为一年期存款利率

如上所述，将“两权”资产作为农村居民储蓄率的解释变量具有充分的理论依据。根据生命周期—持久收入假说，为了使平生的消费保持顺畅和稳定，一切可预期的资产增长都有促进消费、降低储蓄率的作用。受益于金融创新和金融去监管，中国居民整体负债水平在过去30年中持续走高，但是农村居民负债增速远低于城镇居民，农村居民负债占GDP比重逐年下滑，近年一直在低位徘徊，其储蓄率也远高于其他主要经济体的平均值。鉴于负

债率受金融监管环境和流动性条件影响较大，本文在使用农村居民负债作为储蓄率的解释变量的同时，还试图将其作为金融去监管和流动性约束的代理变量。在我国农村，居民经常把政府的跨期财政预算（各种农业补贴、农村企业贴息等）作为储蓄决策的限制条件，因此，政府财政预算是影响我国农村居民储蓄率的重要因素。两者的关系可能有两种作用机制：一种情况是，在流动性紧缩预期下，如果政府预算出现赤字且不使用税收工具予以平衡，那么居民必将提高储蓄以应对未来可预期的税收负担。另一种情形则相反，在流动性宽松预期下，通胀加速将侵蚀居民储蓄的价值，于是居民选择降低储蓄。实际利率对农村居民储蓄率的影响可正可负，这取决于利率的替代效应和收入效应的作用哪个更大（谭小芬，张明，孙晶晶，2013）。利率是当期消费的机会成本，利率越高，放弃当期消费（延迟消费）的动机越强，未来消费量越大，即利率越高，当期消费越少，储蓄越多。至于利率替代效应的强弱，则取决于跨期替代弹性。从利率收入效应的角度分析，利率越高，未来预期消费的现值就越低，当期消费的花销就越少，居民当期消费的就越多，储蓄的就越少。

以上各变量时间序列平稳性检验使用的是 ADF 单位根检验和 PP 单位根检验。如表 2 所示，ADF 单位根水平值检验结果显示，除农村居民负债外，其他时间序列数据在 1%显著水平上未能拒绝原假设（时间序列存在单位根，为非平稳序列）；PP 单位根水平值检验在 1%显著水平上也未能拒绝原假设，说明各变量时间序列为非平稳序列。同时，各时间序列的一阶差分检验结果显示不存在单位根。因此，各变量时间序列为同阶单整序列。

表 2 时间序列平稳性检验

变 量	ADF 单位根检验		PP 单位根检验	
	水平检验结果	一阶差分检验结果	水平检验结果	一阶差分检验结果
农村居民储蓄率	−1.465 3	−16.526 2**	−1.566 8	−16.520 4**
“两权”资产	−1.203 3	−10.341 6**	−1.468 9	−9.625 3**
农村居民负债	−0.471 5	−1.642 8	1.360 5	−9.814 7**
政府财政预算	−1.162 7	−11.342 7**	−1.682 2	−10.562 1**
实际利率	−1.642 5	−9.826 4**	−1.453 8	−11.326 8**

注：** 表示 1%显著性水平。

鉴于各变量时间序列是非平稳的同阶序列，本文进一步检验了各变量是否存在协整关系，协整关系等式如下：

$$sr_t = \alpha_0 + \alpha_1 ca_t + \alpha_2 d_t + \alpha_3 b_t + \alpha_4 r_t + \varepsilon_t \quad (2)$$

等式中的各变量定义不变。为了捕捉变量的修正速度和短期动态关系，本文对误差修正模型的估计如下：

$$\Delta sr_t = \beta_0 + \sum_{t=1}^{t=k1} \beta_i \Delta sr_{t-i} + \sum_{i=0}^{i=k2} \varphi_i \Delta ca_{t-i} + \sum_{i=0}^{i=k3} \delta_i \Delta d_{t-i} + \sum_{i=0}^{i=k4} \varphi_i \Delta b_{t-i} + \sum_{i=0}^{i=k5} \theta_i \Delta r_{t-i} + ec_{t-1} + \upsilon_t \quad (3)$$

式中 Δ 为一阶运算因子，kj（j=1，2，3，4，5）表示回归滞后期，ec_{t-i}是 Johansen 多元过程产生的误差修正项，υ_t 是随机扰动项。式（3）既可衡量变量间的短期关系，又可通过误差修正项 ec_{t-i}衡量长期关系。滞后误差项的系数表示误差修正速度，即各期修正的因变量偏离均衡的程度。

四、农村居民储蓄率函数的实证分析结果

如上所述，本文使用 Johansen 多元过程检验各变量是否存在长期的均衡关系。表 2 所示的统计结果显示可以在 5%的显著水平上拒绝无协整关系的原假设，但无法拒绝至少有一个协整关系（向量）的原假设。协整检验的结果说明“两权”资产等决定变量对农村居民储蓄率的影响是稳定的，因此，基于这种关系的长期预测效果更佳。

表 3　农村居民储蓄率的 Johansen 协整检验

H_0	H_1	迹统计量	5%显著水平临界值	P 值
$r=0$	$r\geqslant1$	116.620 8	87.534 2	0.000 2*
$r\leqslant1$	$r\geqslant2$	61.127 1	62.379 4	0.056 2
$r\leqslant2$	$r\geqslant3$	22.578 6	41.290 3	0.793 6
$r\leqslant3$	$r\geqslant4$	9.342 7	24.481 5	0.895 4
$r\leqslant4$	$r\geqslant5$	4.362 4	11.518 5	0.643 2

注：* 表示在 5%显著性水平上拒绝原假设。

特征值最大的协整关系向量能最好的体现变量间的长期关系，相关估计结果如表 3 所示，协整关系系数的显著性使用似然比检验来验证，P 值表明所有变量在 1%水平上显著。对“两权”资产等四个解释变量的排除检验得到的 χ^2（1）值分别为 15.170 6、13.754 2、5.147 6 和 17.534 8，均大于 5%显著性水平临界值（4.132 4）。因此，“两权”资产对农村居民储蓄率有抑制作用，其他解释变量对农村居民储蓄率有促进作用。

表 4　协整关系等式的参数估计和排除检验

变　量	标准化参数	排除检验		
		原假设检验结果（H_0）	似然比检验 LR（1）	P 值
农村居民储蓄率	0.925 1	$\beta_1=0$	7.512 4	0.002 4
“两权”资产	0.057 2 （6.485 4）	$\beta_2=0$	15.170 6	0.000 3
农村居民负债	−0.217 4 （−5.751 6）	$\beta_3=0$	13.754 2	0.000 4
政府财政预算	−0.401 1 （−4.256 8）	$\beta_4=0$	5.147 6	0.005 1
实际利率	−0.001 5 （−5.635 7）	$\beta_5=0$	17.534 8	0.000 2

注：括号内为 t 值。

各变量间的短期动态关系可使用误差修正方法予以检验，相关统计数据如表 4 所示。误差修正项 ec_{t-i} 的系数为正且显著，0.530 2 的系数值说明误差修正的速度是 5.302%。“两权”资产的滞后影响系数为正且显著，其他解释变量系数不显著，表明“两权”资产对农村居民储蓄率具有显著的短期正向影响且带有明显的滞后性，而农村居民负债等其他解释变量在短期内的影响并不显著。

表 5　农村居民储蓄率的误差修正估计结果

	系数	t 统计量
Δsr_{t-1}	−0.214 8	−3.022 1
Δsr_{t-2}	0.032 5	0.238 4
Δca_{t-1}	0.128 5	0.602 3
Δca_{t-2}	−0.012 6	−2.142 7
Δd_{t-1}	−0.052 3	−0.612 8
Δd_{t-2}	0.010 2	0.043 6
Δb_{t-1}	0.072 4	0.692 9
Δb_{t-2}	0.001 2	0.065 2
Δr_{t-1}	0.002 1	1.493 6
Δr_{t-2}	0.001 0	0.253 4
ec_{t-1}	0.530 2	2.425 7
常数	0.001 6	0.024 6

五、结论与启示

本文在生命周期—持久收入理论的基础上，根据经济发展的新变化，以农村居民“两权”资产作为新的决定变量，结合农村居民负债、政府财政预算等其他变量，使用面板数据，基于 Johansen 协整检验的结果，并通过误差修正方法，构建农村居民储蓄率函数，检验“两权”资产对农村居民储蓄率的短期和长期动态影响，同时考查农村居民储蓄率在不同制度背景下的时变特征。研究发现，“两权”资产等决定变量对农村居民储蓄率具有十分稳定的影响，因此，基于这种关系的长期预测效果更佳，“两权”资产对农村居民储蓄率的影响作用将会越来越大。从长期来看，“两权”资产对农村居民储蓄率有负向影响，农村居民负债、政府财政预算和实际利率对农村居民储蓄率有正向影响。因此，“两权”资产的增加将会降低农村居民储蓄率，促进农村居民消费。从短期来看，农村居民负债等其他解释变量在短期内的影响并不显著，而“两权”资产对农村居民储蓄率具有显著的短期正向影响且带有明显的滞后性。这种正向的滞后影响反映出农村居民对农村土地制度改革的认知尚需强化，需要一定的时间对这一制度变革做出积极反应。

因此，本文研究结论的政策含义是，农村土地制度改革不仅赋予了农民财产权利，从长期上改善农村居民可自由支配收入，而且活跃了农村金融市场，提升了农村金融效率，必将对提振农村居民消费产生持续作用。各级地方政府在推进和落实农村土地制度改革工作的过程中，如果能在坚持政策长期性的基础上，同时注重政策落实具体工作的实时调整，农村土地制度改革的长期效应必将事半功倍的改善农村居民生活水平。首先，农村土地制度改革虽然确立了农村居民土地抵押担保的融资功能，但农村信用体系尚未健全、“两权”资产估值的法律依据和操作规则急需完善等问题依然极大地限制了土地流转市场的流动性，这对土地改革政策的最终落实和长久作用的发挥十分不利。因此，各级政府须继续完善农村土地相关法律，积极健全农村信用体系，重视“两权”资产价值评估的科学性和规范性，进而改变农村居民对土地作为基本保障功能而不应流转的传统保守观念，帮助居民用活资产，扩大农业现代化生产，增加收入，分享规模收益。其次，为了促进农村土地制度改革的作用发挥，政府财政支出应积极倾向农村社会保障建设，帮助促进“两权”资产真正成为可用金融资产，降低农村居民的未来收入和保障顾虑。最后，发挥农村金融机构活跃金融市场、提高农村金融效率的核心地位，积极推进“两权”抵押贷款和土地收益保证贷款在农村的认知度，发展“两权”资产证券化，从入口和出口为金融机构扩大农村金融规模、改善农村金融效率扫清障碍，进一步克服农村金融排斥，不断提高农村居民可支配收入和消费水平。

【参考文献】

白重恩，李宏彬，吴斌珍．医疗保险与消费：来自新型农村合作医疗的证据．经济研究，2012（2）．

陈东，刘金东．农村信贷对农村居民消费的影响．金融研究。2013（6）．

巩师恩．中国农村居民的收入波动如何影响了消费波动？——基于结构视角的实证研究．南京农业大学学报（社会科学版），2014（6）．

郭志仪，刘那日苏．基于人口年龄结构视角的西部地区居民消费率的变化分析．内蒙古社会科学（汉文版），2014（1）．

贺祥，臧旭恒．家庭财富、消费异质性与消费潜力释放．经济学动态，2016（3）．

黄少青，王周铁，黄元东．农村土地制度改革背景下两权抵押贷款研究——基于 105 户调查对象的实证分析．武汉金融，2016（2）．

姜百臣，马少华，孙明华．社会保障对农村居民消费行为的影响机制分析．中国农村经济，2010（11）．

金晓彤，王天新．吉林省农村居民消费变动趋势预测与对策．经济纵横，2011（11）．

李涛，陈斌开．家庭固定资产、财富效应与居民消费：来自中国城镇家庭的经验证据．经济研究，2014（3）．

刘灵芝，范俊楠．基于不确定性视角中国城乡居民消费行为的差异分析．中国农业大学学报，2015（20）．

沈毅，穆怀中．新型农村社会养老保险对农村居民消费的乘数效应研究．经济学家，2013（4）．

谭涛，张燕媛，唐若迪等．中国农村居民家庭消费结构分析：基于 QUAIDS 模型的两阶段一致估计．中国农村经济，2014（9）．

谭小芬，张明，孙晶晶．中国实际利率对家庭储蓄行为影响的实证分析．当代经济科学，2013（3）．

王勇．通过发展消费金融扩大居民消费需求．经济学动态，2012（8）．

谢勇．中国农村居民储蓄率的影响因素分析．中国农村经济，2011（1）．

张邦科，陶建平．湖北农村居民消费的外部习惯形成——基于消费结构数据的实证分析．华中农业大学学报（社会科学版），2012（3）．

张大勇，曹红．家庭财富与消费：基于微观调查数据的分析．经济研究，2012（1）．

Case K，Quigley J，Shiller R. Comparing Wealth Effect：The Stock Market versus the Housing Market. Advances in Macroeconomics，2015.

Fledstein M. The Return of Savings. Foreign Affairs，2006.

Prescott E C. Five Economic Myths. The Wall Street Journal，2006.

（作者单位：吉林师范大学）

社会资本对多维贫困影响机理研究

——来自黄土高原区513个退耕农户的微观调查数据

史恒通 赵伊凡 吴海霞

一、引言

改革开放近40年来，我国为全球减贫事业做出了突出贡献，但贫困问题依然严峻（马奔等，2017）。《中国农村扶贫开发纲要（2011—2020）》在扶贫工作的总体目标中指出，到2020年，稳定实现扶贫对象不愁吃、不愁穿，保障其义务教育、基本医疗和住房。由此可见，要想在本质上解决贫困户的脱贫问题，除了要提高贫困地区农民纯收入以外，还需要关注和解决贫困户的教育、医疗、住房等一系列民生问题。为进一步加大扶持力度，加快老区开发建设步伐，中共中央办公厅和国务院办公厅于2015年12月印发了《关于加大脱贫攻坚力度支持革命老区开发建设的指导意见》，并强调优先安排贫困老区新一轮退耕还林还草任务，支持老区开展各类生态文明试点示范。贫困地区与生态脆弱区在地理分布上的高度耦合是我国贫困发生的典型特征（万君，张琦，2017）。以缓解生态环境压力为目的的退耕还林工程作为中国最大的生态工程，在环境治理和减贫、脱贫方面成绩斐然。黄土高原地区不仅是革命老区，也是国家退耕还林项目重点实施区域，但经济发展滞后、贫富差距大、人民生活条件落后、经济结构不协调仍是该地区的主要经济问题。在新的一轮退耕还林政策即将实施的背景下，探讨黄土高原地区扶贫开发工作中贫困农户多维度贫困的影响机理是今后解决区域性贫困问题以及生态扶贫政策制度创新的关键所在，也将成为“十三五”期间亟待破解的重要课题。

对于物质和人力资本匮乏的农村地区，相互搀扶式的社会网络、现金和礼物的馈赠在很大程度上能帮助抵御不确定事件的冲击（刘彬彬等，2014）。自社会资本在减贫问题中的作用被发现以来，不断有文献关注社会网络、信任和规范等因素对农村减贫的作用。从已有文献来看，农户多维贫困受到社会网络规模（石智雷，2013）、社会地位（高帅，2015）和社交活动（社会参与）（马瑜，李政宵等，2017）等诸多因素的影响。然而总体地将社会资本各个类型纳入分析框架，并将其视为影响农村地区农户多维贫困的关键影响因素的研究较为少见。针对于此，本文利用黄土高原退耕还林区的微观实地调查数据，在对样本地区农户多维贫困进行测度和识别的基础上，选择合适的计量模型，实证研究社会网络、社会信任、社会参与和社会声望四个维度以及社会资本总测度值对农户多维贫困的影响机理，进一步为绿色精准扶贫政策的实施和完善提供理论依据。

二、文献回顾和理论构建

（一）文献回顾

Rowntree（1901）指出，当收入低于最低生活需要时，一个家庭将陷入贫困，这是对贫困问题最早的阐述。经过近一个世纪的发展，学界对贫困不断有着新的认识，主要是赋予贫困收入以外的其他维度的理解。Hagenaars（1987）从收入和闲暇两个维度首次构建了多维贫困指数，并引起了学界的普遍关注；Amartya（1998）提出了能力剥夺理论，为后来多维贫困的定义奠定了理论基础；关于多维贫困的测量方法方面，Alkire 和 Foster（2012）开发了“双界线法”（AF 法）并得到了普遍认可。国内关于多维贫困的研究起步较晚，自尚卫平等（2005）论证了多维贫困测度性质后，该领域研究方兴未艾，从指标、维度、权重选取问题的讨论（王小林等，2009；郭建宇等，2012），到动态分析（邹薇，2012）和贡献率分解（侯卉等，2012），再到致贫因子探究（邹薇，方迎风，2011；王春超等，2014），关于多维贫困的研究逐渐丰富。在多维贫困的致贫因子研究中，张爽等（2007）运用 Probit 模型研究社会资本等因素对贫困的影响，并得出社会网络（尤其是社区网络）对减少贫困有正向作用的结论；高帅（2015）将社会地位（声望）纳入模型体系，发现社会地位（声望）对缓解贫困具有显著正向影响；郭熙保等（2016）探究了致贫的宏微观因素，发现社会关系（网络）对长期多维贫困发生率有显著影响；谭燕芝等（2017）探究了社会网络对多维贫困的作用机理，从中发现社会网络可以显著改善农户的多维贫困状况。

社会资本作为继物质资本、人力资本后的“第三大资本”，其在经济发展尤其是农村发展中的作用日益得到重视（周晔馨，2012），关于社会资本对贫困的影响研究主要集中在对农户收入的影响（叶静怡等，2010；王春超，2013）和对收入差距的影响（周晔馨，2012；周广肃等，2014）方面，同时，社会资本对教育（赵延东，洪岩壁，2012）、就业（章元，陆铭，2009；何国俊等，2008）等方面影响的研究也逐渐丰富。

综上所述，社会资本对农户的贫困状况具有重要的影响，但在现有文献中，一方面，国内众多关于社会资本的实证研究过分偏重关系网络的研究取向（马得勇，2008），没有总体地考虑各类型社会资本对多维贫困的影响；另一方面，没有从多维的角度探讨社会资本减少贫困的影响机理。本文认为，不同类型的社会资本对多维贫困的各维度均产生影响，因此需要在对社会资本进行划分的基础上，探究不同类型社会资本是否影响多维贫困及其影响程度的大小，从社会资本角度寻找农村贫困地区“脱贫难、返贫易”的原因，为农村精准扶贫找到新的解决道路。

（二）理论框架和研究假设

多维贫困测度所使用的双界线法分为两步：先选择每个维度的贫困线以确定个体在各个维度下的贫困状况，然后选择维度贫困的临界值，将一个维度或多个维度处于贫困状态的个体确定为贫困者（王小林，2009；邹薇，方迎风，2011）。张全红等（2015）对此做了改进，通过赋予各个指标权重的方法，先计算家庭的加权得分，再根据加权得分和设定的剥夺值，判定研究对象是否贫困。本文借鉴上述研究成果，将多维贫困测定分为多维贫困指数测算和多维贫困识别两个步骤。多维贫困指数是对各维度进行计算并测算出每个农户的多维贫困得分，以衡量其多维贫困程度，该数值介于 0 到 1 之间，数值越高，表示农户贫困程度越高；多维贫困识别是根据多维贫困指数，选择临界值并对个体是否多维贫困做出界定，据此可将农户分为两类（多维贫困和非多维贫困）。

Ports（1995）将社会资本定义为个体借助于其在社会网络中的身份来调配有限资源的能力。即为实现工具型或情感型目标，社会个体所能动员的社会资源的总和。首先，在收入方面，社会资本能够整合各种资源，对物质资本和人力资本起到替代和互补的作用（安素霞等，2005；叶静怡，周晔馨，2014）。直接地，在当农户寻求工作时，信息效应和生产率效应能使劳动力需求曲线右移，从而在人力资本和物质资本相同状况下，拥有社会资本更多者得到较多工资和升迁机会（武岩，胡必亮，2014）；间接地，社会资本能够促进学习，从而使农户增加知识积累，提高人力资本从而易于减贫。其次，在保障方面，对于初始禀赋较低的家庭，社会资本起一定社会保障作用（张力舟，2012）。再次，在教育方面，家长所掌握的优质社会资本可以为子女提供更多更好的机会，在我国这样学校教育资源差距大的国度，为了让孩子得到更好的教育机会，父母不仅要支付经济资本，还要动用自己的“关系”（赵延东，洪岩壁，2012）。最后，在医疗方面，面对就医市场上“供不应求”的状况，认识更多医院工作人员会优先享受优质的就医资源。因此我们假设：

H1：社会资本能显著降低农户陷入多维贫困的概率和显著改善多维贫困程度。

社会网络是社会个体成员之间因互动而形成的相对稳定的社会体系，强调人们之间的互动和联系。在重视人情关系的农村，社会网络对农户的日常生活与生产经营等经济行为产生重要的影响（Granovetter，1985）。借鉴丁冬、王秀华等（2013）用“家庭网络互动规模”来表征社会网络变量，本文将社会网络分为两个指标，即：网络规模和互动频率。一方面，农户社会网络中的亲朋好友会为其生产活动提供信息、经验、技术和资金支持（胡金焱等，2014），互动频率越高，说明农户对社会资本投资越大，农户在面对贫困和脆弱环境时越能处于更强有利的位置；另一方面，农户拥有的社会网络规模越大，在其外出务工时会优先获得商业机会和工作岗位，而且，模仿和共享是降低贫困的有力武器（周晔馨，2012），拥有广泛社会网络的农户相互之间交换、共享就业机会、播种信息等的渠道和次数越多，从而有助于脱贫。因此我们得出假设：

H2：社会网络（包括互动频率和网络规模）能显著降低农户陷入多维贫困的概率和显著改善多维贫困程度。

社会信任是社会个体评估其他个体将来会采取某一特定行动的主观概率（Uslaner and Conley，2003），它有助于农户减少融资成本、实现个人目标和家庭正确决策。一方面，长期重复交易使农户在一定区域内建立起牢固的信任机制，亲朋好友、组织成员之间相互信任能减少机会主义行为（周晔馨，2012）、降低干预或纠正不诚实行为的需要（刘彬彬，2014），提高集体活动效率，从而有利于个体目标的实现；另一方面，对于贫困地区农户而言，抵御风险、减少贫困很大程度上依赖于互相搀扶的非正式信贷、现金或礼物馈赠（刘彬彬等，2014），血缘姻亲、朋友之间的信任可显著降低非正规金融融资成本，改善农村信贷资金配置（张建杰，2008），对缓解农户贫困也有积极的作用。因此我们得到假设：

H3：社会信任能显著降低农户陷入多维贫困的概率和显著改善多维贫困程度。

社会参与是社会个体作为局内人参与、干预、介入集体公共事务决策（罗必良，2009），并而充分利用获取信息的优势和网络信任优势来实现目标或改善个人状况（刘彬彬等，2014）。这里所指的参与组织，不同于亲朋好友组成的团体，而是具有鲜明的目的性和组织性（马得勇，2013）。相信他人的人更容易参与到集体活动中去（Fukuyama，1995；Putnam，1993；Tyler et al.，1996），并且，越是积极融入群体，所掌握和拥有的社会资源越多，能显著降低农户的投资风险，不易于陷入贫困。因此我们假设：

H4：社会参与能显著降低农户陷入多维贫困的概率和显著改善多维贫困程度。

社会声望是在一定程度上表现为声望自我感知和实际在村中被尊重的程度（刘彬彬等，2014）因为社会声望越高，在一定程度上反映出该农户经济成就或职业地位较高（尉建文等，2011），所以其控制和掌握的社会资源质量越高，数量越大，在遇到不确定事件时得到帮助的力度大。因此我们假设：

H5：社会声望能显著降低农户陷入多维贫困的概率和显著改善多维贫困程度。

基于以上理论分析，本文构建了理论分析框架图，如图 1 所示。

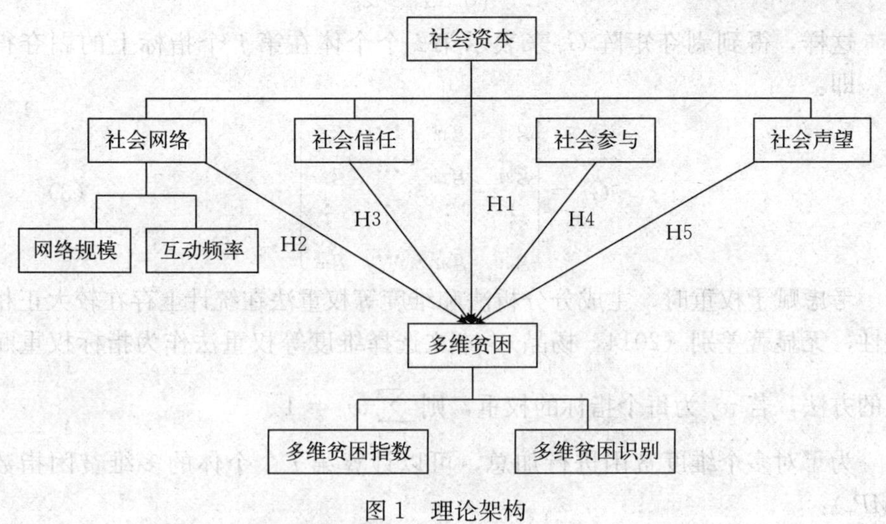

图 1　理论架构

三、模型、数据与变量

（一）模型构建

1. 多维贫困测度。本文借鉴 Alkire 与 Foster 于 2007 年开发的“双界线法”（AF 法）对多维贫困进行测度，首先选择每个维度的贫困线以确定个体在各个维度下的贫困状况，然后选择维度贫困的临界值，将维度贫困测算值超过某一阈值的个体确定为贫困者。AF 方法优点在于能够同时将离散型数据与连续型数据纳入模型体系（陈琦，2012），使测算结果更加准确。

假定某一时刻经济社会有 n 个个体组成，每个个体福利水平由 d 个指标来评估，则得到样本观测矩阵：

$$X=\begin{pmatrix} x_{11} & x_{12} & \cdots & x_{1d} \\ x_{21} & x_{22} & \cdots & x_{2d} \\ \vdots & \vdots & \vdots & \vdots \\ x_{n1} & x_{n2} & \cdots & x_{nd} \end{pmatrix} \tag{1}$$

其中，x_{ij} 表示第 i 个个体在第 j 个指标上的取值，即 $x_{ij}\in R$，（$i=1$，2，…，n；$j=1$，2，…，d）。

在维度识别过程中，用 z_j 表示第 j 个指标上的剥夺临界值，若 $x_{ij} \leqslant z_{ij}$，则个体 i 在指标 j 上处于贫困缺失状态；若 $x_{ij} > z_j$，则说明该个体在该指标上不缺失。为了方便表述，设 g_{ij} 为个体 i 在指标 j 上的剥夺得分，若 i 在 j 上处于缺失状态，则 $g_{ij}=1$，否则 $g_{ij}=0$，即：

$$g_{ij}=\begin{cases}1 & x_{ij} \leqslant z_{ij} \\ 0 & x_{ij} > z_{ij}\end{cases} \tag{2}$$

这样，得到剥夺矩阵 G_{ij} 来表示第 i 个个体在第 j 个指标上的剥夺得分，即：

$$G_{ij}=\begin{pmatrix} g_{11} & g_{12} & \cdots & g_{1d} \\ g_{21} & g_{22} & \cdots & g_{2d} \\ \vdots & \vdots & \vdots & \vdots \\ g_{n1} & g_{n2} & \cdots & g_{nd} \end{pmatrix} \tag{3}$$

考虑赋予权重时，主成分分析法和维度等权重法在统计上存在较大正相关性，无显著差别（2014，杨晶），本文选择维度等权重法作为指标权重赋值的方法，若 w_j 为每个指标的权重，则 $\sum_{j=1}^{d} w_j = 1$ 。

为了对多个维度贫困进行加总，可以计算第 i 个个体的多维贫困指数（MP_i）：

$$MP_i = \sum_{j=1}^{d} w_j g_{ij} \tag{4}$$

关于总剥夺临界值的决定，学界大多是作者的主观推断（邹薇，方迎风，2011；高艳云，2012），本文借鉴张全红等（2015）将总剥夺临界值设为 $k=1/3$，如果个体 i 的总剥夺得分大于等于剥夺临界值 k，即 $MP_i \geqslant k$，则被定义为多维贫困，否则非多维贫困。

为了表达方便，设变量 IP_i 表示第 i 个农户多维贫困识别，若 $MP_i \geqslant k$，则 $IP_i=1$，否则 $IP_i=0$，即：

$$IP_i=\begin{cases}1 & MP \geqslant k \\ 0 & MP < k\end{cases} \tag{5}$$

总多维贫困指数（M）可以表示为给定剥夺临界值条件下多维贫困发生率（H）和贫困人口平均剥夺程度（A）的乘积，即：

$$M=HA \tag{6}$$

$$H = \frac{\sum_{i=1}^{n} IP_i}{n} \tag{7}$$

$$A = \frac{1}{q} \sum_{i=1}^{q} IP_i \tag{8}$$

其中，q 表示多维贫困人口数量。

为计算各维度对贫困的贡献率，定义 c_{ij}，若 $IP_i=1$，则 $c_{ij}=x_{ij}$，若 $IP_i=0$，则 $c_{ij}=0$，得到关于 c_{ij} 的矩阵 C_{ij}，即：

$$C_{ij}=\begin{bmatrix} c_{11} & c_{12} & \cdots & c_{1d} \\ c_{21} & c_{22} & \cdots & c_{2d} \\ \vdots & \vdots & \vdots & \vdots \\ c_{n1} & c_{n2} & \cdots & c_{nd} \end{bmatrix} \tag{9}$$

定义每一维度的贡献率为 I_j，则：

$$I_j=\frac{\sum_{i=1}^{n} IP_i}{\sum_{i=1}^{q}\sum_{j=1}^{d} c_{ij}} \tag{10}$$

2. 多维贫困影响因素。Probit 模型用于被解释变量为 0～1 变量的数学模型，本文选择 Probit 模型对多维贫困识别 IP_i 进行回归；Tobit 模型也称受限因变量模型，是一种用于有效处理被解释变量取值受限的回归方法（Tobin，1958），由于 MP_i 是介于 0 与 1 之间的值，因此对 MP_i 采用 Tobit 回归模型。

基于 Probit 建立方程如下：

$$IP_i=\alpha^1+\beta_1^1 SC+\beta_2^1 X+\mu^1 \tag{11}$$

$$IP_i=\alpha^2+\beta_1^2 nsiz+\beta_2^2 ifre+\beta_3^2 ntru+\beta_4^2 npar+\beta_5^2 nrep+\beta_6^2 X+\mu^2 \tag{12}$$

基于 Tobit 建立方程如下：

$$MP_i=\alpha^3+\beta_1^3 SC+\beta_2^3 X+\mu^3 \tag{13}$$

$$MP_i=\alpha^4+\beta_1^4 nsiz+\beta_2^4 ifre+\beta_3^4 ntru+\beta_4^4 npar+\beta_5^4 nrep+\beta_6^4 X+\mu^4 \tag{14}$$

X 为控制变量矩阵，即：

$$X=\{sex \quad age \quad fanum \quad iflt\} \tag{15}$$

IP_i 表示农户多维贫困识别，取值 0 或 1；MP_i 表示农户多维贫困得分，即多维贫困指数，取值 0～1。SC 表示社会资本总测度值，运用主成分的因子分析法，KMO 检验值为 0.713，Bartlett 球形度检验的近似卡方值和相应 P 检验值分别为 871.587 和 0.000，适合进行因子分析，其取值介于 1 到 5 之间。$nsiz$ 和 $ifre$ 分别表示社会网络的网络规模和互动频率，$ntru$ 表示社会信任，$npar$ 表示社会参与，$nrep$ 表示社会声望，sex、age、$fanum$、$iflt$ 分别表示性别、年龄、家庭人数和家庭成员是否常年居住在一起。利用 Stata 12.0 软件对（11）～（14）式进行拟合，可以得出农户多维贫困影响因素模型的拟合结果。

（二）数据说明

本文所使用的数据来源于课题组于 2017 年 8 月在黄土高原退耕还林区

开展的入户调查。调研综合了各市区生态林退耕还林面积、经济状况及人口和分布情况，采用分层抽样和简单随机抽样结合的方法，共抽取了3个样本县，包括陕西省延安市的吴起县、安塞县和延川县。整个调研过程采取调研员一对一交流的方式，共发放550份问卷，剔除无效问卷后共获得513份有效问卷，有效率93.27%。调研问卷的内容主要包括以下三个方面：被调查对象及家庭的基本信息、农户2016年家庭收入及教育、医疗、生活、就业状况以及农户社会资本状况。

（三）变量选择及描述

根据模型设定，本文选择两个因变量来表示农户的多维贫困状况：一是界定农户是否多维贫困（多维贫困识别），用 IP_i 表示，为二元虚拟变量，若农户为多维贫困赋值为1，反之赋值为0；二是多维贫困指数（多维贫困程度），用 MP_i 表示，为0～1的连续变量，MP值越大，表示该农户越贫困。

本文的自变量可以分为两类，一是社会资本变量（核心变量），依据前人的研究经验，社会资本包括社会网络、社会信任、社会参与和社会声望四个维度（刘彬彬等，2014），本文分别采用盖房子时有多少人来帮忙和与亲戚交流频率来表示网络规模和互惠频率，它们都属于社会网络变量，分别采用对邻居的信任程度、村中公共事务做决策时是否提意见、别人家里有大事做决策时是否找您商量作为社会信任变量、社会参与变量和社会声望变量。二是控制变量，包括户主性别、年龄、家庭总人口数及家里人是否长年居住在一起。其中网络规模为连续变量，其他均为离散变量，设置成五级里克特量表的形式。本文所用到的所有主要变量的含义及描述性统计情况如表1所示。

表1　变量含义及其描述性统计

变量类别	变量名称	变量含义与赋值	均值	标准差	最大值	最小值
多维贫困	多维贫困识别	是多维贫困＝1，非多维贫困＝0	0.378	0.485	1	0
	多维贫困指数	多维贫困测算指数（0，1）	0.267	0.152	0.7	0
总社会资本	社会资本	根据因子分析法，对所选取的因子进行加权的得数	2.885	0.693	4.418	1.148
社会网络	网络规模	您家盖房子时有多少人来给您帮忙（人）	2.805	1.732	5	1
	互动频率	您和亲戚的交流程度：1＝从不，2＝很少，3＝偶尔，4＝一般，5＝经常	4.177	1.006	5	1

（续）

变量类别	变量名称	变量含义与赋值	均值	标准差	最大值	最小值
社会信任	社会信任	您对邻居的信任程度：1=非常不相信，2=比较不相信，3=一般，4=比较相信，5=非常相信	3.830	1.069	5	1
社会参与	社会参与	您在村中的公共事务决策时是否提出过建议或意见？1=从不，2=很少，3=偶尔，4=一般，5=经常	2.228	1.391	5	1
社会声望	社会声望	别人家有重大事情需要作决策时是否愿意找您商量？1=从不，2=很少，3=偶尔，4=一般，5=经常	2.618	1.403	5	1
控制变量	性别	1=男，0=女	0.953	0.2111	1	0
	年龄	农户实际受访年龄（岁）	58.142	10.381	83	24
	家庭人口	农户家庭实际人口数（人）	3.226	1.576	7	1
	是否居住在一起	家庭人口是否长时间居住在一起？1=是，0=否	0.725	0.446	1	0

四、模型结果分析

（一）多维贫困测度与识别

运用AF法测度多维贫困时，由于不同地域、文化和消费习惯不同，因此需要设置适合测量当地贫困状况的指标体系。在指标选择方面，本文借鉴MPI指数，选择了收入、教育、医疗、生活水平、就业5个维度共14个指标；关于权重，成分分析法和维度等权重法在统计上存在较大正相关性，无显著差别（杨晶，2014），因此，本文选择维度等权重法。各指标具体如表2所示。需要特别指出的是，根据陕西省2017年4月发布的《全省扶贫对象核实及数据清洗工作方案》，针对2016年采集的数据，将3 015元/人·年定为陕西省扶贫标准[①]，但考虑到调查地区的三个样本县均为陕西省重点扶贫对象，且延安市整体经济水平在陕西省排名靠后，因此本文以3 000元/人·年为收入维度的贫困线；关于教育维度，借鉴王春超等（2014）的观点，将受教育年限6年作为临界值，也就是说，受教育年限小于等于6年视为教育贫困，反之则不贫困。

① 详见陕西省扶贫开发办公室网站：http://www.shaanxifpb.gov.cn/newstyle/pub_newsshow.asp?id=29014928&chid=100203。

表 2　维度、指标选择及剥夺临界值界定

一级指标	二级指标	权重	贫困线	赋值
收入	收入	1/5	2016 年纯收入每人每年 3 000 元	1=收入<3 000 元 0=收入≥3 000 元
教育	家庭平均受教育年限	1/15	劳动力平均受教育年限为 6 年	1=年限≤6 年 0=年限>6
	儿童入学率	1/15	至少有一个 6 岁以上孩子没有上学	1=是，0=否
	无童工率	1/15	至少一个 16 岁以下或初中没毕业打工者	1=是，0=否
医疗	重病、残疾发生率	1/15	至少有一个严重疾病或身体残疾的人	1=是，0=否
	医保覆盖率	1/15	至少有一个 6 岁以上没有参加医保的人	1=是，0=否
	及时就医	1/15	去年如果生过大病，去县级以上医院就医	1=否，0=是
生活水平	饮用水	1/30	主要饮用水来源	1=水源距离地面≥5 米，0=自来水或水源距离地面<5 米
	厕所	1/30	厕所采用抽水厕所	1=旱厕，0=抽水厕所
	燃料	1/30	主要做饭燃料	1=秸秆、煤、柴火 0=液化气、煤气、天然气、沼气、电
	固定资产	1/30	彩电、洗衣机、空调、冰箱、计算机、照相机、汽车这 7 项资产中有 2 项及以上	1=固定资产数量≤2 件 0=固定资产数量>2 件
	住房面积	1/30	人均净住房面积（不包括后院、敞篷等）	1=住房面积≤12 平方米 0=住房面积>12 平方米
	住房材料	1/30	房屋建筑材料	1=土木，0=钢筋混凝土、石头、砖瓦
就业	劳动人口完全就业	1/5	过去一年至少有一个 18～60 岁的劳动力没有出去工作	1=是，0=否

1. 单维贫困测算结果。表 3 列出了黄土高原区农户单维贫困的测算结果，在指标层面，513 个农户家庭中，只有 1 户在 14 个指标上均不存在多

维贫困，其他农户都在一定程度上陷入贫困。其中比较突出的几项是：94.54%农户使用旱厕，即卫生条件不达标，67.84%农户使用不清洁燃料做饭，54.39%农户没有清洁饮用水，54%家庭平均受教育年限未达到6年。其中，前三项比较严重的贫困缺失都发生在生活质量维度上。相对于收入的贫困发生率25.93%而言，调查地区居民在其他维度上受到的剥夺更显著。只有在儿童入学率、住房材料、无童工率等指标上存在较低程度剥夺。这说明，以收入为唯一指标不能很好地反映调查地区的贫困状况，而且相对于收入而言，生活状况、教育方面的贫困缺失状况更严重。

表3 农户单维贫困测算结果

单位：%

维度	贫困发生率（维度）	指标	贫困发生率（指标）
收入	25.93	人均纯收入	25.93
教育	56.53	平均受教育年限	54.00
		儿童入学率	0.97
		无童工率	9.16
医疗	59.84	病、残发生率	44.44
		医保覆盖率	21.25
		及时就医	3.90
生活水平	84.80	饮用水	54.39
		厕所	94.54
		燃料	67.84
		固定资产	12.48
		住房面积	9.55
		住房材料	3.90
就业	22.61	就业	22.61

在维度层面，我们可以看出，贫困主要集中在生活水平、教育和医疗维度，其中以生活水平更甚，有84.80%的农户陷入该维度贫困。

2. 多维贫困测算结果。按照前述方法对调查地区多维贫困指数进行测算，该地区贫困发生率为43%，贫困人口剥夺程度为0.38。被调查对象中，有43%农户陷入多维贫困；在被界定为多维贫困的人口中，农户平均在38%的指标上缺失，以本文所选取的14个指标来计算，贫困农户在5.32个指标上缺失；总体来说，被调研总体的多维贫困指数为0.16。

对所测算的多维贫困指数按维度进行分解，测算结果如表4所示，可以发现：收入对贫困的贡献仍不容小觑，2016年调查地区收入贫困对总贫困的贡献率为11.31%。教育维度对贫困的贡献率为15.87%，其中儿童入学率和无童工率贡献率较低，这得益于义务教育法的普及，说明调查地区九年义务教育政策实施效果良好。劳动力平均受教育年限指标的贫困贡献率为13.14%，该指标反映的是当前劳动力存量的受教育水平，说明目前我国农村地区劳动力市场的人力资源水平有待提升，而这是义务教育政策所不能解决的，需要更多的劳动力职业教育和就业培训等。医疗维度对贫困的贡献率为15.88%，其中医保覆盖率指标（3.10%）和及时就医指标（1.37%）的贡献率低，2007年，《国务院关于开展城镇居民基本医疗保险试点的指导意见》文件发出，近年来我国医保覆盖率稳步上升，且基层医疗卫生设施得到改善，农户在患不严重的病时能得到及时且有效的治疗，重病、残疾发生指标对贫困的贡献率为11.41%，说明该地区病、残问题是使农户陷入贫困的重要因素，该地区气候干燥、水资源缺乏、煤炭产业对环境污染严重，导致总体生病率较高。只有健康的人具有完全劳动能力，能够自力更生，因此，政府应在产业优化、生态治理的前提下，注重人文关怀，对健康状况不同的人采取不同的政策，保证失去劳动能力家庭的温饱问题。生活水平维度对贫困的贡献率为48.82%，是各维度里贡献率最高的。其中厕所、饮用水和做饭燃料的贡献率分别为11.04%、17.06%、13.78%，反映了该地区基础设施落后、公共物品供应不足的问题，这与农村没有完整的水道铺设系统有很大的关系，说明在将来一段时间内，改善农村公共设施将是精准扶贫的重要落脚点。固定资产、住房面积、住房材料三个指标的贡献率分别为3.65%、2.19%、1.09%，说明该地区有较多农户能拥有两件及以上固定资产，不过对政府而言，提高居民耐用品消费水平，创新资产积累政策、鼓励家庭进行生产性投资，将有助于脱贫。关于住房，由于考虑到该地区区域特色，“石箍窑”具有冬暖夏凉、采光好、建造程序简单等优点，因此，我们没有将石窑住房纳入住房贫困范围，所以这一指标上贫困发生率较低，且农村地区住房宽松，所以面积指标贫困发生率也较低。劳动力就业对贫困的贡献率为8.12%，交通闭塞、信息不充分等因素是导致很多农户找不到合适工作的关键原因。

表4 多维贫困各指标贡献率

单位：%

维度	贡献率（维度）	指标	贡献率（指标）
收入	11.31	人均纯收入	11.31
		平均受教育年限	13.14
教育	15.87	儿童入学率	0.27
		无童工率	2.46

（续）

维度	贡献率（维度）	指标	贡献率（指标）
医疗	15.88	病、残发生率	11.41
		医保覆盖率	3.10
		及时就医	1.37
生活水平	48.82	饮用水	11.04
		厕所	17.06
		燃料	13.78
		固定资产	3.65
		住房面积	2.19
		住房材料	1.09
就业	8.12	就业	8.12

（二）社会资本对多维贫困的影响机理

本文运用Probit模型和Tobit模型分别研究社会资本对多维贫困识别和多维贫困指数的影响，模拟估计结果如表5所示。由表5可知，模型Wald卡方检验值通过了1%显著性检验，说明实证模型对本文数据分析是适用的。根据表5中结果，本文将从总社会资本变量、社会网络变量、社会信任变量、社会参与变量、社会声望变量和控制变量六个方面阐述社会资本对黄土高原退耕还林区农户多维贫困的微观影响机理。

1. 社会资本总变量。以因子分析法为基础测算的社会资本总指数分别对多维贫困识别和多维贫困指数在1%的显著性水平下有负向影响。即拥有的社会资源越大越广，农户越不容易陷入多维贫困且贫困程度越低。这是因为，从直接方面而言，镶嵌在农户身上的社会资本质与量越大，从社会中汲取社会资源的能力就越强。以农户外出务工为例，拥有较多社会资本的农民工，在外出寻求工作时利用“熟人关系”得到工资高、稳定且升迁机会大的工作几率就大（武岩，胡必亮，2014）；从间接效应角度而言，社会资本可以使农户在与他人的沟通交流过程中，通过学习产生知识溢出，增加农民的人力资本，从而对人力资本起到补充作用。

2. 社会网络变量。估计结果显示，网络规模分别对多维贫困识别和多维贫困指数在10%和5%的显著性水平下有负向影响，互动频率对多维贫困识别和多维贫困指数分别在5%和1%的显著性水平下有负向影响。从整体上来看，社会网络能显著降低农户陷入多维贫困发生的概率，也可显著减轻农户多维贫困的程度，验证了假设的正确性。原因在于社会资源越广泛，亲

表 5　农户多维贫困影响因素估计结果

自变量		因变量			
		Probit 模型		Tobit 模型	
		方程 1（IP）	方程 2（IP）	方程 3（MP）	方程 4（MP）
分维度	社会网络（网络规模）	—	−0.062*（0.034）	—	−0.007**（0.004）
	社会网络（互动频率）	—	−0.127**（0.062）	—	−0.020***（0.007）
	社会信任	—	−0.136**（0.056）	—	−0.018***（0.006）
	社会参与	—	−0.099**（0.046）	—	−0.013***（0.005）
	社会声望	—	−0.075*（0.045）	—	−0.004（0.005）
总社会资本（SC）		−0.278***（0.099）	—	−0.045***（0.011）	—
控制变量	性别	−0.608**（0.278）	−0.570**（0.288）	−0.096***（0.032）	−0.086***（0.031）
	年龄	0.013**（0.006）	0.012*（0.006）	0.001（0.001）	0.001（0.001）
	家庭总人口	0.063（0.039）	0.077*（0.041）	0.007（0.004）	0.008*（0.004）
	是否居住在一起	0.399***（0.137）	0.427***（0.140）	0.045***（0.015）	0.046***（0.015）
	常数项	−0.225（0.565）	0.612（0.587）	0.370***（0.063）	0.456***（0.062）
样本量		513			
对数似然值		−327.900	−314.266	258.787	273.789
Wald 卡方值		24.600***	51.870***	33.030***	63.030***

注：*、** 和 *** 分别表示在 10%、5%和 1%的统计水平上显著，括号内的数值为回归标准误。

戚交流越频繁，信息越能广泛交流，从而获取对自己有益信息的几率大，且在遇到风险或不可抗因素时能够得到更多帮助，对于物质和人力资源匮乏的农户来说，有利于脱离或减轻贫困，结论与石智雷等（2013）一致。

3. 社会信任变量。以“对邻居的信任程度”表征的社会信任变量对多维贫困识别和多维贫困指数分别在5%和1%的显著性水平下有显著负向影响，与原假设保持一致。说明广泛的社会信任会显著降低贫困的风险和减轻贫困的程度。一方面，亲朋、邻居间的相互信任减少了组织内部制定规则的需求和时间，群体内对于决策更容易达成一致，从而提高整体效率；另一方面，信任程度越高，在非正规金融市场上借贷时由于血缘、业缘关系可以减少融资成本、加快融资速度，使农户在较短时间内得到援助，从而减少贫困缺失的概率和程度。

4. 社会参与变量。以“村中有大事需要做决策时是否提出意见或建议”表征的社会参与变量对多维贫困识别和多为贫困指数分别在5%和1%的显著性水平下有负向影响，与原假设保持一致。这表明，经常关心村中事物的村民较不关心村里事物、不提意见的村民，不容易陷入多维贫困，且多维贫困程度更低。愿意作为局内人积极参与到公共事务中来的农户，能充分利用获取信息资源的优势和网络信任优势实现自己的目标，他们拥有较其他农户更广泛的社会资源，在一定程度上不易于陷入贫困。

5. 社会声望变量。社会声望变量在10%显著性水平下对多维贫困识别有显著负向影响，与原假设保持一致。这说明，拥有较高声望的村民较其他人而言不易于贫困缺失，一方面，社会声望往往是品德和才能的综合反映，很大程度上会增加农户获得资源的能力和信心；另一方面，社会声望在一定程度上表示了农户经济成就和职业地位，社会声望越高，所掌握资源的质量越高，在拥有资源量相同的条件下，对农户的帮助会越大，从而不易于陷入贫困。社会声望对多维贫困指数有负向影响，但不显著，即对贫困程度有影响但不显著。这可能是因为：本文指标是以“别人家有大事需做决策时是否找您商量”表征的，而得分较高的多为德高望重的“老年人”，老年人在健康、教育、收入等维度的缺失较严重，对结果造成影响。

6. 控制变量。由回归结果得出：性别变量对多维贫困识别和多为贫困指数分别在5%和1%的显著性水平下有显著负向影响。即是说，相较于女性户主的家庭，男性户主的家庭不易陷入贫困缺失且贫困程度较轻。一般而言，农村地区户主对于家庭决策与状态的改变具有重要影响，男性户主由于外出劳务机会多，所以眼界宽、认识长远，做出的决策稳健，有助于家庭状况的改善，进而脱贫几率大。年龄对多维贫困识别具有显著正向影响，对多维贫困指数影响不显著。此结论与谭燕芝等（2017）认为户主年龄与多维贫困状态存在“U”形关系的结论相悖，原因可能是，谭燕芝所选取的样本中年龄平均值为 50.79 岁，本文选取样本年龄平均值为 58.14 岁，且本文调查对象为已婚户主，所以在谭燕芝的研究中前期随年龄增长脱贫几率大的趋势在本文中不明显。故而根据回归结果，随着年龄的增长，农户家庭更易陷入贫困。家庭人口是否居住在一起对多维贫困识别和多维贫困指数在 1%的显著性水平下成正向影响，即是说，家庭人口居住在一起不利于家庭脱离贫困或减轻贫困程度。这是因为，居住在一起的农户多是青壮年没有出去参与务工的家庭，那些没有居住在一起的绝大多数是因为家庭成员有外出务工或外出上学的，由此可见，外出打工有利于人口、资源与信息流动，是该地区农户减少贫困的重要原因和举措。

五、结论与政策启示

本文以黄土高原退耕还林区为例，基于 513 份微观调查数据，对退耕农户的多维贫困进行了测算，进一步利用 Probit 和 Tobit 模型，实证研究了社会资本对农户多维贫困的影响机理。研究结果表明，黄土高原退耕还林区农户贫困发生率较高，37.82%的农户陷入多维贫困，25.93%的农户陷入收入维度贫困，且贫困的剥夺程度较严重。在贡献率方面，对多维贫困贡献较大的是生活水平、医疗和教育三个维度，其贡献率分别为 48.82%、15.88%和 15.87%。就具体指标来说，教育维度中平均受教育年限指标对多维贫困贡献率最高，为 13.14%；医疗维度中病、残发生率指标对多维贫困贡献率最高，为 11.41%；生活水平维度中厕所、燃料和饮用水指标对多维贫困贡献率较高，分别为 17.06%、13.78%和 11.04%。社会网络、社会信任、社会参与均对多维贫困指数和多维贫困识别有显著的负向影响。社会声望对多维贫困识别有显著负向影响，对多维贫困指数影响不显著；总社会资本量能显著抑制农户多维贫困的发生概率和减轻贫困程度。此外，家庭成员是否居住在一起对农户多维贫困产生负向影响，相对于女性为户主的家庭，男性户主家庭不易产生贫困缺失。

基于以上研究结论，本文得出以下几点政策启示：首先，由于教育维度中劳动力平均受教育年限指标对贫困贡献率最高，因此，提高现存市场上劳动力的人力资本显得十分重要，应该普及高中和职业教育，为贫困家庭未升学的初高中毕业生和其他劳动力提供免费职业培训，使他们接受相应的技能教育；其次，扩大新农合和城乡居民大病保险的覆盖率，并提高贫困人口的就医报销比例，改善贫困地区医疗水平，实施骨干医护人员培训计划，并且对于完全丧失劳动能力、缺乏自我发展能力的特殊群体，实施个性化一对一帮扶，对有就业愿望和培训需求的残疾人进行技能培训；再次，在贫困地区农村因地制宜发展可再生能源，例如发展养殖区域沼气工程，扩大清洁能源的使用范围，提升公共设施配套，保障饮用水安全和废水、废物等的排放；最后，基层政府应注重各类生产组织（如生产合作社等）的培育，并创新组织运行机制以创造互惠互利的良好组织规范，提升农户之间信任水平，并精细化培养农村能力强、威望高的精英群体，积极发挥其在组织中的模范带头作用，成分利用他们广泛、强大的社会资本，为农村贫困地区早日实现全面脱贫做出贡献。

【参考文献】

安素霞．社会资本对人力资本的整合效应．中国人口科学，2005（S1）．

陈琦．连片特困地区农村贫困的多维测量及政策意涵——以武陵山片区为例．四川师范大学学报（社会科学版），2012（3）．

丁冬，王秀华，郑风田．社会资本、农户福利与贫困——基于河南省农户调查数据．中国人口·资源与环境，2013（7）．

高帅．社会地位、收入与多维贫困的动态演变——基于能力剥夺视角的分析．上海财经大学学报，2015（3）．

高艳云．中国城乡多维贫困的测度及比较．统计研究，2012（11）．

郭建宇，吴国宝．基于不同指标及权重选择的多维贫困测量——以山西省贫困县为例．中国农村经济，2012（2）．

郭熙保，周强．长期多维贫困、不平等与致贫因素．经济研究，2016（6）．

何国俊，徐冲，祝成才．人力资本、社会资本与农村迁移劳动力的工资决定．农业技术经济，2008（1）．

侯卉，王娜，王丹青．中国城镇多维贫困的测度．城市发展研究，2012（12）．

胡金焱，张博．社会网络、民间融资与家庭创业——基于中国城乡差异的实证分析．金融研究，2014（10）．

刘彬彬，陆迁，李晓平．社会资本与贫困地区农户收入——基于门槛回归模型的检验．农业技术经济，2014（11）．

罗必良．现代农业发展理论．北京：中国农业出版社，2009.

马奔，丁慧敏，温亚利．生物多样性保护对多维贫困的影响研究——基于中国7省保护区周边社区数据．农业技术经济，2017（4）．

马得勇．社会资本：对若干理论争议的批判分析．政治学研究，2008（5）．

马瑜，李政宵，马敏．中国老年多维贫困的测度和致贫因素——基于社区和家庭的分层研究．经济问题，2016（10）．

尚卫平，姚智谋．多维贫困测度方法研究．财经研究，2005（12）．

石智雷，邹蔚然．库区农户的多维贫困及致贫机理分析．农业经济问题，2013（6）．

谭燕芝，张子豪．社会网络、非正规金融与农户多维贫困．财经研究，2017（3）．

万君，张琦．绿色减贫：贫困治理的路径与模式．中国农业大学学报（社会科学版），2017（5）．

王春超，叶琴．中国农民工多维贫困的演进——基于收入与教育维度的考察．经济研究，2014（12）．

王春超，周先波．社会资本能影响农民工收入吗？——基于有序响应收入模型的估计和检验．管理世界，2013（9）．

王小林，Sabina Alkire. 中国多维贫困测量：估计和政策含义．中国农村经济，2009（12）．

尉建文，赵延东．权力还是声望？——社会资本测量的争论与验证．社会学研究，2012（3）．

武岩，胡必亮．社会资本与中国农民工收入差距．中国人口科学，2014（6）．

杨晶．多维视角下农村贫困的测度与分析．华东经济管理，2014（9）．

叶静怡，周晔馨．社会资本转换与农民工收入——来自北京农民工调查的证据．管理世界，2010（10）．

张建杰．农户社会资本及对其信贷行为的影响——基于河南省 397 户农户调查的实证分析．农业经济问题，2008（9）．

张全红，周强．中国贫困测度的多维方法和实证应用．中国软科学，2015（7）．

张爽，陆铭，章元．社会资本的作用随市场化进程减弱还是加强？——来自中国农村贫困的实证研究．经济学（季刊），2007（2）．

章元，陆铭．社会网络是否有助于提高农民工的工资水平？管理世界，2009（3）．

赵延东，洪岩璧．社会资本与教育获得——网络资源与社会闭合的视角．社会学研究，2012（5）．

周广肃，樊纲，申广军．收入差距、社会资本与健康水平——基于中国家庭追踪调查（CFPS）的实证分析．管理世界，2014（7）．

周晔馨，叶静怡．社会资本在减轻农村贫困中的作用：文献述评与研究展望．南方经济，2014（7）．

周晔馨．社会资本是穷人的资本吗？——基于中国农户收入的经验证据．管理世界，2012（7）．

邹薇，方迎风．关于中国贫困的动态多维度研究．中国人口科学，2011（6）．

邹薇．我国现阶段能力贫困状况及根源——基于多维度动态测度研究的分析．人民论坛·学术前沿，2012（5）．

Alkire S，Foster J. Counting and multidimensional poverty measurement. Journal of Public Economics，2012，95（7）：476－487.

Fukuyama F. Trust：Social virtues and the creation of prosperity. London：Hamish Hamilton，1995.

Granovetter M. Economic action and social structure：the problem of embeddedness. American Journal of Sociology，1985（3）：481－510.

Hagenaars A. A Class of Poverty Indices. International Economic Review，1987.

Kramer RM，Tyler TR. Trust in Organizations：Frontiers of Theory and Research，1996.

Portes A. Economic Sociology and the Sociology of Immigration：A Conceptual Overview. New York：Russell Sage Foundation，1995.

Putnam RD. The prosperous community：Social capital and public life. American Prospect，1993（13）：35－42.

Rowntree B S，Hunter R. Poverty：A Study of town life. Charity Organisation Review，1902，11（65）：260－266.

Sen，Amartya. Development as Freedom. Oxford：Oxford University Press，1999.

Tobin J. Estimation of relationships for limited dependent variables. Econometrica，1958，26（1）：24－36.

Uslaner E M，Conley R S. Civic engagement and particularized trust. American Politics Research，2003，31（4）：331－360.

（作者单位：陕西师范大学国际商学院）

农民工城市同乡同业“扎堆”创业：社会网络、先验知识与创业机会识别

——基于北京、郑州、西安三个城市“新化文印”现象的实地调查

傅晋华　郑风田

一、引言

打工和自雇（或成为雇主）是中国农民工进入城市的两种主要方式（王汉生等，1997）。对于后者而言，这些外来务工者往往选择通过开办各种小餐馆、修理店、杂货店、打印店等方式圆自己的“老板梦”。和其他城市创业群体（比如大学生、科技人员等）不同的是，农民工城市创业往往呈现出同乡同业“扎堆”创业的特征，即来自同一地区（常常是一个县或者一个乡镇）的农民工聚集在一起在同一行业内开展经营活动，其中，比较典型的现象包括北京的“浙江村”“河南村”以及全国范围内的“新化文印”“沙县小吃”等。上述现象较早地引起了一些社会学学者的关注，比如，王汉生等（1997）对浙江村的研究，唐灿等（2000）对河南村的分析等，近期则有冯军旗（2010a，b）对“新化现象”的讨论以及卢福营（2011）对浙江温岭“西瓜农”个案的分析等。尽管具体研究对象不同，但是上述文献在研究方法和视角上是基本相同的，即使用社会学的分析方法从劳动力流动的视角来进行解释。对此，本文认为，不论是“浙江村”的服装产业，还是新化文印行业，其中的从业农民都已不再务农，而是在城市地区开展工商业经营活动，属于典型的农民工创业行为。尽管卢福营（2011）提出了“创业—经营性”流动的概念，但是事实上依然缺乏从创业视角对这些独特现象所做出的专门解释。因此，本文拟在这一点上有所突破。

对创业者而言，创业机会识别是整个创业活动的起点，对创业成功与否影响很大。因此，从机会识别视角来分析创业者行为是创业研究的重要切入点（Shane，2000；Hills 等，1997；Sigrist，1999）。关于农民（包括农民工）创业机会识别的研究，目前国内已有一些，重点讨论了影响机会识别的各种决定因素。比如，郭红东等（2013）分析了先前经验和创业警觉两个因素对农民创业机会识别的影响；蒋剑勇等（2014）和郭红东等（2012）重点讨论了社会网络、先前经验、创业榜样等因素对农民创业机会识别的影响；

黄洁等（2012）分析了强连带和弱连带在返乡农民工创业机会识别中的作用。

尽管现有研究的分析已经比较深入，但是在以下几个方面还存在进一步完善的空间：第一，从研究对象的选择看，目前大多数研究均是把在农村地区（包括乡镇）创业的农民和返乡农民工作为主要分析对象，而缺少针对进城创业农民工的专门研究。第二，已有研究在分析创业机会识别的影响因素时，均注意到了社会资本和先验知识对创业者机会识别的影响，但是，根据Ardichvili等（2003）的理论分析，影响创业机会识别的关键因素间可能存在相互作用关系，并以某种机制共同影响机会识别。目前已有研究对这些具体机制还研究较少。第三，对于创业机会识别的测量方法还有待进一步探讨。在实证研究中，如何选取适当的代理变量衡量机会识别是关键和难点。已有国内外研究提供了两种主要思路方法：第一，用一段时间内创业者创业机会识别的数量来衡量（郭红东等，2012；Ucbasaran 等，2009）；第二，用量表来测量创业者机会识别能力的大小（Sambasivan 等，2009；Ozgen 等，2007）。前一种方法会出现被调查者的自我报告偏差，后一种方法中被调查者的回答有较大的主观性。

基于此，本文将在已有研究基础上，从创业视角对“新化文印”现象展开讨论，重点分析社会网络和先验知识对城市外来农民工创业行为的影响机制。研究在以下几点可能有所创新：第一，关注农民工城市“扎堆”创业行为与特点；第二，拟从文印行业实际情况设置代理变量对创业机会识别进行测度；第三，尝试进一步深入探讨创业机会识别影响因素间的相互作用关系及对机会识别的作用机制。

为了实现上述研究目标，文章将分为如下几个部分展开讨论：在第二部分中，本文将根据“创业者—创业机会—创业机会识别”脉络对“新化文印”的发展历程进行梳理，总结产业发展特征；第三部分从理论上分析社会网络和先验知识对“新化文印”从业者创业机会识别的影响机制，并提出相关研究假设；第四部分对理论研究假设进行了实证检验；第五部分是模型检验与结果分析；第六部分是结论与政策启示。

二、“新化文印”发展史：创业机会识别视角

新化县位于湖南省中部偏西，属于娄底市的一个下属县。“新化文印”从20世纪60年代开始，历经40多年的演化变迁，新化人发展出了遍布全国的文印产业经营网络，从业人员接近20万人（冯军旗，2010a）。从“新化文印”的发展历程能够看出，关键人物（创业者）在重要事件（创业机会）中发挥了关键作用（创业机会识别），从而带动了整个文印产业的发展。

表1按照"创业者—创业机会—创业机会识别"线索对"新化文印"几个重要发展阶段进行了梳理总结。

表1　从创业机会识别角度看"新化文印"发展史

发展阶段	创业者	创业机会	创业机会识别
流动维修机械打字机阶段（20世纪60年代至90年代中期）	易代育、易代兴兄弟和邹联经（易氏兄弟的徒弟）	易氏兄弟最早接触机械打字机并掌握维修技术。邹联经通过向易氏兄弟拜师学习到这门新技术	易氏兄弟依靠维修技术游走各地为政府单位维修机械打字机赚取收入。邹联经在1979年出任新化县打字机维修厂厂长，带领该县打字机维修业务走上正规化发展道路
流动维修复印机阶段（20世纪80年代中期至今）	龙三沅、杨桂松、曾旗东等人	龙三沅、杨桂松、曾旗东等人通过向城市复印机厂的工程师学习的途径，先后掌握维修复印机的新技术	率先掌握维修技术的龙三沅、杨桂松、曾旗东等人开始在全国范围内为政府机关等单位提供复印机维修服务，并通过新化老乡"地域共同体"实现新技术的快速扩散，直至形成复印机维修的"新化大军"
复印店阶段（20世纪80年代中期至今）	邹联经和龙三沅	1986年，邹联经在长沙购置一台佳能270复印机开始从事复印业务。1988年，龙三沅从西藏教委借了一台旧复印机，开始复印打字业务	通过流动维修复印机掌握技术并积累资金后，新化人邹联经、龙三沅等率先开始从事复印打字业务。随着二手复印机从国外大规模扩散到国内，新化人的复印店大肆扩张，形成遍布全国的复印店网络
二手复印机专业市场阶段（20世纪90年代初期至今）	邹联敏、杨桂松和曾旗东	1992年，邹联敏在广东发现台湾人在从事国外二手复印机销售业务，并把消息告诉了杨桂松和曾旗东	邹联敏、杨桂松和曾旗东三人从台湾人处大量买进二手复印机进行维修翻新后批发零售，逐渐在广州天河形成新化人的二手复印机专业市场，并扩散到全国其他城市
办公设备制造阶段（21世纪初至今）	曾文辉、邹干丁等人	2004年，曾文辉在上海参加一个办公设备展销会，发现从日本进口的写真机。邹干丁从朋友处发现从香港进口的胶装机	曾文辉认为写真机这种新设备可以发展新业务，遂决定投资生产写真机。邹干丁认为胶装机会有较大市场，于是和朋友共同投资制造

资料来源：根据冯军旗（2010b）及相关网络材料整理。

从以上根据"创业者—创业机会—创业机会识别"线索对"新化文印"发展史进行的重新解构中可以看出，"新化文印"现象具备如下重要特征：

第一，具备一定特质的关键创业者在创业机会识别及文印产业链形成与发展过程中扮演了重要角色。不论是最早从事打字机维修的易氏兄弟和邹联经，还是后来从事复印机相关业务的龙三沅、邹联敏等人，这些"敢于吃螃蟹"的先行者大多喜欢钻研，对新技术和新设备敏感，并且自身具备高超的文印业务知识和技术。正如 Ardichvili 等（2003）在其创业机会识别分析框架中所指出的，创业者特质是影响机会识别的关键变量。因此，"机遇总是光顾那些有准备的人"，这些不同寻常的农民创业家在推动"新化文印"产业链不断延伸和拓展中发挥了不可替代的关键作用。

第二，"新化文印"产业创业机会主要体现在新技术、新设备和新业务的不断更新中。从早期的机械打字机和复印机维修技术到办公设备制造技术，从二手复印机到写真机、胶装机，从简单的维修业务到复杂的图文业务，甚至是文印设备的销售和制造业务，行业内创业机会的不断形成和开发使得"新化文印"得以快速发展壮大，并形成较为完整的产业链。

第三，以"血缘""亲缘"和"地缘"关系为代表的社会网络在创业机会识别中发挥了关键作用。通过错综复杂的亲戚和老乡关系，行业技术在新化人这一"地缘共同体"中快速扩散，只要有一个领头人率先成功使用，后来者就能紧随其后将这一创业机会迅速发展壮大。而且，后来者中不乏善于创新者乐于在前人的基础上继续发现新的创业机会，从而使得"新化文印"产业链不断延伸。

可见，"新化文印"发展史，就是千千万万以新化籍农村人口为主的城市外来务工者在异乡艰苦创业的历史。"新化文印"发展到今天，最典型的经营模式就是遍布全国大中小城市的复印店（或图文店）。本文以下就将以这些复印店店主为研究对象，进一步深入探讨影响这些"草根"创业者创业机会识别的关键因素，重点是社会网络和先验知识的作用，以及这两方面因素的互动效应会对创业机会识别产生怎样的影响。

三、理论分析与研究假设

社会网络是影响"新化文印"从业者创业行为的关键要素。从国外研究看，Birley（1985）率先研究指出，社会网络在新企业创建过程中扮演重要角色；Aldrich 和 Zimmer（1986）认为，创业活动嵌入在已经存在的社会关系网络中。进一步，Gulati（1998）和 Bhagavatula（2010）在其研究中把社会网络抽象为两种类型，即结构化嵌入（structural embeddedness）和关系化嵌入（relational embeddedness）①，并讨论了创业与两者的关系。借鉴上述研究思路，本文以下将重点从关系化嵌入的角度来讨论“新化文印”从业者社会网络关系中强弱关系对创业机会识别的作用机制。

“新化文印”发展史表明，一些关键的创业者在创业机会识别过程中扮演着重要作用。他们身上具备其他从业者所没有的素质和能力。而这些能力和素质主要体现在先验知识（prior knowledge）水平的高低上。因此，本文下面将先验知识作为影响“新化文印”从业者创业机会识别的一个关键变量来加以考察。

同时，Ardichvili 等（2003）关于创业机会识别的理论分析表明，包括社会网络、先验知识在内的各种影响创业机会识别的要素将相互作用并最终共同导致机会识别。其中，一种影响机制可能是，先验知识影响社会网络，进而影响创业者的创业警觉，最终导致机会识别。因此，本文在考察社会网络和先验知识对创业机会识别的单独影响后，还将进一步分析社会网络在先验知识和创业机会识别间可能存在的中介效应。

下面，本文将结合“新化文印”产业形成和发展实际状况，具体分析社会网络和先验知识要素对复印店店主创业机会识别的影响机制以及可能存在的中介效应，并提出相关理论研究假设。

（一）“新化文印”产业中的创业机会

Casson（1982）把创业机会定义为“生产新产品、提供新服务、使用新的原材料、采用新的组织模式，从而使得产品能以高于成本的价格出售”。根据上述定义，Bhagavatula（2010）在对印度传统手工业行业网络中的创业机会进行分析时，认为存在两类机会：一类是基于市场的创业机会，另一类是基于产品的创业机会。具体来说，基于市场的机会主要是指那些在城市地区开零售店的新客户不断增加，而基于产品的机会主要是采用新原料或者是开发出新的产品设计。在此基础上，Bhagavatula 构建出创业机会识别的代理变量。这种从产业发展实际情况出发构建代理变量的方法和已有大多数国内外研究不同。受这篇文献的启发，同时结合“新化文印”形成和发展实际情况，本文认为，在“新化文印”行业中同样存在市场和产品两类创业机会。具体来说，在基于市场的机会方面，“新化文印”从业者们一直在全国范围内的大中小城市不断寻找新的可以占领的市场，具体表现为新复印店不断开张。通过这种原子裂变式地快速扩张，这些外来农民工创业者迅速把基于市场的创业机会转化为竞争优势。同时，在基于产品的机会方面，这些

① 关系化嵌入把创业者的社会网络关系分为强关系（Strong Ties）和弱关系（Weak Ties）两类，而结构化嵌入则把创业者的社会网络结构分为紧密型（dense）和松散型（sparse）两类。

“草根”创业者非常关注对行业新技术、新设备地学习掌握以及开展多元化的文印业务服务。行业内一种新技术的扩散或者一种新设备的出现，往往能够引发新业务的形成和发展，这一点在“新化文印”发展历程中已经得到了充分证明。

（二）关系化嵌入与创业机会识别

从关系化嵌入的视角看，创业者的社会网络关系分为强关系和弱关系两类。强关系表现为创业者和相关人群间的持续且频繁的互动关系，而这需要投入时间和精力来确保较高的信任和互惠水平。相比于弱关系，强关系能够通过信任（Uzzi，1997）和沟通（Aldrich 等，1997）机制减小创业过程中的交易成本，提高新企业的成活率。同时，由于彼此之间非常了解，强关系间可以有效传递复杂且没有噪音的信息，而这将有助于创业机会识别。相比于强关系，弱关系无需投入额外的时间和精力来进行维护，但是却能够通过不同的影响机制来使得创业者受益。由于市场信息在社会中是不均匀分布的，造成一些创业者获得了信息而其他没有，进而导致一些创业者识别了机会而其他没有。弱关系能够使创业者从社会的不同层面接收新颖的信息，因此可以被视作传递新的不同信息的“桥梁”（Granovetter，1983；McEvily 和 Zaheer，1999），而这种“信息桥”能促使创业者通过更多的途径发现创业机会（Hill 等，1997）。

在中国农村、农民创业背景下，研究者从关系化嵌入视角对社会网络关系强度与创业机会识别间关系所开展的理论和实证分析大多表明，强关系对创业机会识别的影响更大（蒋剑勇等，2014；郭红东等，2012；黄洁等，2012）。对此，蒋剑勇等（2014）的解释是，相对于城市，中国农村地区相对保持了传统中国的集体主义文化特征，由于社会信任感的缺失，人们更愿意相信家人、亲属、朋友，而非弱关系类群体，因此，基于情感、信任的强关系能够更有效地传递有价值的信息，从而有助于创业机会识别。但是，“新化文印”中的创业农民们并非在熟悉的农村地区创业，而是在陌生的城市开展经营活动，其服务的对象也大多是城里人。因此，究竟是强关系还是弱关系对这些“草根”创业者的影响大，需要做进一步的理论分析。

从“新化文印”发展历程可以看出，一些“敢于吃螃蟹”的创业先行者在带动其他新化人从事文印行业中发挥了重要示范作用。这种作用在创业研究中被称为榜样效应（role model）。这些创业榜样能够为潜在创业者提供可供模仿的创业样板，从而帮助他们识别和开发创业机会。从某种意义上看，“新化文印”之所以能在全国范围内快速扩张，这种创业榜样效应是一种重要扩散机制。但是，不同关系强度的创业榜样对潜在创业者机会识别的影响作用是不同的：如果创业榜样是关系网络中的亲戚或朋友，他们可以充当后来者的创业“导师”，帮助潜在创业者分析复杂的信息，更好地识别创业机会；而如果创业榜样是同学、同事或者其他弱关系类型的熟人，则潜在创业者可能只能获得相关信息，而不能直接获得创业指导。现有研究已得出“创业榜样越多，创业机会识别越容易”的结论（蒋剑勇等，2014），却还没有进一步探讨不同关系强度的创业榜样在创业机会识别中的影响效应差异。因此，本文提出如下待验证的研究假设：

假设1：强关系类型的创业榜样比弱关系类型的创业榜样对复印店店主创业机会识别的影响效应更大。

对于在城市创业的外来农民工来说，以父母亲为代表的亲人是其最重要的强关系类型。实地调查发现，通过行业内亲人间的“传—帮—带”而选择开复印店的“新化文印”从业者为数不少。其中，具有创业背景的父母对子女创业选择产生影响更大。事实上，这种家庭创业代际传承现象在许多国内外研究中已经得到了证实。例如，White等（2000）的研究发现，父亲具有创业背景的移民，其创业的可能性更大；罗明忠等（2013）对中国农民创业代际传承影响因素的实证研究表明，父辈的创业类型与子女创业选择具有显著相关性，且父子两代农民的创业类型趋同。因此，本文提出如下研究假设：

假设2：父母亲具有创业经历的复印店店主更容易识别创业机会。

与农民工返乡创业不同，“新化文印”从业者是在陌生的城市环境中开展创业活动，而且经营活动的主要服务对象也是城里人。因此，由于业务交往而建立起来的与本地人的关系，成为“新化文印”创业者关系网络中重要的弱关系类型之一。众多研究表明，弱关系能够为创业者提供各种新信息，发挥促进创业机会识别的“信息桥”作用（Granovetter，1983；McEvily和Zaheer，1999；Hill等，1997）。因此，那些和本地服务对象交往越多、甚至有本地人成为他们朋友的“新化文印”从业者，将更多了解本地文印市场的顾客需求，从而有助于他们更好地识别创业机会。基于以上分析，本文提出如下研究假设：

假设3：和创业地区服务对象交往程度越深的复印店店主，其创业机会识别越容易。

（三）先验知识与创业机会识别

先验知识是影响创业机会识别的重要变量之一（Ardichvili等，2003）。Shane（2000）指出，个体先前工作经验中所积累的顾客问题知识、顾客服务方式知识、市场知识造就了创业者的“知识走廊”，导致创业者在面对同样的机会信息时，解读出的往往是与其先前知识密切关联的机会。国内一些有关农民创业机会识别的研究也表明，包括打工经历、创业经历、培训经历在内的各种先前经验往往对创业者机会识别具有正向促进作用（郭红东等，2013）。

对于在城市创业的众多复印店店主来说，其个人所拥有的先验知识水平是不同的。而那些经验丰富的创业者往往掌握更多关于顾客、市场、产品等有价值的知识，这些知识提升了他们识别新的创业机会的能力。根据国内外已有研究所提出的先验知识所包含的各种维度，结合“新化文印”实际，本文认为“新化文印”创业者所具备的先验知识主要体现在“行业从业经验”和“行业技能水平”两个方面，因此，本文提出如下研究假设：

假设 4：具有复印店打工经历的店主往往更容易识别创业机会。

假设 5：文印设备维修技术越高的复印店店主更容易识别创业机会。

（四）中介效应

Ardichvili 等（2003）的理论研究表明，影响创业机会识别的各个关键因素之间是相互影响并共同作用于机会识别的。其中，一种相互作用机制就是，先验知识影响社会网络变量，进而影响创业警觉性，最终导致创业机会识别。

事实上，“新化文印”发展历程表明，具备一定特质的关键创业者在创业机会识别及产业链形成与发展过程中扮演了重要角色。这些创业“先行者”往往行业从业经验丰富，对技术和设备的掌握技能高，这帮助他们获得更多与新化文印群体外的行业相关人群结识交流的机会，比如，向文印设备厂的技术人员学习的机会、和行业上下游产业链条上其他群体的经营者打交道的机会以及更多接触城市里各类购买文印服务的客户的机会。在与外部人群交流过程中，这些“新化文印”创业“先行者”往往能发现更多的行业新技术和新的市场机会。因此，越高水平的先验知识将导致越高水平的社会资本，进而会影响创业机会识别。基于上述分析，本文提出如下研究假设：

假设 6：复印店店主的社会网络在先验知识和创业机会识别间扮演着中介作用。

（五）研究框架图

基于上述讨论，本文的研究框架可以用图 1 简洁地表达出来。

四、实证研究设计

（一）数据来源

本文的数据来源于课题组对北京、郑州、西安三个城市若干高校内及周边复印店的实地调查。调查对象是每家店的店主。2013 年 6—10 月，课题

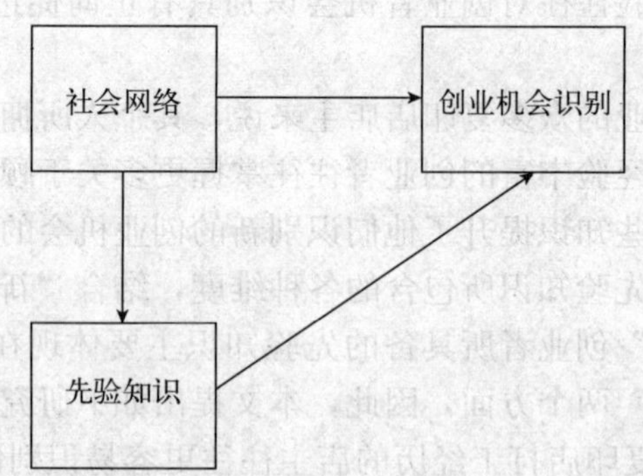

图1　复印店店主创业机会识别的影响因素分析框架

组组织中国人民大学（北京）、河南农业大学（郑州）及陕西师范大学（西安）在校研究生为主的调查队伍分批次对三个城市若干高校附近的总计200余家复印店进行了随机调查，总共获得有效调查问卷192份。表2反映了调查对象的一些基本信息。

表2　调查样本的基本情况

	北京			郑州			西安		
	新化	非新化	合计	新化	非新化	合计	新化	非新化	合计
样本量（人）	65	48	113	6	29	35	21	23	44
占总体样本的比例（%）	33.9	25.0	58.9	3.1	15.1	18.2	10.9	12.0	22.9

资料来源：根据实地调查结果总结。

从表2可以看出，在课题组访谈的192位复印店店主中，湖南新化籍复印店店主总计为92人，占样本总量的47.9%，差不多两个访谈对象中就有一个来自湖南新化。可见，目前文印行业中的“新化现象”还是非常明显的。

（二）变量测量

1. 因变量。根据本文理论分析部分的论述，在“新化文印”发展过程中，复印店店主们普遍面临两类创业机会：一是基于市场的创业机会；另一是基于产品的创业机会。

对于基于市场的创业机会，本文拟选择“是否开新店”这一变量指标来反映复印店店主对新的市场行情变化的判断与决策。在调查问卷中，我们没有直接询问受访者在创业过程中是否开新店，而是通过了解创业者进入文印行业以后的开店数量来间接了解。结果是，在访问的192位复印店店主中，仅拥有一家店的店主有142位，占到样本总量的74%，剩余的店主开店情况分别是：开了 2 家店的有 32 位，占 16.7%；开了 3 家店的有 9 位，占 4.7%；开 4 家店的有 5 位，占 2.6%；开了 5 家店的有 3 位，占 1.6%；最多的 1 位店主开了 6 家店。对此，我们把仅拥有一家店的店主视作没有开新店，记做“0”，把开了一家以上店的店主视作有开新店，记做“1”，由此构建出一个二分变量。

对于基于产品的创业机会，本文根据调查问卷中的问题“从创立初期到现在，您在承揽业务上有没有变化?”构建了一个二分变量（回答“有”记做“1”；回答“没有”记做“0”），同时，我们在问卷中还对具体的业务变化情况进行了细致了解。

2. 自变量。

(1) 对关系化嵌入的测量。根据上文理论分析部分的讨论，本文选择以下三个维度来测度关系化嵌入对创业机会识别的影响。

不同类型关系强度的创业榜样作用。在实地调查中，我们向受访复印店店主首先询问了以下问题：“您在北京（或郑州、西安）开复印店，是否受到其他创业者的影响（这些创业者已经创业成功或者正在创业中)?”。如果受访者对此回答“是”，我们进一步询问了这些创业者与受访者的关系。其中，既包括属于强关系的父母、亲戚、朋友等，也包括属于弱关系的同学、同事等。根据上述信息，本文构建了一个多分变量来反映不同类型关系强度创业榜样的作用。具体设置是：如果受访者回答没有受到其他创业者的影响，记做“0”；如果受访者回答有受到影响且所受主要影响来自弱关系创业者时，记做“1”；如果受访者回答有受到影响且所受主要影响来自强关系创业者时，记做“2”。

父辈创业经历的作用。父母亲是每个受访者最重要的强关系社会关系。通过调查问卷，我们详细询问了受访者父亲和母亲当前和受访者 16 岁之前阶段的就业和创业信息。据此，本文构建了一个二分变量“父母亲是否有创业经历”来试图考察这种代际传承机制是否对复印店店主的创业机会识别产生影响。

嵌入创业地社会网络的程度。在“新化文印”现象中，复印店店主通过业务往来等渠道与城里本地人建立起来的联系是其关系网络中重要的弱关系类型之一。为了测度这些弱关系对复印店店主创业机会识别的影响，本文在调查问卷中设置了如下两个问题：①“在开店过程中，您与本地人交往得多吗?”②“在您开店过程中新结交的朋友中有没有本地人?”通过对以上两个问题反映出的信息的提炼，本文设置了“和本地人的交往程度”以及“朋友圈中是否有本地人”两个测量指标来实证考察复印店店主嵌入创业地社会网络的程度对其创业机会识别的影响。

(2) 对先验知识的测量。理论分析表明，“新化文印”创业者所具备的先验知识主要体现在“行业从业经验”和“行业技能水平”两个方面。通过对受访复印店店主的访谈发现，他们大多是从在复印店当学徒开始接触文印行业业务的，因此，我们通过设置问题“是否有在文印店打工经历?”来测度是否具备一定行业从业经验。从“新化文印”发展历程看，其从业者行业技能水平主要体现在对文印设备的维修技能上，许多“新化文印”创业先行者均是通过从事设备维修业务而开始进入该行业的。因此，我们在调查中通过问题“当设备出现问题需要快速处理的话，您觉得自己的维修技术如何?”来让受访复印店店主对自身维修技术的掌握程度进行评价，并作为“行业技能水平”的代理指标。

3. 控制变量。考虑到还有一些其他变量会影响创业机会识别，在已有研究基础上，本文选择“性别”、“年龄”和“受教育程度”作为控制变量。

（三）模型构建

由于因变量是二分变量，因此本文选择 logistic 回归分析模型作为实证模型。同时，模型中各个因变量、自变量和控制变量的描述性统计结果由表 3 给出。

表 3　模型中变量的描述性统计分析结果

变量名		均值	标准差
因变量	是否开新店（1=是；0=否）	0.260 4	0.440 01
	承揽业务是否变化（1=是；0=否）	0.625 0	0.485 39
自变量			
关系化嵌入	不同类型关系强度创业榜样的作用（2=受强联结创业者的影响最大；1=受弱联结创业者的影响最大；0=没有受到其他创业者的影响）	1.031 3	0.931 73
	父母亲是否有创业经历（1=是；0=否）	0.494 8	0.501 28
	和本地人的交往程度（1=非常多；2=比较多；3=一般；4=比较少；5=非常少）	2.901 0	1.075 96
	朋友圈中是否有本地人（1=是；0=否）	0.666 7	0.472 64
先验知识	是否有在复印店打工经历（1=是；0=否）	0.442 7	0.498 01
	文印设备维修技术高低程度（1=非常精通；2=比较精通；3=会一些；4=比较不精通；5=非常不精通）	3.010 4	0.862 18
控制变量	性别（1=男；2=女）	1.255 2	0.437 12
	年龄	33.494 8	8.975 24
	受正规教育年限	10.346 4	3.048 66

五、模型检验与结果分析

(一) 模型检验

本文使用的因变量是两个二分变量，分别表示“新化文印”产业中基于市场的创业机会和基于产品的创业机会。因此，针对两个因变量分别构建二元 logistic 回归模型来对理论假设进行检验。其中，模型 1～4 表示当因变量为“是否开新店”，自变量分别为“控制变量”“控制变量＋先验知识变量”“控制变量＋关系化嵌入变量”及全变量时的检验结果；模型 5～8 表示当因变量为“承揽业务是否有变化”，自变量分别为“控制变量”“控制变量＋先验知识变量”“控制变量＋关系化嵌入变量”及全变量时的检验结果。具体结果见表 4。

表 4　回归结果

	是否开新店				承揽业务是否有变化			
	模型 1	模型 2	模型 3	模型 4	模型 5	模型 6	模型 7	模型 8
不同关系强度的创业榜样作用			0.346⁺	0.391⁺			0.720***	0.761***
父母亲是否有创业经历			0.759*	0.755*			−0.355	−0.372
和本地人的交往程度			0.085	0.070			−0.344*	−0.306⁺
朋友圈中是否有本地人			−0.279	−0.314			1.164**	1.366**
是否有在复印店打工经历		−0.076		−0.267		0.049		−0.229
文印设备维修技术高低程度		−0.030		0.012		−0.396*		−0.516*
性别	0.071	0.072	0.199	0.190	−0.521	−0.460	−0.711⁺	−0.652⁺
年龄	0.019	0.018	0.038⁺	0.038⁺	0.005	0.006	0.026	0.026
受教育程度	0.029	0.029	0.067	0.065	−0.004	0.015	−0.025	−0.002
(常量)	−2.079⁺	−1.936	−4.117**	−3.989*	1.045	1.932	0.537	1.609
−2 对数似然值	219.156	219.084	210.420	209.730	251.476	246.642	220.078	212.993
Cox & Snell R^2	0.006	0.006	0.050	0.053	0.013	0.038	0.162	0.192
Nagelkerke R^2	0.008	0.009	0.073	0.078	0.018	0.052	0.221	0.262

注：⁺ $p<0.10$；* $p<0.05$；** $p<0.01$；*** $p<0.001$。

（二）结果分析

1. 初步分析。模型1～4的拟合结果显示，关系化嵌入变量对“新化文印”行业中基于市场的创业机会识别具有显著影响。具体来说，不同关系强度的创业榜样对复印店店主创业机会识别有显著正向预测作用（$B=0.391$，$p<0.10$），也就是说，当这些复印店店主在创业中存在可供模仿的创业榜样时，其开新店的可能性越大，而且，如果这些可供模仿的创业榜样是自己的强关系时，其开新店的可能性要比创业榜样是弱关系时大。“父母亲是否有创业经历”这一变量对复印店店主基于市场的创业机会识别具有显著正向预测作用（$B=0.755$，$p<0.05$），这表明，作为强关系的父母如果具有创业经历，则可能对其子女产生潜移默化的影响，使得他们具有更强的创业能力，因而能够更好地识别创业机会。在控制变量中，年龄变量对复印店店主基于市场的创业机会识别有显著正向预测作用（$B=0.038$，$p<0.10$），这说明，年龄越大的复印店店主对“是否开新店”这种市场机会变化更敏感。此外，用以表征先验知识的变量对基于市场的创业机会识别均未表现出显著影响。这在一定程度上表明，在复印店店主“是否开新店”这类创业机会识别过程中，社会网络变量比先验知识变量发挥更为重要的作用。

模型5～8的拟合结果显示，关系化嵌入变量对“新化文印”行业中基于产品的创业机会识别具有显著影响。具体来说，不同关系强度的创业榜样对复印店店主创业机会识别有显著正向预测作用（$B=0.761$，$p<0.001$），也就是说，当这些复印店店主在创业中存在可供模仿的创业榜样时，其承揽业务发生变化的可能性越大，而且，如果这些可供模仿的创业榜样是自己的强关系时，其承揽业务发生变化的可能性要比创业榜样是弱关系时大。和本地人的交往在这些复印店店主识别新业务机会的过程中发挥了重要作用。“和本地人的交往程度”变量对基于产品的创业机会识别具有显著负向预测作用（$B=-0.306$，$p<0.10$），这表明，随着和本地人的交往程度增多，这些外来的农民工创业者将能够了解更多的市场需求，从而能够抓住更多的产品创新机会。变量“朋友圈中是否有本地人”对基于产品的创业机会识别具有显著正向预测作用（$B=1.366$，$p<0.01$），这同样表明，和本地人交往程度的加深将对基于产品的创业机会识别有较大帮助。在先验知识变量中，“文印设备维修技术高低程度”变量对基于产品的创业机会识别具有显著负向预测作用（$B=-0.516$，$p<0.05$），这表明，维修技能水平越高的复印店店主越容易发现产品和服务创新的市场机会。在控制变量中，性别变量对复印店店主基于产品的创业机会识别有显著负向预测作用（$B=-0.652$，$p<0.10$），这说明，男性复印店店主比女性店主更容易识别新的产品和服务创新机会。

2. 进一步的讨论。从模型检验结果初步分析看，在反映关系化嵌入的自变量中，仅有“不同关系强度创业榜样的作用”一个自变量对基于市场和基于产品的两种类型创业机会识别都产生显著影响，假设 1 得到验证。而其他表征强关系和弱关系的自变量都仅仅是对某一种类型创业机会识别产生显著影响，假设 2、3 得到部分验证。这其中的原因可能是，“是否开新店”这种基于市场的创业机会识别中包含的创新性较小，行业后来者对先行者大多采取模仿性的机会识别和开发，在此过程中强关系能提供更多支持，因而影响作用更显著。而对于“承揽业务是否变化”这种创新性较强的机会识别，弱关系能为创业者提供更多新的市场信息，从而帮助他们开创新的业务。因此，弱关系在创新性较强的创业机会识别中将产生显著影响。

在反映先验知识的自变量中，自变量“是否有在复印店打工经历”始终不显著，假设 4 没有得到验证。这其中的原因可能是，尽管早期在复印店打工能够增加潜在创业者的从业经验，但是这种打工经历可能更多提高了对业务操作环节的熟练程度，而对于打工者来说有关市场的了解和熟悉程度却并没有太多增加，因此，这种从业经历对其成为创业者以后识别新的市场和产品创业机会没有多大帮助。而自变量“文印设备维修技术高低程度”仅对“承揽业务是否变化”这种基于产品的创业机会识别产生显著影响，假设 5 得到部分验证。这其中的原因可能是，自身设备维修技术较高的复印店店主对新技术和新设备的敏感程度将高于那些技术掌握程度一般的店主。而新技术和新设备的采纳和使用往往是新业务形成和发展的开端。因此，那些维修技术更高的复印店店主将能够识别更多的创新性较强的产品创业机会。而对于“是否开新店”这种模仿性更大的创业机会，维修技术的高低程度将不是主导因素，故模型检验结果不显著。

（三）中介效应分析

1. 模型检验方法。借鉴温忠麟等（2004）所提出的中介效应检验程序，本文对关系化嵌入、先验知识和创业机会识别间可能存在的中介效应关系的检验步骤如下：

首先，建立与自变量“先验知识”（X）、中介变量“关系化嵌入”（M）和因变量“创业机会识别”（Y）有关的三个回归模型：

$$Y=c_1X+e_1 \tag{1}$$

$$M=aX+e_2 \tag{2}$$

$$Y=c_2X+bM+e_3 \tag{3}$$

其次，按照如下程序对回归系数依次进行分析：第一步，考察系数 c_1，如果显著，继续第二步，否则结束检验。第二步，依次检验系数 a 和 b，如果都显著，则表明 X 对 Y 的影响至少有一部分是通过中介变量 M 实现的，继续第三步。第三步，考察系数 c_2，如果不显著，说明中介变量 M 产生完全中介效应；如果显著，说明中介变量 M 只产生部分中介效应，整个检验过程结束。

2. 模型检验结果。按照中介效应第一步的检验程序，分别把反映先验知识的两个变量“是否有在复印店打工经历”和“文印设备维修技术高低程度”纳入回归方程，结果表明：变量“是否有在复印店打工经历”不显著，因此终止对该变量进行中介效应分析；而变量“维修技术高低程度”对基于市场的创业机会识别“是否开新店”不显著，对基于产品的创业机会识别“承揽业务是否有变化”显著。因此，本文以下将继续分析因变量为“承揽业务是否有变化”和自变量为“维修技术高低程度”时的中介效应。

在研究中，本文从关系化嵌入的视角设置了四个变量来验证强关系和弱关系对创业机会识别的不同影响。事实上，对于在外创业的复印店店主来说，以父母为代表的亲属是最典型的强关系，而通过业务往来形成的与本地人的关系则是弱关系的代表。基于以上考虑，本文重点考察“父母亲是否有创业经历”和“朋友圈中是否有本地人”两个关系化嵌入变量在先验知识和创业机会识别间所起到的中介作用。

（1）弱关系在“维修技术高低程度——基于产品的创业机会识别”中的中介效应检验。根据中介效应检验程序对“维修技术高低程度”“朋友圈中是否有本地人”和“承揽业务是否变化”之间的关系进行分析，具体结果见表5。

表5　中介效应检验结果

自变量	第一步：因变量（基于产品的创业机会）	第二步：因变量（关系化嵌入）	第三步：因变量（基于产品的创业机会）
朋友圈中是否有本地人			1.418***
维修技术高低程度	−0.397*	0.411*	−0.560**
性别	−0.462	0.460	−0.631+
年龄	0.005	0.040*	−0.005
受教育程度	0.014	0.105+	−0.018
（常量）	1.978+	−3.472**	2.476*
−2 对数似然值	246.667	231.434	229.427
Cox & Snell R^2	0.038	0.065	0.120
Nagelkerke R^2	0.051	0.091	0.164

注：+ $p<0.10$；* $p<0.05$；** $p<0.01$；*** $p<0.001$。

从第一步的回归结果可知，“维修技术高低程度”对基于产品的创业机会识别“承揽业务是否变化”的回归系数是显著的（$c_1=-0.397$，

$p<0.05$），表明可以继续中介效应检验。从表 5 的回归结果看，回归系数 a 和 b 都是显著的（$a=0.411$，$p<0.05$；$b=1.418$，$p<0.001$），这说明“维修技术高低程度”对“承揽业务是否变化”的影响至少有一部分是通过“朋友圈中是否有本地人”这一中介变量来实现的。由于回归系数 c_2 是显著的（$c_2=-0.560$，$p<0.01$），而且相比 c_1 回归系数下降，所以反映弱关系的变量“朋友圈中是否有本地人”在“维修技术高低程度——基于产品的创业机会识别”中发挥了部分中介作用。

（2）强关系在“维修技术高低程度—基于产品的创业机会识别”中的中介效应检验。根据中介效应检验程序对“维修技术高低程度”、“父母亲是否有创业经历”和“承揽业务是否变化”之间的关系进行分析，结果系数 a 和 b 均不显著，不符合本研究中介效应的检验条件，则中介效应检验中止。

3. 关于中介效应检验结果的进一步讨论。通过上述中介效应分析发现，在反映复印店店主“先验知识—社会网络—创业机会识别”间关系的各种机制中，仅有“维修技术高低程度”—“朋友圈中是否有本地人”—“承揽业务是否变化”这样一种机制通过了部分中介效应检验，假设 6 得到部分验证，表明弱关系在“行业技术水平”和“基于产品的创业机会识别”间发挥了中介作用，而强关系则没有。这其中可能的原因正如理论分析部分所讨论的，对于那些行业技术水平较高的复印店店主，一方面这种对新技术的掌握能力能够促使他们识别新的创业机会；另一方面，这些行业技能较高的创业者更有意识并且有更多的机会和市场上下游外部群体以及顾客进行交流互动，从而获得从强关系中所不能得到的各种新的有用信息，这也帮助他们识别新的创业机会。

六、结论与政策启示

“新化文印”现象代表了农民工城市创业的典型模式，同乡同业“扎堆”创业是其区别于其他类型农民创业的显著特征。本文从创业机会识别视角入手，对外来农民工社会网络、先验知识和创业机会识别间的关联机制进行了理论分析和实证检验。所得主要结论如下：

第一，不同关系强度的创业榜样对外来农民工创业者机会识别具有显著正向促进作用，当创业榜样和创业者自身的关系强度越强时，创业机会识别越容易。当创业者最重要的强关系父母亲具有创业经历时，仅对基于市场的创业机会识别产生正面影响；而当创业者和创业地本地人交往程度越深时，其基于产品的创业机会识别越容易。上述研究结果在一定程度上对已有大多文献所得结论进行了修正，即：并非一定是强关系对农民创业者机会识别的影响程度更大，对于包含创新性更强的创业机会来说，弱关系可能发挥更大的作用。

第二，在“新化文印”产业中，设备维修技术越高的创业者其识别基于产品的创业机会越容易。这部分创业者始终对行业新技术和新设备保持敏感，能发现并快速开发出由技术变化所带来的新业务。这充分说明以行业技术水平作为代理变量的先验知识对创业机会识别具有重要影响。

第三，对“新化文印”创业者来说，弱关系在“行业技术水平”和“基于产品的创业机会识别”间发挥了中介作用，而强关系则没有。这在一定程度上证明，创业者社会网络在先验知识和创业机会识别间的中介效应是存在的。

基于以上研究结论，本文得出以下两点政策启示：首先，应采取措施引导以新化人为代表的外来创业农民工群体更好地融入所在城市社区。正如实证研究所表明的，和本地人交往程度越深越能够促进这些外来创业者识别新的创业机会，而且这些创业机会包含的创新性较强，能够帮助“新化文印”从业者走出采用“价格战”等方式获得竞争优势的恶性循环，进而促进整个产业转型升级发展。其次，根据外来农民工创业者的真实需求，开展有针对性的创业培训。实证结果显示，行业技能较高的创业者能够更好地识别创新性较强的创业机会。“新化文印”发展到今天，如果还仅仅依靠“不断流动多开店”的方式来延续产业生命力恐怕是比较难的，而比较好的出路还是需要提升整体产业创新能力。这对自身受教育水平较低、文化素养不高的外来农民工创业者来说是一次巨大挑战。因此，政府及相关城市社区组织应通过开展创业培训、行业技能培训等方式帮助这些“草根”创业者提升企业经营管理素质，促使其真正成为一名创新和经营能力强的企业家。

【参考文献】

冯军旗．“新化现象”的形成．北京社会科学，2010（2）．

冯军旗．新化复印产业的生命史．中国市场，2010（13）．

郭红东，丁高洁．社会资本、先验知识与农民创业机会识别．华南农业大学学报（社会科学版），2012（3）．

郭红东，周惠珺．先前经验、创业警觉与农民创业机会识别——一个中介效应模型及其启示．浙江大学学报（人文社会科学版），2013（4）．

黄洁，蔡根女，买忆媛．谁对返乡农民工创业机会识别更具影响力：强连带还是弱连带．农业技术经济，2010（4）．

蒋剑勇，钱文荣，郭红东．农民创业机会识别的影响因素研究——基于968份问卷的调查．南京农业大学学报（社会科学版），2014（1）．

卢福营．外出经营：农民的“创业—经营型”流动——以浙江温岭西瓜农外出经营为个案．华中师范大学学报（人文社会科学版），2011（6）．

罗明忠，黄莎莎，邹佳瑜．农民创业的代际传承因素实证分析——基于广东部分地区农民创业者的问卷调查．广东商学院学报，2013（5）.

唐灿，冯小双．“河南村”流动农民的分化．社会学研究，2000（4）.

王汉生，刘世定，孙立平，项飚．浙江村：中国农民进入城市的一种独特方式．社会学研究，1997（1）.

温忠麟，张雷，侯杰泰．中介效应检验程序及其应用．心理学报，2004（5）.

Aldrich H E，Brickman A E，Reese P R. Strong ties，weak ties and Strangers：do women owners differ from men in their use of networking to obtain assistance? . In：Birley，S.，MacMillan，I. C.（Eds.），Entrepreneurship in a Global Context. Routledge，New York，1997.

Aldrich H E，Zimmer C. Entrepreneurship through social networks. In：Sexton，D.，Smilar，R.（Eds.），The Art and Science of Entrepreneurship. Ballinger Publishing，New York，1986.

Ardichvili A，Cardozo R，Ray S. A theory of entrepreneurial opportunity identification and development. Journal of Business Venturing，2003（18）：105-123.

Bhagavatula S，Elfring T，Tilburg A，Bunt G. How social and human capital influence opportunity recognition and resource mobilization in India's handloom industry. Journal of Business Venturing，2010（25）：245-260.

Birley S. The role of networks in the entrepreneurial process. Journal of Business Venturing，1985（1）：107-117.

Casson M. The Entrepreneur，Barnes and Noble Books，Totowa，New Jersey，USA，1982.

Granovetter M. The strength of weak ties：a network theory revisited. Sociological Theory，1983（1）：201-233.

Gulati R. Alliances and networks. Strategic Management Journal，1998（19）：293-317.

Hills G，Lumpkin G T，Singh R P. Opportunity recognition：perceptions and behaviors of entrepreneurs. Frontiers of Entrepreneurship Research，Babson College，Wellesley，MA，1997：203-218.

McEvily B，Zaheer A. Bridging ties：a source of firm heterogeneity in competitive capabilities. Strategic Management Journal，1999（20）：1133-1156.

Ozgen E，Baron R. Social sources of information in opportunity recognition：Effects of mentors，industry networks，and professional forums. Journal of Business Venturing，2007（22）：174-192.

Sambasivan M，Abdul M，Yusop Y. Impact of personal qualities and management skills of entrepreneurs on venture performance in Malaysia：Opportunity recognition skills as a mediating factor. Technovation，2009（29）：798-805.

Shane S. Prior knowledge and the discovery of entrepreneurial opportunities. Organizational Sciences，2000（11）：448-469.

Sigrist B. Entrepreneurial opportunity recognition. A presentation at the Annual UIC/AMA symposium at Marketing/Entrepreneurship Interface，Sofia-Antipolis，France，1999.

Ucbasaran D，Westhead P，Wright，M. The extent and nature of opportunity identification by experienced entrepreneurs. Journal of Business Venturing，2009（24）：99－115.

Uzzi B. Social structure and competition in inter firm networks：the paradox of embeddedness. Administrative Science Quarterly，1997（42）：35－67.

White H，Copper R. From fathers to sons：a review based on the research. American Business Association，2000（17）：233－258.

（作者单位：傅晋华：中国社会科学院经济研究所
郑风田：中国人民大学农业与农村发展学院）

农村信息化对农户收入及收入差距的影响

朱秋博　白军飞　朱　晨

一、引言

21世纪以来，为促进农村地区经济发展和农民增收，我国大力加强农村信息基础设施建设。2005年，中央1号文件中首次提出有关农村信息化方面的问题，且随后的中央1号文件中均指出要不断完善和健全我国农村信息化建设，"村村通""宽带下乡""信息进村入户"等信息工程陆续在我国农村地区实施。农民增收作为农村地区经济发展的基础以及"三农"问题的重中之重，是我国信息化建设所要解决的首要问题。目前，我国农民收入水平虽有显著提高，但是持续增收难度加大，农村内部也存在着较大的收入差距。面对"大数据"和"互联网+"时代的来临，农业信息化似乎是发展的必然趋势。因此，如何充分利用信息技术发展农村经济、促进农民持续增收显得尤为重要。但是，农村信息化是否能够起到提高农民收入并缩小农户收入差距的作用呢？是否在不同群体或不同社会经济条件下表现出异质性呢？对这些问题的回答对于深入理解农村信息化对农民增收的作用，特别是在精准扶贫工作方面具有重要的现实指导意义。

从已有文献来看，信息化对于农民收入的影响并没有定论。一些研究认为信息化对农民收入有正向作用，如高梦滔、和云和师慧丽（2008）认为信息服务利用率对农户增收和降低贫困发生率有着积极的作用；Klonner、Goethe和Nolen（2008）在对手机对南非农村地区经济影响的研究结果表明，在整个样本中，虽然手机对于农村居民平均收入没有显著影响，但对于孩子数量较少以及极度贫困的家庭来说却有正向影响；周洋和华语音（2017）基于中国家庭追踪调查（CFPS）2014年的数据，实证研究了互联网的使用对农村地区家庭创业的影响，发现互联网使用显著提高了农村家庭的创业收入；孙楚、杨辉（2014）和张磊磊、王华丽、王新哲（2015）也均认为信息化对农民收入增长具有显著的促进作用。另一部分研究则认为信息并没有起到增加收入的作用，比如Aker、Ghosh和Burrell（2016）发现尽管许多研究证明信息通讯技术为农民提供了大量的信息，却并没有转换为高产出和高利润；Camacho和Conover（2011）在对哥伦比亚SMS（Short Message Service）系统的研究中表明，该系统为农民所提供的市场和天气信息并没有使得农民家庭收入和支出显著提高；刘生龙和周绍杰（2011）在对基础设施对农村居民收入增长影响研究中发现，通讯基础设施的改善并未对我国农民收入增长具有显著促进作用。且在现有文献中，多数学者仅基于农户的总体收入水平进行研究，较少有学者考虑信息化对农户结构性收入的作用，这使我们很难了解信息化对农户收入的影响机制和路径，需要进一步的深入研究。

信息化发展的不均衡加剧了地区以及城乡之间的收入差距。Hindman（2000）认为城市居民与非城市居民之间的社会经济行为不平等是由于互联网利用效率不同导致的；Kumar 和 Keniston（2004）发现由于各地区的接入条件不同从而使得信息富有者和信息贫困者之间出现了“数字鸿沟”，也因此导致了收入差距；Furuholt 和 Kristiansen（2007）的实证结果表明互联网覆盖的不均衡拉大了城市与农村居民之间的经济差距，如人力资本积累和收入等；Richmond 和 Triplett（2017）研究了信息通讯技术与跨国收入不平等的联系，其研究结果表明，信息通讯技术拉大了各国之间的收入差距；胡鞍钢和周绍杰（2002）认为随着互联网技术的迅速发展，中国各地区之间以及城乡之间都存在“数字鸿沟”。

然而，较少有学者关注信息化对于农村内部收入差距的影响。事实上，我国农村内部收入差距在不断扩大，2003—2010 年，农村居民收入基尼系数在多数年份高于国际警戒线（均值为 0.408 8），且没有呈现出明显的下降趋势（程名望等，2015）。目前，国内已经有很多文献对我国农村内部收入差距予以关注，提出了一些影响农户收入差距的重要因素，如人力资本、物质资本、社会资本、政策和制度、区域发展水平、行业与职业等。已有研究对于理解我国农村内部收入差距具有重要意义，然而对农村信息化在其中所起的作用，还缺乏足够的重视和应有的分析。在信息化发展的大背景下，信息技术作为推动我国新农村建设以及驱动农业现代化的先导力量，将深刻影响我国农村内部收入分配格局。那么，信息化发展会继续拉大农村内部收入差距，为贫富阶层划下一道日益扩大的“数字鸿沟”？还是能够使得低收入水平的小农户在信息化发展过程中同样分享到“信息红利”？对此问题我们将进行深入剖析。

此外，我们进一步注意到，在提高农户收入的问题上，村庄的道路交通条件可能与信息化发展在某种程度上发挥相似的作用。有研究认为道路基础设施的改善对于提高农户收入具有重要作用（刘生龙，周绍杰，2011），道路的通畅能够降低农村劳动力的转移成本，促进要素流动（刘晓光，张勋，方文全，2015），有助于农民“走出去”并加强他们与外界的联系。Gibson 和 Rozelle（2003）也认为人们离硬化道路（或者城市中心）的距离越近，陷入贫困的可能性越低；而信息技术能够通过降低农户的信息搜寻成本从而改变其信息搜寻行为，减少农户与农产品市场以及劳动力市场的信息不对称（Jensen，2007；Tack and Aker，2014；Aker，2015；Lu，Xie and Xu，2016），促使农户获取更多信息优化资源配置和就业结构，进而有助于其福利的改善。可见，两者在提高农户收入问题上可能存在着互为替代或者互为补充的作用，理清道路交通条件与信息化发展的关系对于理解互联互通在促进我国农村经济发展方面具有重要意义。

基于此，本文运用农村固定观察点数据，以我国农村信息化建设的基础信息工具——互联网为例，从微观农户视角探究信息化对我国农户收入及收入差距的作用机制，一方面弥补以往文献对于信息化在农户收入作用方面研究的不足，另一方面也为国家进一步推动农村信息化发展制定相关政策提供一些参考依据。本文接下来的结构安排为：第二部分是信息化对农户收入影响的理论分析；第三部分是数据及统计性分析；第四部分为计量模型的建立；第五部分为实证结果分析；第六部分为结论及政策启示。

二、信息化对农户收入影响的理论分析框架

信息化发展能够通过降低农户的信息搜寻成本，促使农户获取更多信息来优化其资源配置，做出更优决策。农户同市场经济中的企业一样，是在特定资源和技术条件下追求最大利润的个体，他们能够根据价格信号做出理性的选择，能够根据帕累托最优原则进行生产要素的配置，但是现实中小农户往往处于信息弱势地位，信息的缺乏使得他们在农产品交易市场以及劳动力市场中总是成为被动的价格和工资接受者。若信息成本较大，农户将限制他们的信息搜寻行为，只能在有限的信息条件下做出生产和就业决策。而当信息成本开始降低时，他们能够逐渐脱离信息贫瘠的状态，并根据所获取的信息重新配置资源，做出更加优化的选择从而获得更高收入。

参考 Mccall（1970）对信息经济学经典搜寻理论（Search Theory）（Stigler，1961）的进一步发展，建立本研究的基本理论框架，首先做出如下假定：①农户了解其所需要的信息需要支付一定的成本，令农户每进行一次信息搜寻需要支付的成本为 c，并假定 c 为固定值；②农户均是风险中性的，即农户的效用函数是线性的；③农户每次信息搜寻后所做的生产或就业决策为X_1，X_2，X_3，…，X_i；④令Y_i为农户根据第 i 次信息搜寻结果做出相应生产或就业决策后所获得的收入，即$Y_i=g\ (X_i)$；⑤令 F（·）为Y_i的累计分布函数，且 $E\ [Y_i] <\infty$；⑥农户每次信息搜寻后所作出的决策之间是相互独立的，即X_1，X_2，X_3，…，X_i相互独立。则农户信息搜寻成本与

其收入的关系推导如下：

农户在生产和就业中为了做出更加优化的决策会进行相关信息的搜寻，农户根据第 n 次信息搜寻做出决策后得到的净收入为：

$$\pi_n = \max(Y_1, Y_2, \cdots, Y_n) - nc \tag{1}$$

在进行信息搜寻时，农户对所获收入会有心理预期，令 ξ 为其心理预期收入。以第一次搜寻为例，令农户根据第一次搜寻信息做决策 X_1 后所获得的收入为 Y_1，如果 Y_1 超过其心里预期收入 ξ，则农户会接受此次决策，如果 Y_1 没能达到预期收入 ξ，那么农户会继续进行信息搜寻，对于任意的 Y_i 来说均如此，即：

当 $Y_n \geqslant \xi$ 时，接受此次决策 X_i

当 $Y_n < \xi$ 时，继续进行信息搜寻

那么，农户根据其最终决策所获得的期望利润为 $E[\max(\xi, Y_i)] - c$，根据最优停止理论，ξ 满足下式：

$$\xi = E[\max(\xi, Y_i)] - c \tag{2}$$

在期望收入 $E[\max(\xi, Y_i)]$ 中，若 $Y_i < \xi$，则 $E[\max(\xi, Y_i)] = E[\xi]$；若 $Y_i > \xi$，则 $E[\max(\xi, Y_i)] = E[Y_i]$，因此 $E[\max(\xi, Y_i)]$ 可以写成如下积分形式：

$$\begin{aligned} E[\max(\xi, Y_i)] &= \xi\int_0^{\xi} \mathrm{d}F(y) + \int_{\xi}^{\infty} y\,\mathrm{d}F(y) \\ &= \xi\int_0^{\xi} \mathrm{d}F(y) + \xi\int_{\xi}^{\infty} \mathrm{d}F(y) + \int_{\xi}^{\infty} y\,\mathrm{d}F(y) - \xi\int_{\xi}^{\infty} \mathrm{d}F(y) \\ &= \xi + \int_{\xi}^{\infty} (y-\xi)\,\mathrm{d}F(y) \end{aligned} \tag{3}$$

将式（3）代入式（2）中，得出信息成本函数：

$$c = \int_{\xi}^{\infty} (y-\xi)\,\mathrm{d}F(y) = H(\xi) \tag{4}$$

$H(\xi)$ 可以转换成如下形式：

$$c = H(y) = \int_{y}^{\infty} (z-y)\,\mathrm{d}F(z) \tag{5}$$

则 $H(y)$ 函数性质如下：

$$\lim_{y\to\infty} H(y) = 0;\quad \lim_{y\to-\infty} H(y) = E(Y_1);$$

$$\frac{\mathrm{d}H(y)}{\mathrm{d}y} = -[1-F(y)] < 0;\quad \frac{\mathrm{d}y^2 H(y)}{\mathrm{d}\,x^2} \geqslant 0$$

由此，我们得出 $H(y)$ 的函数图像（图 1），当信息搜寻成本由 c_1 下降

到c_2时，农户收入将从y_1增加y_2，即信息搜寻成本与农户收入成反比。而农村信息化水平的发展能够不断降低农户的信息搜寻成本，促使农户获取更多信息资源优化决策，进而提高收入。基于此，本文提出如下假说：信息化发展能够促进农户收入的增加。

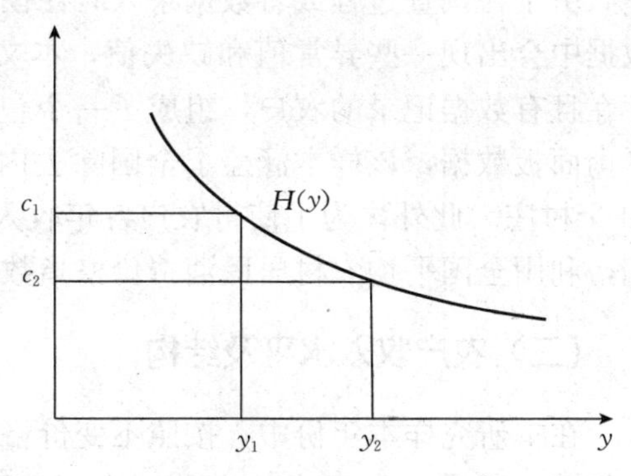

图 1　农户收入与信息成本函数

上述理论框架表明，信息化是影响农户收入的一个重要因素，该结论是否适合于我国农村的实际情况呢？本文在以下部分将采用农村固定观察点数据对上述理论假说进行实证分析。

三、数据和统计性分析

（一）数据来源

本文数据来源于我国农业部农村固定观察点调查系统。农村固定观察点调查系统是 1984 年经中共中央书记处批准设立的，并于 1986 年正式建立并运行至今，该系统已经在我国农村地区开展了长达 30 多年的连续跟踪调查。其调查以村为单元，对村域中的农户实行抽样调查，以村域中的农户为个体，对其进行跟踪观察。目前已经有调查农户 23 000 户，调查村庄 360 个，样本分布在全国除港澳台外的 31 个省份。该数据库主要包括农户家庭及成员特征、土地和固定资产、家庭生产经营、家庭收支和家庭消费等方面的详细情况。固定观察点数据有三个鲜明的特点和优势，一是调查范围广、样本量大，具有全国代表性；二是固定跟踪、统计口径一致，使得各年间的数据具有较好的可比性；三是内容全面，涵盖了农户就业、生产、消费、生活等各项活动的全面调查信息。该数据的特点和优势为本文的实证研究提供了良好的数据基础。

本文选取的样本时间跨度为 2009—2011 年，其原因如下：①在固定观察点的调查中，农村互联网的使用情况从 2009 年才开始进行补充，我们仅能利用 2009 年以后的数据来研究互联网对农户收入的作用机制；②该时间段刚好涵盖了我国“十一五”农村通信发展规划的转折点，该规划的目标是要到 2010 年全面实现我国“村村通电话、乡乡能上网”，农村互联网接入状况在 2010 年前后的重大变化为我们的研究提供了很好的数据支撑。

由于在调查过程或者数据录入时往往会产生一些试验误差，固定观察点数据中会出现一些异常值和缺失值，本文保留了 2009—2011 年三年中连续存在且有数据记录的农户，组成了一个包括 2 586 个农户共 7 758 个样本的平衡面板数据，该样本涵盖了全国除去内蒙古、西藏和广东的 28 个省份共 99 个村庄。此外，为了使得农户各年收入具有可比性，本文以 2008 年为基期，利用全国平均农村居民消费价格指数对所有涉及收入的指标进行平减。

(二) 农户收入水平及结构

在本研究样本年份中，按照不变价格计算的农户人均收入水平及增长趋势如图 1 所示。农户人均总收入从 2009 年 8 524.38 元增长到 2011 年的 10 603.36元，年均增长 11.53%；人均工资性收入[①]从 4 441.75 元增长到 5 593.78元，年均增长 12.22%；而农业收入呈现下降趋势，2011 年人均农业收入[②]为 3 108.80 元，比 2009 年低 260.47 元；农户的财产性收入以及转移支付收入较低，但均处于缓慢上升趋势。

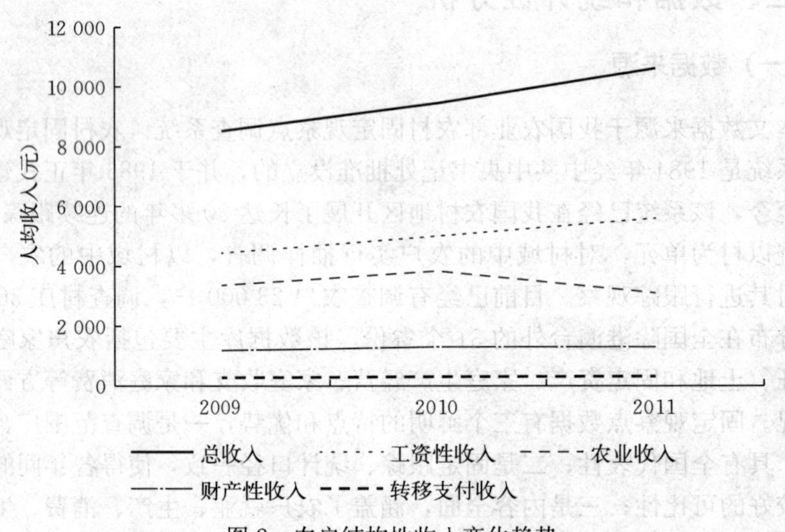

图 2 农户结构性收入变化趋势

就收入结构看，2009—2011 年，我国农户两大核心收入来源是“农业收入”和“工资性收入”，其三年平均占农户家庭总收入的比例分别为 40.04%和 50.37%，合计占比达 90.41%，包括财产性收入和转移性支付的其他收入比例较低，占比为 9.59%。随着城镇化的不断推进，“工资性收

① 工资性收入为乡村干部教师工资收入、本地从业工资性收入、外出从业工资性收入之和。

② 农业收入为粮食作物收入、经济作物收入、园地作物收入、畜牧业收入、水产业收入、林业收入之和。

入”已经超越“农业收入”成为农户最主要的收入来源，且该比例呈现递增趋势，而农业收入占比由 2009 年 42.83%下降到了 2011 年的 36.11%。

表 1　农户家庭收入结构变化情况

单位：%

年份	农业收入	工资性收入	其他收入
2009	42.83	49.40	7.77
2010	43.18	50.52	6.3
2011	36.11	51.18	14.71

（三）农户收入差距及不均等状况

随着农户收入的增长以及收入结构的变化，从基于家庭人均收入数据计算的基尼系数来看，总收入基尼系数呈现先下降又回升的趋势，三年均值为 0.39，接近于 0.4 的国际警戒线，表明我国农村内部收入差距仍然较大。就分解收入的基尼系数来看，四项收入的基尼系数均高于总收入，其中“工资性收入”基尼系数最低，且呈现出明显的下降趋势，从 2009 年的 0.46%下降到了 2011 年的 0.42%，减少了 8.70%；“财产性收入”基尼系数最高，三年均超过了 0.7；“农业收入”和“转移支付收入”基尼系数分别高于 0.5 和 0.6。

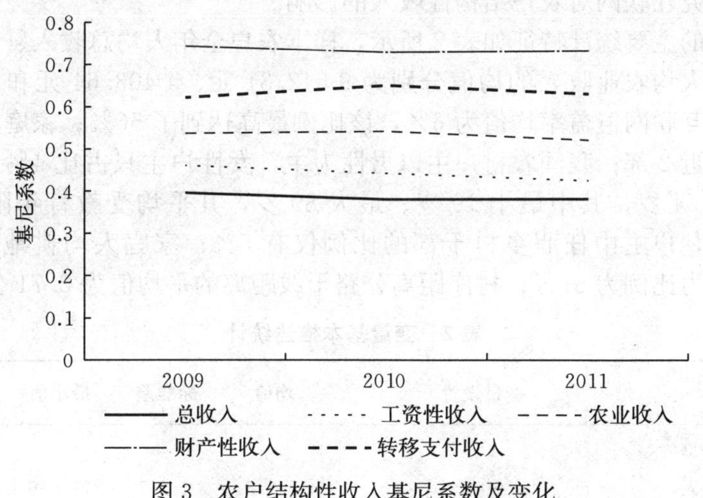

图 3　农户结构性收入基尼系数及变化

四、模型设定

（一）变量选取

信息基础工具互联网的使用与农户收入之间存在一些内生问题。一方面，农户的思想、意识等一些不可观测的因素可能影响其互联网的使用，会导致遗漏变量等问题；另一方面，互联网的使用可能会使得农户收入增加，而农户收入增加可能会反过来提高互联网的使用概率，从而导致互为为因果的内生问题。在难以找到十分合适的工具变量进行 2SLS 回归的情况下，本文采用如下方法尽量削弱内生性问题：①选取村庄内部接入互联网的农户比例作为本文的关键解释变量，以下简称为"村内互联网覆盖率"，由于信息存在溢出效应，一个村庄的信息化发达程度能够影响单个农户的收入，而单个农户的收入水平较难影响村庄其他农户家庭的网络使用情况；②采用面板固定效应模型进一步减弱互联网使用的内生问题，即同时控制年份和农户固定效应从而实现双差法，许多学者认为该方法有助于消除部分内生性问题(周黎安，陈烨，2005；陈云松，范晓光，2011；白重恩等，2012)。

参照已有研究的文献，本文还采用反映户主个性特征、家庭特征和村庄经济条件的三组控制变量，具体来说有户主受教育程度、户主干部身份、家庭人均劳动力比例、家庭人均耕地面积、村庄距离公路干线距离。此外，移动电话是农户另一个主要的信息来源，为了将移动电话和互联网两大信息源对农户收入的影响进行区分，本文还将控制住农户的手机使用情况。

在因变量的选取上，除了农户人均总收入外，本文还选取农户收入的两大主要来源"人均农业收入"以及"人均工资性收入"分别作为被解释变量，以研究互联网对农户结构性收入的影响。

变量的主要统计特征如表 2 所示，样本农户全年人均总收入、人均工资性收入和人均农业收入的均值分别为 9 642.31 元、4 403.64 元和 3 859.04 元；村庄互联网覆盖率均值为 6%，该比例最高达到了 56%；家庭移动电话平均拥有近 2 部；我国农村户主以男性为主，女性户主只占比 4%，户主平均年龄为 54 岁，其中最小 19 岁、最大 89 岁，其平均受教育年限为 6.92 年，此外，户主中任职乡村干部的比例仅有 5%；家庭人均耕地面积 2.3 亩，劳动力比例为 67%；村庄距离公路干线距离的平均值为 2.71 公里。

表 2　变量基本描述统计

变量	变量设置	均值	标准差	最小值	最大值
被解释变量					
人均总收入	(元)	9 642.31	8 482.79	712.46	164 578.70
人均工资性收入	(元)	4 403.64	3 771.75	0	42 627.88
人均农业收入	(元)	3 859.04	5 552.35	23.79	131 825.50
解释变量					
村内互联网覆盖率	村庄当年已上网户数/年末总户数	0.06	0.09	0	0.56

（续）

变量	变量设置	均值	标准差	最小值	最大值
移动电话部数	（部）	1.88	1.12	0	12
性别	户主性别：0=女；1=男	0.96	0.19	0	1
年龄	户主年龄（岁）	53.64	10.48	19	89
教育程度	户主教育程度（年）	6.92	2.46	0	20
户主干部身份	户主是否是乡村干部户：0=否；1=是	0.05	0.21	0	1
劳动力比例	劳动力人数/家庭常住人口数	0.67	0.22	0	1
人均耕地面积	年末经营耕地面积/家庭常住人口数（亩）	2.31	3.41	0	47.5
距离	村庄距离公路干线距离（公里）	2.71	3.68	0	26

（二）基准模型设定

本文构建年份和个体双向固定效应模型来讨论互联网对农户人均收入的平均影响，模型采取半对数方程形式，具体模型如下：

$$\ln y_{mit} = a_i + b_t + \beta \ln ternet_{mt} + X'_{mit} + \varepsilon_{mit} \tag{6}$$

$\ln y_{mit}$表示第m个村庄第i个农户在时间t的人均总收入、人均工资性收入或人均农业收入对数值；$\ln ternet_{mt}$代表村内互联网覆盖率；X'_{mit}表示一系列村级、户级和户主特征控制变量；α_i代表农户固定效应，用来控制不随时间变化的可观测和不可观测农户特征对其人均收入的影响；b_t代表年份固定效应，用来控制不同年份的宏观经济环境、市场环境等因素对农户人均收入的影响；ε_{mit}表示误差项。由于本文采用的是面板数据模型，需要经过检验才能确定回归分析是否应使用固定效应模型，以下所有面板数据模型的Hausman检验结果均表明应使用固定效应模型。

五、实证结果分析

（一）互联网对农户收入的影响及其作用机制

表3汇报了模型结果，第1列、第2列和第3列分别为村内互联网覆盖率对农户人均总收入、人均农业收入和人均工资性收入的面板固定效应模型估计结果。结果显示，互联网对农户总收入以及工资性收入均具有显著的正向影响，也由此验证了本文第二部分的理论假说。从边际效果上来看，村内

互联网覆盖率每增加1%，人均收入平均增加1.35%[①]，人均工资性收入增加1.92%；而互联网对农户的农业收入具有显著的负向作用，村内互联网覆盖率每增加1%，农户人均农业收入下降0.6%。对此结果可能有如下解释：互联网的使用大大降低了农民的信息搜寻成本，减少了农民与劳动力市场之间的信息不对称，使得他们能够从中获取多样化的就业信息以及非农技能，促使农村劳动力向非农行业转移，从而放弃一部分农业生产，更多地从事非农工作或外出打工。

模型中控制变量的影响与本文预期基本相一致。农户家庭移动电话拥有数量越多，其人均总收入以及人均工资性收入越高，具体来说，农户家庭每增加一部移动电话，其人均总收入和人均工资性收入分别平均增加1.06%和1.08%，但移动电话的使用对农业收入没有表现出显著影响；户主受教育程度仅对农户工资性收入具有促进作用，这可能是因为一些非农行业往往对农户的教育水平有一定要求，教育程度越高农户所从事行业的工资收入越高，而对于农业生产来说，农户的种植经验可能会比其教育水平更加重要；家庭人均耕地面积每增加1亩，农户人均总收入和人均农业收入将分别增加4.60%和9.09%，可见我国农户对耕地仍然具有较强的依赖性，实现农户适度规模经营将有助于促进农民增收；同时，在一定条件下，土地也会成为农民的“牵绊”，家庭人均耕地面积每增加1亩，农户人均工资性收入将减少2.53%，可见人均耕地面积较多农户对土地的依赖性较强，从而向非农就业转移的过程要相对缓慢。此外，家庭劳动力比例的增加有利于促进农户人均总收入和人均工资性收入的增长；村庄的道路基础设施条件也会影响农户收入，距离公路干线越远村庄农户的人均总收入和工资性收入越少。

表3　村庄互联网覆盖率对农户收入的影响

	人均总收入对数值	人均工资性收入对数值	人均农业收入对数值
	回归1	回归2	回归3
村内互联网覆盖率	1.344***	1.903***	−0.626***
	(0.116)	(0.199)	(0.173)
手机部数	0.062***	0.077***	0.000
	(0.007)	(0.011)	(0.010)
教育程度	0.008	0.022**	−0.004
	(0.006)	(0.011)	(0.009)
户主干部身份	0.081	0.098	−0.058
	(0.061)	(0.104)	(0.094)

① 由于本文的实证模型采取的是半对数形式，所以解释变量对被解释变量的边际影响与估计系数并不相同，其转化公式为 $\Delta y = \exp(\beta_j \Delta x_j) - 1$。

（续）

	人均总收入对数值	人均工资性收入对数值	人均农业收入对数值
	回归 1	回归 2	回归 3
劳动力比例	0.164***	0.471***	−0.067
	(0.046)	(0.087)	(0.069)
人均耕地面积	0.045***	−0.025*	0.087***
	(0.005)	(0.013)	(0.007)
距离	−0.023***	−0.035*	0.014
	(0.008)	(0.019)	(0.012)
农户固定效应	是	是	是
年份固定效应	是	是	是
截距项	8.545***	7.458***	7.571***
	(0.060)	(0.111)	(0.089)
观测值	7 758	5 968	7 409
R-squared	0.135	0.084	0.179
Prob>F	0.000	0.000	0.000

注：括号中数字为标准误；*、**、*** 分别表示 10%、5%和 1%显著性水平。

上文中的实证结果表明互联网促进了农户工资性收入增加而对农业收入具有抑制作用，对其中的原因及机制本文将进行进一步的实证检验。首先将收入分解为工资率和工作时间的乘积。以收入增加为例，互联网对收入的影响可以通过以下四种途径：①增加农民的工作时间，而对工资率没有影响；②增加农民工资率，而对工作时间没有影响；③既增加农民的工作时间，又增加农民的工资率；④对农民工作时间和工资率的影响方向相反，但最终显现出正向作用效果。那么，我们将村内互联网覆盖率分别对农户人均农业劳动时间、人均非农劳动时间、农业工资率以及非农就业工资率进行回归。

从表 4 的回归结果可以看出，互联网使得农户从事非农劳动的时间和工资率均显著增加，对农业劳动时间具有显著负向影响，但对农业工资率的影响并不显著。其中，村内互联网覆盖每增加 1%，户主从事非农劳动时间将增加 0.43%，农业劳动时间将减少 0.69%，并且非农就业工资率将增加 1.12%。由此可见，互联网不仅起到了促进农村劳动力从农业向非农就业转移的作用效果，并且还能够提高农户非农就业的工资率，其原因可能由于信息获取和积累逐渐提高了农户的人力资本，从而能够促使农民向工资更高的行业转移。

表4　村庄互联网覆盖率对农户劳动时间和工资率的影响

	人均农业劳动时间（日）	人均非农劳动时间（日）	农业工资率（元/人·日）	非农就业工资率（元/人·日）
村内互联网覆盖率	−0.689***	0.428**	0.079	1.11***
	(0.165)	(0.143)	(0.228)	(0.237)
农户固定效应	是	是	是	是
年份固定效应	是	是	是	是
观测值	6 919	6 005	6 246	4 300
R-squared	0.080	0.143	0.016	0.050
Prob>F	0.000	0.000	0.000	0.000

注：括号中数字为标准误；*、**、*** 分别表示10%、5%和1%显著性水平；人均农业劳动时间＝农户家庭从事农业劳动总时间/家庭总人口数；人均非农劳动时间＝（农户家庭在本乡镇从事非农劳动时间＋外出务工时间）/家庭总人口数；农业工资率＝农户家庭农业收入/农业劳动力人数/农业劳动时间；非农就业工资率＝农户家庭工资性收入/非农劳动力人数/（农户家庭在本乡镇从事非农劳动时间＋外出务工时间）；控制变量包括户主教育程度、干部身份、农户人均耕地面积、劳动力比例和村庄距离公路干线距离。

（二）互联网对农户收入差距的影响

据本文第三部分对于农村收入基尼系数的计算结果显示，我国农村内部收入差距依然较大，目前我们已经检验了互联网对农户收入增长的平均作用效果，那么是否所有农户均能从信息化的发展中受益？信息化发展会继续加剧我国农村内部收入分配的不均衡吗？本部分将基于人均总收入，根据2009—2011年三年均值将农户分成低等收入（1 033.92～5 913.89元）、中等收入（5 914.93～9 918.05元）和高等收入（9 919.00～147 655.1元）三个等级，并基于不同收入等级的农户样本各自检验互联网对其收入的影响效果。

估计结果如表5所示，对于人均总收入来说，村内互联网覆盖率每增加1%，低、中、高等收入水平农户的人均总收入将分别增加1.39%、1.28%、1.28%，可见互联网的接入使得低收入农户受益最大，而对中等收入和高收入农户的作用效果相同，没有呈现出明显的梯度关系，这说明就总收入来看，互联网有利于缩小低收入农户与中、高等收入水平农户的收入差距；对人均工资性收入和人均农业收入来说，村内互联网覆盖率每增加1%，低、中、高等收入水平农户的人均工资性收入将分别增加1.90%、1.63%和1.95%，高收入农户的人均农业收入将下降0.94%，而互联网对于低、中等收入水平农户的人均农业收入没有显著影响，由此，我们能够得出如下结论：①信息化对高收入农户从农业向非农就业转移的促进程度最大，即高收入农户在信息较为充足的情况下更倾向于放弃部分农业收入来换取非农收入；②互联网对低收入农户人均工资性收入的边际作用大于中等收入农户，即互联网能够缩小低收入农户与中等收入农户工资性收入差距。综上可知，互联网有利于我国农户收入差距的缩小和收入分配的均衡。

表 5　村内互联网覆盖率对不同收入等级农户收入的影响

农户收入分组	低等收入农户	中等收入农户	高等收入农户
人均总收入对数值			
村内互联网覆盖率	1.376***	1.274***	1.275***
	(0.241)	(0.174)	(0.209)
农户固定效应	是	是	是
年份固定效应	是	是	是
观测值	2 476	2 821	2 461
R-squared	0.097	0.126	0.081
Prob＞F	0.000	0.000	0.000
人均农业收入对数值			
村内互联网覆盖率	−0.489	−0.359	−0.932***
	(0.336)	(0.250)	(0.338)
农户固定效应	是	是	是
年份固定效应	是	是	是
观测值	2 392	2 732	2 285
R-squared	0.168	0.224	0.163
Prob＞F	0.000	0.000	0.000
人均工资性收入对数值			
村内互联网覆盖率	1.886***	1.619***	1.934***
	(0.417)	(0.287)	(0.377)
农户固定效应	是	是	是
年份固定效应	是	是	是
观测值	1 940	2 237	1 791
R-squared	0.043	0.059	0.046
Prob＞F	0.000	0.000	0.000

注：括号中数字为标准误；*、**、*** 分别表示 10%、5%和 1%显著性水平；控制变量包括户主教育程度、干部身份，农户人均耕地面积、劳动力比例和村庄距离公路干线距离。

（三）互联网与道路交通条件的交互影响

道路基础设施似乎在一定程度上与信息基础设施有着相似的作用效果。道路基础设施的完善有利于农民“走出去”并加强与外界的交流和联系，从而获取对自己有利的信息，并且能够通过降低转移成本促进农村劳动力城乡转移（刘晓光，张勋，方文全，2015）。刘生龙和周绍杰（2011）也认为道路基础设施可以使农村劳动力向着人力资本回报率更高的地方流动，对促进农村地区经济发展具有重要作用。而在信息获取与交流的作用上，互联网有着更加直接的作用效果，其能够显著降低农民的信息搜寻成本，方便农民获取农业及非农就业等的相关信息，并根据信息资源优化生产和就业决策，促进农民增收。那么互联网与道路基础设施之间是否会存在某种替代或者互补关系呢？本研究将进一步对两者之间的关系进行深入探讨。

本文选取村庄距离公路干线距离来代表道路基础设施状况，并在人均总收入、人均工资性收入和人均农业收入的固定效应模型中加入互联网与村庄距离公路干线距离的交叉项来检验两者之间可能存在的某种联系。表6汇报了上述回归结果，首先，就村庄距离公路干线距离这一单独项来看，距离公路干线越近村庄农户的人均总收入和人均工资性收入越高，而人均农业收入越少，这说明道路基础设施有助于农村劳动力向非农部门转移，通过带动其工资性收入的增加促进农户总收入的增加。其次，就互联网与距离的交叉项来看，人均总收入和人均工资性收入模型中的该项系数均显著为正，这说明互联网对于距离公路干线较远村庄农户人均总收入和人均工资性收入的正向作用更大；而在人均农业收入的模型中，该交叉项显著为负，即互联网对于距离公路干线较远村庄农户农业收入的抑制作用更大。也就是说互联网有利于偏远地区农户从农业向非农就业的转移，增加其工资性收入，从而弥补其道路交通不便对其造成的影响。由此可见，对于那些由于道路不通所导致的相对闭塞的村庄来说，互联网在提高农户工资性收入和总收入上对道路交通起到了补充作用。

这意味着我们可以通过加大偏远地区的信息基础设施建设来弥补其道路条件的不足。截至2015年，我国仍有400多个乡镇3.9万个建制村不通硬化路，交通成为了这些地区农民“走出去”以及获取信息的一大障碍。而由于地理位置的限制，部分偏远地区若想要加强道路基础设施建设将需要很大的成本，因此，对于这些地区来说，政府应加大信息基础设施建设力度，以保证他们早日打破封闭状态，通过获取到足够的信息来进行更加优化的生产和就业决策从而促进收入的增加。

表 6　互联网对农民收入的异质性影响

	人均总收入对数值	人均工资性收入对数值	人均农业收入对数值
村内互联网覆盖率	1.120***	1.271***	−0.266
	(0.144)	(0.253)	(0.214)
距离	−0.037***	−0.071***	0.038***
	(0.010)	(0.021)	(0.014)
互联网×距离	0.119***	0.426***	−0.192***
	(0.045)	(0.106)	(0.067)
农户固定效应	是	是	是
年份固定效应	是	是	是
观测值	7 758	5 968	7 409
R-squared	0.127	0.061	0.155
Prob>F	0.000	0.000	0.000

注：括号中数字为标准误；*、**、*** 分别表示 10%、5%和 1%显著性水平；控制变量包括户主教育程度、干部身份，农户人均耕地面积、劳动力比例和村庄距离公路干线距离。

六、结论及政策启示

本文基于我国农业部农村固定观察点 2009—2011 年数据，从微观农户层面以互联网为例实证研究了信息化对于农户收入以及农村内部收入差距的影响。研究发现，互联网的使用提高了农户人均总收入，其影响主要体现在互联网促进了农户工资性收入的增加，但对于农业收入具有显著抑制作用。原因在于，互联网能够使得农户在本乡镇内的农业劳动时间大幅缩减，而其非农劳动时间以及外出务工时间逐渐增加，且提高了农民非农就业的工资率，有效促进了农村劳动力向工资更高的非农行业转移。进一步研究表明，互联网对于农户收入的影响存在异质性，主要表现为：①互联网对低收入水平农户人均总收入的影响大于中等收入和高收入水平农户，并对低收入水平农户人均工资性收入的影响大于中等收入农户，即信息化有助于促进低收入农户向中、高收入农户的发展和过渡，缩小农村内部收入差距，改善农村收入分配；②互联网对农民收入的影响在那些距离主要交通干线较远村庄表现得更加明显，显示信息互通对交通互通的一定补充能力。

本文的研究结果具有重要政策指导意义。从目前来看，我国“三农”问题最突出的依然是农民增收缓慢问题，并且农村内部还存在较大收入差距，而农村信息化建设可以通过信息资源的传递提高农村劳动力素质，使农民掌握先进农业技术以及多样化的就业信息，有效改善其就业结构，促进农民增收致富以减少收入差距。因此，我国应继续加快农村信息化建设，强化信息技能培训，通过“大数据”平台建立农业资源信息库，为农民提供有效的信息资源以促进农民持续增收，实现小农户和现代农业发展的有机衔接，并通过信息化探索出一条适合我国国情的农村现代化建设道路。此外，对于道路不通的偏远村庄来说，我国更应加大信息基础设施建设力度，以改善信息资源匮乏的现状，带动这些地区的经济发展。

本文可能存在的不足之处：①包括互联网在内的信息基础设施建设只是农村信息化发展的一小部分，此外，农村信息化还包括农业信息综合服务平台、农业资源数据库的建设以及信息技术和农业生产结合所产生的先进农业信息技术的发展，如在线监测、精准作业、病虫害远程诊断等，但由于数据限制，本文仅选用互联网来初步考察信息基础设施对我国农户收入的影响，尽管互联网的影响并不足以代表农村信息化在我国农业现代化发展进程中所起的作用，但仍有助于为作为今后对农村信息化研究的基础；②在信息化变量的识别上，本文没能较完善地处理好互联网的内生性问题，可能会造成部分估计结果有偏，但其仍有助于我们初步了解互联网对农户收入以及收入差距的作用机制，在未来的研究中，将会尝试更多的方法努力克服信息的内生问题。

【参考文献】

白重恩，李宏彬，吴斌珍．医疗保险与消费：来自新型农村合作医疗的证据．经济研究，2012（2）．

陈云松，范晓光．社会资本的劳动力市场效应估算—关于内生性问题的文献回溯和研究策略．社会学研究，2011（1）．

程名望，Yanhong，盖庆恩，史清华．农村减贫：应该更关注教育还是健康？——基于收入增长和差距缩小双重视角的实证．经济研究，2008（11）．

高梦滔，和云，师慧丽．信息服务与农户收入：中国的经验证据．世界经济，2008（6）．

胡鞍钢，周绍杰．中国如何应对日益扩大的“数字鸿沟”．中国工业经济，2002（3）．

刘生龙，周绍杰．基础设施的可获得性与中国农村居民收入增长——基于静态和动态非平衡面板的回归结果．中国农村经济，2011（1）．

刘晓光，张勋，方文全．基础设施的城乡收入分配效应：基于劳动力转移的视角．世界经济，2015（3）．

孙楚，杨辉．农村信息技术服务对农民收入影响的实证研究——基于哈尔滨市面板数据的分析．农机化研究，2014（10）．

张磊磊，王华丽，王新哲．农业信息化与农民收入相关性研究——基于协整检验、格兰杰因果关系检验．经济研究参考，2015（68）．

周黎安，陈烨．中国农村税费改革的政策效果：基于双重差分模型的估计．经济研究，2005（8）．

Aker J. Can Mobile Phones Improve Agricultural Outcomes? Evidence from a randomized experiment in Niger. Food Policy，2015（60）：44－51.

Camacho A，E Conover. The Impact of Receiving Price and Climate Information in the Agricultural Sector. Social Science Electronic Publishing，2011.

Furuholt B，S A Kristiansen. Rural-Urban Digital Divide? Regional aspects of Internet use in Tanzania. Ejisdc the Electronic Journal on Information Systems in Developing Countries，2007，31（6）：1－15.

Gentzkow，Matthew. Television and Voter Turnout. Quarterly Journal of Economics，2006（121）：931－972.

Gibson J S Rozelle. Poverty and Access to Roads in Papua New Guinea. Economic Development and Cultural Change，2003，52：159－185.

Hindman D B . The Rural-Urban Digital Divide. Journalism and Mass Communication Quarterly，2006，77（3）：549－560.

Jensen R. The Digital Provide：Information（Technology），Market Performance，and Welfare in the South Indian Fisheries Sector. Quarterly Journal of Economics，2007，122（3）：879－924.

Kumar D. ，K. Keniston. IT Experience in India：Bridging the Digital Divide. Sage Publications Ltd，2004.

Lu Y，H Xie，L C Xu. Telecommunication Externality on Migration：Evidence from Chinese Villages. China Economic Review，2016（39）：77－90.

Mccall J J. Economics of Information and Job Search. Quarterly Journal of Economics，1970，84（1）：113－126.

Richmond K，R E Triplett. ICT and Income Inequality：a Cross-national Perspective. International Review of Applied Economics，2017（2）：1－20.

Stigler G. The Economics of Information. Journal of Political Economy，1961，69（3）：213－225.

Tack J，J C Aker. Information，Mobile Telephony，and Traders' Search Behavior in Niger. American Journal of Agricultural Economics，2014，96（5）：1439－1454.

（作者单位：中国人民大学）

具有区域特色优势的产业扶贫模式创新研究

——以四川省苍溪县为例

郭晓鸣　虞　洪

产业扶贫立足于贫困地区的资源禀赋条件，以发展和支持贫困地区的特色产业为手段，充分利用贫困地区自身的比较优势带动脱贫致富①。面对脱贫攻坚的巨大压力，全国各个区域围绕发展特色产业、增加贫困户收入进行了多元化的探索实践，并且取得了显著的成效，但必须引起高度重视的是，在产业扶贫中普遍存在着贫困群众参与能力不足、产业选择取向短期化、扶贫资源分散化以及推进手段行政化等问题。一些地方的产业扶贫当前可能在一定程度上增加贫困群众收入，但从长远来看则可能导致低水平产能增加、同质化竞争加剧、市场性风险放大、内生性动力弱化等风险，亟待通过产业扶贫模式优化和创新予以防范和化解。总体而言，产业扶贫的应有效应尚未充分发挥，贫困人口参与性、产业要素聚合性、稳定发展持续性和助推脱贫实效性有待增强，产业助推脱贫攻坚的长效机制还缺乏纵深性拓展。

一、当前产业扶贫面临四大困境

贫困问题是世界性难题，反贫困治理是当前的重要任务，发展产业是促进增收最重要的载体和最根本的出路，产业扶贫则是促进贫困群众脱贫最有效的手段和最长久的依靠。虽然许多研究成果表明，推进产业扶贫与促进贫困人口增收致富具有正向关系，但同时也有不少研究成果指出，产业扶贫存在一些问题和现实困境。其中，孙兆霞（2015）通过对贵州产业扶贫的调查认为，产业扶贫会导致扶贫目标偏移、拉大贫富差距等后果；莫光辉（2017）对产业扶贫文献梳理后认为，产业扶贫主要问题包括政府的行为异化问题、产业扶贫的实效性问题以及产业扶贫的副作用问题等；此外，许汉泽、李小云（2017）对华北李村的产业扶贫项目进行考察分析后认为，产业

① 张慧君．赣南苏区产业扶贫的“新结构经济学”思考．经济研究参考，2013（33）：65.

扶贫背后隐藏着扶贫济困的社会道德逻辑与产业发展的市场化逻辑的矛盾；李志萌、张宜红（2016）对赣南革命老区产业扶贫进行分析后认为，存在种植品种单一与农业生物多样性需求、家庭分散经营与生产集约现代化需求、扶贫产业链短与“接二连三”利益链延长需求和政府单一投资模式与产业扶贫较大资金需求之间的四大矛盾。虽然由于扶贫阶段、区域条件和推进举措等方面的不同，产业扶贫存在的问题和面临的矛盾存在较大的差异，但从目前产业扶贫的总体情况来看，主要面临着以下四大亟待破解的困境：

（一）长期深度贫困下的参与能力缺失化困境

能力缺失是贫困的主要原因，产业扶贫对扶贫对象具有一定的能力要求，必须要让贫困人口参与到产业之中才能获取产业发展带来的效益，但是经过多年的扶贫工作，现有贫困人口多数贫困程度较深，自我发展能力较弱，许多贫困人口缺乏参与产业发展的基本条件和要素。一是缺劳动能力，现有贫困人口中因病因残和缺劳动力致贫的比例高，难以有效直接发展产业增收；二是缺发展技能，贫困人口多数缺乏产业发展技能和就业技能，在发展产业的过程中面临着更为严重的技术风险；三是缺投资能力，贫困户积累能力弱，特别是处于深度贫困的农户，不仅缺资金，也缺发展基础资源，无力参与新产业、新业态发展。虽然在扶贫中，各地都以不同形式实施了产业扶贫项目，但贫困户的能力与产业发展的劳动力、资金、技术等需求不匹配，不仅导致贫困户由于自身能力缺失而参与并分享产业扶贫红利有限，一些贫困地区、扶贫项目对贫困户甚至形成“挤出效应”。

（二）脱贫压力传导下的产业选择短期化困境

产业发展具有较强的路径依赖性，而贫困地区之所以贫困在很大程度上是缺乏足够的产业支撑，但是调整农业产业结构的难度相对较大而且见效较为缓慢，在到2020年我国现行标准下农村贫困人口实现脱贫、贫困县全部摘帽的脱贫压力下，一些地方为了实现层层加码、早日脱贫的目标，在扶贫产业上出现了一些必须引起高度重视的不良取向和现象。一是在产业选择上主要选择投资小、见效快的“短平快”产业，送鸡苗、送猪仔成为最常见的扶贫项目，虽然见效快但难以让贫困户从中实现长效增收，达到脱贫收入标准后极易返贫。二是在帮扶部门的大力参与下，虽然为贫困地区带来了新的发展思路和动力，但一些地区和部门为了实现短期的帮扶任务而盲目追求“高大上”，一味地植入外部成功产业，导致与原有基础和发展条件割裂，虽然新增产业规模大，但由于“水土不服”而收效甚微，而且行业部门在编制扶贫产业规划时往往缺乏总体性安排，导致产业发展和布局呈现出无序化特征。三是产业扶贫项目主要集中于种植、养殖等生产环节，对产后加工、销售环节支持不足，即使在种植、养殖项目上也存在严重的产业同构化现象，其中种植业中茶叶、核桃、花椒等同构化现象极为严重，不仅容易造成新的“产能过剩”，而且由于缺乏完整的产业体系，还隐藏着较大的市场风险。

（三）精准到村到户下的扶贫资源分散化困境

产业扶贫是一项系统工程，要想充分发挥产业扶贫的作用，需要农田水利、交通建设等基础支撑，需要技术培训、金融、保险等配套支持，需要财政投入、帮扶机制等制度创新，虽然通过责任、权力、资金、任务“四到县”，在一定程度上提高了县级政府的扶贫资源整合能力，但精准到村到户要求下的资源分散化问题仍然十分突出。一是部门资源分散，扶贫资源分散在发改、交通、水利、农业、林业、畜牧以及财政和扶贫等多个部门，与产业扶贫有关的项目数量多、规模小、分散度高的特征十分明显，难以形成产业扶贫的系统支撑。二是资源整合难，许多扶贫资源掌握在上级行业部门手中并采用不同的管理使用和考核办法，而且项目计划下达时间早晚不一，大大降低了基层整合扶贫资源的能力和效率。虽然一些项目未明确具体的考核要求，但基层整合后可能导致在下年的项目安排上弱化甚至取消，让基层存在整合顾虑而不敢整合，难以形成资源合力。三是由于强调扶贫资源直接到村到户，在一定程度上导致扶贫政策聚合性和资源整合性存在趋于弱化的现象，不仅因为扶贫资源呈分散化格局而弱化整体扶贫绩效，而且更因贫困村、贫困户之间较大的利益反差诱发潜在的农村社会矛盾。

（四）偏重行政化推动下的非市场化推进困境

虽然政府是扶贫的主体，但仅仅依靠政府极易形成“政府失灵”。在按期脱贫摘帽的压力传导下，各地不断加大扶贫力度、强力推进脱贫攻坚工作，但为了赶进度、迎考评、超目标，在主观或客观上强化了行政力量的推动而弱化了市场机制的驱动。虽然产业扶贫离不开行政的推动和政策的支持，而且行政推动具有资源多、能力强、速度快的特征，但是由此也带来了一些困境。一是自上而下的行政化推动导致出现一些越位的情形，尤其是一些干部在“只要是为贫困群众做好事就没问题”的思想作用下，产业扶贫中过度参与甚至是“代办”“包办”，不仅导致内生动力不足，而且加剧“等靠要”的思想。二是行政化推动导致市场力量弱化甚至缺失，既导致产业发展主体之间缺乏长效性的利益联结机制，又导致扶贫产业难以经受市场机制的考验，持续性差。三是过强的行政推动让一些产业扶贫项目具有很强的“长官意志”，导致扶贫项目“水土不服”，甚至脱离发展实际，既浪费扶贫资源，又在贫困群众中造成不好的影响，甚至可能引发潜在的社会矛盾。

二、提高产业扶贫绩效需要把握四大关键

基于产业扶贫中普遍面临的上述困境，客观要求在产业扶贫中必须把握好四大关键点才能充分趋利避害，最大限度地发挥产业扶贫效应。

第一个关键是产业发展选择。发展的产业选择是事关产业扶贫成败的首要关键所在。在产业发展项目选择上，由于贫困地区发展产业面临着明显的产业基础和技术能力约束，因此，扶贫产业选择必须有合理的产业选择基准，不能好高骛远、盲目引进外来产业，要尽可能与区域的优势资源和农民发展需求相结合，凸显基础的支撑条件和已有产业的特色优势。在产业发展规模选择上，贫困地区大多面临着土地等产业发展资源零碎、分散的制约，很难进行较大规模的集中连片规模化推进，因此，在贫困地区要采用单一主体小规模、精品化而众多主体整体形成相对集中、适度规模的产业发展模式。在产业发展业态选择上，贫困地区虽然产业发展相对滞后，但普遍具有相对良好的生态环境和独特的、民族文化底蕴，所以在业态的选择上要将生态农业、特色旅游等进行充分考虑，提高参与性和内在的竞争优势。

第二个关键是产业有效参与。产业扶贫不是简单的产业发展，客观上要求产业发展与贫困人口的参与和分享成为一体的过程，贫困人口在扶贫产业中实现有效参与是分享产业发展效益的关键所在。在参与主体上，推进产业扶贫需要有政府、银行、企业等多元化主体的参与，但贫困人口是其中的重要主体，在产业扶贫中要精确瞄准贫困户，尽可能提高贫困户的参与度，不能本末倒置甚至将贫困人口排挤在外，形成“有产业、无扶贫”的两张皮现象。在参与形式上，既可以是贫困农户直接发展扶贫产业增收，也可以是通过务工、自有及扶贫资源入股或提供相应的配套产品及服务等间接实现产业扶贫增收。在参与机制上，不能追求“统一化”而简单“一刀切”，要根据扶贫产业的发展特征和贫困人口的参与能力差异构建多元化的参与机制，根据不同的参与意愿和参与形式构建相应的价值分享机制，推进贫困户有效参与并分享产业发展效益。

第三个关键是产业要素聚集。贫困地区、贫困人口的一些产业要素严重稀缺、短缺，资金、技术和市场等产业要素不足已经成为产业扶贫的关键制约，推进产业扶贫必须要有相应的产业要素聚集形成系统化的产业发展支撑。在要素内容上，不仅需要有劳动力、土地、资本和企业家等要素支撑，更需要技术、信息等要素支撑，形成系统化的支撑体系才能破除短板效应。在要素组合上，在大力推进脱贫攻坚、金融扶贫的背景下，贫困地区在短期内处于大量要素的聚集过程，在这个阶段必须优化要素组合和产业扶贫资源

配置，提高其使用效率和效益。在要素来源上，既要加强政府的引导，又不能单纯地依靠行政力量的短期介入，要形成开放化、市场化的要素聚集机制，并利用外部驱动激活原有要素。

第四个关键是产业体系构建。要充分发挥产业扶贫效应，充分发挥产业在脱贫增收中的长效作用，是否具有完善的产业体系是关键。在体系的构建认知上，贫困地区的产业体系尤其是涉农产业体系存在先天性的制约，在构建产业体系时更不能单一化、碎片化，必须弥补短板和缺失环节及领域，形成完善的产业体系。在体系的构建取向上，不能盲目复制甚至是简单地照抄照搬，要充分利用贫困地区大多具备的污染少、生态好优势，围绕特色优势产业构建具有差异化竞争实力和发展前景的绿色生态产业体系。在体系的构建重点上，不能仅仅是单一的生产性产业发展，更要在打基础的同时考虑纵向的产业延伸和横向的产业融合，构建更为紧密和更为稳定的产业体系。

在未来一段时期内推进产业扶贫工作，必须把握好以上四大关键，如若不然，不仅可能导致产业扶贫的增收作用、撬动功能、聚合效应等大打折扣，甚至可能埋下政府财政支持到期后产业发展停滞、扶贫产业短暂大规模扩张后快速衰落等隐患。

三、苍溪实践：创新具有区域特色优势的产业扶贫模式

为了有效推进脱贫攻坚，全国很多地方卓有成效地开展了产业扶贫工作，在众多探索实践中，四川省苍溪县针对产业扶贫面临贫困覆盖面广、发展能力弱、基础条件差等困难的现实情况，将种植历史悠久、全国培育新品种最多的猕猴桃产业作为产业扶贫的支柱产业（图 1），在把握好关键的基础上探索形成的产业扶贫“5＋”模式，是最具典型性和代表性的成功探索实践之一。

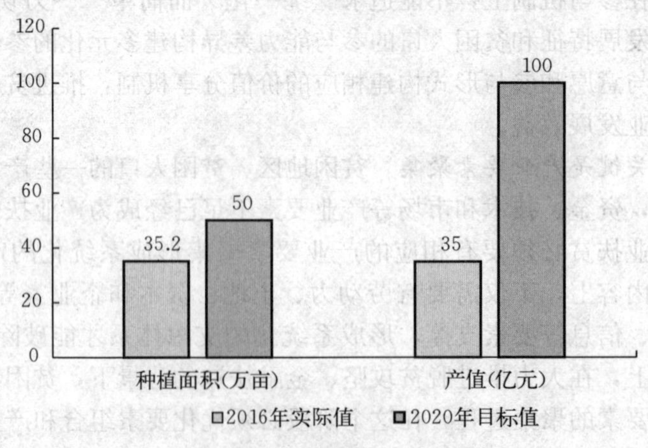

图 1　苍溪红心猕猴桃产业现状及趋势

四川省苍溪县，地处四川盆地北缘、秦巴山区南麓，嘉陵江中游，是川陕革命老区国家级贫困县、“中国红心猕猴桃原产地”、国家现代农业示范区。苍溪产业扶贫的核心是依托区域特色优势产业，并将产业与扶贫有机结合，构建产业扶贫的系统支撑和长效机制，在调动贫困群众参与积极性、发挥贫困群众参与资源作用的基础上，高效整合利用政府资源和社会资源，从而最大限度地发挥产业扶贫效应。在猕猴桃产业的带动下，“十二五”期间脱贫成效显著（表1），特别是新一轮脱贫攻坚以来，全县1.8万户建卡贫困户共种植猕猴桃3.2万亩，2016年带动贫困户人均增收2 460元，减贫人口2.4万人。苍溪探索实践表明，创新产业扶贫模式可以促进特色产业扩面、产品结构优化、贫困农户脱贫和农村全面提升等多元目标的同步实现，对于脱贫攻坚战略下以市场化、产业化、系统化方式提高产业扶贫绩效具有极为重要的借鉴和推广价值，2017年，苍溪红心猕猴桃产业促进脱贫增收入选全国“十大产业扶贫典型”范例。

表1 “十二五”期间猕猴桃产业带动下农民人均纯收入及贫困人口变化情况

	农民人均纯收入（元）	贫困户（万户）	贫困人口（万人）
“十二五”初	4 008	3.1	9.5
“十二五”末	9 048	1.9	6.1

（一）“园区＋庭院”协同发展，充分发挥扶贫解困效应

集中连片规模化经营是现代农业的重要表现形式之一，但一般而言流转土地所能带来的租金收益有限，农户直接的产业参与具有更大的增收能力和潜力。苍溪围绕发展猕猴桃产业助推脱贫攻坚的需要和农村劳动力结构性短缺的实际，将园区大规模发展与庭院小规模发展有机结合起来，不仅有效提高规模化水平、标准化程度，而且促进贫困农户多元增收，构建了大园区与小庭院、外来业主与贫困农户协同发展的格局。首先是园区带动连片脱贫。苍溪以猕猴桃产业园区建设为载体，推进猕猴桃产业融合发展，连片带动产业扶贫。目前，全县围绕“一园五区相融、四个统筹推进”连片规划布局建成万亩猕猴桃种植产业园区11个、千亩以上种植园区66个，栽种面积达22万亩，猕猴桃产业覆盖全县20个乡镇、近80个贫困村、1.6万贫困人口。其中天新猕猴桃种养循环产业园区覆盖歧坪、岳东两个乡镇12个村，惠及贫困农户480户，年人均增收2 300元。其次是庭园带动精准扶贫。充分利用苍溪农户发展庭院经济的传统和作为全国生态庭园经济高效产业示范县的优势，围绕“一户一个新庭院、三年脱贫超万元”目标，着力推进户建一个新庭院、户建一个微水池、户有一个技术明白人和政策资金到户、干部

帮扶到户、技术培训到户、订单保单到户的“三个一＋四到户”的产业庭园发展推进机制，促进农户增收脱贫。目前，全县建成生态庭院户7.5万户、11万亩，已有90%以上的建卡贫困户建成1亩以上的红心猕猴桃产业园。其中，陵江镇六包村九组11户建卡贫困户建猕猴桃庭园16亩，2016年收入43万元，户均3.9万余元。原贫困户曹熙红四年前种植红心猕猴桃2.2亩，2016年收入10.5万元。

（二）“带动＋驱动”联动发展，充分发挥动力激活效应

政府是重要的扶贫主体，但要增强产业扶贫的长效性，关键是在发挥政府引导作用的同时形成发展产业增收的内在驱动。苍溪通过政府带动和市场驱动“双管齐下”，不仅有效增强政府对产业发展的牵引能力和对扶贫的带动能力，而且利用市场机制强化经济利益驱动，构建了带动贫困群众增收致富的多元化利益联结机制，形成了直接发展产业增收、流转土地增收、提供劳务增收、入股分红增收等助推贫困群众脱贫增收的多元化渠道。一方面是政府带动。其一是“以奖代补”促进发展，设立每年不少于5 000万元的猕猴桃产业发展专项基金支持猕猴桃产业发展。其中，对贫困农户建2亩以上猕猴桃园，户均补助6 000元；对参与产业保险的农户，县本级财政补贴75%。其二是“支部联建”加强引领，围绕猕猴桃产业打破传统的行政区划和地域建立联合党支部，并围绕产业服务设置产业发展、合作经营、金融保险、新型职业农民培训等产业专项服务支部，目前全县已在万亩以上猕猴桃产业园区建立联合党支部16个，建立专项服务产业发展党支部68个。其中，五龙三会园区产业发展支部通过统筹指导产业规划、建立“党员创业之家”等党员产业发展示范平台，带动红心猕猴桃产业发展2 200亩。其三是“结对帮扶”解决难题，建立产业帮扶队伍，实行党员干部一对一“包建产业庭园、包项目资金到户、包技术培训到人、包产品营销到田”，有效对接帮扶全县建卡贫困户发展猕猴桃等特色产业。其中，五龙镇双树村49岁的残疾人贫困户冯明武，通过结对帮扶创办“自强农场”，建起红心猕猴桃园45亩，套种雪莲果10亩，套养跑山鸡100只、生猪120头，2015年就实现收入6万多元。另一方面是市场带动。其一是“合作经营”带动农户。采取“新型经营主体＋基地＋农户”合作经营模式，带动贫困农户合作经营发展猕猴桃产业。其中，快乐家庭农场主罗通华，承包集体荒山112亩建红心猕猴桃种植园，带动当地32户贫困户种植猕猴桃65亩，年户均增收12 000元。其二是“四保分红”带动增收。创新保土地租金、保园区务工、保订单收购、产业保险＋分红的“四保＋分红”利益联结机制，而且形成了二次返利分红、反租倒包分红和股权收益分红等分红机制。其中，保园区务工是保障流转土地农户优先务工权，其中贫困户户均临时务工年

收入达 6 000 多元。华朴公司反租倒包年实现超产分红 300 多万元，其中贫困户分红 40 多万元。其三是"以购代捐"促进生产。2016 年，全县通过实施"以购代捐"激励 1.8 万建卡贫困户种植红心猕猴桃 3.2 万亩。其中，四川省委组织部在帮扶的贫困村五龙镇三会村创新实施"以购代捐"，激励该村 2016 年发展红心猕猴桃 1 200 亩，64 户建卡贫困户当年人均增收达 875 元。

（三）"科技＋生态"创新发展，充分发挥持久增收效应

在资源环境约束趋紧的情况下，如何打破外延式和掠夺式增长而实现更具内涵性和更具持续性的发展显得尤其重要。苍溪在产业扶贫过程中始终注重科技的创新支撑作用和生态的本底支撑作用，而且将两者有机结合起来，不仅增加了猕猴桃的有效供给，而且构建起具有竞争力和持续性的扶贫产业发展路径，实现了生态效益与经济效益、当前效益和长远效益的内在统一。其一是建立科技支撑体系。在加强院县合作、成立猕猴桃研究所、建立全国最大的猕猴桃基因库等基础上，建立猕猴桃标准化生产技术创新团队 1 个（图 2），为种植基地配备专职技术员 22 个，并设立专项资金 1 000 万元对农业科技人员创新创业进行扶持奖励，激发农业科技人员参与和指导猕猴桃产业发展。同时，建立"四川科技扶贫在线"苍溪运管中心，创新推行"部门遴选、指导分片、责任包干、综合考核"的科技扶贫在线运行机制，科技扶贫信息员数量、科技需求信息居全省第一，挽救直接经济损失 500 余万元，带动贫困户 350 人走上产业发展之路。其二是推进生态友好发展。立足山区地形地貌、气候条件、土壤环境和产业基础及发展需求，坚持"有所为，所不为"的原则，按照"山脚建粮囤子，山腰栓钱袋子，山巅戴绿顶子"的战略构想优化农业产业空间布局，在适宜区域大力发展猕猴桃产业。编制完成了《苍溪红心猕猴桃绿色食品生产技术规程》，在猕猴桃里套种黄豆、罗汉果、中药材等，并在猕猴桃种植区大力推广水肥一体化、农业物联网、绿色防控、农业机械集成、免耕连作秸秆还田等实用技术和"猕猴桃种植＋生态养殖＋沼气"循环发展模式，构建起四级农产品质量安全监测体系、三级质量追溯体系和"五户联防十户联保"的农民自主质量监督机制。全县猕猴桃产区绿色防控面达 95%，禁用药物检测合格率达 100%，获得国家生态原产地保护产品认证。

（四）"三产＋品牌"融合发展，充分发挥市场驱动效应

农业的弱质性决定了仅依靠农业的单一发展效益较为有限，要扩大农业的增收解困效应，需要以农业为基础实现融合发展，拓展农业的功能并提升其竞争力和综合效益。苍溪在推进猕猴桃产业发展助推脱贫攻坚中，将猕猴

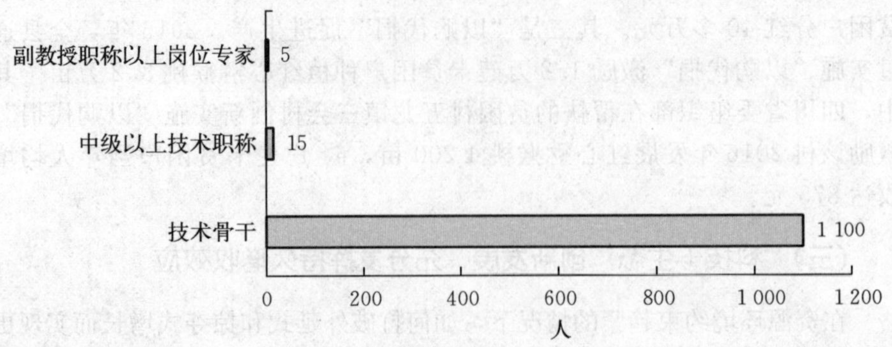

图 2 苍溪猕猴桃标准化生产技术创新团队技术力量

桃作为完整产业体系进行谋划和打造，不仅构建起以猕猴桃种植为基础的三次产业联动发展格局，而且塑造了猕猴桃品牌体系，充分利用市场机制增强猕猴桃产业的脱贫致富功能。首先是推动三产融合发展。在有序扩大猕猴桃种植规模基础上，苍溪建成猕猴桃加工园区 3 个，引进技术新开发猕猴桃酵素、含片、果酒、饮料、口服液保健品等深加工产品 30 余种，年加工处理猕猴桃 3 万吨，产值达 8 亿元，吸纳用工 5 300 余人，其中贫困人口 2 400 余人。县域内果王、毅力等猕猴桃加工龙头企业年吸纳本地 1 200 余人务工，其中贫困户 1 100 多人，年人均务工收入达 2.5 万元以上。建成以红心猕猴桃为主题的旅游园区 3 个、农家乐 1 187 家，带动近 6 000 贫困户户均增收 2 000 多元。通过“全国电子商务进农村综合示范县”建设，建成“京东苍溪特产馆”和 100 多个乡村电商服务站，快速搭建起苍溪特色农产品电商交易平台。2016 年通过网络销售猕猴桃鲜果近 1 万吨、销售额超 3 亿元，带动贫困村和贫困户人均纯收入分别增长 1 380 元、890 元。其次是利用品牌凸显综合效益。苍溪通过强化推广猕猴桃标准化生产技术，极大地提升了果品质量。全县标准化种植技术覆盖率达 95%，荣获“全国农业标准化示范县”荣誉称号。通过举办苍溪红心猕猴桃国际订货会、采摘节，在中央电视台等国内知名媒体和网络平台强化品牌宣传，增强了品牌的影响力和效益。“苍溪红心猕猴桃”获得国家地理标志证明商标，登记了“恒润红心”“日昇农业”“龙岗红”等 20 多个知名商标，建立起“苍溪红心猕猴桃”+企业自主商标为一体的母子商标体系[①]，企业注册商标 16 个，全国驰名商标 1 个，省著名商标 2 个，并多次获得国际农产品交易会金奖。目前，苍溪红心猕猴桃品牌估值达 630 亿元。2016 年，苍溪猕猴桃鲜果离园均价达 30 元/千克，高于全国其他地区近 2 倍。

① 任云．农业标准化建设让“苍溪品牌”走出去．当代县域经济，2017 (2)：43.

(五)“整合+撬动”开放发展，充分发挥要素聚合效应

产业扶贫是扶贫的重要内容之一，推进产业扶贫涉及面广、投入需要大，撒“胡椒面”式的资源分散化投入不仅容易形成“短板”，也很难形成合力，而且仅仅依靠政府的投入也难以满足产业扶贫的投入需要。苍溪在整合政府资源的同时，开放式地撬动和引进外部资源，不仅充分发挥产业扶贫的增收功能，而且利用产业发展形成要素聚合效应，协同推进农田水利等农业生产条件和交通、电力、通信和住房等生活条件改善，促进贫困群众生产生活条件同步优化。一方面，整合政府资源。苍溪坚持“渠道不乱、用途不变”的原则，每年统筹整合涉农项目资金2亿多元，用于解决贫困村、贫困户产业发展的道路、水利、电力、通信、土地治理、高标准农田建设等基础设施配套建设。目前，全县高标准农田建设已达25万亩，灌溉水保证率达72%，农业耕种收综合机械化率达61%，电力、通信、广电等三网综合改造网率达85%。另一方面，撬动社会资源。近三年，全县通过“以奖代补”“先建后补”等方式，撬动社会资本投入8.1亿元发展猕猴桃产业，撬动民间资本3.1亿元投入猕猴桃改土建园等基础建设。通过激励农业公司上市，撬动资本市场投入产业发展，2016年华朴农业公司在新三板挂牌，成功发行全国第一只红心猕猴桃股票[①]。通过设立猕猴桃产业贷款基金，采取公司担保、财政贴息等方式撬动金融企业发放小额贷款，创新建立“经营权抵押贷款+扶贫再贷款”“扶贫小额贷款+农村保险”“债贷结合+拼盘整合”三大金融扶贫机制。目前，全县共发放小额扶贫贷款2.27亿元，发放农村产权抵押贷款823笔1.9亿元。支持贫困农户发展红心猕猴桃产业4.8万亩，位居全省第一。创新成立扶贫资金互助合作社31个，其中，岳东镇益民互助社累计为社员提供信贷2 000余万元，支持猕猴桃产业发展3 000亩。

四、苍溪样本：构建产业扶贫的长效机制

一种探索实践或者模式，其是否具有推广的价值或者推广价值的大小，不仅与其自身的实践成效大小有关，更与其破解共性问题的作用大小有关。苍溪县产业扶贫的“5+”模式之所以能取得显著的成效，关键在于围绕产业扶贫形成了一系列重要的机制创新，既注重了区域特色产业发展在面上的增收致富作用，又突出了贫困群众精准参与的增收解困作用；既注重了政府产业发展和扶贫资源有机整合的引领作用，又突出了群众内在动力和市场机制充分发挥的驱动作用；既注重了在短期内实现脱贫摘帽的现实任务，又突

① 阮蓓，邓俐．四川苍溪：产业立县庭院富民．农民日报，2017-07-17.

出了长期稳定增收的机制构建。实质上，苍溪的产业扶贫是以问题为导向的组织化、系统化集体行动，针对产业扶贫中面临的困境，重点从规划引领、产业选择、财政投入、利益联结和体系配套等方面推进五大制度创新，从而形成了具有普适性、持续性和长效性的产业扶贫机制，在当前严峻的脱贫摘帽形势和全面建成小康社会的要求下，对于提高产业扶贫绩效、构建扶贫长效机制具有极为重要的作用。

（一）以互动式的规划引领机制推动产业扶贫的稳定发展

产业扶贫规划的优劣直接关系着产业扶贫的成败，其针对性和操作性对产业扶贫绩效具有重大影响，如果规划只体现政府部门的意志，缺乏对贫困群体发展条件、意愿和能力的充分考虑，那将很难从源头上实现扶贫资源的精准有效供给。实际情况是，很多地方的产业扶贫规划由于提交时限短或者工作不深入常常只有自上而下的制定和执行。苍溪在产业扶贫规划制定上，没有简单地自上而下甚至是闭门造车制定规划，而是结合地形地貌、土壤土质、海拔高度等自然条件，在充分征求群众意见，考虑贫困户致贫原因、劳动力状况、家庭经济实力和传统种植习惯等基础上，将上级产业扶贫的要求与贫困群众的需求有机结合，将产业集中连片的客观需要与贫困群众的参与能力有机结合，将贫困群众和村“两委”的内在愿望与驻村干部、专家学者的智力支持有机结合，通过多层次、多维度互动，精心制定《苍溪县2015—2018年产业扶贫专项规划》，为推进产业扶贫提供科学依据。互动式的科学规划为整合资源提供了源头支撑，既为多部门、多渠道的产业扶贫资源投向提供了有效指引，从而破解产业无序发展、资源分散投入的困境，又为规划落地、实际执行提供了有效蓝本，从而破解规划文本与发展实际“两张皮”的困境，让产业扶贫可以沿着既定的规划方向和路径稳步推进。

（二）以本土化的产业选择机制支撑产业扶贫的高效推进

贫困地区的产业支撑能力不足是制约农民增收的重要因素，但这并不代表着贫困地区的产业就不具有内在的竞争力，也不代表着发达地区的产业植入就具有很强的生命力，而且现实扶贫工作中简单的外部产业植入导致失败的案例颇多。在扶贫产业的选择上，苍溪没有盲目引进外来产业，更没有抛弃传统产业、一味发展“短平快”产业，而是将具有地方特色的猕猴桃产业作为扶贫的重点产业，并在此基础上围绕猕猴桃品种改良、结构优化和技术创新提高产品品质，围绕发展猕猴桃加工、旅游、营销尤其是电子商务促进产业融合提高综合效益，围绕猕猴桃产业构建“三品一标”等认证体系和公共品牌＋自主品牌的品牌体系，提高产业竞争力和附加值。本土化的特色产业对于高效推进产业扶贫具有极为重要的支撑作用，既有悠久的种植历史和扎实的技术基础，避免了多数贫困群众技能缺失、种植风险高而不敢发展的制约，又有广泛的群众基础和良好的经济效益，避免了贫困群众认知度低、观望意识强而推进缓慢的制约，让以猕猴桃为主的地方特色产业能够在产业扶贫中高效推进并产生良好效益。

（三）以股份化的财政投入机制奠定产业扶贫的参与基础

虽然政府是扶贫的重要主体，但只有发挥政府财政投入的“杠杆”作用才能事半功倍，只有奠定贫困群众的产业发展参与基础才能充分凸显其扶贫的增收作用。在产业发展和扶贫财政投入上，苍溪没有为了打造亮点而一味“锦上添花”，而是根据贫困村、贫困户发展资源短缺、参与能力有限的实际，在推动产业发展的同时，将财政支农资金和产业配套资金部分股份量化，按照村、组、村民 1：2：7 的比例折算成股，而且在股权量化分配时重点向贫困户倾斜，将扶贫投入产业发展资金的 20%直接折股给贫困户。目前，全县试点村股权量化资产超过 3 000 万元。其中，金兰园区扶贫投入产业发展资金的 20%计 144 万元折股给 127 户贫困户，每名贫困群众不仅可以享受到普通村民分配的股份，还额外享受扶贫股份，比普通群众多 5.67 股。而且，设计了退出机制，在贫困户脱贫三年后将其持有的产业发展资金 20%量化股权收归村集体经济组织，成立村级扶贫互助基金，主要用于救助因灾返贫、因病返贫的困难群众或给新增贫困户配股。财政投入的股份量化既奠定了贫困村和贫困户参与产业发展的经济基础，又保障了国家的投入最大限度地惠及普通群众尤其是贫困人口，而且让从事猕猴桃产业的业主与当地集体经济组织和群众结成利益共同体，从而共促产业发展、共享发展效益。

（四）以多元化的利益联结机制促进产业扶贫的持续发力

产业扶贫中外部要素的进入和参与对于摆脱自我积累的缓慢发展路径具有重要作用，但更为关键的是通过外部驱动激发贫困群众的内在动力和活力。在产业扶贫的推进上，苍溪不仅注重发挥政府的引导作用，而且通过多元化的利益机制充分发挥市场的驱动作用。对于拥有劳动力、有产业发展意愿的，直接发展猕猴桃产业或在猕猴桃园区、加工企业等就业增收；对于确实无劳动力发展猕猴桃产业的，通过流转土地借助“四保＋分红”等方式参与产业发展获得租金收入并分享产业发展效益；即使对于无劳动力、无发展资本的，也通过“一折两保加分红”的利益联结机制或者将扶贫贷款入股猕猴桃业主获得产业发展效益。苍溪多元化的利益联结机制不仅让各类贫困人员都能参与产业发展并分享产业发展效益，有效破解了产业发展中对贫困群体的“挤出效应”，而且通过“以购代捐”、企业扶贫“1331”模式（表2）等，打破主要以行政化推动为主的“输血式”扶贫，形成了政策引导下以市场化方式推进的“造血式”扶贫，建立起一条从政府主导逐步走向政府引导下内生动力和市场驱动为主的自我良性发展道路。

表2　苍溪县企业扶贫“1331”模式内容

数　字	内　涵
第一个“1”	每村引进1个具有社会责任感的龙头企业
第一个“3”	企业与农户之间建立整体流转、保底分红、折股分红3种利益联结方式
第二个“3”	企业负责贫困村发展规划及实施、贫困户用工、特困户持续结对帮扶3个社会责任全覆盖
第二个“1”	出台专门扶持政策，为企业提供一整套服务，保障合法权益、给予优惠政策和表彰奖励等

（五）以系统化的体系配套机制实现产业扶贫的有机协同

产业扶贫不仅不能孤立推进，而且对于相关配套体系具有更强的内在需求。在产业扶贫资源配置上，苍溪不仅通过优化猕猴桃产业结构、区域结构、品种结构、产品结构等强化产业扶贫的直接支撑，而且通过农田水利基础设施建设、新农村建设、社会化服务体系建设等优化猕猴桃产业助推脱贫致富的外部支撑；不仅通过整合政府扶贫资源和撬动社会扶贫资源、金融资本解决扶贫产业发展的资金瓶颈，而且通过加强与科研院校的合作，激发农业科技人员积极性等破解产业扶贫的技术制约；不仅通过建立风险防范基金等强化产业扶贫面临的自然风险和市场风险，而且通过构建完整的产业体系增强产业扶贫的综合效益。苍溪系统化的配套体系实质上是构建了产业扶贫要素的有效整合机制，将贫困群众自身的发展要素、政府的扶贫资源以及企业、金融机构和社会力量有机协同，形成多方共同参与、资源有机整合的大扶贫格局，不仅摆脱依靠单一主体和资源不足的弊端，而且形成了多管齐下、优势互补共促脱贫的良好局面。

五、优化产业扶贫路径的启示和建议

苍溪县产业扶贫探索创新的价值不仅在于取得了显著的产业发展和增收脱贫成效，更为重要的在于形成了一条具有内生性和可持续性的发展路径，为贫困地区依托地方特色优势产业助推脱贫攻坚提供了四大可资借鉴的经验启示。

（一）促进产业扶贫动力主要从行政推动向市场驱动切换

脱贫攻坚是具有极强公共属性的政府行为，产业发展是具有极强经济属性的市场行为，在按期脱贫摘帽压力下，必须着眼长远、着力长效机制构建，将产业扶贫的动力源从主要依靠政府行政推动转变为主要依靠市场驱动，并将两者有机结合起来，形成内外联动的强大合力。苍溪的探索实践表明，只有实现产业扶贫的动能切换，才能从根本上破解单一化的动力来源、短期化的产业选择和贫困人口“等靠要”的福利依赖甚至是争当贫困户的不良风气，从而形成政府推动、市场驱动基础上贫困群众发展产业增收的内生动力，推动产业扶贫持续健康发展。因此，一要创新企业扶贫政策，为企业带动贫困人口通过发展产业实现增收解决提供有力政策支持，促进企业从捐赠性扶贫转变为发展性扶贫，实现企业与贫困群众双赢。二要强化产业扶贫中专合组织的作用，提高贫困人口组织化程度，增强贫困人口的自我发展能力。三要加强政府对于贫困地区农产品后端加工储藏、市场营销、品牌创建等方面的支持力度，通过市场驱动种植和养殖的产业选择及规模扩张，避免政府过度介入种养业前端而导致扶贫产业同构和市场缺失等问题。

（二）推动产业发展与精准扶贫实现有机结合

产业是载体、扶贫是目的，发展产业是路径、增收解困是归宿，在产业扶贫的过程中，必须依托产业、聚焦扶贫，构建贫困群众参与机制，将产业扶贫从为了精准扶贫而零碎化发展产业和一味追求产业集中连片发展而将贫困人口挤出的两种不良倾向，转变为将产业发展和精准扶贫有机结合起来，形成产业发展集中化与分散化模式的有效组合。苍溪的探索实践表明，只有实现产业发展或精准扶贫单一取向的产业发展模式走向科学组合，才能破解产业和扶贫“两张皮”的困境甚至是相互掣肘的局面，从而形成特色优势产业集中连片发展带动农村居民普遍增收与扶贫产业因户施策促进贫困人口精准脱贫的有机统一。因此，首先要提高贫困人口参与产业发展的能力，并引入参与式的理念和方法，保障贫困农户对产业扶贫项目的知情权、决策权和监督权。其次是在产业选择上，要尽量选择具有本土优势、区域适宜性、市场前景好且农民拥有技术基础的产业，并对其进行优化升级，形成户均中小规模而区域大规模发展的格局。再者是创新贫困农户产业发展参与机制，走出较为单一的租赁土地集中连片发展产业的模式，因地制宜构建保底分红、订单生产、托管、寄养、代耕、返租倒包等多种形式的利益联结机制，推进贫困户有效参与并分享产业发展效益。

（三）提高产业扶贫资源聚合效应

扶贫资源的分散性和涉农产业资源的分散性特征均极为明显，在精准扶贫的政策导向下扶贫资源到村到户的要求导致产业扶贫项目多、来源广、单个项目资金额度小的资源分散化弊端尤其突出，要做好产业扶贫，必须将分散的资源进行有机整合，而且形成长效化的资源整合制度设计。苍溪的探索实践表明，只有实现扶贫资源的有效整合，才能促进产业扶贫多主体的融合、多产业的融合、多渠道的融合、多目标的融合，破解单一化和分散化推进产业扶贫收效甚微、事倍功半的困局，从而形成资源的聚合效应，增强产业扶贫的整体支撑。因此，一方面要在落实“四到县”机制的基础上，从中央和省级层面进一步加强部门资金整合力度，提高扶贫项目、资金合力，通过优化要素组合和产业扶贫资源配置，提高政府扶贫资源的使用效率和效益。另一方面要进一步增强政府扶贫投入的撬动作用，通过设置担保金、风险金以及匹配相应的鼓励政策，引导金融资本、工商资本以及其他社会力量参与扶贫，形成开放化、市场化的要素聚集机制，并利用外部驱动激活原有要素。

（四）构建发展式扶贫机制

脱贫摘帽是当前最大的政治任务，增收致富是未来发展的内在要求，要充分发挥产业发展在脱贫攻坚中的造血功能，立足于增收解困，致力于增收致富，将脱贫与致富有机衔接起来，依托产业发展构建长效增收机制，形成脱贫致富的互促机制。苍溪的探索实践表明，只有实现产业扶贫的系统性拓展，围绕脱贫致富而不仅仅是脱贫摘帽谋篇布局，在产业选择、资源配置、要素组合、模式构建等方面进行系统的拓展和优化，才能破解为脱贫而脱贫的短期化弊端，走出“年年扶年年贫”的怪圈，从而构建起发展式扶贫模式。因此，首先是要根据长期以来扶贫工作中返贫率较高的现实情况，对脱贫攻坚督查、脱贫摘帽验收过程中发现的短期化行为及措施进行有效纠正。其次是要前瞻性地考虑贫困地区、贫困人口脱贫摘帽后可能出现的新情况、新问题和新矛盾，在脱贫攻坚过程中努力构建以产业发展为基础支撑的精准脱贫长效机制。再者是要针对已经脱贫摘帽的贫困地区和人口，强化其内生发展动力，在巩固脱贫成果的基础上围绕全面小康目标中的短板，结合后脱贫时代的新变化挖掘发展新潜力，将工作重心从脱贫顺利过渡到奔康，实现从增收到致富的转变。

【参考文献】

李志萌，张宜红．革命老区产业扶贫模式、存在问题及破解路径．江西社会科学，2016（7）．

莫光辉．精准扶贫视域下的产业扶贫实践与路径优化——精准扶贫绩效提升机制系列研究之三．云南大学学报（社会科学版），2017（1）．
任云．农业标准化建设让“苍溪品牌”走出去．当代县域经济，2017（2）．
阮蓓，邓俐．四川苍溪：产业立县 庭院富民．农民日报，2017-07-17.
孙兆霞．脱嵌的产业扶贫——以贵州为案例．中共福建省委党校学报，2015（3）．
许汉泽，李小云．精准扶贫背景下农村产业扶贫的实践困境——对华北李村产业扶贫项目的考察．西北农林科技大学学报（社会科学版），2017（1）．
张慧君．赣南苏区产业扶贫的“新结构经济学”思考．经济研究参考，2013（33）．

（作者单位：四川省社会科学院）

资源配置研究

我国农村土地承包经营纠纷现状与原因分析

夏　英　张瑞涛　曲　颂

在工业化、城镇化和农业现代化发展多重动力推动下，我国农村土地资源呈现加快非农转移和承包经营权流转的演化态势。与此相伴，国家陆续出台各项惠农政策，在一定程度上缓解或对冲了农业比较利益下降产生的不利影响，提升了土地价值和农民对土地附加利益的追逐。在此背景下，围绕土地的“纠纷”逐渐增多。但长期以来，农业管理部门对土地纠纷的基本情况不甚了解，特别是从 2013 年国家开始实施土地承包经营权确权颁证工作以来，似乎一些潜在土地矛盾以及历史遗留问题有重新浮现的苗头。个别地区、一定时期农村土地纠纷呈现持续上升趋势，成为农村社会治理的风险对象，也成为农村基层管理的重点和难点。为了摸清土地纠纷的数量、特点、分布规律以及产生的原因等，在新形势下及时有效化解土地承包矛盾纠纷，展开有关土地纠纷的追踪调研具有十分重要的意义。

受有关部门委托，特此开展了历时三年（2013—2015 年）的对东中西部多个省区、不同类型农户进行了农村土地承包经营纠纷专项、连续调查研究。调研内容包括土地承包经营、流转、确权及征占情况，以及承包经营中的纠纷发生情况。历时三年的持续调研是一个循序渐进、层层深入的过程，从最初的摸清我国农村土地承包经营纠纷实际情况，发现相关影响因素，到了解土地确权试点地区总体土地纠纷发生情况，探究发生土地纠纷的原因，再到结合农村土地确权全面推进和农业经营方式升级的大背景，以及前两年研究基础，深层次挖掘我国农村土地纠纷发生的原因，为相关部门及时防控、化解农村土地承包经营纠纷，实现和维护农村社会稳定，构建和谐社会，进一步探讨解决农村土地承包纠纷的对策建议，提供了数据支持和科学决策依据。

一、调研样本与方法概述

历时三年的农村土地承包经营纠纷的调研以问卷调查为主、座谈方式为辅，问卷调查采用的是多阶段分层抽样方法。首先，根据我国东中西部地区分类和经济发展水平确定样本省。其次，分别从每个样本省确权试点县（市）和非确权试点县（市）各抽取一个样本县（市）确定样本县。最后，每个县（市）随机选取三个（乡）镇，各（乡）镇原则上选取两个村，各样本村至少随机选取2～3名村干部和15个农户，分别进行村级和户级水平调研确定样本村镇和农户。其中，在确定样本户的过程中对规模种植户和普通种植户在村级按3∶5比例抽取，以提高样本的精准性和有效性。

2013—2015年调研样本量和范围逐年扩大，提高了调研结果的准确性和可靠性。调研样本范围横跨东西部纵伸南北方，几乎覆盖我国的典型省份。三年抽取的样本省相同中又略存差异，后一年抽取的样本省，一般在前一年的基础上起先优化，既有同省的面上扩展，也有不同省的面上扩展，目的在于一方面从两个层面扩大样本量；另一方面是提高样本的密度、可靠性和有效性。样本量由2013年的18个村、450户农户扩大到2015年的190个村、1 911户农户，大大提高了实证研究结果的可靠性（表1）。

表1　2013—2015年土地纠纷调研样本分布

年份	样本省	样本量
2013	3个省：吉林、江苏、四川	18个村、450户农户
2014	7个省：江苏、山东、河北、安徽、吉林、陕西、贵州	74个村、1 251户农户
2015	7个省：江苏、山东、浙江、黑龙江、吉林、河南、四川	190个村、1 911户农户

二、我国土地承包经营纠纷的主要发现

（一）我国农村土地纠纷发生率

我们对农村土地承包经营纠纷发生率采用两种计算方式进行界定：第一，农村土地承包经营件数纠纷发生率＝发生承包经营纠纷的件数/全部件数；第二，农村土地承包经营户数纠纷发生率＝发生承包经营纠纷的户数/全部户数。其中第一个土地纠纷发生率是为了了解土地纠纷发生可能性的大小，结合件数纠纷发生率和户数纠纷发生率是为了了解土地纠纷在农户家庭发生的集中度。

1. 从总体来看，可以推测全国范围土地承包纠纷发生率保持在10%以内是大概率事件。根据调研访谈经验，可认为纠纷的发生情况总体并不普遍。2013—2015年三年跟踪调研的我国土地经营纠纷发生率分别为7.2%、7.97%和9.35%，均在10%以内（表2），以全国2.3亿农户计算，那么目前我国农村土地承包经营纠纷数量大致为1 656万～2 150.5万件。

表 2　2013—2015 年基于件数的总体纠纷发生率

年份	有效样本户	纠纷件数	发生率
2013	450	32.4	7.2%
2014	1 242	99	7.97%
2015	1 896	177.3	9.35%

2. 从区域来看，各省之间差异较大；同一省份因时间变化，纠纷发生率也不同。按照发生率低于 5%、趋于平均水平和发生率高于 10%将调研样本省份分为三类，其中发生率低于 5%的省份包括四川（2013 年），河北（2014 年）和浙江、河南、江苏（2015 年）；发生率高于 10%的省份包括江苏（2013 年），吉林、陕西（2014 年）和黑龙江、四川、吉林（2015 年）。其中，2015 年吉林农村土地承包纠纷发生率高达 22.6%，黑龙江农村土地承包经营纠纷发生率为 17%；2013 年江苏农村土地承包纠纷发生率为 12.8%。

同一省份不同年份之间土地纠纷发生率也存在差异。2013—2015 年三年间江苏农村土地纠纷发生率逐年下降，由 2013 年的 12.8%下降到 2015 年的 3.2%；吉林、四川和山东呈上升趋势，但山东上升幅度较小，仍处于全国平均水平（由 5.43%上升到 9.1%），吉林和四川的上升幅度较大分别由 6.47%上升到 22.6%和 2.4%上升到 11%（表 3 和图 1）。分析各省纠纷发生率相差悬殊的原因可能是，吉林省作为农业大省，人均耕地多，农民的收入来源以农业生产为主，因而特别重视土地经营，容易因土地问题引发矛盾或纠纷，而非农产业发达、人均耕地较少或土地产出较低的省份，一般的土地问题不足以引发明显的纠纷，因此发生率相对低一些。

表 3　2013—2015 年基于件数的分省纠纷发生率

年份	发生率<5%	趋于平均水平	发生率>10%
2013	四川	吉林	江苏
2014	河北	江苏、安徽、贵州、山东	吉林、陕西
2015	浙江、河南、江苏	山东	黑龙江、四川、吉林

3. 基于户数纠纷发生率来看，有 7%～8%的农村家庭曾经发生过土地纠纷，但结合件数发生率，统计结果显示纠纷在农户中比较分散。分析 2014 年调研数据发现，1 242 户有效样本中，共发生纠纷件数 99 起，涉及 95 家农户，也就是说，每 100 户农户中，大致有 8 户发生或者曾经发生过农村承包经营土地纠纷，或者 100 户农户中发生 7～8（平均数为 7.6）件土地纠纷事件。2015 年发生率为 6.75%，每 100 户农户中，大致有 7 户发生或曾经发生过农村承包经营土地纠纷，与 2014 年统计结果基本一致（表 4）。通过对 2014—2015 年数据的分析还发现农村土地经营纠纷在农户中比

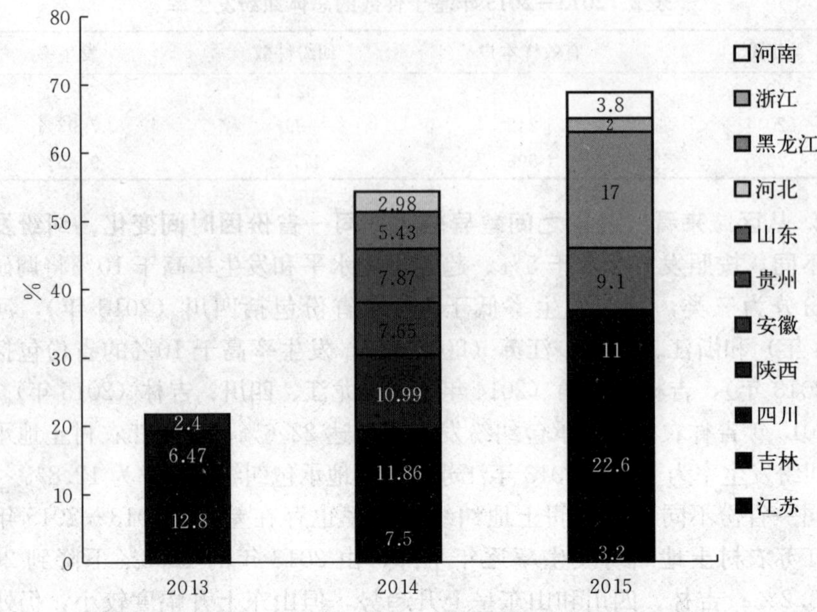

图1　2013—2015 年不同省份纠纷发生率

较分散，很少出现一户存在很多件纠纷的情况，这意味着纠纷强度相对较弱。这意味着，解决农村土地承包经营纠纷问题的重点并非只是关注个别重点户，而应该基于制度改革和创新，从面上彻底解决纠纷存在的根源，提高政策瞄准率。

表4　2013—2015 年基于户数的总体纠纷发生率

年　份	样本户	纠纷家庭数	发生率
2014	1 242	95	7.65%
2015	1 896	128	6.75%

(二) 我国农村土地纠纷发生类型

1. 我国农村土地纠纷类型主要集中在承包经营纠纷、流转纠纷和征占纠纷三个方面。从土地纠纷的比重可以看出以承包经营纠纷为主，约占到纠纷总件数的 1/2；其次是征占纠纷，约占纠纷总件数的 1/3；流转纠纷相对较少，约占纠纷总件数的 1/5（图 2）。承包经营纠纷比重呈逐年上升趋势，且承包经营

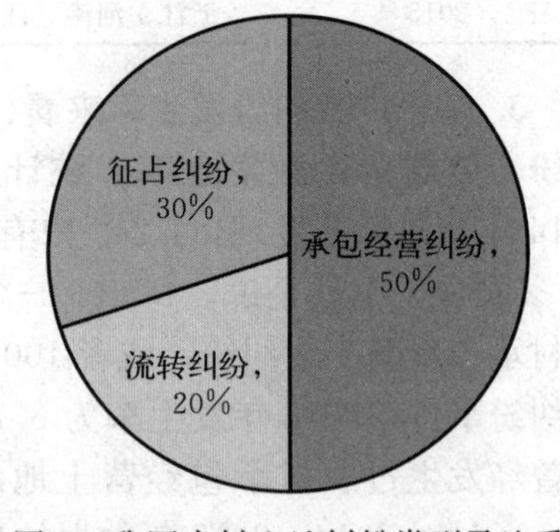

图2　我国农村土地纠纷类型及比重

纠纷在各年所占比重最大；征占纠纷所占比重呈逐年下降趋势，由2013年的51.35%下降到25.39%；流转纠纷呈现小范围波动趋势（图3）。

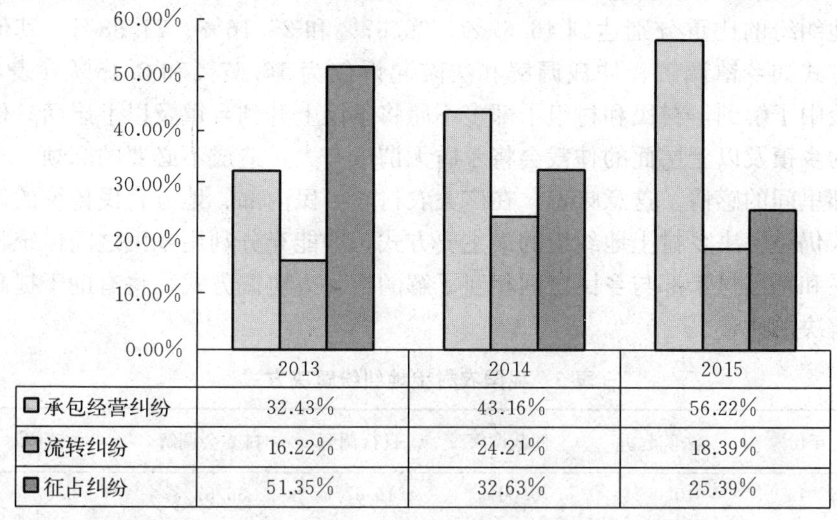

图3　2013—2015年我国农村土地承包纠纷发生的类型

2. 从各类纠纷发生比率来看，征占事件发生纠纷的比率最大，流转纠纷次之。2014年调研发现：调研中有144户农户的土地被征占过，征占事件共发生159次，其中24户发生过纠纷，共发生纠纷25起。征占纠纷发生率为15.7%。发生过土地流转的503个样本户中，产生流转纠纷的只有22户，比例为4.4%（图4）。

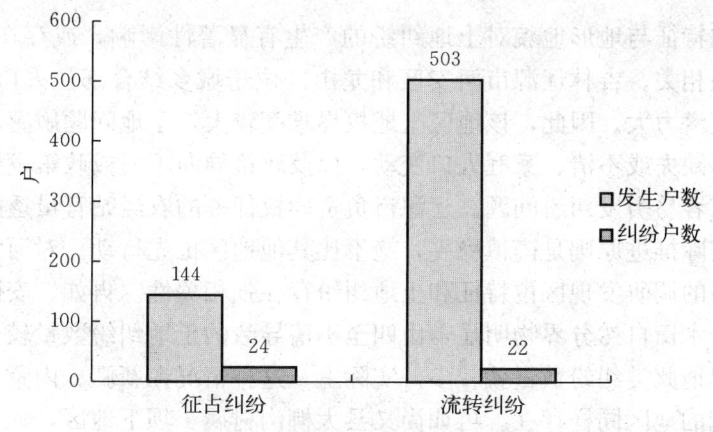

图4　征占纠纷与流转纠纷发生情况

3. 从解决纠纷方式来看，调解是解决农村土地纠纷最主要的途径，法院起诉和仲裁调解发挥补充作用。从现有途径看，农村承包经营土地的解决渠道包括：调解、仲裁、法院三种途径，而调解分为自行调解、村委会调解和乡镇调解三种方式。结果表明，样本农户主要通过自行调解和村委会调解两种方式解决农村承包经营土地纠纷问题。2014 年和 2015 年两种方式解决土地纠纷的比重分别达到 46.67%、36.67%和 25.16%、71.38%，其他解决方式如乡镇调解、仲裁调解和法院起诉仅为 16.67%和 3.45%（表 5)。访谈中了解到，村民和村组干部多不愿将争议上升到乡镇及以上层面，他们认为乡镇及以上层面的仲裁会将矛盾无谓地夸大，造成不必要的麻烦，也伤及邻里间的感情。这意味着，在广大农村，乡民内部、地方官民传统的调解方式仍是解决乡村土地纠纷的最主要方式，如能充分利用乡民之间传统相邻关系和基层村干部与乡民之间相互了解的半官方协调方式，将有助于提高纠纷解决的质量。

表 5　我国农村土地纠纷解决方式

年份	法院起诉	仲裁调解	自行调解	村委会调解	乡镇调解
2014	10.00%	0.00%	46.67%	36.67%	6.67%
2015	0.38%	0.64%	25.16%	71.38%	2.43%

2015 年调研发现：综合运用多种解决方式使得 88%以上的土地纠纷已被调处化解，仅有 12%的纠纷尚未妥善处理。

三、我国土地承包经营纠纷的原因分析

（一）区位关系与地形地貌导致土地纠纷呈现不同特点

区位特征与地形地貌对土地纠纷的产生有显著性影响，或存在弱相关，或存在强相关。吉林辽源市西安区和龙山区位于城乡结合部，人口密度高，土地增值潜力大。因此，该地区土地权界难度较大，土地问题敏感，在土地承包资料缺失或不清、家庭人口变动，以及政策导向不明或政策发生变动的情况下，容易引发纠纷问题。辽源市负责确权任务的农经站官员透露其确权工作的实际推进原则是谨慎稳妥，绝不比其他地区抢先行动。对河北平乡县和张家口的调研发现区位特征和土地纠纷存在强相关性。再如，安徽省南部丘陵山区水田自然分界物明显，由四至不清导致的土地纠纷数量较少，而北部平原旱地此类纠纷数量就较多。实际上，这种情况在新疆、内蒙古等类似地形地貌的地区同样存在。再如尚义县大柳沟村属于坝下地区，人均土地相对较少，加上经济较为落后，土地纠纷程度相对较轻；而张北县处于坝上地区，人均土地较多，且水浇地少、土地贫瘠，导致二轮承包时自愿不要土地的情况大量存在，因此现在回来要地引发的纠纷程度较重。

（二）经济水平是导致土地纠纷产生的直接原因

社会经济的发展，土地效益的提升，会加速土地纠纷的形成。近年来，随着农村经济体制改革的不断深入，国家对“三农”投入绝对规模不断增长，农业综合开发投入力度也不断加大，使得农村土地增值明显。并且城镇化进程的加快，使得建设用地和农业用地的矛盾日益突出，导致农村土地一定程度的升值，特别是城市郊区的土地价值呈百倍千倍的增长。土地效益增加给农民带来了巨大的实惠和诱惑，农民对土地有了新的认识，对土地的欲望增强，开始认真对待土地权属问题，引发了一系列的土地纠纷。

（三）相关政策变动与落实错位是纠纷产生的根源

相关政策的变动与落实错位易导致承包经营纠纷、征占纠纷和流转纠纷，其中政策变动是导致承包经营纠纷和征占纠纷产生的主要根源。调研发现：

第一，现有土地承包经营纠纷有相当一部分是由二轮承包遗留问题造成的，一是一些乡村二轮承包工作不规范，土地承包权属不清或确权不准，造成承包地与合同或登记档案严重不符，再次确权时引发后续纠纷；二是很多地区在二轮承包之后多次调整土地，实际的土地承包关系已经较二轮承包记录发生极大的事实改变引发的纠纷；三是部分乡村不按政策规定为农户调整承包地，若严格按照二轮承包为基础，易引起纠纷。

第二，现行土地政策与乡规民俗相冲突致使土地纠纷异常复杂。为了稳定土地产权、防止土地频繁调整而实现土地的可持续利用，强调实行土地承包经营权“30年不变”，要“增人不增地、减人不减地”，同时发给农民《土地承包经营权证》，并签订书面承包合同。但实际中，由于农户人口的自然增减，退耕还林或土地征收等原因，逐步形成“有人无地种”和“有地无人种”的局面，加之农民传统观念最看重的是公平，最终导致对土地的频繁调整，易出现纠纷。

第三，土地效益的大幅度增加是土地纠纷增多的直接原因。一是国家推行二轮承包时土地仍然收取农业税费，繁重的税费负担使得一些农民自愿放弃土地，村委会将放弃的土地另行发包给他人，但几年之后，国家取消农业税费，还给予种地农民各类农业补贴，形成“土地红利”，土地效益增加给农民带来了巨大的实惠和诱惑，这部分当时自愿放弃土地的农户返乡要地，由此引发土地纠纷。二是随着我国工业化和城镇化进程的推进，大量的农村土地被征占转为非农业用地，被征土地进入市场后，以招标拍卖挂牌或协议出让方式得到的定价高，而被征地农民获得的安置补偿标准偏低，于是就出现了“低征高卖”的现象。由此，土地增值空间的提升直接导致政府与农民之间的利益矛盾激化，征占纠纷日益突出。

表6　引起我国农村土地纠纷的主要原因

	承包经营纠纷	征占纠纷
原因	①二轮延包时分地处理失当、资料不清；②“增人不增地，减人不减地”与人地矛盾加剧；③税费改革和粮食直补政策引起的对农地态度变化；④户籍、计生等政策的实施方式；⑤村民自治机制发育不完善造成的社区公共决策困境	①补偿标准不一致；②补偿措施不透明；③不规范是主因

（四）“三权分置”可能激发潜在土地纠纷

“三权分置”的核心要义是稳定承包权，放活经营权，在这个过程中土地经营权的流转（土地流转）和承包权的确权（土地确权）可能激发潜在土地纠纷。近年来，随着土地规模经营的大力推进，农户承包地变动明显活跃，表现为承包地经营权的转出和流入。虽然调研数据显示流转纠纷实际发生率通常不高，但我们注意到，在流转不同阶段也会出现一些影响顺畅交易的问题。例如搜寻与谈判阶段的非自愿流转、与对方沟通困难、村集体或政府不当干预、土地承包权属不清等一些潜在问题也容易引发土地纠纷。另外，由于缺乏法律意识、契约意识，在土地承包和土地流转过程中，村民之间不按法律的规定和程序进行，一般只是口头约定，为后续纠纷的发生埋下了隐患。一旦双方发生纠纷，口说无凭，很难处理。

虽然通过前面的定量分析，我们并没有发现土地确权对纠纷发生率存在显著影响，分析可能的原因是目前确权登记试点都是选择基础条件较好、矛盾纠纷较少、情况较为单一明朗的地区开展试点，因此，矛盾纠纷并未在数量上出现人们所担心的那样明显上升或大量爆发的情况。但调研中大家也反映，很多地区情况十分复杂，历史遗留问题难以解决，随着确权工作地深入开展，纠纷显化的可能性很大，例如由于土地权属档案资料的遗失或本来就没建档等原因，很难按现有的新政策和制度来确权，导致土地权限模糊不清而带来许多意想不到的矛盾和冲突。

（五）土地纠纷产生的其他可能成因

除了上述原因能够导致土地纠纷产生外，其他因素如乡规民俗、农民思想意识等可能产生土地纠纷。

调研中基层干部反映一些特殊的土地纠纷也根源于农村习俗。例如“倒插门”女婿、已经出嫁的女儿、离婚妇女、大中专学生因上学户口迁出和毕业后户口迁入等特殊情况，当事人是否有资格获得或继续拥有承包地，不同地区则有不同的习俗。这些习俗受到农民广泛接受和遵守，很多时候这种传统习俗在当地的控制力甚至大于正式的法律制度。同时农村社会相对封闭，教育程度落后，法律资源匮乏，使得农民这个群体从整体上看，法律意识比较淡薄，反而农村的一些“潜规则”“土政策”在当地大行其道。由于缺乏法律意识、合同意识，在土地承包和土地流转过程中，村民之间不按法律的规定和程序进行，违法违约现象严重，为后续纠纷的发生埋下了隐患。

四、政策建议

本研究根据调研实际情况，以及我国农村土地纠纷的特征及产生的原因，现提出如下几个方面的政策建议：

（一）扎实做好农村土地经营管理的基础工作

*首先，农经系统干部队伍和村集体经济组织要起到应有作用。*通过调研发现，处理纠纷的工作人员大多存在法律基础知识缺乏，受训时间短、范围窄等问题，难以满足农村土地纠纷调解的需要。增强农经系统干部队伍的作用，一是农经系统招聘具有法律基础人员；二是组织安排具有丰富调解纠纷经验的工作人员对纠纷调解员进行培训。村集体经济组织对本村的情况较为熟悉，充分发挥村集体经济组织的作用，要充分了解本村的土地流转等详细情况；积极成为村民和政策之间沟通的“桥梁”，发挥好中介作用。

*其次，抓好二轮农地延包、稳定承包关系。*正视农地承包现状，对各地二轮承包时的遗留问题重新排查摸底，对混乱错杂的农地承包关系进行全面清理，分类处理，强化合同意识，未订立农地承包合同的及时补订，未发放承包经营权证的及时补发。对尚未进行二轮农地承包的机动地，本着尊重历史，稳定承包关系的原则，出台统一的政策，界定承包对象和农地，统一计量标准，按照有关法律法规进行发包，订立二轮农地承包合同，核发新的农村土地承包经营权证书等，保障农民长期稳定的农地承包经营权。

*最后，尽快解决农户承包地块面积不准、四至不清、位置不明等问题。*要对农户农村土地承包经营权证书的持有、农地承包台账、农地流转台账和农地流转合同的签订等进行全面督查；凡农地经营权证内容不实者，要按照《农村土地承包经营权证管理办法》的规定，及时做好变更、换发、解除、注销、回收等工作。

（二）完善土地制度和政策顶层设计

对现行法律法规与新形势、新政策不符合部分加以修改完善，以保持政策变化一定的连贯性和系统性。一是政策应有统一、明晰的顶层设计，避免政策“碎片化”导致政策之间的相互冲突。我国农村土地制度和政策历经多次变迁，相关法律法规和政策文件在一些问题的规定上或者存在冲突、或存在漏洞，相关法律法规和政策的不规范、不健全造成许多难以调处的土地纠纷。如《土地管理法》规定土地撂荒两年即可以收回土地，但《土地承包法》则规定在承包期内不得收回承包地；再如对于农村土地承包经营纠纷的处理，由于农业系统缺乏强制执行力，虽然高法司法解释认为法院应该受理相关纠纷，但地方法院并不执行。相关政策的“碎片化”和相互冲突造成了很多难以调处的土地纠纷，未来政策设计需要加强连贯性和系统性。二是未来政策设计应保持一定的前瞻性，避免政策“碎片化”和相互冲突。调研中我们发现，农村很多土地承包经营纠纷是由于承包或流转不规范导致的，例如缺乏合同文本或相关工作记录等，加之农村信息化条件落后，影响农村土地工作的顺利和规范开展，由此造成了一部分土地承包经营纠纷，这需要农村相关政策的设计和制定需要具有一定的前瞻性。

（三）构建制度化的农民利益表达机制

纠纷的本质是利益的不平衡。农民缺乏合理有效的利益诉求和表达机制，是导致农村土地纠纷甚至群体性事件的重要原因之一。建立制度化的利益表达机制，有利于引导农户以理性、合法的形式表达利益要求，可以有效避免纠纷和妥善处理纠纷。构建制度化的农民利益表达机制，可以从以下几个方面入手：一是依法规范农民利益表达。以法律规范农民与其他土地利益群体的沟通、交涉、协调等程序，把利益表达纳入制度化轨道。二是进一步完善村民自治。村民自治是目前我国农民政治参与的最主要途径，应在实践中进一步完善和创新村民自治形式，参考借鉴一些地区较好的做法，例如村民代表设岗定责制度、村民代表民主议事“双票”制度、社会中介组织参与村级财务管理制度等。三是发展农民中介组织，积极培育农村经济合作组织、专业协会等，培育农民利益表达的“代言人”。四是建立农村社会的协商对话机制，表达民意、解释政策、提供决策，发挥民意和政策相互上通下达的作用，并把它作为农民利益表达的一种基本形式进行规范化和普遍化。

（四）进一步推动村民自治，加强正是治理和非正式治理机制的有机结合

完善的农村村民自治制度有望解决农村基础设施公共投入不足、村干部工作激励不足的问题，也有利于通过高效的民主决策，灵活调整土地承包关系以缓解人地矛盾。多个省份的调研都发现当前的村民自治制度还过于孱弱难以有效发挥作用，新式的民主决策机制还有待于磨合，与农村长久以来形成的村务问题处理方式难以吻合，这不利于农村确权过程中土地矛盾的解决。因此，既要完善三权分离的土地承包经营制度，进一步推动农村土地契约关系的法治

化，为土地承包和流转提供明确的行为参考和权利边界。还有赋予基层治理方式更多的灵活性，在土地权利调解方面发挥乡土社会熟人关系的积极作用。

（五）强化仲裁渠道化解土地承包经营纠纷的功能和作用

仲裁作为一种居中裁决的纠纷解决机制，具有公正、高效、便民化解纠纷的优势，将成为化解农村土地承包经营纠纷的主渠道。同时，农村土地承包经营纠纷日趋复杂、难度日趋加大，单靠仲裁难以有效稳妥化解，而且仲裁作用的发挥也需要其他部门的支持与配合。因此，建议构建一种以仲裁为核心、以仲裁外其他纠纷解决机制为依托的多形式、多层次、多渠道相互衔接补充、相互协同互动的多元化农村土地承包经营纠纷解决机制（图5）。

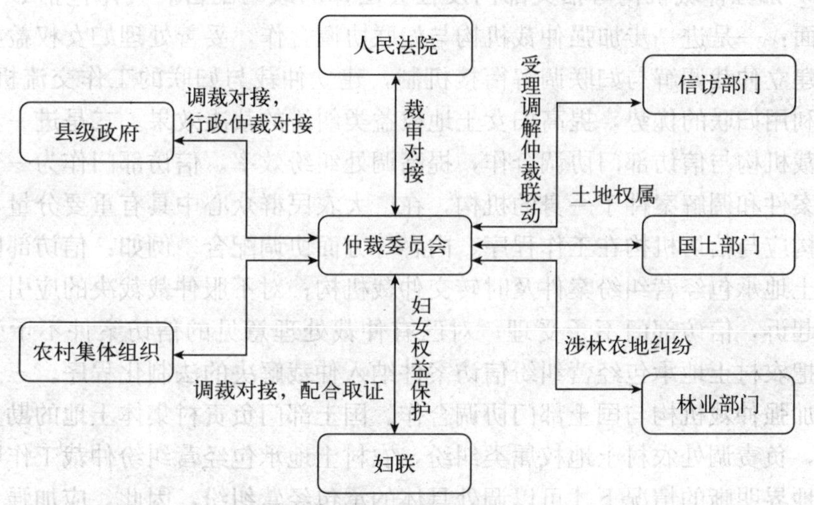

图5 构建衔接顺畅的多元化纠纷调处机制

1. 加强仲裁机构与法院的裁审对接。仲裁机构与法院衔接不畅一直是影响仲裁裁决效果和公信力的一个重要影响因素。加强裁审对接，有利于对增强仲裁执行力、妥善处理农村土地承包经营纠纷关系重大。一是建议做好三方面衔接。①仲裁与法院在受理案件范围方面的衔接。仲裁受理案件范围较法院宽，建议法院适当扩大案件受理范围，真正落实司法最终原则。②仲裁与法院在程序上的衔接。仲裁不是诉讼的前置程序，对于属于法院受理的土地承包经营纠纷，法院应与受理；对于生效的仲裁裁决、先予执行及财产保全申请，法院应当及时执行。③仲裁与法院在法律适用方面的衔接。由于土地承包立法相对滞后，加之土地纠纷政策性强，因此仲裁审理案件难免在审理法律依据不足的情况下以政策文件为依据，因此，法院不宜以仲裁裁决缺乏法律依据为由简单地撤销，建议在没有明确法律依据情况下，符合当前相关政策的裁决一样具有法律效力，法院给予依法执行。二是建议建立四项制度。建议仲裁机构与法院建立疑难案件研讨制度、裁审开庭互听制度、裁审评判认定制度、共享裁判文书制度，有效整合仲裁和司法资源与优势，降低仲裁后诉讼率，保证纠纷案件裁审结果一致性，提高裁审质量，提高仲裁工作的公信力和权威性。

2. 加强仲裁机构与县级政府、村集体经济组织的调裁对接。农村土地纠纷发生在基层，具有很强的地域性和家族性，村镇和县级政府是最贴近纠纷及当事人的机构，具有熟悉当地社情、了解纠纷发生背景、熟悉当事人、理解当地村规民约和传统习俗等优势，仲裁机构应与县级政府、村集体经济组织积极配合，一方面充分发挥它们调解纠纷和行政处理纠纷的网络优势，另一方面提高仲裁工作调查取证等工作环节的效率，促进仲裁作用发挥。

3. 加强仲裁机构与相关部门及社会团体的联动配合。具体包括如下几个方面：一是进一步加强仲裁机构与妇联协调合作，妥善处理妇女权益类纠纷。建立仲裁调解与妇联调解衔接机制，建立仲裁与妇联的工作交流机制，充分利用妇联的优势，提高妇女土地权益类纠纷的裁决效果。二是进一步加强仲裁机构与信访部门协调合作，提高调处纠纷效率。信访部门作为一个集受理案件和调解案件于一身的机构，在广大农民群众心中具有重要分量，仲裁机构应与信访机构在工作程序、内容等方面协调配合。例如：信访部门对农村土地承包经营纠纷案件及时转交仲裁机构；对不服仲裁裁决的应引导到法院起诉，信访部门不予受理；对已有仲裁处理意见的信访案件不予受理等。把农村土地承包经营纠纷信访案件纳入仲裁解决的法制化程序。三是进一步加强仲裁机构与国土部门协调合作。国土部门负责村集体土地的勘界和划界，负责调处农村土地权属类纠纷，农村土地承包经营纠纷仲裁工作则需要在地界明晰的情况下才可以调处具体的承包经营纠纷，因此，应加强仲裁机构与国土部门的协调配合。四是进一步加强仲裁机构与林业部门协调合作。一方面一些土地承包经营纠纷涉及林地，必须与林业部门协调处理；另一方面一些地区属于农林区，林业部门可以承载农村土地承包经营纠纷，因此仲裁机构必须与林业部门协调配合。

4. 构建联席会议制度，促进衔接机制顺利实施。构建仲裁机构与相关政府、部门、组织的联席会议制度，通过联席会议制度，共同制定本地区纠纷调处机构之间衔接，研究衔接工作中遇到的问题和困难，分析、排查本地区各类农村土地承包经营焦点性、群体性纠纷，共同向有关部门提出防范性措施和意见。联席会议制度有利于实现仲裁机构与其他部门之间协调、沟通和指导工作的常态化，有利于有效促进机构之间、部门之间衔接机制的顺利开展和实施。

（作者单位：中国农业科学院）

兼业是如何影响农户土地流出的？

——基于山东省1 057个农户的实证研究

王士海　王秀丽

一、引言

中国长期存在的分散且超小规模的农业经营模式一直被认为是实现农业现代化的重要障碍。东亚国家和地区的农业发展路径显示，劳动力的兼业化会在很大程度上改善小规模农户的生计，但同时也延缓了农业耕作制度的转变进程，阻碍了一国（地区）农业竞争力的提升。面对国家对提高农业生产率目标的追求和实现农地适度规模经营的倡导，土地流转市场的培育和发展成为学术界关注的焦点，兼业农户的土地流转问题引起了广泛的关注（Strijker，2005；Fernandez-Cornejo et al.，2007；Chen et al.，2009；Takahashi and Otsuka，2009）。

学术界关于土地流转的研究文献可谓汗牛充栋，早期主要集中在研究土地流转的意义方面（刘友凡，2001；徐旭，2002；马晓河，2002；俞海，2003），现在则主要着眼于研究土地流转的形式以及影响土地流转意愿或行为的因素方面（包宗顺，2009；赵丙奇，2011；许恒周，2011；钟晓兰，2013；李承桧，2015）。随着农户兼业化程度的加深，土地生产功能逐渐弱化（温涛等，2017；刘芬华，2011），研究农户兼业程度对土地流转的影响具有现实意义，但目前聚焦于农户兼业与土地流转关系的文献较少。从现有研究来看学术界关于农户兼业程度对土地流转的影响争议较大，大致分三种观点。有学者认为兼业农户的土地流出意愿高于非兼业农户。随着外出务工、经商等非农就业机会增加，农户为了获得更多的收益土地流出的意愿逐步增加（杨卫忠，2015；李昊，李世平，南灵，2017；赵春雨，2017）。有学者认为农户兼业并不一定促进农地流转。机械化和雇用劳动对家庭内部劳动力的替代使得家庭劳动力部分务农、部分打工，这种“人走地留”家庭内部分工模式充分展示了农户非农就业与农地流转的无关性（钱忠好，2008；李明艳，2010；李恒，2015；徐志刚，2017）。但有的学者认为这种家庭内部分工模式会提高土地流转市场转包方的租金价格从而导致土地供给不足，并因此抑制了土地流转（贺振华，2006；洪名勇，关海霞，2012）。除此之外，还有学者认为简单地认为农户兼业对土地流转具有积极或消极作用是不妥当的，不同的兼业程度农户流转意愿不同，即农户兼业对土地流转的影响呈“U”形（廖洪乐，2012；张忠明，钱文荣，2014）。以上研究一般都是对于农户土地流转的陈述性偏好（意愿）或者显示性偏好（行为）的单方面研究，大多没有涉及影响农户土地流转意愿向行为转化的制约因素。大部分情况下，意愿是在设想情景下的反应，而行为则是现实约束下的理性选择。意愿和行为的鸿沟是由一系列现实约束条件决定的，找出这些因素并寻求填平鸿沟的途径无疑是具有很强实践意义的。

本文尝试利用山东省 1 057 个农户调查数据剖析农户土地流出意愿向行为转化的限制性因素。其他内容结构如下：第二部分对农户土地流转意愿行为的偏差进行了描述性分析并提出研究问题；第三和第四部分在构建实证模型的基础上利用调研数据研究了农户土地流出意愿、行为和意愿行为偏差的影响因素，并重点讨论了兼业化对这三个变量的影响；最后总结了本文的研究，讨论了研究结论可能的政策启示以及本文存在的问题和下一步研究展望。

二、问题的提出

本文所用数据来自课题组 2017 年 1—3 月对山东省农户的问卷调查。调查按照分层抽样的方法进行，数据是以调查问卷填写为主调查员访谈为辅的方式获得。本次调查共获得问卷 1 390 份，经过整理和审核保留问卷 1 057 份，有效率 76.04%。调查内容主要涉及村庄信息、农户个人信息、农户家庭经营特征以及农业政策评价等，调查对象包括村干部、经营大户和普通农户三部分。本文中受访农户分土地流转意愿和行为分别是其对“现有条件下您是否愿意流出承包土地”和“您目前是否有承包土地流转给他人耕种”这两个问题的反馈。

表 1　异质性农户土地流转意愿行为的偏差

变量	分类	样本量	愿意流出样本量	比例	实际流出样本量	比例	偏差
农户土地流出意愿		1 057	363	34.34%			18.64%
农户土地流出行为		1 057			166	15.70%	
年龄	青年（≤44 岁）	272	97	35.66%	40	14.71%	20.96%
	中年（45～59 岁）	624	221	35.42%	99	15.87%	19.55%
	老年（≤60 岁）	114	41	35.96%	25	21.93%	14.04%
	总样本量	1 010	359	35.54%	164	16.24%	19.31%
性别	男性	787	265	33.67%	127	16.14%	17.53%
	女性	231	94	40.69%	37	16.02%	24.68%
	总样本量	1018	359	35.27%	164	16.11%	19.16%

（续）

变量	分类	样本量	愿意流出样本量	比例	实际流出样本量	比例	偏差
农地经营规模	＜11.4 亩	785	271	34.52%	120	15.29%	19.24%
	≥11.4 亩	215	82	38.14%	41	19.07%	19.07%
	总样本量	1 000	353	35.30%	161	16.10%	19.20%
兼业化程度	＜50%	292	85	29.11%	46	15.75%	13.36%
	≥50%	659	248	37.63%	107	16.24%	21.40%
	总样本量	951	333	35.02%	153	16.09%	18.93%

资料来源：根据统计数据整理。

从全样本看，愿意流出土地的农户数占比与实际流出土地的农户数占比高 18.64 个百分点，按不同标准划分的农户愿意流出土地的比例也显著大于存在土地流出行为的比例。随着农户年龄增长，全样本农户土地流转意愿行为的偏差是先增大后缩小。女性受访者（即农业决策以女性为主的户主）的土地流出意愿要高于男性，但实际发生土地流出的概率却相差无几，最终女性的意愿行为偏差远大于男性。总的来看，农户经营规模对农户土地流出意愿与行为出现的概率影响是正向的，但对意愿行为偏差的影响不大。兼业水平的提高会增强农户土地流出的意愿和提高进行土地流出的概率，而且意愿行为的偏差也会随着兼业化水平的提高而增大。鉴于本文的研究目的，表2更详细汇报了不同兼业程度下农户土地流出意愿和行为发生的概率及其偏差。

表 2　不同类型农户土地流转意愿行为的偏差

变　量	农户类型			
	纯农户	Ⅰ兼农户	Ⅱ兼农户	纯非农户
农户土地流出意愿占比	31.28%	28.34%	37.68%	39.66%
农户土地流出行为占比	15.08%	11.76%	17.24%	18.99%
偏差（百分点）	16.20	16.58	20.44	20.67

资料来源：根据统计数据整理。

根据一般的分类标准（廖洪乐，2012），本文根据非农收入占家庭总收入的比重将农户分为纯农户（农收入占比大于 80%）、Ⅰ兼农户（农收入占比大约 50%小于等于 80%）、Ⅱ兼农户（农收入占比大于 20%小于等于 50%）和纯非农户（农收入占小于等于 20%）。由表 2 可知，农户兼业对农户土地流出意愿和行为的影响呈“√”形。纯农户、Ⅱ兼农户和纯非农户中愿意流出土地和存在土地流出行为的比例逐级提高，但Ⅰ兼农户的这两个指标显著低于另外三类农户。此外，Ⅱ兼农户和纯非农户土地流出意愿行为偏差显著高于纯农户和Ⅰ兼农户。这种现象与其他学者的发现都不完全一样：

农户土地流出意愿或行为与兼业化的关系既不是简单的同向关系，也不是不相关，更不是反向关系，而是存在结构突变的总体同向关系。

基于以上数据分析，有两个问题值得进行深入讨论：

问题1：农户土地流出意愿行为偏差的影响因素是什么，农户的兼业化在其中起了什么作用？

问题2：什么因素导致了Ⅰ兼农户的土地流出意愿和行为出现违背总体趋势的结构性突变？

三、研究思路、模型构建与变量选择

（一）研究思路与模型构建

本文的研究重点是分析兼业对农户土地流出意愿与行为偏差的影响，因此如何度量这种偏差是一个十分重要的问题。本研究在数据分析时将调查问卷进行了技术化处理：在问卷的前半部分调查了农户在现有条件下土地流出的意愿，在问卷的后半段又调查了农户目前承包土地地块的使用情况，进而判断农户是否有土地流出行为发生。为了回答上文提到的三个问题，基本的研究思路如下：首先研究全样本农户土地流出意愿、行为和意愿行为偏差的影响因素，重点讨论讨论兼业在其中的作用；然后再根据表2反映的信息将样本分成两个子样本（纯农户和Ⅰ兼农户，Ⅱ兼农户和纯非农户），分别讨论两个子样本农户土地流出意愿、行为和意愿行为偏差的影响因素；最后比较分析三个回归结果，探寻农户兼业程度对结果不同的影响。针对是否愿意流转出承包土地和是否有承包地流出这两个问题，受访农户（受访者一般是对农业经营决策有决定作用的人，如果是女性一般称之为女户主）的答案只能有是和否两个答案，因此这是典型的二值选择问题。一般而言，存在流转行为的农户应该会有流转意愿，但是数据分析发现有很少一部分农户的反馈并非如此。意愿行为偏差可有两种情况：不愿意但存在土地流出行为，愿意但不存在土地流出行为。本文关注的是第二种情况，而且研究的落脚点是找到消除意愿行为鸿沟的途径。那么在研究意愿行为偏差时实际上是要分别在全样本和两个字样本中再筛选出存在意愿受访者作为一个新的子样本，然后将不存在土地流出行为的农户认定为存在意愿行为偏差的农户，这样又构造了一个二值选择问题。

如果个体只有两种选择，比如被解释变量 $y=1$（农户愿意流出土地/实际发生土地流出行为）或 $y=0$（农户不愿意流出土地/没有发生土地流出行为），影响被解释变量 y 的众多解释变量都包含在向量 x 中，那么最简单的分析模型为 $y_i=x_i'\beta+\epsilon_i$，（$x_i\equiv x_{i1}$，x_{i2}，…，x_{ik}；$\beta\equiv\beta_1$，β_2，…，β_k），但为了避免出现 $\hat{y}>1$ 或 $\hat{y}<1$，在给定 x 的情况下，考虑 y 的两点分布概率：

$$\begin{cases} P\ (y=1 \mid x)\ =F\ (x,\ \beta) \\ P\ (y=0 \mid x)\ =1-F\ (x,\ \beta) \end{cases}$$

由于 y 的取值要么为 0，要么为 1，故 y 肯定服从两点分布。如果 $F(x, \beta)$ 是符合标准正态的累计分布函数，即 $P(y=1 \mid x)=F(x,\beta)=\Phi(x'\beta)\equiv\int_{-\infty}^{x'\beta}\varphi(t)dt$，则该模型称为 Probit 模型；如果 $F(x, \beta)$ 是符合逻辑分布的累计分布函数，即 $P(y=1 \mid x)=F(x, \beta)=\Lambda(x'\beta)\equiv\frac{\exp(x'\beta)}{1+\exp(x'\beta)}$，则该模型称为 Logit 模型。为了避免分布偏误，本文同时采用 Logit 模型和 Probit 模型。为了挖掘更有价值的信息，在回归时尽量加入有意义的变量交互项。为了消除潜在的异方差问题，本文采用稳健标准误进行回归。回归采用的软件是刚发布不久的 Stata 15。

（二）变量选择

按照以上研究思路，本文的被解释变量有三个：是否愿意流出土地、是否存在土地流出行为和是否有流出意愿但没有流出行为。解释变量的选择参考了学界其他学者关于相关问题的研究（贺振华，2006；钱忠好，2008；廖洪乐，2012；张安录，2017），选取了户主个人特征、农户家庭特征和村庄特征三类变量。户主（主要指农业经营的主要决策者）特征变量包括性别、年龄、受教育程度等常用变量；家庭特征变量主要包含了与农业经营相关的一些变量变量，包括农户兼业程度、经营规模和家庭主要收入来源、劳动力人数等；农户特征主要包括家庭经营的环境因素，包括当地地形、距城镇距离、本村土地流转率和流转市场发育程度等。具体变量定义及其描述性统计详见表 3。需要强调的是，由于不少变量之间存在一定相关性，在以下的回归模型中不是所有变量都参与回归。

表 3　模型变量定义及描述性统计

变量类型	变量名称	变量定义或赋值	最小值	最大值	均值	标准差
户主个人特征变量	性别	女性＝1；男性＝0	0	1	0.23	0.419
	年龄	单位：岁	20	81	48.78	8.253
	受教育程度	上到几年级退学	0	16	7.85	2.516
农户家庭特征变量	农户兼业程度	非农收入占家庭总收入的比重	0	1	0.57	0.288
	家庭主要收入来源	经商或打工＝1；务农＝0	0	1	0.87	0.333
	农地经营规模	2016 年经营的耕地规模，单位：亩	0	300	11.40	22.594

（续）

变量类型	变量名称	变量定义或赋值	最小值	最大值	均值	标准差
农户家庭特征变量	家庭劳动力人数	单位：人	0	10	2.54	1.006
	目前家庭主要种植作物	经济作物=1；其他=0	0	1	0.45	0.498
	是否租赁土地	2016年是否从其他人处流转耕地，是=1；否=0	0	1	0.38	0.487
	以前年度是否流入土地	2010年以来您家是否种过其他人家的土地，是=1；否=0	0	1	0.31	0.461
农户村庄特征变量	距离	开私家车去县城（市、区）需要几分钟	0	130	29.41	17.239
	流转比	土地流转行业市场规模=本村2016年流转土地面积/本村耕地亩数	0	1	0.25	0.242
	市场发育程度	外地人租一亩地种粮食的租金，单位：元	200	1 180	597.48	268.212
	本村主要种植作物	经济作物=1；农作物=0	0	1	0.75	0.431

四、实证检验与结果分析

（一）实证结果

表4显示的是分别以全样本农户土地流出意愿、行为及意愿行为偏差为被解释变量的二值选择模型回归结果。根据模型回归结果可知所有方程的变量系数（除常数项外）的联合显著性很高，说明模型整体拟合效果很好。

农户兼业程度和村庄土地流转比分别在5%和1%的统计水平下与农户土地流出意愿和行为正相关。女性户主的土地流出意愿和行为显著高于男性户主，但随着年龄的增加，女性户主的土地流出意愿和行为逐渐降低。年龄与农户土地流出意愿显著正相关，当年龄增加到一定程度后，农户土地流出意愿逐渐降低（性别和年龄交互项），与之对应，年龄对农户土地流出行为的影响与之类似，但并不显著。除此之外，受教育程度、市场发育程度在10%的统计水平下与农户土地流出意愿正相关，对农户土地流出行为影响不显著。意愿行为偏差回归结果充分显示农户土地流出陈述性偏好和显示性偏好存在不一致影响因素。家庭劳动力人数和女性年龄（年龄和性别的交互项）等变量的增加显著拉大了农户土地流出意愿行为偏差。流转比和农户兼

表 4　全样本农户土地流出意愿和行为影响因素模型回归结果

	意　愿		行　为		意愿行为偏差	
	Logit	Probit	Logit	Probit	Logit	Probit
农户兼业程度	0.793** (2.02)	0.479** (2.02)	1.032** (2.06)	0.564** (2.00)	0.870 (0.96)	0.485 (0.91)
距离	−0.011** (−2.00)	−0.007** (−2.07)	−0.013* (−1.71)	−0.007 (−1.61)	−0.001 (−0.01)	−0.001 (−0.03)
流转比	1.131*** (2.94)	0.694*** (2.94)	1.939*** (4.15)	1.119*** (4.16)	−1.689** (−2.34)	−1.046** (−2.51)
市场发育程度	0.001* (1.75)	0.001* (1.80)	−0.001 (−0.79)	−0.001 (−0.73)	0.001 (1.15)	0.001 (1.24)
本村主要种植作物	0.577** (2.53)	0.350*** (2.59)	−0.387 (−1.41)	−0.217 (−1.39)	−0.637 (−1.10)	−0.355 (−1.15)
性别	4.736*** (3.07)	2.908*** (3.19)	3.957* (1.88)	2.247** (2.01)	−7.931* (−1.88)	−4.555** (−1.99)
年龄	0.177* (1.78)	0.107* (1.88)	0.117 (0.92)	0.060 (0.89)	−0.042 (−0.18)	−0.020 (−0.16)
受教育程度	0.066* (1.84)	0.041* (1.86)	0.013 (0.29)	0.007 (0.27)	0.092 (1.08)	0.052 (1.10)
农地经营规模	0.004 (0.52)	0.003 (0.54)	0.015** (2.11)	0.008* (1.82)	0.048 (1.40)	0.027 (1.41)
家庭劳动力人数	−0.022 (−0.20)	−0.009 (−0.14)	−0.187 (−1.56)	−0.106 (−1.56)	0.394** (1.96)	0.238** (2.08)
以前年度是否流入土地	0.314* (1.65)	0.192 (1.64)	0.635*** (2.70)	0.368*** (2.71)	−0.315 (−0.77)	−0.174 (−0.75)
性别×年龄	−0.092*** (−2.76)	−0.056*** (−2.86)	−0.080* (−1.78)	−0.046* (−1.92)	0.171* (1.83)	0.099* (1.95)
年龄×年龄	−0.002 (−1.64)	−0.001* (−1.71)	−0.001 (−0.64)	−0.001 (−0.58)	−0.001 (−0.12)	−0.001 (−0.17)
农户兼业程度×农地经营规模	−0.014 (−0.80)	−0.009 (−0.83)	−0.025** (−2.07)	−0.014* (−1.79)	−0.127* (−1.75)	−0.073* (−1.82)
常数项	−7.347*** (−2.69)	−4.463*** (−2.87)	−5.538 (−1.54)	−2.999* (−1.58)	4.997 (0.67)	2.642 (0.69)
Log pseudo-likelihood	−354.264	−346.762	−242.235	−242.499	−97.682	−97.521
Waldx^2	42.78***	40.96***	33.19***	34.08***	30.85***	34.79***
Pseudo R^2	0.059	0.054	0.074	0.073	0.141	0.143

注：***、**、*分别表示在1%、5%、10%的统计水平上显著。

业程度与农地经营规模交互项分别在5%和10%的显著性水平下显著，而且均为负值。除此之外，女性户主的土地流出意愿行为偏差显著小于男性户主。

以上的分析方式可能忽略不同兼业类型农户在土地流出意愿和行为上的偏差。表2数据显示，纯农户和Ⅰ兼农户土地流出意愿和行为发生的概率是递减的，而Ⅱ兼农户和纯非农户的土地流出意愿和行为发生的概率是递增的。表5和表6汇报的是农户按照兼业程度划分为纯农户和Ⅰ兼农户、Ⅱ兼农户和纯非农户两种情况分别进行回归的结果。

表5汇报的是纯农户和Ⅰ兼农户土地流出意愿、行为和偏差的影响因素。在其他条件不变的情况下，农户兼业程度深化是降低纯农户和Ⅰ兼农户土地流出意愿的显著影响因素，但对农户土地流出行为和意愿行为偏差无显著影响。村庄土地流转比对农户土地流传意愿和应为的影响显著为正，但对意愿行为偏差的影响显著为负。性别分别正向和负向显著影响农户的流转意愿和意愿行为偏差，但对流转行为影响不显著。年龄则分别正向和负向显著影响农户的流转行为和意愿行为偏差，但对流转意愿无显著影响。女性户主的土地流出意愿行为偏差显著小于男性户主，并随着年龄增大，偏差逐渐拉大。需要强调的是，年龄平方项显著影响流转行为和意愿行为偏差，分别为负向影响和正向影响。这说明随着年龄的增大，农户土地流出概率呈现出先递增后递减的趋势（即倒U形，拐点为61岁左右），而意愿行为偏差出现的概率呈现先递增再递减的趋势（即U形，拐点为56岁左右）。本村到县市区的距离对土地流出行为有显著影响，但对流出意愿影响不显著。

表6汇报的是Ⅱ兼农户和纯非农户土地流出意愿、行为及偏差影响因素。与纯农户和Ⅰ兼农户类似，当地土地市场的流转率显著提高了农户流出意愿和流出发生的概率；本村到县市区的距离影响着农户流出土地的意愿，越近流出意愿越强，但它为发生的概率影响不显著；同样的，性别和年龄两个变量都影响意愿却不影响行为；家庭劳动力充足的农户土地流出概率较小，有过土地流入经历的农户流出土地的概率更大。农户兼业程度在Probit模型中显著影响意愿行为偏差，除此之外，家庭劳动力人数和经营规模越大的农户行为意愿偏差发生的概率越大。兼业化程度高规模越大的农户会降低意愿行为偏差。

（二）结果讨论

由于子样本在一些变量上的区分度不明显，导致表5和表6中显著的变量远不如表4所呈现得多。无论是全样本还是子样本，回归结果总体上符合业内学者对该问题研究的基本结论。农户的流转意愿和行为受到自身禀赋条件、家庭农业经营条件和外部环境的影响。总的来说，一个地区农地市场越

表 5　纯农户和Ⅰ兼农户土地流出意愿和行为及其偏差影响因素模型回归结果

	意愿		行为		意愿行为偏差	
	Logit	Probit	Logit	Probit	Logit	Probit
农户兼业程度	−2.204* (−1.72)	−1.312* (−1.79)	−0.001 (−0.00)	0.126 (0.16)	−2.237 (−0.62)	−1.089 (−0.60)
距离	−0.006 (−0.67)	−0.004 (−0.73)	−0.023* (−1.78)	−0.012* (−1.85)	0.027 (1.04)	0.016 (1.17)
流转比	1.676** (2.53)	1.022** (2.54)	2.167*** (2.74)	1.270*** (2.75)	−3.590*** (−2.78)	−2.179*** (−2.83)
市场发育程度	0.001 (1.42)	0.001 (1.45)	0.001 (0.97)	0.001 (0.95)	0.002 (0.69)	0.001 (0.67)
性别	8.362** (2.16)	5.051** (2.34)	6.183 (1.58)	3.699 (1.63)	−46.770** (−2.42)	−27.580*** (−2.81)
年龄	0.236 (1.10)	0.137 (1.32)	0.370* (1.83)	0.220** (1.99)	−2.162*** (−2.58)	−1.326** (−2.34)
受教育程度	0.134 (1.57)	0.085* (1.76)	0.033 (0.37)	0.017 (0.33)	0.214 (0.85)	0.110 (0.93)
农地经营规模	0.002 (0.30)	0.001 (0.23)	0.010* (1.83)	0.006* (1.65)	0.038 (0.89)	0.020 (0.97)
家庭劳动力人数	−0.118 (−0.60)	−0.078 (−0.67)	0.002 (0.01)	0.013 (0.09)	0.277 (0.38)	0.128 (0.30)
2016 年是否租赁土地	0.501 (1.18)	0.300 (1.21)	−0.127 (−0.23)	−0.115 (−0.38)	−0.541 (−0.27)	−0.081 (−0.09)
以前年度是否流入土地	0.160 (0.42)	0.086 (0.37)	0.525 (1.02)	0.332 (1.14)	1.105 (0.52)	0.428 (0.45)
性别×年龄	−0.191** (−2.19)	−0.115** (−2.35)	−0.131 (−1.48)	−0.079 (−1.55)	1.058** (2.33)	0.624*** (2.71)
年龄×年龄	−0.002 (−1.04)	−0.001 (−1.24)	−0.003* (−1.94)	−0.002** (−2.12)	0.019** (2.42)	0.012** (2.19)
常数项	−8.818 (−1.53)	−5.160* (−1.81)	−11.98** (−2.03)	−7.037** (−2.20)	57.21*** (2.59)	35.270** (2.38)
Log pseudo-likelihood	−102.089	−101.953	−73.428	−73.436	−21.483	−21.498
Waldx^2	20.630*	22.220*	23.600**	25.640**	19.940*	23.820**
Pseudo R^2	0.104	0.105	0.132	0.131	0.346	0.346

注：***、**、*分别表示在 1%、5%、10%的统计水平上显著。

表 6 Ⅱ兼农户和纯非农户土地流出意愿和行为及其偏差影响因素模型回归结果

	意愿		行为		意愿行为偏差	
	Logit	Probit	Logit	Probit	Logit	Probit
农户兼业程度	0.538 (0.54)	0.320 (0.53)	1.310 (0.94)	0.664 (0.82)	4.799 (1.61)	2.787* (1.74)
距离	−0.017** (−2.26)	−0.011** (−2.34)	−0.009 (−0.87)	−0.004 (−0.76)	−0.012 (−0.78)	−0.007 (−0.77)
流转比	0.876* (1.74)	0.535* (1.74)	1.626*** (2.74)	0.951*** (2.75)	−0.569 (−0.70)	−0.352 (−0.72)
市场发育程度	0.001 (1.00)	0.001 (1.01)	−0.001 (−1.64)	−0.001 (−1.62)	0.001 (1.27)	0.001 (1.25)
性别	3.810** (2.14)	2.374** (2.17)	3.512 (1.40)	2.023 (1.45)	−4.369 (−0.93)	−2.588 (−1.02)
年龄	0.190* (1.77)	0.118* (1.83)	0.049 (0.31)	0.015 (0.18)	0.137 (0.47)	0.089 (0.61)
受教育程度	0.0540 (1.33)	0.034 (1.34)	−0.015 (−0.26)	−0.012 (−0.38)	0.067 (0.66)	0.037 (0.67)
农地经营规模	−0.051 (−0.88)	−0.030 (−0.89)	−0.146 (−1.58)	−0.087 (−1.61)	0.413** (1.99)	0.239** (2.14)
家庭劳动力人数	0.004 (0.03)	0.002 (0.03)	−0.280** (−2.05)	−0.163** (−2.07)	0.432** (2.12)	0.265** (2.21)
以前年度是否流入土地	0.327 (1.39)	0.204 (1.42)	0.738** (2.45)	0.413** (2.44)	−0.389 (−0.88)	−0.231 (−0.89)
性别×年龄	−0.068* (−1.77)	−0.043* (−1.80)	−0.070 (−1.32)	−0.041 (−1.38)	0.093 (0.92)	0.056 (1.02)
年龄×年龄	−0.002 (−1.51)	−0.001 (−1.54)	0.001 (0.00)	0.001 (0.16)	−0.002 (−0.77)	−0.001 (−0.94)
农户兼业程度×农地经营规模	0.064 (0.75)	0.038 (0.75)	0.202 (1.52)	0.120 (1.54)	−0.631** (−2.22)	−0.368** (−2.39)
常数项	−7.025** (−2.24)	−4.353** (−2.32)	−3.894 (−0.80)	−1.818 (−0.72)	−5.600 (−0.67)	−3.455 (−0.80)
Log pseudo-likelihood	−252.274	−252.170	−166.899	−167.102	−71.972	−71.898
Waldx^2	26.57**	28.14***	30.94***	32.21***	23.100**	26.07**
Pseudo R^2	0.050	0.051	0.090	0.089	0.151	0.152

注：***、**、*分别表示在1%、5%、10%的统计水平上显著。

发达（流转市场发育度高或流转率率高），农户的流出意愿就越强，流出的概率就越大。农户会根据自身的资源禀赋合理配置自己的劳动力（人力资源）资源，是否保持土地经营符合农户的经济理性。流出意愿和流出行为的影响因素存在结构性的差异，例如年龄和受教育程度显著正向影响流出意愿，但对流出行为的影响并不显著。农户的流出意愿在土地经营规模上无显著差异，但土地流出行为发生的概率却与农户的经营规模存在显著的相关性。从全样本看，农户土地流出意愿行为偏差主要受到了流转市场的发育程度的影响，流转率越高的地区意愿行为偏差发生的概率越小。性别对意愿行为偏差的影响是显著的，尽管男性流出土地意愿和行为发生的概率都大于女性，但其意愿行为偏差发生的概率却小于女性，这意味着女性存在着更大的意愿行为鸿沟。即使是男性，年龄越大其意愿行为偏差发生的概率就越大。

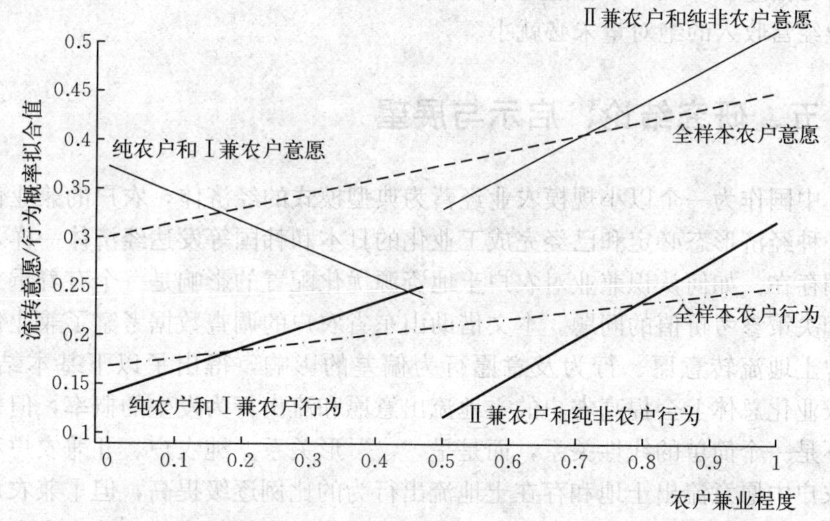

图1　农户兼业程度与农户土地流转意愿和行为发生概率拟合值趋势图

本文关注的最核心的变量是农户兼业程度是如何影响土地流转的。从全样本看，农户兼业化程度显著正向影响他们土地流出意愿和行为发生的概率，但是它对意愿行为偏差的影响并不显著。图1所呈现的是农户兼业程度与土地流出意愿和行为发生概率拟合值的散点图的趋势线。从趋势看，全样本下农户的土地流出意愿和行为发生概率都在提高，而且意愿行为偏差也存在微弱的增大趋势。从子样本看，纯农户和Ⅰ兼农户的土地流转意愿与兼业化程度呈负相关系。这说明，从意愿上看非农收入增加对农户农业劳动供给的收入效应要大于替代效应。其原因可能是因为兼业化水平低的农户其农业收入仍然是家庭收入主要来源，对土地的依赖性比较强，因此更加惜地。Ⅱ兼农户和纯非农户的土地流出意愿和行为发生概率与兼业化程度之间呈现同向关系，不过这种关系在统计上并不显著（表 6）。但是，兼业化程度总体上显著正向影响Ⅱ兼农户和纯非农户的土地流出意愿行为偏差，即兼业化水平越高的农户越容易出现意愿行为偏差。Ⅱ兼农户和纯非农户土地流出意愿行为偏差显著大于纯农户和Ⅰ兼农户（表 2），而且从趋势图来看这种偏差并没有明显减小的趋势。这或许能说明，兼业程度高的农户土地流出意愿是比兼业程度低的农户流出意愿强，但这种较强的意愿并没有成为消除意愿行为鸿沟的动力。拟合值作为一种条件均值掩盖了同等兼业化水平下不同个体的意愿和行为差距。对那些高兼业水平的农户而言，他们之所以依然进行农业生产，很有可能是因为这种高兼业化水平下的农业生产生活方式是长期选择的最优结果。而这种结果的决定性因素并不是兼业化程度能够解释的。如果再考虑到表 6 中农地经营规模和家庭劳动力人数多的农户更有可能出现意愿行为偏差，那么一个合理的解释便是，这些农户农业收入虽然占比小，但农业经营收入的绝对量未必就小。

五、研究结论、启示与展望

中国作为一个以小规模农业经营为典型模式的经济体，农户的兼业化作为一种经济形态必定和已经完成工业化的日本和韩国等发达经济体一样，将长期存在。如何认识兼业对农户土地资源优化配置的影响是一个有着重大理论和决策参考价值的问题。本文借助山东省农户的调查数据考察了兼业化对农户土地流转意愿、行为及意愿行为偏差的影响，得出了以下基本结论：①兼业化总体上会提高农户的土地流出意愿和流出行为发生的概率，但是这并不是一个简单的线性关系，而是呈“√”形关系。纯农户、Ⅱ兼农户和纯非农户中愿意流出土地和存在土地流出行为的比例逐级提高，但Ⅰ兼农户的这两个指标显著低于另外三类农户。②兼业化程度较低农户（纯农户和Ⅰ兼农户）的流转意愿与他们的兼业化水平呈反向关系，由此导致了较低的意愿行为偏差。兼业化程度较高农户（Ⅱ兼农户和纯非农户）流转意愿行为偏差更大，这意味着他们尽管非农收入占比虽然较大，但务农粘性却不小。③年龄对土地流出行为和意愿行为偏差的影响值得关注。随着年龄的增加，纯农户和Ⅰ兼农户土地的流出的概率在提高，可是当年龄增加到一定水平后他们的流出概率反而会降低。这一关系在意愿行为偏差中也有所体现，随着年龄增加他们土地流出意愿行为偏差在减少，而到了一定年纪之后意愿行为偏差又开始增加。其背后的紧急含义值得关注。

如果以上结论是可靠的，本文可以引申出以下几个具有决策参考价值的推论：①由于农业生产的季节性和农村产业构成的多元性，农户的兼业化是一个无法消除的趋势，无论是东亚小规模农业还是北美大规模农业，非农收入都是农户收入中最重要的构成部分。如果兼业化是农民理性选择的结果，那么对专业农民（或新型职业农民）培育赋予过高的期望可能就不是特别准确的政策导向。②在以往的关于适度规模经营标准的研究中，研究者往往会以职业农民为标准根据亩均收益测算达到非农就业的规模要求来确定各种条件下合适的目标发展规模（例如50亩、100亩、200亩等）。然而，农户无论如何都不可能在漫长的农闲时节闲置自己宝贵的劳动力资源，非农就业是必然会发生的。这意味着根据上述测算方法测算的适度规模标准很可能是严重高估的。③不少人认为农民年纪大了以后土地流出意愿和流出行为发生的概率都应该提高。本文的研究显示，上述论断可能失于简单了。根据本文的回归结果，仅考察年龄和年龄平方项均显著的回归模型，可以发现，农户在56岁之前流转意愿是增加的，56岁之反而开始下降。而土地流出的概率在农户61岁之前是提高的，61岁之后开始下降。这可能意味着当农民因年龄原因非农就业机会减少时务农的倾向反而会提高。这个结论并不奇怪，农业劳动力的老龄化是东亚经济体农业生产的基本特征，中国大致也会步入这种状态。如果这个论断正确的话，政府有必要正视这一不可逆转的趋势，采取相应的政策措施减少老龄农民在农业经营中的约束，尽量消除劳动力老龄化对农业生产效率的负面影响。

以上分析是基于山东省的农户调查展开的，所得结论可能仅能反映山东省农业生产一些现象，如果想得出更扎实的结论还有需要更有代表性的研究样本。此外，由于在研究设计阶段对所研究问题的复杂性估计不足，论文对一些有意识的想象缺少针对性的原因调查，这导致本文的一些推论尚缺乏深入数据的支撑。

【参考文献】

包宗顺，徐志明，高珊，周春芳．农村土地流转的区域差异与影响因素——以江苏省为例，中国农村经济，2009（4）：23-30.

高欣，张安录．农地流转、农户兼业程度与生产效率的关系．中国人口·资源与环境，2017，27（5）：121-128.

贺振华．农户兼业及其对农村土地流转的影响——一个分析框架．上海财经大学学报，2006，8（2）：72-78.

洪名勇，关海霞．农户土地流转行为及影响因素分析．经济问题，2012（8）：72-77.

李承桧，杨朝现，陈兰，程相友．基于农户收益风险视角的土地流转期限影响因素实证分析，中国人口·资源与环境，2015（s1）：66-70.

李昊，李世平，南灵．中国农户土地流转意愿影响因素——基于29篇文献的Meta分析，农业技术经济，2017（7）.

李恒．农村土地流转的制度约束及促进路径，经济学动态，2015（6）：87-92.

李明艳，陈利根，石晓平．非农就业与农户土地利用行为实证分析：配置效应、兼业效应与投资效应——基于2005年江西省农户调研数据，农业技术经济，2010（3）：41-51.

李晓荣．近年来农村人口老龄化研究综述．求实．2016，（3）：51-59.

廖洪乐．农户兼业及其对农地承包经营权流转的影响．管理世界．2012（5）：62-70.

刘芬华．是何因素阻碍了中国农地流转——基于调研结果及相关观点的解析．经济学家，2011（2）：83-92.

刘友凡．稳定承包权放活经营权——湖北省黄冈市农村土地流转情况的调查，中国农村经济，2001（10）：19-22.

马晓河，崔红志．建立土地流转制度，促进区域农业生产规模化经营，管理世界，2002（11）：63-77.

钱忠好．非农就业是否必然导致农地流转．中国农村经济，2008，（10）：20.

温涛，张梓榆，王定祥．城乡工资水平差距与农地流转．农业技术经济，2017（2）．

徐旭，蒋文华，应风其．我国农村土地流转的动因分析，管理世界，2002（9）：144-145.

徐志刚，谭鑫，郑旭媛，陆五一．农地流转市场发育对粮食生产的影响与约束条件．中国农村经济，2017（9）．

许恒周，郭忠兴．农村土地流转影响因素的理论与实证研究——基于农民阶层分化与产权偏好的视角．中国人口·资源与环境，2011，21（3）：98-102.

杨卫忠．农村土地经营权洸柄中的农户羊群行为——来自浙江省嘉兴市农户的调研数据．中国农村经济，2015（2）．

俞海，黄季焜，Scott Rozelle，Loren Brandt，张林秀．地权稳定性、土地流转与农地资源持续利用．经济研究，2003（9）：82-91.

张忠明，钱文荣．不同兼业程度下的农户土地流转意愿研究——基于浙江的调查与实证．农业经济问题，2014（3）．

赵丙奇，周露琼，杨金忠，石景龙．发达地区与欠发达地区土地流转方式比较及其影响因素分析——基于对浙江省绍兴市和安徽省淮北市的调查．农业经济问题，2011（11）：60-65.

赵春雨．贫困地区土地流转与扶贫中集体经济组织发展——山西省余化乡扶贫实践探索．农业经济问题（月刊），2017（8）．

钟晓兰，李江涛，冯艳芬，李景刚，刘吼海．农户认知视角下广东省农村土地流转意愿与流转行为研究．资源科学，2013，35（10）：2082-2093.

Chen Y Q，Li X B，Tian Y J，et al. Structural change of agricultural land use intensity and its regional disparity in China. Journal of Geographical Sciences，2009，19（5）：545-556.

Corsi A. Family farm succession and specific knowledge in Italy. Rivista Di Economia Agraria. 2009.

Fernandez-Cornejo J，A Mishra，R Nehring，et al. Off-farm income，technology adoption and farm economic performance. United States Department of Agriculture（USDA）Economic Research Report（ERR-36）. http：//www.ers.usda.gov/Publications/ERR36. 2007.

Kung，James Kai-sing：Off-Farm Labor Markets and the Emergence of Land Rental Markets in Rural China，Journal of Comparative Economics. Journal of Comparative Economics. 2002，30（2）：395-414.

Strijker D. Marginal lands in Europe：Causes of decline. Basic and Applied Ecology. 2005，6：99-106.

Takahashi K，Otsuka K. The increasing importance of nonfarm income and the changing use of labor and capital in rice farming：The case of Central Luzon，1979—2003. Agricultural Economics. 2009，40（2）：231-242.

Yao，Y. The Development of the Land Lease Market in rural China. Land Economics. 2000，76（2）：252-266.

Zhang L P，Zhang Y L，Yan J Z，et al. Livelihood diversification and cropland use pattern in agro-pastoral mountainous region of eastern Tibetan Plateau. Journal of Geographical Sciences. 2008，18（4）：499-509.

Zhou ZY，Sumner DA，Lee H. Part-time farming trends in China：A comparison with the Japanese and Korean. Comparative Economic Studies. 2001，43（3）：99-132.

（作者单位：山东农业大学经济管理学院）

异地就业农民工农地承包权退出意愿及影响因素研究

——基于中山某工厂 314 份调查问卷的分析

向东梅　陈　德　李晓阳

一、问题提出与文献回顾

随着中国工业化、城市化进程的不断深入，中国农村劳动力向非农产业转移的规模日益增长。国家统计局发布的《2015 年国民经济和社会发展统计公报》数据显示，2015 年，全国农民工总量 27 747 万人，其中，外出农民工 16 884 万人、本地农民工 10 863 万人。农民工虽然工作和生活在城市，但身份依然是农民，他们渴望定居城市，特别是新生代农民工（特指 1980 年后出生的农民工）。国务院发展研究中心课题组一份调研报告对 7 000 多名农民工的市民化调查发现，80%的被调查对象愿意定居城市，新生代农民工中有 91%愿意定居城市。

但是，较高的定居城市意愿并不意味着农民工较高的承包地退出愿意。吕天强（2004）的研究发现，农民把土地作为一种储备手段，宁可撂荒也不愿退出。史清华（2005）在对浙江、河南、山西、青海、新疆的农民的调查中发现，75%的农民工选择保留承包地，而且，新生代农民工保留的倾向强于第一代。这种现象不仅使得农村土地利用效率下降，农业生产经营规模难以扩大，也使得二、三产业发展难以获得高质量的、稳定的劳动力供给。

农民工为什么不愿意退出农地承包经营权，哪些因素影响了农民工的退出意愿？就这一问题，许多学者进行了调查研究。白宵然（2014）基于对信阳地区农户的 361 份调查问卷，运用 Logistic 模型对农户土地承包权退出意愿进行了研究，其结论是：农户对退出土地承包权意愿不高，仅占样本农户的 12.7%；外出务工比、交通方便程度、家庭主要成员参加农村合作医疗、农地退出心理成本等对于农户退出土地承包权意愿有强化作用，而农业收入比、产权认知强度起阻碍作用。罗必良（2012）基于广东省的农户调查问卷，认为农户的土地承包经营权退出，不仅是一个经济要素的流动问题，也不仅是一个预期收益与机会成本的权衡问题，还是一个农民的社会心理问题。高佳（2015）基于陕西关中地区 580 户农户调查问卷，研究了产权认知、家庭特征对农户退出土地承包经营权的影响。认为，农民对土地占有权的认知状况对其土地承包权退出意愿有显著正向影响，农民对土地收益权和流转权的认知状况对其土地承包权退出意愿有显著负向影响，而农户对土地使用权的认知状况对其土地承包权退出意愿影响不显著。除此之外，农民的年龄越大、受教育程度越高、家庭供养率越大以及有子女在城镇上学或工作的，其土地承包权退出意愿越强；农民承包地的面积越小、农业收入占家庭收入的比重越低以及距离最近县城的距离越近，其土地承包权退出意愿越强。高明媚（2013）以无锡市为例，对经济发达地区农户的土地承包权退出意愿进行了研究，得出结论为：经济发展、非农就业及非农收入为农民参与土地承包经营权退出提供了机会；非农就业率及相关非农就业收入不高、补偿不合理、社会保障不完善是影响农民退出承包经营权的主要障碍；农民土地承包经营权退出政策的推行需要土地、社保、户籍等各方制度的相互配合。徐美银（2016）基于对江苏362份调查问卷的分析，对新生代农民工的地承包权处置方式及其影响因素从个体特征、家庭特征、就业特征、社会特征、区域特征及土地重要性等方面进行考察，发现：新生代农民工的土地承包经营权处置方式受到年龄、文化程度、外出务工时间、家庭规模、家庭收入水平和结构、就业稳定性、工资水平等因素的显著影响。王兆林（2013）对重庆地区户籍制度改革中的农户土地退出行为进行了研究。他认为：首先，户籍制度改革中农户退出土地并立足城镇的基础是其有稳定的非农收入来源及稳定的住所，离开了这两个条件的农户转户退地行为是灾难性的；其次，农户土地退出意愿受到来自城镇与农村的多种因素影响，且农户退地意愿是由多种因素组合所产生的效益决定的；农户退出土地愿意偏低，相比承包地，农户更愿意退出宅基地。

相关研究还很多，比如农民工落户城市问题的研究，农民工土地流转意愿研究等。总体来看，现阶段的研究大多是基于对某一区域的农户或农民工进行问卷调研基础上进行的，囿于样本采集的有限性，其结论往往带有一定的区域性和局限性，但也充分说明了农民工土地承包权退出问题的研究带有前沿性和探索性，是一个极具理论和现实意义的研究选题。同时，农民工群体非常庞大，对这一庞大的群体不加以区分进行笼统研究，得出的结论可能是不具有说服力的。因此，本研究以广东中山某大型企业集团的农民工为调查对象，将研究聚焦在离开家乡去外省打工的这部分农民工的土地退出意愿上。之所以聚焦在跨省农民工，是因为与省内务工的农民工不同，他们与家乡和土地分隔得更远、更彻底，其离农离土倾向可能更明显，对其农地承包权退出意愿进行研究具有更强的现实意义。同时，因为新生代农民工绝大多数在上完学以后就进城打工，与第一代农民工相比，与农业和农村的关系更为疏远，其退出意愿与影响因素可能与第一代农民工有所不同，本文将对此进行比较分析。

二、基本假设及模型选择

（一）基本假设

中国《农村土地承包法》第五条规定：农村集体经济组织成员有权依法承包由本集体经济组织发包的农村土地。任何组织和个人不得剥夺和非法限制农村集体经济组织成员承包土地的权利。第十二条规定：承包期内，发包方不得收回承包地。承包期内，若承包方全家迁入小城镇落户的，应当按照承包方的意愿，保留其土地承包经营权或者允许其依法进行土地承包经营权流转；若承包方全家迁入设区的市，转为非农业户口的，应当将承包的耕地和草地交回发包方。承包方不交回的，发包方可以收回承包的耕地和草地。也就是说，身为农村集体经济组织成员，除非农民自愿交回或者是转为非农业户口，否则，其拥有的农村土地承包经营权是不能被任何组织和个人剥夺的。因此，是否退出农地承包经营权是取决于农民工的意愿。由于不同农民工做出选择和判断的能力不同，其所面临的内外部环境也不同，影响其退出意愿的因素也是多方面的。本研究将影响跨省农民工农地承包权退出意愿的各种因素分为三大类：农民工个体特征、农民工家庭承包经营情况、农民工城市务工情况。

1. 农民工个体特征。一般而言，不同年龄阶段的人的关注点不同，对土地的态度也不同。对于20～30岁的农民工来说，其关注点主要在于生活环境的改善和自身的发展机会，可能会更倾向于放弃农村土地，获取在城市更多更好的发展机会。30～40岁的农民工，其关注点更多在家庭，孩子的教育和老人的养老问题使得他们背负着沉重的养家负担，农村生活的低成本可能使他们更愿意保留农地承包经营权。但从另一个角度来说，如果放弃农村土地可以为其子女教育提供更好的条件，他们也有可能放弃农地承包经营权。所以，这一年龄段的农民工其土地承包权退出意愿很难预测。对于40岁以上的农民工来说，他们更关注的可能是家中老人和自身的养老问题，更看重土地的社会保障功能以及农村的生活的环境，其保留土地承包经营权的意愿可能更强。性别对农地承包经营权退出意愿的影响可能是不明确的。通常而言，女性对家庭的关注和付出较多。因此，一个家庭在做出外出打工决策时，如果需要有人留下照顾其他家庭成员或者从事农业生产经营活动的话，通常是女性留下，跨省外出打工更是如此。国家统计局2015年农民工监测调查报告的数据也验证了这一点。2015年，在全部农民工中，男性占66.4%，女性占33.6%。其中，外出农民工中男性占68.8%，女性占31.2%。因此，我们可以假设，选择跨省外出打工的女性与农村和农地的牵绊与男性比可能更少，其退出土地承包经营权的意愿可能强于男性。就受教育程度来说，通常教育程度越低在城市中较难获取稳定的就业，因此对保留农地承包经营权的意愿更强。但是，我国目前正处于农地制度改革的关键时期，教育程度较高者可能会对土地功能以及未来价值的攀升有更高的预期，也会愈加珍惜其所拥有的农地承包经营权，可能更不愿意退出。因此，受教育程度对农地退出意愿的影响方向可能是不明确的。

2. 对土地的态度及家庭承包经营情况。农民工家乡距离最近县城的距离、农业生产经营收入占家庭收入比重等都可以反映农民工家庭承包农地及经营情况，从不同层面反映农民工家庭中农业生产经营的地位作用。这其中家庭承包地数量和农业生产经营收入占家庭收入比重均能反映农业生产对家庭的重要性，但不同地区由于资源禀赋不同，农户家庭拥有的承包地数量差别较大，不具有可比性。农业生产经营收入占家庭收入的比重能更好地反映来自不同地区的农民工其家庭中农业生产经营的重要性，如果该比重越大，则其退出农地承包经营权的意愿越弱。距离最近县城的距离反映了土地未来可能的升值潜力，距离越近，其升值潜力越大，获取补偿可能越多，退地意愿也会越强烈。但这个因素的影响方向不是很明确，因为有可能距离越远的地方农民工想要进入城市的愿望会更强，且由于拥有农地承包权的收益较低，退出承包地的损失并不大，其退地意愿会更强烈。承包地质量和承包地耕作方便程度反映了土地作为基本农业生产资料的价值大小。如果不考虑其他因素的话，土地质量越好、耕作越方便则农地的产出价值越高，农民工的退出意愿越弱。但是，如果农民工不看重土地的产出功能而是更看重土地的保障功能和财富功能的话，这个指标对其退出意愿的影响则不是很明确。

3. 城市生活及务工情况。从偏好的角度来看，喜欢城市生活的农民工会更倾向于退出承包权，而喜欢乡村生活的则会倾向于保留承包权。在城市务工时间越长，意味着农民工对城市生活适应力更强，可能退出农地承包权的意愿会更强些。变换工作频率快意味着农民工的工作稳定性较差，其在城市的生活稳定性也较差，会倾向于回农村发展，因此退地意愿会较弱。有定居城市的较熟悉的亲友意味着农民工与城市之间建立起了一定的联系，在生活就业等方面可能会获得一些帮助，帮助其更好地融入城市，其退地意愿可能会强一些。

（二）模型选择

由于农地承包权退出问题本身的复杂性，农民工在回答是否愿意退出时，很难轻易做出判断，有很多农民工的态度是模棱两可的。因此，被解释变量“农民工农地承包权退出意愿”有三个取值：“愿意”“不一定”“不愿意”。这三个选项在意愿程度上有一定的连续性。因此，本研究采用有序多分类 Logistic 回归模型来分析不同影响因素对农民工土地承包权退出意愿的影响。计量模型如下：

$$y=f\ (x_1,\ x_2,\ x_3,\ \cdots,\ x_{15})\ +\mu$$

其中，自变量为影响农民工农地承包权退出意愿的各种因素。

三、农民工农地承包权退出意愿及影响因素调查

（一）样本选择及问卷构成

农民工群体非常庞大，对这一庞大的群体不加以区分进行笼统研究，得出的结论可能是不具有说服力的。因此，本研究将研究聚焦在离开家乡去外省打工的这部分农民工的土地退出意愿上。之所以聚焦在跨省农民工，是因为与省内务工的农民工不同，他们与家乡和土地分隔得更远、更彻底，其离农离土倾向可能更明显，对其农地承包权退出意愿进行研究具有更强的现实意义。同时，因为新生代农民工绝大多数在上完学以后就进城打工，与第一代农民工相比，与农业和农村的关系更为疏远，其退出意愿与影响因素可能与第一代农民工有所不同，本文将对此进行比较分析。

为实现上述调研目标，本研究选择了广东省中山市一家规模较大的制造企业开展问卷调查。选择在这家企业进行调查，一是因为这家企业规模足够大，其工人多数为从湖南、陕西等地来到广东的打工者，其跨省农民工数量足以支撑本次研究对样本数量的要求；二是因为这家企业管理非常规范，工人对工厂方在福利待遇和管理政策方面都比较满意，对问卷调查接受程度较高；三是，也是最重要的原因，在同一家企业开展调研，可以排除由于不同企业对工人管理政策、薪酬待遇、经营状况好坏等不一致而对农民工决策的影响，从而使得调查数据更能反映出农民工自身原因对其土地承包权退出意愿的影响。

调查问卷主要由四部分内容构成，一是受访者性别、年龄、受教育程度等个体特征；二是农业生产经营收入占家庭收入的比重、距离最近县城的距离、承包地质量、耕作方便程度等农民工家庭的农地承包经营情况；三是农民工生活方式偏好、进城务工时间、变换工作频率、亲朋定居城市情况等农民工在城市务工的情况；四是农民工农地承包权退出意愿以及原因。调查于 2015 年 9—10 月在该企业的车间以及职工宿舍完成，共发放 330 份问卷，最终收回 325 份问卷，其中有效问卷为 314 份。有效问卷中，新生代农民工有 125 份，老一代农民工为 189 份。

（二）样本的描述性统计分析

表 1 是本次调查的变量及其赋值情况说明表。

表1 变量说明

	变量名称	赋值范围	变量赋值及说明
因变量	农地承包权退出意愿		不愿意=0 不一定=1 愿意=2
解释变量	性别	0，1	女=0 男=1
	年龄	实际观测值	
	受教育程度	0，1，2，3，4，5	文盲=0 小学=1 初中=2 高中=3 专科=4 本科=5
	离县城距离	实际观测值	
	承包地质量	0，1，2，3，4	很贫瘠=0 贫瘠=1 一般=2 比较肥沃=3 很肥沃=4
	承包地方便程度	0，1，2，3，4	非常不方便=0 不方便=1 一般=2 比较方便=3 很方便=4
	农业收入比重	0，1，2，3，4	0%=0 30%以下=1 30%～50%=2 50%～70%=3 70%～100%=4
	亲戚朋友	0，1	无=0 有=1
	打工年限	0，1，2，3，4	不到1年=0 1～3年=1 3～5年=2 5～10年=3 10年以上=4
	变换工作	0，1，2，3	2～3个月变一次=0 半年左右变一次=1 一两年变一次=2 没变过=3
	务工收入	0，1，2，3，4	1万元以下=0 1万～3万元=1 3万～5万元=2 5万～10万元=3 10万元以上=4
	对未来打算	0，1，2	回村=0 没打算=1 买房子在城市安家=2

表2是对样本总体情况的描述性统计。从样本的个人情况来看，样本中男性农民工较多。老一代农民工中，男性比例较大，新生代农民工中，男女比例相差不大；农民工年龄分布在15～75岁，老一代农民工人数较多，因此，年龄整体呈偏态分布；农民工受教育程度较低，大部分农民工只有初中学历，新生代农民工受教育程度高于老一代农民工。

从样本的家庭经营情况来看，农民工承包地面积较小，70.70%的农民工承包地面积小于5亩，新生代农民工承包地面积均值略大于老一代农民工。农民工承包地离最近县城距离的均值为28.7公里，与新生代农民工相比，老一代农民工承包地离最近县城的距离较远。大部分农民工对自己的承包地质量较满意，选择最多的是承包地质量一般，占到农民工总数的

64.65%，其次是承包地相对肥沃，比例为22.93%。老一代农民工中，上述两者的比例分别是61.38%、29.10%，新生代农民工中，比例分别是69.60%、13.60%。大部分农民工对自己承包地耕种方便程度也较满意。从总体来看，接近一半的农民工认为自己的承包地耕种方便程度为一般，接近30%的农民工认为自己的承包地耕种比较方便，老一代农民工中，认为一般和比较方便的农民工分别占43.92%、30.80%，新生代农民工中，两者的比例分别是45.60%、22.40%，可以看出，老一代农民工对承包地的质量和方便程度的满意度高于新生代农民工。现阶段，农业收入仍是农民工家庭收入的重要组成部分，大部分农民工农业收入占家庭总收入的一半以上，老一代农民工中，这一比例为62.96%，而新生代农民工中，为51.20%。

表2　农地承包权退出意愿影响因素变量的描述性统计

变量名称	总体		第一代		新生代	
	平均值	标准差	平均值	标准差	平均值	标准差
性别	0.703 8	0.457 3	0.793 7	0.405 8	0.568 0	0.497 3
年龄	38.907 6	9.803 8	45.523 8	5.908 5	28.904 0	4.699 7
受教育程度	2.012 7	0.838 3	1.793 7	0.788 7	2.344 0	0.804 3
离县城距离	28.716 2	31.775 5	30.870 4	35.089 0	25.459 2	25.771 1
承包地质量	2.254 8	0.700 6	2.301 6	0.651 6	2.184 0	0.766 1
承包地方便程度	2.273 9	0.929 5	2.328 0	0.880 2	2.192 0	0.997 5
农业收入比重	2.449 0	1.072 0	2.550 3	1.078 7	2.296 0	1.047 5
亲戚朋友	0.611 5	0.488 2	0.629 6	0.484 2	0.584 0	0.494 9
打工年限	2.512 7	1.153 5	2.661 4	1.185 7	2.288 0	1.068 7
变换工作	2.267 5	0.769 9	2.343 9	0.814 3	2.152 0	0.684 6
务工收入	1.767 5	0.932 3	1.830 7	0.974 6	1.672 0	0.859 3
对未来打算	0.745 2	0.878 6	0.783 1	0.893 6	0.688 0	0.855 9

从样本在城市务工的情况来看，61.15%的农民工有亲戚朋友定居城市，其中，老一代农民工多于新生代农民工；农民工工作相对稳定，53.18%的农民工外出打工年限超过5年，46.18%的农民工1～2年变一次工作，42.36%的农民工2年以上变一次工作，相比较而言，老一代农民工工作更稳定，对于老一代农民工，上述三者的比例分别是60.32%、38.10%、50.79%，而新生代农民工的比例依次是42.4%、58.40%、29.60%。农民工收入普遍较低，只有19.11%的农民工总收入在5万元以上，相比较而言，年收入多于5万元的老一代农民工（24.34%）多于新生代农民工（11.2%）。大部分农民工有回乡的打算，占总人数的54.46%，新生代农民

工打算回家乡的比例（56.80%）高于老一代农民工（52.91%）。62.42%的农民工没有落户城市的想法，老一代农民工中比例为61.38%，新生代农民工中比例为64.00%。

（三）农地承包权退出意愿情况

在农民工总体的样本中，愿意退出农地承包权的农民工只有17.20%，59.55%的农民工不愿意退出农地承包权；老一代农民工中愿意与不愿意的比例分别为17.99%、58.20%，新生代农民工中两者的比例分别为16.00%、61.60%。可以看出，不论是新生代农民工还是老一代农民工，大部分不愿意退出农地承包权，新生代农民工中，不愿意退出的比例更大。在分析定居城市想法与承包地退出意愿的关系时，即便有定居城市想法的农民工也不愿意放弃农地承包权，比例接近一半，相比较新生代农民工，老一代农民工更不愿意放弃农地承包权。因此，可以看出，农民工既想工作和生活在城市，又不愿意放弃承包地，老一代农民工尤其如此。

农民工愿意退出农地承包权的原因中，不论是老一代农民工还是新生代农民工，选择比例最高的三项都是退地后的优惠政策、不愿种地、承包地撂荒；新生代农民工愿意退出的原因中，更关注退地后的优惠政策，而老一代农民工则选择不想经营土地的较多，其次才是退地后的优惠政策。因此可以看出，对农民工来说，土地承担的主要是财产性效用。

农民工不愿意退出农地承包权的原因中，选择比例最高的四项是无法预期未来政策的变化、退出承包地后的就业与生计问题、退地经济补偿不合理、心理因素。不论是新生代农民工还是老一代农民工，考虑的主要因素都是无法预期未来政策的变化和退地后的就业与生计问题。因此可以看出，农民工做出退地决策主要考虑的是国家政策的变化和定居城市的能力。农村对农民工的吸引力较小，对新生代农民工尤其如此。

处于观望状态的农民工做出退地决策主要考虑的是退地政策以及定居城市能力，这对于新生代农民工和老一代农民工无差异。

表3　农民工农地承包权退出意愿

	总体		老一代		新生代	
	数量	比例	数量	比例	数量	比例
愿意	54	17.20%	34	17.99%	20	16.00%
不一定	73	23.25%	45	23.81%	28	22.40%
不愿意	187	59.55%	110	58.20%	77	61.60%
总数	314	100%	189	100%	125	100%

表4　定居城市与退地意愿

定居城市想法	退地意愿	总　体	老一代	新生代
有定居城市想法	愿意	27.12%	21.92%	35.56%
	不一定	25.42%	27.40%	22.22%
	不愿意	47.46%	50.68%	42.22%
无定居城市想法	愿意	11.22%	15.52%	5.00%
	不一定	21.94%	21.55%	22.50%
	不愿意	66.84%	62.93%	72.50%

表5　农民工愿意退出农地承包权原因

愿意退出农地承包权原因	总　体		老一代		新生代	
	比例	排序	比例	排序	比例	排序
承包地退出后能享受到很多优惠政策	31.90%	1	29.03%	2	36.00%	1
种地不如打工，不想经营土地	27.59%	2	37.10%	1	16.00%	3
家庭主要成员长期在外非农务工，承包地撂荒	18.97%	3	17.74%	3	20.00%	2
家庭主要成员定居城镇，想进城落户或投靠子女	6.03%	5	9.68%	4	2.00%	5
村干部动员宣传	6.90%	4	3.23%	5	12.00%	4

表6　农民工不一定退出农地承包权原因

不一定退出农地承包权原因	总　体		老一代		新生代	
	比例	排序	比例	排序	比例	排序
对国家有关退地政策不了解	32.33%	1	31.33%	1	33.04%	1
看国家惠农政策是否有吸引力	28.57%	2	27.33%	2	30.36%	2
看在城市发展得如何	15.41%	3	16.00%	3	14.29%	3
不知道家庭其他成员的想法	11.65%	5	10.00%	5	9.82%	4
看儿女能否在城市定居	9.77%	4	14.00%	4	8.93%	5

表7　农民工不愿意退出农地承包权原因

不愿意退出农地承包权原因	总　体		老一代		新生代	
	比例	排序	比例	排序	比例	排序
无法预期未来政策的变化	23.00%	1	19.69%	2	28.57%	1
就业与生计问题	21.55%	2	20.47%	1	24.03%	2
经济补偿不合理	16.95%	3	16.54%	4	16.88%	3

（续）

不愿意退出农地承包权原因	总体		老一代		新生代	
	比例	排序	比例	排序	比例	排序
心理因素	14.53%	4	17.72%	3	10.39%	4
农地可为家庭提供放心食品	8.96%	5	12.20%	5	7.14%	5
医疗与养老保险问题	8.72%	6	7.48%	6	5.84%	6
承包地位于城镇规划范围内	4.12%	7	3.94%	7	4.55%	7

综上，不论是新生代农民工还是老一代农民工，做出农地承包权退出的决策主要考虑的是定居城市的能力及退地的优惠政策。

四、农地承包权退出意愿影响因素实证分析

本研究利用 stata 10 统计分析软件，对调查数据进行了有序 logistic 回归，为保证回归结果的准确，对解释变量进行了方差膨胀因子检验，从检验结果看，模型中 VIF 最大值为 1.96，均值为 1.42，模型变量间组合线性关系均较弱，基本可认为不存在多重共线性问题，模型通过了计量经济学检验。

表 8　跨省农民工农地承包权退出意愿有序 logistic 估计结果

	系数	标准差	z-统计量	P 值
基本情况				
性别	0.121 9	0.280 4	0.43	0.664
年龄	0.008 9	0.131 8	0.68	0.497
受教育程度	−0.004 6	0.153 5	−0.03	0.976
农地承包情况				
承包地质量	−0.349 1	0.194 4	−0.18	0.857
承包地方便程度	−0.278 6	0.149 7	−1.86	0.063
离县城距离	−0.005 1	0.003 6	−0.14	0.887
农业收入比重	−0.460 3	0.128 8	3.57	0.000
城市务工情况				
亲戚朋友	−0.160 5	0.248 1	−0.65	0.518
打工年限	−0.026 2	0.109 4	−0.24	0.811
变换工作	−0.021 2	0.162 6	−0.13	0.896
务工收入	−0.128 1	0.142 4	−0.90	0.368
对未来打算	0.313 8	0.135 4	2.32	0.020

（续）

	系数	标准差	z-统计量	P值
临界点估计值1			1.035 3	
临界点估计值2			2.317 5	
对数似然值			−282.503 5	
伪 R^2			0.053 5	
LR统计量			31.96	
LR统计量显著性水平			0.001 4	

从表8中可以看出，模型整体虽然通过了显著性检验，但是自变量中只有农业收入占家庭收入的比重在1%水平上显著，农民工对未来的打算在5%水平上显著，承包地耕种的方便程度在10%水平上显著，其他变量均不显著。在通过显著性检验的三个变量中，承包地方便程度和农业收入占家庭收入的比重对意愿选择的影响系数为负值，说明承包地越有利于耕作、农业收入占家庭经营收入比重越高，农民工土地退出意愿越低。对未来的打算对意愿选择的影响为正向的，说明越倾向于在城市买房安家的农民工土地退出意愿越高。这都是符合预期假设的。

表9和表10分别为老一代农民工和新生代农民工土地退出意愿影响因素的有序 logistic 回归结果。

表9 老一代跨省农民工农地承包权退出意愿有序 logistic 估计结果

	系数	标准差	z-统计量	P值
基本情况				
性别	0.824 9	0.393 4	0.21	0.834
年龄	0.058 9	0.261 9	2.25	0.024
受教育程度	−0.246 1	0.216 0	−1.14	0.255
农地承包情况				
承包地质量	−0.268 3	0.252 4	−1.06	0.288
承包地方便程度	0.121 1	0.187 3	0.65	0.518
离县城距离	0.001 9	0.004 1	0.45	0.649
农业收入比重	0.382 9	0.169 1	2.26	0.024
城市务工情况				
亲戚朋友	−0.137 9	0.318 3	−0.43	0.665
打工年限	−0.032 3	0.130 9	−0.25	0.805
变换工作	−0.189 2	0.205 2	0.92	0.356

（续）

	系数	标准差	z-统计量	P值
务工收入	0.174 9	0.174 0	1.01	0.315
对未来打算	0.170 3	0.178 2	0.96	0.339
临界点估计值1			4.105 7	
临界点估计值2			5.376 9	
对数似然值			−173.951 4	
伪 R^2			0.046 5	
LR统计量			16.97	
LR统计量显著性水平			0.150 4	

从表9可以看出，对影响老一代农民工农地退出意愿的影响因素进行有序 Logistic 回归的效果并不好，模型整体不显著。

表10对新生代农民工农地退出意愿影响因素进行有序 Logistic 回归之后的估计结果。可以明显看出，该模型整体高度显著，模型的拟合效果优于整体样本和老一代农民工样本。进一步的分析表明，对新生代农民工退地意愿产生显著影响的因素分别是年龄、受教育程度、承包地质量、承包地方便程度、农业收入比重、打工年限、务工收入、对未来的打算。其中，年龄、受教育程度、承包地质量在10%的水平上显著，务工收入在5%的水平上显著，承包地耕种方便程度、农业收入比重、对未来的打算在1%的水平上显著。显然，新生代农民工农地承包权退出意愿是个人基本情况、承包地情况、城市生活务工情况共同作用的结果。

表10 新生代跨省农民工农地承包权退出意愿有序 logistic 估计结果

	系数	标准差	z-统计量	P值
基本情况				
性别	0.285 7	0.492 1	0.58	0.562
年龄	−0.085 1	0.047 3	−1.80	0.072
受教育程度	0.543 5	0.282 3	1.93	0.054
农地承包情况				
承包地质量	0.661 0	0.365 3	1.81	0.070
承包地方便程度	−1.268 8	0.331 5	−3.83	0.000
离县城距离	−0.010 3	0.007 6	−1.35	0.177
农业收入比重	−0.668 8	0.223 1	3.00	0.003

（续）

	系数	标准差	z-统计量	P值
城市务工情况				
亲戚朋友	−0.571 5	0.458 2	−1.25	0.212
打工年限	0.481 2	0.242 8	1.98	0.047
变换工作	−0.171 0	0.337 0	−0.51	0.612
务工收入	−0.725 4	0.322 8	−2.25	0.025
对未来打算	0.904 2	0.257 1	3.52	0.000
临界点估计值1			−0.633 4	
临界点估计值2			1.050 5	
对数似然值			−89.733 9	
伪 R^2			0.225 4	
LR统计量			52.23	
LR统计量显著性水平			0.000 0	

五、实证分析结果的讨论

跨省农民工，主要是指离开户籍所在地省份外出务工的农民。他们因打工地距离家乡较远，通常一年中只回家乡一两次甚至更少，很少从事甚至不从事农业生产经营，其生产和生活方式都更接近城市居民，但这并不意味着他们会轻易退出农地承包经营权。对跨省农民工土地承包经营权退出意愿的分析必须考虑以下几方面的影响。

（一）外部环境不确定性对农民工决策的影响

根据经济学的一般假设，经济主体是追求利益最大化的，他们的行为是在成本收益分析的基础上做出的。然而，在外部环境极不确定的情况下，经济主体要做出准确的成本收益分析是不可能的，他们只能根据自身所掌握的信息、资源以及自身的判断和认知能力做出相对满意的选择。

对于跨省农民工来说，土地作为农业生产资料的意义已经不是很大，作为社会保障的功能也已经开始弱化，土地的资产性功能正在增强。而在现有的农地制度下，土地的资产性功能还很难实现。为顺应农地功能转变的新情况，国家在很多地方进行了试点和改革，试图通过农地制度改革找到解决农民工土地退出问题的思路和方法。但由于土地制度改革往往牵一发而动全身，再加之各地情况的特殊性，种种改革方案都处在试点阶段。这使得我国农地制度改革的方向很不明确，农地退出可能的成本和收益也非常的模糊，农民工很难根据成本收益分析以及自身的阅历、经验、知识等做出理性的判断。因此，在研究其农地承包权退出意愿时，必须要认识到农民工实际面临的是一个非常不确定、信息非常有限的决策环境，这使得他们在面对是否愿意退出农地承包权时很难轻易明确的回答。也因此，诸如性别、年龄、受教育程度等个人特征明显的变量对大多数农民工的农地退出意愿影响并不显著。

（二）农民工土地承包经营权退出意愿并非独立决策，会受到其家庭承包经营情况的影响

虽然农民工本人外出打工基本不从事农业生产，但并不意味着其家庭也脱离了农业生产经营。对于很多农户家庭来说，部分家庭成员外出打工，其他家庭成员仍然留在家从事农业生产的现象非常普遍。近年来，虽然很多资料显示外出务工者收入远高于在家务农的收入，但这些收入有很大一部分要支付城市生活的高昂成本，所以有些打工者的收入对家庭收入贡献并不大，其家庭的主要收入来源还是农业生产经营收入。这种情况下，作为家庭成员一份子的打工者，即使他们自己愿意退出农地承包经营权，也不得不考虑家庭经济状况以及其他家庭成员离开土地之后的就业和生活情况。因此，如果农民工家庭中农业生产经营收入占家庭收入比重高，农民工退出土地承包经营权的意愿会下降。这一点不论是老一代农民工还是新生代农民工都是一样的。农业收入占家庭收入的比重对农民工退出土地承包权影响非常显著就充分说明了这一点。

（三）对城市生活的偏好及城市生活工作的经历对农民工整体的农地承包权退出意愿影响并不显著，但对新生代农民工影响显著

长期的城乡二元体制使得我国城乡差异非常大，城市生活的便利和丰富多彩、发展机会的增加等都对农民工有着巨大的吸引力，而乡村生活的宁静以及乡土人情等也有着自身的魅力。在现有的政策框架下，对很多人来说，在农村有地、在城市有房可能是最好的选择。因此，打工时间长短、变换工作频率、是否有定居城市的亲友等对农民工土地承包权退出意愿并没有显著的影响。而不喜欢农村的生活环境、认为自己不会再回农村、有在城市安家买房打算的农民工则更倾向通过退出农地承包经营权为自己争取更多的城市生活的资本。也就是说，如果城市生活对农民工的吸引力足够大，农民工有可能为了追求城市生活而放弃农村土地承包经营权。

与第一代农民工相比，新生代农民工呈现出明显的“三高一低”特征：受教育程度高，职业期望值高，物质和精神享受要求高，工作耐受力低。由于基本未从事过农业生产活动，他们不会也不愿再回到农村从事农业生产经营，城市生活对其吸引力更大。因此，除有无亲朋好友定居城市和变换工作次数外，其他与城市生活相关的因素都对新生代农民工农地承包权退出意愿影响显著。

打工年限长的新生代农民工退出农地承包权的意愿较强，系数为0.481 2，在5%水平上显著。我们的研究显示，外出打工年限长的新生代农民工，定居城市能力较强。同时，他们已经习惯了城市的生活状态，人力资本和社会资本也相对充足，定居城市的意愿也相对较强，因此，融入城市生活相对容易。此外，长时间在外打工，对承包地的依赖性不高，退出农地承包权的意愿就强。

未来打算在城市买房的新生代农民工与打算回农村和没有落户城市想法的新生代农民工相比，更愿意退出农地承包权，且影响非常显著。打算定居城市的新生代农民工，城市生活可以带给他们更大的满足感，他们对农村的留恋远远小于城市对他们的吸引力，农地承包权对他们的意义在于一份难以变现的财产，因此，相对愿意退出农地承包权。

务工收入高的新生代农民工不愿意退出农地承包权，这与我们的假设相反。可能的原因是务工收入与受教育程度呈一定的正相关关系，受教育程度高的新生代农民工熟悉国家相关政策，认为农地有很大的增值空间，倾向于保留承包地。此外，我们的研究显示，新生代农民工务工收入普遍偏低，即便务工收入高的新生代农民工对永久定居城市的把握不大，相对而言较珍惜土地这份财产。

六、结论

（一）农地退出政策的不明晰在很大程度上阻碍了农民工退出农地承包权的进程，应尽快建立激励与约束并存的农地承包权退出机制

对很多农民工来说，不了解农地退出政策、无法预期未来政策的变化是他们难以做出农地退出决策的主要原因。在中国现有农村土地制度框架下，农户退出现有耕地所得到的补偿很少，而不退出现有土地的维持成本几乎为零，因此很多农民工宁愿撂荒或粗放式耕作也不愿意让出土地。同时，政策的不明确加上土地价格的飞速上涨，让农民工对土地承包权的价值产生了很高的预期，这也使得农民工的退出意愿受到很大影响。因此，建立有一定激励和约束的农地退出补偿机制，让拥有土地经营权者承担相应的责任和义务，让退出土地经营权者的利益得到合理补偿时促进农民工退出农地承包经营权的当务之急。此外，离城市距离近的新生代农民工退出农地承包权的意愿强，可以以城郊作为试点，探索成功的农民工农地承包权退出补偿机制，再向全国范围推广。同时，愿意退出承包权的新生代农民工更看重的是农地退出后

的各种优惠，而老一代农民工则更多的是因为不愿意再回到农村从事农业生产，清晰明确的农地退出政策对新老农民工退地意愿的增强都具有积极作用。

（二）农民工城市就业和生存能力的提升是促进农地承包权退出的关键

在现阶段农业和农村与外出务工者仍然有紧密联系，农民工城市就业和生存能力仍然低下的情况下，农地对农民工的意义不言自明。同时，对城市生活满意，有定居城市意愿的新生代农民工退出农地承包权的意愿较强。因此，提高新生代农民工对城市的归属感和认同感，增强其定居城市的能力，可以有效促进新生代农民工农地承包权退出。城市要为新生代农民工创造良好的就业环境和更多的就业机会，同时，建立农民工职业技能培训体系，将城市就业培训与农民工农地承包权退出结合起来，为退出农地承包权的农民工提供更多的培训机会。住房是阻碍新生代农民工定居城市的一个重要因素，增加城市中低档住房的供给，以适应不同层次农民工的需求，同时，将农村宅基地退出与城市购买住房相结合，引导新生代农民工定居城市。改革城市公共服务体系建设，为新生代农民工提供更多的医疗与养老保障，同时也可以推行承包地置换医疗和养老保障，提高新生代农民工对城市的归属感和认同感。

【参考文献】

白宵然．农户土地承包经营权退出意愿影响因素研究——基于信阳地区农户的问卷调查．杨凌：西北农林科技大学，2014.

高佳，李世平．产权认知、家庭特征与农户土地承包权退出意愿．西北农林科技大学学报（社会科学版），2015（4）：71－78.

高明媚．经济发达地区农民土地承包经营权退出影响因素研究——以无锡市为例问卷调查．南京：南京农业大学，2013.

吕天强．建立农村土地退出机制促使务农农民市民化．南阳师范大学学报（社会科学版），2004（10）：48－50.

罗必良，何应龙，汪沙，尤娜莉．土地承包经营权：农户退出意愿及影响因素分析——基于广东省的农户问卷．中国农村经济，2012（6）：4－19.

史清华，林坚，顾海英．农民进城意愿、动因及期望的调查．中州学刊，2005（1）：45－50.

王兆林．户籍制度改革中农户土地退出行为研究：重庆的实证．重庆：西南大学，2013.

徐美银．新生代农民工土地承包权处置方式及其影响因素——基于对江苏362份样本的调查．湖南农业大学学报（社会科学版），2016（1）：48－50.

（作者单位：西南大学经济管理学院）

小型农田水利治理：禀赋特征、产权结构与契约选择

——基于“三权分置”背景的案例分析

刘 辉 周长艳

一、问题的提出

我国正处于农业转型的关键时期，为现代农业建设提供坚实的水利支撑至关重要。“十二五”期间全国水利投资规模创历史新高，建设投资达到2万亿元，水利投资总规模比2010年翻了一番，一大批水利项目建设完成并发挥了积极效益。但农田水利设施有人用、没人管，老化、破损现象仍然存在，尤其是小型农田水利治理过程中的主体规避责任、机会主义行为、“搭便车”问题，已成为农业发展的突出短板。从中央政策举措看，2016年印发的《农田水利条例》和《水利改革发展“十三五”规划》强调加快完善农田水利基础设施网络，明确农田水利的管理和监督主体，推进现代化农田水利治理体系建设；2017年中央1号文件围绕深化农业供给侧结构性改革，把小型农田水利列为补短板的重要领域。因此，加强小型农田水利有效治理是推进农业供给侧结构性改革、提高农业供给质量、转变农业发展方式和确保国家粮食安全的有效路径。

针对小型农田水利管护问题和治理现状，学术界的主流观点是以中央政府、地方政府、村集体、灌区、村社、用水户协会、农户等治理主体的重复博弈，通过以产权为主导的市场化改革，推动小型农田水利自主治理、多中心治理和耦合治理，从而实现高效益、可持续的农田水利治理体系。这些途径虽然能解决部分管护问题，但在土地细碎化和家庭分散经营背景下，小型农田水利治理成本高、风险高、收益低，农户参与意识薄弱，长效管护机制缺乏。基于此，有学者从农户参与视角探讨了小型农田水利的建设和管护的影响因素，评价了治理绩效和效果，从产权改革视角提出稳定有效的规则和制度才是农田水利合作的基础，从“三权分置”视角创新了小型农田水利以专业化为特征的“管养分离”、“村级五位一体”、专业大户和家庭农场主导的用水协会管护模式，并从契约视角指出要培养各主体协作、自觉、民主、责任的契约精神。然而，在农地所有权、承包权、经营权“三权分置”背景下，新型农业经营主体的加入会衍生出怎样的小型农田水利产权结构？不同

产权安排的契约缔结形式有何不同？治理主体会选择何种形式的契约？现有文献并未对上述问题予以足够关注。鉴于此，本文在已有研究基础上，采用契约治理的分析范式，以显性契约和隐性契约为着力点，围绕深化农业供给侧结构性改革，试图构建小型农田水利“禀赋特征—产权结构—契约选择”的分析框架，并从主体行为和交易成本两方面对小型农田水利治理的契约选择进行案例分析，从而探索提高农业用水效率的路径，以期减少利益主体的机会主义行为，补齐小型农田水利“最后一公里”和“最后一米”的双重短板。

二、小型农田水利治理的分析框架

（一）禀赋特征

经济学意义上的禀赋主要指劳动力、技术、土地、资本等相关要素，本文的禀赋特征是指小型农田水利属性特征及其具备各类要素资源和能力储备的治理主体特征。小型农田水利通常被视为一种具有排他性和一定范围内非竞争性的公共池塘资源，可以由多于一个的公共部门或私人部门联合提供，主要包括小水库、机井、山塘、水渠和水沟等用于改善农业生产条件的灌溉、排水设施。“两权分离”时期，小型农田水利治理主体是中央政府、地方政府、基层水利部门、村社、农户及其他私人组织，他们为实现各自利益进行小型农田水利建设、管理和维护的治理事务。在保持土地承包关系稳定并长久不变的前提下，以“三权分置”为指导的制度创新使原来农村土地“二元产权结构”演变为集体所有权、农户承包权和土地经营权的“三元产权结构”，实现了土地要素的有效流动，涌现了一批有技术、懂管理、会经营的新型农业经营主体（简称“新主体”）和一支懂农业、爱农村、爱农民的“三农”工作队伍，他们按照市场需求促进农业生产方式向专业化、集约化、规模化、组织化转变，推进现代农业适度规模经营。规模经营和新主体的引入将改变小型农田水利治理博弈的主体结构，农地产权配置确定的小型农田水利治理主体格局对小型农田水利提出了新的需求和更高要求，需要重新规划适合机械作业的灌溉排水系统，确保旱涝保收。故本文从供给和需求角度将“三权分置”下小型农田水利的治理主体概括为政府、村集体、“小农”和新主体①。其中，小型农田水利的需求主体即“占用者”，主要是“小农”和新主体；作为“占用者”之一的新主体也会适时投入资金，和村集体、政府共同组成小型农田水利的“提供者”；每个主体都有管理和维护

① 本文中的“小农”指种植规模在10亩以下的兼业农户和纯农户；新主体指专业大户、家庭农场、农民合作社和龙头企业。

小型农田水利的责任，故而一起组成“生产者”团队①。

（二）产权结构

占用小型农田水利资源单位的实际过程可以由“小农”和新主体同时进行，但资源单位却不能共同使用或占用，小型农田水利资源系统亦不能变更用途。因此，对小型农田水利产权的界定和配置很重要。换言之，作为“经济人”的治理主体所关心的是产权清晰界定带来的资源配置效率的最大化。从经济学视角看，产权是一束权利，这一束权利是可以分离组合和界定给不同主体的，同时产权是可以通过市场进行交易的。产权不明晰的小型农田水利会出现“搭便车”和过度使用的“公地悲剧”，造成投资小型农田水利的主体得不到预期回报。小型农田水利产权包括设施产权和水权，本文的小型农田水利产权主要指治理主体在小型农田水利设施上的产权安排，并将其分解为所有权、管理权和使用权。实践中，小型农田水利的所有权归政府或村集体所有，管理权大都掌握在村集体或新主体手中，使用权由“小农”和新主体共同享有，各治理主体之间的权、责、利关系相对明晰。

（三）契约选择

1. 契约缔结。由于小型农田水利产权安排涉及治理主体利益格局的调整，而利益冲突通常会通过契约设计来加以缓解。自科斯将企业与外部的契约关系认为是市场交易以来，威廉姆森将契约关系称为混合结构，并将契约类型划分为古典契约、新古典契约和关系性契约，从而为不同契约类型匹配的治理结构提供了理论基础。拓展到农业领域，小型农田水利治理中各契约关系可分为显性契约和隐性契约。小型农田水利显性契约是利用法律法规或明确的契约条款等正式控制机制来处理各治理主体利益关系，分别是操作契约、市场契约和组织契约；隐性契约是治理主体依托情感、信任、声誉、文化、习俗、惯例和道德规范等被缔约主体无意识接受的非正式自我履约机制来处理利益关系，主要是政治契约与关系契约②。在实践中，显性契约的刚

① 奥斯特罗姆认为，小型农田水利可视为公共池塘资源，是一个资源系统，而资源单位则是个人从资源系统占用或使用的量。把从资源系统提取资源单位的过程称为“占用”，而提取和使用公共池塘资源的人称为“占用者”，把计划和安排公共资源提供的人称为“提供者”，把实际从事建设、修理或采取行动确保资源系统长期存在的任何人称为“生产者”。

② 操作契约是缔约主体间制定的明确的、详细的条款，并且对契约双方的权利、义务及契约执行和结果等以文字形式写入条款；市场契约是治理主体按照市场竞争原则签订的具有法律约束力的合同；组织契约是治理主体内部形成的正式制度安排；政治契约是小型农田水利这一公共池塘资源赋予政府的权利和责任；关系契约是依赖缔约主体间的信任、情感等关系纽带而形成的非正式行为范式。

性能有效防范机会主义行为，隐性契约的弹性能保证合作的顺利进行，这两种契约关系往往呈现侧重一方而忽视另一方的不均衡局面。这意味着，小型农田水利治理是相互依赖、长期共存的显性契约和隐性契约的关系缔结。实际上，显性契约和隐性契约可以按照方格理论逻辑进行不同程度的结合，但仍不能很好地描述他们的契约强弱关系。因此，在借鉴禀赋效应定义的基础上，本文引入契约强度的概念，缔结隐性契约和显性契约成本的比值便是契约强度强弱的反应。当契约强度等于 1 时，表现为中显性中隐性契约关系；当契约强度小于 1 时，表现为弱显性强隐性契约关系；当契约强度大于 1 时，表现为强显性弱隐性契约关系。

2. 契约选择。对于治理主体选择何种契约形式的标准，科斯（1937）以交易成本的高低为标准，威廉姆森（1985）进一步用资产专用性、交易频率和不确定性来度量交易成本并使其更具操作性。张五常（1994）通过农业契约安排的研究，认为对于不同的农业契约形式，不同地区的产权所有者应根据交易费用的不同和风险规避的假定来分析契约的选择。综合借鉴并拓展上述研究结果和分析线索，本文认为小型农田水利契约选择受显性与隐性契约缔结的交易成本和主体组合方式两方面因素制约。故小型农田水利的契约选择可以表现为：

$$Options = g\,(transaction\text{-}cost,\ subjective\text{-}combination) \quad (1)$$

其中，*Options* 表示小型农田水利治理主体的契约选择，包括显性契约和隐性契约。*transaction-cost* 表示契约缔结的交易成本，包括缔约成本、执行成本和违约成本。缔约成本，即契约的制定及相关信息搜寻费用；执行成本，即履行契约时产生的管理、维护、组织和监督成本，包括人工投入以及购买钢筋、水泥、沙子等费用；违约成本，即缔约方因违约而造成的损失。*subjective-combination* 表示主体组合方式，主要指“占用者”的三种组成形态，即以“小农”为主导、“小农”与新主体共存、以新主体为主导。另外，契约关系缔结的交易成本也受到主体组合方式影响，由于新主体的加入会扩大经济范围，随着新主体主导力的增强，小型农田水利隐性契约的成本递增，而显性契约的成本递减，如图 1 所示。契约的选择以交易成本最小化为原则，因此，在新主体主导力小于 Y^* 时，AC_1 小于 AC_2，隐性契约治理更有效；当新主体主导力大于 Y^* 时，AC_1 大于 AC_2，显性契约治理更有效。

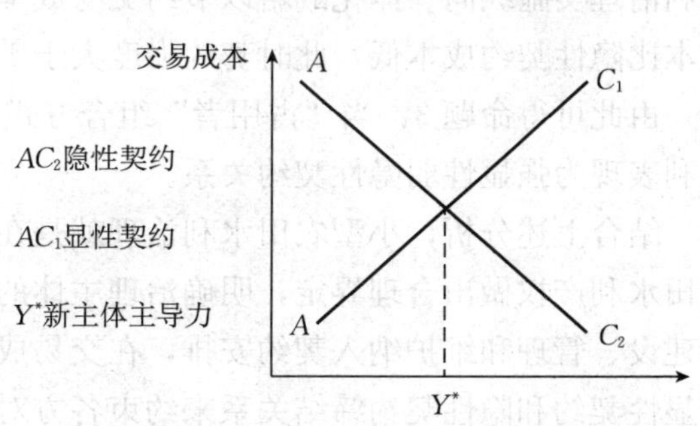

图 1　显性契约与隐性契约缔结的交易成本

具体而言，在“三权分置”政策首次提出之时，小型农田水利“占用者”主要为“人均不过三分、户均不过十亩”的“小农”，生产规模较小，对农田水利需求较低，绝大多数“小农”借助口头协议、习俗惯例等非正式制度来进行小型农田水利管理、维护工作，出于人情、声誉的考虑，“小农”会克制自身机会主义行为，则隐性契约的交易成本低。而小型农田水利治理的显性契约缔结需通过“一事一议”制度达成，集体决策的高交易成本降低了“小农”参与治理的积极性，“小农”更愿意选择缔结隐性契约，故而契约强度小于1。

由此可得到命题1：当“占用者”组合方式以“小农”为主导时，小型农田水利治理表现为弱显性强隐性契约关系。

随着农地流转规模日益扩大，新主体开始出现并初现规模，他们对农业生产条件尤其是小型农田水利有较高的要求，通常形成如“公司＋农户”“公司＋合作社＋农户”等经营组织，通过签订合同来明确各自权利和义务关系以结成利益共同体。正式制度规范下稳定的小型农田水利管理者和维护者方便交流信息，可以避免不断寻找合适的“代理人”和变更契约内容而产生的交易成本，这样，显性契约成本不断下降，当新主体在小型农田水利“占用者”队伍中的主导力增长到显性契约交易成本与隐性契约交易成本相等时，则契约强度等于1。

由此可得到命题2：当“占用者”组合方式是“小农”和新主体共存时，小型农田水利治理表现为中显性中隐性契约关系。

从长期来看，农地流转拓展了承包经营权权能，赋予了农民更多财产权利，城乡发展要素更加自由流动，社会化服务体系不断完善，过渡期农业经营组织逐步转型，小型农田水利“占用者”以新主体为主导的比例上升。新主体在政府支持下拥有较多金融资本和物质资本，但缺乏农业农村的社会资本，在小型农田水利治理中不能依赖熟人社会的人情关系，开始对小型农田水利治理实施纵向一体化战略以节约交易成本。换句话说，缔结显性契约的成本比隐性契约成本低，此时契约强度大于1。

由此可得命题3：当“占用者”组合方式以新主体为主导时，小型农田水利表现为强显性弱隐性契约关系。

结合上述分析，小型农田水利治理就是在一定禀赋特征基础上，对小型农田水利产权做出合理界定，明确治理主体的权利与义务，将小型农田水利的建设、管理和维护纳入契约安排，在交易成本和主体组合方式的影响下选择显性契约和隐性契约缔结关系来约束各方对小型农田水利的占有、使用和交换行为（图2）。

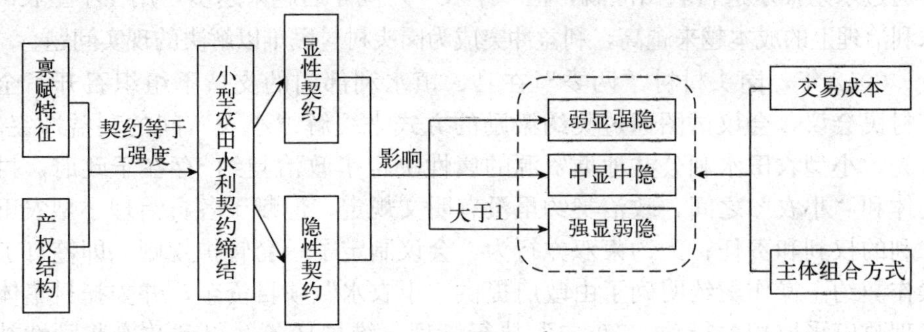

图2 小型农田水利治理的分析框架

三、小型农田水利治理的案例实践

（一）案例选择

到2016年年底，我国2.3亿承包农户流转了4.79亿亩承包地的经营权，家庭农场达87.7万家，农民合作社193万家，龙头企业13万家①，但老人农业与新主体呈现新老并存的局面。从实践来看，“小农”和新主体都会参与小型农田水利治理。本文选取的三个典型案例的禀赋特征和产权结构差异较大，有利于研究小型农田水利契约关系的缔结和选择。三个案例分别来自湖南省慈利县溪口镇、汉寿县龙阳镇和娄星区石井镇，内容与数据来源于2016年6—12月的实地调研、访谈。

（二）案例分析

1. 岗头村小型农田水利契约治理——弱显性强隐性。溪口镇岗头村位于九渡溪流域中下游，全村9个村民小组，总人口1 098人，有效耕地面积1 560亩，小水渠2条，山塘14口，田间配套小沟渠若干，农作物以种植水稻、玉米为主，主要依靠溪水、山塘水和天降雨水来灌溉。岗头村的小型农田水利资源系统形成于大集体经济时期，在经过税费改革和“三权分置”的制度变迁，岗头村小型农田水利治理主体是政府、村集体和“小农”②，所有权和管理权由村集体拥有，“小农”拥有使用权。由于取消农业税，村集体失去了向“小农”收取“三提五统”“共同生产费”等费用的权利，缺乏管护农田水利的积极性，逐渐退出管护主体行列，成为作用发挥越来越小的“空壳”，小型农田水利系统遭到破坏。为维持基本农业生产条件，“小农”不得

① 农业部网站，http://www.moa.gov.cn/hdllm/zbft/jknyfzscxfw/。

② 调研发现，岗头村近五年农地承包经营权几乎没有流转，无新主体产生。

不通过水泵抽水进行农田灌溉，但“小农”之间矛盾越来越多，用在小型农田水利治理上的成本越来越高，利益冲突成为岗头村村民难以解决的现实问题。

2012 年，岗头村村“两委”在县、镇水利部门的支持下组织召开了全体村民会议，会议试图通过契约激励的方式来缓解“小农”间的利益冲突。首先，小型农田水利公共池塘资源的属性决定了政治契约①存在于政府、村集体和“小农”之间，政治契约虽没有明文规定，但赋予各自治理小型农田水利的权利和责任；为约束双方行为，会议制定了一套管护规则，即签订了操作契约。操作契约明确了由政府提供“小农水”项目资金，并委托村集体代理政府采取相关行动，“小农”执行管理、维护任务并得到政府奖励性补贴，项目资金需由村集体自下而上积极申报、竞争所得。此外，“小农”拥有的小型农田水利使用权为其提供了相对稳定的激励机制，岗头村种田能手朱某基于血缘、亲缘以及地缘等宗族亲戚邻里关系，带领村民在固定时间段使用水，按照固定顺序取水，取水量按土地面积比例计算，约定好时间维修清淤；这种借由熟人和人情关系产生的信任，对“小农”个体存在潜在的监督与约束作用，从而以非正式制度形式构成关系契约，严格规范“小农”用水行为，运行图见图 3。由于村集体的消极怠工，岗头村因竞争失败而缺乏项目资金，“小农”履行操作契约的执行成本和违约成本较高，而关系契约是“准自愿遵守”② 的，并且监督成本低，“小农”因能够“互惠”而可以自动执行，故缔结隐性契约的成本低于显性契约的成本，从而契约强度小于 1，“小农”更愿意选择关系契约来参与小型农田水利管护事务，最终缔结弱显性强隐性契约关系，命题 1 得到验证。

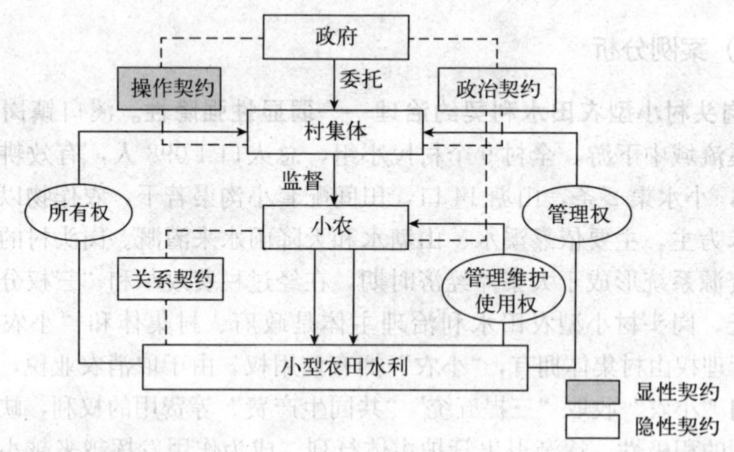

图 3　岗头村小型农田水利契约治理——弱显性强隐性

① 政治契约存在于每一种契约治理。

② 因为第二个占用者的存在阻止了第一个占用者延长时间的企图，第一个占用者的存在阻止了第二个占用者提早开始的企图，因而占用者之间诸如此类的长期重复博弈过程的监督成本低。

2. 龙阳华诚小型农田水利契约治理——中显性中隐性。龙阳镇华诚蔬菜专业合作社成立于2008年4月，主要种植辣椒、茄子、冬瓜、白菜等10多个品种，农户将土地出租给合作社而成为普通成员，核心成员由理事长、副理事长、监事长和若干理事等人组成，合作社内部实行统一生产计划、农资供应、品种搭配、技术指导、品牌营运、产品销售的经营模式。普通社员收入来源于土地租金和竞争制工资①。合作社2014年投资575万元，流转3 000亩土地相继建立大棚、农残检测室、冷藏保鲜库等硬件基础设施，2015—2016年在政治契约的财政资金支持下新建了280亩喷灌、860亩滴灌以及320条大小水沟等一系列小型农田水利设施。这批小型农田水利设施的治理主体分别是政府、合作社及“小农”②（即普通社员），政府拥有设施所有权，管理权由合作社拥有，“小农”享有使用权。

为实现农业增效和粮食安全的目标，政府与合作社签订操作契约，由合作社承担后续管护服务，管护资金以财政补贴方式发放给合作社。为避免竞争制下的“小农”用水纠纷，合作社制定了市场契约来约束和激励“小农”。市场契约规定“小农”合理利用小型农田水利设施，不定期投工投劳参与维修任务，维修付出的劳力合作社按市场价格80元/天计算支付，合作社负责提供技术指导，定期公开区域内水量、沟渠疏浚情况等信息以方便“小农”调整生产计划，违约方按后果从低到高交纳罚金。此外，合作社是以各村民小组为单位，“小农”处在一定的社会关系网络之中，与合作社核心成员彼此熟悉，相互信任，容易缔结对双方有利的关系契约，运行图如图4所示。由于合作社规模较大，成员相对稳定，市场契约的缔约成本、执行成本和违约成本低，而关系契约的缔结有利于“小农”社会关系网络的投资于积累，能促进集体行动的发生，降低隐性交易成本。华诚蔬菜专业合作社的小型农田水利治理依靠相对平衡的显性契约和隐性契约，能够产生很好的协同性，契约强度等于1，缔结中显性中隐性契约关系，命题2得到验证。

3. 康尔公司小型农田水利契约治理——强显性弱隐性。石井镇康尔生态农业科技有限公司（简称“康尔公司”）是2016年6月2日在娄底工商局登记注册的农业企业，前身是2013年成立的石井商贸公司，主要经营“稻田+生态鱼”“稻田+生态鸭”“生态鱼+特种水产示范区”“水产幼苗区+特种水产示范区”。发展到2016年年底，公司现有种植基地和养殖基地1 200多亩，26条水沟、3口山塘、2条水渠和5口水井。为避免周边“小农”生产生活污水进入生产区，公司与当地村集体协议流转附着在土地范围内的小型农田水利资源系统的管理权和使用权，所有权仍归村集体，康尔公

① 竞争制工资是指普通社员的工资收入与蔬菜产量相关。

② 此案例中的“小农”特指合作社中的普通社员。

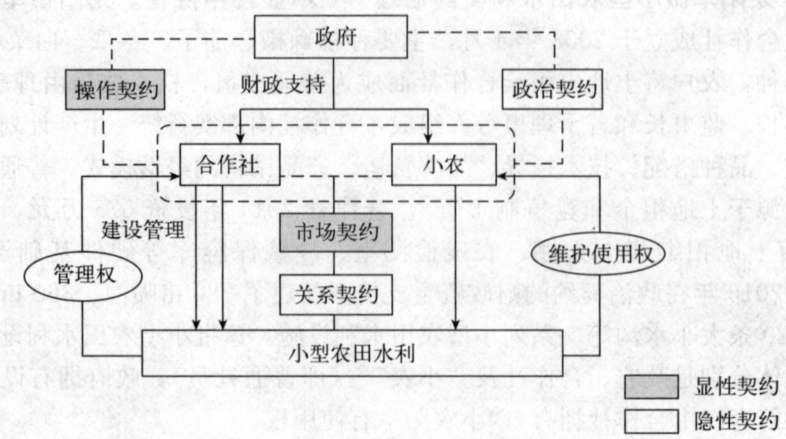

图4　华诚合作社小型农田水利契约治理——中显性中隐性

司承接村集体权限进行小型农田水利内部片区治理。同时，周边“小农”可在康尔公司管理下正常使用小型农田水利设施，不需要参与维护事务。

由于小型农田水利公共资源系统被“外包”给企业进行治理，政府在政治契约的基础上与新主体签订操作契约，明确政府通过“以奖代补”“先建后补”的项目资金履行操作规则，而康尔公司要承担新修排水沟、加固水井、加深山塘和疏浚渠道等管护责任，违约制裁方式以生态农产品质量监测结果为依据，若检测结果不合格，则无法获得政府“小农水”资金补助。在康尔公司实际治理过程中，采取渠道衬砌和安装膜下滴灌等措施，使规模经营区用水与周边农户生产生活用水隔离开，以提高水资源优化配置和生态农产品质量安全。同时，康尔公司根据公司章程、运营管理、财务管理等企业规章制度，成立劳动小组，由技术员周某担任小组长，定期巡视并组织组员进行小型农田水利的维护，按公司财务部门标准支付组长和组员维护工资。另一方面，为增强劳动小组的积极性，康尔公司每年开表彰大会表扬积极维护小型农田水利的成员，对消极维护的成员予以批评并处罚金，从而形成组织契约，运行图如图5所示。康尔公司建立了完善的正式控制机制，对公司及其内部成员的机会主义行为约束力度大大提高，由于职业化管理程度更高，容易实施对缔约双方有利的合同条款，操作契约和组织契约的成本大大降低，若依靠人情缔结的关系契约则成本太高，因此，契约强度大于1，缔结强显性弱隐性契约关系，命题3得到验证。

（三）案例比较

由前文的分析可知，三个案例体现了“三权分置”下小型农田水利治理的不同形态。作为公共池塘资源的小型农田水利资源系统因治理主体的差异

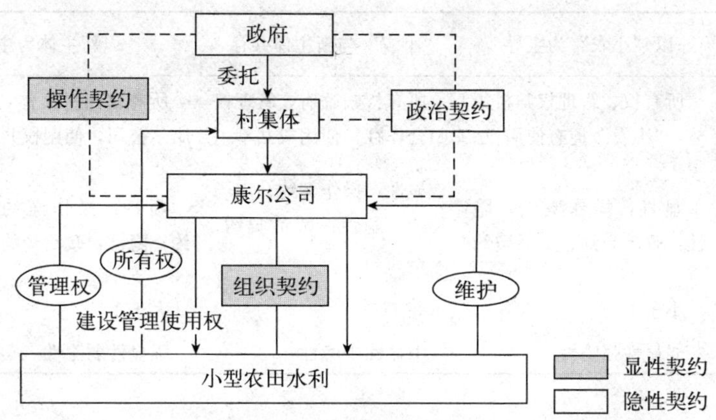

图5 康尔公司小型农田水利契约治理——强显性弱隐性

带来产权结构的不同，从而缔结了不同类型的显性契约和隐性契约，并在交易成本和主体组合方式影响下，选择了最合适的契约关系。具体而言，岗头村小型农田水利形成于大集体经济时期，体现了村集体的所有权和管理权，税费改革弱化了村集体积极性，管护主体缺位，“占用者”以“小农”为主导，在治理过程中缔结了政治契约、关系契约与操作契约，且关系契约的缔约成本和执行成本低，操作契约需高成本才能维持，因而契约强度小于1，表现为弱显性强隐性契约关系。龙阳华诚合作社小型农田水利是2015年政府与合作社筹资共建的，合作社承接村集体的管理权限，负责管护事务，使用权由核心社员和普通社员共享，即“占用者”是新主体与“小农”共存，缔结了市场契约、操作契约、政治契约和关系契约，合作社的性质和管理方式为操作契约、市场契约和关系契约的顺利执行提供了便利，成本相当，契约强度等于1，表现为中显性中隐性契约关系。康尔公司小型农田水利形成于大集体时期，在向村集体流转了小型农田水利经营权和管理权之后，进行了翻修和整顿，“小农”仍享有使用权，“占用者”以新主体为主导，缔结操作契约、组织契约和政治契约，完善的公司治理体系使得操作契约和组织契约的成本较低，故契约强度大于1，表现为强显性弱隐性契约关系（表1）。

表1 小型农田水利治理：禀赋特征、产权结构与契约选择的案例比较

	以“小农”为主导	“小农”与新主体共存	以新主体为主导
禀赋特征	提供者：政府 生产者：“小农”、村集体 占用者：“小农”	提供者：政府、合作社 生产者：“小农”、合作社 占用者：合作社、“小农”	提供者：政府、农业企业 生产者：农业企业、村集体 占用者：农业企业

（续）

	以“小农”为主导	“小农”与新主体共存	以新主体为主导
产权结构	所有权、管理权归村集体，“小农”拥有使用权	所有权归政府、管理权归合作社，使用权共享	所有权归村集体，管理权归康尔公司，使用权共享
契约缔结	显性：操作契约；隐性：政治契约、关系契约	显性：操作契约、市场契约；隐性：政治契约、关系契约	显性：操作契约、组织契约；隐性：政治契约
契约强度	小于1	等于1	大于1
契约选择	弱显性强隐性	中显性中隐性	强显性弱隐性

四、结论与建议

本文将小型农田水利治理的契约关系分为显性契约和隐性契约，构建了小型农田水利“禀赋特征—产权结构—契约选择”的分析框架，并对其进行案例分析。主要结论：①当“占用者”以“小农”为主导时，显性契约成本大于隐性契约成本，小型农田水利治理表现为弱显性强隐性契约关系。②当“占用者”为“小农”和新主体共存的组合时，显性契约成本等于隐性契约成本，小型农田水利治理表现为中显性中隐性契约关系。③当“占用者”以新主体为主导时，显性契约成本小于隐性契约成本，小型农田水利治理表现为强显性弱隐性契约关系。总体而言，在农业农村现代化的新阶段，新主体多种形式规模经营中发挥重要作用，从而小型农田水利显性契约交易成本降低，治理将向隐性契约的显性化发展，显性契约治理强度不断增强。

针对以上结论，本文提出以下几点建议：①在保持土地承包关系稳定并长久不变的前提下，发展土地集中型规模经营，促进工商资本进入农业，实现“小农”与现代农业有机衔接，壮大小型农田水利治理主体队伍，为显性契约缔结创造条件。②加强小型农田水利治理主体的组织化程度，跟进监督机制、冲突解决机制和制裁机制等制度法规建设，从而降低显性契约交易成本。③小型农田水利的契约设计要与禀赋特征及其产权结构相匹配，切勿“一刀切”，同时重视农户“心理账户”，增强各主体管护意识，提高小型农田水利契约稳定性。

【参考文献】

埃莉诺·奥斯特罗姆．公共事务的治理之道：集体行动制度的演进．余逊达，陈旭东，译．上海：上海译文出版社，2014.

奥利弗·E. 威廉姆森．资本主义经济制度．北京：商务印书馆，2002.

陈冬华，陈富生，沈永建，尤海峰．高管继任、职工薪酬与隐性契约——基于中国上市公司的经验证据．经济研究，2011（S2）：100－111.
陈辉，朱静辉．村庄水利合作的逻辑困境——以安徽长丰县薛村、李庄为个案．中国农村观察，2012（5）：80－86.
杜威漩．小型农田水利设施治理结构：豫省例证．改革，2015（8）：125－134.
贺雪峰，郭亮．农田水利的利益主体及其成本收益分析——以湖北省沙洋县农田水利调查为基础．管理世界，2010（7）：86－97.
姜翔程，乔莹莹．“三权分置”视野的农田水利设施管护模式．改革，2017（2）：108－115.
匡远配，陆钰凤．农地流转实现农业、农民和农村的同步转型了吗．农业经济问题，2016（11）：4－14.
刘海英，李大胜．农田水利设施多中心治理研究——基于供给效率的分析．贵州社会科学，2014（5）：100－104.
刘辉，陈思羽．农户参与小型农田水利建设意愿影响因素的实证分析——基于对湖南省粮食主产区 475 户农户的调查．中国农村观察，2012（2）：54－66.
刘敏．农田水利工程管理体制改革的社区实践及其困境——基于产权社会学的视角．农业经济问题，2015（4）：78－86.
刘铁军．产权理论与小型农田水利设施治理模式研究．节水灌溉，2007（3）：50－53.
罗必良．农地流转的市场逻辑——“产权强度-禀赋效应-交易装置”的分析线索及案例研究．南方经济，2014（5）：1－24.
任贵州，杨晓霞．契约精神规塑与农田水利设施管护的再组织化．中国农村水利水电，2017（3）：191－194.
王蕾，朱玉春．基于农户收入异质性视角的农田水利设施供给效果分析．软科学，2013（9）：122－126.
王文龙．中国农业经营主体培育政策反思及其调整建议．经济学家，2017（1）：55－61.
吴业苗．农村公共服务的角色界定：政府责任与边界．改革，2010（6）：74－79.
肖卫东，梁春梅．农村土地“三权分置”的内涵、基本要义及权利关系．中国农村经济，2016（11）：17－29.
于学花，栾谨崇．新制度经济学产权理论与我国农地产权制度改革．理论导刊，2008（4）：74－77.
袁正，于广文．关系契约与治理机制转轨．当代财经，2012（3）：72－79.
张五常．交易费用、风险规避与合约安排的选择//财产权利与制度变迁——产权学派与新制度学派译文集．上海：上海人民出版社，1994.
周志强，田银华，王克喜．家族企业契约治理模型、模式及其选择研究——基于代理理论与管家理论融合视角．商业经济与管理，2013（5）：5－12.
Coase. The Nature of the Firm. Economica，1937（6）：386－405.

（作者单位：湖南农业大学经济学院）

图书在版编目（CIP）数据

实施乡村振兴战略　推进新时代农业农村现代化 / 尹成杰主编．—北京：中国农业出版社，2018.6（2018.10重印）

ISBN 978-7-109-24203-6

Ⅰ.①实…　Ⅱ.①尹…　Ⅲ.①农业现代化-中国-文集　Ⅳ.①F320.1-53

中国版本图书馆 CIP 数据核字（2018）第 123857 号

中国农业出版社出版

（北京市朝阳区麦子店街 18 号楼）

（邮政编码 100125）

责任编辑　刘明昌

北京通州皇家印刷厂印刷　　新华书店北京发行所发行

2018 年 6 月第 1 版　　2018 年10月北京第 2 次印刷

开本：787mm×1092mm　1/16　　印张：30.25

字数：600 千字

定价：65.00 元